LES VARIÉTÉS
DE LA PENSÉE BIBLIQUE
ET LE PROBLÈME DE SON UNITÉ

SUPPLEMENTS TO
NOVUM TESTAMENTUM

EDITORIAL BOARD

W. C. van Unnik, President
P. Bratsiotis - K. W. Clark - H. Clavier - J. W. Doeve - J. Doresse
C. W. Dugmore - J. Dupont - A. Geyser - W. Grossouw
A. F. J. Klijn - Bo Reicke - K. H. Rengstorf - E. Stauffer

VOLUME XLIII

LEIDEN
E. J. BRILL
1976

LES VARIÉTÉS DE LA PENSÉE BIBLIQUE ET LE PROBLÈME DE SON UNITÉ

Esquisse d'une Théologie de la Bible sur les textes originaux et dans leur contexte historique

PAR

HENRI CLAVIER

LEIDEN
E. J. BRILL
1976

ISBN 90 04 04465 5

Copyright 1976 by E. J. Brill, Leiden, Netherlands

All rights reserved. No part of this book may be reproduced or translated in any form, by print, photoprint, microfilm, microfiche or any other means without written permission from the publisher

PRINTED IN BELGIUM

TABLE DES MATIÈRES

Avant-propos IX
Préface XI
Principales publications de l'auteur utilisées ou mentionnées
dans cet ouvrage XIII
Principales abréviations (autres que bibliques). XV

INTRODUCTION GÉNÉRALE

I. Aperçu historique des recherches et des opinions sur la
    pensée biblique 1
    1. Avant la fixation d'un Canon de la Bible chrétienne . 2
    2. Pendant la période patristique et au moyen âge . . . 6
    3. Avec la Renaissance et la Réformation 11
    4. Du XVIIe au XIXe siècle 13
    5. De la fin du XIXe siècle à nos jours 21
II. Les problèmes de méthode 29
    A. Les exigences et l'esprit d'une recherche scientifique 29
    1. Libre-examen 29
    2. Objectivité 32
    3. Compétence 33
    4. Psychologie 34
    B. La méthode historique et son application à la recher-
        che de la pensée ou des pensées bibliques 36
    1. À discipline historique, méthode historique 37
    2. Le choix des textes et des faits 38
    3. L'interprétation 40
    4. L'application de la méthode à la littérature biblique . 41
    5. Le problème de l'unité biblique 42
    Conclusion. 45
III. Aperçu des problèmes de critique 45
    1. Critique du canon et du texte 46
    2. Autres objets de la critique : littéraire, historique, théo-
        logique, religieux 56

PREMIÈRE PARTIE

LES COURANTS DE LA PENSÉE BIBLIQUE

Introduction 61

Chapitre I. Quelques survivances archaïques dans les courants
  de la pensée biblique 63
  1. Le Désert 63
  2. Quelques termes typiques, devenus symboliques, de la
    vie au désert 68
  3. Vestiges d'une mentalité et d'une pensée archaïques dans
    la Bible. 75
    a) Rudiments d'anthropologie 75
    b) Notions et réflexions archaïques sur le monde extérieur 81
    c) Rudiments de théologie 83
    d) Persistance de notions archaïques dans les coutumes
      et rites 87

Chapitre II. Le courant mystique et la pensée mystique. . . 95
  1. Les chemins de l'extase 98
    a) Les extases provoquées 98
    b) Extases non-provoquées 102
  2. La foi mystique 111
    a) Piété courante et foi 111
    b) Foi biblique, foi mystique 112
  3. Quête de Dieu, quête de Vie 118
    a) L'expérience de Vie dans l'Ancien Testament . . 119
    b) L'expérience de Vie dans le Nouveau Testament . . 123
  4. Le symbolisme du langage et de la pensée mystique dans
    la Bible. 132
  Conclusion : Théologie mystique et théologie biblique . . 141

Chapitre III. Le courant prophétique dans la pensée biblique . 145
  1. Quelques traits caractéristiques du prophétisme . . . 145
  2. Caractères distinctifs du prophète biblique 147
    a) Les prophètes d'Israël 147
    b) Le prophétisme dans le Nouveau Testament . . 158
      α) Le Précurseur 158

β) Le prophétisme dans la communauté chrétienne
      primitive 160
   γ) Paul prophète 163
   δ) Jésus prophète 166
 3. Divers aspects du message prophétique 168
   a) La Sagesse prophétique 168
   b) Le message politique 174
   c) Le message social et moral 187
   d) L'avenir dans le message prophétique 201
      α) Le prophétisme messianique 201
      β) Le prophétisme apocalyptique 214
      γ) L'eschatologie prophétique 228
 4. Implications et directives théologiques du prophétisme
   biblique 234
   a) La notion prophétique de Dieu 237
   b) La notion prophétique de l'homme 257
   c) La pensée prophétique sur le culte que l'homme doit
      rendre à Dieu 265

Chapitre IV. Le courant cultuel et la pensée biblique . . . 268
 1. L'ambiguïté du Culte 268
 2. Aperçu historique du culte dans la Bible 270
   Des origines à Moïse 271
   b) De Moïse à l'exil 275
   c) Après l'exil 280
   d) Entre les deux Testaments 281
   e) Le Culte dans le Nouveau Testament 284
 3. Implications théologiques du Culte dans la Bible . . 297
 4. Les déviations du culte dans la Bible et leurs concordances
   théologiques 303

SECONDE PARTIE

LE PROBLÈME DE L'UNITÉ BIBLIQUE

Introduction 317

Chapitre V. Y a-t-il unité de pensée dans la Bible juive ? . . 318

Chapitre VI. Y a-t-il unité de pensée dans le Nouveau Testament ? 324

Chapitre VII. Comment y aurait-il unité de pensée d'un Testament à l'autre ? 348
   1. L'Ancien Testament dans le Nouveau 348
      a) Les citations et les réminiscences de l'Ancien Testament 348
      b) Tendances marquées dans l'utilisation et l'interprétation de l'Ancien Testament par le Nouveau . . . 350
   2. Le Nouveau Testament dans l'Ancien 356

Chapitre VIII. L'unité au but et l'unité au centre 362

Conclusion. 369

RÉPERTOIRES

Index des citations bibliques 373
Index des noms de lieux 398
Index des noms de personnes (non-inscrites sur les autres listes). 401
Index des noms d'auteurs. 404

Table analytique 412

AVANT-PROPOS

C'est un projet quelquefois modifié, souvent interrompu, jamais abandonné, que l'auteur a cherché, tardivement et bien imparfaitement, à réaliser dans le présent essai. Depuis son accession, en 1924, à une chaire biblique, il a toujours étroitement associé l'Ancien Testament au Nouveau dont l'enseignement lui était confié, à Montpellier, puis à Strasbourg, en passant par Clermont-Ferrand.

Si la théologie biblique juive peut, théoriquement du moins, se limiter à la Bible hébraïque, il n'est pas possible d'étudier sérieusement le Nouveau Testament sans connaître l'Ancien, et même assez à fond pour se rendre compte que le Nouveau est en soi une théologie biblique de l'Ancien, et jusqu'à quel point. Les nécessités d'une spécialisation croissante ont séparé, et parfois éloigné, les deux disciplines bibliques, les deux parties de la théologie biblique, celle de la Bible chrétienne. Le besoin se fait maintenant sentir de les rapprocher et de les associer sous le chef du Nouveau Testament. En effet, s'il est incontestable que le Nouveau Testament ne se peut concevoir sans l'Ancien, la réciproque ne l'est pas, du moins pour le non-chrétien.

Une vue d'ensemble sur la Bible entière se heurte à la variété et à la complexité des courants de pensée, d'abord et surtout dans l'Ancien Testament, mais aussi, bien qu'à un degré moindre, dans le Nouveau Testament. La recherche d'une convergence problématique d'orientations souvent diverses ne peut être subordonnée à une doctrine autoritaire, avec des solutions toutes faites et dictées d'avance. Elle doit être menée librement, avec confiance, mais sans illusion, dans un effort loyal d'impartialité et d'objectivité.

C'est dans cet esprit que l'on a remis sur le chantier un travail longtemps interrompu, mais qui semble venir à son heure. Heureux serait l'auteur si, malgré ses lacunes, cet essai tardif pouvait contribuer, en quelque mesure, aux synthèses bibliques souhaitées non seulement par la science, mais par la foi de notre temps.

PRÉFACE

La Bible est devenue « Le Livre », au singulier, tandis qu'à l'origine elle était au pluriel : les livres. Cette constatation ne porte point atteinte à sa valeur ni à son rang, au bout d'une histoire séculaire [1]. La Bible est, en réalité, selon son étymologie [2] et sa composition, une collection de livres, un recueil de « Mélanges ». Elle l'était déjà, Bible hébraïque, en grande partie constituée, quand, avec *Daniel*, on lisait « dans les

---

[1] La Bible est le livre de beaucoup le plus répandu dans le monde, celui dont l'histoire est la plus remarquable. L'Alliance biblique universelle, dont le centre est à Londres, la plus importante, mais non la seule institution à répandre la Bible, a diffusé en une seule année (1969) dix sept millions d'exemplaires complets ou de Nouveaux Testaments seuls, et cent vingt neuf millions de portions ou choix de textes, en près de mille langues différentes. De 1968 à 1970, cette même Alliance a pu ajouter cent trente trois langues ou dialectes nouveaux à ses traductions, ce qui en porte le total à mille quatre cent trente et un. Ce chiffre, à cette date, pouvait s'étendre à environ 96% de la population du globe. En 1974, le total était d'environ 1509.

Aucun autre ouvrage n'a eu dans l'histoire, et dans divers domaines, dont certains autres que le religieux, une action aussi grande. Ainsi, en linguistique, les traductions de la Bible par les missionnaires ont été, pour la plupart des langues et dialectes humains, les premiers documents écrits, par où des structures, jusque là confuses et mouvantes ont été mises au point. Dans certains cas, des versions successives ont permis de suivre le mouvement diachronique de la langue à travers des synchronies temporaires. A cet intérêt linguistique il convient d'adjoindre l'importance littéraire de la Bible dans les grandes langues de civilisation à portée universelle. Ce que la Bible de Luther a été pour l'allemand, la Bible anglaise et la Bible française l'ont été à des degrés divers dans les pays, les sociétés, les lettres et les cultures où elles ont pu faire sentir leur influence.

Ce rayonnement dépend essentiellement du caractère spirituel de la Bible. La Bible est le livre qui a fait le plus réfléchir, sentir, agir, à travers les âges. Les méditations sur la Bible sont innombrables, et d'une telle variété que l'on éprouve le besoin de recourir à la Bible elle même pour savoir, si possible, ce qu'elle dit, plutôt que ce qu'on lui fait dire.

[2] *Bible*, du latin ecclésiastique *Biblia*, substantif féminin singulier, traduction doctrinalement signifiante, mais erronée, du pluriel neutre Βιβλία, au singulier Βιβλίον (cf. *Lc.* 4:17, etc. 30 fois dans le N.T.), de Βίβλος, fém. sing. (cf. *Mt.* 1:1, etc., 12 fois), par itacisation de Βύβλος (Eschyle, Hérodote). *Byblos*, à l'origine de ce développement linguistique, était célèbre, dans l'antiquité, pour le commerce de papyrus qu'elle importait d'Égypte et qu'elle exportait en feuilles (en « papier ») pour l'écriture. Byblos, la *Guébal* biblique (*Éz.* 27:9), actuellement pauvre village, à une trentaine de kms au N. de Beyrouth, était l'une des plus anciennes cités du monde et l'un des ports les plus florissants de la Méditerranée orientale. C'est donc elle qui a donné son nom à toutes les bibles et à la Bible. Des fouilles d'un intérêt considérable y ont été faites par P. Montet, M. Dunand, A. Parrot, qui en ont rendu compte dans des Revues et publications diverses.

livres »[3], ici particulièrement celui du prophète Jérémie. Elle l'était davantage, traduite en grec dans la LXX, avec l'apport des livres apocryphes [4]. Elle s'enrichit encore avec l'entrée du Nouveau Testament dans la Bible chrétienne.

Cette multiplicité et cette variété ont retardé la formation du canon et ralenti le mouvement doctrinal en direction de la croyance à une inspiration unique pour une Bible unique [5]. Quand cette croyance devint un dogme, favorisé par la fixation du canon, l'évidence de la diversité des « Saintes Écritures » n'en subsista pas moins. Elle continua à s'imposer aux meilleurs exégètes parmi les Pères de l'Église. Les Grecs usèrent encore de l'expression : les bibles, $\tau\grave{a}$ $B\iota\beta\lambda\acute{\iota}a$ [6]. Chez les Latins, où, par une transposition significative, le pluriel neutre grec était devenu un singulier féminin : *Biblia*, Jérôme n'hésite pas à parler d'une *Bibliotheca*, à laquelle il adjoint l'épithète *divina* [7].

Vue sous un certain angle, cette expression de *Bibliotheca divina* marque bien la relation la plus apparente entre ces « Miscellanea » d'origines, de genres et de structures variés. Ils sont censés rendre diversement témoignage à la personne divine. Tel est le lien qui les unit, au-dessus de tout autre, dans la pensée de ceux qui en ont réalisé l'assemblage à l'honneur et à la gloire de Dieu. Mais chacun peut avoir eu aussi ses intentions particulières dont il n'est pas certain, *a priori*, qu'elles concordent toujours, et dont une étude attentive montre qu'elles divergent parfois jusqu'à se contredire. Le problème se posera de savoir comment un accord supérieur peut être ou non perçu et maintenu dans ces conditions.

---

[3] Cf. *Dan. 9*:2, בַּסְּפָרִים, LXX : $\dot{\epsilon}\nu$ $\tau\alpha\hat{\iota}s$ $B\acute{\iota}\beta\lambda o\iota s$.

[4] Cf. *Sirach, Prol.* où il est question, après la Loi et les Prophètes, $\tau\hat{\omega}\nu$ $\check{\alpha}\lambda\lambda\omega\nu$ $\pi\alpha\tau\rho\acute{\iota}\omega\nu$ $B\iota\beta\lambda\acute{\iota}\omega\nu$.

[5] Le processus devait aboutir à la théopneustie indifférenciée d'une Bible monolithique, terme extrême, sans doute ; mais la première étape était déjà franchie quand le pluriel réel et vivant des livres fut abandonné pour un singulier dogmatique et figé. *Alexandre Westphal* y voit « la cause, première de toutes les résistances opposées par l'enseignement de l'Église à la science historique qui cherche à remettre chaque livre dans son milieu et à l'expliquer par son époque ». (art. *Bible* in D.E.B., vol. I, p. 133, col. 1-2.)

[6] Ainsi *Origène, Chrysostome*, etc. Cf. Rud. Smend : *Bibel*, in B.H.H., Bd. I, col. 241 (Bibliographie).

[7] Le terme de *Bibliotheca* a continué d'être utilisé pendant tout le Moyen-âge, d'où ce jeu sur les sens : « *Habeo bibliothecam in mea bibliotheca* ». (Cf. A. Stewart : art. *Bible* in H.D.B., vol. I, p. 286).

PRINCIPALES PUBLICATIONS DE L'AUTEUR
UTILISÉES OU MENTIONNÉES DANS CET OUVRAGE

I. LIVRES

L'Idée de Dieu chez l'enfant, 2e éd., Paris, Fischbacher, 1926.
L'Expérience de la Vie Éternelle, Paris, Fischbacher, 1924.
Le Christ de l'Expérience, Paris, Fischbacher, 1925.
L'Évangile apocalyptique, Paris, Fischbacher, 1930.
L'Humanisme et la piété chrétienne, Paris, Je Sers, 1931.
La Pensée religieuse d'Alexandre Vinet, Paris, Fischbacher, 1938.
Itinéraires spirituels : En Palestine, Paris, Fischbacher, 1938.
Études sur le calvinisme, Paris, Fischbacher, 1936.
La Conférence universelle d'Édimbourg, Actes, Paris Fischbacher, 1939.
L'Église et le monde, Mélanges (Résist. en Allemagne), Paris, Fischbacher, 1940.
Le Christianisme et le travail, 1e et 2e éd., Clermont Fd.-Valence, 1943-44.
L'Accès au Royaume de Dieu, Paris, P.U.F., 1945.
Résistance chrétienne, 1940-1944, Valence, Imp. Réun. 1945.
The Duty and the Right of Resistance, acc. to the Bible and to the Church, Oxford, Blackwell (Dale Lect. 1946).
Itinéraires spirituels, En Grèce, Strasbourg-Paris, Oberlin, 1952.
Thomas Arbousset, pionnier-mission. 2 vol., Miss. Évang., Paris, 1963-65.
A l'aube de la religion, avec l'enfant, Paris, Fischbacher, 1970.

II. ARTICLES Dic., Rev., COMMUNICAT. Congrès, etc.

L'Ironie dans l'enseignement de Jésus, 3 art., Ét. Th. & Relig. Montpellier, 1929-30.
Exég. de Philip, 2:5-11, 2 art. in Ét. Th. & Rel., 1930.
La Forme de l'Évang. et le Fond (Formgesch.), 4 art., Ét. Th. & Rel., 1934.
St. Paul (voyages, épîtres), Langues, Généalog., etc., Dic. Enc. Bible, Paris, 1932-35; 2e éd., 56-57.
D. Unglaubenskomplex... Akt. Kongr. Relig. Psych., Wien, 1933.
La Par. de D. et l'Un. de l'Égl. in D.Kirche.J.C.... Glaub. u. Verfass. Berlin, Furche, 1937.
Mediation in the 4th Gosp., Presid. Adress, Stud. N.T. Soc. Oxford, 1950.
L'avenir de l'homme d'ap. le N. T. in Man in God's design, S.N.T.S. Bern, 1951.
Le problème du rite et du mythe dans le 4e évang. Congrès. H.R. Amsterdam, R.H.P.R., 1951.
La personnalité de Paul, Symp. Paulus-Hellas-Oikumene, Athènes, 1951.
'Η Συνείδησις, une pierre de touche de l'hellén. paul., *St. P. in Greece*, Athens, 1953.
La santé de Paul, Stud. paul., in hon. de Zwaan, Leiden, 1953.
Πέτρος κ. πέτρα, Neutest. Stud. in hon. R. Bultmann, Berlin, Töpelmann, 1954.
La structure du 4e évang. (Amsterdam), R.H.P.R., 1955.
Σῶμα πνευματικόν, *The Background of the N.T.*, in hon. C.H. Dodd, C.U.P., 1956.
La primauté de Pierre d'ap. les pseudo-clément. R.H.P.R., 1956.

Matt. 5:39 et la non-résistance, in hon. J. Hering, R.H.P.R., 1957.
Les sens multiples dans le N.T., Nov. Test., Leiden, Brill, 1958.
Théocratie et monarchie selon l'Évang. Congr. H.R. Rome, Regal. Sacr., Leiden, Brill 1959.
'Ο λόγος τ. θεοῦ ds. Hébr., N.T. Essays, in hon. T. W. Manson, M.U.P., 1959.
L'Ironie ds. le 4ᵉ év.; La multipl. d. pains; Jésus résistant, Congr. Oxford, Stud. Ev., T.U., Berlin, 1959.
Versions provenç. N.T., Soc. Sav., B.P.H., Paris, 1959.
Faith and Works in East and West, Congr. H.R. Tokyo, Proceed. Tokyo, 1960.
Typologie comp. N.T. et Patr., Congr. Oxford, Stud. Patr., T.U., Berlin, 1961.
Arbeit, Bund, Geist, Glaube, etc. Bibl. Hist. Wört., Göttingen, Vand. u. R., 1963-65.
La Méthode en Hist. d. Relig., Numen, Leiden, Brill, 1968.
'Ιλασμός, un mot-clef du johann. & de la sotér. bibl., Nov. Test., Leiden, Brill, 1968.
Méthode et Inspir. ds. la miss. de Paul, Verb. Verit. in h. G. Stählin, Wuppertal, Brockhaus, 1970.
La Méthode en Théol. Bibl., Nov. Test., Leiden, Brill, 1972.
'Επίγνωσισ, Rech. exég. et théol., Congr. Oxford, Stud. Ev., T.U. Berlin, 1973.
L'Oraison domin. ds. les versions romanes, Congr. Linguist., Québec, (panis supersubstantialis), Université Laval, 1974.

PRINCIPALES ABRÉVIATIONS
(autres que bibliques)

REVUES

É.T.R.	Études Théologiques et Religieuses, Montpellier.
Nm.	Numen, Leiden, Brill.
N.T.	Novum Testamentum, Leiden, Brill.
N.T.S.	New Testament Studies, C.U.P.-S.N.T.S.
R.B.	Revue Biblique, Jérusalem.
R.H.P.R.	Revue d'Histoire et de Philosophie Religieuses, Strasbourg.
R.H.R.	Revue de l'Histoire des Religions, Paris, P.U.F.
Z.N.W.	Zeitschrift für die neutestamentliche Wissenschaft, Giessen.

DICTIONNAIRES

B.H.H.	Biblisch-Historisches Handwörterbuch, Göttingen, Vandenhoeck & Ruprecht.
D.B.P.	Dictionnaire de la Bible (Vigouroux) — Supplément Pirot, Paris, Letouzey.
D.E.B.	Dictionnaire Encyclopédique de la Bible (Westphal), Paris-Valence, Imprimeries Réunies.
D.T.C.	Dictionnaire de Théologie Catholique, Paris, Letouzey.
E.B.	Encyclopaedia Britannica, London, Chicago, Toronto.
E.R.E.	Encyclopaedia of Religion and Ethics, Edinburgh, T. & T. Clark.
H.D.B.	Hastings Dictionary of the Bible, Edinburgh, T. & T. Clark.
R.E.	Realencyklopädie für protestantische Theologie und Kirche, Leipzig, J.C. Hinrich.
R.G.G.	Die Religion in Geschichte und Gegenwart, Tübingen, J.C.B. Mohr (P. Siebeck).
T.W.	Theologisches Wörterbuch zum Neuen Testament, Stuttgart, Kohlhammer.
W.B.	Walter Bauer : Griechisch-Deutsches Wörterbuch zu den Schriften des Neuen Testaments und der übrigen urchristlichen Literatur, Berlin, Töpelmann.

COLLECTIONS

B.P.H.	Bulletin Philologique et Historique, Paris, Imprimerie Nationale.
S.N.T.	Supplements to N.T., Leiden, Brill.
T.U.	Texte und Untersuchungen zur Geschichte der altchristlichen Literatur, Berlin, Akademie Verlag.

ÉDITIONS

C.U.P.	Cambridge University Press.
L.B.	Leiden, Brill.
P.U.F.	Presses Universitaires de France.
S.N.T.S.	Studiorum Novi Testamenti Societas.

N.B. Les abréviations généralement admises pour les œuvres classiques, pour celles de Philon, Josèphe, les rouleaux de Qoumran, etc. seront utilisées.

INTRODUCTION GÉNÉRALE

La pensée à rechercher ici n'est pas celle de ceux qui ont pensé en procédant à l'assemblage du canon biblique, ni celle des innombrables lecteurs, prédicateurs ou spécialistes de la Bible qui, à travers les siècles et dans le monde entier, ont réfléchi et médité sur ces pages, mais celle de la Bible même.

La question préalable pourrait être posée : y a-t-il *une* pensée biblique ? La multitude infiniment variée, souvent contradictoire, des pensées sur la Bible ne vient-elle pas, en une large mesure, de ce qu'il y a non pas une, mais *des* pensées bibliques, d'orientations, d'inspirations diverses, et parfois opposées ?

Avant de chercher dans la Bible une réponse à cette question, il sera bon d'avoir un aperçu des pensées sur la Bible depuis qu'on l'étudie, et de se tracer une méthode.

I. Aperçu Historique des Recherches et des Opinions sur la Pensée Biblique

L'expression consacrée par les théologiens pour désigner la recherche et l'exposé analytique et synthétique de la pensée biblique est celle de « *théologie biblique* ». Il semble qu'elle ait été employée dans ce sens pour la première fois, par le théologien piétiste luthérien Haymann, en 1708 [1]. Mais les études sur la pensée biblique sont beaucoup plus anciennes que cette désignation.

---

[1] Dans sa *Biblische Theologie*, C. Haymann prétend relever uniquement de la Bible sans l'asservir au dogme régnant dans l'orthodoxie luthérienne. Parue en 1708, sa Théologie biblique connut en 1768 sa 4e édit. Le piétisme auquel se rattachait Haymann avait été fondé par l'Alsacien P. J. Spener, prédicateur et chargé d'enseignement à Strasbourg, de 1663 à 1666, avant d'être appelé à Francfort où commencèrent ses *Collegia Pietatis* qui étaient essentiellement des cercles d'études bibliques. En relation fréquente avec des Réformés, Spener a certainement connu les travaux nombreux et savants, d'exégèse et de théologie, du Brêmois d'origine calviniste et de tendance piétiste : J. Coccejus, dont la *Summa Theologiae ex sacris scripturis repetita* en 1662, couronne une longue série d'études parues depuis 1636, à Brême, Francfort, Amsterdam, Genève. Cette Somme tirée, redite (repetita) de la Bible est une théologie biblique avant la lettre. Elle en suivait une autre, du même auteur, non moins célèbre à l'époque : *Summa doctrinae de foedere et testamento*

1. Avant la fixation d'un Canon de la Bible chrétienne

Les principaux courants théologiques de l'Ancien Testament proviennent soit des mêmes traditions diversement interprétées, soit de traditions différentes issues à l'origine de faits historiques ou mythiques perçus, saisis, pensés dans des milieux variés ou dans des perspectives divergentes. Cela est clair pour le Pentateuque dont l'harmonisation, dans la limite des possibilités, ne réussit pas à masquer les sources littéraires et les pensées diverses, parfois contradictoires qui en jaillissent [2]. L'action variée des milieux sociaux y est manifeste. Elle l'est encore, bien qu'autrement, dans les traductions qui sont le passage non seulement d'une terminologie ou d'une phraséologie à une autre, mais d'une culture à une autre [3]. Le premier exemple, et le plus typique,

---

Dei, dont la première édition, avait paru en 1648, puis, augmentée en 1654 et 1660, à Francfort où Spener venait s'établir en 1666. (Cf. art. *Biblische Theologie, Coccejus, Spener*, in *R.E.*)

La volonté d'indépendance des biblicismes piétistes, tant luthériens que réformés, vis à vis de la dogmatique officielle n'est pas contestable ; mais c'est pour retomber dans d'autres dogmatismes, comme le suggère le titre d'un ouvrage paru dans les mêmes cercles, en 1758 : *Gedanken von der Beschaffenheit und dem Vorzug der Bibl. dogmat. Theol. vor der scholastischen*. L'auteur, A. F. Büsching avait publié, en 1756, un abrégé de théologie extraite et composée des seules Écritures saintes : *Epitome Theologiae e solis sacris litteris concinnatae*. (Cf. art. cit., Bibl. Theol. in *R.E.* Bd. 3, p. 193). La théologie biblico-dogmatique de Büsching trahit un dogmatisme bibliciste qui risquera de pactiser avec les littéralismes théopneustiques et leurs curieux usages de l'allégorie, analogues parfois aux fantaisies médiévales. Rambach cède à ce risque dans sa recherche du « sens mystique » qu'il préconise (den mystischen Sinn), en traitant des principes d'une herméneutique sacrée (*Institutiones hermeneuticae sacrae*, 1723). Bien d'autres y étaient déjà tombés ou y tomberont diversement. La typologie chère à Coccejus lui permettait de se faire une Bible christocentrique à tel point que l'on diasit plaisamment de lui, en le comparant à *Grotius*, aux commentaires plus détachés : *Grotium nusquam in sacris litteris invenire Christum, Coccejum ubique*. (Cf. G. Heinrici : *Hermeneutik*, art. in *R.E.*, Bd. 7, p. 736-737.)

[2] Cf. *infra*, p. 25, n. 101, 48s., n. 203.

[3] Comme l'écrit James Barr, dans son anglais, ici très expressif, le problème n'est pas seulement « of *translation* but of *transculturation* ». Cf. James Barr : *The Semantics of Biblical Language*, p. 4 ; Oxford U.P., 1961. Ce problème se pose aujourd'hui pour nous par rapport aux hommes de la Bible, mais, dans la Bible même, pour ceux du N.T. par rapport à l'A.T. S'il y a un fossé linguistique entre l'hébreu ou le grec et nos langues modernes quelles qu'elles soient, il convient de considérer aussi les écarts culturels correspondants entre l'ancien Orient, l'Empire romain et le monde moderne. « Il est douteux que l'on puisse trouver dans aucune autre sphère que la théologique, des gens ordinaires, sans préparation spéciale, pour tenter aussi continuellement des transferts sémantiques par-dessus de tels vides ». *Ibid*. Le fait que signale Barr peut être tenu en soi comme un singulier hommage au seul livre, ou recueil de livres, qui ait jamais suscité un

est celui de la LXX qui fait passer la Bible d'un monde dans un autre, d'une culture avec ses formes et ses structures mentales à une autre : de l'hébraïque à l'hellénique [4].

Des pensées sur la Bible juive, il y en aura désormais de deux genres : les rabbiniques, préludant aux *Talmuds* [5]; les helléniques ou plus précisément hellénistiques [6], sans les cloisons étanches que l'on imaginait autrefois [7]. On s'en doutait déjà avant les découvertes de Qoumran [8] qui en ont fourni de nouvelles preuves. Néanmoins, l'exégèse d'un *Philon d'Alexandrie* et la façon dont il manie *l'allégorie* [9] est assez

---

effort aussi constant parmi le commun des mortels (common people). Beaucoup n'y ont-ils pas trouvé « la perle de grand prix » ? Il y a là aussi de quoi faire méditer un spécialiste (with special training).

[4] Sur le passage d'une mentalité à une autre, cf. J. Barr, *op. cit.*, p. 8-20 : *The current contrast of Greek and Hebrew thought*. Sur ce transfert dans la LXX, cf. C. H. Dodd : *The Bible and the Greeks*, London, Hodder & Stoughton, 1935; P. Katz : *Septuagint. Studies...* in *The Background of the N.T... in hon. C. H. Dodd*, p. 176-208, Cambridge Univ. Press, 1956.

[5] Cf. H. L. Strack : *Einleitung in Talmud und Midrasch*, 5e éd. München, 1921, réimp. 1962; J. Bonsirven : *Le Judaïsme palestinien*, 2 vol., Paris, Beauchesne, 1934, 1935.

[6] Le genre « hellénistique » est caractérisé par le syncrétisme qui a suivi les conquêtes d'Alexandre le Grand et leur brassage de peuples et de civilisations dans le creuset hellénique. Les éléments du syncrétisme font d'ailleurs, suivant les lieux, les milieux et les moments, des mélanges différents en répartition et en proportions. Cf. H. Clavier : Ἡ ΣΥΝΕΙΔΗΣΙΣ, *une pierre de touche de l'hellénisme paulinien*, p. 3-5, Athènes, Apost. Diac., 1953.

[7] *Ibid.* Le Judaïsme a beaucoup reçu de l'Hellénisme; il lui a aussi beaucoup donné. Cf. Ch. Guignebert : *Le monde juif vers le temps de Jésus*, p. XIII, 117 s., 208, 230, 289, 309, 311 ss., Paris, Albin Michel, 1935; S. Liebermann : *Hellenism in Jew. Palestine*, N. York, Jew. Theol. Semin., 1950.

[8] Cf. A. Dupont-Sommer : *Les Écrits Esséniens...*, p. 45, 65, 97, et *passim*, Paris, Payot, 1959.

[9] *L'allégorie*, cette « autre façon de s'exprimer », a été pratiquée très anciennement, à des fins diverses. Au 6e siècle avant notre ère, Theagenes de Rhegium en usait pour expliquer et faire accepter la mythologie des poèmes homériques. Quatre siècles plus tard, dans un ouvrage monumental περὶ Θεῶν, *Apollodore d'Athènes* « allégorisait » les mythes dans une perspective stoïcienne. Celle de *Philon*, dans ses exégèses bibliques, est surtout platonicienne. Ainsi, commentant les deux textes de la Genèse qui racontent différemment la création de l'homme (*1*:27 et *2*:7), Philon rapporte le premier à la création de l'homme idéal, archétypal, de l'homme céleste à l'image de Dieu, tandis que le second viserait l'Adam concret, terrien de formation et voué au péché, malgré le souffle de vie que Dieu lui a insufflé. Philon semble attacher une grande importance à cette thèse des deux Adams : l'idéal d'abord, allégorisé à la manière platonicienne, le matériel ensuite (cf. *Leg. allegor.* I, 31 s. ; *de Opific. mundi*, 13 ss.). Pour *Paul* qui semble prendre le contre-

différente de celle d'un rabbin de Jérusalem, de Babylone ou d'un religieux de Qoumran [10]. Leurs pensées sur leur Bible sont parfois loin d'être les mêmes.

Le Nouveau Testament est dans un certain sens, et jusqu'à un certain point, une théologie biblique de l'Ancien ; mais si les grands courants de celui-ci se retrouvent chez celui-là, c'est dans une confluence christocentrique originale. Ce caractère commun et spécifique n'apparaît pas sur un fond uniforme. Chaque livre du Nouveau Testament a ses nuances propres, non seulement de style, mais de pensée théologique.

La formation du texte et du canon du Nouveau Testament ne s'est faite qu'au prix de réflexions, de choix et d'interprétations qui sont virtuellement de la théologie biblique ou des ébauches de théologie. La tendance *harmonistique*, favorisée par *l'Église*, donnera lieu à des interpolations et à des variantes significatives. Des livres tenus longtemps pour suspects ne seront admis qu'au prix d'exégèses « théologiques » bien pensantes plutôt, parfois, que bien pensées.

De leur côté, ceux que l'on tient pour *hérétiques* ont sur certains textes, quelquefois sur beaucoup, des interprétations et des théologies plus ou moins différentes. Cela peut aller de divergences minimes, gonflées démesurément par quelque Concile, à des solutions d'un radicalisme extrême, comme chez Marcion, l'auteur d'un canon tronqué, vers le milieu du second siècle [11], avec le rejet non seulement de l'A.T., mais de la plus grande partie du N.T. Il devançait ainsi le canon de l'Église orthodoxe et en fondait une autre dont les notions théologiques et bibliques furent partagées, en ce qui touche l'exclusion de l'A.T.,

---

pied de Philon en 1 *Cor. 15*:46, et en présentant sa doctrine des deux Adams, ce n'est pas le spirituel qui vient d'abord, mais « le psychique », ce qui, dans le contexte, équivaut presque au charnel (οὐ πρῶτον τὸ πνευματικὸν ἀλλὰ τὸ ψυχικόν, ἔπειτα τὸ πνευματικόν).

[10] Cf. Dupont-Sommer, *op. cit.*, chap. VII, *Les comment. bibl.*, p. 267 ss.

[11] *Marcion*, indigné par les textes où les Hébreux apparaissent comme des conquérants sanguinaires sous l'égide d'une divinité despotique et guerrière, en conçut un anti-judaïsme virulent qui le rendit aveugle aux tendances dominantes et aux courants majeurs de l'A.T. En conséquence, il ampute son canon, le premier en date, vers le milieu du 2e siècle, de tout ce qui lui parait entaché de judaïsme. Il ne garde dans la Bible de son Église que le N.T. réduit à un évangile de Luc mutilé et à dix épîtres de Paul. Harnack le principal historien de Marcion et du marcionisme, ne partage pas ce radicalisme ; mais il estime excessive la place que l'Église fait à l'A.T. dans la Bible chrétienne. Cf. Adolf von Harnack : *Geschichte d. altchrist. Literatur*, 3 vol., Leipzig, 1893-1904 ; *Marcion...*, 2e éd., Leipzig, 1924. Cf. E. C. Blackman : *Marcion and his influence*, London, 1950.

par plusieurs sectes gnostiques, et, en plein moyen-âge, par les *Cathares* [12].

Il est aisé de démontrer le dogmatisme radical de certaines hérésies, et les théologiens de l'Église officielle n'y ont point manqué ; mais pour être orthodoxe, le leur n'en est guère moins suspect, et parfois plus nocif. L'étude analytique et synthétique des écrits bibliques et de leur théologie implicite dans le cadre préfabriqué d'un système ou d'un dogme a été la règle commune, bien que les encadrements ne fussent pas les mêmes, et les résultats différents. C'est toujours plus ou moins par déduction que l'on procède, à partir d'un *a priori*. Chacun le fait à sa manière, et quand le texte est récalcitrant, il y a des moyens de le mettre au pas, sans procéder, comme le font quelques uns, à une brutale amputation. Les *gloses*, les *interpolations* seront le coup de pouce qui corrige et qui rectifie. Dans tous les cas, on pourra jouer sur le sens et recourir à ce procédé merveilleux qu'est *l'allégorie* [13]. On a vu qu'il était fort ancien, et pratiqué dans les écoles et les milieux les plus divers. La Bible elle-même n'en est pas indemne [14]. Les Pères dits apostoliques en ont usé avant la fixation du Canon [15]. Il en sera de

---

[12] Les Cathares ou Albigeois ne retenaient habituellement de la Bible que le Nouveau Testament ; ils le propageaient en langue populaire, c'est à dire en Oc dans le midi de la France, du XIe au XIIIe siècle. Quelques livres de l'Ancien Testament trouvaient grâce auprès de certains d'entre eux pour leur caractère sapiential ou leur interprétation mystique. C'est ainsi que le Cantique des Cantiques est présenté allégoriquement dans le Ms. de Carpentras, comme « la voz de la gleysa desirant l'avenament de Xrist ». Cf. H. Clavier : *Les premières traductions bibliques en Oc*, in *VIe Congrès international de Langue et Littérature d'Oc*, Actes, vol. II, p. 273-292, Montpellier, 1971, et *Brèves remarques sur les premières versions provençales... B.P.H.*, p. 1-14, Paris, Biblioth. Nation., 1959. Dans la 4e requête de l'Oraison dominicale, le pain de *Mt. 6*:11 (ἄρτος ἐπιούσιος ; *Vulg.* : panis supersubstantialis) devient dans une perspective dualiste, selon le Ms. cathare de Lyon, le pain spirituel : *pa sobre toda causa*. Cf. H. Cl., *L'Oraison dom. ds. les versions romanes, op. cit.*

[13] Cf. *supra*, p. 3, n. 9.

[14] Ainsi, dans l'Ancien Testament, le Cantique des Cantiques n'a été adopté qu'à la faveur d'une allégorisation mystique. Des chants d'amour profane ont été ainsi transformés en duo spirituel, entre Dieu et son peuple, entre Dieu et l'âme fidèle. Les interprétations de l'Ancien Testament par le Nouveau sont parfois allégoriques dans leur typologie. Cf. *infra*. La *Guematria* des rabbins a même laissé trace dans le chiffre 666 d'*Apoc. 13*:18, qui, décomposé en 100+60+200+50+200+6+50, donne en caractères hébreux numéraux קסר ־ נרון, César Néron.

[15] Cf. H. Clavier : *Esquisse de typologie comparée, dans le Nouveau Testament et chez quelques écrivains patristiques*, in *Studia Patristica*, IV, p. 28-49, *T.U.*, 1961.

même après, chez les apologètes comme dans l'hérésie, et dans la scolastique médiévale.

2. *Pendant la période patristique et au Moyen-âge*

Avant la formation du Canon du N.T., les Pères apostoliques on fait un grand usage de l'A.T. où ils s'efforçaient de puiser des *dicta probantia* en faveur de leur doctrine chrétienne. Ils n'hésitaient pas, comme tout le monde, à *allégoriser*. Paul l'avait bien fait [16] ; comme lui, on y avait recours, le plus souvent, sous la forme typologique.

La *typologie* biblique peut être considérée comme une espèce du genre allégorique [17]. Elle comporte des variétés, dont les deux principales figurent dans le N.T. et ont été utilisées par les Pères dans leur herméneutique en vue d'une théologie doctrinale de la Bible. Dans le premier cas, les τύποι sont des événements ou des personnages typiques de l'A.T. annonçant, préfigurant des événements relatifs à la personne de Jésus-Christ, ou cette personne elle-même. Telle est la typologie habituelle du N.T.[18] et celle des Pères apostoliques : *Clément de Rome*

---

[16] Ainsi quand Paul allégorise (ἅτινά ἐστιν ἀλληγορούμενα) sur Agar et le Sinaï, en *Gal. 4*:24-30, quand il commente, à la manière de Philon, le texte de *Deut. 25*:4 sur le bœuf qui bat le blé sur l'aire, ou la légende rabbinique sur le rocher qui suivait les Israëlites au désert, en 1 *Cor. 10*:4. De même quand l'auteur de l'épître aux Hébreux argumente sur tel ou tel détail du culte ou du sanctuaire lévitique, pour y trouver une préfiguration, une ombre ou une parabole du sacrifice rédempteur de Jésus-Christ (*Hébr. 8*:5; *10*:1). Néanmoins, comparées aux exégèses qoumraniennes, rabbiniques ou alexandrines, celles que le Nouveau Testament fait de l'Ancien, apparaissent le plus souvent comme relativement modérées. Cf. notamment, parmi les écrits qoumraniens, le Commentaire d'Habacuc et l'application systématique des textes aux événements contemporains du commentateur ; — les rébus ou la Guematria rabbiniques ; — l'interprétation philonienne du Pentateuque comme l'histoire de l'âme qui se rapproche ou s'écarte de Dieu en s'éloignant ou en se rapprochant du corps.

[17] Cf. H. Cl. : *Esquisse de typologie comparée...*, art. cit., p. 33.

[18] En *Rom. 5*:14, Adam, par qui le péché est entré dans le monde, et par le péché la mort, est désigné comme τύπος τοῦ μέλλοντος. Le singulier de μέλλοντος, la suite du texte, le parallèle des deux Adams en 1 *Cor. 15*:45, ne permettent pas de douter qu'il s'agisse ici du Christ. Le type, dans ce sens paulinien, peut donc l'être non seulement par ressemblance (auteur naturel de l'humanité ancienne — auteur surnaturel de l'humanité nouvelle), mais par contraste : pécheur et agent de mort — saint et source de vie.

En 1 *Cor. 10*:6, il ne s'agit plus d'une personne présentée comme le type d'une autre, mais de toute une histoire, celle des Israëlites au désert, que l'on invite à méditer pour y trouver des exemples typiques, non pas à suivre, mais à fuir : ταῦτα δὲ τύποι ἡμῶν ἐγενήθησαν, εἰς τὸ μή... Cf. H. Cl., *art. cit.*, p. 35.

ou *Barnabas* [19]. Dans le second cas, les τύποι sont au ciel, comme les *Idées* platoniciennes, avec lesquelles ils présentent des affinités évidentes. Telle est la typologie de l'épître aux Hébreux [20], et, d'une ma-

---

[19] *Ibid.*, p. 42 ss. On est en droit de se demander si *Clément de Rome* n'étend pas sa typologie aux personnages mythiques tels que les Danaïdes, Circé ou le Phénix, image de la résurrection du Christ. Il y a aussi les ὑποδείγματα ἐθνῶν. Cf. *1 Clem.* ad *Cor., Patr. Ap. Op*, éd. Gebhardt-Harnack-Zahn, I, p. 24 ss., Leipzig, 1876 (Cap. CI, VII, XI, XII...). Il n'hésite pas à signaler dans le cordon rouge de Rahab, la prostituée, une préfiguration évidente de la rédemption par le sang du Christ.

L'épître de Barnabas offre quelques uns des plus curieux exemples de fantaisie typologique. Il y a la laine rouge au front du bouc émissaire et les épines où cette laine accroche, comme celle du bélier, sacrifié à la place d'Isaac, les bras de Moïse levés en croix pendant le combat contre Amalec, la vache offerte, etc, etc., et tout cela τύπος τοῦ ᾽Ιησοῦ ... *Barn. Epist.*, VII : 3,7,10,11 ; VIII : 1,2 ; XII : 2,5 ss., *Patr. apost. Op.*, éd. Geb.-Harnack-Zahn, I, 2, p. 34.

Justin, dans le *Dialogue avec Tryphon*, divague pareillement en interprétant les détails de l'économie mosaïque (τύπους καί σύμβολα) : l'agneau pascal dépecé en croix, les douze clochettes de la robe du grand prêtre figurant les douze apôtres, etc. (Cf. *Justin M.*, PG 6, § 40, col. 561, 562 ; § 41, col. 563 ; § 42, col. 566 ; § 86, 90, 107, 113, etc.)

[20] Ainsi, en *Hébr. 9:24*, le type n'est plus une donnée historique, mais une réalité transcendante, idéale ou spirituelle dont la figuration matérielle n'est qu'un ἀντίτυπον. Ce terme n'est employé que là et dans *1 Pi. 3:21* pour tout le N.T., mais dans un sens diamétralement opposé, et qu'en *1 Pi*, on pourrait dire paulinien, bien que Paul ne s'en serve pas. Pour *1 Pi.*, l'arche de Noé, cette arche de salut au travers du déluge, est le type dont le baptême chrétien est l'antitype. Similairement, *Paul*, à propos des deux Adams, spécifiait, peut-être en visant *Philon* (cf. *supra*, (p. 00, n. 9), que le spirituel ne vient pas d'abord, avant le psychique (*1 Cor. 15:46*). Il n'en serait pas ainsi pour l'auteur de l'épître aux Hébreux. Les types sont au ciel, qu'il s'agisse des choses saintes, du sanctuaire ou de la nouvelle Jérusalem (*Hb. 9:24 ; 12:22*). L'ancienne alliance par rapport à la nouvelle, ne lui offre que des antitypes. L'action indirecte du platonisme, si nette chez Philon, est ici manifeste. Mais ne s'exerce-t-elle pas aussi, occasionnellement, sur Paul et les pauliniens, dont est, d'ailleurs, l'auteur d'Hébreux. On peut se le demander en présence de textes comme *Gal. 4:24-30*, à propos de la Jérusalem d'en haut, comme dans *Apoc. 3:12* et *21:2*, ou devant *Act. 7:44* où il est question de l'arche de l'alliance construite par Moïse sur le type qu'il avait contemplé. On comprend en tout cas, que le texte d'*Exode, 25:40*, auquel se réfère l'auteur, ait prêté à la typologie philonienne. Cf. H. Cl., *Typolo. comp..., op. cit.*, p. 30, 34 ss. Les possibilités d'interférences entre les deux typologies ne surprennent plus depuis que l'on se rend compte jusqu'où, et à quel point, l'hellénisme avait pénétré le judaïsme, et vice versa, même à Jérusalem où l'on s'en défendait plus que partout ailleurs (ibid., p. 37). Nul ne conteste que Paul fût tributaire des deux cultures, des deux mentalités. Cf. Paul, un homme de deux mondes in : H. Clavier : *La personnalité de Paul, op. cit.* — H. Cl. : ῾Η συνείδησις, *une pierre de touche de l'hellénisme paulinien, op. cit.*

nière générale, de tous les *Alexandrins* [21] ; mais les deux usages peuvent aussi voisiner chez le même auteur [22].

Ce voisinage ou cet alliage sont particulièrement remarquables chez *Origène* [23], le principal représentant de l'école chrétienne d'Alexandrie. Comme son maître *Clément* [24], il est plus attaché à l'histoire que ne l'était *Philon, le Juif* [25], bien qu'il ait une prédilection pour la métaphysique platonicienne et la typologie qui en dérive [26]. Son respect relatif du texte biblique lui fait décerner par Harnack le certificat de « premier exégète réellement important » de la Bible [27]. Il en serait également le premier théologien « important », à telle enseigne qu'il

---

[21] Les écoles qui se sont succédées ou qui ont coexisté à Alexandrie ont toutes été touchées plus ou moins par la grâce platonicienne, de Philon à Plotin.

[22] Cf. *supra*, n. 20, *in fine*. Les deux typologies voisinent dans *Hermas, Vis.* III, 11, 4 ; IV, 2-6, etc. *Patr. Apost., éd. cit., Op.* III, pp. 6, 64, 66, 134, Leipzig, 1877. La typologie transcendante, à la manière platonicienne et philonienne, l'emporte dans la lettre apocryphe faussement attribuée à Clément de Rome, et qui figure dans les collections patristiques sous la désignation II *Clem. ad Cor., ibid.* vol. I, pp. 110-158. On y trouve une typologie de la création qui fait penser à celle de Philon (cf. *supra, Introd.*, n. 6), l'idée que le spirituel vient d'abord, et que la chair, néanmoins, doit être respectée comme antitype de l'esprit : ἀντίτυπος τοῦ πνεύματος. L'esprit est l'authentique, αὐθεντικόν, lequel s'est incarné en Christ (II *Clem. ad Cor.* XIV, 2). Cf. H. Cl. : *Typ. comp., op. cit.*, p. 45 s. L'Eglise, corps spirituel du Christ, vient comme lui, d'en haut où leur union pourrait être le type d'une androgynie primitive de l'être humain (*Ibid.*).

[23] *Origène* réalise une sorte de synthèse des types et des symboles passés au rang de *loci communes* dans une tradition chrétienne déjà vieille de deux siècles. Il cherche à clarifier et à cataloguer leurs usages différents, les mêmes textes et les mêmes faits de l'Ancien Testament ayant été utilisés et parfois « typifiés » de manières variées. Ce faisant, il retient les typologies à caractère historique, dans le genre paulinien habituel. Cela, d'ailleurs, est conforme à sa recherche remarquable, et parfois méconnue, du sens des textes, dont il est, au dire de Harnack, le premier grand exégète, « der erste wirklich Bedeutende » (*Geschichte der altchristlichen Literatur*, I, 2, éd. 1958, p. 338, Leipzig). Toutefois, malgré le soin qu'il prend à établir le meilleur texte et à en préciser le sens philologique, Origène ne cache pas sa prédilection pour le ou les sens spirituels, parmi lesquels il découvre, sans se servir du terme, une typologie appropriée. H.Cl., *Typ. comp., op. cit.*, p. 46 s.

[24] *Clément d'Alexandrie*, dont l'éclectisme, comme celui de Philon, est pénétré de stoïcisme et de platonisme, appliquait à l'Ancien Testament, par rapport au Nouveau, les divers genres d'allégorie, dont les deux espèces de typologie.

[25] Cf. *supra, Introd.*, n. 9. Tandis que Philon pouvait faire de Moïse le prototype d'Héraclite, de Platon ou des Stoïciens, Clément et Origène appliquaient au Christ et à l'Église une herméneutique analogue de l'Ancien Testament.

[26] *Ibid.*

[27] Cf. *supra*, n. 23.

fut excommunié par les autorités ecclésiastiques du temps, avant d'affronter héroïquement le martyre sous l'empereur Décius [28].

Après cette apogée avec Origène, au troisième siècle, l'école d'*Alexandrie* trouva, au quatrième, un adversaire théologique sérieux dans l'école d'*Antioche*. *Théodore de Mopsueste*, son principal représentant [29], déclaré lui-même hérétique après sa mort [30], avait pourtant voulu s'en tenir à une typologie strictement historique, respectueuse des textes et des faits. Il ne l'a pas toujours fait, non plus que ses émules, *Diodore de Tarse* [31] ou *Jean Chrysostome* [32]. Au demeurant, aucun n'était doté du même talent qu'*Origène*, avec ses intuitions géniales.

Le rayonnement du grand Alexandrin a gagné l'Occident où *Ambroise de Milan*, *Jérôme*, *Augustin*, *Grégoire le Grand*, les *Scolastiques* ont subi directement ou indirectement son influence. Dans le cas d'*Augustin*, le plus éminent des Occidentaux, on pourrait y voir aussi la marque du néo-platonicien impénitent qu'il serait demeuré après sa conver-

---

[28] *Origène*, arrêté en 250 et sommé d'abjurer, tint ferme sous les tortures, des suites desquelles il mourut quatre ans après.

[29] *Théodore de Mopsueste* (350-428) distingue une saine typologie des fantaisies allégoriques trop fréquentes chez les Alexandrins. Il a bien vu que le meilleur moyen de brider l'imagination est une étude consciencieuse et persévérante des textes, pour en dégager d'abord le sens littéral dans l'A.T. comme dans le N.T., avant de rechercher le lien qui pourrait les unir. Il conviendrait ensuite de faire la différence entre les prophéties qui annoncent l'avenir et les récits dont les personnages, par leurs paroles ou par leurs actes, préfigurent cet avenir. C'est là qu'est le domaine de la typologie. Mais en passant de ces principes herméneutiques à l'exégèse pratique, Théodore de Mopsueste semble avoir oublié quelquefois ses propres conseils de prudence. C'est ainsi qu'il ouvre sur le sens de l'histoire d'Israël, jusques et y compris l'insurrection macchabéenne, d'étranges perspectives. D'autre part, s'il se garde des excès de l'allégorisme alexandrin, il n'a pas le génie d'Origène *sub specie aeternitatis*, ce point de vue de l'éternité qui caractérisait déjà le johannisme, et, d'une manière plus générale, bien que diversement, toute la pensée biblique. Cf. *Typol. comp.*, *op. cit.*, p. 49.

[30] Très appréciés par Nestorius et Pélage, suspects au concile de Chalcédoine, en 521, les écrits de Théodore de Mopsueste furent condamnés par celui de Constantinople, en 553.

[31] *Diodore de Tarse* (330-392) qui se rattache à l'école d'Antioche, croit découvrir la pensée des auteurs bibliques dans une « théorie » qu'il distingue de l'allégorie. Autant que l'on peut en juger par ce qui reste de ses écrits (cf. Migne : T. XXXIII), c'était une vue d'ensemble, remarquable pour l'époque, sur divers éléments d'appréciation. Diodore n'a point échappé aux rigueurs conciliaires qui frappèrent son disciple Théodore de Mopsueste. Il en fut de même pour le plus brillant, Chrysostome.

[32] *Jean Chrysostome* (347-407) appartient à la même école dont Diodore fut l'inspirateur et Théodore de Mopsueste le principal exégète. Mais Chrysostome, puissant prédicateur et pasteur avant tout, ne perd pas de vue l'auditoire et le soin des âmes dans une herméneutique sans éclat.

sion [33]. Un certain piétisme propice aux fantaises édifiantes a pu jouer également chez lui comme chez d'autres [34].

On pourrait conclure sur la période patristique : la Bible y est généralement considérée comme la source de toute connaissance réelle et sûre, pour tous les temps. Elle est, au premier chef, le recueil authentique de la saine doctrine que l'on doit pouvoir y retrouver par tous les moyens. *Les Pères* croient ne suivre aucune autre théologie que la sienne. Ils sont persuadés que l'Église détient les clefs de la Parole de Dieu.

Au *moyen-âge*, la Bible garde théoriquement son rang, mais le cède pratiquement à la tradition de l'Église qui l'interprète et la complète dans le cadre rigide, pour ne pas dire l'armature du dogme. L'autorité ecclésiastique en fait ce qu'elle veut. Les prétentions théocratiques de la Rome papale entendent se fonder sur elle. Pour en user rationnellement, mais néanmoins, *ad libitum*, la *Scolastique* lui applique une allégorie policée, logiquement ordonnée selon des règles fixes. Il y aura quatre sens différents, auxquels il faudra se tenir, mais dont le quatuor pourra jouer les airs que l'on voudra, sur l'un ou l'autre des quatre sens : littéral, allégorique, moral, anagogique [35].

Thomas d'Aquin, l'ange de l'École, adopte cet usage, en attribuant à Dieu, l'auteur de la Sainte Écriture, cette ambiguïté, ou plutôt cette « quadrivalence » des termes bibliques [36]. Théoriquement, l'Église, par

---

[33] Cf. Régis Jolivet : *St. Augustin et le Néo-platonisme chrétien*, pp. 103-129, Paris, Denoël, 1932. L'exégèse d'*Augustin* est plus sobre que celle de Plotin; mais elle rencontre parfois Origène, avec ou sans allégorie. C'est dans *La Cité de Dieu*, XV-XVII, qu'il développe sa théologie biblique de l'histoire du salut et qu'il la condense dans la formule fameuse : *Novum Testamentum in Vetere Testamento latet, Vetus Testamentum in Novo Testamento patet.*

[34] Le souci piétiste a souvent perturbé l'exégèse, bien avant de prendre corps dans une école (cf. *infra*, p. 14). Origène lui-même y avait parfois cédé.

[35] La doctrine des quatre sens se résumait dans la formule fameuse : *Littera gesta docet, quid credas allegoria, moralis quid agas, quid speres anagogia.* Cf. Fr. Torm : *Hermeneutik des N.T.*, p. 33, 213-229, Göttingen, Vandenhoeck u.R., 1930.

[36] *Ibid. Thomas d'Aquin* donnait cette explication : « Il faut se souvenir que l'auteur de l'Écriture est Dieu. Or, il est au pouvoir de Dieu d'adapter aux significations non seulement les mots, ce qu'un homme aussi peut faire, mais les choses elles-mêmes. C'est pourquoi, tandis que dans toutes les sciences les mots sont signifiants, cette science (celle de l'Écriture) a ceci de particulier que les choses signifiées par des mots signifient en plus quelque chose. Ainsi donc, la première signification que les mots donnent aux choses n'est qu'un premier sens : le sens historique ou littéral. Quant au sens par lequel les choses signifiées par des mots signifient encore d'autres choses, il est dit sens spirituel; il se fonde sur le sens littéral et le suppose ». (*Auctor Sacrae Scrip-*

l'organe de sa hiérarchie, est seule habilitée à fixer les sens et la pensée des textes; mais, pratiquement, on en revient à la situation que déplorait, au 5ᵉ siècle, *Vincent de Lérins*, en stigmatisant l'hérésie [37] : chacun interprète à sa façon l'Écriture Sainte.

3. Avec la Renaissance et la Réformation

L'exégèse théologique et allégorisante avait abouti à de tels excès que l'on ne pouvait plus aborder les textes qu'avec des clefs, pour une sorte de décodage. L'une des plus étranges fut celle des noms d'animaux dans la Bible, proposée par *Eucherius* de Lyon [38], au Vᵉ s. Au siècle suivant, le pape *Grégoire*, dit le Grand [39], ne cachait pas son dédain pour la seule méthode efficace de recherche et d'interprétation, en vue d'une théologie authentique de la Bible. Il tenait pour une indignité de faire dépendre de la grammaire la connaissance des choses divines. La Renaissance et la Réformation, *Érasme et Mélanchthon* furent d'accord pour rejeter cette prétention papale. L'un et l'autre déploraient pareillement « la prodigieuse métamorphose par où passaient les textes, sur quatre moules différents ». L'image pittoresque du « nez de cire » que l'on tire et modèle à sa fantaisie figurait bien ces aberrations [40].

---

turae est Deus, in cujus potestate est, ut non solum voces ad significandum accommodet, quod etiam homo facere potest, sed etiam res ipsas...). Le sens spirituel se subdivise lui-même en trois autres : allégorique, moral et anagogique. Cf. *Somme*, I, 91 a, 10.)

[37] *Vincent de Lérins* († 450) : *Commonitorium* C.2, (déplore) cette anarchie herméneutique en ces termes : *Sacram scripturam alius aliter interpretatur; aliter namque illam Novatianus, aliter Sabellius, aliter Donatus exponit, aliter Arius, Ennonius, Macedonius, etc., aliter postremo Nestorius.* Cf. G. Heinrici : *Hermeneutik*, p. 733, in *R.E.* 7. Bd.,

[38] *Eucherius*, évêque de Lyon vers 441, composa une sorte de lexique donnant les divers sens de termes bibliques désignant les objets naturels, les êtres vivants, etc. La rubrique des noms d'animaux y est particulièrement pittoresque.

[39] *Grégoire Iᵉʳ*, dit le Grand († 604), tenait pour indigne de faire dépendre de la grammaire la théologie.

[40] *Mélanchthon* : *Rhetorica II* : *de quatuor sensibus Script. litterarum* : « *Et hoc modo, omnes versus prodigiosa metamorphosi quadrifariam interpretantur, quantumvis interdum dictum aliquod repugnaret illi metamorphosi* ».

Geiler de Kaysersberg, prédicateur à la cathédrale de Strasbourg, constatait avec humour, vers 1500, que la Bible était un nez de cire (nasus cereus, wächserni Nas) que l'on tirait dans tous les sens, au gré de chacun.

Visant directement l'attitude de Grégoire, *Érasme* déclarait que « la théologie, cette reine des sciences, ne doit pas considérer comme au-dessous d'elle de recevoir une aide nécessaire de sa servante, la grammaire » (*Préf. à Laur. Valla in lat. N.T. adnot.* 1505).

En France, le conflit entre partisans et adversaires des langues bibliques risque de

L'un des effets de la Réformation, alliée sur ce point à la Renaissance, a été d'interrompre cette farce et de rendre au texte sa dignité, avec le même souci de recourir aux sources. Du côté « renaissant », l'avènement d'une philosophie indépendante, la confrontation du christianisme avec d'autres cultes avaient conduit certains esprits aventureux à de singulières hardiesses non seulement vis à vis du dogme reçu, mais de la Bible dont l'Église prétendait identifier la doctrine à la sienne. Sans se douter qu'ils cédaient ainsi à un autre dogmatisme, quoiqu'opposé, *Marsile Ficin* [41] et son brillant disciple, à l'érudition légendaire, *Pic de la Mirandole* cherchaient et croyaient découvrir dans la pensée biblique le platonisme dont ils étaient imbus. Un siècle auparavant, Boccace, dans son « Conte des trois anneaux », prêtait à la Bible, dans ses deux Testaments, et au Coran, des théologies semblables, pour aboutir à son idée première qui était d'établir l'unité des trois cultes : juif, chrétien et musulman. Au siècle des Lumières, qui présentera tant d'analogies avec la Renaissance, Lessing, dans son « *Nathan der Weise* », s'inspirera du conte de Boccace.

Les *Réformateurs* se sont gardés de ces excès, tout en souscrivant, en une large mesure, à l'humanisme renaissant [42]. Néanmoins, Zwingle, peut-être par hyperbole, dans une lettre au roi François Ier, associe curieusement les héros de l'antiquité, voire de la mythologie, gréco-latine aux personnages bibliques [43].

Luther [44] dont la conversion a été préparée par sa méditation des épîtres de Paul, et notamment de l'épître aux Romains, sur le thème central de la justification par la foi, donne à cette doctrine une place qui déborde, sans doute, la réalité biblique. Mais il ne va pas jusqu'aux extrémités d'un *fidéisme* inconditionnel ou d'une sorte d'*existentialis-*

---

tourner au drame quand la Sorbonne intransigeante et fanatique s'en mêle, jetant l'anathème aux lecteurs royaux du futur Collège de France, dont *Calvin* était alors l'élève. Cf. Abel Lefranc : *Hist. du Collège de France...*, p. 122, Paris, 1893 ; H. Clavier : *Études sur le calvinisme*, pp. 115 ss., Paris, Fischbacher, 1936.

[41] Marsile Ficin (1433-1499), avec sa *platonica theologia* et sa *platonica academia*, témoigne, en pleine Renaissance italienne, de l'attrait persistant exercé par le grand philosophe sur la pensée religieuse en tous temps. Deux siècles plus tard, les *Cambridge Platonists*, avec Ralph Cudworth, en témoigneront à leur tour. Platon prenait figure, pour certains, de père ou de grand père de l'Église.

[42] Émile G. Léonard : *Hist. Génér. du Protestantisme*, tome I, *Introd.* et *passim*, Paris, PUF., 1961 (cf. *index : humanisme*).

[43] *Ibid.*, p. 124 s.

[44] *Ibid.*, p. 29 ss ; 118 ss.

me ⁴⁵ dont il serait le précurseur. Son jugement sévère sur l'épître de Jacques, « une épître de paille » montre d'une part, son indépendance vis à vis du Canon, mais, d'autre part, sa dépendance par rapport à la doctrine qu'il s'est constitué. Passer d'un dogmatisme rigide à un autre plus souple et moins dangereux peut être encore, dans une certaine mesure, tomber de Charybde en Scylla. Néanmoins, le principe du « *libre examen* » est désormais acquis avec Luther et son « *canon de la foi* ». Le lien est distendu, sans être rompu, entre l'ancienne et la nouvelle alliance, entre le régime de la Loi et celui de la Grâce et de la Foi ⁴⁶.

Calvin, sans les mêmes éclats, fait preuve d'une liberté semblable ; l'omission de l'Apocalypse dans ses Commentaires est caractéristique ⁴⁷. Néanmoins, il associe plus étroitement que ne le fait Luther les deux Testaments ; il les situe dans la même économie, et dans l'attente eschatologique. Sa lecture et sa compréhension théologique de la pensée biblique diffèrent sur ce point important des thèses luthériennes, que *Mélanchthon* assouplira ⁴⁸. Théodore de Bèze fera de même pour celles de Calvin ⁴⁹. Leur humanisme les rapproche également, comme celui de Bucer qui tient à la fois de Luther et de Calvin auquel il a beaucoup donné, et dont il a reçu davantage ⁵⁰.

4. *Du XVIIᵉ au XIXᵉ siècle*

Après les grands initiateurs, Luthériens et Calvinistes finissent par sombrer indifféremment ou diversement dans un dogmatisme étroit par où la pensée biblique était forcée conformément à la doctrine. Les textes sont exploités comme *dicta probantia* du dogme ecclésiastique. On est retombé plus ou moins dans l'ornière.

---

⁴⁵ Cf. Rudolf Bultmann : *Theolog. d. N.T.*, 5ᵉ éd. et *éd. angl.*, vol. II, p. 121 ss., 250 ss., London, SCM Press, 1968 ; — Erich Dinkler : *Existentialist Interpretation of the N.T.*, in *The Journal of Religion*, XXXII, n° 2, 1952, p. 87-96 : « La foi est existentielle dans la mesure où elle est en relation intime avec l'existence personnelle. Existential est ce qui rend compte de cette relation » (p. 95, n. 8).

⁴⁶ *Luther* voyait dans l'A.T. « la crèche et les langes où Jésus-Christ a été déposé ».

⁴⁷ Cf. H. Clavier : *Études sur le calvinisme, op. cit.*, p. 81 s., 86 s., 126 s. Le silence de *Calvin* sur l'Apocalypse rend *Scaliger* éloquent : *Sapit quod in Apocalypsin non scripsit. O quam Calvinus bene assequitur mentem prophetarum !... Optime fecit Calvinus in eo quod minime scripserit in Apocalypsin* » (d'ap. Bayle : *Dic. hist. et crit.*).

⁴⁸ Cf. E. G. Léonard : *op. cit.*, p. 220 s.

⁴⁹ Cf. H. Clavier : *Théodore de Bèze*, p. 34, 60 ss., Cahors-Strasbourg, 1960.

⁵⁰ Cf. Henri Strohl : *Bucer, humaniste chrétien*, Paris, PUF, 1939 ; H. Clavier : *La part de Strasbourg à la Renaissance et à la Réforme...* in B.P.H., 1972.

Ce genre d'exploitation de la Bible a été pratiqué notamment dans les *Collegia Biblica* de l'orthodoxie luthérienne [51]. Il n'en allait guère autrement en milieu piétiste où l'expression *théologie biblique* semble avoir été utilisée pour la première fois par Haymann [52], pour désigner une discipline indépendante de la dogmatique. Si relative qu'elle fût, cette velléité d'indépendance pouvait mener loin. Malgré ses sympathies pour le piétisme, Bengel [53] a su concilier cette position spirituelle avec une méthode rigoureuse pour le temps. Il cède néanmoins à la tentation piétiste qui est, d'une manière très générale, d'accentuer exagérément l'unité de la pensée biblique, en en minimisant la diversité. Il le fait dans une perspective augustinienne [54], selon sa formule : *Opertum initio tenetur, quod deinde apertum cernitur.*

Le dogmatisme bibliciste trouvera un prolongement plus ou moins réfléchi dans tous les « fondamentalismes », avec de singulières reviviscences des typologies anciennes et d'étranges mariages de littéralisme et d'allégorisme. L'étreinte doctrinale va se desserrer vers le milieu du XVIIIe siècle, le « siècle des Lumières », renouant, jusqu'à un certain

---

[51] Cf. R. Bultmann, éd. allem., *op. cit.*, p. 581. Ainsi, en 1671, Sébastien Schmidt fait paraître son *Collegium biblicum in quo dicta Veteris et Novi Testamenti juxta seriem locorum communium theologicorum explicantur*. La saine doctrine, celle de l'orthodoxie luthérienne, est inscrite dans l'Écriture.

[52] C. Haymann : *Biblische Theologie*, 1708 (4e éd. 1768) prétend relever uniquement de la Bible, sans l'asservir au dogme. A. F. Büsching publie en 1756, l'abrégé d'une théologie tirée des seules Écritures Saintes : *Epitome Theologiae e solis sacris litteris concinnata*, et, en 1758, un traité où il entreprend d'établir la supériorité d'une théologie biblico-dogmatique sur la scolastique : *Gedanken von der Beschaffenheit und dem Vorzug der biblisch-dogmatischen Theologie vor der scholastischen*. Cf. Heinrici : *Hermeneutik*, art. cit., in R.E. & M. Kähler : *Bibl. Theol.*, R.E. Bd. 3, p. 193.

En libérant ainsi, dans une certaine mesure, la théologie biblique d'une dogmatique traditionnelle, afin de se concentrer sur la Bible elle-même, le piétisme luthérien suivait la voie ouverte un demi siècle plus tôt, par le réformé *Jean Coccejus* (1603-1669). Ses nombreux travaux sur la Bible furent couronnés en 1662, par une Somme théologique tirée des Saintes Écritures : *Summa Theologiae ex sacris scripturis repetita*. Il est probable que le fondateur du piétisme luthérien, Philip Jacob Spener, de Ribeauvillé, prédicateur à la cathédrale, chargé d'enseignement à l'Université de Strasbourg, a pu bénéficier de cette Somme, vers 1665, avant d'être appelé comme prédicateur principal à Francfort.

[53] Johann Albrecht Bengel (1697-1752) tient une place très honorable parmi les précurseurs de la science biblique. Parmi les règles qu'il a proposées, celle-ci garde une valeur relative : donner la préférence au texte le plus difficile qui a toutes chances d'être le plus ancien.

[54] Cf. *supra*, p. 10, n. 33.

point, avec la Renaissance et la première Réformation [55]. Mais une autre forme de dogmatisme allait compromettre l'heureux effet de cette libération : un dogmatisme de combat, contre l'Église autoritaire ou le piétisme : celui de la Raison magnifiée et d'une scolastique rationaliste. Telle est, diversement, l'attitude de Zacharias et [56] même de Semler [57], de L. Bauer [58], de de Wette [59], de Gabler [60] aussi qui reprend,

---

[55] Cf. *supra*, p. 11s., n. 40-41 ss. La relation de Lessing à Boccace dans le thème de *Nathan der Weise* (1778) en est un exemple typique (cf. *supra*, p. 12).

[56] Gotthilf Traugott Zacharias publie, de 1771 à 1775, les quatre parties d'une *Biblische Theologie oder Untersuchung des biblischen Grundes der vornehmsten theologischen Lehren*. Zacharias est au fond assez conservateur et les analogies entre son ouvrage et celui du piétiste Büsching, paru en 1756 (cf. *supra*) sont manifestes. Cf. Heinrici : *art. cit.*, *supra*, n. 52, et R. Bultmann : *op. cit.*, p. 583.

Néanmoins, Zacharias est bien de son temps, quand il milite pour un christianisme raisonnable et moralisant. À cet effet, les images et symboles bibliques doivent être dépouillés de ce qui n'est pas conforme à la vérité rationnelle et moderne. C'est déjà un programme de dé-mythisation.

[57] Johann Salomo Semler (1725-1791) revendique les droits d'une libre critique face au supranaturalisme qui régnait alors à Tubingue. De sa chaire de Halle, il émet un enseignement et des travaux d'une grande érudition et d'un libéralisme étonnant. Il opère un tri parmi les livres de la Bible, suivant l'inspiration qu'il leur reconnaît. Chacun peut se faire son système, indépendamment de la doctrine officielle que les ministres du culte doivent professer. Surpris par les effets qu'il n'avait pas prévus, d'un tel radicalisme, Semler veut réagir, mais perd, de ce fait, la direction du Séminaire théologique de Halle.

[58] Lorenz Bauer, dans ses études et publications de théologie biblique sur les deux Testaments, de 1796 à 1803, souligne leurs différences, à l'encontre des doctrines officielles ou piétistes qui tendent à les confondre dans une inspiration uniforme.

[59] Wilhelm Martin de Wette (1780-1849), l'un des maîtres du rationalisme exégétique et critique auquel il associait une piété mystique, ami des missions et d'un évangélisme ouvert, comme celui d'Alexandre Vinet (cf. H. Clavier : *La pensée relig. d'Alexandre Vinet*, p. 101-105, Paris, Fischbacher, 1938), a publié en 1813 l'ouvrage de théologie biblique qui l'a rendu célèbre : *Biblische Dogmatik d. A.T. und d. N.T., oder kritische Darstellung der Religionslehre d. Hebraismus, d. Judentums, und d. Urchristentums*. Destitué et exilé de Prusse pour des raisons politiques, il est nommé à Bâle en 1822, à l'Université où il trouve Vinet parmi ses auditeurs assidus, enthousiaste d'abord, et plus tard réticent.

[60] Johann Philip Gabler (1753-1826) est, plus que ne l'avait été Haymann (cf. *supra*, n. 52), le véritable fondateur de la théologie biblique en tant que discipline autonome, par son essai paru en 1787 : *De justo discrimine theologiae biblicae et dogmaticae, regundisque recte utriusque finibus*. Dans le cadre d'un Discours académique, c'était un véritable manifeste en faveur d'une théologie biblique indépendante, *non conficta ad nostros sensus*. Le texte en a paru dans les *Opuscula academica*, II, p. 179-198, Ulm, 1831. Quant à la théologie dogmatique, elle ne serait pas une sorte de catalogue doctrinal, mais

sur une autre base, le projet de Haymann. Il le pousse beaucoup plus avant dans la distinction entre la théologie biblique et la dogmatique.

Les essais de critique biblique de Richard Simon [61], de Lessing, avec sa publication des fameux fragments dits de Wolfenbüttel, qui ne sont pas de lui, mais de Reimarus [62], ont exercé leur influence sur une recherche rationnelle, dont on peut dire, malgré ses touches ou ses accès de dogmatisme, qu'elle marque un très sérieux progrès. Rudolf Bultmann note, avec perspicacité, l'orientation de cette recherche vers le détail plutôt que vers le fond dont le théologien rationaliste est convaincu qu'il porte en soi, dans sa raison, le critère décisif [63].

C'est alors que Hegel vient ébranler ces positions fixées du rationalisme classique, par l'élan dynamique de sa philosophie dont on pensera ce qu'on voudra, mais qui a eu le mérite d'aiguillonner la recherche [64]. Le rationalisme des Lumières posait *in abstracto* des vérités intemporelles, éternelles, tandis qu'*in concreto* l'histoire n'en pouvait donner que des représentations imparfaites, locales et sporadiques. *L'Idée* hégélienne en se cherchant sans jamais se trouver dans l'histoire, la met en mouvement. Il s'ensuit un intérêt nouveau pour les développements historiques, et le désir d'écouter cette histoire animée, plutôt que de

---

plutôt une philosophie par où le théologien exprimerait son point de vue et ses appréciations personnelles sur la doctrine de son Église et sur la Bible.

[61] Richard Simon (1638-1712), Oratorien et linguiste éminent, l'un des précurseurs de la Critique biblique, devint célèbre lorsque parut, non sans oppositions, son *Histoire critique du Vieux Testament*, en 1678, suivie, de 1689 à 1695, de travaux analogues sur *le texte et les versions du Nouveau Testament*.

Jean Astruc (1684-1766), fils d'un pasteur huguenot, et médecin du roi, professeur au Collège royal, se réclame de Richard Simon et d'autres précurseurs, tels que Jean Le Clerc (1657-1736), professeur à Genève, lorsqu'il fait prudemment paraître, en 1753, ses fameuses *Conjectures sur les Mémoires originaux dont il paroit que Moyse s'est servi pour composer le livre de la Genèse...*

[62] Les *Fragments de Wolfenbüttel*, dont la publication par Lessing, en 1774 et 1778, fit sensation et fut comme le coup d'aiguillon qui en réveilla beaucoup du sommeil dogmatique, avaient pour auteur Hermann Samuel Reimarus, professeur à Hambourg.

Reimarus (1694-1768) qui enseignait l'hébreu et les langues orientales, ne connut pas l'extraordinaire succès de ses travaux dont on ignora longtemps qu'il était le véritable auteur. Il y critique les variations et les contradictions de l'Ancien Testament dont il nie la révélation. Quant au Nouveau Testament, il estime qu'il faut le dépouiller de sa forme mystique pour le mettre en accord avec la raison.

[63] Cf. R. Bultmann, *op. cit.*, p. 583.

[64] *Ibid.*, Le génie de Hegel, souvent obscur comme celui d'Héraclite (*der dunkle Heraklit*) auquel on l'a comparé, a suscité des mouvements qui ne vont pas toujours dans le même sens.

lui faire la leçon, en doctrinaire, du point de vue de l'éternité. Christian Baur [65] estime que c'est justement là, dans ce concret mouvant, que le théologien biblique pourra saisir la vérité, plutôt que dans un miroir idéal où il contemple sa propre image. Il pourra, du même coup, prendre de soi une conscience plus claire et percer, comme d'un trait lumineux jusqu'au fond de son être intime. Bultmann y voit l'amorce d'un existentialisme tel que celui dont un siècle plus tard, il a eu la révélation à travers Heidegger [66].

Les disciples de Baur ont retenu et forcé, plus souvent que constaté, dans l'histoire, le schéma hégélien : thèse-antithèse-synthèse, où l'on pourrait aussi retrouver la relation du *polemos-logos* héraclitéen [67]. Transposé dans la littérature chrétienne primitive, et d'abord dans le Nouveau Testament, ce schéma s'appliquerait à un antagonisme entre la thèse judéo-chrétienne, l'antithèse pagano-chrétienne, et à la synthèse des compromis [68]. Les théologies bibliques de *l'École de Tubingue*, ont usé plus ou moins de ce schéma prémédité, ce qui, nécessairement, quelle que fût leur valeur, les entachait de dogmatisme et prêtait trop aisément le flanc aux critiques de la théologie traditionnelle. Il s'agissait pourtant d'un usage très libre, déjà chez Hilgenfeld [69], bien plus chez Pfleiderer [70] qui abandonne l'antithèse de lutte et de combat. Ritschl

---

[65] *Ibid.*, p. 584. Ferdinand Christian Baur (1792-1860), d'abord disciple de Schleiermacher, puis de Hegel, est devenu le chef de l'école de Tubingue, la seconde, bien différente de la première qui était supranaturaliste (cf. *supra*, p. 15, n. 57).

[66] R. Bultmann, *ibid.*, p. 585. Cf. *supra*, p. 13, n. 45.

[67] Cf. *supra*, n. 64.

[68] Les disciples de Baur ont surtout retenu et forcé dans l'histoire le schéma hégélien : thèse, antithèse, synthèse. Ainsi, sur ce modèle préconçu, il y aurait eu, aux origines du N.T. canonique, trois tendances qui se seraient manifestées dans ses divers livres, pour se prolonger dans la littérature chrétienne primitive. La première, la thèse, est judéo-chrétienne et trouvera dans l'ébionisme ses formes les plus accusées et les plus agressives ; la seconde, l'antithèse, est pagano-chrétienne, opposée à la précédente dans les écrits pauliniens authentiques, et violemment hostile, au siècle suivant, dans les écrits gnostiques anti-juifs ; la troisième, la synthèse, est faite de compromis, et c'est d'elle que relèveraient, diversement, la plupart des écrits du Nouveau Testament, et, plus tard, la littérature ecclésiastique.

[69] A. Hilgenfeld fait observer que la notion d'une évolution de la tradition chrétienne primitive n'a rien de spécifiquement hégélien. Il pense pouvoir la faire remonter jusqu'à Semler, l'adversaire du supra-naturalisme de la première école de Tubingue (cf. *supra*, p. 15, n. 57). A. Hilgenfeld : *Das Urchristentum in den Hauptmomenten seiner Entwicklung*, 1854.

[70] Otto Pfleiderer estime que le pagano-christianisme s'est imposé sans heurt sur le terrain de l'hellénisme. En lénifiant l'antagonisme que Baur au contraire accentuait

la maintenait à sa manière [71], et les recherches contemporaines ont permis de constater qu'elle répondait, en une certaine mesure, à la réalité des faits, en-dehors de toute thèse préconçue.

D. F. Strauss, auteur d'une Vie de Jésus dont Renan s'est servi pour son fameux ouvrage, s'était rallié à l'école de Tubingue [72]. Renan lui-même restait indépendant, et sa science de la Bible demeure remarquable, malgré quelque dilettantisme [73].

Une place à part dans la recherche tâtonnante de l'objectivité à cette époque, doit être faite à Édouard Reuss, le principal représentant de l'École de Strasbourg [74]. Son œuvre monumentale sur la Bible entière,

---

entre les partis en présence, il ôte son mordant au système et sans doute, de manière excessive, à la réalité des faits. Un retour mesuré à l'antithèse semble être l'un des résultats de la recherche contemporaine. Cf. O. Pfleiderer : *Das Urchristentum, seine Schriften und Lehren in geschichtlichen Zusammenhang*, 1887.

[71] Albrecht Ritschl avait maintenu l'opposition, mais en supposant une déviation rapide du pagano-christianisme vers le catholicisme. Cf. A. Ritschl : *Die Entstehung d. altkathol. Kirche*, 1850.

[72] David Friedrich Strauss (1808-1874), élève et disciple de Baur, lui a peut-être emprunté, en la développant dans le sens collectif, sa notion du mythe qu'il applique à la tradition chrétienne primitive. Le résultat en fut la publication, en 1835, 36, des deux volumes de sa *Vie de Jésus* dont on a dit, non sans excès, qu'ils révolutionnaient la théologie moderne (*Leben Jesu, kritisch bearbeitet*). Cf. Theobald Ziegler : Strausz, David Friedrich, in R.E., Bd. 19, p. 81 *in fine*.

[73] Ernest Renan (1823-1892), dans son *Introduction* (p. xxvii) à la *Vie de Jésus* (1863), estime « que les textes ont besoin de l'interprétation du goût, qu'il faut les solliciter doucement jusqu'à ce qu'ils arrivent à se rapprocher et à fournir un ensemble où toutes les données soient heureusement fondues ».

Il ne faudrait cependant pas juger sur cette fantaisie esthétique une œuvre considérable, et, à maints égards, admirable, non seulement par la quantité, mais par la qualité. C'est un monument que Renan a dressé par son *Histoire des Origines du Christianisme* en sept volumes, de 1863 à 1881, avec d'autres ouvrages qui ont pu aussi fournir à la théologie biblique des éléments de valeur : une *Histoire du peuple d'Israël* (1887-1895); des études sur *Le Cantique des Cantiques* (1860), sur l'Ecclésiaste (1861), etc. Agrémentée par un style prestigieux, l'œuvre est généralement solide. La méthode en est plus réservée que celle de Ferdinand Christian Baur, dont Renan, tout en lui rendant hommage, n'adopte pas le calque hégélien dans son interprétation des textes et des pensées apostoliques ou post-apostoliques. Renan se sent également libre vis à vis de Strauss qu'on lui a parfois reproché à tort de suivre servilement. Sans oublier ce qu'il doit à la science du théologien allemand, il n'admet pas sa théorie du mythe comme production inconsciente de l'âme religieuse dans un ensemble collectif. Il croit à l'action déterminante des personnalités dans l'histoire et s'attache à mettre en relief celle de Jésus. Cf. *Vie de Jésus, Introd.*, v, xxvi.

[74] Édouard Reuss (1804-1891) expose sa méthode dans la préface de son *Histoire de la Théologie chrétienne au siècle apostolique* (1852), laquelle fut, avant d'être éditée,

ses études critiques et son Histoire de la Théologie chrétienne au siècle apostolique, témoignent, comme ses autres travaux, d'un respect scrupuleux des textes et d'un souci constant d'échapper à tout dogmatisme. L'un de ses successeurs à Strasbourg, pendant l'occupation allemande, après 1870, H.J. Holtzmann [75] lui rend témoignage, et compose lui-même une remarquable Théologie du N.T. dont Bultmann reconnaît la solidité.

Les coups d'aiguillon des Hégéliens, Tubinguiens et autres avaient tiré de leur torpeur les théologiens de la tradition, comme ceux du vieux rationalisme. Quand les dogmatismes traditionnels sont régis et controlés par une Église autoritaire, ils ne laissent que peu de place à la libre recherche et se cantonnent dans une érudition anodine, bien que

---

un cours de théologie biblique : l'ouvrage qu'il présente n'est pas « un livre de théorie ; sa valeur ne dépend en aucune façon, de ce qu'on appelle l'opinion, fût-elle celle de la majorité ; elle dépend uniquement des documents sur lesquels il fonde son récit, et qui restent toujours en évidence et accessibles à tout le monde... On y retrouvera partout cette absence de préoccupation systématique que l'auteur a toujours regardée comme la qualité la plus indispensable du véritable exégète » (p. VII s.). On pourrait ajouter : et du théologien biblique de la Bible. En effet, l'introduction qui suit la préface est consacrée à l'histoire et aux méthodes de la théologie biblique. Le même souci d'échapper à tout dogmatisme et le respect des faits s'y expriment avec insistance. Reuss mentionne quelques prédécesseurs et constate les difficultés qu'ils éprouvent à s'affranchir de leurs systèmes.

À cet ouvrage qui fut jugé capital à l'époque (cf. P. Lobstein : *Reuss*, in R.E., Bd. 16, p. 696), s'en ajoutèrent beaucoup d'autres, jusqu'à ce monument qu'on appelle *La Bible de Reuss*, et qui, en seize volumes, dont les derniers parus en 1879, a couronné la carrière de l'auteur. C'est peut-être dans ses recherches marginales, où il est moins spécialisé, qu'on peut juger le mieux de l'excellence de sa méthode. Parmi ses très nombreuses contributions aux trente deux volumes de la Revue de Strasbourg fondée en 1849 par Colani et Schérer (1850-1869), celles qu'il a consacrées, en cinq articles, de 1851 à 1853, à l'*Histoire de la Bible française*, et notamment aux *versions provençales*, sont des plus remarquables. Après s'être reconnu modestement « très novice » dans les études romanes, il fait sur les textes manuscrits, sur leur langue et sur leurs dialectes, des observations auxquelles les romanistes d'aujourd'hui rendent encore hommage. Cf. É. Reuss, in *Rev. de Théol. et de Philosophie chrét.*, 1851-53 ; H. Clavier : *Les premières versions provenç. de la Bible, art. cit., supra,* p. 5, n. 12 (Paris, 1959), Montpellier, 1971 ; add. *Actes Xe Congrès Internat. Lingu. et Philolog. romanes*, p. 737 ss., Strasbourg, 1962, Paris, Klincksieck, 1965).

[75] Heinrich Julius Holtzmann : *Lehrbuch d. neutestamentlich. Theol.*, 2 vol., Leipzig, Mohr-Siebeck, 1897-98. Holtzmann fut nommé à Strasbourg, après l'annexion de l'Alsace, dans la chaire de théologie du N.T. qu'il occupa de 1874 à 1904. R. Bultmann : *op. cit.*, p. 585, tient pour exemplaire la probité scrupuleuse de sa critique (vorbildlich in seiner kritischen Gewissenhaftigkeit). À partir de 1887, il fut secondé par F. Spitta pour la critique du N.T., tandis que Budde partageait avec Nowack la chaire d'A.T.

parfois considérable. Quand le contrôle est moins sévère et la libre recherche admise, des contraintes variées peuvent encore se faire sentir, ne fût-ce que par une conviction que l'on craint d'ébranler. Il faut savoir courir le risque et se dire avec *Paul* [76], qu'on ne peut rien contre la vérité. Quoi qu'il en soit, même entravée par quelque appréhension ou quelque discipline, la recherche, pourvu qu'elle ait assez d'ouverture et une liberté relative, peut encore donner des résultats fort appréciables en théologie biblique. Le risque réel est d'harmoniser fictivement les variétés de la pensée biblique dans un souci d'unification qui en atténue ou en masque la réalité. Dans quelle mesure tel historien ou théologien a-t-il ou non cédé à cette tentation ? C'est une question d'appréciation. Les essais de théologie biblique ont été peu nombreux, et pour cause, du côté catholique, orthodoxe ou romain [77]. Ils le sont beaucoup plus du côté protestant où l'on va d'une harmonistique extrême [78] à des travaux indépendants où l'unité biblique n'est plus envisagée que comme une harmonie approximative dans une diversité plus ou moins grande. Le Nouveau Testament et l'Ancien sont rarement étudiés dans le même ouvrage, mais souvent dans la même perspective : celle d'Augustin ou de Bengel [79]. L'unité des deux Testaments dans une seule *histoire du salut* est affirmée de part et d'autre par les théologiens les plus attachés à la tradition [80], tandis qu'une connaissance croissante de l'Histoire des

---

[76] 2 *Cor. 13* : 8.

[77] Aucun ouvrage d'ensemble ne figure sur la liste brève donnée par Lemonnyer, O.P., professeur au Collège du Saulchoir, dans son petit manuel de *Théologie du N.T.*, p. 193 s., Paris, Bloud & Gay, 1928.

[78] Ainsi chez W. Alexander : *A System of Biblical Theology*, 2 vol., 1888 ou W. F. Adeney : *The Theology of the N.T.*, 1894.

[79] Cf. *supra*, p. 10, n. 33 ; p. 14, n. 53, 54.

[80] Les études critiques de plus en plus poussées au XIXe siècle ont rendu impossible à une recherche tant soit peu indépendante le maintien des thèses traditionnelles, plus ou moins théopneustiques, sur l'unité de l'Ancien Testament et de la Bible entière. Beaucoup, des mieux intentionnés, trouveront difficile de se résoudre à un libre jugement qui, pourtant, sert la Bible plutôt qu'il ne la dessert, en faisant ressortir, par contraste avec d'autres, la tendance directrice ou la ligne de force qui marqueront peut-être l'unité spirituelle de la pensée biblique.

Bernhard Weiss, bien que fort au courant des problèmes critiques, tels qu'ils se posaient vers 1860, cherche trop à conserver ce qui est déjà menacé, et qu'il faudra plus tard abandonner. Il le fait, toutefois, avec beaucoup d'érudition dans sa Théologie du N.T. qui a connu de nombreuses éditions : *Lehrbuch d. bibl. Theol. d. N.T.*, 1868. Les vues traditionnelles sur l'unité biblique y apparaissent encore. On les retrouve autrement présentées, dans la savante et ingénieuse construction de Willibald Beyschlag : *Neutest. Theologie*, 2 vol., 1891-92.

Plus près encore de la tradition, Jules Bovon consacre deux volumes à une *Théologie*

religions tendait à desserrer un lien trop étroit. Les choses en étaient là vers la fin du XIXᵉ siècle et à l'aube du XXᵉ.

5. *De la fin du XIXᵉ siècle à nos jours*

Il y a donc eu plusieurs révolutions, grandes ou petites dans l'histoire des recherches sur la pensée biblique, depuis le Nouveau Testament interprète de l'Ancien, jusqu'à l'époque contemporaine : la Réformation, les Lumières, l'impulsion hégélienne. Il faut y ajouter, à l'aube de notre temps, un nouveau coup d'aiguillon : celui de l'histoire des religions, aiguisé par de surprenantes découvertes archéologiques, jusqu'à nos jours. On ne peut entrer ici dans le détail des œuvres, des trouvailles, des noms. Il faut se contenter d'un aperçu rapide.

L'utilisation (ou l'exploitation) des parallèles historiques religieux pour ou contre l'Église, la doctrine ou la foi chrétiennes (à distinguer), ne date pas des temps modernes. On peut la faire remonter jusqu'aux origines du christianisme et à ses premiers contacts avec d'autres cultes [81]. Au Vᵉ siècle, l'évêque syrien Théodoret [82] proposait cette

---

du N.T. (1893-94), en guise d'introduction à une *Dogmatique* sur la Rédemption. Fort éloigné, par contre, de ces thèses, son compatriote, Georges Fulliquet publie, dans le même temps, une étude sur *La pensée religieuse dans le N.T.*, Genève, 1893. Il fait grand usage de la méthode psychologique et aboutit à des conclusions hétérodoxes, notamment en ce qui touche l'expiation substitutive. Il n'en trouve point trace dans le paulinisme ni dans le johannisme. Il reviendra plus tard sur ce problème dans une étude systématique sur *La Doctrine du second Adam*, 1915.

[81] Cf. 1 *Cor. 8* : 4 ss.; *Col. 2* : 8, 17; *Hébr. 10* : 1; *13* : 9; *2 Pi. 1* : 16. Des apôtres, on pourrait suivre la filière à travers les siècles de l'Église, en s'arrêtant d'abord aux Pères apologètes dont le souci de défendre la vérité chrétienne n'est pas toujours propice au jugement impartial. Justin : *Apologie*, I, 20 (*P.G.* VI, *col.* 357) constatant la ressemblance entre la doctrine chrétienne et certains systèmes antiques, entreprend de bien marquer, avec démonstration ($\mu\epsilon\tau\grave{a}$ $\mathring{a}\pi o\delta\epsilon\acute{\iota}\xi\epsilon\omega s$), le caractère spécifique de la foi nouvelle. C'est dans le même esprit qu'il compare le christianisme au judaïsme dans le *Dialogue avec Tryphon*. Origène, de même, passe parfois la mesure dans sa querelle avec Celse, malgré son ouverture d'esprit. Mais il a aussi des remarques très justes, notamment quand il donne le conseil de remonter de pratiques apparemment semblables aux principes qui pourraient être différents (*Contr. Cels.*, I, VII, *col.* 1509).

La polémique prend une autre tournure quand l'Église triomphe, après l'*édit de Constantin*; mais elle se prolonge, tandis que la controverse se poursuit entre écoles rivales à l'intérieur du christianisme. Au bout de son itinéraire spirituel qui l'a fait passer par le manichéisme et le néo-platonisme, *Augustin* donne à ceux que troublent certaines ressemblances, un conseil analogue à celui d'Origène : *non te terreat commixtio corporalis in tanta separatione mentis* (*Serm. de Calend.*, *P.L.* XXXVIII, *col.* 1025). Néanmoins, il va jusqu'à écrire que la vraie religion n'a pas cessé d'exister depuis les

règle : «par le parallèle, saisir ce qui distingue». Ce discernement, sans exclure ce qui rapproche, n'a pas toujours marqué les «comparatismes», polémiques parfois plutôt que scientifiques, notamment au XVIIIe siècle, et trop souvent depuis [83]. Une certaine méfiance, plus ou moins justifiée, des théologies traditionnelles s'ensuivit, qui tend à disparaître [84]. Elle fut accrue par le radicalisme d'une école dont on se rend compte maintenant à quel point, malgré quelques outrances, le rôle qu'elle a joué était considérable et nécessaire pour la théologie biblique elle-même, l'école historique-religieuse allemande, la *Religions-*

---

origines, avant de commencer, avec le Christ, à s'appeler chrétienne (*De vera Relig.*, *P.L.* XXXIV, *col.* 131). Il rejoignait ainsi l'enthousiasme de Tertullien : *O testimonium animae naturaliter christianae.* (*Apologeticus*, *P.L.*, I, *col.*, 377 et *De testim. anim.*, *ibid.*, *col.* 608). Il est vrai qu'Augustin craignant que cette largeur d'esprit fût mal interprétée, ce qui n'a pas manqué de se produire, s'est ensuite expliqué (*Retract. P.L.* XXXII, *col.* 603). Augustin s'est reproché une ambiguïté pouvant faire croire qu'il y aurait d'autres voies que Jésus-Christ pour aller à Dieu : *vitanda erat haec offensio* (*ibid.*, *col.* 590). Parmi les abus qui ont été faits d'une affirmation qui a sa part de vérité profonde et prophétique, on remarquera l'usage qu'on a fait *Tyndall*, au siècle des lumières, en 1738. Prenant pour épigraphe la déclaration d'Augustin, le déiste anglais écrit un livre sous ce titre à sensation : *Christianity as old as the Creation.* Il s'agirait, d'après lui, de religion et de morale naturelles, que l'on trouverait également dans les maximes de Confucius ou d'autres sages, conformément à la raison. Max Müller pensait plus spécialement à l'Hindouisme en se référant à Augustin dans son Introduction à la Science des Religions (*Introduction to the Science of Religion*, 1873). Cf. H. Pinard de la Boullaye : *L'Étude comparée des Religions*, vol. I, p. 91, Paris, Beauchesne, 1922.

[82] *Théodoret*, évêque d'Antioche, contemporain d'Augustin, conseillait un usage prudent des parallèles : δεῖξαι ἐκ συγκρίσεως τὸ διάφορον, ἐκ παραλλήλου θεώμενος τὸ διάφορον· Cf. Paul Masson-Oursel : *La philosophie comparée*, p. III, Paris, Alcan, 1931.

[83] Tel fut encore le cas de Salomon Reinach dans son petit manuel d'Histoire des religions intitulé *Orpheus*, Paris, Picard, 1909, abrégé de son grand ouvrage en 4 vol. *Cultes, mythes et religions*, Paris, 1905-13. Il y définit la religion : «un ensemble de scrupules qui font obstacle au libre exercice de nos facultés» (Orpheus, Introd., p. 4). Néanmoins, il affirmait au 3e Congrès de l'Associat. internat. pour l'Histoire des Relig., à Oxford, en 1908, le souci de ne pas confondre des phénomènes apparentés et cependant distincts, en leur infligeant «la même étiquette», *the same label*, ce qui va dans le sens du sage conseil de Théodoret. Évoquant les systèmes disparus, notamment celui du Conventionnel Charles François Dupuis, dans son essai fantaisiste sur l'*Origine de tous les cultes*, 1795, Reinach fait cette citation désabusée : *Cadent quae nunc sunt in honore*, non sans quelque espérance : *Multa renascentur.* Cf. *Transactions of the third Intern. Congress...*, vol. II, p. 119 s., Oxford, Clarendon Press, 1908.

[84] Des théologiens pratiquant le libre examen prennent part aux travaux de l'Association internationale pour l'Hist. des Relig. et y occupent des postes de confiance. Cf. H. Clavier : *Problème de Méthode en Hist. des Relig.*, *op. cit.*, p. 94, 112 ss.

geschichtliche Schule [85]. Elle a d'abord appliqué la méthode comparative à l'Ancien Testament [86], puis au Nouveau. Rudolf Bultmann qui en relève, et qui, peu après Martin Dibelius [87] y a greffé l'étude des formes

---

[85] Parmi les principaux promoteurs de l'école « religionsgeschichtlich » et de ses méthodes dans le champ biblique, il convient de citer ceux que l'on nommait de leur temps : « les trois W » : Wellhausen, Weiss, Wrede. Julius Wellhausen (1844-1918), est célèbre par ses travaux sur l'*Histoire d'Israël*, les *Sources du Pentateuque* et autres études sur l'Ancien Testament, suivies d'incursions dans le Nouveau, notamment avec : *Das Evangelium Marci*, Berlin, 1903. — Johannes Weiss (1863-1914) s'est fait l'ardent défenseur de la thèse apocalyptique dont Reimarus avait été l'un des protagonistes (cf. *supra*, p. 16, n. 62). Il la généralise en l'appliquant à toute la tradition évangélique, à partir de Matthieu et de Marc, *Das älteste Evangelium*, Göttingen, 1901. Cette même année 1901, William Wrede publiait son *Messiasgeheimnis* où il développe la thèse du secret messianique, l'une de celle qui, dans l'histoire de la théologie, ont aiguillonné la critique (*Das Messiasgeheimnis in den Evangelien*, Göttingen, 1901). Albert Schweitzer estimait que cette œuvre de Wrede ouvrait une ère nouvelle pour la science du N.T. Cf. A. Schweitzer : *Von Reimarus zu Wrede*, 1906, réédité sous le titre : *Geschichte der Leben Jesu Forschung*, Tübingen, 1913.

Wrede fut sans doute l'un de ceux qui ouvrirent la voie sur cet embranchement de l'école que fut la *Formgeschichte* (cf. *infra*), mais Weiss également, tout en étant le coryphée de l'*eschatologisme apocalyptique* dans les Évangiles : *Die Predigt Jesu vom Reiche Gottes*, Göttingen, 1892. Sans remonter jusqu'à Reimarus, on peut mentionner parmi les précurseurs de cette théorie : Auguste Wabnitz : *Le Royaume des cieux*, thèse Montauban, 1878, et articles dans *Rev. de Théol.* de Montauban, enfin dans son œuvre d'ensemble en 2 vol. : *Hist. de la vie de Jésus*, Montauban, 1904-6. Cette hypothèse, maniée de façons très variées, et tout autrement par Wabnitz que par Strauss ou Renan, a connu ses plus grands développements avec et depuis Johannes Weiss. Dans sa leçon d'ouverture, en 1927, comme successeur d'Alfred Loisy à l'École des Hautes Études, section des sciences religieuses, Maurice Goguel n'hésitait pas à dire : « Quoi qu'on pense de la théorie de Johannes Weiss, son livre (*Die Predigt Jesu vom Reiche Gottes*) a posé une question capitale d'une manière si nette qu'elle ne peut plus être éludée : la prédication de Jésus a-t-elle ou non un caractère eschatologique ? Une réponse affirmative est de plus en plus généralement donnée à cette question »(Cf. *RHR*, XCVI, 6, p. 328, 1927.

[86] Hermann Gunkel, par ses études sur les genres et les formes littéraires de l'A.T., a été l'un des précurseurs de la méthode dite de la *Formgeschichte*.

[87] Martin Dibelius : *Die Formgeschichte des Evangeliums*, 1919, 2e éd., remaniée, Tübingen, Mohr-Siebeck, 1933, rend hommage à Gunkel et à d'autres précurseurs, tels que Herder (1744-1803), etc. ; au début du XXe siècle: Éduard Norden, Adolf Deissmann (p. 4 ss.). Ils ont tous contribué à la recherche historique de la genèse et de l'évolution des formes littéraires et à sa méthode que la nouvelle école s'efforce d'appliquer aux documents évangéliques. Elle s'y exerce à partir de la tradition chrétienne primitive dans son milieu d'origine, son « Sitz im Leben ». Cette école, dite historique formative, morphologique, ou de l'histoire des formes littéraires, a pour principaux représentants : Martin Dibelius, son fondateur, Rudolf Bultmann, Karl Ludwig Schmidt, Georg Bertram. Cf. H. Clavier : *La forme de l'Évangile et le fond*, 4 art. in : É.T.R., 1934.

littéraires dans les Évangiles, la *Formgeschichte,* attribue à *Wrede* [88] l'entrée de l'histoire des religions, ou du moins de l'école dans le champ du Nouveau Testament. Il est en cela d'accord avec Albert Schweittzer [89].

Quoi qu'il en soit, le mérite éminent de l'école a été de replacer la pensée biblique dans son milieu d'origine, dans la situation vivante de son *Sitz im Leben* qui n'était pas une sorte de ghetto spirituel fermé à toutes les influences. Les tâtonnements, les engouements, les outrances qui sont le lot de toute innovation féconde, sont peu de chose auprès des fruits de cette fécondité. Ce fut comme une sorte de laïcisation de la science [90]. Ce fut réellement une révolution dont le contrecoup se fit sentir non seulement négativement, mais positivement, sur la théologie biblique la plus attachée à la tradition [91].

Les découvertes archéologiques y ont pesé de tout leur poids, bien qu'elles aient, quelquefois, appuyé certaines des thèses traditionnelles [92]. Il y en avait déjà eu de fructueuses dans les pays ayant affaire avec l'histoire biblique [93], et chacune apportait son trait de lumière [94]; mais jamais de série aussi importante pour une meilleure

---

[88] R. Bultmann : *Theol. d. N.T.*, *op. cit.*, p. 585, *in fine*, estime que le programme de la Religionsgeschichtliche Schule est entré pour la première fois en théologie du N.T. avec l'essai de Wrede : *Über Aufgabe und Methode der sogennanten neutestament. Theologie,* 1897, où il traite de la tâche et de la méthode de la théologie du N.T. ainsi nommée.

[89] Cf. *supra*, n. 85.

[90] Cf. Cremer : *Inspiration, art.* in *Realencykl., op. cit.,* Bd. 9, p. 191 s. et *passim*; Adolf Deissmann : *Licht vom Osten,* p. 46 ss., Tübingen, 1908; É. Mangenot : *Inspiration de l'Écriture,* in *Dic. de Théol. Cathol.,* vol. VII, 2, col. 2192 ss., Paris, Letouzey, 1930.

[91] Bien qu'il reconnaisse avoir modifié certains de ses jugements, Theodor Zahn, un vétéran de la science biblique, reste sur la ligne traditionnelle dans son Précis de Théologie du N.T. : *Grundriss d. neutest. Theol.,* Leipzig, 1928. Plus ouvertes aux problèmes historiques et critiques, assez diversement, mais en ménageant la tradition, plusieurs théologies du N.T. paraissent au début et jusque vers le milieu du siècle. L'une des plus utilisées pour son érudition et sa clarté, celle de Paul Feine : *Theol. d. N.T.,* 1910, a connu sa 8e édition en 1950. On peut citer aussi : Friedrich Büchsel : *Th. d. N.T.,* 1935, 2e éd., 1937, avec ce sous-titre significatif : *Geschichte d. Wortes Gottes im N.T.* Cf. Histoire de la Théol. du N.T. in R. Bultmann : *op. cit.*, p. 588 s. ou, éd. angl. : R. Bultmann, *Theol. of the N.T., Epilogue,* vol. 2, p. 249.

[92] Cf. Werner Keller : *La Bible arrachée aux sables,* trad. de l'allemand, sous l'étiquette significative : *Und die Bibel hat doch recht,* Paris, Amiot-Dumont, 1956.

[93] La plupart des pays du Moyen-Orient, et, à l'Occident, la Grèce et Rome. Cf. M. Noth : *Geschichte und Gotteswort im A.T.,* 1949; *Die Welt des A.T.,* 1953.

[94] Cf. *Cahiers d'archéologie biblique,* collect. dirig. par André Parrot, Paris-Neuchâtel, Delachaux & Niestlé; W. F. Albright : From the stone age to Christianity, 1949 (trad. fr. Payot); *L'Archéologie de la Palestine,* Paris, Cerf, 1955; Werner Keller : *op. cit.*, etc.

compréhension du milieu ou des milieux bibliques successifs, que *Ras Shamra* [95], *Mari* [96], *Sumer* [97], *Qoumran* [98], *Nag-Hammadi* [99], pour ne citer que les sites principaux.

L'Ancien Testament avait été le premier intéressé par ces trouvailles et le premier aussi touché par l'histoire des religions ; mais le Nouveau Testament en bénéficiait parfois indirectement. Depuis Qoumran et Nag-Hammadi, c'est son milieu surtout qui est en cause.

Rien d'étonnant que les deux Testaments aient eu, sous de telles impulsions, leur part abondante de recherches, d'études et de publications. Après la longue querelle des sources du Pentateuque, où l'emportèrent finalement, avec quelques atténuations, des précurseurs ou protagonistes de l'École historique-religieuse, Graf, Kuenen, Wellhausen [100], l'Ancien Testament fut étudié surtout sous l'angle historique, en tant qu'histoire du peuple d'Israël [101]. Le renouveau d'une

---

[95] Cf. René Dussaud : *Les Découvertes de Ras-Shamra (Ugarit) et l'A.T.*, 1937, 2e éd., revue, Paris, Geuthner, 1941 ; Edmond Jacob : *Ras Shamra et l'A.T.*, Neuchâtel, Paris, Delachaux & Niestlé, 1960.

[96] Cf. André Parrot : *Mari, une ville perdue*, 1936, et *Rapports de fouilles* dans *Syria*, 1935 à 1964, etc. *Les tablettes de Mari et l'A.T.*, in *R.H.P.R.*, 1950, p. 1 ss.

[97] Cf. S. N. Kramer : *L'Histoire commence à Sumer*, Paris, Arthaud, 1957 ; A. Parrot : *Sumer*, 1960, etc.

[98] Cf. R. de Vaux : *Rapports de fouilles* dans *Revue Biblique*, 1953, etc. *Revue de Qoumran*, 1958, etc., avec Bibliographies, etc. ; Dupont-Sommer : *Les Écrits esséniens découverts près de la Mer Morte*, Paris, Payot, 1959 ; Millar Burrows : *Les Mss. de la Mer Morte*, Paris, Laffont, 1957 ; *Lumières nouvelles sur les Mss. de la Mer Morte*, idem, 1959, etc.

[99] Cf. H. Ch. Puech : *La bibliothèque gnostique copte découverte près de Nag-Hammadi*, Rev. d'Hist. d. Relig. (*RHR*), 1957 ; id. : *Gnostische Evangelien*, in Hennecke-Schneemelcher, *Neutestament. Apokr.*, Tübingen, 1959 ; *Evangelium Veritatis*, Jung Inst. VI, Zurich, 1956 (éd. critique par Malinine, Puech, Quispel) ; W. C. Van Unnik : *Evangelien aus dem Nilsand*, Frankfurt a. Main, 1959 ; P. Prigent : *L'Évangile selon Thomas*, in Rev. d'Hist. et de Phil. Relig. (*RHPR*), 1959) ; Leipoldt - H. M. Schenke : *Kopt. Gnost. Schrift. aus den Papyrus Codices von Nag-Hammadi*, 1960 ; G. Quispel : *The Gospel of Thomas and the Gospel of the Hebrews*, in *N.T.S.*, 1966 ; id. *Makarius, d. Thomasevang. und d. Lied von d. Perle*, L. B., 1967.

[100] Cf. *supra*, p. 23, n. 85.

[101] La critique du Pentateuque esquissée en 1753 par Jean Astruc (cf. *supra*, p. 16, n. 61) se fondait sur les noms donnés à Dieu ; mais ne contestait pas la mosaïcité de l'ensemble. Il en va tout autrement de l'examen pratiqué par Graf, Kuenen, et surtout Wellhausen dont la critique n'est pas seulement littéraire, mais historique. L'histoire des religions est de plus en plus consultée pour établir le *Sitz im Leben* du peuple d'Israël aux grandes étapes de son histoire qui comprend celle de sa pensée, l'histoire de sa théologie. Cf. dans cette perspective : Adolphe Lods : *La Religion d'Israël* (avec Bibliographie, p. 246 ss.), Paris, Hachette, 1939.

théologie dogmatique, avec Karl Barth [102], au lendemain de la première guerre mondiale, contribua, sans doute, mais très diversement, à redonner aux recherches sur la Bible une orientation plus théologique. La réaction barthienne bannissait, théoriquement, l'histoire. Pour les théologiens de l'Ancien Testament, l'histoire d'Israël n'était pas exorcisée, mais redevenait une histoire du salut [103]. C'est dans cette perspective que se situent, diversement, les théologies de l'Ancien Testament de Eichrodt, Procksch, Jacob, von Rad et quelques autres [104].

Le Nouveau Testament a récolté aussi sa moisson d'études théologiques, de détails et d'ensemble. Parmi les essais de synthèse qui ont le plus marqué, on peut citer ceux de Weinel [105], Feine [106], Schlatter [107],

---

[102] Sur la position de Barth par rapport à Bultmann, et vice versa, cf. Ernst Käsemann : *N.T. Questions of to day*, p. 6 s., London, SCM Press, 1969. L'un et l'autre, mais diversement, sont opposés à l'historicisme, pour ne pas dire à l'histoire.

[103] Cette *Histoire du salut* aboutissait naturellement au N.T. Le renouveau des études indépendantes sur l'A.T. a souvent prélude à celui des études néo-testamentaires, et cela pour plusieurs raisons. Les thèmes plus variés de l'A.T. confinent à des domaines, comme l'histoire des religions ou l'archéologie, où la doctrine n'est pas directement intéressée. Le N.T., plus délimité, est comme le Saint des Saints dont l'A.T., dans la Bible chrétienne, est le parvis ou, tout au plus, le Saint. On ne s'aventure pas dans l'un comme dans l'autre, avec la même liberté d'esprit. Dans sa *Preface to Old Testament Theology*, Robert C. Dentan affirmait, en 1963, que les quinze années précédentes avaient été l'âge d'or de la Théologie de l'A.T. (p. 83, 2e éd., New York, 1963). Il estimait que l'on ne verrait plus des œuvres d'ensemble comme celles de Eichrodt ou de von Rad, mais qu'il faudrait reprendre, contrôler, mettre au point, les résultats acquis. Cf. Edmond Jacob : *Grundfrag. Alttest. Theol.*, p. 9, Stuttgart, Kohlhammer, 1965.

[104] *Ibid.*, p. 13 s., sur les différences entre l'histoire et la théologie de l'A.T. d'après Eiszfeldt et Eichrodt, en 1926-29. Cf. Edmond Jacob : *Les Thèmes essentiels d'une Théol. de l'A.T.*, Neuchâtel, Delachaux & Niestlé, 1955 ; G. von Rad : *Theol. d. A.T.*, 2 vol. Munich, 1960, trad franç., Genève, Labor & Fides.

[105] Heinrich Weinel : *Biblische Theol. d. N.T.*, 1911, 4e éd., 1928, s'exerce à dégager, sur le fond historique du temps « die reine sittliche Erlösungsreligion », la vraie religion de Jésus, en écartant les éléments hétérogènes surajoutés. C'est dans une position analogue que se place Julius Kaftan : *Neutest. Theol. im Abrisz...*, 1927. L'un et l'autre relèvent de l'école « religionsgeschichtlich », à qui Carl Clemen, versé dans les deux Testaments, avait donné, en 1895, une sorte de manuel d'utilisation de l'A.T. dans le N.T. : *Gebrauch d. A.T. in d. neutest. Schrift.*, Gütersloh, 1895, et, en 1924, dans un cadre étendu à l'histoire des religions, une mine de parallèles pour l'étude du N.T. : *Religionsgeschicht. Erklär. d. N.T.*, Giessen, 1924. Entre temps, Wilhelm Bousset, l'un des maîtres de l'école (1865-1920), déjà bien connu pour ses travaux sur les religions, Israël et le Judaïsme, publiait son *Kyrios Christos*, 1913, où il cherche à montrer comment les premiers documents du N.T. ont pris forme dans un milieu de piété cultuelle et mystique.

[106] Cf. *supra*, p. 24, n. 91. Feine adopte avec largeur, le point de vue traditionnel.

[107] Adolf Schlatter : *Die Theol. d. N.T.*, 2 Bde, 1910-11, 2e éd., 1922 s'intéresse peu

Stauffer [108], Cullmann [109] et surtout Bultmann [110], dont la Théologie du N.T. est actuellement dominante, au témoignage de son disciple quelque peu réticent, auteur lui-même d'un ouvrage récent : Conzelmann [111].

Tous les travaux qu'on vient de mentionner, et d'autres également de valeur [112], sont spécialisés dans l'étude de l'un ou l'autre des deux Testaments. On ne voit plus de ces œuvres d'ensemble comme il en

---

à la critique historique et se concentre sur le problème de la foi dans le N.T., en tant qu'elle se manifeste dans l'expérience des hommes du N.T. et dans le Kerygma primitif. Jésus y serait perçu, dès le début, comme le Christ, sur la ligne traditionnelle de l'A.T., sans influence hellénistique. Tel n'est pas le point de vue de Bultmann (*op. cit.*, p. 588 ss., éd. angl. II, p. 248 ss.), malgré certaines affinités sur l'importance « existentielle » du problème de la foi (cf. *supra*, p. 13, n. 45).

[108] Ethelbert Stauffer : *Theol. d. N.T.*, Stuttgart, Kohlhammer, 1941, 4e éd., 1948; éd. *angl.*, London, SCM Press, 1955, suit un plan original, autour d'un thème principal : la théologie christocentrique de l'histoire dans le N.T.

[109] Oscar Cullmann : *Christologie du N.T.*, Neuchâtel-Paris, Delachaux et Niestlé, 1958, avait déjà paru en anglais, 1955 et en allemand, 1957, chez Paul Siebeck, Tübingen. L'auteur cherche, dans la christologie de l'Église primitive, l'unité relative des tendances théologiques déjà marquées dans les divers milieux palestiniens ou hellénistiques. À cet effet, il analyse chacun des titres christologiques attribués à Jésus, non selon sa nature qui n'était pas encore le thème essentiel, mais selon ses fonctions; elles sont réparties schématiquement sur quatre plans : terrestre, futur, actuel, éternel. On ne peut, néanmoins, séparer l'œuvre de la personne, ce qui est souligné dans la conclusion.

[110] Rudolf Bultmann : *Theol. d. N.T.*, *op. cit.*, *supra*, p. 13, n. 45, reçoit, entre autres hommages, celui de Conzelmann qui tient son œuvre pour fondamentale et pour longtemps : *Bultmanns Werk wird noch für lange Zeit die Grundlage bleiben* (Hans Conzelmann : *Grundriss d. Theol. d. N.T.*, p. 12, München, Kaiser, 1968). L'idée maîtresse de Bultmann est que la tradition chrétienne primitive, telle qu'elle a pris forme, n'est pas une histoire, mais une interprétation de l'histoire dans un message qui est en même temps un témoignage, le kerygma chrétien. C'est d'ailleurs la thèse générale de l'école des formes historiques (*formgeschichtlich*), dont Martin Dibelius est le fondateur (cf. *supra*, p. 23, n. 87). On peut juger sur ses travaux, trop tôt interrompus, ce qu'aurait pu être sa propre théologie du N.T., parallèlement à celle de Bultmann. Sans doute eût-il fait une place à l'histoire, si réduite fût-elle, dans cette tradition synoptique dont Bultmann a présenté une analyse remarquable : *Die Gesch. d. synoptischen Trad.*, Göttingen, 1921, 3e éd., 1958, mais sans lui accorder une importance historique et théologique adéquate. L'effort de *démythisation* qu'il y applique, et qu'il poursuivra, ne menait pas nécessairement à sacrifier l'histoire; au risque de « jeter l'enfant avec le bain ».

[111] Hans Conzelmann : *Grundriss d. Theol. d. N.T.*, *op. cit.*, est, comme Käsemann (*supra*, p. 26, n. 102), sensible à cet excès qu'il cherche à éviter.

[112] Beaucoup de ces travaux ont été déjà mentionnés ou le seront au cours de cet essai.

fleurissait dans les siècles précédents [113]. Il y a sans doute à cela bien des raisons; mais c'est néanmoins une carence qui semble être ressentie particulièrement par les théologiens les plus confiants dans les ressources trop longtemps méconnues de l'Ancien Testament [114]. Tenter, avec l'appoint considérable des résultats acquis depuis un siècle, une théologie biblique plénière dans cette perspective, celle de l'Ancien Testament, ne manquerait certes pas d'intérêt. Mais il y aurait un risque auquel il semble que certains céderaient : le risque de trop réduire à l'Ancien le Nouveau [115], le risque de « mettre le vin nouveau dans de vieilles outres » [116]. Il semble donc préférable de faire cet essai, cette esquisse, dans la perspective, dans l'esprit du Nouveau Testament, garant d'une indépendance et d'une liberté plus grandes [117].

[113] Cf. *supra*, p. 14-15, n. 51-52, 56, 59; p. 18 s., n. 74, où il s'agit d'œuvres d'ensemble, aux siècles passés. Un essai relativement récent est celui de Millar Burrows : *An outline of Biblical Theology*, Philadelphie, 1946. L'auteur est devenu depuis l'un des spécialistes éminents des études qoumraniennes (cf. *supra*, p. 25, n. 98).

[114] H. H. Rowley : *The Re-Discovery of the Old Testament*, London, Clark, 1945, écrivait à l'époque (p. 5) : « Des penseurs de plus en plus nombreux se tournent vers le message approfondi de l'A.T. et y découvrent un sens enrichi, à la lumière de tout le travail qui a été fait ».

Quels que soient, d'ailleurs, l'importance, l'ampleur et les mérites incontestés de ce travail, il ne concerne que l'une des données du problème de la relation entre les deux Testaments. La solution appartient au Nouveau.

[115] Le littéralisme théopneustique met les deux Testaments sur le même plan spirituel. Sans aller jusque là, certains théologiens de l'A.T. réduisent plus ou moins la distance qui le sépare du Nouveau. Tel est le cas de Wilhelm Vischer : *Das Christuszeugnis d. A.T.*, Zurich, 1934, 1942 (*trad. franç.* chez Delacheux & Niestlé, Neuchâtel-Paris, 1949, 1951). Le dogmatisme traditionnel de cette position est manifeste. Celle de Bultmann, à l'opposé, peut être considérée comme trop radicale, selon les points de vue; mais il est plus conforme à la réalité des textes et à leur sens originel. L'A.T. n'y devient pas seulement le repoussoir propre à faire ressortir la valeur spirituelle du N.T.; mais il peut l'être, aussi. Contre les Marcionites, les Gnostiques ou les Cathares (cf. *supra*, p. 4-5, n. 11-12), l'Église avait de bonnes raisons pour maintenir l'A.T. dans sa Bible, et cela non seulement comme un utile « négatif », mais pour ses vertus positives.

[116] Cf. *Marc, 2* : 22; *Mt. 9* : 17; *Lc. 5* : 37. On ne peut mélanger la vengeance et la haine qui filtrent jusque dans les plus beaux textes de l'A.T. (cf. entre autres, *Ps. 109* : 6-20; *137* : 8-9; *139* : 21-22; *Ésaie 34* : 2-15) et l'amour chrétien qui trouve là, effectivement, un repoussoir. Mais on n'oubliera pas, sous le choc, les passages inspirés qui, parfois dans le même contexte, font pressentir l'Évangile. Ne serait-ce pas à ce contraste saisissant que pourrait s'éclairer le trait final et peut-être doucement ironique, de la leçon de *Luc* (*5* : 39) : le vin vieux, c'est le bon ? Un trait final, à double sens ? Comme le commandement à la fois nouveau et ancien ? Cf. H. Clavier : *L'Ironie dans l'enseignement de Jésus*, in *Nov. Testament.*, I, i, p. 10 s., Brill, Leiden, 1956.

[117] Cf. *2 Cor. 3* : 12-17 : "Ἔχοντες οὖν τοιαύτην ἐλπίδα πολλῇ παρρησίᾳ χρώμεθα ... ὁ δὲ κύριος τὸ πνεῦμά ἐστιν. Οὗ δὲ τὸ πνεῦμα κυρίου, ἐλευθερία.

II. Les Problèmes de Méthode

Tout chercheur libre a sa manière à lui de se frayer un chemin, et, tout au long de ce chemin, d'acquérir, en la faisant sienne, une méthode ($\mu\acute{\epsilon}\theta o\delta os$). Il n'est pas question d'esquisser ici le cheminement que l'auteur a suivi [118], mais de tracer les directives qui se dégagent au fur et à mesure de la marche séculaire dont on vient de prendre un aperçu rapide. On y saisit l'effort de pensées humaines pour se dégager des contraintes autoritaires, des dogmatismes du dehors ou du dedans qui font obstacle à une approche, à une compréhension directe de la pensée ou des pensées bibliques. C'est un effort d'objectivité en même temps que d'honnêteté [119] vis à vis de la Bible. Il ne faut pas lui infliger d'autres pensées que celles de la Bible, et cela d'autant moins que l'on croit davantage y percevoir l'écho de la Parole de Dieu. Dans cette quête, on peut bien dire que foi oblige : *Fides quaerens intellectum* [120].

C'est là, d'ailleurs, une attitude qui doit être commune à toute méthode scientifique dans la recherche d'une vérité partielle, et cela d'autant plus que l'on croit en la Vérité pleine et entière, en Dieu [121]. C'est une position, ou plutôt un esprit, un élan spirituel dont la première aspiration est le libre examen.

A. *Les exigences et l'esprit d'une recherche scientifique*

1. *Libre-Examen*

La libre recherche ne se heurte plus, comme autrefois, à des obstacles infranchissables, bien qu'il en subsiste, et de non-négligeables, même en démocratie [122]. Ce qui laisse à désirer davantage, c'est une indépendance réelle de jugement, de critique, de décision, et c'est là le sens du libre-

---

[118] Cf. H. Clavier : *Remarques sur la Méthode en Théologie biblique*, p. 162 ss., in *Novum Testamentum*, XIV, Leiden, Brill, 1972, et : *La Théol. Bibl., ses méthodes, sa valeur*, in *Études Théol. et Relig.*, I, p. 96 ss., Montpellier, 1926.

[119] *Honest to the Bible*, in H. Clavier : *The Problem of Method in Biblical Theology*, Los Angeles, SNTS, 1972 (Congress on Religion).

[120] *Fides quaerens intellectum* : la belle et toujours actuelle devise d'Anselme de Canterbury.

[121] Il faut redire avec l'apôtre Paul, et dans le même esprit : *Nous ne pouvons rien contre la vérité, mais tout pour la vérité. 2 Cor. 13 : 8.*

[122] Une aide positive à la recherche indépendante et désintéressée devrait être pratiquée dans toute démocratie libérale.

examen. Il y a là une exigence dont on ne peut dire qu'elle soit toujours et partout satisfaite, sous quelque régime que ce soit [123]. Il y a encore, en ce qui touche la Bible, la censure des Églises, très inégale, d'ailleurs, selon que leurs traditions ou leurs dogmes sont plus ou moins contraignants [124]. Il y a des *nihil obstat* et des *imprimatur*, des résultats fixés d'avance, des barrières dressées, des *obstat* à l'investigation, à l'examen critique de ceux qui pensent trop, pour la tranquillité de ceux qui pensent moins [125].

---

[123] Le pouvoir, même quand il fait preuve d'un libéralisme réel, a cependant une tendance très humaine à favoriser les recherches dont il pense qu'elles lui apporteront quelque avantage ou quelque profit.

[124] Récemment encore, au cours d'une audience générale hebdomadaire, le Souverain Pontife rappelait que « le magistère hiérarchique garantit la véritable expression de la Parole de Dieu... avec des fonctions providentielles d'autorité, comme l'œil pour l'ensemble du corps... (C'est pour l'avoir oublié que) « la Réforme protestante, en rejetant le magistère de l'Église, en mettant chaque fidèle en contact direct avec la seule Écriture, et en en laissant à chacun le libre-examen... », a compromis l'unité et la sécurité du peuple chrétien (cf. *Le Figaro*, 18-4-70).

Ce besoin de « sécurisation » se reflète dans cette sereine déclaration du manuel d'Histoire des religions « Christus » : « Tranquille dans cette foi méritoire à la fois et raisonnable, dont les mystères dépassent son esprit sans le contredire, le catholique peut étudier sans crainte les religions distinctes de celle qu'il sait être la seule vraie » (Léonce de Grandmaison, S.J. : *L'étude des religions, principes et méthodes*, in *Christus, Manuel d'Hist. des Relig.*, par Joseph Huby, p. 43 s., Paris, Beauchesne, 1913, 6ᵉ éd. 1934).

En faisant déjà cette citation dans : H. Cl., *Résurgences d'un problème de méthode en Hist., des Relig., Num.*, XV, 2, p. 117, L. B., 1968, on ajoutait : « On est heureux de constater que cette tranquille suffisance se perd de plus en plus, dans une ouverture croissante à la recherche scientifique et à ses exigences. La première est la répudiation de tout dogmatisme... Il faut en revenir à l'évidence du risque, du risque à courir, quelle que soit l'obédience intellectuelle ou spirituelle dont on relève. Il ne saurait être question de s'attribuer, pour la recherche, un siège confortable, un observatoire à l'abri, d'où l'on puisse, en regardant les autres, susurrer un *suave mari magno* » (Lucrèce : *De natura rerum*, II, 1).

[125] *Ibid., art. cit.*, p. 116. A. N. Bertrand : *Protestantisme*, p. 227, Paris, 1931, estime que toute recherche scientifique, même en théologie, doit être ouverte au *libre examen* : « L'idée d'une science obéissant à d'autres considérations que celles qu'impliquent ses méthodes propres, paraîtrait un non-sens. Lors même que l'étude touche au domaine de la foi, par exemple lorsqu'elle a pour objet les documents bibliques, on ne saurait parler de méthodes ou de conclusions « protestantes »; la critique, l'exégèse l'histoire progressent selon leurs méthodes propres. La mise en œuvre de ces méthodes, dans un esprit de parfaite probité scientifique, ne comporte aucune qualification confessionnelle. Une décision d'un corps ecclésiastique proclamant l'authenticité d'un fragment biblique... apparaîtrait au protestant odieuse ou ridicule. Les conclusions de cet ordre sont

Le problème du libre-examen, bien que de base et de principe, ne se résoud pas dans l'abstrait. Il ne peut être séparé de celui des qualités et des capacités du chercheur. Libéré, celui-ci devrait s'inspirer d'une sorte de déontologie qui, souvent, coïnciderait avec les recommandations de Paul aux fidèles affranchis [126]. Il n'y a pas à dresser ici un catalogue de vertus à préconiser ou de vices à exorciser. Mais il est certain que l'acquisition et la préservation, le perfectionnement d'une discipline intérieure librement consentie favorisent l'exercice normal et l'efficacité d'une méthode scientifique, dans quelque domaine que ce soit [127]. Il ne suffit pas, en effet, d'afficher le libre-examen et de s'en prévaloir pour le pratiquer librement. Le *dogmatisme*, qui n'est pas une théologie dogmatique, mais une mentalité, se rencontre, sans doute, fort souvent dans les sociétés religieuses attardées, mais il peut sévir également dans les cercles où l'on s'en croit le plus affranchi. Il y prend même, occasionnellement, les formes extrêmes d'une *rabies* qui, pour n'être pas *theologica*, n'en est pas moins virulente. La psychologie du « dogmatiseur », en quelque domaine que ce soit, n'est pas à faire ici, bien qu'elle ne soit pas dénuée d'intérêt. L'analyse, voire la psychanalyse de ces « esprits entiers » qui, dans l'affirmation d'eux-mêmes et de leurs idées, deviennent « possessifs » et « agressifs », suggèreraient des remarques utiles [128]. Il suffira de rappeler, en tout état de cause, et de

---

matière de science, non d'autorité ». Ainsi, dans aucun ordre de science, on ne saurait admettre que soit fixé d'avance le résultat auquel aboutiront les recherches librement poursuivies. Sur le libre-examen en théologie, cf. également : Aug. Sabatier : *Les relig. d'autorité et la Relig. de l'Esprit*, p. 519-545, Paris, Fischbacher, 1904 ; H. Clavier : *Le Christ de l'expérience*, p. 3-15, Paris, Fischbacher, 1925 ; Maurice Goguel : *L'orientation de la science du N.T., Leçon d'ouvert. à l'École des Htes Études*, in *RHR*, XCVI, 6, 1927, p. 297 ss.

[126] Cf. notamment : 1 *Cor. 8* : 9 ss., *10* passim ; *Gal. 5*, 13 ss., etc.

[127] Jacques Monod s'en est bien rendu compte en essayant de dégager de cette « ascèse de l'esprit » une « éthique de la connaissance ». Cf. J. Monod : *Le hasard et la nécessité*, Paris, Le Seuil, 1970. C'est dans le dernier chapitre, intitulé « Le royaume et les ténèbres » qu'est proposée cette éthique fondée sur « le postulat d'objectivité » : « ... L'éthique de la connaissance ne s'impose pas à l'homme ; *c'est lui, au contraire, qui se l'impose*, en en faisant *axiomatiquement* la condition d'authenticité de tout discours ou de toute action ». Cette intuition du savant philosophe est d'autant plus remarquable qu'elle saisit dans ce libre choix une responsabilité et des valeurs difficiles à maintenir dans le « hasard et la nécessité ».

[128] Les refoulements, déviations et transferts d'instincts non sublimés sont fréquents. Une monographie non-freudienne de l'instinct combatif, remarquable et originale à l'époque (1917), en mentionne de nombreux cas, auxquels on pourrait adjoindre ceux du dogmatisme autoritaire. Cf. Pierre Bovet : *L'Instinct combatif*, Neuchâtel, Delachaux et Niestlé, 1917. Cf. H. Clavier : *La méthode en théol. bibl.*, art. cit., p. 178 s.

souligner combien la liberté dans la recherche biblique, autant que dans les autres, demande de contrôle personnel et de discipline intérieure attentive et assidue. Ainsi peut-on viser à l'impartialité, à l'objectivité.

2. *Objectivité*

Le souci d'objectivité caractérise au premier chef une recherche scientifique, dans quelque domaine que ce soit. Mais il faut bien se dire que l'objectivité ne saurait jamais être que relative et approximative, surtout dans les sciences dites humaines, et la recherche de la pensée biblique en est une, du genre historique [129].

Il est des principes élémentaires d'épistémologie qui doivent demeurer présents à l'esprit. L'objet ne peut être saisi que par une démarche initiale du sujet. Événement, parole, écrit, un phénomène externe n'est connu que par un processus interne d'appréhension et d'appropriation. Ainsi, quand on parle de faits, de méthode des faits, en l'espèce de textes, on ne peut oublier qu'il s'agit de faits observés, enregistrés, pensés [130]. La distinction, verbale ou réfléchie, entre un fait ainsi « psychifié » et le phénomène d'origine, en vue d'une différenciation entre psychologie et *phénoménologie*, ne change rien à l'essentiel [131].

Il faut donc se rendre compte de la difficulté d'être objectif, et même de l'impossibilité de jamais l'être entièrement. Cela ne signifie nulle-

---

[129] Cf. *infra*; *La méthode historique, son application...*

[130] « Un fait qui ne serait qu'un fait n'aurait pas plus de durée qu'un clin d'œil; il ne laisserait dans l'esprit aucun souvenir, aucune prévision; il n'aurait fait que passer et ne serait déjà plus. Pour la science, il n'y a pas de fait pur, il n'y a que des faits pensés; or, un fait pensé, c'est déjà un rudiment de loi et de théorie » (A. Fouillée : *La pensée et les nouvelles écoles anti-intellectualistes*, p. 219, Paris, Alcan, 1911).

Par un itinéraire très différent et beaucoup plus récent, qui l'a fait passer par la phénoménologie et l'existentialisme, Maurice Merleau-Ponty en vient à défendre, contre Hegel et Marx, un point de vue rationnel analogue à celui de Fouillée : « Quand un homme dit qu'il y a une dialectique dans les choses, ce ne peut être que dans les choses en tant qu'il les pense, et cette objectivité est finalement le comble du subjectivisme, comme l'exemple de Hegel l'avait montré » (M. Merleau-Ponty : *Éloge de la philosophie*, Paris, Gallimard, 1953).

Il reste, cependant, la possibilité d'une dialectique divine, d'une pensée divine, créatrice d'événements, et comment l'oublier ici où la Bible tout entière en témoigne ? Mais c'est affaire de foi. Le fait, car c'en est un, que cette foi peut être un moteur puissant de recherche et de réflexion ne cachera point au chercheur croyant que sa foi, d'autant qu'elle est vivante, est d'un autre ordre que celui de sa recherche scientifique.

[131] Cf. H. Clavier : *Probl. de méthode en Hist. d. Relig.*, art. cit., p. 100 s.

ment qu'il faille renoncer à y tendre envers et contre tout, contre soi-même, s'il le faut. Un certain « désengagement » provisoire des idées préconçues, fussent-elles des convictions très chères, est requis. On l'appellera comme on voudra : *doute méthodique*, avec Descartes [132], ἐποχή pyrrhonienne, ou phénoménologique [133], Zwischensatz, mise *entre parenthèses*, avec Husserl [134] ; de toutes façons, c'est un renoncement à consentir, le temps de la recherche. C'est un risque à courir, mais un espoir aussi, à plus longue échéance, dans une approche « asymptotique » de la vérité [135]. L'attente qui en résulte, en tension dynamique, s'inspirera peut-être, en cette aventure, car c'en est une, de la parole de Luther se rendant à Worms : *Ich wags, Gott walts* [136], ou, en la retournant : Dieu dispose, je l'ose !

3. *Compétence*

Son libre-examen assuré, du dehors, du dedans, tendu vers l'objectivité, le chercheur doit être en mesure de pratiquer, sur le terrain de son choix, ses investigations. Il lui faut pour cela une réelle compétence. Elle s'affirmera, sans doute, et s'accroîtra en s'exerçant avec méthode, μέθ' ὁδοῦ, mais un bagage suffisant est requis au départ.

Ce n'est pas une mince tâche que d'acquérir une connaissance adéquate des langues bibliques, pour une lecture indispensable dans le texte : l'hébreu, le grec, en y ajoutant le latin et les principales langues de civilisation dans lesquelles ont paru la plupart des études originales sur la Bible. A la lecture, qui doit être comprise, succède une interprétation qui ne va pas sans principes linguistiques [137]. Il faut savoir

---

[132] *Ibid.*, p. 100 s., 114 s.
[133] *Ibid.* et *Remarques sur la méthode en théol. bibl.*, art. cit., p. 182 s.
[134] *Ibid.* Cf. Edmund Husserl : *Les Méditations cartésiennes*, Paris, Vrin, 1947.
[135] *Ibid.*, p. 173, 183.
[136] Léopold Cordier, spécialiste de la pédagogie chrétienne, cette autre aventure, et de science et de foi, pensait aussi au *Luther* de Worms, à son audace et à son défi : « Wenn auch so viel Teufel darin wären als Ziegel auf den Dächern, Ich wags, Gott walts ». « Y aurait-il là (à Worms) autant de diables que de tuiles sur les toits, je l'ose, Dieu dispose ». Cf. L. Cordier : *Le problème d'une pédagogie évangélique*, dans *In Unitate Robur*, p. 170, Strasbourg, Oberlin, 1935.
Tel est bien le dernier mot de la foi dans sa « praxis » et dans tous les domaines, y compris celui de la *fides quaerens intellectum*. Telle est son aventure, son risque et son espoir.
[137] James Barr, *op. cit.* (cf. *supra*, Introd., n. 3) estime que les théologiens de la Bible sont, en général, très ignorants des principes et des applications d'une saine méthode linguistique. Il s'élève contre le dilettantisme de ceux qui, sans connaissance appro-

user de l'*étymologie* des termes, sans oublier la *sémantique* [138], et, qu'au demeurant, les *mots* n'acquièrent tout leur sens que dans des *phrases*, et dans un *contexte* élargi [139].

Ce contexte n'est pas seulement celui d'un paragraphe, d'un chapitre, d'un livre, mais d'un milieu culturel et social, d'une époque où l'on a vécu, d'un *Sitz im Leben* où les textes eux-mêmes ont été vivants. Comment les faire revivre et capter leur pensée vivante si l'on n'a pas quelques notions, et plus que des notions quelconques, sur tout cet environnement ? Et voilà qui conduit, sur les voies de l'histoire, avec la méthode historique, vers les confrontations, vers les comparaisons de la pensée biblique ou des pensées bibliques non seulement entre elles, mais avec d'autres pensées, dans leurs mondes et leurs temps successifs. On a déjà constaté, en en prenant un aperçu trop bref [140], ce que la science des religions comparées, avec ses embranchements [141], avait donné de stimulant, parfois de bouleversant et finalement de bienfaisant, aux recherches bibliques, et notamment à celles de la pensée ou des pensées bibliques [142]. Mais il faut connaître cela, et le connaître assez pour pouvoir en user avec discernement et en tirer le meilleur profit. À cet effet, d'autres facteurs que l'intellect pur doivent entrer en jeu.

4. *Psychologie*

La psychologie dans son sens traditionnel [143], avec la nuance de

---

fondie des langues bibliques, et notamment de l'hébreu, font des rapprochements fantaisistes entre des observations isolées qu'ils généralisent, en vue d'étayer et de confirmer une théorie préconçue. Ils cèdent ainsi, sans même s'en rendre compte, à un dogmatisme larvé (p. 21 ss.).

[138] *Ibid.*, p. 29. James Barr se réfère à H. Kronasser : *Handbuch d. Semasiologie*, p. 75 s. qui signale également les abus d'une certaine ethno-psycho-linguistique dont les résultats illusoires ne s'obtiennent qu'en sur-estimant l'importance de certains phénomènes linguistiques et en sous-estimant celle de ceux qui ne sont pas conformes à leurs hypothèses, qui n'entrent pas dans leur système.

[139] Sur les abus de l'étymologie des termes isolés, cf. J. Barr : *ibid.*, p. 107 ss.

[140] Cf. *supra*, p. 21, n. 81 ss.

[141] *Ibid.*, p. 23, n. 86, 87 ; p. 27, n. 110.

[142] *Ibid.*, p. 21 ss.

[143] La psychologie, en tant que science de l'âme ou de l'esprit, du conscient ou du subconscient, ne peut être évitée. C'est ce que reconnaît James Barr, après en avoir dénoncé le mauvais emploi (*op. cit.*, p. 21 ss. et 246). Il s'agit de ne pas outrepasser les limites de la psychologie, sans, pour autant, ignorer ses rapports avec la linguistique, en premier lieu, « la relation entre un mot, quel qu'il soit, et la réalité mentale ou le concept correspondants ». De cette ignorance, ou de cette négligence, dérivent les vains

sympathie qui peut lui être adjointe [144], apportera dans la recherche scientifique cet élément de vie et de compréhension profonde qui lui manque parfois, cet « esprit de finesse » que Pascal opposait à une certaine façon « géométrique » de traiter des problèmes humains [145]. En pleine crise d'anti-psychologisme allié à l'anti-historisme, on rappelait, en 1925, dans une leçon inaugurale de théologie biblique, ce que peut être cet apport de la psychologie [146] : « Dans toute histoire un peu fouillée, dès qu'il s'agit d'en faire revivre les personnages, leurs expériences et leurs idées, la psychologie doit jouer » [147]. Il y avait là sans doute un risque : celui d'interpréter la Bible suivant une expérience individuelle et de substituer inconsciemment à la pensée biblique des réflexions personnelles. Toutefois, le danger, à l'époque, n'était plus guère celui d'un « psychologisme » attardé, mais bien plutôt l'excès contraire [148]. En pareil cas, les extrêmes se touchent [149], et la roue a

---

essais de « rattacher directement les mots aux réalités divines ou théologiques » (p. 246). Telle est, effectivement l'erreur fondamentale de la théopneustie littéraliste. Cf. *infra*, p. 132ss.

[144] Nulle compréhension véritable ne va sans quelque sympathie. Il en faut pour entrer dans la vie de l'histoire et pour la faire revivre. Michelet en avait en abondance, avec le génie en plus.

[145] L'esprit de finesse, tel que Pascal l'entend, suppose aussi la sympathie. Il est un don du cœur autant que de la pensée : « Le cœur a ses raisons que la raison ne connaît pas ».

[146] Cf. *É.T.R.*, 1926, p. 105. On ajoutait, en se référant à Michelet et à sa résurrection du passé : « Bien plus, il faut entre l'historien et les temps qu'il décrit une véritable sympathie d'expérience, nécessaire à la restauration vivante du passé... La critique même et l'exégèse la plus serrée ont besoin, à certains moments, d'une semblable inspiration pour que les textes, un jour vivants, reprennent vie... ». Il demeure évident qu'en histoire, comme dans toute science humaine, le génie, le talent, l'inspiration, la sympathie ne peuvent rien donner de bon que sur la base d'une méthode rigoureuse et d'une solide documentation. Tel fut le cas de Michelet, comme l'a montré dans le détail Gabriel Monod : *La vie et la pensée de Jules Michelet*, 2 vol., Paris, Champion, 1924.

[147] *Ibid.*

[148] Cf. *supra*, p. 26, n. 102 et *La méthode en Théol. bibl.*, art. cit., p. 166 s. Cf. R. Bultmann : *Glauben u. Verstehen*, III, p. 142 ss., Tübingen, Mohr, 1960.

[149] *Ibid.* Sur les excès d'une exégèse barthienne, soi disant dogmatique, ramenant à un subjectivisme qu'elle abhorre, cf. H. Clavier : *L'humanisme et la piété chrétienne*, p. 51-56, Paris, Je Sers, 1931. « Le texte n'est souvent qu'un prétexte et la traduction même en est parfois affectée, comme en *Romains 1* : 19, où, pour appuyer la théologie de Barth, le τὸ γνωστὸν τοῦ θεοῦ, le connaissable ou le connu de Dieu devient « der Gottesgedanke », l'idée ou la notion de Dieu, d'un Dieu inconnaissable. Ce simple trait montre à quel point une exégèse soi-disant dogmatique n'est pas une exégèse du tout... Elle va, les yeux fermés, vers ce « psychologisme » dont elle a horreur, et vers ses fantaisies individuelles ».

tourné depuis [150]. Comment, d'ailleurs, exclure la psychologie, quand on a pris ou repris conscience du caractère inéluctable d'un psychisme par où toute connaissance humaine doit passer [151] ?

B. *La Méthode historique et son application à la recherche de la pensée ou des pensées bibliques*

Dès le début de notre itinéraire, il semblait aller de soi que la théologie biblique était une discipline historique, relevant d'une méthode historique [152]. Elle l'était après examen de sa propre histoire où elle fut souvent confondue avec la dogmatique [153]. Elle l'est par comparaison avec celle-ci et aussi avec d'autres disciplines théologiques [154].

---

[150] Cf. *supra*, n. 143.

[151] *Ibid.* Toute révélation commence par une inspiration, dont elle n'est que l'humaine traduction.

[152] Cf. *supra*, Préface, n. 5.

[153] Cf. *supra*, Aperçu historique, p. 4ss., et *passim*.

[154] Cf. *supra*, p. 15, n. 60, comment Gabler distinguait la théologie biblique de *la dogmatique*, laquelle serait plutôt, dans sa pensée, une théologie systématique ou une philosophie religieuse. Le théologien systématique émet des jugements personnels sur la doctrine de son Église. Il puise à d'autres sources que l'histoire des dogmes ou la Bible ; mais il fait à celle-ci une place privilégiée, dans la mesure où il y trouve la source ou le critère de la tradition qu'il expose, qu'il compare, qu'il défend. S'il relève donc de la théologie biblique, celle-ci ne dépend pas de lui, ni d'une doctrine ecclésiastique, mais de la Bible seule. Cf. *supra*, p. 30, n. 123 et ss.

Il en va autrement de l'*exégèse biblique*, la discipline fondamentale sur laquelle est construite toute science biblique. Une certaine interdépendance pourrait être avancée, en ce sens que le texte ne se comprend totalement que dans son contexte, non seulement littéraire, mais historique, culturel et social, comme l'arbre dans la forêt. Mais si l'arbre ne doit pas masquer la forêt, la réciproque est encore plus vraie, car il n'y a pas de forêt sans arbres, tandis que l'arbre existe sans la forêt. Chaque texte doit être d'abord examiné pour soi avant d'entrer dans un ensemble, analysé, avant d'être intégré à une synthèse théologique. La théologie biblique dépend bien plus de l'exégèse que l'exégèse ne dépend d'elle.

Quant à *la critique*, textuelle, littéraire, historique de la Bible, elle est, comme on le verra, un instrument indispensable aux constructions de la théologie biblique. Toutefois, tandis que le critique va jusqu'à porter des jugements de valeur sur les documents, le théologien biblique les prend, théoriquement, tels qu'ils sont, pour en extraire ce qu'ils ont de pensée théologique. Mais, dans la réalité, il tiendra le plus grand compte des choix et des jugements de la critique, au point que la meilleure solution de ce problème, aisément scolastique, de classification et d'attributions, serait qu'il fût tout ensemble exégète, critique et théologien de la Bible. Cela fait beaucoup pour un seul homme, sans compter les disciplines annexes auxquelles devrait s'étendre, jusqu'à un certain point, sa compétence. Mais qui est suffisant pour ces choses ? (2 *Cor.* 2 : 16).

Elle l'est encore par l'usage de parallèles historiques admis et préconisés dans son cadre [155]. Elle a été définie [156] : « l'étude et l'exposé synthétique des expériences religieuses et des idées religieuses de la Bible ». On supposait alors, par un acte de foi, que la grande variété des données bibliques peut se prêter à quelque synthèse unifiante, sinon lénifiante [157]. Il faut maintenant se demander si, au bout du chemin, l'acte ne serait pas plus réservé, dans une foi plus profonde. Cet ultime problème, que Bultmann [158] qualifierait d'existentiel sinon d'existential, se posera en conclusion.

1. *A discipline historique, méthode historique*

Jean Réville déclarait, en succédant à son père, le pasteur Albert Réville, dans la chaire d'Histoire des Religions, au Collège de France, en 1906 : « La véritable méthode historique est la même partout. Quand on l'a pratiquée soi-même en une partie quelconque de l'histoire, on acquiert par cette pratique une certaine aptitude à discerner si elle a été bien et dûment appliquée ailleurs » [159]. On peut retenir de cette affirmation une importante vérité : une certaine aptitude à discerner un usage correct de la méthode historique n'est donnée qu'à ceux qui l'ont pratiquée assidûment dans leur spécialité [160]. Mais, qu'est exactement cette méthode historique ?

Dire qu'elle est *la méthode des faits* est exact, mais insuffisant. Sans doute, on entend par là qu'en bonne méthode, les faits commandent et qu'aucune hypothèse ne peut aller contre eux ; on écarte les dogmatismes qui procèdent par *a priori* en déduisant ce que devraient être les faits, au lieu de considérer ce qu'ils sont et d'en induire de prudentes et modestes inférences. Cela est juste, mais il ne faudrait pas oublier, pour autant, que les faits sont toujours pensés [161], et qu'ils sont trop nombreux pour être tous, et de très loin, connus.

En outre, quand il s'agit des « faits bibliques », et de bien d'autres, ils sont d'autant plus pensés « qu'ils nous sont parvenus à travers une

---

[155] Cf. *supra*, p. 23ss.
[156] Cf *supra*, p. 35, n. 146, *art. cit.*, p. 104.
[157] *Ibid.*, p. 101.
[158] Cf. *supra*, p. 13, n. 45 et *La Méth. en Théol. Bibl.*, *art. cit.*, p. 172 s. ; E. Dinkler : *Existentialist Interpret.*, *op. cit.*, p. 13, n. 45.
[159] Cf. H. Cl., *Un probl. de méthode en Hist. d. Relig.*, *art. cit.*, p. 94.
[160] *Ibid.* et p. 115.
[161] *Ibid.*, p. 100 et *supra*, p. 32, n. 130 ; p. 34, n. 143.

littérature. Au problème fondamental d'un choix méthodique entre leur multitude s'ajoute celui d'une herméneutique, c'est à dire des principes d'une exégèse des textes [162]. En l'occurrence, le choix des textes précède logiquement celui des faits qu'ils relatent et qu'ils pensent.

Cette « pensée des textes » équivaut souvent à « mythiser » ou à « théologiser » les faits, quand ce n'est pas l'un et l'autre à la fois. Comment, à travers le mythe ou la théologie dans les textes bibliques, discerner « ce qui s'est passé », quand quelque chose s'est passé, l'événement quand il s'est produit ? Problème plus délicat encore, et qu'il convient, en tout état de cause, d'aborder méthodiquement, fût-ce pour conclure qu'il est insoluble.

Enfin, en plus et en dehors des événements qui ont pu se passer, mais sans qu'on puisse en faire abstraction, les textes bibliques ont été, à travers les âges, et dans la succession de ces textes mêmes, de l'Ancien au Nouveau Testament, générateurs d'une foule de réflexions, de méditations, d'expériences vécues et vitales. Le problème de l'unité biblique, a, de toutes manières, sa place dans l'histoire [163].

2. *Le choix des textes et des faits*

Connaître tous les textes, connaître tous les faits dans le cadre historique et religieux des recherches bibliques n'est pas imaginable, tant il y en a. Et quand même une érudition prodigieuse y parviendrait jamais, à quoi cela conduirait-il sans une sélection ? A enrichir un dictionnaire ? Sans doute, et cela serait appréciable, mais insuffisant. Une méthode scientifique doit permettre d'aller ici plus loin qu'une simple description. Elle vise à dégager les types, les structures et les

---

[162] En pénétrant plus avant dans le domaine linguistique, le théologien de la Bible prend une conscience aiguë des limitations d'une herméneutique subordonnée à l'étymologie ou à la doctrine. Les structures du langage ne demeurent pas indéfiniment ce qu'elles furent à l'origine, pour quelque texte que ce soit, et spécialement pour ceux qui sont chargés de sens. Leurs synchronies temporaires sont pressées, et parfois emportées par un processus diachronique. Les traductions, qui sont déjà des interprétations, doivent être périodiquement remises sur le chantier. Chacune d'elles marque un arrêt qui facilite l'analyse, mais qui ne peut durer perpétuellement. Cf. H. Cl., *La tension stylist. entre structures et signification*, dans *Act. Congr. Linguist.*, Bucarest, 1971. *La Méth. en Théol. Bibl.*, art. cit., p. 173. Cf. la critique d'une certaine herméneutique par James Barr : *op. cit.*, p. 275 s. Ces observations pourraient être appliquées à l'usage « mécanique » d'une certaine *exégèse structurale*. Cf. *infra*, p. 132, n. 190 ; 319s., n. 5, 8.

[163] Cf. *supra*, p. 37, n. 157ss.

catégories de textes et de faits, et même, si possible, au cours des mouvements de l'histoire et des formations littéraires, les directives, les lignes de force ou les vecteurs d'action. Cela ne peut se faire que par un choix. Comment y procéder méthodiquement ?

« L'aptitude à discerner » dont parlait Jean Réville, est une précieuse qualité que l'exercice peut développer et affiner. L'exercice assidu est un élément de méthode, mais il n'est pas toute une méthode. Le comparatisme tel que le pratiquait la « Religionsgeschichtliche Schule » en offre une plus fournie [164], surtout quand elle est complétée par la recherche et la reconstruction des genres littéraires dans la « Formgeschichte » [165]. La science biblique peut en faire son profit, d'autant que la Bible étant un champ beaucoup moins vaste que celui des religions, l'ensemble de ses textes est plus accessible à une érudition avancée.

Faut-il s'aider aussi des règles d'une méthode phénoménologique, avec une « épochè » ou suspension de jugement qui ressemble au doute méthodique de Descartes, une « vision eidétique », autre « aptitude à discerner » qui pourrait évoquer l'intuition bergsonienne, et qui procure, dans une « theoria » des phénomènes, la perception de leur « logos », ou de leur essence, enfin de leur « entéléchie » qui pourrait être, en combinant Aristote et Leibniz, une destination supérieure, une ligne de force ou un vecteur d'action, à moins que l'on n'y reconnaisse, tout simplement, « l'intentionnalité » husserlienne [166] ? La tentation du système et le jargon mis à part, il y a là des vues intéressantes et qui, sans être tout à fait neuves [167], peuvent aider à mettre à jour et en action une méthode efficace.

L'analyse des textes, des mots, des faits chargés de sens, et d'intention, revêt, dans cette perspective, une grande importance. C'est eux qu'il convient de sélectionner parmi les autres qui sortent moins d'un usage ordinaire et d'une neutralité commune. Un spécialiste de la Bible fera, sans grand effort, un premier choix qu'il complètera ensuite, avec « une aptitude certaine », parce que fondée sur une compétence et développée par l'exercice.

---

[164] Cf. *supra*, p. 21s. et n., en méditant le sage conseil de Théodoret (Vᵉ siècle) : ἐκ παραλλήλου ... τὸ διάφορον.

[165] *Ibid.* et p. 27, n. 110.

[166] Cf. C. J. Bleeker : *La struct. de la Relig.*, *RHPR*, 1951, p. 405-416, et, du même : *The future task of the Hist. of Relig.*, *Act. 10. Internat. Kongr. f. Religionsgesch.*, p. 233 ss., Marburg, 1961.

[167] Cf. *Un probl. de méth. en Hist. d. Relig.*, art. cit., p. 100 s., 114 s.

3. L'Interprétation

Au choix des textes et des faits succède leur interprétation, dont on peut dire aussi qu'elle a préexisté à ce choix, mais en tant qu'hypothèse. Il s'agit maintenant de la confirmer, ou de l'infirmer après application d'une herméneutique rigoureuse [168]. Les « intentions » que l'on a supposées doivent être mises à l'épreuve par l'étude attentive des développements sémantiques, symboliques ou mythiques. On n'oubliera pas, pour autant, de pousser jusqu'à l'événement ou, tout au moins, d'y viser, avec l'espoir d'y retrouver, peut-être, une intention des intentions.

Si l'objet en soi nous échappe, il est permis de croire qu'il laisse filtrer quelque chose de soi au travers d'inéluctables symbolismes [169]. C'est en forant successivement leurs couches, pour ainsi dire stratifiées, qu'une herméneutique fondamentale pénètre jusqu'aux limites extrêmes d'une connaissance de l'objet [170].

---

[168] Cf. *supra*, p. 38, n. 162. Une herméneutique rigoureuse, mais ouverte. En effet, le langage, parlé avant d'être écrit, est un ensemble coordonné de signes mouvants, intentionnels, chargés d'un message à déchiffrer. À cet effet, l'indispensable technicité doit être accompagnée d'une compréhension sympathique pour le sens du message, d'une entrée dans ce mouvement dont le moteur, à l'origine, et tout au long du parcours, est un effort de signification, l'effort de quelqu'un qui veut se faire comprendre à quelqu'un. Une analyse à l'arrêt doit être utile au décodage momentané des signes ou à leur enregistrement; mais il faut lui faire succéder une sémantique en marche, et en avant. C'est ainsi qu'à une archéologie du langage, telle que Freud l'a mise en lumière, et pratiquée à sa manière, Paul Ricœur adjoint, à la sienne, une « téléologie » non moins utile pour débrouiller les problèmes complexes d'une dialectique du langage. Cf. Paul Ricœur : *De l'Interprétation*, passim, Paris, 1965; H. Clavier : *À l'aube de la Relig. avec l'enfant*, p. 10, 21 ss., 41 ss. et n. 156 s., Paris, Fischbacher, 1970.

[169] Un certain « symbolisme » ne mène pas fatalement à cet agnosticisme radical que l'on reproche parfois, injustement, à Kant, et qui équivaudrait à l'empire d'une *Maia d'Absurdie*, dont on ne sortirait qu'en invoquant, avec Descartes, « la véracité divine ». Le soupçon même d'une incapacité totale de l'intelligence obligerait ceux qui le croient à renoncer aux recherches et aux propos sur la réalité des êtres et des choses. Le symbole est un signe, et le signe n'est pas qui ne signifie rien d'accessible à notre entendement. Les ombres de la caverne (Platon, *République*, VII) n'ont sans doute pas le coloris des scènes qui se jouent au-dehors; mais du moins en ont-elles vaguement les formes. Une certaine connaissance du monde serait déjà possible avec ce minimum (cf. *art. cit.* sur la *Méthode en Hist. d. Relig.*, p. 101, n. 29-30).

[170] Cf. *supra*, p. 40, n. 168. La tension est inévitable, à tous les degrés, entre l'excès de pesanteur d'une synchronie conservatrice et l'élan dynamique du langage, dans un effort constant de la pensée pour accorder ses moyens d'expression aux besoins changeants du milieu et du temps, *hic et nunc* (cf. *art. cit.*, p. 38, n. 162, sur : *la tension stylist.*). Le degré de tension dépend à la fois des pressions ou des entraînements externes et de

4. L'application de la méthode à la littérature biblique

A première vue, les documents bibliques sont d'une telle variété, d'une telle diversité que l'on voit mal comment leur appliquer uniformément la méthode. Pour prendre un exemple concret, tiré de la « Formgeschichte » [171], à supposer qu'il y ait une sorte de biologie des traditions orales (Biologie der Sage) ou, si l'on veut, d'un point de vue différent, « une dialectique dans les choses » [172], on ne soumettra pas au même traitement telle ou telle tradition séculaire de l'Ancien Testament [173] et telle autre qui n'a mis que peu d'années à se fixer dans les formes écrites que nous possédons aujourd'hui [174]. On ne saurait d'ailleurs imaginer cette sorte de croissance des expressions de la pensée humaine

---

la résistance interne des structures (cf. Paul Ricœur : *La structure, le mot, l'événement*, art. dans *Esprit*, mai 1967, p. 814 ss.).

Ce que la signification comporte de nuances, de résonances, de suggestions, de choix offerts, se manifeste surtout dans la parole où la *polysémie* peut s'épanouir librement, et cela non seulement dans les termes choisis, mais dans la manière de les dire. C'est là que joue au maximum le facteur de multivocité et d'équivocité qui rend si difficile une herméneutique du langage parlé. Ce qui est vrai de la parole, et qui le fut à l'origine de toute tradition orale, dans la réalité de son histoire, l'est encore, bien qu'à un degré moindre, des documents écrits, des formes littéraires que revêt cette parole vécue, agie et agissante. On peut s'en rendre compte en étudiant le développement sémantique de quelques mots-clés dans la Bible. Cette étude sera grandement facilitée par cet incomparable Thesaurus que constitue le *Theologisches Wörterbuch zum Neuen Testament* (T.W.) qui achève de paraître chez Kohlhammer, Stuttgart. Le développement sémantique des termes y est suivi dans l'ensemble biblique, et même au-delà, d'où l'intérêt pour tous de cette œuvre admirable, quelles que soient les réserves qui semblent excessives, de J. Barr, *op. cit.*, p. 206-262, sur son orientation.

[171] Cf. *supra*, p. 23, n. 87; p. 27, n. 110.

[172] Merleau Ponty : *op. cit.*, *supra*, p. 32, n. 130, reproche à Karl Marx de « transformer la dialectique de la conscience en dialectique de la matière ou des choses ». Il y a d'autres formes de « chosisme » simpliste et primaire (cf. *art. cit.* sur la *Méth. en Hist...*, p. 103).

[173] C'est dans l'Ancien Testament que, pour la première fois, une étude méthodique des traditions populaires, déjà tentée ailleurs, l'a été pour une littérature biblique. L'initiateur en ce domaine est Hermann Gunkel (cf. *supra*, p. 23, n. 86-87).

[174] La formation des évangiles canoniques s'est faite en un temps relativement court et ne saurait être assimilée à celle d'une tradition légendaire aussi prolongée que celle des évangiles apocryphes ou d'une quelconque légende dorée. Tout canon mis à part, une comparaison méthodique des parallèles, conduite avec un maximum, voire un minimum d'objectivité, fait éclater la différence. Il n'en demeure pas moins que certains éléments de la tradition orientée dès l'origine sur une interprétation approximative d'un événement, peuvent diverger de plus en plus de la réalité primitive, et compliquer d'autant le problème de la rédaction.

que par analogie lointaine avec ce qu'on peut observer dans les sciences naturelles [175].

Si l'on en vient aux thèmes théologiques proprement dits, on admettra sans doute que tous les documents bibliques, y compris le substratum historique, lorsqu'il y en a un, ont été plus ou moins « théologisés ». On y verra, peut-être, une caractéristique, voire une « intentionnalité » propre à suggérer, dans cette complexité, une certaine unité. Mais on s'exercera à distinguer, dans chaque genre, dans chaque cas, la part et la nature du symbolisme et de la théologie.

L'usage des parallèles, que l'on aura peut-être acquis ou exercé ailleurs [176], trouvera un large emploi dans l'abondance des livres et des genres de l'Ancien Testament, et surtout dans la comparaison avec le Nouveau Testament, la partie essentielle de la Bible chrétienne. Le problème souvent débattu ne manquera pas de surgir, de la légitimité d'une si étroite association entre deux Testaments si différents [177].

Ainsi, méthodiquement, de proche en proche, on se prépare à aborder le problème de l'unité biblique dans une diversité qui n'est pas exempte d'oppositions, voire de contradictions.

5. *Le problème de l'unité biblique*

Le lien étroit que l'Église officielle a établi et toujours maintenu entre les deux Testaments peut être remis en question, et l'a été plus souvent qu'on ne croit [178]. C'est l'aspect le plus apparent du problème. De la

---

[175] Martin Dibelius : *op. cit.*, p. 1 (cf. *supra*, p. 23, n. 87) s'avance beaucoup en écrivant : « Nicht mit Unrecht hat man von einer Biologie der Sage gesprochen », avec référence à Axel Olrik : *Epische Gesetze der Volksdichtung*.

[176] En histoire, linguistique et philologie par exemple. Cf. *art. cit.* sur *La méthode en Théol. Bibl.* (*supra*, p. 29, n. 118), p. 167, 170.

[177] Il va sans dire que, pour les savants juifs, ce genre d'association n'existe pas. Il n'empêche que certains d'entre eux font des parallèles et s'intéressent à des problèmes de dépendance du N.T. par rapport à l'A.T. Ainsi, Saül Liebermann : *Hellenism in Jewish Palestine*, p. 203 ss., 223, 229 ss., New York, Jew. Theol. Semin., 1950, tout en réservant la désignation *Bible* à l'A.T., fait, par comparaison, des remarques suggestives sur l'usage du *codex* pour la littérature chrétienne primitive et notamment pour les *logia* de Jésus. Il rend hommage à la collaboration de théologiens chrétiens, notamment ceux de l'Union Theol. Semin., vis à vis le Jewish Semin., « our good neighbours). Le même esprit d'entente dans la recherche anime l'Université juive de Jérusalem. Cf. *art. cit.*, *supra*, p. 41, n. 173, p. 3, n. 4, 5, et Edm. Jacob : *L'état actuel des études vétéro-testam...*, dans *É.T.R.*, XLIV, p. 290, n. 1, 1960.

[178] Cf. *supra*, p. 4s., n. 11-12; p. 28, n. 115-116. Sans remonter jusqu'à Marcion et aux polémiques suscitées par son radicalisme extrême qui ne se bornait pas à l'exclusion

réponse à cette question dépend non seulement l'enseigne, mais l'existence d'une discipline qui pourrait être invitée à se scinder en deux, rigoureusement distinctes : une théologie de l'Ancien Testament, une théologie du Nouveau Testament. N'est-ce pas ce qui s'est fait pratiquement, et par nécessité, à une époque où le champ des recherches, des découvertes et des références est devenu si vaste et si démesuré qu'il est presque impossible à un seul homme de se spécialiser dans les deux secteurs à la fois ? En fait, si des Théologies, soit de l'Ancien, soit du Nouveau Testament ont paru ces dernières années [179], on ne voit plus guère de ces larges synthèses sur la Bible entière, comme il en sortait autrefois [180]. Néanmoins, presque tous les auteurs, de tradition chrétienne ou autre, admettent qu'un lien plus ou moins serré rapproche ou réunit les deux Testaments. Aucun, de quelque notoriété, n'a ressuscité l'antagonisme de Marcion, des Gnostiques ou des Cathares contre l'Ancien. Beaucoup souscriraient encore, bien que très diversement, à la formule patristique énoncée par Augustin, et souvent reprise : *Novum Testamentum in Vetere Testamento latet, Vetus Testamentum in Novo Testamento patet* [181].

Sans négliger les solutions proposées, du fondamentalisme pseudo-scientifique au radicalisme extrême [182], le théologien de la Bible reprendra le problème pour son propre compte. Une comparaison méthodique de textes choisis avec discernement dans l'Ancien et le Nouveau Testament lui permettra non seulement d'apprécier la distance qui les

---

de l'A.T., mais qui n'épargnait pas la plus grande partie du N.T., on peut dire que le problème de la relation des deux Testaments est toujours demeuré sous-jacent dans l'Église, même quand elle pensait peu, pour éclater au grand jour quand elle pensait davantage. C'est ce qui s'est produit au fur et à mesure du renouveau des études vétéro-testamentaires, sous l'aiguillon de la critique et des découvertes archéologiques. H. H. Rowley : *The Re-Discovery of the Old Testament, op. cit.*, p. 5, pouvait écrire, il y a plus d'un quart de siècle : « Des penseurs de plus en plus nombreux se tournent vers le message approfondi de l'A.T. et y découvrent un sens enrichi, à la lumière de tout le travail qui a été fait ».

Quels que soient l'importance et l'ampleur de ce travail, il ne peut effacer les textes du N.T., et notamment les déclarations de Jésus qui ont posé, dès l'origine, le problème de la relation entre les deux alliances et de l'intervalle qui les sépare. On ne saurait sans artifice détruire l'évidence de cette relation et de cet intervalle dans un « accomplissement » de telle nature qu'il autorise ce contraste : « Vous avez entendu qu'il a été dit : ... ; mais moi, je vous dis » (*Mt. 5* : 17, 22, 28, 32, 34, 39, 44).

[179] Cf. *supra*, p. 24-28, notes.
[180] Cf. p. 28, n. 113.
[181] Cf. *supra*, p. 10, n. 33.
[182] Cf. *supra*, p. 28, n. 115-116.

sépare [183], mais, à l'intérieur de chaque Testament, de saisir des tendances, des notions, des théologies dont certaines paraissent incompatibles [184].

Il fera cette constatation dans le cadre de l'Ancien Testament où les mêmes éléments historiques ou mythiques sont « théologisés » de manières variées, suivant les auteurs et les sources. Il la prolongera dans le Nouveau Testament où il se rendra compte que la plupart de ces éléments sont repris et « théologisés » à nouveau, dans une perspective différente [185]. Le Nouveau Testament apparaît, sous ce jour, comme la première théologie biblique assez étendue de l'Ancien. Toutefois, bien qu'à un degré moindre, des tendances diverses, et parfois opposées, y sont décelables [186] qui remettent en question son unité. Parmi ces tendances, il en est qui semblent provenir non seulement de l'Ancien Testament, mais du milieu hellénistique où le texte canonique, traduit dans la LXX, s'est enrichi des Apocryphes [187]. Il faudra tenir compte de tous ces éléments dans une appréciation équilibrée et mesurée de l'unité relative des deux Testaments pris séparément ou dans leur ensemble [188].

Une étude fructueuse, déjà préconisée [189], en vue de cette estimation, sera celle de termes significatifs dont on suivra le développement sémantique dans leur passage d'une langue à l'autre, et tout au long de leur

---

[183] Cf. *supra*, p. 28, n. 115-116 ; p. 42s., n. 178.

[184] Ainsi, dans l'A.T., la théologie sous-jacente à la tradition et à la rédaction yahwistes n'est pas la même, évidemment, que celle du Deutéronome ou de la composition sacerdotale. Cf. Edm. Jacob : *L'Ancien Testament*, p. 31-41, Paris, PUF, 1967. Il y a des courants variés non seulement dans l'A.T., mais également dans le Nouveau. Cf. *infra*.

[185] La théologie du N.T. est christocentrique en général, mais pas identiquement. La tradition chrétienne primitive est orientée sur la personne et l'œuvre de Jésus-Christ ; mais chaque rédacteur du N.T. a sa manière à lui de présenter cette tradition, qui n'est d'ailleurs pas uniforme, d'y faire un choix et d'y imprimer sa marque.

[186] Cf. *supra*, p. 6, n. 16 ; p. 7, n. 20 où la typologie de l'épître aux Hébreux est distinguée de celle de Paul. Ce n'est qu'un exemple entre beaucoup d'autres qui seront indiqués dans la suite. De même en ce qui touche la divergence théologique, souvent exagérée, entre paulinisme et johannisme. Une fois ramenée à une juste proportion, il en reste assez pour ne pas les confondre.

[187] L'importance de la période intermédiaire entre les deux Testaments, pour une meilleure comqréhension du Nouveau, n'est plus à démontrer. Cf. *supra* p. 25 n. 98 et *infra*.

[188] Le N.T. ne saurait être indifférent à l'étude de l'Ancien, même dans une perspective non-chrétienne, celle d'un savant juif, par exemple. Cf. *supra*, p. 42, n. 177.

[189] Cf. *supra.*, p. 40s., n. 170, en soulignant l'obligation d'étudier le texte ou le terme choisis dans leur contexte littéraire et historique. Cf. *supra*, pp. 33s., 40.

parcours, avec leurs embranchements et ramifications variés. On saisira peut-être ainsi, sur le vif, non seulement la nature du rapport incontestable entre les deux Testaments, mais une ligne de force, d'énergie spirituelle, une « intention » qui pourraient être, parmi toutes les divergences, le principe même de l'unité biblique [190].

Conclusion

Après avoir observé honnêtement la discipline du « doute méthodique », de quelque autre nom qu'on la nomme [191], le théologien se souviendra sans doute que, selon sa foi, toute récapitulation se fait en Christ [192], un Christ inspirateur qui n'arrête pas, qui n'enclôt pas, mais qui entraîne. C'est dans sa personne et dans son Évangile qu'il trouvera, peut-être, la clef de bien des énigmes et l'échappée lumineuse à ses impasses [193].

III. Aperçu des Problèmes de Critique

L'aperçu historique a déjà évoqué quelques uns des problèmes qui se posent à propos du canon, du texte, des formes littéraires, de l'authen-

---

[190] *Ibid.* et p. 37, n. 156-157; p. 38, n. 163; p. 39s.

[191] Cf. *supra*, p. 33, n. 133-134.

[192] Cf. *Éph. 1* : 10.

[193] La tradition synoptique est ici d'un grand poids. Il convient de lui accorder plus d'importance que ne l'a fait Bultmann, non seulement du point de vue théologique, mais historique. C'est ce qu'a vu son disciple, Hans Conzelmann : *Grundriss d. Th. d. N.T.* : *op. cit.*, p. 25. Mais comment se refuser à poser le problème de la théologie de Jésus lui-même, dans ce qu'on croit pouvoir atteindre de sa réalité historique (p. 16) ? Il semble que Bultmann ait fini par se rendre compte que c'était inévitable, si l'on en juge par ses débats avec ses disciples, tels que les analyse E. Käsemann : *op. cit.*, p. 35-65 (cf. *supra*, p. 26, n. 102; p. 27, n. 110-111). Mais on ne peut oublier ici l'importance, pour Bultmann, de ses prémisses philosophiques, de son épistémologie, de sa perspective existentialiste (cf. *supra*, p. 27, n. 110). La quête, même rénovée, de l'histoire, telle qu'elle s'est passée, reste, à ses yeux, mineure. Le problème majeur est celui du rapport de la foi, d'une foi « existentielle », avec le *Kerygma*, le message dans ses formes successives. La position fondamentale ne changeant pas, la question reste ouverte : comment après avoir admis une relation entre les faits et le message, se refuser à en admettre l'importance foncière ? À travers le message, le lien « existentiel » n'est-il pas solidement accroché à l'histoire ?

Nul n'ignore plus qu'un certain symbolisme est inéluctable, jusque dans le langage le plus dépouillé. Bultmann estime qu'en « démythisant » les formes du kerygma, il parviendra à en approcher l'objectivité existentielle. Peut-être ; mais il faudrait savoir

ticité, de la « fiabilité » des documents bibliques. Quelques éclaircissements, nécessairement très brefs, avec références à des ouvrages spécialisés, ne seront cependant pas inutiles dans cette introduction générale à une vue d'ensemble sur la pensée ou les pensées bibliques.

1. *Critique du Canon et du Texte*

Le Canon, au sens de catalogue réglé, décrété, imposé par une autorité religieuse ou civile, est une notion relativement récente [194] et qui n'existait pas dans l'antiquité juive. Néanmoins, sans avoir un caractère aussi contraignant, ni les mêmes intolérances, la coutume et la tradition peuvent aussi faire loi. Ce fut le cas pour l'Ancien Testament, dont la désignation sous ce chef n'apparaît qu'avec le Nouveau [195].

---

jusqu'où ne pas aller trop loin. Käsemann signale justement le risque de retomber dans le subjectivisme, sous prétexte d'objectivité (*op. cit.*, p. 65). On ne peut se passer de l'histoire à ce point, ni lui substituer une philosophie, si appréciable que celle-ci puisse être, quand elle devient à sa manière, autrement que la loi, « un pédagogue pour conduire à Christ » (*Gal.* 3 : 24 s.). Redécouvrir par cette voie ce qui, dans le kerygma primitif, tient à l'existence même, au plus profond de l'être, est une entreprise exaltante ; mais c'est, au bout du compte, une affaire de foi. Comment imaginer que l'on puisse y parvenir et s'y maintenir sans aucun fondement historique ?

[194] Le terme grec κανῶν qui signifie, à l'origine, la baguette à mesurer, dont se sert le charpentier, a pris le sens général de *règle*, non seulement au propre, mais au figuré. C'est le cas dans *Gal. 6* : 16. La nuance de mesure est accentuée en 2 *Cor. 10* : 13, 15, 16 ; celle de directive ou règle de conduite, en *Philip. 3* : 16 (D3 et al.). Le sens de liste ou catalogue d'ouvrages autorisés à figurer dans les Saintes Écritures ne se précise que beaucoup plus tard, et pas avant les décrets conciliaires, au IVe siècle de notre ère.

[195] En 2 *Cor. 3* : 14 : ... κάλυμμα ἐπὶ τῇ ἀναγνώσει τῆς παλαιᾶς διαθήκης ... Le texte, dans son contexte, désigne ici le recueil de la Loi et de l'Ancienne Alliance contractée par Moïse avec Dieu ; le sens caché aux lecteurs habituels n'est dévoilé qu'en Christ.

Le mot « testament », que le français a emprunté au latin, *testamentum*, traduit mal le grec διαθήκη. En effet, le grec a deux sens : alliance et testament. De ces deux sens, l'hébreu בְּרִית, que la LXX traduit par διαθήκη, n'a que le premier : celui d'alliance, de contrat, avec accent mis sur l'obligation réciproque, dans un contrat bi-latéral. Le latin, au contraire, n'a retenu que le second : celui d'acte légal et unilatéral, par lequel une personne fait un legs, en exprimant ses dernières volontés. Ainsi, la collection variée des livres (cf. *supra*, *Préf.*, n. 5) est devenue *Le Livre* ; l'alliance bi-latérale est devenue *Le Testament* ; la notion de diversité a été éliminée en faveur de l'unité extérieure et factice. Lucien Gautier : *Introd. à l'A.T.*, 2 vol., 2e éd., Lausanne, 1914, a souligné le caractère « énigmatique » d'un terme qui achève d'ôter à la Bible hébraïque son titre historique : les livres de l'Ancienne Alliance. L'énigme est bien facile à déchiffrer, car, ainsi que l'écrit A. Westphal : *Dic. Encycl. de la Bible*, *op. cit.*, I, p. 133, col. 2, « La collection d'écrits ayant chacun son auteur, son milieu, son caractère historique

Le Pentateuque [196] avec sa *Thora* [197] est achevé et reconnu au cinquième siècle avant notre ère. Les *Nebiim* [198], avec les livres prophétiques et quelques autres, y ont été adjoints au troisième siècle [199]. Les *Ketoubim* [200], les Écrits, c'est-à-dire le restant de la Bible hébraïque,

---

et son intention religieuse, devient un texte unique, un tout d'une seule venue, composé de phrases et de mots sacrés et intangibles, expression d'une dernière volonté : la volonté de Dieu Lui-même. À lui seul, le mot a contribué, plus qu'on ne le pense, à rendre la critique biblique impopulaire dans les Églises, et à la faire considérer, d'instinct, comme une entreprise profane, attentatoire au caractère même des Saintes Écritures : on ne touche pas à un testament ».

[196] Le Pentateuque, du grec πεντάτευχος signifie, littéralement, les cinq étuis (des cinq rouleaux de la Loi). La transcription latine *Pentateuchum* semble avoir été utilisée pour la première fois par Tertullien (*Adv. Marc.* : I, 10).

[197] En tête des livres de l'ancienne alliance figuraient donc les cinq rouleaux (*megillot*) dans leurs cinq étuis : le Pentateuque. Ces cinq écrits attribués à Moïse : *Genèse, Exode, Lévitique, Nombres, Deutéronome*, constituaient la *Thora* תּוֹרָה, la *Loi* qui, plus tard, par extension, désigna l'ensemble de la Bible hébraïque. Ce recueil capital est aussi le plus important, par sa composition complexe, à l'examen critique. Il est le seul admis par les *Samaritains*. Sa rédaction finale et sa présentation globale datent seulement du Ve siècle avant notre ère, d'environ 444, d'après Édouard Montet : *Hist. de la Bible*, p. 7, Paris, Payot, 1924. Vers le même temps, sans doute, on commençait à réunir les *Psaumes*. Le premier rouleau qui ait été recueilli du vivant de son auteur, serait, au témoignage de *Jér. 36* : 1 ss. et *36* : 32, celui des oracles de Jérémie lui-même, ce qui fait remonter à 604 ou 603 sa composition.

[198] Les *Nebiim*, les Prophètes, se présentaient en deux sections : 1º La première, que l'on range maintenant parmi les livres historiques, comprenait : *Josué, Juges, Samuel et Rois*.

[20] La seconde réunit ce que l'on nomme actuellement « les grands prophètes » : *Ésaïe, Jérémie, Ézéchiel*, et « le recueil des douze », c'est-à-dire les petits prophètes ». Cet ensemble a sans doute été constitué et adjoint au Pentateuque vers 250 ou 200 avant notre ère, peut-être même avant, si l'on en juge d'après le traducteur en grec du *Siracide* (Ecclésiastique) dans la LXX. (Préface). Quant à *Daniel*, il ne figurera que dans la catégorie suivante : les *Ketoubim*.

[199] Le traducteur du Siracide en grec écrivait sous le règne de Ptolémée III, Évergète, soit vers 132, dans la Préface à sa traduction : « ... mon grand père qui s'était longtemps appliqué à la lecture de la Loi, des Prophètes et des autres livres de nos Pères, résolut d'écrire ce traité d'instruction et de sagesse ». Il en ressort qu'au temps de son grand père, la Loi et les Prophètes étaient déjà constitués. Le traducteur ajoute modestement ces judicieuses remarques : « Nous vous prions de nous accorder votre indulgence, si, malgré nos efforts, quelques expressions vous paraissent mal traduites. Une pensée exprimée originairement en hébreu ne conserve pas toute sa force en passant dans une autre langue ; cela ne se vérifie pas seulement dans notre ouvrage, mais même pour la Loi, les Prophètes et les autres livres, la traduction diffère sensiblement du texte ».

[200] La troisième partie des écrits de l'ancienne alliance, encore en formation au temps du Siracide et de son petit-fils, fixée seulement beaucoup plus tard, les *Ketoubim*

n'a revêtu son autorité qu'au premier siècle de notre ère [201], sans égaler jamais celle des autres livres, et surtout de la *Thora*, la seule à faire Loi. Cette reconnaissance, pour ne pas dire cette canonicité implicite de l'Ancien Testament hébreu, était de date relativement récente au temps de Jésus, sans oublier qu'elle fut à degrés, et que celle de la Thora est beaucoup plus ancienne.

Des écrits *reconnus*, comme des *textes reçus* [202] le sont généralement parmi d'autres qui n'ont pas été retenus. Ce fut le cas pour l'Ancien comme pour le Nouveau Testament. Une littérature hébraïque beaucoup plus abondante que celle qui nous a été conservée, a fait l'objet d'un choix, d'une sélection dont on peut mesurer l'importance.

La structure du Pentateuque, avec ses sources, en témoigne [203];

---

devaient se présenter ainsi : 1º *Les Psaumes, les Proverbes et Job*; 2º les *Megillôt*, les rouleaux, soit : *le Cantique des cantiques, Ruth, les Lamentations, l'Ecclésiaste, Esther*; enfin, *Daniel, Esdras, les Chroniques*. Le livre de *Néhémie* était compris dans celui d'Esdras. Ces « autres livres de nos Pères » étaient loin d'avoir la même autorité que les précédents, surtout que la Thora. Leur codification n'était pas arrêtée au début de notre ère et certains, comme Esther, le Cantique, l'Ecclésiaste, eurent du mal à se faire admettre. Pour un clair aperçu de cette lente formation de l'A.T., cf. l'*Introd. génér.* à *la Bible du Centenaire*, p. VII-XXX, Paris, 1936.

[201] L'autorité de la Bible hebraïque a pris, en milieu juif, pour toute cette Écriture Sainte, la forme théopneustique, jusqu'à la sacralisation des points-voyelles au Moyen Âge. Une sorte de mysticisme de l'inspiration littérale se répandit dans la synagogue, et quelquefois de là, pour les deux Testaments, dans l'Église. Cette étrange mentalité se répandit dans le Judaïsme et n'y trouva guère d'opposition jusqu'à la Renaissance où cette théopneustie extrême fut contestée par un humaniste juif : *Élie Levita*. Cf. G. E. Weil : *Élie Levita* (1469-1549), Leiden, 1963. Mais, d'une manière générale, aucun changement important ne se produisit dans la théologie synagogale. Cela n'empêchait pas les interprétations particulières dans un milieu où la doctrine n'a jamais eu la même rigidité que dans les orthodoxies chrétiennes et notamment dans le dogme romain.

[202] Par analogie avec le *textus receptus* du N.T., dont on a fini par se rendre compte qu'il était loin d'être le meilleur, et qu'une réclame d'imprimerie était à l'origine de son succès prolongé (cf. *infra*, p. 55, n. 231).

[203] Cf. *supra*, p. 47, n. 196-197. La composition du *Pentateuque* entier, ou de certaines de ses parties a longtemps été attribuée à *Moïse*. C'était l'opinion générale au temps de Jésus (cf. *Mc. 12 : 26*; *Mt. 19 : 8*; *Lc. 24 : 27, 44*; *Jn. 5 : 46* s.). Elle datait de loin, et l'on trouve peut-être des allusions à cette croyance dans 1 *Rois, 2 : 3*; 2 *Rois, 14 : 6*; 2 *Chron. 23 : 18*; *30 : 16*; *35 : 12*; *Esd. 3 : 2*, etc. Il pourrait s'agir seulement de la Loi proprement dite. Mais *Philon : Vit. Mos.* III, 39, et *Josèphe : Ant.* IV, 8 : 48, vont jusqu'à prétendre que Moïse inspiré a rédigé lui-même le récit de sa mort et de ses funérailles en *Deut. 34 : 5* ss. Malgré son invraisemblance, du moins en ce qui touche l'ensemble du Pentateuque, la thèse de l'authenticité mosaïque a longtemps prévalu. C'est seulement au XVIIe et XVIIIe siècle qu'elle commencera à être mise en doute, en milieu juif, avec *Spinoza* qui attribue à *Esdras* la compilation des cinq livres, — en milieu chrétien avec l'Oratorien hébraïsant Richard Simon, que Bossuet tenta de réfuter,

des allusions, ici et là [204], à d'autres documents suggèrent la nature et l'ampleur de ces productions. Quant aux motifs et aux mobiles de la sélection opérée, ils se trouvent naturellement dans les tendances

---

et surtout avec le médecin Jean Astruc, lequel, d'ailleurs, se contente d'analyser avec plus de rigueur qu'on ne l'avait fait avant lui, une composition dont il ne conteste pas l'authenticité mosaïque (cf. *supra*, p. 16, n. 61).

La théorie des sources, dont l'essai méthodique d'*Astruc* avait jeté les bases, a fini par prévaloir, au siècle suivant, avec Reuss, Graf, Kuenen, Wellhausen (cf. *supra*, p. 18s., n. 74; p. 23, n. 85; p. 25, n. 101), en même temps qu'un certain accord sur les dates approximatives de composition. Toutefois, on préfère aujourd'hui à la désignation précise de source, à situer, à dater en quelque point déterminé de l'espace et du temps, celle, plus coulante, de tradition dont il s'agit de découvrir les paysages au fil du courant, plutôt même que le milieu statique, le *Sitz im Leben* (cf. Adolphe Lods : *Hist. de la Littér. hébr. et juive*, Paris, Payot, 1950; Ed. Jacob : *L'A.T.*, *op. cit.*, p. 31).

Les traditions qui ont conflué dans le Pentateuque remontent jusqu'au Désert et aux contacts plus ou moins prolongés des Hébreux nomades avec les riverains solidement établis, en Mésopotamie, en Syrie, en Égypte. Des cristallisations documentaires et des emprunts se sont produits au cours de cet écoulement séculaire. Il y avait certainement chez les nomades de ce temps, comme encore aujourd'hui, là où persiste le même environnement, de plus en plus restreint, des conteurs et des chantres dont les rhapsodies ont laissé des traces dans les parties les plus anciennes du Pentateuque et des livres historiques. Elles figurent dans le premier ensemble, comme des morceaux cousus dans l'espèce de « patchwork », remarquable d'ailleurs, que constitue le document *Yahwiste*. Après un tableau des origines du monde et de l'humanité jusqu'à la vocation d'Abraham, l'histoire du peuple élu y est contée jusqu'à l'établissement de la royauté davidique. On pense généralement que cette synthèse approximative, mais néanmoins géniale, a été composée en milieu prophétique, vers 950, peut-être en réaction contre les tendances impérialistes et institutionalistes de Salomon marquées dans la construction et le rôle exclusif du Temple de Jérusalem.

Il semble qu'un autre ouvrage, plus restreint, se soit greffé sur celui-là, avant d'y être incorporé environ deux siècles plus tard. Il se caractérise par l'usage d'un nom plus ancien que *Yahweh* pour désigner le Dieu des Pères : le nom de racine commune à tous les Sémites : *El, Élohim*. Ce document annexe, l'*Élohiste*, de tendance voisine de celle du premier, constitue avec lui un ensemble plus ou moins bien fondu que l'on désigne par le sigle J-E (Jéhoviste-Elohiste).

C'est encore dans les mêmes cercles prophétiques, après la ruine du royaume du Nord, en 722, et dans celui du Sud, que furent composés les écrits deutéronomiques, c'est-à-dire : le Deutéronome et l'achèvement des livres de Josué, Juges, Samuel et Rois. On en désigne l'ensemble par la lettre D.

Une œuvre d'orientation différente fut antreprise et réalisée après la chute de Jérusalem, en 597, les déportations successives, le retour en 538 et les réorganisations du passé dans des circonstances difficiles. Une littérature inspirée ou rédigée par des prêtres en est issue, d'où le sigle P (*Priesterschrift*, écrit sacerdotal) pour la désigner. Ce fut aussi une grande réalisation, mais centrée sur le culte, sur la Loi, ses institutions et ses règlements. Adolphe Lods : *La Relig. d'Israël*, p. 178 ss., Paris, Hachette, 1939, y voit « le règne de la Tôra ». La foi, l'alliance, ces maîtres-mots des synthèses précédentes,

générales de la théologie qui a prévalu. Il en a été ainsi pour l'entrée de certains écrits tenus ailleurs pour apocryphes ou pseudépigraphiques, dans la Bible grecque [205]. Il en sera de même pour la formation et la codification du Nouveau Testament [206]. La pensée religieuse y est par-

---

sont maintenant encadrés dans une institution. L'événement y est pris et enchâssé dans la nouvelle construction. Géniale, d'ailleurs, à sa façon, elle porterait le sigle J-E-D-P et daterait d'environ 450 avant notre ère (cf. *supra*, p. 47, n. 197). C'est du même milieu clérical qu'est issu, un siècle et demi plus tard, une sorte de révision de l'histoire yahwiste, utilisant également d'autres traditions, dans les *Chroniques*, suivies d'*Esdras* et de *Néhémie* (cf. *supra*, p. 47s., n. 200).

[204] Ainsi, le *Livre des guerres de Yahweh* (*Nb. 21* : 14 s.), le *Livre du Juste* (*Josué, 10* : 12 s.; *2 Sam. 1* : 19-27), les *Mémoires de Jéhu* insérés dans le *Livre des Rois d'Israël* (*2 Chron. 20* : 34), le *Livre du Cantique* (*1 Rois, 8* : 12 s., LXX).

[205] Ce que le traducteur du Siracide appelait « les autres livres de nos Pères » n'était pas encore un recueil codifié au premier siècle de notre ère. Néanmoins, quatorze d'entre eux avaient déjà pénétré dans la Bible grecque, d'où ils passèrent dans la Vulgate, et de là dans le Canon de l'Église romaine déclaré obligatoire au concile de Trente, en 1546. Ces livres *apocryphes* (ἀπόκρυφοι, cachés), dont les frontières avec les *pseudépigraphes* (les faux) sont imprécises, figuraient dans la Bible de Luther, comme à titre documentaire, entre l'Ancien et le Nouveau Testament. Certains regrettent qu'ils aient été exclus totalement des Bibles protestantes par décision de la Société biblique britannique et étrangère, en 1826. Ils l'étaient, d'ailleurs, déjà de la plupart des Bibles réformées. Pourtant, de nombreux textes n'y manquent pas de souffle, voire d'inspiration; on en trouve également, d'aussi remarquables dans les Hymnes (*Hodayot*) de Qoumran. Il serait donc souhaitable qu'un choix judicieusement sélectionné de ces écrits fût offert largement au public, soit à part, soit en appendice à la Bible. C'était le vœu d'A. Westphal : art. *Bible, Dic. Encycl. d. l. B.*, I, p. 134, *col.* 1., que l'on pourrait étendre à d'autres textes, découverts depuis qu'il regrettait une exclusion trop radicale (1932). L'initiative envisagée serait différente de celle, fort utile, menée à bien par la Société Biblique de Paris, dans la publication, en 1909, de : L. Randon : *Les Livres apoc. d. l'A.T.* On y trouve, en introduction, un tableau synoptique des livres de la Bible dans les Mss. *Vaticanus, Alexandrinus* et dans la *Vulgate* (IVᵉ et Vᵉ siècles). On y constate que les apocryphes y sont mêlés, dans un certain désordre, aux « autres livres » et même aux livres prophétiques.

Les *Apocryphes* qui figurent dans la LXX sont : *1 et 2 Esdras, Tobit, Judith, Add. à Esther, Sapience ou Sagesse de Salomon, Siracide ou Sagesse de Jésus ben Sirach (Ecclésiastique), Baruch, Lettre de Jérémie, Cantique des trois jeunes Hébreux, Suzanne, Bel et le Dragon, la prière de Manassé, 1 et 2 Macchabées*. Encore faut-il noter qu'ils ne sont pas toujours tous, ni dans le même ordre, dans tous les Mss. Leur assemblage est fort hétéroclite; mais on y trouve des perles, de même que dans d'autres qui leur sont quelquefois adjoints, et, beaucoup plus récemment, dans les *Écrits qoumraniens*.

[206] Cela est vrai, très spécialement pour les Évangiles dont chacun reflète la pensée théologique de son auteur, soit par le choix, soit par la présentation des actes et des paroles de Jésus. Cette liberté vis à vis de la forme, de la lettre, s'est retrouvée et prolongée dans l'usage des documents évangéliques. Le souci d'exactitude n'était pas le même que de nos jours où le respect des textes est devenu la règle courante, pour l'un

tout à l'œuvre, dans une variété qui n'est jamais sans relation avec les variétés de l'expérience religieuse [207].

Pendant plus d'un siècle, l'Église n'avait pas eu d'autre Bible que celle de la Synagogue où le besoin d'un canon officiel ne s'était pas fait sentir. La nécessité d'une règle s'est imposée pour lutter contre l'hérésie, celle de Marcion [208] en particulier, avec son rejet de l'Ancien Testament, et sa réduction d'une Écriture sainte à quelques textes pauliniens. Ce fut le premier canon d'un Nouveau Testament tronqué. Vers le même temps, *Justin Martyr* [209] maintenait l'Ancien Testament, en lui adjoignant ce qu'il appelle : *les Mémoires des Apôtres*. Une trentaine d'années plus tard, vers 180. *Hégésippe* [210] visitant des Églises, les a trouvées unanimes dans la doctrine établie sur *la Loi, les Prophètes* et *le Seigneur* [211], *le Seigneur*, c'est à dire les Évangiles, ou du moins, certains d'entre eux. Le quatrième qui sera bientôt reconnu par toute l'Église orthodoxe, est encore contesté par le prêtre romain *Gaius*, vers 175 [212].

---

ou l'autre des deux motifs qui n'existaient guère alors, ou pour tous les deux : la sacralisation par l'Église, et beaucoup plus récemment, l'exigence historique. Le contenu de l'Écriture était tenu pour sacré ; mais quand la forme, la lettre de ce contenu semblait inadéquate à l'interprétation que l'on en donnait, on n'hésitait pas à la retoucher, et même, quoique plus rarement, à la modifier complètement. C'est ce qui explique le foisonnement des variantes du texte néo-testamentaire, principalement celui des Évangiles, jusqu'à ce qu'il ait été plus ou moins contrôlé par l'Église, une fois le canon établi des livres du Nouveau Testament.

[207] *Idem* et *infra*, p. 54s.

[208] Cf. *supra*, p. 4, n. 11.

[209] Vers 150, *Justin Martyr* entendait par « nos livres » : *les Mémoires des Apôtres*, comprenant certainement les Évangiles, qu'il cite très librement, peut-être un cinquième évangile, celui de Pierre, l'Apocalypse, quelques épîtres de Paul, les Actes, les Hébreux. La lecture de ces *Mémoires* se faisait publiquement aux cultes, ainsi que celle des *Prophètes*, représentant l'Ancien Testament. L'autorité des *Mémoires* procède des apôtres qui les ont composés et du Saint Esprit qui les a inspirés.

[210] *Hégésippe*, dans ses récits de voyage conservés par Eusèbe.

[211] Le *Seigneur* : il semble que ce fut la première ébauche d'un canon spécifiquement chrétien utilisé pour le culte, en même temps que l'Ancien Testament. À ce *Seigneur* réduit par lui à Luc, *Marcion* fut peut-être le premier à joindre, pour appuyer sa doctrine anti-juive, un *Apostolique* paulinien sélectionné. À partir de 150, cette répartition en deux parties d'un Nouveau Testament en formation va se confirmer, par l'élimination d'évangiles tenus pour apocryphes, d'une part, et par l'achèvement de l'*Apostolique*, d'autre part. L'autorité des quatre évangiles canoniques est accrue par l'harmonisation de *Tatien*, disciple de Justin, dans son *Diatessaron* utilisé dans les Églises de Syrie jusqu'au V⁰ siècle.

[212] *Gaïus*, prêtre de l'Église romaine, pouvait se permettre de soutenir, assez curieuse-

A la fin du second siècle, *Irénée* de Lyon, *Clément* d'Alexandrie, *Tertullien* de Carthage sont d'accord sur la validité des quatre Évangiles et de la plupart des écrits apostoliques, mais pas de tous [213]. Environ le même temps, le Canon dit de *Muratori* [214] donne une liste de livres reçus qui constituent, à peu près, mais non encore intégralement, le Nouveau Testament tel qu'il nous sera transmis, complété. Ce ne sera, d'ailleurs pas sans quelques réticences dans diverses Églises [215].

La critique du Canon n'a plus été possible dans l'Église romaine, après les fixations papales ou conciliaires [216]. Les discussions se sont prolongées dans l'Église d'Orient où plusieurs des petites épîtres, et plus encore l'Apocalypse ont été longtemps contestées [217]. Les décisions

---

ment, que le quatrième évangile avait été composé par l'hérétique Cérinthe, l'adversaire de Jean.

[213] *Irénée, Clément d'Alexandrie, Tertullien* qui représentent bien les grandes branches de la chrétienté à la fin du second siècle, s'accordent sur la canonicité des quatre évangiles, dont le quatuor, d'après *Irénée*, correspond aux quatre vents de l'Esprit et aux quatre animaux fantastiques des visions d'Ézéchiel. Des divergences subsistent en ce qui touche l'*Apostolique*, sauf pour les épîtres pauliniennes, les Actes, 1 Pi., 1 Jean et l'Apocalypse. Ainsi, Jacques est écarté par Irénée, de même qu'Hébr. dont Tertullien estime que c'est une œuvre de Barnabas; 2 Pi. n'entre pas en ligne de compte. 2 et 3 Jean, Jude sont ignorés par Irénée qui, d'autre part, admet comme Écriture : Clément Romain et le Pasteur d'Hermas. Clément d'Alexandrie y adjoint Barnabas et la Didachè.

[214] Le fragment de Ms. découvert par *Muratori* dans la bibliothèque ambrosienne de Milan provient sans doute de Rome et date d'environ 200. Ces 85 lignes traduites vraisemblablement du grec en mauvais latin, donnent une liste, avec observations, des livres du N.T. tenus pour canoniques, soit : les quatre évangiles, les Actes qui, comme les évangiles canoniques, ont triomphé décidément de leurs apocryphes; les épîtres de Paul (13 dont 9 à des Églises); Jude; 1 et 2 Jean; l'Apocalypse de Jean, à laquelle est adjointe celle de Pierre avec réserve. Quant à Hébr., 1 et 2 Pi., Jac. et 3 Jean, ils ne sont pas mentionnés. Le Pasteur d'Hermas et certaines lettres faussement attribuées à Paul sont exclus, de manière explicite.

[215] Pour plus de détails, cf. les ouvrages et articles spécialisés, notamment, en français, les art. *Canon* dans les *Dic. Bibl.*; Eug. Jacquier : *Hist. du Canon du N.T.*, *La Parole de D.*, 7ᵉ éd., Paris, Grasset, 1929.

[216] Au Synode de Rome, sous le pape *Damase*, en 382, la liste des livres du N.T. est arrêtée et canonisée. C'est le canon romain, qu'*Augustin* va faire adopter en Afrique du Nord, et que le *Concile de Trente*, en 1545, confirmera, en attribuant la même autorité à tous ces livres qu'il classe dans un ordre qui n'a pas varié depuis, le texte autorisé étant non pas celui des originaux en hébreu ou en grec, mais la version latine de *la Vulgate*. Cf. *supra*, n. 215, *id*.

[217] L'épuration de *l'Apostolique* a été plus lente en Orient qu'en Occident. Eusèbe de Césarée (260-340 ?), après *Origène* distingue trois catégories de livres : ceux reconnus de tous comme apostoliques, les *homologoumènes* (ὁμολογούμενα), ceux qui sont contestés, les *antilégomènes* (ἀντιλεγόμενα) et, enfin les bâtards (νόθα). Ces derniers contre lesquels

de Rome, ratifiées au Concile de Trente, en 1545 ont prévalu d'un bout à l'autre de la chrétienté. Un timide renouveau de l'esprit critique dans ce domaine est apparu à la Renaissance, et à la Réformation [218]. La liberté d'appréciation est maintenant totale dans la recherche réellement scientifique [219]; mais, pratiquement, après des siècles d'usage des livres canoniques, le chercheur de la pensée biblique ne peut en ignorer aucun, tout en faisant entre eux les distinctions et discriminations qui s'imposent. Le choix est plus ouvert en ce qui touche le texte, où la critique a libre cours.

L'histoire du texte, comme du Canon, prélude à la critique dont elle est déjà plus ou moins pénétrée, concurremment avec les dogmatismes théologiques prédominants qui mènent généralement le jeu. On s'étonne et l'on admire que le rouleau d'Ésaïe découvert à *Qoumran* offre un texte à peu près identique à celui qui sera définitivement arrêté bien des siècles plus tard [220]; mais il faudrait se garder de généraliser et ne pas oublier d'autres cas, fort nombreux, où une semblable fixité n'a été acquise que tardivement, après bien des flottements, au gré des courants théologiques des commentateurs, des copistes, des milieux et des temps. En ce qui touche l'Ancien Testament, la codification progressive du *Pentateuque* en est un exemple flagrant [221]. Les doublets historiques souvent très approximatifs entre les *Chroniques* et *Samuel* ou les *Rois* en sont un autre [222], et ce ne sont pas les seuls [223]. On ne doit pas omettre non plus, puisqu'il s'agit du texte, les perturbations débordant l'écriture, avec l'adoption de l'*hébreu carré* [224]. Enfin, ce n'est pas au hasard

---

il met en garde, sont donc encore utilisés par certains; il relègue Hermas dans cette catégorie et reste hésitant pour l'Apocalypse.

C'est seulement en 1672 que le Canon du N.T. deviendra le même en Orient qu'en Occident. L'histoire du Canon syriaque présente un développement particulier. Cf. ouvr. et art. spécialisés.

[218] Cf. *supra*, p. 11 s., n. 40-41.

[219] Cf. *supra*, p. 29 s.

[220] Cf. *supra*, p. 47s., n. 198-201. Depuis la découverte du rouleau d'Ésaïe à Qoumran et sa divulgation en 1948, un autre rouleau, assez différent, du même livre, et des fragments de l'ensemble biblique, notamment de Samuel, suggèrent, à la comparaison, que la LXX a été traduite sur un texte plus ancien que celui en usage au temps de Maïmonide, et déjà classique au XIIe siècle.

[221] Cf. *supra*, p. 48 ss., n. 203.

[222] Cf. *supra*, p. 47 s., n. 200; p. 50, n. 203, *in fine*.

[223] *Ibid.*, p. 48 ss., n. 203.

[224] L'hébreu carré, d'après la tradition talmudique, ne remonterait qu'à l'exil babylonien. Esdras s'en serait servi pour transcrire les documents sacrés. En remplaçant

que s'est exercé le travail patient et minutieux des *Rabbins*, puis des *Massorètes* [225], pour « dresser une haie autour de la Thora » [226].

Ce coup d'œil fugitif, mais suggestif, sur la critique du texte de l'Ancien Testament, au cours de son histoire, devrait effleurer aussi les transpositions orientées dans les traductions, et surtout dans les deux principales : la grecque, avec la *Septante* [227], la latine avec la *Vulgate* [228]. Il devrait s'étendre ensuite aux grands moments théologiques de l'histoire, à la Réformation et aux controverses qui se sont atténuées,

---

ainsi une écriture empruntée aux Phéniciens, et bientôt « sacralisé », l'hébreu carré a contribué fortement à accentuer le particularisme juif.

[225] En milieu juif, quel que pût être l'intérêt des versions grecques pour la Diaspora hellénistique, et notamment de la LXX à Alexandrie, l'autorité prédominante du texte hébreu ne fut jamais sérieusement ébranlée, tandis que les apocryphes étaient toujours tenus pour « de seconde zone ».

Les deux écoles dont les travaux devaient aboutir aux *Talmuds*, celui de Jérusalem, ou, plus exactement, de Tibériade, celui de Babylone, s'efforcèrent concurremment de fixer un texte encore incertain. Mais leurs avis ne coïncidaient pas toujours, si bien que, malgré les essais de leurs « scribes et docteurs de la Loi », notamment de *Rabbi Aqiba* († 131), le maître de Tibériade, des variantes subsistaient encore dans les rouleaux en usage dans les synagogues. Il y avait le texte qui a servi aux traductions grecques, celui qui a été retenu dans le *Pentateuque samaritain* (*supra*, p. 47, n. 197), et celui qui finira par l'emporter avec les *Massorètes*. Cf. G. E. Weil : *Initiation à la Massorah*, Leiden, 1964. L'accord ne parvint à s'établir totalement qu'en plein Moyen Âge ,sur le texte consonantique et sur sa ponctuation vocalique. Les savants massorètes *Ben Asher*, père et fils, y avaient largement contribué. L'autorité philosophique et théologique de *Maïmonide* (1135-1204) favorisa l'acceptation de ce résultat, bien qu'une sacralisation mystique de la lettre s'y greffât qui n'était pas dans ses intentions, ni dans son esprit. Cf. *supra*, p. 48, n. 201 ; p. 53, n. 220.

[226] *Ibid.*

[227] *Ibid.* et *supra*, p. 47, n. 199 ; p. 50, n. 205. *La Septante* (LXX) ou version des Septante, doit son nom à la légende conservée dans la lettre pseudépigraphique d'Aristée, selon laquelle, sur le conseil de son bibliothécaire, le roi d'Égypte, Ptolémée II, Philadelphe aurait commandé une traduction grecque de la Loi des Juifs. *Soixante douze* traducteurs envoyés de Palestine par le grand prêtre Éléazar auraient exécuté ce travail en 72 jours. Cette légende concernant la Loi s'étendit ensuite à toute la Bible grecque, avec des détails merveilleux, comme celui de l'identité de 72 traductions séparées, au bout des 72 jours. Philon, Josèphe, les Pères de l'Église contribuèrent au succès et à l'extension de cette légende.

[228] Divers essais de traduction grecque avaient précédé la LXX qui les améliora et les supplanta. De même pour les versions latines dont les vestiges sont groupés sous le nom de *Vetus Itala*, et qui cédèrent le pas à *la Vulgate* de *Jérôme*, seul texte autorisé par le concile de Trente (cf. *supra*, p. 50, n. 205 ; p. 52, n. 215). Cf. *ouvr. et art. spécialisées s. le texte et les versions bibliques*.

mais qui n'ont point totalement disparu, sur l'infaillibilité des textes scripturaires [229].

Le texte du Nouveau Testament a connu des vicissitudes analogues et un beaucoup plus grand nombre de *variantes* [230], dont certaines à intentions théologiques marquées, avant que ne se produise la prétention d'un *textus receptus* [231]. La critique moderne, avec ses méthodes rigoureuses [232], travaille sur un matériel abondant qui s'est accru sensiblement depuis un quart de siècle. Des manuscrits plus anciens que ceux que l'on possédait jusque là ont été découverts [233]. Certains remontent vraisemblablement jusqu'au second siècle, tandis que ceux déjà connus, et qui contiennent la Bible entière en grec [234], ne dataient que des quatrième et cinquième siècles : *Vaticanus, Sinaiticus, Alexandrinus*. Du cinquième ou sixième, le *Codex Bezae* ou *Cantabrigiensis* n'a que

---

[229] Cf. *supra*, p. 13 s.; p. 20, n. 80; p. 28, n. 115; p. 34, n. 143; p. 48, n. 201. La thèse de l'inspiration verbale et littérale des Saintes Écritures a été soutenue, entre autres, par Gaussen : *La Théopneustie*, Genève, 1840, dont les thèses extrêmes suscitèrent de vives polémiques auxquelles prit part Alexandre Vinet (cf. H. Clavier : *La pensée relig. de Vinet*, p. 163 ss., Paris, Fischbacher, 1938).

[230] Cf. *supra*, p. 50 s., n. 206. Cf. *op. et art. spéc.* Le nombre des variantes enregistrées vers le milieu de ce siècle était de plus de 150.000, sur plus de 4.000 copies du texte, et plus de 10.000 des plus anciennes traductions.

[231] La désignation abusive de *textus receptus* a été donnée au texte grec édité par les frères *Elzévir*, en Hollande, au XVIIe siècle. On ajoutait ironiquement à ce titre de réclame : *sed non recipiendus*. Cf. *supra*, p. 48, n. 202.

[232] Les méthodes de la critique du texte biblique sont les mêmes que celles de la critique de tout autre texte, notamment des classiques, dont les Mss. les plus anciens sont en nombre beaucoup plus réduit que ceux du N.T. L'abondance de ceux-ci, à première vue déroutante, offre finalement, par élimination des variantes apparemment fautives, une probabilité plus grande pour la leçon choisie. Parmi les règles à suivre avec prudence et perspicacité, comme toute autre règle en pareil cas, l'une des plus efficaces, depuis longtemps préconisée, reprise par Dibelius et Bultmann, serait d'accorder le plus de crédit au texte le plus difficile ou qui s'accorde le moins avec ce que l'on sait de son environnement. La tendance générale des copistes et des glossateurs est, en effet, de simplifier et d'harmoniser.

[233] Parmi les trouvailles les plus remarquables qui aient été faites dans ce domaine, figurent au premier plan les évangiles de Jean et de Luc qui se trouvaient dans le fonds Bodmer de papyri égyptiens à Genève. Étudiés et remarquablement commentés par le papyrologue genevois Victor Martin, ils semblent être de deux siècles antérieurs aux grands Mss. que l'on possédait jusque là. Cf. V. Martin : *Introd. à Pap. Bodm. II*, p. 18, XIV-XV, p. 25, Genève, éd. Bodmer, 1956, 1961.

[234] Cf. *supra*, p. 50, n. 204. Les plus anciens recueils de la Bible entière sont le *Sinaiticus* et le *Vaticanus*, tous deux du IVe siècle. L'A.T., avec ses apocryphes, y est en grec. Il en est de même pour l'*Alexandrinus*, au Ve siècle.

le Nouveau Testament, incomplet [235]; mais sa parenté avec d'autres témoins lui confère une importance particulière en critique des traditions chrétiennes primitives. D'autres manuscrits anciens en caractères unciaux ou majuscules, de plus récents en lettres minuscules, les citations patristiques, les premières versions font partie d'une documentation considérable à compulser, à confronter, à critiquer, afin de pouvoir travailler sur le texte le meilleur, ou jugé tel, et qui ne sera pas toujours le *textus receptus* [236].

2. *Autres objets de la critique* : *littéraire, historique, théologique, religieux*

Il n'est jamais inutile de rappeler, devant un préjugé courant, que la critique n'est pas en soi destructrice. Elle peut être au contraire, le moyen d'édifier une construction solide, après avoir distingué le matériau « fiable » de celui qui l'est moins ou ne l'est pas du tout. Comme son étymologie l'indique, elle est essentiellement une science ou un art de discerner, de « discriminer » [237], un crible qui, bien manié, doit être singulièrement efficace. Les connaissances bibliques ne peuvent qu'y gagner en sûreté, en valeur positive.

L'examen du texte s'étend naturellement à tous les problèmes littéraires de structure, de genre, de style, tels qu'ils ont été mis en vedette par l'école « historique-formative » et ses ramifications [238]. L'origine des documents, leurs sources, leur homogénéité ou leur intégrité importent grandement à la compréhension de ce qui est primaire, secondaire ou tertiaire dans la pensée ou les pensées bibliques [239].

---

[235] Le *Codex Bezae* (D) ne contient que les évangiles et les Actes, avec quelques lacunes. Certaines de ses leçons divergent sensiblement de celles des Mss. de la famille alexandrine, dont relèvent les trois précédents. Il est considéré comme le chef de file de la famille de Mss. dite occidentale qui, d'ailleurs, est loin d'être homogène. Les premières versions latines et, par elles, sans doute, les premières versions romanes en relèvent aussi plus ou moins. Cf. H. Clavier : *Les prem. trad. bibl. en Oc., op. cit., supra.*, p. 5, n. 12; p. 19, n. 74.

[236] Cf. *supra*, n. 231. La recherche et la découverte de nouveaux Mss. se poursuit. Une ample moisson a été faite, il y a une vingtaine d'années, dans quelques monastères du Moyen Orient, et notamment au couvent Ste Catherine du Sinaï, par la mission américaine de Duke University, avec le prof. Clark. Elle a confirmé ce que l'on avait déjà observé : la grande majorité des variantes du texte néo-testamentaire, si intéressantes qu'elles soient et utiles aux confrontations critiques, n'entament pas le fond de la pensée des auteurs concernés. Il en est cependant quelques unes qui peuvent aller jusque là. Cette contestation est, en soi, d'une réelle importance critique.

[237] Cf. A. Westphal : *art. Critique* in *D.E.B.*

[238] Cf. *supra*, p. 23, n. 87; p. 27, n. 110; p. 41 s., n. 174-175.

[239] *Ibid.* et p. 25 ss., n. 101 ss.; p. 32, n. 130 et *passim*.

La critique littéraire frise constamment l'histoire et y pénètre de plain pied quand elle vise, à travers les textes, les milieux où ils se sont formés [240], les traditions d'où ils procèdent [241], leur part de symbolisme et de mythologie, leur authenticité, les événements qui se sont passés, et comment ils se sont passés [242].

La critique ainsi menée ne peut manquer d'aborder les problèmes proprement théologiques et religieux. On ne saurait lui interdire l'examen des valeurs, sinon pour porter des jugements définitifs, du moins pour préparer modestement la voie aux conclusions qui seront modestes aussi, d'une théologie systématique [243] ou d'une philosophie des religions comparées [244]. La discipline à laquelle on est astreint dans cette recherche de la pensée ou des pensées bibliques ne pourra, tout au plus, que le suggérer.

---

[240] *Ibid.*
[241] *Ibid.* et p. 48 ss., n. 203.
[242] *Ibid.* et p. 18, n. 73 ; p. 45, n. 193.
[243] *Ibid.* et p. 22, n. 83 ; p. 36, n. 154.
[244] *Ibid.* et p. 41, n. 174 ; p. 42, n. 177.

PREMIÈRE PARTIE

LES COURANTS DE LA PENSÉE BIBLIQUE

INTRODUCTION

Les écrits bibliques, tels qu'ils nous ont été transmis, sont le résultat d'une élaboration dont l'importance, la durée, la complexité varient suivant les cas. Le problèmes que pose une formation littéraire à court terme ne sont pas identiques à ceux d'une gestation séculaire comme celle qui a fini par aboutir dans la rédaction du Pentateuque [1]. La tradition orale y tient une place relativement proportionnée à la durée du processus. Quelques moyennes ont été calculées dans ce développement, lesquelles, sans avoir une rigueur mathématique, ni même physique ou biologique, font figure de lois très approximatives [2]. Il n'est pas exclu qu'au cours des âges, une tradition devienne, sur quelques points, « invétérée », en pénétrant dans cette intimité où des acquisitions ancestrales sont fixées et codées, de génération en génération [3]. Il leur arrive alors d'affleurer ou de percer étrangement dans une littérature et dans une société « policées », comme des blocs erratiques au milieu d'un champ cultivé, ou du courant qui le baigne.

---

[1] Cf. *supra*, p. 41. s, n. 173-175. M. Dibelius : *Die Formg.*, *op. cit.*, p. 1 ss., se réfère à Axel Olrik : *Epische Gesetze der Volksdichtung*, in *Zeitschr. f. deutsch. Altert.*, 1909, p. 1 ss. et fait cette observation mitigée : « Nicht mit Unrecht hat man von einer Biologie der Sage gesprochen ». Il semble qu'il y ait abus de langage à parler d'une biologie de la tradition orale, surtout en ce qui concerne la tradition évangélique fixée en moins d'un demi-siècle dans les Synoptiques, mais même en ce qui touche celle, à beaucoup plus long terme, du Pentateuque, telle que l'a étudié Hermann Gunkel (cf. *supra*, p. 23, n. 86 ; p. 41, n. 173 ; H. Gunkel : *Die Israelit. Literat.*, in *Kultur d. Gegenw.*, VII, 1906, et *Die Grundprobl. d. Israelit. Literat.*, in *Reden und Aufsätze*, 1913, p. 29 ss., 92 ss., etc.). Cf. Ed. Jacob : *Grundfrag...*, *op. cit.* (*supra*, p. 26, n. 103), p. 34 ss.

[2] *Ibid.*

[3] Il n'y a pas de *tabula rasa* au sens aristotélicien, repris par Locke, contesté par Leibniz en ce qui touche l'intellect (nisi intellectus ipse). La psychologie moderne et la psychanalyse, freudienne ou non-freudienne, ont montré à quel point la zone d'imprégnation héréditaire pouvait être étendue et approfondie. Cf. H. Clavier : *À l'aube de la religion avec l'enfant*, *op. cit,*. p. 18 ss.

CHAPITRE PREMIER

QUELQUES SURVIVANCES ARCHAÏQUES DANS LES COURANTS DE LA PENSÉE BIBLIQUE

L'une des branches maîtresses des traditions humaines, pour ne pas dire un problématique et mystérieux tronc commun [1], a surgi et s'est développée dans un environnement tout autre que celui de nos fixations sédentaires. Cela est vrai, spécialement, des traditions bibliques dont le premier milieu connu est celui de nomades au désert [2]. Il en est demeuré des notions archaïques, dont quelques unes plus anciennes encore [3], mais toutes plus ou moins « théologisées » [4].

1. *Le Désert*

De nombreux textes de l'Ancien Testament, et même du Nouveau, témoignent du souvenir tenace de la vie au désert, avec une nostalgie ambivalente où l'attirance le dispute à l'effroi.

---

[1] L'habitat primitif des premiers « hominiens » pourrait avoir été non la caverne ou le désert, dans un environnement peu favorable, mais le jardin subtropical, tel qu'il existe encore dans la nature la plus clémente. Avant l'âge de la pierre, il y aurait eu celui du bois, beucoup plus périssable.

[2] Ernest Renan, dès ses premières *Études d'Histoire religieuse*, Paris, Michel Lévy, 1862, où il en est encore à la critique d'Ewald, en ce qui touche l'histoire d'Israël (p. 73-132), observe l'influence du désert sur la pensée monothéiste (p. 93). Il a repris et accentué plus tard cette remarque dans une thèse générale d'où est issue la formule outrancière du « désert monothéiste ». Son intuition première était, dans une certaine mesure, justifiée (cf. *infra*, p. 85 s.). Quoi qu'il en soit, nul ne conteste l'influence du désert aux origines d'Israël, sinon toujours au même point que Renan : *Hist. du peuple d'Israël*, 5 vol., Paris, Calmann-Lévy, 1887-93. Édouard Dhorme : *La relig. des Hébr. nomades*, Bruxelles, 1937, y insiste justement, et, de même, R. de Vaux : *Les Institutions de l'A.T.* (1er chap.), Paris, Cerf, 1958.

[3] Parmi les notions les plus archaïques, dont on trouve trace dans la Bible, il y aurait celles que les Hébreux ont pu emprunter aux « riverains » sédentarisés du désert, et notamment, aux Suméro-Babyloniens (cf. *infra*, p. 64, n. 12).

[4] Tout ou presque tout est « théologisé » dans la Bible, jusqu'à l'histoire même, dont les moindres détails, parfois insignifiants, deviennent signifiants, dans la perspective mystique, et plus ou moins mythique d'une histoire du salut. Cette constatation n'oblige, d'ailleurs, nullement l'historien à faire fi des éléments d'information très sûrs et très précieux qu'on peut en dégager. Si, d'autre part, elle oblige à réviser certaines manières de voir, traditionnelles ou doctrinales, elle n'attente pas à la foi qui peut, au contraire, en sortir purifiée et fortifiée.

« Mon père était un Araméen nomade... » : A cette confession exigée d'Israël en *Deut. 26*:5 [5], fait écho le dur rappel du prophète *Ézéchiel* qui commence ainsi : « Ton père était un Amoréen... » [6], ce qui fait penser à l'ancêtre vénéré, *Abraham*, né de cette race sémitique dont les ramifications étaient parfois si proches qu'elles se distinguaient mal. Celui que les trois grandes religions monothéistes considèrent comme le « père des croyants » est peut-être entré dans l'histoire comme chef ou scheik de clan, sous l'empire sémitique amoréen d'*Hammourabi* [7], dans la première moitié du deuxième millénaire [8]. Cet empire s'était fondé sur

---

[5] Ce rappel du passé doit être prononcé au cours du sacrifice d'actions de grâces qu'Israël est appelé à présenter quand il aura pris possession de la terre promise.

[6] « Ton père était un Amoréen, et ta mère une Héthienne », en *Ézech. 16*:3, évoque le mélange de races lors de l'établissement en Canaan. La mention, non de l'Amoréen, Sémite de l'Est, mais de l'Araméen, Sémite de l'Ouest, en *Deut. 26*:5, est typique des confusions entre branches de la même souche dans l'A.T. Venus également d'Arabie, beaucoup plus tard que les Amoréens, les Araméens ont occupé la Syro-Phénicie (Aram.). Cf., art. in D.E.B. André Parrot estime qu'*Éz. 16*:3 et 45 « semble bien garder un renseignement précieux, reflet de l'époque où le pays était aux mains des Amoréens et Jérusalem avec un gouverneur hittite » (*art. cit.*, p. 43, col. 1). Il mentionne d'autres échos de cette situation, notamment dans *Amos 2*:9 s. et dans l'Élohiste (*Gen. 15*:16; *48*:22, etc.), tandis que le Yahwiste nomme Cananéens les anciens habitants du pays (*ibid.*, p. 42, col. 2).

[7] Hammourabi ou Hammourapi serait-il l'*Amraphel* de *Gen.* XIV, qu'Abraham aurait affronté et vaincu près de Damas, ainsi que trois autres rois, pour délivrer son neveu Lot ? Certains auteurs le croient. Cf. Alexandre Moret : *Hist. de l'Orient*, t. I, p. 463 et II, p. 631-633, Paris, P.U.F., 1936; Louis Delaporte : *Le Proche-Orient asiatique*, p. 129 s. 150 (Clio), Paris, P.U.F., 1938.

Il est impossible de déterminer le fond historique de cet épisode guerrier, ni même la personnalité réelle des antagonistes dans la suite confuse des combats, où non moins de neuf rois sont dénombrés : « quatre contre cinq » (*Gen. 14*:9). Abram, le dixième personnage n'a pas été présenté jusque là comme capable d'un tel exploit contre une coalition de cette importance. Hammourabi était le fondateur du second grand empire sémite, avec Babylone pour capitale. Ses armées avaient vaincu Sumer, détruit Mari et sillonné une grande partie de l'Asie antérieure. Il renouvelait ainsi les exploits de *Sargon l'Ancien*, le fondateur du premier empire sémite, environ cinq siècles auparavant, avec Accad ou Agadé pour capitale.

Le fait d'armes relaté par *Gen. 14* n'aurait été qu'un engagement partiel démesurément grossi. Cf. W. F. Albright : *The histor. Background of Gen. XIV* in *Journal of the Society of Oriental Research*, 1926, p. 231-269; É. Dhorme : *Abraham dans le cadre de l'Histoire*, in *Rev. Bibl.* XXXVII, p. 367 ss., 481 ss., Paris, 1928.

[8] A. Moret : *op. cit.*, I, 463, II, 631 ss. proposait l'an 2003 pour l'avènement d'Hammourabi; d'autres disaient 2100 et pour Sargon 2675. Il semble que ces chiffres, du moins pour Hammourabi, doivent être considérablement réduits. C'est ce que pensaient Albright, *op. cit.* et d'autres. La lecture des tablettes de *Mari* a permis de fixer à l'année 1750 la destruction de cette capitale par les armées d'Hammourabi. André Parrot

les ruines de *Sumer* [9], mais en bénéficiant de sa culture. Il serait, certes, intéressant de savoir ici jusqu'à quel point Abraham en a hérité, s'il est parti d'*Our* en Chaldée [10] ; mais on ne peut que le conjecturer, avec beaucoup de prudence [11]. Il est difficile d'admettre qu'il ait été un « sédentaire nomadisé » ; on le verrait plutôt comme un semi-nomade, en contact sporadique avec des civilisations urbaines auxquelles il pourrait avoir emprunté une partie des traditions qu'il a transmises. Ainsi s'expliqueraient peut-être les parallèles suméro-babyloniens dans les premiers chapitres de la Genèse [12]. D'autres vestiges anciens, comme ceux qui évoquent un animisme primitif, sont d'origine beaucoup plus archaïque, et ne sont pas les moins tenaces [13].

Ce que fut le désert biblique, ses conditions de vie, on peut l'imaginer sur place, auprès de ceux qui y vivent encore [14]. Mais, d'abord, il n'y eut pas qu'un désert biblique. Les termes aux étymologies diverses qui le désignent en hébreu le suggèrent déjà. Le plus fréquent, *midbar* (מִדְבָּר), que l'on rencontre environ 300 fois, n'est pas traduit exacte-

---

qui a dirigé les fouilles en conclut qu'il faut rajeunir de deux siècles et demi le règne du conquérant et législateur babylonien, plus célèbre par son code que par son empire. Cf. A. Parrot : *art. sur Mari* dans le journal *Le Monde*, des 8-9.4.1973, où il révise la date qu'il avait adoptée en 1936, dans son *art. Mari* du D.E.B., deux ans après sa découverte capitale de cette cité enfouie dans les sables.

[9] Cf. S. N. Kramer : *L'Histoire commence à Sumer*, op. cit. Kramer propose 2300 pour l'empire de Sargon, et 1750 comme date de référence pour Hammourabi et son contemporain Abraham (p. 19).

[10] *Ibid.* et E. Dhorme : *op. cit.* ; Albright : *op. cit.* ; C. L. Woolley : *Abraham — Recent Discoveries and Hebrew Origins*, London, 1936 ; *Ur of the Chaldees*, London, 1954. Le problème est de savoir si Abraham est parti d'*Ur* (*Gen.* 11:31 ou de *Caran* (12:4). On pense généralement qu'il est bien parti d'Ur, et plus tard, de Caran où il avait séjourné. Cf. *infra*, p. 72, n. 54.

[11] L'hypothèse de Wooley, *op. cit.*, d'après qui Abraham aurait été citadin d'Ur avant de « prendre le désert » avec la culture sumérienne dont il était pourvu, n'a pas trouvé grand crédit auprès des spécialistes.

[12] Les parallèles du récit de la Création en *Gen. 1* relèvent de la tradition sacerdotale post-exilique (P). Il serait également possible qu'ils aient été acquis pendant l'exil babylonien.

[13] L'animation universelle, qui resortit à la structure mentale du jeune enfant et, sans doute plus ou moins, du « primitif » adulte est l'un des facteurs de l'animisme. Il persiste encore étrangement chez le civilisé, par tout ce qui lui reste de mentalité archaïque. Cf. Jean Cazeneuve : *La mentalité archaïque*, Paris, A. Colin, 1961 ; H. Clavier : *À l'aube de la Relig...*, *op. cit.* (*supra*, p. 61, n. 3) *passim*.

[14] Cf. entre autres : R. Montagne : *La civilisation du désert*, Paris, 1947 ; P. Hubac : *Les Nomades*, Paris, 1948 ; H. Charles : *art. Nomadisme*, in *Dic. de la B.*, Supplément (*Pirôt*), Paris, Letouzey, 1959.

ment par le grec ἔρημος, [15], le latin *desertum* [16], le germanique *Wüste* [17] qui mettent l'accent successivement, sur la solitude, l'abandon, la sauvagerie désertiques. Le *midbar* n'est ni solitaire, ni déserté, ni sauvage, comme peuvent l'être d'autres étendues désignées par d'autres termes; il évoque plutôt une contrée de maigres pâturages parcourue par des nomades qui y conduisent leurs troupeaux. C'est ce qu'indique l'étymologie du mot dont la racine *dabar* (דבר) signifie : pousser, mener [18]. Il ne manque pas non plus, entre la Méditerranée, l'Euphrate et l'Arabie, de terres désolées, sinistres et sans végétation, mais autrement dénommées [19]. Il peut y avoir, ici et là, des sables, mais point

---

[15] מִדְבָּר (en assyrien *mudbaru*), de racine דבר en arabe دَبَرَ, être derrière, en araméen דְּבַר, pousser devant soi ou conduire en avant, fait image en montrant le berger qui mène ses moutons de lieu en lieu, là où il y a de quoi brouter. Cf. W. Gesenius : *Hebr. und aram. Handwörtbuch. üb. d. A.T.*, ad hoc.; ἔρημος mettrait plutôt l'accent, du moins à l'origine, sur la notion de solitude. Cf. A. Bailly : *Dic. grec-franç.* ad loc. et art. ἔρημος in T.W. Ici, comme pour bien d'autres termes, la LXX a teinté d'hébraïsme un grec qui devient, en quelque mesure, judéo-hellénistique.

[16] De racine *deser, deserere*, le *desertum* latin, d'où procèdent les termes romans, fait ressortir les nuances de : séparation, désertion, délaissement, abandon.

[17] Les désignations germaniques *Wüste* (allem.), ou *Wilderness* (angl.), de racine : *wüst, waste, weste, wild*, accentuent le caractère sauvage, farouche, chaotique, dévasté du désert. Dans la généralité des cas, le désert biblique n'était pas cela. Un autre terme allemand, *Trift*, de racine *treiben* : errer, pousser, mener paître, l'évoquerait davantage. Il signifie : le chemin, le passage par où l'on mène paître le bétail.

[18] Cf. *supra*, n. 15. Cette désignation du désert usitée environ 300 fois dans l'A.T., convient bien à la majeure partie des vastes étendues que parcouraient les patriarches en poussant leurs troupeaux, comme aussi aux itinéraires de l'Exode.

[19] D'autres termes servent à désigner d'autres régions désertiques plus désolées : עֲרָבָה, de rac. ערב, marque la stérilité, la sécheresse, l'aridité; en *Esaïe*, 33:9; 51:3, il contraste avec un jardin fleuri, avec la plaine fertile de Saron. C'est aussi, par association, le nom donné à la grande cassure, aux pentes désolées, qui va de l'Hermon au golfe d'Akaba, avec son plus bas fond dans la Mer Morte, « la mer de l'arabah » יָם הָעֲרָבָה, mare solitudinis, mare deserti), que les Arabes appellent simplement l'Arabah. — חָרְבָּה, horbah, de חרב, dévaster, ruiner, d'où le حرسة arabe (khirbet), ruines, lieu ruiné, fréquent en Palestine. Ce terme se rencontre surtout chez les prophètes; il est traduit dans la LXX, le plus souvent, par ἔρημος, et dans la Vulgate par *desertum*, mais aussi par d'autres termes comme *solitudo, desolatio, ruinae*, etc. יְשִׁימוֹן, yeshimôn, de ישׁ, forme seconde de שׁמם : vider, dévaster, désoler, réduire à un silence de mort, moins usité que les précédents, se trouve pourtant dans le Pentateuque et les livres historiques, pour désigner parfois les régions les plus convulsées, dénudées, silencieuses et sinistres de l'arabah, autour de la Mer Morte. La LXX traduit encore ici, généralement, par ἔρημος, et la Vulgate par *desertum*.

Quant à נֶגֶב, négeb, de rac. נגב, aram. id., égypt. ngbu, il désigne les terres arides,

comme au Sahara, des paysages lunaires, sauvages et tourmentés ; mais la plus grande partie des terres non cultivées ressortit au *midbar*, pauvre, mais non dénudé, pourvu d'une végétation, sans doute maigre et sporadique, mais qui peut être broutée par du petit bétail que l'on pousse de lieu en lieu. C'est ce qu'ont fait, jusqu'aujourd'hui, dans ces parages, sans grand changement, des tribus nomades [20]. C'est ce que faisaient les Hébreux à la suite d'Abraham, au deuxième millénaire, jusqu'à leur séjour en Égypte, puis, après l'Exode, en marche vers *la Terre promise* [21].

La notion de désert apparaît donc sur le terrain comme multiple et polyvalente. Elle le sera naturellement dans le symbolisme et la théologie qui en procèdent, à travers les étapes de l'Ancien Testament, et jusque dans le Nouveau. Il y aura toujours en Israël une élite spirituelle pour se souvenir que Yahweh fut, aux origines, un Dieu nomade pour un peuple nomade, au Désert, et qu'il en favorise la nostalgie chez ses fidèles. N'a-t-il pas dissuadé David de lui construire un temple, par cet oracle au prophète Nathan : « ... Je n'ai pas fait d'un temple ma demeure ; mais j'ai logé comme un voyageur sous une tente... » (2 *Sam.* 7:4 ss.) [22]. Cette tente, d'ailleurs, c'est aussi bien, et mieux encore, les

---

mais néanmoins parsemées de maigres pâturages, au Sud de la Palestine, d'où la traduction *meridies* de la Vulgate. On le trouve 112 fois dans le texte hébreu, et la LXX le rend habituellement par le même ἔρημος. C'est un exemple, entre beaucoup, de la manière souvent approximative dont sont rendues les nuances de l'hébreu en passant dans le grec, dans le latin, comme dans toute autre langue. La même approximation est d'ailleurs le lot de la plupart des traductions, et surtout pour les termes les plus signifiants. La traduction de *Negueb* par *meridies*, en *Gen. 13*:1, fait curieusement remonter Abram d'Égypte vers le Midi (de la Palestine), c'est-à-dire vers le Nord. Cf. E. Wilton : *The Negeb*, London, 1863.

[20] Cf. *supra*, p. 64, n. 14 et dans H. Charles : *art. cit., col.* 547, la *réf.* à Ph. Lippens : *Expéd. en Arabie centrale*, Paris, 1956.

[21] La terre promise, « un pays découlant de lait et de miel » (*Ex. 3*:17 ; *Nb. 14*:8. Ce rêve se réalise partiellement aujourd'hui dans l'État Israélien qui fait reculer le désert, le Néguev spécialement.

[22] *La tente*, אֹהֶל est si typique du nomadisme sémite que l'assyrien présente un participe *â'ilu* synonyme de Bédouin en arabe où la rac. ال (en hébreu אלה אל) désigne le clan, la tribu, mais peut indiquer aussi le mouvement hors de ou vers.

Ce qu'était exactement la tente biblique, de rares textes en donnent une idée qui trouve confirmation dans les tentes arabes encore en usage aujourd'hui. Faite d'abord en peaux d'animaux (*Ex. 26*:14), puis en étoffe grossière tissée avec des poils de chèvres ou de chameaux, la tente biblique ordinaire était de couleur sombre. Dressée sur des piquets, elle était tendue par des cordes attachées à des chevilles de bois que l'on enfonçait dans le sol. Les tentes de chefs pouvaient être plus grandes, mais de même contex-

cieux que chante le Psalmiste [23] (*Ps. 104*:2). Le thème en est repris souvent dans la tradition prophétique, avec celui du retour au désert dont le souffle reprend, comme une inspiration d'en haut. La pensée religieuse du désert, si elle n'est pas nécessairement monothéiste, est plus souvent ouranienne que chthonienne [24].

Rien d'étonnant que ce souffle ait repris, avec une intensité et des

---

ture. Les tentes étaient groupées en campements, selon l'importance des familles et des tribus. Celles d'Israël et leur belle ordonnance faisaient l'admiration des étrangers (*Ex. 19*:2; *Nb. 2*:3-31; *13*:1; *24*:2,5).

La tente a donc une grande place dans la vie au désert, dans le langage concret, mais aussi métaphorique et symbolique des devises, des adages, des oracles : « Chacun a sa tente » (2 *Rois, 20*:1); « élargis l'espace de ta tente..., allonge tes cordages, affermis tes pieux » (*Es. 54*:2); « la tente des justes fleurira » (*Prov. 14*:1); « la voûte des cieux est étendue comme une tente » (*Ps. 104*:2; *Job, 9*:8; *És. 40*:22; *42*:5; *44*:24), etc.

En passant de l'hébreu au grec de la LXX, de אֹהֶל à σκηνή, la tente biblique reste la même, avec un sens légèrement différent. Sur l'image traditionnelle du campement au désert se projette celle, voisine, mais non identique, de l'abri qui donne de l'ombre : σκιάν. L'un des embranchements sémantiques de σκηνή. mènera au théâtre, à la *scène* du théâtre, au théâtre du monde ou de la vie (cf. Wilhelm Michaelis : art. σκηνή in *Th. W. z. N.T.*, Bd. VII, p. 369-396).

Σκηνή, sur environ 435 fois dans la LXX, ne traduit que 245 fois אֹהֶל, 25 fois סֻכָּה, l'abri de feuillage, puis la hutte de branchages ou de nattes (cf. *infra*, fête des huttes, Soukkoth, et, en plus de quelques autres usages, non moins de 93 fois : מִשְׁכָּן, michekan qui deviendra, en latin, le *tabernaculum*, le tabernacle. À l'arrière-plan de ce terme se trouve la *taberna*, la cabane, la boutique, la taverne. Mais ennobli, il va désigner, dans la Vulgate, et dans toutes les langues romanes, voire même en anglais, la tente de l'alliance, la tente du témoignage, la tente du rendez-vous de Dieu. L'allemand traduira par *Stiftshütte*, ou *Zelt*, selon les deux sens.

Il semble que, dans la réalité, le tabernacle ait été fait de planches démontables (*Exode, 7*:15 ss.), avec de nombreuses tentures, dont celles qui couvraient l'ensemble et lui donnaient l'apparence d'un abri-tente (*Ex. 7*:1 ss., 7 ss.). De là, sans doute, la précision de 2 *Sam. 7*:6 où Yahweh rappelle au prophète Nathan qu'Il a logé, comme il lui plaisait, sous une tente et dans une cabane. Les deux termes hébreux y sont. Cf. W. Michaelis : *art. cit.*

Ainsi, le tabernacle, cette cabane-tente, était le logement sacré où Yahweh consentait à voyager avec son peuple, pour y camper de temps à autre, y donner ses oracles et s'y manifester, à son gré. Ce sanctuaire itinérant tient une grande place dans toute la tradition biblique, de l'Ancien ou Nouveau Testament, et au-delà, dans les littératures juives et chrétiennes. Un riche symbolisme se greffera sur cet usage, avec des implications et développements théologiques variés, suivant la tendance cléricale ou prophétique. Le tabernacle jouera son rôle dans le Temple, avec le Temple, mais aussi en marge du Temple, et parfois contre le Temple.

[23] Cf. *supra*, n. 22.
[24] Cf. *supra*, p. 63, n. 2 et *infra*, p. 86 ss.

orientations variées, chez les ermites qoumraniens [25] ou autres [26], et dans le Nouveau Testament, où, du même coup, la ruah' (רוח) primitive [27] parvient à son plus haut degré de spiritualité [28]. Il n'y est plus question de se retirer du monde, et de retourner au désert, en remontant le cours de l'histoire, mais de se recueillir dans le calme et le silence, où Dieu parle plus fort, pour rentrer ensuite dans l'action, dans le monde à servir, dans le monde à sauver, avec une énergie et une puissance rechargées [29]. Jésus et ses apôtres ont connu de ces « retraites spirituelles », mais non l'espèce de désertion d'un retour au désert, dans l'ambiguïté d'un paradis perdu, et son paradoxe [30].

2. *Quelques termes typiques, devenus symboliques, de la vie au désert*

Parmi les caractères de la géographie et de la géologie désertiques, en tant qu'elles conditionnent la vie nomade, il en est dont l'expression typique et symbolique n'a fait que croître et se diversifier au cours de son développement sémantique [31].

---

[25] Cf. *infra*, p. 160, 186, 209, 266, 268, 282, 284, etc.

[26] Jean-Baptiste et d'autres. Cf. *infra*, p. 293, 159 s., etc... Le souvenir et le symbolisme de l'Exode au désert ont toujours eu en Israël une puissance évocatrice et parfois nostalgique. Cf. *Exode, 13*:18; *Deut. 29*:5; *Amos 5*:25; *Jér. 2*:6; *31*:2; *Os. 13*:5; *Ézech. 20*;10-21; *Néh. 9*:19-21, *Ps. passim*. On en trouve l'écho dans le N.T. : *Jn. 6*:31; *Act. 7*:30; *13*:18; *Hb. 3*:8.

[27] Cf. *infra*, p. 70 ss., 79 ss., etc.

[28] *Idem*.

[29] Cf. *Mc. 1*:12 et *parall.*; *Lc. 5*:16; *Jn. 11*:54.

[30] Pour une partie du peuple de l'Exode, le paradis perdu ressemblait plutôt à l'Égypte avec « ses oignons, ses poireaux et ses aulx », *Nom. 11*:5, 18; *14*:3. Le désert est resté pour beaucoup un objet d'effroi, et ce sera l'un des aspects contraires d'un symbolisme ambivalent. Cf. *Exode 23*:29; *Job 24*:5; *Ésaïe 40*:8; *42*:11; *64*:9; *Jér. 2*:31; *25*: 11. Les châtiments de Yahweh peuvent transformer le pays en un désert affreux (*Ps. 107*:33); mais son salut le fait reverdir (*id.*, v. 35 ss., fleurir et fructifier, *Ésaïe, 32*: 15; *35*:1-6; *41*: 19, etc.) en un Éden, un jardin de Yahweh (*Ésaïe 51*:3).

[31] Sur les problèmes fondamentaux de la terminologie biblique, cf. James Barr : *op. cit.* L'auteur de cette pénétrante étude estime que la tendance générale du *Theol. Wörterbuch z. N.T.* est très fortement marquée dans le sens d'une « intentionnalité heideggerienne » que Rud. Bultmann et d'autres collaborateurs auraient plus ou moins adoptée. On risquerait ainsi, par une voie détournée, d'en revenir à une sorte de théopneustie modernisée. Il est vrai, comme le souligne J. Barr, que les mots ne prennent tout leur sens que dans le texte et son contexte. Mais n'est-ce pas justement à cause de cela que les termes bibliques plus ou moins « théologisés », et, dans le N.T. en particulier, ont une autre coloration que dans le langage courant? En s'élevant, à juste titre, contre la thèse de Cremer sur une langue théopneustique, Adolf Deissmann : *Licht vom Osten, op. cit.*, poussait trop loin son raisonnement, plus loin que n'y autorisaient les

Tel fut le cas pour *l'eau* [32], cet élément vital, que sa rareté au désert rend précieuse par dessus tout pour l'homme et son principal moyen d'existence, le bétail. Eau de source, de ruisseau, de citerne ou de puits, l'eau a pour le nomade une valeur essentielle. Sa possession est recherchée, convoitée, âprement défendue. La coutume est de ne pas la refuser au voyageur et à ses troupeaux; mais les disputes entre bergers sont fréquentes [33], pour l'obtenir. Les différences de qualité entre les eaux sont fortement marquées dans leur usage et dans leur symbolisme [34]. L'eau vive a sa vertu propre, et la source qui la dégage, mouvante et jaillissante, en est personnifiée. Tel pourrait être le cas dans une invocation à la source du puits, l'un des témoins les plus anciens d'une pensée archaïque dans la Bible [35]. De l'Ancien au Nouveau Testament, l'eau vive est signe de vie [36], de vie purifiée [37]; elle est un don de Dieu.

---

découvertes remarquables de papyri et d'ostraka dans la κοινή du temps, et en Égypte. Cf. J. Barr : p. 206-262, et H. Clavier : art. *Mystique, langage et culte* in *R.H.P.R.*, 1972, p. 57.

[32] מַיִם, *les eaux*, l'eau, toute sorte d'eau, de provenances et de régimes variés, symbole également divers : d'abondance ou de destruction, d'espérance ou de crainte, de joie ou de terreur.

[33] Cf. *Gen. 26*:20; *Ex. 2*:16 s.

[34] Symboles, mythes et rites ont de nombreuses interférences sur le thème de l'eau, en tenant compte aussi des usages cultuels et des facteurs poétiques ou mystiques.

Le monde est né dans les eaux qui l'environnent après comme avant la création des sols (*Gen. 1*:6, 9). Elles font une irruption catastrophique au déluge, quand toutes les sources du grand abîme liquide et souterrain (תְּהוֹם רַבָּה, cf. *Gen. 1*:2; *8*:2, etc· avec emplois symboliques et mystiques, en *Ps. 42*:8; *106*:9; *Es. 63*:13) ont fait sauter leurs bondes et que se sont ouvertes les écluses du ciel (*Gen. 7*:11; cf. *Gen. 8*:2; 2 R. *7*:19; *Es. 24*:18; *Mal. 3*:10). Ces grandes eaux du déluge et des cataclysmes liquides alterneront plus tard, suivant les symbolismes, avec le feu, dans l'ordalie suprême des visions apocalyptiques. Mais, en Israël, la menace terrifiante des eaux mythologiques, selon de lointaines traditions héritées, sans doute, de Sumer (cf. *supra*, p. 63 s, n. 7-12) n'échappe pas à la toute-puissance de Yahweh. C'est Lui qui, dans ce pays sec, fait de l'eau, bien plus qu'un châtiment, une bénédiction. Le monstre aquatique est dompté. L'eau devient, du même coup, un agent de purification, rituellement et symboliquement (*Ex. 30*:18 ss.; *Lév. 11*:32; *Nb. 19*:9, 13, etc.; *Éz. 36*:25). Cf. art. ad hoc, *Dic. Bibl.* divers.

[35] Cf. *Nb. 21*:16-18 : « De là, ils vinrent au puits הַבְּאֵר dont Yahweh avait dit à Moïse : « Rassemble le peuple, et je leur donnerai de l'eau (מַיִם). Alors, Israël entonna ce cantique : « Monte, puits : ... ». D'autres traductions ont été proposées; mais celle-ci, la plus généralement admise, semble aussi la meilleure, dans un contexte où il est question d'eau, depuis le torrent d'Arnon (v. 13 s.) jusqu'au puits, que LXX traduit par φρέαρ. Pourquoi en faire un nom de lieu ? Serait-ce pour en éliminer un soupçon de naturisme ou d'animisme ? On pourrait y voir aussi une prosopopée. Mais ce genre poétique ne trahit-il pas aussi une pensée animiste ? Cf. Heintz בְּאֵר in *Theol. W. A.T.*, I, *col.* 500 ss.

[36] *L'eau vive*, beaucoup plus appréciée que l'eau stagnante ou l'eau de citerne, est

Les cataclysmes que l'eau peut provoquer, notamment au *Déluge*, dont le souvenir terrifiant s'est transmis par le canal suméro-babylonien [38] à des populations dont l'environnement et l'habitat ne comportent plus les mêmes risques, étaient cependant suggérés par des phénomènes beaucoup plus limités. La réflexion archaïque sur cette ambivalence de l'eau a laissé des traces dans la Bible [39]. Les conditions habituelles de vie et la pensée théologique en ont accentué le caractère positif et bienfaisant, sous le chef d'un Dieu tout-puissant et bon auquel tout est soumis [40]. Les monstres mythologiques, y compris ceux de l'eau sont domptés par Lui [41]. De la création du monde hors de l'abîme liquide à sa recréation apocalyptique, l'Éternel règne et la terre est solide (*Ps. 96*:10).

Maître des eaux, Dieu l'est aussi des *vents* et des *esprits*, que l'hébreu, comme le grec, désignent par les mêmes termes, et dont l'impact est particulièrement senti et ressenti au désert [42]. L'association entre l'eau et le vent qui la provoque, ou la retient [43], est manifeste. Si l'air stable,

---

l'eau de source, et, métaphoriquement, source de biens et de bénédictions divines. Yahweh lui-même, et, dans le N.T., Jésus-Christ sont comparés à une source d'eau vive (*Jér. 17*:13; *Jn. 4*:10 ss.; *7*:37 s.; *Apoc. 7*:17; *21*:6).

[37] L'eau qui nettoie devient symboliquement, l'eau mystique de purification dans les ablutions rituelles ou les rites baptismaux, dont celui du Baptiste, parmi d'autres répandus à l'époque, et dans le baptême chrétien. Cf. *art. ad hoc* in *Dic. Bibl.* avec réf. nombreuses.

[38] Cf. *supra*, n. 34 et p. 63 s., n. 7-12.

[39] *Ibid.* et *supra*, n. 32-33.

[40] *Ibid.*

[41] Comme dans la cosmogonie suméro-babylonienne, où le monstre *Tiamat* symlise, vraisemblablement, l'élément fangeux et chaotique. Sumer en avait fait, à force de travail et d'ingéniosité, la région fertile de Basse-Mésopotamie, comparable au delta du Nil.

[42] רוּחַ πνεῦμα. Le terme hébreu, d'un usage très fréquent, a de nombreux sens, à partir du souffle d'air (dans le milieu atmosphérique sans autre désignation que « les cieux, שָׁמַיִם »), jusqu'aux modalités les plus variées de l'air en mouvement, depuis la brise la plus légère jusqu'aux quatre vents et à l'ouragan destructeur. C'est également le souffle que l'on aspire et que l'on expire, le souffle si vital qu'il s'identifie avec l'âme, à laquelle il donne vie, pour en faire une « âme vivante » (*Gen. 2*:7) : נֶפֶשׁ חַיָּה par l'insufflation de נִשְׁמַת חַיִּים, souffle des vies, ou, en tenant le pluriel pour intensif : souffle de vitalité, de vie intense, *nishemah*, terme assez rare, étant alors synonyme de *rouah'*. Cf. *Ézech. 1*:20; *10*:17; *Ps. 78*:50.

[43] S'il y a un rapport manifeste entre le vent et la pluie, on constate des analogies entre le désert et la mer, non seulement en ce qui touche l'importance des vents, mais aussi la religiosité. Peut-être ce dernier point serait-il illustré par cette sourate du *Coran*

immobile, peut se confondre avec les cieux [44], dès qu'il se meut, dès qu'il souffle, il s'anime et prend vie. Il deviendra esprit vivant et vivifiant [45]. Souffle de vie, il va parfois s'identifier à l'âme qu'il anime [46]. Il sera aussi l'esprit vagabond, malicieux comme peut être le vent, ou franchement mauvais, actionné par le Prince de la puissance de l'air [47]. Mais c'est toujours Dieu qui règne et sa souveraineté qui l'emporte [48]. C'est Lui qui prête aux créatures l'esprit de vie et le reprend [49]. Cet esprit qui vient de Dieu est aussi l'Esprit de Dieu, le Saint-Esprit [50]. Il lui arrive de se manifester comme un souffle, comme

---

(*29*:65) : « Lorsqu'ils montent sur un bateau, ils invoquent Allah et lui offrent un culte pur; mais quand Allah les ramène sur la terre ferme, alors ils lui donnent des associés », c'est-à-dire qu'ils commettent le crime de شرك, le crime d'association d'un autre dieu, d'une idole, avec Allah. Combien de fois les prophètes d'Israël n'ont-ils pas fait un reproche analogue à leur peuple issu du désert et installé en Canaan, contaminé, « chthonisé »!

[44] Cf. *supra*, n. 42.

[45] *Ibid.*; cf. le parallèle entre les deux Adam, en 1 *Cor*. *15*:45 ss. où le premier est devenu âme vivante « ἐγένετο εἰς ψυχὴν ζῶσαν, et le dernier : esprit vivifiant, εἰς πνεῦμα ζωοποιοῦν ». Au baptême d'eau administré par Jean-Baptiste succèdera le baptême d'esprit saint (*Mc*. *1*:8, parall.) et de feu (*Mt*. *3*:11 ; *Lc*. *3*:16), administré par celui qui vient, et qui, au témoignage de Paul, est esprit : *Kyrios-Pneuma*, 2 *Cor*. *3*:17 s.

[46] Il peut s'agir de toute créature animée (*Gen*. *6*:17 ; *7*:22) ou de l'homme en son cœur (*Job*. *32*:18 ss. comp. *Zach*. *12*:1), ou d'une fonction ou d'un état généralement attribués à l'âme (*Nb*. *5*:14 ; *Ps*. *51*:19 ; *77*:4, 7 ; *Prov*. *15*:13, etc. Les mêmes interférences entre πνεῦμα et ψυχή sont fréquentes dans le N.T. Cf. *art. ad hoc*, in T.W.

[47] Feu follet, farfadet, *djinn* malicieux ou malveillant comme chez les Arabes, il sera embrigadé, peut-être sous des influences iraniennes, dans une armée organisée et commandée par un chef que l'on appelait encore, au temps de l'épître aux *Éphésiens* (*2*:2 et *6*:12) « le prince de la puissance de l'air ». Cf. Martin Dibelius : *Die Geisterwelt im Glauben des Paulus*, Göttingen, Vandenhoek & Ruprecht, 1909.

Il y avait, beaucoup plus anciennement, « l'armée des cieux et des esprits, bons ou mauvais, mais soumis à Yahweh, et prêts à exécuter ses ordres. Cf. 1 *Rois*, *22*:21 ss.; comp. 2 *Chron*. *18*:18 ss.; cf. aussi, *Job*, *4*:15 ss.

Quant aux esprits des morts, ils étaient généralement localisés sous terre, d'où il était interdit de les évoquer. Cf. 1 *Sam*. *28*:7 ss. et 1 *Chron*. *10*:13 ; 2 *Rois*, *23*:24. La sorcière d'Endor voit le spectre de Samuel remonter de dessous terre, comme un Elohim (1 *Sam*. *28*:13).

[48] *Ibid.* Yahweh commande aux vents comme aux esprits. Il a réglé le poids du vent (*Job*, *28*:25) ; il fait des vents ses messagers (*Ps*. *104*:4) qui exécutent ses ordres (*Ps*. *148*:8), etc. Le même pouvoir « sur les vents et la mer » est exercé par Jésus (*Marc*, *4*:41 & parall.).

[49] Cf. *supra*, n. 42 ; *Gen*. *2*:7 ; *Job*, *12*:10 ; *34*:14 ; *Eccl*. *12*:9 ; *Éz*. *37*:6, etc.

[50] Le *Saint Esprit*, dans *Ésaïe*, *63*:11, et dans de nombreux textes du N.T. où l'Esprit est identifié avec Dieu (*Jean*, *4*:24) et avec le Kyrios Christos. (2 *Cor*. *3*:17 s.). Il y a le Saint Esprit de Dieu ; il y a le mauvais esprit de l'homme et ses inclinations variées,

un vent [51]. Puissance divine, il s'est incarné en Jésus-Christ qui en a reçu les pleins pouvoirs et en use à son gré, jusqu'à s'identifier avec l'Esprit, *Kyrios-Pneuma*, à l'honneur et à la gloire de Dieu [52]. C'est sous ce chef divin que le riche symbolisme du vent et de l'esprit, comme celui de l'eau, se retrouve dans le Nouveau Testament et sa théologie, centré sur la personne du Christ.

Le penchant « ouranien » de la pensée religieuse au désert projette dans *les astres* ces notions frustes de l'esprit. Le soleil, la lune, les étoiles, que l'on observe au cours de longues pérégrinations sont autant d'objets où peuvent converger un animisme et un naturisme latents [53]. Sous un ciel et dans un climat où la chaleur du jour est souvent écrasante, l'astre des nuits devient aisément une divinité favorable pour celui qui peut voyager « au clair de lune ». Il en était ainsi en Mésopotamie, au temps d'Abraham, à Our et à Caran, ses principaux points de départ [54]. La lune y était adorée [55], l'astrologie s'y pratiquait, et si le

---

dans le sens du bien ou dans le sens du mal. L'esprit peut ainsi désigner une force, un caractère, une qualité, une mentalité, un état d'esprit.

[51] Quand Yahweh se manifeste à Élie au désert, (1 *Rois, 19*:11-13) ce n'est pas dans le grand vent (רוּחַ גְּדוֹלָה), l'ouragan qu'Il le fait, mais d'une voix tranquille et douce (v. 13).

[52] La subordination du Fils au Père est toujours affirmée ou supposée par Paul. C'est à la gloire de Dieu, le Père que toute langue doit confesser la seigneurie de Jésus-Christ (*Philip.* 2:11).

[53] L'astrologie était en honneur à Sumer avant de l'être encore plus en Chaldée.

[54] Le problème du lieu d'origine et de départ d'Abraham, *Ur* en Chaldée (*Gen.11*:29, 31) ou *Caran* en Haute Mésopotamie (*Gen. 12*:4) pourrait se résoudre dans le sens indiqué par P. (*11*:31), expliquant J (*12*:4). Ainsi se justifierait aussi *Deut. 26*:5 : « Mon père était un Araméen nomade ». En effet, Caran, en terre d'Aram-Naharaïm, devint la ville de Nachor, frère d'Abraham. Originaire d'Our des Chaldéens (Ur Kasdim), le clan de Térach père d'Abraham et de Nacor, aurait émigré des environs de la grande cité sumérienne, pour venir s'établir, en remontant la vallée de l'Euphrate et de son affluent, le Balih, à Caran, à un millier de kms d'Ur. On sait maintenant par les fouilles effectuées des deux parts, que Caran était une sorte de filiale religieuse, et sans doute aussi commerciale, d'Ur, sur le chemin des caravanes entre la « mer inférieure » (le golfe Persique) et « la mer supérieure » (la Méditerranée). Les mêmes divinités astrales y étaient adorées : le dieu lune, *Nannar-Sin*, et sa parèdre, *Nin-Gal*, avec, pour cette dernière, un temple identique et de même désignation à Caran comme à Ur : *bit-gipâri*, maison de campagne.

Quand Térach et son clan partirent d'Ur en Chaldée, ce ne fut pas pour adorer ailleurs ces divinités lunaires qu'ils contestaient sans doute en s'attachant à *El*, mais pour gagner une région lointaine où ils savaient trouver des gens de même espèce et de coutumes analogues. Lorsqu'Abraham et Lot partirent pour le pays de Canaan, Nacor et le reste du clan restèrent en Hte Mésopotamie et y firent souche. Cette terre d'*Aram* se substitua, dans la tradition, au lointain berceau chaldéen. *Laban* sera surnommé : l'Araméen (*Gen.*

culte exclusif d'*El*, puis de *Yahweh*, bannissait cette idolâtrie, il ne put en détruire totalement l'attrait qui transparaît en négatif à travers les interdictions [56]. Le symbolisme du langage conserve de nombreux vestiges d'errements archaïques et toujours renaissants.

L'ombre propice de *la nuit* était remplacée, aux étapes de jour, par *l'arbre* [57] ou, en terrain accidenté, sous l'abri d'une *caverne* [58] ou d'un *roc* [59]. Chacun de ces termes est également pourvu d'un riche symbolis-

---

28:5); d'autre part, *Gen. 22*:20 suggère une parenté entre Chaldéens et Araméens, et la tradition du départ d'Ur n'est pas oubliée (*Gen. 11*:28 ss., *15*:7; *Néh. 9*:7), jusque dans le N.T. : *Actes, 7*:2 ss.

Cf. *supra*, p. 63 s., n. 6-11. Cf. A. Parrot, *art. cit.* (p. 63, n. 6), et, du même : *art. Ur ou Our*, in *D.E.B.*, II, p. 809.

[55] *Ibid.*

[56] Les contacts inévitables avec l'idolâtrie des astres, en honneur à Sumer, en Chaldée, à Caran comme à Ur, et plus tard en Égypte, ne manquèrent pas de marquer assez fortement le peuple de Yahweh pour que la Loi et les prophètes fissent de l'astrologie, généralement associée à la divination, un de leurs thèmes d'interdiction, tandis que l'astrolâtrie caractérisée devait être punie de mort par lapidation (*Deut. 17*:2-7). Cf. *Deut. 18*:10 s.; *Lév. 19*:26, 31; *20*:6; *Ésaïe, 47*:13; *comp. Dan. 2*:27; *5*:7 ss. et *Nb. 23*:23.

L'attrait des astres et de l'astrologie est demeuré tenace, en relation avec les cosmologies, et notamment celle des étages célestes auxquels sont préposés des anges, pouvoirs, principautés, autorités, diversement conçus. (Cf. *Rom. 8*:38; *Col. 1*:16; *2*:10, 15; *Éph. 3*:10; *6*:12; *1 Pi. 3*:22; *2 Pi. 2*:10 s.; *Jude*, 8). Sous diverses influences, où l'iranienne a eu sa grande part, le Judaïsme a cédé largement à cet attrait dans ses Apocalypses et dans des gnoses qui préludaient aux floraisons gnostiques des premiers siècles de notre ère. Le Christianisme a dû s'en garder et préserver sa doctrine de la Rédemption des contaminations d'un mythe où les puissances astrales sont d'abord mystifiées par le rédempteur descendant des hauts cieux sous un déguisement, pour tromper leur surveillance, puis confondues quand il remonte en gloire, sur les marches célestes. Cf. M. Dibelius : *Die Geisterwelt..., op. cit., passim*. En ce qui touche les interdictions bibliques visant l'astrologie ou l'astrolâtrie, add. : *Deut. 4*:19 s.; *2 Rois, 17*:16; *21*:3 ss.; *13*:5, 11; *Jér. 8*:2; *10*:2 s.; *Éz. 8*:16; *Soph. 1*:5. Yahweh est le maître des astres qu'Il a créés, et qui font partie de son armée céleste.

[57] *L'arbre, Ets* : עֵץ, l'un des termes les plus fréquents dans l'A.T., désigne le plus souvent le bois dont on se sert pour tant d'usages, mais aussi l'arbre une centaine de fois. L'arbre est mis en relation avec l'eau, dans le désert. (Cf. *supra*, p. 00, n. 32 ss.). Il est un don de Dieu (*Lév. 26*:4, 20). Il est sacralisé en arbre de la connaissance, en arbre de vie. Son ombre douce au voyageur lassé, écrasé de soleil, peut être aussi propice aux pratiques infâmes et aux orgies païennes « sous tout arbre verdoyant » (*Deut. 12*:2; *2 Rois, 16*:4; *Jér. 3*:13; *Ésaïe, 57*:5; *Éz. 6*:13).

[58] *La caverne*, aux symbolismes multiples et non sans analogies avec ceux de l'arbre, a fait aussi l'objet de sacralisations archaïques où *Freud* n'a pas manqué de déceler des motifs et suggestions psychanalytiques de sens opposé à celui de l'arbre. Sur la caverne sacrée, cf. A. Lods : *La Relig. d'Israël, op. cit.* (00, n. 203), p. 16).

[59] Le *roc*, riche également en symbolismes, en a d'analogues à ceux de l'arbre; mais

me par où des notions archaïques percent dans les cultures les plus évoluées et les plus épurées. Comme pour l'eau, les esprits ou les astres, la censure du monothéisme prophétique n'en a pas effacé les traces persistantes. Toute langue en est marquée, dans ces termes et d'autres [60]. Le langage biblique ne pouvait faire exception. Il ne pouvait non plus

---

le principal est la solidité : ainsi dans la parabole de la maison bâtie sur le roc (*Mt.* 7:24; *Lc.* 6:48), comme dans maints passages de l'A.T. où Yahweh lui-même est comparé à un roc fondement inébranlable, mais également refuge sauveur et abri sûr (*Deut.* 32:15, 18; 1 *Sam.* 2:2; 2 *Sam.* 23:3; *Ps.* 18:3, 32, 47; *19*:15; 28:1, etc...). Le roc sera, de même, l'un des symboles du Christ, associé à l'eau qui en jaillit (1 *Cor.* 10:4), comme au désert de l'Exode, sur l'ordre de Yahweh, par la main de Moïse (*Ex.* 17:6; *Nb.* 20:11; *Deut.* 8:15). Jésus transformera la pulvérulence de Simon en la solidité du roc (כֵּיפָא) sur lequel il bâtira son Église (*Jean,* 1:42; *Mt.* 16:18. Cf. H. Clavier : *Petros kai petra,* in *Festschr. in hon. Rud. Bultmann,* p. 94-109. Berlin, Töpelmann, 1954).

Mais il y a aussi les *pierres sacrées,* témoins d'anciennes théophanies, ou d'archaïques idolâtries sans cesse renaissantes. Cf. A. Lods, *op. cit.,* p. 17 ss. Il y a les pierres de l'enceinte sacrée, *ibid.,* p. 19 s. Il y a les pierres des hauts-lieux, celles de la montagne, et la *montagne* elle-même avec son jeu de symboles analogues ou particuliers : la montagne qui pointe vers le ciel, modèle des *ziggourats,* de la tour de Babel, la montagne sainte, séjour divin, surtout quand elle s'embrase d'un volcan, comme en Horeb. Pour tous ces termes, cf. *art. ad hoc* in divers *Dic. Bibl.*

[60] Parmi « les autres termes », l'un des plus importants dans la vie du nomade ou du semi-nomade, et, par suite, des plus fréquents dans la Bible, est celui, ou plutôt ceux qui concernent le *cheptel* (du bas-latin *capitale*), le capital en bestiaux. Sans compter les noms particuliers des espèces animales qui le constituent (brebis, chèvres, bœufs, chameaux), l'hébreu a des termes collectifs pour en désigner l'ensemble ou les catégories, selon la taille ou l'utilisation. Il y a la bête brute et muette, les gros bestiaux, que l'on peut aussi charger, atteler ou monter; il y a le petit bétail; il y a les bovins; il y a ceux dont les excréments sont employés comme combustible, d'où la désignation d'un troupeau de chameaux (cf. *Gen.* 45:17; *Ex.* 22:4, où l'un des sens de בְּעִיר pourrait légitimer cette interprétation). Le grec ne fait pas ces distinctions, et le même terme, qui marque la propriété, est employé dans tous les cas (cf. *art. ad hoc* dans divers *Dic. Bibl.*). Le latin, avec *pecus,* de même racine que *pecunia,* en souligne l'intérêt pécuniaire qui peut s'étendre jusqu'à la volaille incluse. On distinguera *minus pecus* de *majus pecus* qui sera aussi désigné par *armentum,* opposé à *pecus* : *pecus et armenta.*

L'élevage tient une place essentielle dans les intérêts, les occupations, les coutumes, les expressions et les symboles d'une existence qui est encore celle des Bédouins au désert (cf. *supra,* p. 64 s. n. 14-15; p. 66 s. n. 22), et qui a laissé des souvenirs tenaces, et parfois nostalgiques en Israël, après l'établissement en Canaan. Les termes caractéristiques de la vie au désert, ceux que l'on a relevés, d'autres aussi, avec les expressions, dictons, images, symboles qui en procèdent, sont nombreux dans les deux Testaments. Le symbolisme « animalier » n'offre pas de thème plus touchant et plus beau que celui de *l'agneau,* d'un bout à l'autre de la Bible; agneau que l'on élève, que l'on chérit, que l'on a peine à sacrifier, agneau pascal, « agneau qui ôte les péchés du monde » (*Jean,* 1:29, 36, etc.). De très nombreuses références textuelles pour ce terme et pour d'autres sont faciles à trouver dans tous les Dictionnaires et concordances bibliques.

se soustraire à un certain « mythisme » inhérent aux symboles [61], nécessaire à la communication, et parfaitement licite, pourvu qu'on se l'explique et que l'on n'en soit pas dupe. Les « démythisations » requises à juste titre [62] ne sont, pour le moment, que le passage d'un « mythisme » archaïque et trompeur à un autre épuré, mais encore imparfait, jusqu'à ce que la vision partielle et déformée par le miroir symbolique devienne un « face à face » [63]. La foi n'en peut demander davantage dans ce qu'elle tient pour une « économie d'épreuve ».

3. *Vestiges d'une mentalité et d'une pensée archaïques dans la Bible*

Les traces ne manquent pas dans la Bible, et surtout dans l'Ancien Testament, de ces réflexions archaïques [64]. Le petit enfant nous en offre encore le type le plus rudimentaire [65], qui nous ramène bien en-deça des siècles et des millénaires de civilisation et de méditation [66]. Il s'agit, semble-t-il, tout d'abord, d'une prise de conscience progressive de son corps, du monde extérieur et de soi.

---

[61] Cf. *supra*, p. 32 ss.; 56 s.

[62] Cf. *supra*, p. 27, n. 110; p. 45, n. 193. Cf. Lauri Honko : *The Problem of defining Myth*, in *The Myth of the State*, Stockholm, Almqvist and Wiksell, 1972, avec analyse historique et critique des essais de démythisation ramenés à trois types (p. 8-10) dont celui de Bultmann (The typology of demythologisation). Cf. aussi H. Clavier : *Mystique, langage et culte, Ét. crit.* in *RHPR*, 1972 (p. 190, 1943).

[63] 1 *Cor. 13*:12.

[64] Cf. *supra*, p. 63 ss.

[65] Cf. Jean Piaget : *La représentation du monde chez l'enfant*, Paris, Alcan, 1926; du même : *La naissance de l'intelligence chez l'enfant*, Genève, Delachaux & Niestlé, 1936; H. Wallon : *L'évolution psychologique de l'enfant*, Paris, A. Colin, 1965; H. Clavier : *L'idée de Dieu chez l'enfant*, Paris, Fischbacher, 1926; idem : *A l'aube de la religion avec l'enfant*, 1971.

[66] Un certain parallélisme entre l'ontogenèse et la phylogenèse a été depuis longtemps aperçu et signalé. G.A. Coe : *Education in Religion and Morals*, London, 1904, faisait observer, p. 212 : « De même qu'avant la naissance, le corps humain passe à travers une série de formes qui correspondent, dans l'ensemble, aux formes embryonnaires de l'échelle animale, ainsi, après la naissance, l'esprit progresse vers la maturité en passant par des stades qui correspondent, en gros, aux étapes de l'histoire humaine prise dans son ensemble ». Pour J. Piaget, « l'ontogenèse explique la phylogenèse autant que l'inverse ». Par contre Lévy Strauss fait de sérieuses réserves sur « toute tentative hasardeuse d'assimilation de la psychologie des primitifs à celle des enfants ou à celle des aliénés ». Il rappelle « qu'il n'existe pas seulement des enfants, des primitifs et des aliénés, mais aussi, et simultanément, des enfants primitifs et des primitifs aliénés. Et il y a également des enfants psychopathes, primitifs ou civilisés ». Il fait, par ailleurs, des critiques sur l'usage, qui prête à confusion, du terme « primitif ». Cf. Claude Lévy-Strauss : *Les struct. élément. de la parenté*, p. 114, 117, Paris, PUF. 1949.

a) Rudiments d'anthropologie

Ce que le non-civilisé pense de soi devait être au moins aussi vague autrefois qu'aujourd'hui, comme au sortir de cet état confus d'où chaque enfant s'éveille peu à peu, pour prendre conscience progressivement de son identité [67]. L'obstacle auquel il se heurte est animé par lui d'une vie qui ressemble à la sienne. C'est une animation universelle qui sera mise en relation avec l'expérience normale et quotidienne du sommeil et du rêve, avec certains états pathologiques, avec la mort. Il s'ensuit non, certes, une anthropologie proprement dite, mais des éléments de ce qui pourra en devenir une. Les vestiges ne manquent pas dans l'Ancien Testament, et même dans le Nouveau, de ces réflexions archaïques.

La prise de conscience comporte en soi une analyse qui en provoque d'autres, suivies de synthèses aussi frustes, mais qui vont se poursuivre, de proche en proche, avec une précision croissante [68]. Il n'est pas surprenant que le langage en porte trace et qu'il en garde, à travers les âges, la marque indélébile dans le vocabulaire, la structure, la sémantique de toutes les langues, et, particulièrement, de certaines d'entre elles [69]. Cet archaïsme reste toujours relativement récent par rapport

---

[67] Cf. *supra*, n. 65, et É. Cramaussel : *Le premier éveil intellectuel de l'enfant*, Paris, Alcan, 1909.

[68] *Ibid.*, H. Wallon : *op. cit.*, p. 53, 134 ss., 138, 142, 177 ss.; H. Cl. : *A l'aube...*, *op. cit.*, p. 38; Edmond Claparède : *L'éducation fonctionnelle*, p. 143, 146 ss., Neuchâtel-Paris, Delachaux, 1931. Cf. aussi : J. Baldwin : *Le développement mental chez l'enfant et dans la race*, Paris, Alcan, 1897; J. B. Pratt : *The Psychology of religious belief*, London, Macmillan, 1908, (notamment ses remarques sur les observations de Miss Shinn : *Some commente on Babies*, p. 200); R. Ruyer : *La conscience et le corps*, p. 59, 81, 110, 121 s., Paris, Alcan, 1937; R. D. Laing : *The Self and the others*, London, Tavistock, 1961; Maud Mannoni : *L'enfant ... et les autres*, Paris, Seuil, 1961; Jacques Lacan : *Écrits* (le stade du miroir comme formateur de la fonction du Je), p. 94-97, Paris, Seuil, 1966.

[69] Peut-on considérer l'hébreu comme une langue archaïque, produit d'une culture et d'une mentalité archaïques ? Tel était l'avis de Johs. Pedersen : *Israel, its life and culture*, p. 513, London, Oxf. U.P., 1926. Antonin Causse lui donne raison dans un compte-rendu, in *RHPR*. 1927, p. 71, en louant « le rare service de Pedersen d'avoir essayé de définir les notions fondamentales de la pensée hébraïque en tenant compte du fait que, dans l'A.T., nous avons à faire à une littérature encore très près des origines, à une civilisation encore très primitive et à une mentalité pré-logique et grossièrement réaliste « (cf. aussi, pp. 68, 72). Ce jugement d'Antonin Causse est assorti d'une expression en faveur à l'époque, mais que son principal défenseur, Lévy-Bruhl a fini par abandonner : « mentalité prélogique ». (Cf. *Les Carnets de Lucien Lévy-Bruhl*, avec préface de Maurice Leenhardt, p. 131 et *passim*, analysés par Jean Cazeneuve : *La mentalité archaïque*, *op. cit.*, p. 5-51, A. Colin, 1961).

Par contre, James Barr : *op. cit.*, p. 1, 30 ss., s'élève contre l'opinion de Pedersen qui

à ce qui fut réellement *primitif* [70]. Quoi qu'il en soit, les structures linguistiques et les structures mentales, bien que s'accompagnant, ne se recouvrent pas [71]. Leurs synchronies sont parfois rompues par des poussées diachroniques intermittentes qui les font souvent diverger [72].

Dans une psycho-physiologie rudimentaire, qui répond aux premières analyses [73], le corps n'est pas nommé dans son ensemble, mais détaillé dans ses éléments constitutifs, ses membres, ses principaux organes, auxquels sont attribuées simultanément des fonctions physiques et psychiques [74].

---

tient l'hébreu pour une langue « primitive », correspondant par sa structure même à la structure d'une mentalité primitive (cf. *supra*, p. 33 s., n. 137-138). En fait, l'hébreu est une langue simple, sans tournures complexes, où la phrase est sans inversions, de type « parataxique ». Mais il ressemble en cela aux langues les plus modernes qui se sont simplifiées au cours des siècles. C'est le cas, particulièrement, des langues romanes issues du latin dont l'architecture imposante exigeait du recul pour être saisie et appréciée dans sa totalité. Ce chef d'œuvre de synthèse s'est écroulé sous les poussées diachroniques des divers dialectes qui sont devenus des langues analytiques. Parmi les grandes langues de civilisation, l'allemand, d'une autre famille, est la seule qui ait conservé une structure synthétique, moins complexe que celle du latin, mais qui demande un effort analogue pour juger de l'ensemble. L'anglais, par contre, dans la même famille, a suivi le penchant analytique plus avant que les langues romanes et procédé à des simplifications structurales analogues.

Le grec présente le cas unique d'une langue hautement culturelle, restée vivante, avec son génie propre, pendant trois millénaires, jusqu'à nos jours. Les modifications qu'elle a subies au cours des siècles, avec, à de certains moments, comme aujourd'hui, un écart considérable entre la langue écrite et la langue parlée, n'ont pas ébranlé ses structures. Elle le doit, dès les temps homériques, aux simplifications par rapport à l'aryen antérieur, et à l'avance analytique déjà réalisée. Cf. A. Meillet : *Histoire de la langue grecque*, 241-318, 5e éd., Paris, 1930, H. Clavier : *La langage en tant qu'agent de division et d'union*, in *Act. d. XI Congr. Intern. d. Linguist. y Philol. roman.*, pp. 232, 235, 241 s. Madrid, CSIC., 1968.

[70] *Ibid.*, et H. Clavier : *A l'aube...*, *op. cit.*, p. 13, 18.

[71] Cf. J. Barr : *op. cit.*, p. 1, 30 ss.

[72] Cf. H. Clavier : *La tension stylist. entre struct. et signification*, in *Act. XIIe Congr. Intern. Linguist. & Philol. Rom.*, vol. II, Bucarest, Éd. academ. Republ. Soc. Rom., 1971.

[73] L'absence en hébreu d'un terme propre pour désigner globalement le corps pourrait être plus significative que ne l'estime J. Barr : *op. cit.*, p. 34.

[74] *Le cœur* est sans doute l'exemple le plus typique de cette psycho-physiologie rudimentaire. Organe essentiel dont les battements sensibles à l'ouïe règlent la circulation du sang, le liquide vital, le cœur devient, de métaphore en métaphore, le sentiment profond, la ferme volonté, la connaissance, la conscience. Cf. *art.* Καρδία (Baumgärtel-Behm) in *T.W.*, Bd. III, p. 609 ss.; H. Clavier : Ἡ Συνείδησις, *une pierre de touche de l'Hellénisme paulinien*, Athènes, 1953.

La tête, la poitrine, l'abdomen, les organes de la génération, les bras, les jambes, les mains, les pieds ont tous leur histoire et leurs symbolismes variés. Il en est de même pour le sang, les os. Le muscle ou la viande ont un développement sémantique particulièrement riche dans la *chair*. Parmi les organes intérieurs, les reins, le foie, et surtout le *cœur* [75] joueront un rôle considérable dans cette psycho-physiologie archaïque dont les vestiges à travers la Bible, ou par d'autres chemins, persistent jusqu'à nous [76].

La respiration, le *souffle*, signe le plus apparent de la vie en lutte avec la mort, présente l'extension la plus remarquable. On a déjà noté son rapport avec l'air en mouvement, le vent [77]. Le même phénomène vital sera désigné en grec, aussi bien qu'en hébreu, par deux racines différentes, avec leurs nuances qui vont se croiser et d'entrecroiser au cours du développement sémantique [78]. *Rouah'-pneuma*, *nephesch-*

---

[75] *Ibid. Add.* J.A. Mac Culloch : *Heart, art.* in *E.R.E.* Pour tous les termes désignant des organes ou parties du corps, cf. *art. ad hoc* in divers *Dic. Bibl.*, avec les monographies qui s'y trouvent indiquées. Cf., notamment, in *T.W.*, αἷμα, βράχιων, δάκτυλος, καρδία, κεφαλή, κοιλία, νεφρός, ποῦς, σάρξ, σπέρμα, σπλάγχνα, χείρ etc.

Une attention particulière sera donnée aux expressions dont les développements sémantiques et la psycho-physiologie sont les plus remarquables en religion et en théologie. בָּשָׂר-σάρξ, la chair reviendra souvent au cours de cet essai. Parmi les organes, si le cœur a le plus d'importance, le *foie* qui est le plus volumineux et le plus lourd a pris une place considérable dans la divination (cf. *Prov.* 7:23 ; *Lam.* 2:11 ; *Ézech.* 21:26). Il lui arrive de disputer au cœur la source du sang et de la vie. De sa racine כבד marquant la pesanteur, surgira, par un curieux détour sémantique, la notion de gloire. Cf. Von Rad & Kittel : *art.* δόξα in *T.W.*, Bd. II, p. 240 ss. et Liver, par W.D. Wallis, sous la rubrique *Prodigies and Portents*, in *E.R.E.*, vol. X, p. 373.

Les écoulements, sécrétions, excrétions du corps ne doivent pas être oubliés dans cette psycho-physiologie archaïque, dont les traces persistent non seulement dans le langage, comme des blocs erratiques dans un paysage étranger, mais dans maintes croyances populaires. Les sensations cénesthésiques, les émotions qui font battre le cœur, resserrent la poitrine ou vont jusqu'aux entrailles, tout ce qui semble retentir plus ou moins vaguement dans tel ou tel viscère le font passer pour siège de l'état psychique avec lequel on l'imagine en relation directe.

[76] *Idem.*

[77] Cf. *supra*, p. 70.

[78] *Ibid.*, n. 42-51. *Ruah'* (rouakh, ruach entre autres transcriptions), d'une racine verbale qui se trouve dans toutes les langues sémitiques : רוּחַ, روح, et qui évoque, séparément ou simultanément, l'espace, l'élargissement, le mouvement, le soulagement d'une angoisse, d'une fixation, en est le substantif. רוּחַ a le sens courant de souffle, vent, air en mouvement, air que l'on aspire ou que l'on expire, souffle de vie. Cf. Von Rad, Bertram, Bultmann : *art.* Ζάω in *T.W.*, Bd. II, p. 833 ss., 844, 850 ss. Il deviendra, dans

psychè tiennent une place considérable dans la terminologie et la pensée théologiques de la Bible, à toutes leurs étapes et dans tous les courants. L'un des aspects les plus remarquables de la réflexion archaïque sur ce thème est offert par le rapport manifeste entre *les esprits*, bons ou mauvais, anges ou démons, divins ou sataniques, et *les âmes* défuntes qui, sans avoir la même alacrité, la même vitalité, ont encore un « souffle de vie » [79]. Elles le conservent indéfiniment au *Scheôl* [80], où elles sont affectées d'une sorte d'immortalité plus affligeante que bienheureuse [81]. Néanmoins, il peut se faire que l'âme d'un certain mort,

la théologie de l'A.T., l'esprit animateur de l'âme, nephesh, l'esprit qui vient de Dieu et qui retourne à Dieu.

Il ne semble pas qu'à l'origine, il y ait eu cette différence radicale entre le souffle de l'âme et celui de l'esprit, entre נֶפֶשׁ et רוּחַ. La racine נפשׁ se trouve aussi dans toutes les langues sémitiques, et notamment dans l'assyrien *napâšu*. Dans la transcription accadienne du mythe sumérien, l'épopée de Gilgamesh, *Ut napishtim*, le Noé de ce mythe, (de *Ut*, divinité solaire, et *napishtim*, les souffles ou les vies) reçoit pour sa fidélité aux dieux, et spécialement à son patron, *Ea*, le don d'immortalité. Le souffle de *nephesh* ne s'étend pas aux vents, mais semble limité à la respiration, à l'air qui passe par la gorge ou le nez. Les parcours sémantiques différents et souvent divergents de ruah' et nephesh ne les empêcheront pas de se rapprocher occasionnellement, jusqu'à exercer les mêmes fonctions (cf. *supra*, p. 71, n. 46).

[79] Cf. *supra*, p. 70, n. 42.

[80] Le Scheôl, de même racine que Schuâlu, la grande cité en assyro-babylonien, a les mêmes caractéristiques. C'est le séjour des morts tel qu'on l'imaginait aussi en Égypte, au couchant (Amenti), en Grèce (Hadès), à Rome (ad inferos), aux lieux bas, aux enfers :

« Terre obscure comme la nuit,
  Où règnent l'ombre de la mort et le chaos,
  Où la lumière même est semblable à la nuit » (*Job, 10*:22).

Cf. H. Clavier : *L'expérience de la Vie éternelle*, p. 111-121, Paris, Fischbacher, 1923. Cf. *art.* ad hoc, in divers *Dic. Bibl.*

[81] *Ibid.* et, du même : *Brèves remarques sur la notion de* σῶμα πνευματικόν in... *The N.T. & its Eschatology*, in hon. C.H. Dodd, p. 357 ss., CUP, 1956. L'âme de mort (nephesh mêt) mène une existence misérable et se survit lamentablement. Cf. *Lév.* 21:11 ; *Nb.* 5:2 ; *Ésaïe, 14*:10. Il semble même que Yahweh ne puisse plus rien pour elle :

« Ce n'est pas le Scheôl qui chantera tes louanges,
  Ni la mort qui te célébrera ;
  Ceux qui sont descendus dans le puits (bôr, le fin fond du scheôl) ne comptent
         plus sur ta fidélité ;
  Le vivant, le vivant seul peut te célébrer
  Comme je le fais aujourd'hui ». *Ésaïe, 38*:18 s.

C'est sur ce fond d'obscurité que s'éclaire la foi de Paul en celui qui a réduit la mort à l'impuissance (καταργήσαντος) et qui a mis en lumière la vie et l'immortalité par l'évangile (2 *Tim. 1*:10) : O Scheôl (ᾅδη, AKLMP, pl.sy.), où est ta victoire ! (1 *Cor.* 15:55). Cf. Ὠσέε, *13*:14 (Txt. Hb. & LXX).

quand elle est évoquée par une nécromancienne, ait l'apparence non d'une ombre fantomatique, mais d'un dieu [82]. Il y a trace dans l'Ancien Testament, et même dans le Nouveau, quoique à un degré moindre, de cet animisme archaïque ou de ce spiritisme qui persiste jusqu'à nos jours, et par d'autres canaux, dans les croyances de certains cercles qui ne sont pas tous populaires [83].

Il semble que les notions qui s'expriment ainsi et les raisonnements qui s'y greffent, gravitent autour d'une fruste explication de certains phénomènes par la supposition d'un *double* de l'individu [84]. C'est comme une réplique ou une doublure jumelle qui reproduit à l'intérieur l'aspect de son possesseur, mais en substance plus ténue que le corps, et qui ne meurt pas avec lui. Le double bénéficie d'une grande liberté de mouvement. Il s'en va dans le sommeil, le rêve, l'évanouissement et les états cataleptiques. Il revient au réveil ou à la guérison. S'il ne retourne pas, c'est la mort de l'individu ; mais lui, le double, continue à vivre, ou à vivoter d'une vie différente, avec, néanmoins, des désirs et des satisfactions analogues [85]. Sa parenté, ses proches ont envers lui certains devoirs qu'ils feront bien d'observer, sinon par affection, du moins par crainte, car il est encore capable de les tourmenter [86], jusqu'à ce qu'il soit enfin relégué dans un séjour bien gardé, pour le soulagement des vivants [87]. Tel est le schéma approximatif de quelques unes des implica-

---

[82] Ainsi, en 1 *Sam. 28*:13, quand la nécromancienne, sur l'ordre de Saül, évoque l'ombre de Samuel, au roi qui l'interroge sur ce qu'elle voit, elle répond d'abord : « Je vois un dieu (אֱלֹהִים) qui monte de la terre ».

[83] Cf. H.Cl. : *L'Exp. de la V.É.*, op. cit., pp. 12-23, 109 & *passim*.

[84] *Ibid.* Cf. A.E. Crawley, art. Doubles, in *E.R.E.*, IV, 853 ss.

[85] Il est intéressant de comparer ici le « napheshi iatseah », mon âme était partie, j'étais éperdue, de *Cant. 5*:6 au « vataschab rouh'o elav », son esprit lui revint, de 1 *Sam. 30*:12 (cf. *supra*, p. 78 s., n. 78) ; comp. *Juges*, *15*:9 ; *Jos. 5*:1 ; 1 *Rois*, *10*:5. Sur le rapport entre les âmes et les esprits, cf. L.H. Gray, etc. : art. *Demons and Spirits*, *ERE*. IV, pp. 565-636.

[86] Gustave Welter : *Les croyances primitives et leurs survivances*, Paris, A. Colin, 1960, signale très justement des flottements dans la pensée et l'affectivité confuses des populations archaïques. La notion de personne et celle de puissance dans l'esprit, dans le double, ne sont pas toujours distinguées. En Égypte, il y avait le *Ka* et le *Bâ* (p. 53). La survivance du double, toujours inquiétante, même si l'on n'y croyait qu'à demi, explique de nombreuses coutumes. La momification pratiquée savamment en Égypte, et plus frustement ailleurs, en est une. Cf. *Index*, à *Mummies, Mummification*, in *ERE*, vol. 13. C'était une précaution, en même temps qu'un pieux devoir, dans cette ambiguïté de la condition d'une « âme morte ». Les précautions prises à la Vallée des Rois, ou ailleurs, contre les détrousseurs de tombes, pouvaient l'être aussi contre un retour éventuel des morts.

[87] *Idem.*

tions et des inférences d'un dédoublement, par où les mentalités archaïques ont cherché à s'expliquer bon nombre de phénomènes curieux, étranges, troublants ou bouleversants. Quantité de coutumes, souvent fort opposées, révèlent, à l'analyse, des survivances plus ou moins larvées de cet amas confus de croyances, de raisonnements, de fabulation et de superstition [88]. Les traces de cette mentalité dans le langage biblique ne surprennent pas plus qu'ailleurs, puisqu'on les trouve dans toutes les langues; mais des problèmes se posent quand les images et les symboles paraissent être « réalisés » [89]. C'est ici qu'une certaine « démythisation » s'impose [90].

b) *Notions et réflexions archaïques sur le monde extérieur*

Les premiers essais de synthèse d'une pensée tâtonnante sur le monde sont aussi vagues et imprécis que sur soi. C'est dans la même confusion que sont conçues primitivement les relations de l'homme avec un univers qu'il anime à sa ressemblance [91]. La trace de notions archaïques persiste à travers les métaphores, les symboles, les mythes. Cosmologies rudimentaires, cosmogonies, apocalypses en offrent des traits marquants dont la Bible n'est pas indemne. Des influences étrangères ont contribué à une élaboration plus cohérente de ces constructions enfantines. Il semble que la Babylonie sémitique, héritière d'une culture avancée, mais d'origine tout autre, celle de Sumer, ait joué dans les « mythisations » cosmologiques et cosmogoniques du Moyen-Orient un rôle important [92]. Le cosmos à la mode de Sumer était constitué par la terre encerclée d'eau, avec le ciel en haut, l'enfer

---

[88] Cf. G. Welter : *op. cit.*, pp. 32 ss., 51 ss., 61 ss. et *passim*; Edward Westermarck : *Survivances païennes dans la civilisat. mahomét.*, pp. 19 ss., 34 s., 151 ss. et *passim*, Paris, Payot, 1935; J. Cazeneuve : *op. cit. supra* (p. 76, n. 69), pp. 185 ss. & *passim*.

[89] M. Dibelius : *D. Geisterwelt, op. cit., supra*, p. 71, n. 47), pp. III, 38 ss., 111, 188 & *passim*. Le τοῦ ἐμοῦ πνεύματος de 1 *Cor.* 5:4 et le ὁ ἄγγελός ἐστιν αὐτοῦ, en *Act.* 12:15, s'expliqueraient par la notion archaïque du double, dont celle de l'ange gardien aurait pu dériver ou se nuancer.

Quand nous disons : « Il est hors de lui, il est absent, dans la lune, dans les nuages, il revient à lui, il reprend ses esprits, etc. ». ... notre voix fait écho à ces lointaines résonances d'un passé archaïque. Ce passé, d'ailleurs, est encore plus présent qu'on ne croit dans la mentalité, non seulement de l'enfant, mais de beaucoup d'adultes qui le sont plus ou moins demeuré, pour ne pas parler de nos songes. Cf. J. Cazeneuve, *op. cit., passim*; H. Cl., *L'Exp. de la V.É., op. cit.*, p. 109; *A l'aube de la relig., op. cit.*, p. 12 ss., 20 ss. et *supra*, p. 75 s.; p. 61, n. 3.

[90] Cf. *supra*, p. 75, n. 62.

[91] Cf. *supra*, p. 75 s.

[92] Cf. *supra*, p. 63, 64.

en bas, et tout autour de cet ensemble sphérique, l'océan primordial [93]. Les Sémites accadiens et babyloniens se sont appropriés cette construction mythique, en y apportant, sans doute, certaines modifications dans les compartimentages célestes ou infernaux [94].

Que ce soit dans l'ensemble plus ou moins cohérent ou dans le détail, cette cosmologie est animée dès l'origine et théologisée en une cosmogonie dont le démiurge changera au cours des événements politiques. Dans les essais de panthéon, le dieu régnant et créateur sera celui que sert le conquérant victorieux [95].

Tel est l'arsenal hétéroclite dont Israël a hérité à son tour. D'autres apports mythiques ont pu s'adjoindre à cette cosmologie rudimentaire [96]. Des parallèles y seront tracés par l'historien des religions comparées [97]. Mais cela intéresse aussi le théologien de la Bible, ne serait-ce qu'en constatant l'extraordinaire simplification et spiritualisation de ce complexe et grossier matériau dans les premiers chapitres de la Genèse. La métamorphose y est telle que le récit de la création, dans sa lettre, a pu trouver encore des défenseurs égarés jusqu'à nos jours, tandis que d'autres, mieux inspirés, ne cesseront de l'admirer dans son esprit [98]. Si cette sorte de miracle de l'ordre spirituel s'est effectué, c'est essentiellement par la voie théologique, sous le chef de Dieu, ou, plus exactement, selon les principes d'une saine épistémologie, sous le signe d'une expérience nouvelle de la divinité, d'une conception nouvelle de Dieu [99]. Cela ne s'est pas fait d'un coup, mais par un

---

[93] Cf. figuration schématique in Kramer : ... *Sumer, op. cit. (supra*, p. 64, n. 9), p. 122 et divers *Dic. Bibl.*, dont *B.H.H.* III (*art. Weltbild* par D. Michel et Bo Reicke), Göttingen Vandenhoeck & Ruprecht, 1966.

[94] *Ibid.*

[95] En ce qui touche les développements sémantiques de κόσμος, cf. sous ce terme, *art.* in *T.W.*, III, p. 879 ss., par H. Sasse, en relation avec l'arrière-plan hébreu. Sur le thème du *Cosmos*, cf. également divers *Dic. Bibl.*, dont *B.H.H.* (*art. Weltbild* avec références), et, dans *E.R.E.*, IV, p. 125-179, *art. Cosmogony and Cosmology*.

[96] Si le vocabulaire et les notions de cosmologie ou de cosmogonie ont été influencés principalement par Babylone, l'eschatologie apocalyptique, de même que l'angélologie et la démonologie, le seront beaucoup plus tard par l'Iran et son mazdéisme. Cf. W. Hinz & Bo Reicke : *Iran, art.* in *B.H.H.* II, avec *Bibliogr.*, et H. Clavier : *L'Évangile apocalyptique*, Paris, Fischbacher, 1931. Cette influence est manifeste et reconnue dans la littérature juive post-exilique, et notamment dans les écrits qoumraniens. Dupont-Sommer : *op. cit.* et Millar Burrows : *op. cit. (supra*, p. 25, n. 98) sont d'accord sur ce point.

[97] *Ibid.* et *supra*, p. 21 s., 33 s., 38 s., 41, 63 ss., etc.

[98] Cf. *supra*, p. 28, n. 115; p. 55, n. 229.

[99] Cf. *supra*, p. 32, 38 s., 40 ss.. La formule ostentatoire, à sensation, colportée depuis quelque temps comme un article de mode : *la mort de Dieu*, ne saurait signifier, au mieux, ou au pis, que : la mort d'une certaine notion de Dieu.

processus complexe d'évolutions et de révolutions, sur un parcours qui est loin d'être rectiligne [100].

c) *Rudiments de Théologie*

Les premiers balbutiements d'une pensée théologique réellement primitive ne peuvent plus guère être perçus à travers les « théologisations » successives des traditions bibliques. Où pourrait-on, d'ailleurs, encore les percevoir sinon chez le jeune enfant, quand il a partiellement échappé à l'influence de son milieu social [101] ? Mais son comportement habituel, en condition normale, vis à vis du monde extérieur n'est pas sans intérêt pour l'interprétation de certains termes d'une importance théologique évidente, comme celui d'*Elohim* dans les textes bibliques. On a voulu faire de ce pluriel la marque d'une indétermination primitive de la notion du divin conçu comme une force impersonnelle, un *mana*, plutôt qu'une personne [102]. En réalité, l'archaïsme de fait serait le contraire de ce que l'on avance. Nombre d'observations faites sur des non ou peu civilisés semblent indiquer que la notion première, chez le primitif comme chez l'enfant, n'est pas celle d'une puissance impersonnelle abstraite, mais d'un être puissant ayant, à ce niveau de réflexion très fruste, les traits d'une personne [103]. En ce qui touche l'usage du terme *El* et de son pluriel *Elohim*, l'archéologie vient maintenant en aide à la psychologie ou à l'ethnologie pour confirmer qu'il s'agit bien de la désignation d'un personnage divin [104].

---

[100] Il en serait ainsi de l'histoire du salut, telle qu'elle apparaîtrait dans la pensée biblique. Elle ne se déroule pas sous le signe des saisons qui reviennent et qui suggèrent un retour éternel avec un cyclisme du temps ; elle ne va pas non plus en droite ligne, mais elle se détache du plan et monte, comme en hélice, autour d'un axe vertical. Il va sans dire que l'on n'est pas ici dans le domaine de la géométrie et qu'il s'agit d'une comparaison très approximative. Cf. H. Clavier : *Mediation in the Fourth Gospel*, discours président. au 4e Congrès de la *S.N.T.S.*, Oxford, 1950, paru, réimprimé par la SNTS et utilisé dans divers articles, dont : *Le problème du rite et du mythe dans le 4e évangile*, RHPR, 1951, pp. 275-292. Cf. aussi *A l'aube de la Relig.*, p. 21, n. 64.

[101] Cf. H. Clavier : *A l'aube de la relig., op. cit.*, p. 22, 26 ss. et notamment, p. 31 ss. où sont observés les cas d'enfants coupés du milieu social par une ou plusieurs infirmités. La notion d'une divinité souveraine peut surgir pour eux de l'animation universelle qu'ils ont conçue spontanément comme tous les petits enfants, et l'on découvre toute une mythologie autour de cette notion. Cf. *supra*, p. 61, n. 3 ; 75, n. 65, 66 ; p. 64, n. 13.

[102] *Idem*, p. 27, n. 84 et ... *Méthode en Hist.d.Relig.*, art. cit., p. 99, et *L'Idée de Dieu chez l'enfant*, p. 71, n. 1, Paris, Fischbacher, 1926. Contre la thèse manaïste, cf. F.R. Lehmann : *Mana*, Leipzig, 1922.

[103] *Idem*.

[104] Adolphe Lods : *Israël, des origines au milieu du VIIIe siècle*, p. 295 ss. Paris,

L'annonce qui pouvait sembler assez claire, faite à Jacob, le devient encore plus : « Je suis *El*, le Dieu de ton père » [105]. Quant au pluriel *Elohim*, s'il n'est pas l'indice d'un polythéisme ou d'un polydémonisme antérieur, il pourrait marquer une intensité de puissance, comme *h'aim* une intensité de vie [106].

Il n'en demeurerait pas moins que la notion de personne divine a pris plus de consistance et de caractère avec l'attribution du nom de *Yahweh* [107]. La signification profonde n'en est guère douteuse, bien que

---

Evol. Huma, 2ᵉ éd., 1932 voyait dans ce pluriel *elohim* un indice de « l'état d'indistinction où étaient, à une époque ancienne, les puissances surnaturelles ». Il admettait, cependant, que le nom de *El*, dont la racine, commune à tous les Sémites, désigne la puissance et la vitalité, ne peut être dépersonnalisé en quelque vague *mana* : « l'idée dominante, ... c'est que les puissances invisibles sont des esprits analogues au principe dont l'homme admet l'existence en lui-même et qui le fait vivre, à l'âme des êtres capables de vouloir, de penser, de sentir comme lui... » (p. 289). Cet animisme encore assez vague, auquel se référait Ad. Lods, devient plus personnel, à la lumière des documents de *Ras Shamra*, au 2ᵉ millénaire (cf. *supra*, p. 25, n. 95). René Dussaud pouvait écrire dans *Mana*, vol. II, p. 361, Paris, PUF. 1945 : « Rien ne témoigne mieux, au 2ᵉ millénaire, de la position de *El* à la tête du panthéon phénicien, que l'attitude adoptée par les prêtres phéniciens lorsque Aménophis IV, prenant le nom de Akhounaten, décide que son dieu *Aten* sera exalté dans tout son empire et même à l'exclusion de tout autre. Il fut répondu aux intentions du pharaon par l'identification d'*Aten* avec le dieu *El*, ce qui permit aux prêtres phéniciens de prétendre que *El* dominait non seulement Canaan, mais encore l'Égypte et la Crète (Kaphtor) ». *Comp.* Ed. Jacob : *Ras Shamra et l'A.T.*, *op. cit.* (*supra*, p. 25, n. 95) p. 90.

[105] אָנֹכִי הָאֵל, *Gen. 46*:3, que l'on a souvent traduit : Je suis le Dieu fort, doit sans doute l'être plus simplement et plus exactement : « C'est moi El », le Dieu de ton père. Il n'empêche que la notion de puissance est attachée à *El*, non seulement par ses attributs, mais étymologiquement. Cf. *art. ad hoc* in *Dic. Bibl.*, notamment, par E. Jacob : *El*, in *B.H.H.*, I, et *Quell* : Θεός (*El und Elohim im A.T.*), in *T.W.*, III, p. 79-90, etc. Ed. Jacob : ... *Théol. A.T.*, *op. cit.* (*supra*, p. 26, n. 104), p. 34 ss.; W.T. Davison : *art. God (Biblical)*, in *ERE*, VI, 253 s., 296, etc.

[106] *Ibid.* et *supra*, p. 70, n. 42.

[107] *Ibid.* E. Jacob : *Théol. A.T.*, p. 38 ss.; Davison, p. 254; Quell : p. 79 ss. etc. E. Dhorme : *Le nom de Dieu en Israël*, art. in *R.H.R.*, CXLI, 1952, p. 5-18 constate l'antiquité de l'usage de « Yahweh » en onomastique (p. 16). Effectivement, le déchiffrement des tablettes de *Mari* (cf. *supra*, p. 25, n. 96 et p. 63 s., n. 8) a permis de déceler des noms significatifs en usage à l'époque hammourabienne, tels que : Ya-wi-il, Ya-wi-ila, Ya-wi-ilu, etc. Ainsi se trouve confirmée l'hypothèse de ceux qui estimaient que le nom de *Yahweh* n'avait pas été révélé comme tel ou inventé par Moïse, mais seulement pourvu d'une signification plus profonde et plus riche. Ainsi, d'ailleurs, s'expliquerait le nom de *Yokebed* attribué à la mère de Moïse dans *Exode 6*:20; *Nb. 26*:59 (Yokebed : Yahweh gloire, gloire de Yahweh), peut-être même celui de *Juda* (Yahweh conduit ?). Ainsi pourrait se justifier la remarque de *Gen. 4*:26 : « Alors, on commença à invoquer le nom de Yahweh ». (comp. *Gen. 9*:26). Cf. E. Jacob : *idem*, p. 39. A. Lods : *La Relig. d'Isr.*, *op. cit.*,

l'on puisse discuter encore sur les nuances de détail [108]. Il s'agit essentiellement du Dieu qui a la vie en soi et qui la donne, le Dieu vivant et vivifiant [109]. Si l'archéologie a vu se préciser à Ras Shamra la personnalité du dieu El [110], elle a dégagé à Mari l'onomastique divine de Yahweh à l'époque hammourabienne [111].

La vie personnelle de Yahweh, bien que parfois très « anthropomorphisée », fut néanmoins conçue, dès l'origine, comme d'une intensité et d'une qualité très supérieures à l'existence humaine. Le seul fait qu'elle était immortelle, échappant au Sheôl, toujours pleine et entière, en était déjà la preuve selon la conviction du temps. C'était l'amorce d'un anthropomorphisme spirituel qui finira par l'emporter [112].

La caractère personnel de la divinité paraît aller de pair avec cette spiritualité qui trouvera son achèvement dans l'unicité d'un monothéisme exclusif. L'existence au désert y a peut-être contribué [113]. Plutôt que de changer de culte, de site en site, de station en station, de dieux locaux en dieux locaux, on s'attachait à un dieu supérieur qui vous suivait d'en haut, veillant sur ses fidèles avec jalousie [114]. On ne niait pas d'abord l'existence d'autres dieux, mais on ne servait que lui

---

p. 61 ss. (un dieu *Yaou* à *Ras-Shamra*, contesté par Ed. Jacob : *Ras-Shamra, op. cit.*, p. 107 s.).

[108] יהוה, avant de devenir le tétragramme indicible et sacré, a donc été vraisemblablement, d'un usage courant, du moins par son radical, non seulement pour désigner quelque divinité, mais en onomastique, ainsi que *El*. La notion de vie, de vie intense, est impliquée dans l'étymologie, même si, avec Ewald et Wellhausen, on adoptait un sens originel qui se retrouverait dans l'arabe *houa* بوى , et qui serait celui de souffle. On rejoindrait alors רוּחַ, ruah' en tant que souffle vital (cf. *supra*, p. 70 s., n. 42-46, et p. 78, n. 78).

[109] *Comp. Jean*, 5:26 : « De même que le Père a la Vie en Lui-même ($\zeta\omega\grave{\eta}\nu\ \grave{\epsilon}\nu\ \grave{\epsilon}\alpha\upsilon\tau\tilde{\omega}$) ». Il y a, de part et d'autre, la même intensité, sinon la même qualité de vie. Que cette vie personnelle, tout en étant très anthropomorphisée, fût néanmoins, dès l'origine, d'une qualité, comme d'une intensité bien supérieures à la vie humaine, cela paraît indéniable. Elle échappe au Scheôl et demeure la même, toujours. L'éternité y est en puissance, et l'anthropomorphisme y sera de plus en plus spirituel. Sur le développement sémantique, cf. von Rad, Bertram, Bultmann : art. $\zeta\acute{\alpha}\omega$, $\zeta\omega\acute{\eta}$, etc., in *T.W.*, Bd. II, 833-877.

[110] Cf. *supra*, n. 104-106.
[111] Cf. *supra*, n. 107.
[112] Cf. *supra*, n. 109; von Rad, Bertram, Bultmann : art. cit.
[113] Cf. *supra*, p. 63, n. 2, p. 72.
[114] Sur la jalousie de Yahweh, cf. notamment, *Exode*, 34:14, où il est dénommé : le *Jaloux* שְׁמוֹ קַנָּא יְהוָה ; comp. *Ex.* 20:5; *Deut.* 4:24; 5:9; 6:15; *Ézech.* 39:25; *Nah.* 1:2; *Zach.* 8:2; 2 *Cor.* 11:2. Cf. Stumpff : $\zeta\tilde{\eta}\lambda o s$, in *T.W.*, Bd. II, pp. 879-890, et notamment, p. 880 s.

seul [115]. D'un *hénothéisme* exigeant [116], on tendait vers un *monothéisme* absolu, rarement atteint, même dans l'Islam [117].

---

[115] *Ibid.* Cf. 1 *Sam.* 7:3 s. et comp. *Mt.* 4:10 & par. *Lc.* 4:8 (*Deut.* 6:13).

[116] Le terme *hénothéisme* pourrait signifier qu'un dieu, entre plusieurs, est pratiquement le seul pour un fidèle qui n'adresse un culte qu'à lui. *Hénothéisme* et *monolâtrie* s'accompagneraient, iraient de pair. Quant au *kathénothéisme* hindou, il consisterait en une sorte de rotation divine entre plusieurs grands dieux qui deviendraient successivement, chacun à son tour, l'objet religieux exclusif du fidèle. On doit observer, néanmoins, que de Max Müller à Pfleiderer et autres, ces termes ont été employés dans des sens différents, ce qui pourrait être une source de confusion. Cf. Robert Mackintosh : *Monolatry and Henotheism*, in *E.R.E.* vol. 8, p. 810 s. L'hénothéisme des patriarches est pris dans le sens monolâtrique. Toute motivation littéraire mise à part, n'en trouve-t-on pas encore l'écho jusque dans les *Psaumes* (*86:*8 ; *95:*3 ; *97:*7, 9), 2 *Chron.* 2:5, etc. : Yahweh, le Dieu d'Israël, est le plus grand de tous les dieux ; c'est à Lui seul qu'Israël rend un culte.

[117] Renan voyait dans le *monothéisme musulman* l'aboutissement logique des religions sémitiques. Les théologiens mutazélites en accentuaient la rigidité en niant tout attribut d'Allah susceptible d'être hypostasié et de rompre l'unité divine en une association, *shrk*, شِرْك, de toutes les impiétés la plus abominable, *supra*, p. 70 s., n. 43. Il est intéressant d'observer ici que le Judaïsme s'était engagé sur cette voie huit siècles plus tôt, avec *Philon d'Alexandrie* (*Leg. Alleg.*, II, 1). Le résultat, des deux parts, n'a pas été ce que l'on attendait. L'hypertranscendance, à ce point, produit l'effet contraire. Elle favorise le pullulement de pouvoirs intermédiaires dont certains finissent par devenir des fonctionnaires divins, pour ne pas dire des dieux au petit pied. Dans le *Zohar* kabbalistique, le Judaïsme aboutit à une angélologie hiérarchisée où le *Metatron* joue le rôle d'un démiurge et devient même un petit Yahweh, porteur du tétragramme sacré. Un processus analogue peut être observé dans la théologie musulmane et dans les croyances d'une population généralement moins cultivée, avec les anges gardiens, les pouvoirs supérieurs, dont l'ange Gabriel, *Jibril*, est le plus grand, etc. Des populations christianisées et leurs docteurs ont subi de semblables déviations. Cf. J. Windrow Sweetman : *Islam and christian Theology*, P. I, vol. I, p. 17-23 ; vol. II, p. 68-122, London, Lutterworth Press, 1945-47 ; Edward Westermark : *op. cit.* (*supra*, p. 81, n. 88) *passim* ; H. Loewe : *Kabbala*, in *ERE*, vol. 7, pp. 622-628 ; Gaudefroy-Demombynes : *Demons and Spirits*, (*Muslim*), *ERE*, vol. 4, p. 615-619 ; W.O.E. Oesterly : *Adoration* (*Jewish & Christian*), *ERE*, vol. 1, p. 119-121, etc.

Une certaine alternance a été observée, en histoire des religions, entre une concentration des pouvoirs divins dans un pathéon régi par un dieu souverain, et le retour de ces pouvoirs hypostasiés à des divinités particulières, suivi d'un nouvel effort d'unification. Ce processus, qui n'est cependant pas une loi générale, n'est pas sans analogie avec celui qui se remarque aussi en linguistique où la constitution d'une langue commune par une synthèse dialectale est quelquefois suivie par l'effritement analytique de cette synthèse en dialectes particuliers, puis par la reconstitution d'une nouvelle *Koine*. Ainsi, un indo-européen primitif et commun se serait partagé en dialectes qui se sont ensuite groupés en diverses langues communes, dont le grec. La formation de la *Koine* hellénistique après les conquêtes d'Alexandre s'est faite dans des conditions différentes. Cf. A. Meillet : *op. cit.* (*supra*, p. 76 s., n. 69), *passim*.

En Israël, malgré l'action, parfois combinée [118], des prophètes et du sacerdoce, les contaminations étrangères ne cessèrent de favoriser la persistance de coutumes et de notions archaïques, en y ajoutant quelquefois [119].

d) *Persistance de notions archaïques dans les coutumes et rites*

Les habitudes comme le langage survivent parfois longtemps aux notions et significations premières. Les mythes peuvent avoir disparu que les rites qu'ils motivèrent et animèrent subsistent encore [120]. Rien d'étonnant que l'on trouve trace dans la Bible d'un processus qui est encore valable aujourd'hui [121].

Il a été déjà question des interprétations animistes, avec leurs mythes dont celui du *Scheôl* et les coutumes qui en sont issues [122]. Celle du culte des morts qui a pris chez certains peuples, et jusqu'à nos jours [123], une si grande extension, a été fortement censurée dans l'Ancien Testament, au point de compromettre l'espérance tenace d'une immortalité bienheureuse, même pour les fidèles [124]. Mais le feu couvait sous la cendre.

Il n'est pas surprenant que l'on en trouve encore trace, et qu'une flamme plus pure en jaillisse parfois.

Aux vestiges d'animisme sur un mode plus ou moins personnel, peuvent s'associer ceux d'un dynamisme impersonnel sans doute moins primitif [125]. Cette force qui agit de soi et par nécessité sera déclenchée par *magie, ex opere operato* [126], contrairement au processus

---

[118] Cf. *supra*, p. 73 s., n. 56-57, 59.

[119] Cf. *supra*, p. 72 s.

[120] Cf. *supra*, p. 69, n. 34; p. 75, n. 62; H. Clavier : *Le problème du rite et du mythe*, art. cit. (*supra*, p. 83, n. 100) et *Actes du VIIe Congrès Internat. d'Hist. des Relig.*, consacré à ce thème, Amsterdam, 1950.

[121] Cf. *supra*, p. 76 s., n. 69; p. 80 s.; J. Cazeneuve : *op. cit., passim*.

[122] Cf. *supra*, p. 71, n. 47; p. 79 s., n. 80-83; p. 80, n. 86; p. 81 s., n. 93.

[123] *Ibid.*, n. 121-122.

[124] Cf. *infra*, p. 119 s.

[125] Cf. *supra*, p. 83, n. 101-104. F.R. Lehmann : *op. cit.* relève le caractère secondaire et abstrait de la notion de force impersonnelle par rapport à celle de personne. Il s'agit naturellement, comme déjà chez le petit enfant, d'une personne analogue au sujet dont la notion de soi peut être encore très vague. Cf. H. Cl. : *A l'aube..., op. cit.*, p. 26, 38, 42. Les thèses manaïstes étaient en honneur au début du siècle, dans diverses écoles, et notamment dans celle de Durkheim. Van der Leeuw : *Sur le nom et la personnalité des dieux dans les religions primitives*, RHPR, 1931, pp. 241-55, cherchait à montrer que c'est par le nom, commun d'abord, puis propre, que le *mana-numen* acquiert une personnalité. Il rejoignait ainsi, en l'inversant, la vieille formule *nomina-numina*. Bien en deçà de Max Müller, des *Cambridge Platonists* (cf. *supra*, p. 12, n. 41; 22, n. 81) et de John Selden

proprement religieux qui suppose l'intervention personnelle de la divinité, sur la requête du fidèle. Réprouvée par toute la tradition biblique, la magie figure de ce fait dans les résidus archaïques à éliminer [127]. Elle suppose, néanmoins, une certaine réflexion qui trouvera plus tard sa véritable voie [128]. Fourvoyée sur celle de la religion, elle ne pouvait que contrarier et retarder l'élan spirituel proprement religieux. C'est ce qui s'est produit dans la plus ancienne tradition biblique et même plus tardivement, avec les aspects primitifs de la

---

qui l'adoptaient, elle remonterait jusqu'aux Latins, et même, dans son esprit, jusqu'aux Grecs pour qui le nom donnait au Θεόσ τις « de la consistance », facilitant l'invocation (p. 247). Cf. également, H. Pinard de la Boullaye : *L'étude comparée des religions*, tome I, *op. cit.*, p. 175, 367, Paris, Beauchesne, 1922. Cf. *supra*, p. 21 s., n. 81.

[126] L'*opus operatum ex opere operato* rapproche la magie du procédé technique, voire de l'expérience scientifique où il suffit de reproduire la cause pour que l'effet s'ensuive nécessairement et automatiquement. Automatisme et nécessité sont au contraire exclus des relations proprement religieuses, dont la prière est un exemple typique, sans contrainte, de part et d'autre. Ainsi, l'*opus operatum* dans le sacrement est une intrusion magique dans la religion. La parenté, sans doute lointaine, mais néanmoins réelle, d'une magie superstitieuse et d'une science rationnelle a été fort bien vue et mise en évidence par Raoul Allier dans ses ouvrages sur *les non-civilisés*, Paris- Payot, 1925, 1927, et notamment dans *Magie et Religion*, Paris, Berger-Levrault, 1935 ; de même, bien qu'autrement, par Maurice Pradines : *Esprit de la Religion*, pp. 63-122, Paris, Aubier 1940. Alfred Bertholet, dans l'*art. Magie*, de la *R.G.G.*, III, p. 1839 ss., faisait cette juste distinction entre Magie et Religion : « ... Mit der obigen Auffassung der Magie ist ihre Grenzlinie gegenüber dem eigentlichen Religiösen im Grunde scharf gezogen. Ist als ihr Kern (der Magie) der Gedanke der Automatik der Kraftwirkung anzusprechen, so ist klar, dass sie sich auf dem Boden des rein Dinglichen bewegt. Das aber steht auf einem anderen Blatt als der Gedanke an die Möglichkeit einer Einwirkung auf einen persönlichen Willen, der sich so oder so entscheiden kann : es ist, so schwankend im einzelnen die Grenzen zwischen Kraft und Person auch sein mögen, zweierlei, ob der Kranke, um Heilung zu erlangen, das magische Zaubermittel nimmt — dieses wirkt unfehlbar, es müsste denn sein, dass es durch einen kräftigeren Gegenzauber in seiner Wirkung beeinträchtigt würde —, oder ob er ein Gebet... (an Gott richtet...) ». Cf. du même A. Bertholet : *Hist. de la Civilis. d'Israël*, p. 402, (trad. J. Marty), Paris, Payot, 1929.

[127] *Idem*, et R. Allier ; *art. Magie* in *D.E.B.* Bien que proscrite en soi et sous diverses formes, dont la nécromancie, comme une contamination étrangère et idolâtrique (*Michée, 5:11 ; Ex. 22:18 ; Ésaïe, 8:19-22 ; Jér. 23:32 ; 27:9*), la magie a réussi pourtant à s'infiltrer, ici et là, dans les coutumes et les pratiques du culte israélite (*ibid.*). Il en sera de même pour le culte chrétien. C'est le risque de tout ce qui est rituel, sacramentel et même habituel :

« L'habitude est une étrangère
  Qui supplante en nous la raison » (Sully Prudhomme : *La vie intérieure*).

[128] La voie de la technique et de l'expérimentation scientifique. Cf. M. Pradines, *op. cit.*, p. 122.

notion de *Sacré*. L'étude de la racine *Qadash* [129], de ses implications et de son développement sémantique est ici pleine d'enseignements. On s'en rendra mieux compte en suivant cette évolution dans les divers courants de la pensée biblique [130]. Les déviations d'une démarche culturelle et mystique sur les chemins de traverse de l'automatisme, avec ses facilités, sont de tous les temps. Elles sont bien antérieures à la naissance des traditions bibliques [131] ; l'attrait persistant en subsiste jusqu'à nos jours. Il serait impensable qu'elles fussent absentes de la Bible, et pas seulement à titre de repoussoirs, mais, peut-être, de tentations permanentes à vaincre, suivant une ligne directrice et sous une impulsion spirituelle.

Il en a été de même pour de nombreuses coutumes contre lesquelles se sont élevé les prophètes, mais dont certaines ont subsisté au prix de quelque épuration. D'autres qui remontent à un passé fort ancien n'ont laissé de trace que dans la légende ou l'histoire lointaines. Ainsi, pour ne prendre que quelques exemples, le rituel des contrats d'alliance [132], celui du serment [133], le « tabou » de certains interdits [134],

---

[129] Sur la racine קדש et les notions de sacré ou de saint dans la Bible, cf. divers *Dic. Bibl.* (*art. ad hoc*), notamment : *T.W.*, I, pp. 87-116 (ἅγιος, etc. par Procksch & Kuhn) ; Rudolf Otto : *Das Heilige* (Kap. 12), Breslau, Trewendt, 1917 (30ᵉ éd. 1958 ; trad. franç. revue par l'auteur, de A. Jundt, Paris, Payot, 1929) ; art. *Heilig*, in *R.G.G.* III, p. 148, 151 ; *Holiness* (*General, N.T., Semit.* etc.) in *E.R.E.*, *vol.* 6, pp. 731-759) ; Franz J. Leenhardt : *La notion de sainteté dans l'A.T. — Étude de la racine Q D S*, Paris, Fischb. 1929, etc. Sur les thèses de R. Otto, observations critiques dans *Numen*, XV, p. 97 ss., Leiden, Brill, 1968 (art. par H. Clavier : *Probl. de méthode*...) ; du même : *Étude crit.* sur A. Gibbons (... *über R. Ottos B.* : *D. Heilige*), in *R.H.P.R.*, 1972, p. 190 ss., et : *L'humanisme* ..., p. 49-59, Paris, Je Sers, 1931.

[130] Cf. *infra*. Sur les sacralisations : de la Bible, cf. *supra*, p. 50 s., n. 206 ; de la royauté : *La Regalita sacra*, *Act. Congr. H. d. R.* Rome, 1958, et *Numen* 1959, p. 447 ss. (art. H. Cl.).

[131] Cf. *supra*, n. 126-127.

[132] Cf. l'antique rituel d'alliance-communion marquant et signifiant en *Gen.* 15:7-21, l'alliance bi-latérale entre Yahweh et Abraham. On y note le symbolisme des victimes sacrifiées et tranchées par moitiés entre lesquelles les deux partis doivent passer ; le lourd sommeil d'Abraham plongé dans l'inconscience et sa vision d'une flamme qui passe entre les chairs partagées. (Cf. *infra*, p. 113). On note encore la persistance de ce symbolisme et de ce qui fut plus qu'une simple image, dans l'expression typique : כָּרַת בְּרִית, trancher une alliance. Cf. A. Bertholet : *Hist*..., *op. cit.* (*supra*, n. 126), p. 134 s., 257 s. ; J.A. Mac Culloch : *Covenant*, art. in *ERE*., *vol* 1, p. 209 ; Quell : Διαθήκη (d. alttest. Begriff), in *T.W.*, Bd. II, p. 106-109 ; 117 ss.).

[133] L'une des coutumes archaïques, mentionnée en *Gen.* 24:2, 9 ; 47:29, consistait pour celui qui prêtait serment, à mettre sa main sur les parties génitales de celui envers qui le serment était prononcé. L'hébreu יָרֵךְ, le grec (LXX) μηρόν et les traductions : cuisse,

les perversions païennes du sacrifice [135], les rites qui marquent les grands moments d'une carrière humaine : naissance, initiation, mariage, mort [136].

---

hanche, reins, ne sont que des euphémismes. Le sens de ce rituel dont l'aspect magique ne peut être ignoré, paraît assez clair, le même terme étant employé pour désigner l'origine, la génération, la descendance. Celui qui avait accompli ce geste s'engageait non seulement vis à vis d'un homme, mais de sa lignée. La même coutume a été signalée chez d'autres peuples sémitiques, et en Égypte. D'après J. Pedersen : *Der Eid bei den Semiten*, p. 150 s., cet usage était encore en honneur chez certaines tribus arabes, lorsque parut son livre, en 1914. Cf. Joh. Schneider : Ὅρκος, in *T.W.*, *Bd.* V, p. 460, n. 19 ; Bertholet : *Histoire... op. cit.* (*supra*, n. 126, 132), p. 212, 253, 300.

[134] La règle de *l'interdit* (חֵרֶם, LXX ἀνάθεμα), était pratiquée à la guerre sous forme d'extermination « sacrée » de l'adversaire tenu pour impie par rapport à Yahweh, et de destruction totale du butin considéré comme impur et souillé. (Cf. *Nomb.* 21:2 s.; *Deut. 13*:12-19; *Jos. 10*:28-40; *Juges, 1*:17, *21*:11 s.; 1 *Sam. 15*:3; 1 *R. 20*:42). Cet aspect du « sacré » ou du consacré interdit, banni, à éviter, à fuir ou à détruire, n'est pas sans analogies avec le *tabou*. L'interprétation religieuse dans les « guerres de Yahweh » en est donnée en *Exode, 34*:12-16; *Deut. 7*:2-6; 16-26; *20*:17 s.

L'interdit, sous des formes diverses et qui n'étaient pas toutes aussi radicales, s'étendait à d'autres domaines que la guerre, où il pouvait prendre d'autres noms, selon les cas : interdictions de l'inceste, de certains actes, etc. offensant la sainteté de Yahweh, — consécrations de personnes ou d'objets à Yahweh, vœux, etc. Ces règles souvent communes à d'autres populations, n'avaient pas toujours une origine religieuse ; mais la marque leur en a été donnée généralement, et spécialement en Israël. Cf. A. Lods : *La Relig. d'Israël, op. cit.*, p. 27; *art. Interdit, Bann, Curse*, in *Dic. Bibl.*, ἀνάθεμα in *T.W.*, A. Bertholet : *Hist. ... op. cit.*, p. 293; C.H.W. Brekelmans : *De Herem in het O.T.*, 1959. Friedrich Horst : *Das Privilegrecht Jahwehs*, p. 4 ss.; 17 ss. et *passim*, Göttingen, Vandenhoeck & Ruprecht, 1930.

[135] Il n'est guère contestable que des sacrifices humains, pour des motifs variés, aient été pratiqués dans l'antique Israël, comme chez d'autres Sémites. Sans compter l'interdit, il y avait les vœux. L'épisode de la fille de *Jephté* (*Juges, 11*:30-40), si semblable à celui du sacrifice d'Iphigénie, est une indication précise. Le remplacement d'Isaac sur l'autel, par un bélier, en est une autre qui marque, à la voix de Yahweh, une humanisation des coutumes ancestrales (Cf. *Gen. 22*:11-13, où l'ange de Yahweh intervient *in extremis* pour arrêter le sacrifice en cours). La spiritualisation de la notion même de sacrifice sera l'un des objets du message prophétique (cf., notamment, *Michée, 6*:1-8). Cf. Bertholet : *Hist. ..., op. cit.* (p. 88s., n. 126, 132-133), p. 116, 156; A. Lods : *La Relig. ..., op. cit.*, p. 26 s. Cf. pour évoquer l'antique barbarie des enfants immolés et murés dans les fondements d'une ville : 1 *R. 16*:34 comp. à *Jos. 6*:26, et : R.A.S. Macalister : *Human Sacrifice (Semitic)* in *E.R.E.*, vol. 6, p. 863 s.

[136] Cf. *supra*, n. 134; *art. ad hoc* in *Dic. Bibl.*, avec *bibliogr.*, in *T.W., E.R.E.*; A. Bertholet : *op. cit.*, pp. 169 ss.; 178 s., 182 ss., etc.; Antonin Causse : *Du groupe ethnique à la communauté relig. — Le probl. sociolog. de la relig. d'Israël*, pp. 20-31, Paris, Alcan, 1937. Cf., en particulier, en ce qui concerne la circoncision, Bertholet, pp. 127 s.; 183 s.; *art. Circumcision* in *E.R.E., vol.* 3, pp. 659-680 (*Semit.* : 679 s.); *art.* περιτέμνω, περιτομή,

Parmi les mythes et rites ancestraux qui ont laissé des traces dans l'Ancien Testament, il en est dont l'origine étrangère n'est pas contestable, bien qu'admis et « théologisés » dans le cadre d'une « histoire du salut » [137]. D'autres, comme la *fête* ou la danse, plus ou moins « sacralisées », répondaient à un besoin universel qui s'est manifesté, dès l'origine, chez les Hébreux comme chez d'autres peuples [138]. Les déviations orgiaques en devaient être éliminées, d'autant qu'au contact de populations étrangères, elles constituaient une tentation et un danger constants. Telles étaient ces sortes de bacchanales contre lesquelles tonnaient les prophètes quand ils réprouvaient la fête à la mode cananéenne, sur « les hauts lieux » et sous « les arbres verts » [139]. Bon nombre de ces sites privilégiés, mais souillés par tant d'excès depuis des temps immémoriaux [140], furent dédiés par les Hébreux envahisseurs au culte

---

in *T.W.*, *Bd.* VI, p. 72-83. Le symbolisme de ce terme cru et sa « théologisation » y sont suivis de l'A.T. au N.T. Il en est de même pour la plupart des autres termes, sous leur rubrique particulière en grec du N.T.

[137] Cf. *supra*, p. 00. L'expression « histoire du salut » ne doit être employée qu'à bon escient et avec discrétion, sans jamais oublier qu'à la recherche scientifique, il s'agit d'une histoire présentée par les auteurs bibliques, et très diversement, dans la perspective d'un salut qui est affaire de foi. C'est vraisemblablement le sens de cette observation (qui est une mise en garde) de James Barr, *op. cit.* (*supra*, p. 00, n. 3) : « It seems to me not unfair to suggest that, apart from biblical investigation, the diction of biblical theology develops a kind of rhetoric of its own, in which certain favourite words recur interminably (such as « Heilsgeschichte », covenant, and « eschatology »), but with a peculiar sliding back and forward of sense which makes them rather « good words » or signs of an accepted point of view than useful symbols of communication » (p. 281).

[138] *La fête*, où *la danse* joue un rôle important, était en honneur chez les anciens Hébreux, comme dans toutes les populations archaïques où elle revêt des aspects et des formes analogues. Il est significatif qu'en hébreu, le mot qui désigne la fête : חַג, h'ag, veut dire primitivement : ronde, et que sa racine, en arabe, est celle de h'adj حَجِّ, le saint pélerinage (à La Mecque). Il y a tout lieu de penser qu'à l'origine, on tournait rituellement autour d'un lieu ou d'un objet sacrés, ce qui n'empêchait pas les danses plus gesticulatoires, pour aboutir parfois à une sorte d'orgasme où l'on se croyait possédé par la divinité. C'était le cas chez les Cananéens, sinon, à ce degré du moins, chez les Hébreux nomades. Le Yahwisme a sans doute accentué une rigueur nécessaire contre les entraînements et contaminations de l'établissement parmi des populations dissolues. Mais la fête et la danse ont néanmoins gardé une grande importance dans le culte. Cf. A. Lods : *La Relig. d'Israël*, *op. cit.*, p. 21 s. ; *art. ad hoc* in *Dic. Bibl.* notamment Fest et Tanz, avec *Bibliogr.*, in *B.H.H.*, *Bd.* I et III; *art. Feasting (Hebrew)* in *E.R.E.*, *vol.* 5, p. 805 s. et *art. Festivals and Fasts (Hebrew)*, *ibid.* p. 863 ss.

[139] Cf. *supra*, p. 73, n. 57.

[140] Les בָּמוֹת (Bâmoth, hauts-lieux) mis à jour à Guezer, Thaanac, etc. confrontés avec des textes bibliques tels que *Juges*, *6*:25-32 ; 1 *Sam.* *1*:3 ; *9*:11-14, etc. permettent de

de Yahweh. Des fêtes y avaient lieu sur les mêmes emplacements, les mêmes entablements [141], avec des réjouissances analogues, plus au moins épurées jusqu'au schisme où des excès anciens réapparurent dans le royaume du Nord, et même, quoique moins, dans celui du Sud [142].

Les prophètes surtout, mais aussi le sacerdoce, avec son sanctuaire unique, *le Temple de Jérusalem* dédié au Dieu unique, constituaient les principaux îlots de la résistance spirituelle à laquelle s'associait parfois l'institution royale [143]. Toutefois, c'est seulement après la ruine générale et la déportation qu'au retour de l'exil, les *Bâmoth*, ces antiques hauts lieux sacralisés, hantés par tant de souvenirs et de débordements païens, tombèrent en désuétude, au bénéfice du Temple. La *Synagogue*, les synagogues variées, toutes strictement yahwistes, s'y ajoutèrent ensuite [144]. Il ne reste plus alors que les fêtes prescrites ou autorisées par la Loi [145].

Ces fêtes légales ne sont pourtant pas sans vestiges archaïques, de rites agraires notamment, acquis sans doute lors de l'installation en Canaan, ou même plus anciennement [146]. Mais elles sont épurées de toute idolâtrie [147]. La plus remarquable, à cet égard, semble être celle

---

se rendre compte de ce qu'étaient ces *hauts-lieux* depuis le néolithique, et ce qu'ils étaient devenus entre temps, jusqu'à l'époque des Juges et de Samuel.

[141] *Ibid.* Cf. vues, plans ou figurations de hauts-lieux, notamment de *Guezer*, avec entablement, cupules et rigoles pour le sang des sacrifices, stèles en *matseboth* et *asheroth* (mâles et femelles), etc., in *D.E.B.*, *vol.* I, p. 496 bis, ou *D.B.P.*, art. *Fouilles (Gézer)*, *tome* III, *col.* 395 ss. Sur ce thème, *add.* entre autres, la préhistoire du « *rocher sacré* » au temple de Jérusalem, maintenant mosquée d'Omar avec son *Koubbet-es-Sâhkra*, la coupole du rocher. Ce roc, vénéré dans l'histoire, pour des motifs très différents, par Juifs, Chrétiens et Musulmans, avec ses creux, ses fentes, ses rigoles, et la caverne qu'il recouvre, fait naturellement penser à des coutumes archaïques semblables à celles de Guezer ou d'ailleurs (cf. H. Schmidt : *Der heilige Fels in Jerusalem*, 1933 ; A. Parrot : *Le temple de Jérusalem, Cahiers d'archéol. Biblique*, n° 5, 1955, *The temple of Jerusal.*, 1957 ; art. *Temple* in Hastings, Grant, Rowley : *Dic. of the B.*, 2ᵉ éd., Edinb., Clark, 1963, par Kennedy-Snaith). Sur la *caverne*, *supra*, p. 73, n. 58.

[142] Sur la recrudescence explosive des rites orgiastiques dans le royaume du N. et, par contamination, du S., cf. *Amos, 2:7 ; 4:4 ; 7:13 ; 8:14 ; Osée, 5:11 ; 11:1 s. ; Jér. 2:20 ; 3:1 ; 7:30 s. ; 1 R. 12:28-30 ; 2 R. 10:29,* etc.

[143] *Ibid.* Sur l'épuration par *Ézechias* et la réforme de *Josias*, cf. notamment : *2 R. 18:22 ; 22-23.*

[144] Cf. *art. ad hoc* in div. *Dic. Bibl.*, avec *Bibliogr.* ds. les plus récents.

[145] *Idem.*

[146] Cf. *supra*, p. 91, n. 138 et *art.*, dont *Fêtes*, par L. Aubert, in *DEB*, I.

[147] Le processus d'épuration semble avoir commencé dès l'entrée d'Israël dans l'histoire et s'est accentué par son attachement au culte de Yahweh, sous l'action, parfois conjuguée, du sacerdoce et des prophètes.

des huttes de feuillage (*Soukkoth*) ou des Tabernacles [148]. Sa « théologisation » implicite pourrait être typique. Derrière son aspect traditionnel et champêtre, associé curieusement par le Lévitique [149] au désert de l'Exode et aux tentes des nomades, on devine autre chose et, sans doute, une parenté, que Plutarque soupçonnait déjà [150], avec tout un cycle mythique du renouveau de la nature en certaines saisons qui varient selon les climats [151].

Quoi qu'il en soit, il convient de rappeler et de souligner que tous les archaïsmes figurant dans la Bible, quelle que soit leur provenance, n'y ont été admis et retenus que « théologisés ». Cette « théologisation », quand les archaïsmes subsistent, n'a pu manquer de subir des retouches, voire des changements profonds d'un document à l'autre, d'un temps à l'autre, d'un Testament à l'autre. C'est ainsi que, dans le Deutéronome, la fête des tabernacles devient une fête des récoltes [152], une joyeuse action de grâce et de reconnaissance à Yahweh qui a béni le travail de ses fidèles. Il en était de même au temps de Jésus où des modifications avaient été apportées au rituel, pour que la gratitude joyeuse du peuple s'étende à tous les dons de Dieu [153]. C'est bien dans cet esprit

---

[148] La fête des « tabernacles » (חַג הַסֻּכּוֹת, LXX : ἑορτή τῆς σκηνοπηγίας), a été présentée et interprétée diversement dans la Bible. סֹךְ, d'où l'expression a gardé son sens originel, est l'abri de branches et de feuillage, ou le fourré qui sert de repaire au lion. La fête ainsi nommée était sans doute associée, primitivement, au renouveau de la nature, dont la saison, au cours des mois, dépend des divers facteurs d'un climat. On a cherché à la rattacher aux célébrations ancestrales du nouvel an à l'automne, saison où elle est encore fêtée dans le monde juif, ou, suivant l'usage babylonien, au printemps. Quoi qu'il en soit, Ad. Deissmann, *op. cit.* (p. 68, n. 31) mentionne une inscription du 2ᵉ siècle avant notre ère, dans l'île de Chos, où il est question d'une fête annuelle de ce genre, où l'on dresse des tentes (σκανοπαγείσθων); il cite également l'opinion de *Plutarque* (*Sympos.* 4, 6) d'après qui la fête juive serait, à l'origine, de caractère dionysiaque (Deissmann : Licht vom Osten, p. 81). Cette fête aurait donc subi plusieurs métamorphoses qui expliqueraient une certaine confusion dans la manière dont elle est présentée en *Lév.* 23:34-43, où, d'abord, fête champêtre des récoltes, avec fruits, palmes, rameaux d'arbres touffus, elle est censée figurer, sous des tentes, le séjour d'Israël au désert (v. 42 s.), ce qui est un motif tout autre. C'était déjà un changement important que de la faire passer du printemps de l'année, avec le renouveau de la nature, aux récoltes de fruits en automne. Cf. L. Aubert : *art. cit.*, p. 431 s.

[149] *Ibid., Lév.* 23:42 s. *Comp. Deut.* 16:13-15; *Esdras*, 3:4. *Comp. Exode*, 23:16; 34:22.

[150] Cf. *supra*, n. 148.

[151] *Ibid.*

[152] *Deut.* 16:13-15.

[153] *Jean*, 7:2 est le seul texte du N.T. où cette fête soit mentionnée. Cf. H. Clavier : *... rite et mythe et 4ᵉ Évang.*, art. cit. *supra*, p. 83, n. 100; p. 87, n. 120.

que Jésus prenait part à la fête, mais avec une conscience plus claire des exigences de l'Esprit. Il semble qu'il en soit ainsi pour tout ce qui est vestige de rite ou de mythe dans la Nouvelle Alliance [154], conformément au culte en esprit et en vérité que Dieu attend des vrais adorateurs, selon l'Évangile de l'Esprit [155]. Cette promotion spirituelle, qui équivaut à une révolution en profondeur, éclatera de plus en plus, en suivant jusqu'à ce point de rupture, ou de plénitude, quelques uns des courants de la pensée biblique.

---

[154] *Ibid.*
[155] Cf. *Jean, 4:23* s.

CHAPITRE II

LE COURANT MYSTIQUE ET LA PENSÉE MYSTIQUE

A en juger par l'étymologie la plus simple et la plus courante, la religion peut être l'acte ou le moyen de relier l'humain et le divin, l'homme et Dieu [1]. Le mysticisme étant généralement conçu comme la recherche de ce lien, de cette union, de cette communion [2], le courant mystique et la pensée mystique devraient être ce qu'il y a de plus essentiel et de plus intime dans la religion et dans la pensée religieuse de toutes les religions, a fortiori dans la Bible et sa théologie. C'est bien le cas, mais il est assez rare qu'on le reconnaisse [3]. L'importance

---

[1] Pourquoi choisir en premier lieu un courant que l'on peut estimer sous-jacent à certaines manifestations religieuses, mais qui échappe, au demeurant, à toute observation directe ? Ne serait-il pas préférable, en bonne méthode, de commencer par ce qui tombe sous les sens, dans les pratiques religieuses, dans le culte ? C'est ce que penserait naturellement cet authentique savant qui s'exclamait devant nous, au retour d'une incinération rituelle sur un ponton du Gange : « ça, c'est de la religion » ! — « Mais, qu'est-ce donc que la religion ? », lui demandai-je, en invoquant des textes qu'il connaissait bien, dans la Bible, jusqu'à celui qui requiert le culte en esprit et en vérité (*Jean, 4*:23 s.). Il nous a semblé qu'il valait mieux chercher, d'abord, sous l'apparence visible qui n'est parfois qu'un masque ou une forme vide, l'hypothétique réalité qui constitue le fait religieux. Le fait mystique, le mysticisme bien conçu, nous paraît être de cet ordre. On ne pourra, sans doute, jamais le saisir, ou le supposer, qu'à travers ses expressions sensibles ; mais c'est également par là qu'on a le plus de chances de saisir le religieux proprement dit. Sans aquiescer à toutes les thèses d'Henri Delacroix, on peut admettre avec lui que « Le mysticisme, ainsi entendu, est à l'origine de toute religion » (H. Delacroix : *Les grands mystiques chrétiens*, *Préf.*, p. VII, Nelle éd. Paris, Alcan, 1938).

[2] Si l'on en juge par l'étymologie, le mysticisme est à double sens, presque dès l'origine. Sous la première forme, ainsi accentuée, de sa racine : μύειν, il évoque un trait typique : clore, fermer (les yeux, la bouche) ; sous la seconde, que l'on trouve déjà dans les fragments d'Héraclite : μυεῖν, il suggère le rite : initier, consacrer. Il y a là, en germe, dans cette dualité, une motivation et une explication du développement sémantique consécutif, avec ses divergences et ses interférences. Cf. *art.* μυστήριον, μυέω (Bornkamm), in *T.W.*, Bd. IV, p. 809-834 ; *art. Mysticisme et Mystique*, in *Vocabul. technique et critique de la Philosophie* (*Lalande*), 10ᵉ éd., Paris, PUF., 1968 ; H. Clavier : *Ét. crit. sur : Le problème de la Mystique par Maurice Blondel*, in *Études Théol. & Relig.*, vol. II, p. 108 ss., Montpellier, 1927 ; *art. Mystique, langage et culte, étude crit.* in *RHPR*, 1972, pp. 185-199.

[3] Le rabbin *Joshua Abelson*, en termes qui font penser à Delacroix (*supra*, n. 1), le reconnaît dans son *art. Mysticism* (*Hebrew & Jewish*), *ERE*, vol. 9, p. 108-113 : « One is drawn to the irresistible conclusion that religion, in order that it should not be barren

excessive que certains auteurs ont accordé aux « états mystiques » dans leur étude du mysticisme y est sans doute pour quelque chose [4]. Un préjugé défavorable s'ensuit chez beaucoup de théologiens vis à vis d'une recherche qui peut être toute spirituelle et ressortir à la piété la plus pure, en tant qu'expression de la foi la plus authentique et la plus normale [5]. Le fait est qu'il y a des qualités de mysticisme, qu'il convient de les distinguer, encore qu'elles soient parfois entremêlées, et qu'il faille prendre garde de ne pas « jeter l'enfant avec le bain » [6]. Il est permis de faire toutes réserves sur les extases, délires ou syncopes et surtout sur les procédés dont certains mystiques ont usé pour y parvenir, sans négliger pour autant les trésors de vie spirituelle que d'autres, et peut-être les mêmes auraient à offrir [7].

Il y a plusieurs voies mystiques, avec des carrefours où elles s'entrecroisent. On peut, *grosso modo*, les ramener à deux directions :

1º celle d'une fusion panthéistique, par désintégration de la personne,

2º celle d'une communion où l'intégrité et la dignité personnelles sont sauves ; on y respecte l'homme et l'on s'en remet à Dieu plutôt qu'aux adjuvants artificiels ou aux automatismes utilisés sur l'autre

---

and lifeless, must give prominence to something more than historicity and tradition. It must lay stress on the element of personal inward experience, on the great fact of the soul « athirst for God, yea, even for the living God » (*Ps. 42*:3) (p. 109).

[4] Dans son ouvrage cité, n. 1, et devenu classique depuis sa 1ère éd. en 1908, Henri Delacroix ne limite pas son étude aux « états mystiques », mais il accorde à ces phénomènes où la personne se désintègre momentanément en extase, une importance qui paraît excessive. Bien que les frontières soient parfois difficiles à tracer entre de tels faits et les expériences de communion personnelle, les perspectives, de part et d'autre, sont très différentes.

[5] Henri Bergson, tout en se référant, avec éloge, au premier essai de Delacroix, paru en 1908, a *l'intuition* (sous réserve d'une épistémologie contestable quant à la nature de cette intuition) que le vrai mysticisme chrétien ne se résoud pas en états de subconscience ou d'inconscience, mais en états et en actes conscients. Il voit en Jésus « le continuateur des prophètes d'Israël », et l'initiateur d'un nouveau mysticisme plus pénétrant, plus pénétré d'amour (H. Bergson : *Les deux sources de la morale et de la religion*, 33e éd., pp. 241, n. 1 ; 254 ss., 270, Paris, P.U.F., 1941). Or, ce mysticisme là se passe de sensation et de manifestations extatiques. S'il y confine, parfois, dans ses perspectives exaltantes, il n'en franchit pas les limites.

[6] Il n'est pas question de nier l'intérêt des « états mystiques », ni de rejeter *a priori* tout mysticisme qui en serait comme « entaché ».

[7] *Idem*. Les « *grands* Mystiques » le sont moins par leurs délires occasionnels, leurs hallucinations, leurs stigmates, leurs transes, que par la haute qualité spirituelle de leur vie quotidienne, dans la recherche assidue d'une communion divine.

voie [8]. Au lieu de perdre conscience, avec l'illusion de se perdre dans le Divin, dans la Nature, dans l'Espèce, ou de les absorber [9], on demeure lucide jusque dans l'allégresse d'une participation bienheureuse aux trésors de la Grâce divine [10].

---

[8] Cf. H. Clavier : *L'Expérience de la Vie éternelle*, passim, Paris, Fischbacher, 1923 ; *Le Christ de l'expérience*, idem, 1925 ; *Les formes élémentaires de l'intercommunion*, art. RHPR 1950, p. 200-218.

[9] *Ibid.* et *Myst., lang...* art. cit., p. 186. On doit constater la conviction de la plupart des mystiques ayant fait l'objet d'une étude, « qu'ils ont une connaissance *sui generis*, un *secundum quid*, sans relais discursifs, qui leur permet de plonger immédiatement dans l'immanence ou dans la transcendance de l'Autre ». Pourquoi cette constatation, que l'on peut faire aussi chez d'autres, de niveau assez bas, deviendrait-elle une ratification ? Ne serait-ce pas justifier la méfiance, pour ne pas dire l'aversion dont le mysticisme et les mystiques sont l'objet dans une certaine théologie ? Ne tiendrait-on pas là, justement, l'erreur fondamentale qui a fait dévier bien des courants mystiques ? On sait quelle a été l'action néfaste d'un faux : le *pseudo-Aréopagite*, sur le mysticisme médiéval. C'est vers la fin du cinquième siècle que la *mystification* s'est produite, et que l'Église abusée a elle-même favorisé l'orientation néo-platonicienne de ce pseudépigraphe vers le chaos panthéistique de la personne abîmée dans le Tout, le Rien, le Non de Tout, le Non de Rien, etc. Les images pittoresques de « la goutte d'eau qui se dilue dans un grand tonneau de bon vin » (Tauler), ou « dans un océan d'eau de Naffa » (fleur d'oranger) (François de Sales), ne font que mieux ressortir l'état de dilution, de désintégration, voire de déliquescence auquel on risque d'aboutir. On ne peut s'empêcher ici d'un rapprochement avec les paradis artificiels du vin, de la drogue, et de tous les moyens de parvenir à cet état (Cf. Philippe de Félice : *Poisons sacrés, ivresses divines*, Paris, A. Michel, 1936). L'érotisme associé au bachisme, fut l'un de ces moyens, et non des moindres, lors de ce qu'on a dénommé « le réveil dionysiaque » dans la Grèce du VIe siècle. Il l'était depuis des temps immémoriaux, dans les sociétés archaïques ; il l'est resté jusqu'à nos jours, dans des cercles, variés. Certains « états mystiques » sont des succédanés de l'orgasme érotique. Il y avait longtemps qu'on l'avait observé, quand la psychanalyse en a fait un objet d'étude (*Ibid.* p, 21 ss., 361 s.).

Les prophètes d'Israël se sont élevés avec vigueur contre ce mysticisme de bas étage qui sévissait encore de leur temps, jusqu'en milieu yahwiste. A l'instar des peuples voisins, Israël cédait à la tentation des paradis orgiastiques débridés ou organisés, jusqu'à la *prostitution sacrée* des deux sexes (cf. *Deut.* 23:17 s. ; 1 *R.* 14:24 ; *15*:12 s. ; 22:47 ; 2 *R.* 23:7 ; *Amos*, 2:7 ; *Osée*, 4:14 ; *Ésaïe*, 28:7 ss.). Cf. *supra*, p. 91, n. 138.

[10] Sur cette voie normale, la quête mystique n'aboutit pas à un état plus ou moins délirant ou comateux, mais à une participation exaltante. L'alliance bi-latérale qui caractérise le statut d'Israël dans l'A.T., par rapport à Yahweh prête naturellement, par-delà le contrat juridique, à cette forme et à cette qualité de mysticisme. C'est avec Yahweh lui-même, et non par quelque objet d'idolâtrie, que l'accord est conclu. Or, selon la remarque générale, mais valable également dans ce cas : « La participation n'est réelle que lorsqu'elle met en contact les personnes entre elles, et non point les personnes avec les choses ». (Louis Lavelle : *De l'Acte*, p. 339, Paris, Aubier, 1937). La recherche d'une telle participation caractérise non seulement des formes archaïques et rudimentaires de

Quoi qu'il en soit de ces expériences et de ces convictions, il est certain que ces deux voies sont tracées dans la Bible depuis les temps les plus anciens, mais que celle des délires extatiques, provoqués ou non, se rétrécit de plus en plus, tandis que celle de la piété normale et des communions personnelles s'ouvre largement, des prophètes aux Psaumes, pour aboutir plus largement encore au Nouveau Testament.

1. *Les chemins de l'extase*

La différence est grande entre des extases provoquées par des moyens factices et celles qui peuvent se produire sans avoir été recherchées ni forcées par quelque artifice. Sans poser les problèmes de frontières, on peut dire que, d'une manière générale, les unes sont tenues pour païennes et prohibées par la Bible, tandis que les autres sont considérées comme des grâces divines.

a) *Les extases provoquées*

On fait souvent remonter à l'installation en Canaan la tentation pour les Hébreux de s'adonner aux coutumes locales en vue des jouissances extatiques [11]. Les phénomènes mystiques peuvent être provoqués autrement que par les procédés ignobles contre lesquels tonnaient les prophètes [12]. D'autres moyens plus acceptables n'étaient pas incompatibles avec le désert où les tribus nomades avaient jusque là vécu. Il pouvait en être ainsi de *la danse* [13]. Elle faisait partie intégrante de *la fête*, dont la désignation : *hag* est caractéristique, puisqu'elle signifie : *la ronde*, une ronde qui peut avoir un caractère sacré [14].

---

la religion, mais de très évoluées, même là où une méditation panthéistique a trouvé de larges échos. Les cas les plus remarquables et les plus signifiants se rencontrent en Inde, en Chine et au Japon où, sur deux traditions panthéistiques radicalement différentes s'est greffée une recherche mystique à tendance personnelle, vers une divinité, factice à l'origine : *Içvara, Amitabha, Amida*, mais devenue réelle et personnelle dans la piété du fidèle (cf. H. Cl. : *Myst., lang. et culte*, art. cît., p. 189 ; *La foi, le mérite et la grâce ds. les relig. d. Extrême Orient, R.H.P.R.*, 1962, p. 4 ss.).

[11] Les Cananéens, sédentaires, étaient des agraires, des terriens, des chthoniens, et leurs coutumes religieuses s'en ressentaient. (Cf. A. Lods : *La Relig. d'Israël, op. cit.*, p. 67-82). Si l'on en jugeait d'après la tradition sacerdotale, les Hébreux auraient exterminé cette population, et, avec elle, ses germes de contamination. Les autres sources, et les prophètes les plus anciens témoignent, en de nombreux passages, qu'il n'en fut rien, ou, du moins, que l'éviction fut loin d'être totale (*ibid.*, p. 69 s., 83 ss.).

[12] Cf. *supra*, p. 97, n. 9.

[13] Cf. *supra*, p. 91, n. 138.

[14] *Ibid.*

L'agitation des danses, le vertige des rondes [15] peuvent avoir pour but l'extase, la possession divine [16]. A ces préliminaires, *la musique* est presque toujours associée, une musique fortement rythmée, pour en accentuer l'effet d'étourdissement, de désintégration psychique [17]. C'est ainsi que procède, en y joignant d'autres adjuvants, le *chamanisme* mongol où l'on a vu le témoin attardé d'un mysticisme et d'un prophétisme archaïques [18]. Il est possible que l'usage de *l'encens* ait également son effet, non seulement par la sensation agréable qu'il procure à l'odorat [19], mais aussi par son action sur les organes de la respiration. Le procédé le plus fréquent est l'ingestion de produits toxiques appropriés : poisons sacrés, ivresses divines [20]. Il y a aussi le mariage sacré [21]. L'Ancien Testament n'ignore pas ces pratiques, mais les réprouve dans ce qu'elles ont d'attentatoire à la souveraineté et à la sainteté de Yahweh [22]. Néanmoins, la constatation des faits n'est pas

---

[15] *Ibid.* Cf., notamment : A. Lods, *op. cit.*, p. 21 ; G. Wallis : *art. Tanz* in *Bibl. Hist. Hndw.*, III, *col.* 1931 s. (avec *Bibliogr.*).

[16] Un exemple connu de ronde extatique est celui des derviches tourneurs, cette secte de mystiques ou çoufis musulmans dont l'un des fondateurs, le sheik *Mawlana Dschelal ed-din-Roumi*, de Konia, décrit, dans un beau poëme, l'enivrement progressif, au son du tambour, de la flûte et de la profession de foi en refrain : Allah hou ! ...
Celui qui mène la ronde de l'amour, Allah hou !
Monte plus haut que le soleil et que l'aurore... Allah hou !
... Celui qui connaît la force de la ronde vit en Dieu, Allah hou !
Car il sait comment l'amour tue, Allah hou !
Cf. William James : *L'expérience religieuse*, trad. *Abauzit*, p. 340, Paris, Alcan, 1908 ; H. Clavier : *L'Exp. de la Vie.*, *op. cit.*, p. 48 ; de Félice : *op. cit.* (p. 97, n. 9), p. 23 ss., avec le curieux exemple d'une secte russe, les Chlustes, ou gens de Dieu qui assortissent de chants et de symboles bachiques la ronde sacrée, par où l'esprit les saisit et les possède.

[17] *Idem.* Cf. A. Mac Culloch : *Music (primitive)*, in *ERE*, vol. IX, p. 5 ss.

[18] Cf. *Studies in Shamanism (Symposium on Shamanism)*, éd. by C.M. Edsman, Stockholm, Almqvist & Wiksell, 1967, notamment : *Shamanistic Features in the O.T.*, by Arvid S. Kapelrud, p. 90-96, et *Ét. crit.* par H. Cl. in *RHPR*, 1969, p. 269 ss., M. Eliade : *Shamanism*, N.Y. Bollingen, 1964.

[19] Cf. A. Mac Culloch : *Incense*, in *ERE*, vol. VII, p. 201-205. Parmi les divers usages rituels de l'encens, il semble que l'on puisse inclure son action sur les voies respiratoires. Par là, sans en avoir ni l'efficacité, ni la nocivité, il rejoindrait, en quelque mesure, les produits que l'on inhale ou que l'on fume pour accéder à l'état mystique. Il agit aussi par l'odorat, dont des recherches récentes ont montré l'importance. Cf. de Félice : *op. cit.*, p. 36 ss., 145 ss. et *passim*.

[20] *Ibid.*, notamment, de Félice : pp. 125 ss., 216 ss., 235 ss., etc.

[21] Cf. *supra*, p. 97, n. 9 ; de Félice, *op. cit.*, p. 21 ss., 361 ss. ; *art. Female principle* (Edwin D. Starbuck), *ERE*, V, 827 ss., *Phallism* (E.S. Hartland), *ERE*, IX, 815 ss.

[22] Cf., *supra*, p. 97, n. 9.

accompagnée indifféremment des mêmes condamnations. Si les bonds des prophètes de Baal au Carmel, accompagnés de hurlements et d'incisions sanglantes, sont implicitement stigmatisés (1 *Rois*, *18*:26-29), il n'en est pas de même pour les gestes et la musique sans doute moins barbares, de cette bande de *nabis*, saisis par l'Esprit de Yahweh, auxquels Saül, après l'onction royale, est invité par Samuel à se joindre (1 *Sam.* *10*:1-12). Ces *Nabis*, annonciateurs, prêcheurs, hérauts de Yahweh [23], sont aussi des Voyants [24]. *Samuel* en est un [25], comme le fut, d'ailleurs, *Balaam* passé au service de Yahweh, avec son ânesse [26], après une chute, et peut-être en état de transe (*Nombres*, *22*:20, 24 ; *24*:3, 4, 15s.). Ce rapprochement, que suggèrent les textes, entre le prophète Samuel et le devin légendaire Balaam est une indication, entre autres, que mysticisme et prophétisme ont eu des origines très humbles. Leur spiritualité croissante sous l'action du Yahwisme n'en est que plus remarquable.

Le « nabisme » que l'on pourrait qualifier de « sauvage », avec son recours probable à divers artifices pour entrer en transe et vaticiner, en état de possession divine, n'a pas disparu d'un coup. Si l'on en juge

---

[23] נָבִיא, de נבא, LXX : προφήτης est le terme couramment employé. Le sens originel en a été discuté et l'est encore. Oepke : *art.* ἔκστασις in *T.W.*, Bd. II, p. 451, retient l'idée de parler en murmurant, ou en mugissant, furieusement, frénétiquement, ou de manière entrecoupée pour reprendre souffle. Ainsi serait marquée, dès le début, l'apparence de folie qu'a parfois le prophète, quand il est en extase (*2 R.* *9*:11 ; *Jér.* *29*:26 ; *Osée*, *9*:7). On pourrait appuyer cette interprétation du fait qu'ailleurs, notamment à *Mari*, le prophète est un personnage étrange, au langage étrange (*muh hûm* à Mari, ce qui pourrait être une onomatopée) ; mais la racine נבא est autre, et certains estiment que si la notion de parole est à :etenir, il s'agirait plutôt du message reçu ou à transmettre par le prophète. Cf. Rendtorff προφήτης, in *T.W.*, VI, 796 ss. ; C. Westermann : *Propheten*, in *B.H.H.* (*bibliogr*.), III, 149 ss.). D'après 1 *Sam.* *9*:9, « celui qu'on appelle aujourd'hui נָבִיא prophète, s'appelait autrefois רֹאֶה, voyant », terme signifiant, mais qui semble être tombé en désuétude. Néanmoins, la « voyance » est demeurée l'un des caractères principaux du prophète d'Israël.

Ces traits divers ne s'excluent pas ; mais certains se sont atténués ou effacés devant d'autres, sous l'action du yahwisme.

[24] Le prophète, « homme de Dieu », est présenté plus souvent comme un clairvoyant que comme un extatique (1 *Sam.* *2*:27 ; *9*:6 ss. ; 2 *Sam.* *24*:11 ; 1 *R.* *13*:11 ; *17*;18 ; 2 *R.* *4*:7 etc.). Il peut transmettre ses dons (2 *R.* *6*:15 ss.). Cf. *infra* : *courant prophétique*.

[25] *Ibid*. Dans le cas de *Débora*, et ce n'est pas le seul, clairvoyance et inspiration poético-religieuse sont associées, comme le sont, d'ailleurs, intimement, *inspiration et révélation*.

[26] Cf. A.S. Kapelrud, *art. cit.* (n. 18), p. 91, A. Westphal : *Divination, art. D.E.B.*, I, p. 301.

par une mise en garde de *Jérémie 29*:8s., il s'est perpétué jusqu'à l'exil. Entre temps, il avait exercé, parfois même en corporation, des fonctions quasiment officielles à la cour des rois idolâtres, comme Achab (1 *Rois 22*). Son rôle était de prédire un avenir conforme aux desseins du prince, lequel pouvait chercher confirmation auprès d'un plus authentique Voyant, comme le prophète Michée (*ibid.*) [27]. La divination associée à la consultation ou à l'évocation des morts est condamnée dans plusieurs textes de l'Ancien Testament, en *Lévit. 19*:31; *20*:6, 27, *Deut. 18*:11; 1 *Sam. 28*:3. *Ésaïe 8*:19 met en garde contre de telles pratiques et y relève un détail typique : murmures et chuchotements ou sifflements, qui fait penser au ton et au timbre de voix de mediums en état de transe [28]. C'est vraisemblablement dans cet état que se trouvait la sorcière d'Endor à laquelle, en dépit des interdictions rigoureuses qu'il avait prescrites, Saül recourt pour évoquer et consulter l'ombre de Samuel (1 *Sam. 28*). Comment procédait cette femme qui savait évoquer les morts, pour se mettre en condition de le faire? On peut penser aux vapeurs méphitiques dont usait la Pythie de Delphes [29], à la fumée, à l'encens, ou à tout autre moyen de ce genre; mais le texte ne précise point. Par contre, il nous montre le roi conditionné lui-même par un jeûne prolongé, si bien que l'émotion aidant, à l'ouïe du terrible oracle du fantôme de Samuel, c'est lui, Saül, qui tombe en syncope (vers. 20).

Si l'on parle, par analogie de la « pythonisse » d'Endor en 1 *Sam. 28*, c'est avec plus de pertinence que les *Actes* (*16*:16ss.) mentionnent, dans un milieu hellénistique, l'esprit Python dont était possédée la servante qui importunait les apôtres à Philippes. Elle pratiquait l'extase divinatoire, que l'on réprouvait toujours, mais à laquelle on croyait encore, comme au temps de l'Exode, avec Balaam qui tombait,

---

[27] Il s'agit de *Michée*, fils de Jimla (1 *R. 22*:9), au temps d'Achab, au 9e siècle, dans le royaume du Nord, homonyme de Michée de Moresheth, au 8e siècle, dans le royaume du Sud. L'institution des prophètes de cour était ancienne et pratiquée en dehors d'Israël qui l'a imitée. Cf. Jean-Georges Heintz : *Prophétisme à Mari et en Israël*, in *RHPR*, 1971, p. 165 ss. (*Ét. crit.* de F. Ellermeier : *Proph. in Mari und Israël*), et *Lettres royales à la divinité*, in *RHR*, 1972, p. 111 ss.

[28] Cf. *supra*, p. 100, n. 23. H. Clavier : *art. Langues*, in *DEB*, II, pp. 7-21, *passim*, notamment, p. 12. Paroles entrecoupées, sifflements, bourdonnements, marmottements, ventriloquie sont fréquents chez les sujets en état de transe. (cf. *Ésaïe, 8*:19; *29*:4, etc.). Comp. la *vox exigua* des ombres aux Enfers, in Virgile, *Énéide, 2*:492.

[29] Cf. de Félice, *op. cit.*, p. 360 s.; *supra*, p. 99, n. 19.

les yeux ouverts, en transe, et beaucoup plus anciennement [30]. Les apôtres eurent affaire à d'autres devins tels qu'Élymas et Simon le Mage, le plus célèbre dans la tradition [31].

b) *Extases non-provoquées*

Ainsi, après trois siècles de cohabitations et contaminations cananéennes, en plein dixième siècle, un prophète de la qualité de Samuel n'hésitait pas à recourir à la contagion collective d'une troupe de nabis pour favoriser chez Saül un état de transe ou d'inspiration [32]. Il serait sans doute anachronique d'invoquer ici une technique de psychologie des foules, mais cela fait penser à bien des parallèles, jusqu'à nos jours [33], où les phénomènes extatiques provoqués d'une manière analogue, sont sujets à des égarements similaires (1 *Sam. 19*:20-24). Autant qu'il est possible de retrouver un fond d'histoire sous une tradition forcément légendaire [34], il semble que deux siècles plus tard, au temps d'Achab, l'épuration yahwiste ait été poussée assez loin pour dégager de ces artifices et de ces excès des hommes dont la vocation prophétique, éminemment personnelle [35], a marqué profondément la pensée biblique. Le premier en ligne est *Élie* [36], plus d'un siècle avant *Ésaïe* [37], plus de deux avant *Jérémie* [38], les plus grands de tous.

---

[30] Cf. *supra*, p. 100, n. 26.

[31] Cf. *Act., 13*:8 (*Élymas*.). Quant à *Simon, le Magicien* (*Act. 8*:9-24), il est devenu, dans la tradition postérieure, le père des simoniaques, le fondateur d'une secte gnostique, l'hérétique, le faux apôtre, et, dans la secte judaïsante dont sont issues les pseudo-clémentines, Paul opposé à Pierre. Cf., pour *Élymas* (*Bar-Jesu*), *art.* in divers *Dic. Bibl.* Pour *Simon le Magicien, idem* et : Oscar Cullmann : *Le probl. litt. et hist. du roman pseudo-clémentin*, (*Paul, l'homme ennemi*), pp. 243-250), Paris, Alcan, 1930, et H. Clavier : *La primauté de Pierre d'après les pseudo-clémentines*, in *RHPR*, 1956, pp. 298-307.

[32] Cf. 1 *Sam. 10*:5-12; comp. *Nb. 11*:24-29, où la contagion prophétique passe de Moïse aux 70 Anciens.

[33] Cf. Henri Bois : *Le Réveil au Pays de Galles*, pp. 220-230 et *passim*, Toulouse, public. mor. & relig., 1906 ; Gustave Le Bon : *Psychologie des foules*, pp. 21-52 et *passim*, 41e éd., Paris, Alcan, 1939 (1e éd. 1895).

[34] Les mots *légende* et *légendaire* ne conviendraient, étymologiquement, qu'à des choses à lire (*legenda*), et point à une tradition orale, où *mythe* et *mythique* seraient plus pertinents. Mais l'usage courant a fini par rapprocher les significations, en accentuant, de part et d'autre, le caractère merveilleux, fabuleux de récits ou d'écrits dont le fond historique, quand il y en a un, a été plus ou moins déformé par la tradition. Il convient de tenir compte du facteur symbolique par lequel une histoire déformée peut acquérir un sens plus profond et plus durable que celui d'un épisode peut-être en soi insignifiant bien que réel (Cf. *supra*, p. 41, n. 174 ; p. 45, n. 193 ; p. 75, n. 62).

[35] Cf. *infra* : *le courant prophétique*.

[36] Le ministère d'*Élie* se situe dans le royaume du Nord, vers le milieu du 9e siècle.

Sans avoir fait l'objet d'aucun procédé factice, la vocation et les inspirations d'Élie ont été préparées, comme dans bien d'autres cas [39], par un processus intérieur dans le secret duquel une foi éclairée perçoit l'action de Dieu. On notera ici le retour provisoire au désert, non seulement pour s'y soustraire à la persécution, mais pour y méditer (1 *Rois, 17*:3ss., *19*:3-18). La fuite même s'y mue en retraite spirituelle. Quant à *Élisée*, le disciple sur lequel Élie a jeté son manteau (1 *Rois, 19*:19), il suit les traces de son maître, en marge de la curieuse corporation des « fils de nabis » (2 *Rois, 2*:3, 7, 15), qui perpétuaient peut-être les usages et les errements du nabisme collectif, et plus ou moins « sauvage » au temps de Samuel ? L'un d'entre eux, chargé par Élisée d'une importante mission, s'en acquitte, après avoir passé pour un agité ou un insensé (2 *Rois, 9*:11). Il est vrai que le prophète le mieux inspiré pouvait, sans doute, à l'occasion, donner cette impression à la police du Temple (*Jérémie, 29*:26 s.). Il lui arrivait, certes, de tomber en extase, mais sans l'avoir provoqué par des moyens factices.

Les rencontres mystiques des héros de la Bible avec le Dieu qu'ils servent et qu'ils adorent sont fréquentes. Elles peuvent être extatiques, dans la mesure où la fragilité de l'organisme humain supporte mal un tel choc ; mais l'impact spirituel, qu'il vienne du dehors ou du dedans [40], n'est pas délibérément recherché, provoqué ou forcé par des moyens externes. Cela n'exclut nullement une préparation intérieure d'inspiration et de révélation [41]. Quoi qu'il en soit de l'interprétation psychologique et religieuse de tels faits par une intervention de transcendance

---

[37] Cf. *infra*.

[38] *Ibid*.

[39] Cf. *supra*, p. 36, n. 151, p. 100, n. 25. Dans le cas de l'apôtre Paul, l'inspiration révélatrice, d'une révélation qui devient à son tour inspiratrice, semble avoir joué dans plusieurs domaines depuis l'événement décisif du chemin de Damas. Cf. *infra*, et H. Clavier : *Méthode et inspiration dans la mission de Paul*, in *Verb. Verit.*, in hon. G. *Stählin*, *passim*, et notamment, p. 179 s., 185 s, Wuppertal, Theol. Verlag, 1970. Sur le rôle du subconscient dans l'inspiration, cf. H. Clavier : *Le Christ de l'expérience*, *op. cit.*, p. 305 ss. C'est dans les zones subliminales que s'élaborent les inspirations qui deviendront révélatrices au jour de la conscience claire. Les conversions, quel que soit leur type, sont ainsi préparées. Une liberté humaine est préservée dans ce que Paul appelle « la vie cachée avec le Christ en Dieu » (*Col. 3*:3).

[40] Les suggestions viennent du dehors, l'auto-suggestion du dedans. Il n'est pas interdit à la foi, dans certaines circonstances, d'en attribuer l'origine à une transcendance ou à une immanence qui ne s'excluent pas nécessairement. Ce qui est licite à la foi ne l'est pas à la recherche scientifique, dans sa méthode et son ordre strictement limités.

[41] *Idem*, et *supra*, n. 39.

ou d'immanence divines [42], la manière dont ils sont présentés dans les textes permet de les compter parmi les phénomènes mystiques dont l'extase n'est point exclue.

C'est ce que suggère, par exemple, le terme grec dont la LXX se sert pour désigner l'état où se trouvait Abram lors de l'alliance avec Yahweh et des promesses qui l'ont accompagnée. Ce terme est ἔκστασις, pour traduire, évidemment d'une langue à l'autre, d'une culture à l'autre, l'hébreu תַּרְדֵּמָה qui voudrait dire plutôt : sommeil profond ou léthargique où l'on a été plongé (Gen. 15:12 ; comp. Ésaïe, 29:10). La nuance extatique est donc suggérée par l'hébreu même, bien qu'autrement que par le grec hellénistique avec ses résonances platoniciennes si marquées chez Philon [43]. On peut noter encore que le même terme hébreu est traduit par le même terme grec, en Gen. 2:21, pour désigner l'état où fut plongé Adam par Yahweh-Élohim pendant l'opération qui lui valut d'avoir une compagne, os de ses os, chair de sa chair. Il convient de souligner enfin qu'Abraham était un grand mystique, sujet aux visions, sans doute dès son appel et depuis (Gen. 12:1 ss. ; 15:1ss.), avant et après l'alliance bilatérale qui va marquer toute l'histoire d'Israël, et qui distinguera la communion biblique des mysticismes de fusion, si souvent recherchés et pratiqués ailleurs [44].

Le contrat, même quand il subordonne une personne à l'autre, les reconnaît et les distingue. Cet écart entre les partenaires caractérise le mysticisme biblique. Philon d'Alexandrie, malgré l'attirance d'une extase de fusion [45], reste assez fidèle à ses traditions juives pour maintenir cette distinction radicale. Il le fait sur le plan philosophique et ontologique par sa notion remarquable du Logos diviseur [46]. La quête mystique de la communion avec Dieu, de « la face de Dieu » [47] n'ira

---

[42] *Idem.*

[43] Sur *Philon*, sa notion platonicienne d'ἔκστασις et celle de λόγος τομεύς qui en atténue le risque panthéistique, cf. Émile Bréhier : *Les Idées philosophiques et relig. de Philon d'Alexandrie*, pp. 83-111, Paris, 1907 ; H. Clavier : *O Logos tou Theou dans l'ép. aux Hébr.*, in *N.T. Essays, in hon. T.W. Manson*, Manchester U.P., 1959 (p. 83, 90 s.) ; ἔκστασις, art. cit. (Oepke) in *T.W.* (II, p. 450 s.), etc.

[44] Cf. *supra*, p. 89, n. 132 ; p. 91 s., n. 138, 142-143 ; p. 96 n. 7 ; p. 97, n. 9 ; p. 100, n. 23.

[45] Cf. *supra*, p. 00, n. 43.

[46] *Ibid.* et A. Aall : *Geschichte d. Logosidee*..., p. 223, Leipzig, Reisland, 1896.

[47] *Péniel*, פְּנִיאֵל, face de Dieu, l'un de ces anthropomorphismes dont la signification archaïque n'était pas seulement une image, car elle l'est devenue sous l'action du Yahwisme. La sublimation ou l'épuration sont déjà en cours dans le récit de la lutte de Jacob avec l'Inconnu en qui il a vu Dieu face à face, d'où le nom de *Péniel* qu'il donne au lieu

jamais jusqu'au désir d'une fusion tenue pour sacrilège. L'approche même de Dieu sera réservée, en-deçà d'une limite à ne pas franchir, sauf exceptionnellement, par une faveur spéciale que Dieu peut accorder à son fidèle, sans pourtant compromettre son identité ni la sienne [48]. Cette retenue sera sensible dans les théophanies de l'Ancien Testament, où elle reste mêlée d'un sentiment de crainte voire de terreur sacrée [49]. La vision de Dieu détruirait le simple mortel, si l'éclat glorieux n'en était atténué, même pour qui jouit de la faveur divine. Moïse [50], Élie [51], Ésaïe [52] en ont fait l'expérience. Pour d'autres, l'écart sera maintenu par le moyen d'une sorte de trait d'union symbolisé par un personnage mythique : l'ange de Yahweh, avec lequel on a identifié l'homme qui lutte avec Jacob à Péniel [53]. *Gen. 32*:1 s., 24 ss., 30.

L'extase n'a point disparu du Nouveau Testament où le terme grec

---

de cet affrontement (*Gen. 32*:24-31, notamment, v. 30). La face de Dieu sera une expression théologique pour désigner la présence personnelle, mais invisible de Dieu. L'homme ne peut la saisir autrement ; le contact que recherchent les mysticismes de fusion risquerait de l'écraser sous le poids de la *kâbod*, de le consumer à l'éclat de la gloire divine. Cf. *supra*, p. 78, n. 75.

[48] *Idem*. Cf. *supra*, p. 95 ss.

[49] Cf. *supra*, p. 89, n. 129 ; p. 90, n. 134 ; p. 97 s., n. 9-10.

[50] *Moïse*, à Horeb, face au buisson ardent, « cacha son visage, car il craignait de fixer ses regards sur Dieu » (*Ex. 3*:6).

[51] *Élie*, à Horeb, s'enveloppe le visage de son manteau, quand il perçoit le son doux et pénétrant par où Yahweh annonce sa présence et son action (1 *R. 19*:13).

[52] *Ésaïe*, devant la théophanie, dans le Temple, s'écrie : « Malheur à moi, je suis perdu ! ... » (*Es. 6*:5).

[53] Cf. *supra*, n. 47. Il n'est pas certain que l'on puisse identifier l'homme inconnu qui lutte avec Jacob, et l'ange de Yahweh, à moins que l'un et l'autre, plutôt que des intermédiaires différents de Yahweh, soient deux figurations de sa présence active. Le récit de Péniel est d'un symbolisme admirable jusque dans le détail. L'inconnu veut partir avant que le soleil se lève, pour ne pas être vu en pleine lumière (*Gen. 32*:26, 31). Il donne à Jacob un nom nouveau, Israël, mais se refuse à dire le sien (vers. 27-29). Néanmoins, Jacob est béni, et a la conviction qu'il a vu Dieu « face à face » (v. 30), d'où le nom de Péniel qu'il donne à ce lieu. Cette dialectique de l'image figure le paradoxe d'une transcendance mystérieuse et lointaine, celle d'un *Deus absconditus* et d'une présence personnelle agissante.

On saisit là sur le vif, la manière dont le mythe traduit et rend sensible une expérience religieuse et mystique. Dans *Juges 13*, *l'ange de Yahweh* n'est, manifestement, qu'une autre figuration de la même présence personnelle de Dieu. La réaction humaine, en en prenant conscience, est de terreur : « Certainement, nous allons mourir, car nous avons vu Dieu ! », réaction qui s'apaise ensuite devant l'évidence d'une grâce merveilleuse (v. 22 s.). L'expression « *l'ange de la face* », en *Ésaïe, 63*:9, associe les deux images pour exprimer la même présence du Dieu sauveur.

se retrouve plusieurs fois et dans divers contextes [54]. La chose sans le mot est impliquée ailleurs; mais il semble qu'elle se soit produite spontanément, sans recherche ni manigances. Collective à la Pentecôte, elle était mal interprétée par un public où certains Juifs de la diaspora pouvaient penser, par analogie, aux scènes de délire bachique répandues dans le monde grec par ce qu'on a appelé « le Réveil dionysiaque » [55]. Ce n'était assurément pas le cas; mais il est possible que par d'autres moyens plus spirituels, dans quelques petits cercles surchauffés, l'extase glossolalique ait été suscitée, ce que Paul ne conseille pas [56], sans condamner pour autant le phénomène en soi [57].

Paul ne cache pas qu'il en a fait lui-même l'expérience [58], comme aussi d'autres états mystiques, entre lesquels il établit, peut-être, une sorte de hiérarchie [59]. Mais il n'entend nullement se glorifier, même des plus éminents [60], sinon quant à ce qui, de lui, a été ravi jusqu'au troisième ciel, du moins quant à sa personne ordinaire [61]. On perçoit dans cette

---

[54] ἔκστασις a plusieurs fois, dans le N.T., le sens de vive surprise, d'étonnement mêlé de crainte, de stupeur, notamment à la vue d'un miracle (*Mc.* 5:42; *16*:8; *Lc.* 5:26; *Act.* 3:10). Mais dans trois autres cas (3 sur 7), il paraît bien s'agir d'une extase proprement dite, avec perte de conscience partielle ou totale (*Act.* 10:10; 11:5; 22:17). Cf. Oepke : *art. cit.* in *T.W.*

[55] Cf. *supra*, p. 97, n. 9; de Félice : *op. cit.*, p. 274 ss., 300 ss.; Gernet Boulanger : *Le génie grec dans la religion*. Paris, A. Michel, 1932.

[56] Cf. 1 *Cor. 14*, *passim*; *supra*, p. 101, n. 28. Cf. H. Clavier : *Langues, art. cit.*

[57] *Idem.* Cf. 1 *Cor. 14*:39; *12*:10 s., 28, 30.

[58] Cf. 1 *Cor. 14*:18.

[59] Paul ne fait mention de la *glossolalie*, explicitement, qu'en 1 *Cor. 12-14*, où il esquisse une sorte de hiérarchie entre les dons spirituels (*14*:1 et *passim*); il invite ses lecteurs à viser aux plus grands (*12*:31). Le don de prophétie est mis au sommet (*14*:1), l'amour ἀγάπη étant au-dessus de tout : 1 *Cor. 13*:1, 13. Sur la nature du « parler en langues », ses variétés, ses manifestations, des temps bibliques jusqu'à nos jours, cf. *art. cit.* in *DEB*; Behm : *art.* γλῶσσα in *T.W.*, I, 719-726; A.J. Grieve : *art. Charismata* in *ERE*, III, 370-372.

[60] Cf. 2 *Cor. 12*:1-12.

[61] *Ibid.* Ainsi, indéniablement, Paul a connu des « états mystiques »; il est parfois perplexe à leur égard, et ne les recherche pas. Il se méfie des excès où peut conduire le désarroi psychique inhérent à ces états. Il n'est donc pas un « visionnaire » au sens extrême de ce terme, comme le donnerait quelquefois à penser Ernst Benz : *Paulus als Visionär*, dans le *Panegyrikos Tomos* (p. 259-303) du 19e centenaire de la venue de Paul en Grèce, Athènes, 1951. Cf. dans le *Symposion*, à l'occasion de la même célébration, H. Clavier : *La personnalité de Paul, op. cit.*, p. 44-49; du même : *Méth. et Inspir. dans la mission de Paul, art. cit.; La santé de l'ap. Paul*, in *Stud. Paulina, in hon. de Zwaan*, p. 66-82, Haarlem, 1953.

confusion un vestige archaïque de la croyance au double pour expliquer certains états de dédoublement apparent [62]. C'est peut-être sur cette voie qu'il faut aussi interpréter 1 *Cor.*, *5*:4, où le *pneuma* de l'apôtre est comme délégué auprès des Corinthiens, pour une décision grave [63]. Si le terme d'extase figure en *Actes*, *22*:17 pour désigner l'état où se trouvait Paul quand, au cours d'une prière, il vit Jésus, et reçut de lui un avertissement, peu après sa conversion, il n'est pas employé quelques versets plus haut, à propos de la scène du chemin de Damas; mais on peut bien penser qu'il s'agit d'un phénomène analogue [64]; de même en ce qui touche Étienne lors de son témoignage, de son martyre, que vit le jeune Saul et qui, sans doute, le hanta jusqu'à sa conversion [65].

C'est nommément en extase que Pierre eut la vision qui devait l'affranchir des prescriptions alimentaires de la Loi mosaïque (*Act. 10*:9 ss., *11*:5 ss.) [66]. Mais le terme est aussi employé pour désigner la stupeur, peut-être chez certains une sorte de *sacer horror* devant un miracle (*Act. 3*:10; *Luc*, *5*:26; *Marc*, *5*:42; *16*:8) [67].

Quant à Jésus, si le terme d'extase ne se rencontre pas à son sujet, il semble qu'un état mystique relevant de cette désignation lui soit attribué en plusieurs circonstances par les évangélistes. Ainsi au baptême où il vit les cieux s'ouvrir et entendit le témoignage divin, tandis que l'Esprit descendait sur lui en forme de colombe [68]. D'après le quatrième évangile, la vision fut donnée au Baptiste [69], mais une autre,

---

[62] Cf. *supra*, p. 80 s.

[63] *Ibid.*, n. 6, M. Dibelius : *Die Geisterwelt d. Ap. Paulus, op. cit.*, p. 38 ss.

[64] Cf. *supra*, p. 103, n. 39.

[65] Cf. *Act. 7*:58; *8*:1; *9*:1 ss.; 1 *Cor.* *15*:7 s.; *Gal.* *1*:13 s. Le zèle de Saul et son acharnement contre les chrétiens est en soi un indice du traumatisme intérieur qu'il a éprouvé devant le martyre d'Étienne et de l'effort du moi ancien pour recouvrer son intégrité menacée. Ce processus psychique est courant dans la période préliminaire aux conversions, quelle que soit leur apparence plus ou moins brusquée. Il a été décrit et analysé remarquablement sur un grand nombre de cas, par Raoul Allier : *La Psycho. de la conversion chez les non-civilisés*, 2 vol., Paris, Payot, 1925. L'analyse à portée générale a été faite par William James : *op. cit.*, *chap.* VI et VII. Il n'y a pas de conversion, si brusque soit-elle, quelque soudaine et facile à dater que soit la crise, qui n'ait été préparée par un développement intérieur subliminal, avant de surgir ou d'éclater dans la conscience claire. Cf. aussi : J.B. Pratt : *The religious consciousness*, chap. VII & VIII (*Conversion*), N. York, Mc. Millan, 1921. En ce qui touche la conversion de Paul, cf. analyse semblable in H. Clavier : *Le Christ de l'expérience, op. cit.*, p. 154 ss.

[66] *Act. 10*:9 : ἐγένετο ἐπ'αὐτὸν ἔκστασις; *11*:5 : εἶδον ἐν ἐκστάσει ὅραμα.

[67] Cf. *supra*, p. 106, n. 54. Comp. Rud. Otto : *D. Heilige*, *supra*, p. 89, n. 129.

[68] *Marc*, *1*:10 & parall.

[69] *Jean*, *1*:32 ss.

qui évoque l'échelle de Jacob [70], sans doute à Jésus lui-même qui la promet à ses disciples. Il y a encore la scène de la Transfiguration où l'extase partagée par Pierre, Jean et Jacques, les a fortement ébranlés, tandis que l'état mystique de Jésus ne présente pas les mêmes symptômes de déséquilibre [71]. Il doit en avoir été de même lors de la vision symbolique de la fin de Satan tombant du ciel comme un éclair [72]. Le symbole n'exclut pas qu'il y ait eu vision autrement que dans une belle image. Jésus est présenté comme parfaitement maître de soi dans ses guérisons. Certaines, notamment l'expulsion des démons, dont les malades sont possédés, supposent chez le souffrant, comme en Jésus lui-même, un état mystique [73]. Jésus malgré la pitié qu'il ressent, et

---

[70] *Jean, 1*:51. « Vous verrez le ciel ouvert, et les anges de Dieu montant et descendant sur le Fils de l'homme ». *Comp. Gen. 28:12* s.

[71] Le récit de la Transfiguration, en *Marc, 9*:2-8, est celui d'une vision des disciples choisis qui sont en désarroi et qui ont peur, au point que Pierre « ne sait plus ce qu'il dit » (v. 6). La voix qu'ils entendent ensuite, avec le témoignage céleste, (le même qu'au baptême), qu'elle rend à Jésus (*1*:11), ne semble pas avoir accru leur trouble; du moins, n'en est-il pas question. Dans le texte parallèle de *Matth. 17*:1-8, c'est, par contre, cette voix qui les épouvante, et Jésus, tranquillement, les touche et les rassure (v. 6, 7). En *Luc, 9*:28-36, ils sortent d'une sommeil de plomb quand ils ont la vision, ce qui, comme en Marc, fait bafouiller Pierre; mais c'est quand la nuée les recouvre de son obscurité qu'ils ont peur, avant même d'entendre la voix (v. 34). La maîtrise de Jésus paraît totale, dans cette sorte d'extase qui contagionne et bouleverse les disciples, moins bien équilibrés.

D'autres observations intéressantes et utiles peuvent être faites sur le parallélisme relatif de ces trois versions d'une même tradition et sur leur forme qui, selon la terminologie de Martin Dibelius, pourrait entrer dans la catégorie des formes mixtes, les *Mischformen* (cf. M. Dibelius : *Die Formgeschichte, op. cit.*, p. 94 ss.). Il y aurait, dans ce triple récit avec les différences et nuances rédactionnelles de chacun : de la *nouvelle*, que l'on conte, et sur laquelle on brode ; de la *légende* (au sens étymologique de *legendum*, ce qui est à lire, et à relire); du *mythe* (au sens de conte d'une aventure symbolique et divine), centrés sur la *parole* mystiquement entendue et fidèlement rendue : « Celui-ci est mon Fils, le Bien-Aimé, écoutez-le » (*Marc, 9*:7 et *parall. 1*:11; *Mt. 3*:17; *17*:5; *Lc. 3*:22; *9*:35), avec un écho persistant que l'on retrouve en 2 *Pi. 1*:17 s., ce curieux pseudépigraphe de propagande pétrine. Cf. Étienne Trocmé : *Jésus de Nazareth, vu par les témoins de sa vie*, p. 73, Paris, Delachaux-N., 1972.

Il est permis de se demander si l'expérience mystique de Jean-Baptiste au baptême de Jésus, selon la tradition johannique (*Jean, 1*:34), n'a pas été le point de départ d'un témoignage céleste et l'ébauche de la forme revêtue par ce témoignage renouvelé dans la suite : « J'ai vu l'Esprit descendre du ciel, comme une colombe, et il s'est arrêté sur lui... Je l'ai vu, et j'ai rendu ce témoignage : C'est lui qui est le Fils de Dieu ». (*1*:32-34.

[72] Cf. *Luc, 10*:18. Moins spontanée, plus complexe et baroque est la vision apocalyptique de la fin du diable, en deux actes (*Apoc. 20*:1-3; 7-10).

[73] Il semble y avoir entre le « guérisseur » et le patient, à quelque niveau que ce soit,

le choc qu'il éprouve [74], ne se laisse pas submerger par l'affectivité au point d'en oublier sa mission capitale qui est d'annoncer l'Évangile (*Marc 1*:38; *Luc. 4*:43) [75].

Cette maîtrise de soi dont Jésus fait preuve en maintes circonstances, au témoignage des évangélistes, ne doit pas être oubliée quand on en vient à l'interprétation d'un texte difficile et souvent débattu : *Marc, 3*:21 [76]. Que la famille de Jésus ait voulu se saisir de lui en prétendant qu'il était fou n'est pas d'une exégèse indiscutable, et n'impliquerait nullement qu'il eût réellement perdu le sens. Ce jugement pourrait être du même ordre que l'accusation de ses adversaires déclarés au verset suivant : Il est possédé de Béelzébul, il chasse les démons par le prince des démons, ce qui serait grave pour la parenté de Jésus plutôt

---

une sorte de lien « médianimique ». L'un et l'autre, quand la suggestion réussit, étaient dans un certain « état de grâce », qui ne se réduit pas simplement à la pitié, à la sympathie, à l'espoir, mais qui suppose, des deux parts, une foi entière et profonde.

[74] La puissance incomparable que les récits de miracles particulièrement abondants chez Marc, attribuent à Jésus, ne va pas toujours sans effort. Il semble y avoir parfois comme une transmission, une communication de force, revigorante d'un côté, mais, de l'autre éprouvante et peut-être épuisante. Cf. *Marc, 5*:30; *7*:34; *8*:22 ss.; *9*:17 ss. Après un certain nombre de guérisons, Jésus se retire et se ressource dans la prière (*1*:35). Cf. *parall.* de ces récits.

[75] Cf. *Marc, 1*:38; *Luc, 4*:43; comp. *Matth. 11*:5. La mise en forme traditionnelle et la rédaction des récits de miracles sont des questions préalables à toute hypothèse sur la réalité des événements. L'analyse impartiale des cas incite à la prudence, que l'on penche vers l'une ou l'autre conclusion, positive ou négative. Leur nombre n'est certes pas un critère d'authenticité, mais oblige à ne pas les traiter en quantité négligeable, d'autant que d'apparents miracles de guérison ont frappé, toujours et partout, l'imagination populaire, et que l'on peut en rendre compte aujourd'hui mieux qu'autrefois.

Que la forme rédactionnelle soit plus ou moins teintée d'hellénisme, ce qui n'a rien de surprenant à l'époque, même en Palestine (cf. *supra*, p. 3, n. 6-7, etc.) cela n'oblige pas, même si la teinte est forcée, avec Bultmann (*Gesch. d. synopt. Tradit.*, p. 246 ss., 4e éd., Göttingen, 1958), à tenir le récit pour entièrement fictif. On peut aller plus loin dans le sens positif, même que *Dibelius*, déjà plus nuancé, moins radical.

[76] L'exégèse de ce texte, *Marc, 3*:21, a souvent été dictée, ou influencée par des considérations dogmatiques diverses. S'il y a ceux, assez rares, qui seraient heureux d'y trouver, ou d'y forger une preuve de la folie de Jésus, en donnant à ἐξέστη son sens le plus fort, il y en a beaucoup plus qui cherchent à innocenter la parenté de Jésus, surtout Marie, d'avoir jamais porté un pareil jugement. A cet effet, on traduira οἱ παρ'αὐτοῦ, non pas les siens, sa famille, mais ceux qui l'entouraient, on lénifiera le terme κρατῆσαι, on neutralisera ἔλεγον (on disait, au lieu de ils disaient), ou on rapportera hardiment, par un grand écart, ἐξέστη à ὄχλος. C'est la foule dont on, ou ils disaient qu'elle était folle. On ne saurait trop insister, comme on l'a déjà fait (*supra*, p. 33-39), sur l'obligation d'examiner honnêtement un texte, quel qu'il soit, dans son contexte et non dans un encadrement pré-fabriqué.

que pour lui-même [77]. Mais on ne peut tenir pour acquis, même dans ce contexte, que Marc ait donné à ἐξέστη le sens fort qu'on lui attribue, car on ne le trouve nulle part ailleurs dans les quelque dix sept versets du Nouveau Testament où le verbe est utilisé [78]. Le cas le plus intéressant en ce qui touche la nuance mystique est sans doute 2 *Cor.* 5:13, où l'apôtre oppose l'état d'extase, du hors de sens, où il n'hésite pas à se mettre pour Dieu, et celui du bon sens où il entend se tenir dans l'intérêt des Corinthiens [79]. Quant au terme propre pour désigner la folie, μαίνομαι, il s'en sert pour mettre en garde contre les égarements de la glossolalie, avec l'effet qu'elle peut produire sur l'incrédule ou le simple auditeur [80].

---

[77] La tradition chrétienne primitive, à travers les rédactions évangéliques, a gardé le souvenir de l'incompréhension des proches de Jésus au début de son ministère. Le dicton populaire : Nul n'est prophète en son pays, lui est attribué, lors de sa prédication à Nazareth, et, sous des formes légèrement différentes, par les trois Synoptiques. La plus explicite, et sans doute la plus ancienne, est celle de *Marc*, 6:4 : « Et Jésus leur disait (noter l'imp. ἔλεγεν, temps continu, au lieu de l'aor. εἶπεν en *Mt.* 13:57, et du présent λέγω en *Lc.* 4:24, ce qui donne à penser que cela n'a pas été dit qu'une fois) : Un prophète n'est méprisé que dans sa patrie, dans sa parenté et dans sa maison ».

En dehors de ses imprécations contre l'hypocrisie pharisaïque, l'une des paroles les plus sévères de Jésus est celle qu'il prononce indirectement sur cette incompréhension de sa parenté, parole adoucie par *Luc*, 8:19-21, mais plus proche, semble-t-il, de sa vigueur originelle, en *Marc*, 3:33 et *Mt.* 12:48 : « Qui est ma mère et qui sont mes frères ». On peut se demander si, dans l'épisode de Jésus au Temple, à douze ans, que Luc est seul à mentionner, il n'aurait pas fait subir à la tradition l'une de ces atténuations dont il est coutumier. Le différend familial aurait pu déjà prendre, sans excès, des formes un peu plus accusées que celle d'une douce plainte et d'une candide surprise.

Le quatrième évangéliste, dans une perspective semblable, ne parle cependant que des frères de Jésus, non de sa mère, ce qui n'est pas sans signification quand on pense à la place que le même évangile fait à Marie au pied de la croix (*19*:25 s.). « Ses frères n'avaient pas foi en lui » (*J.* 7:5). On serait tenté d'élargir le cercle, à la lumière du Prologue : « Les siens ne l'ont pas reçu » *1*:11 ; mais il s'agit d'une autre expression : οἱ ἴδιοι, dans un contexte très différent, et sans doute emprunté à une autre tradition (cf. *infra*, p. 330-334). Il se peut, néanmoins, que le rédacteur ait fait le rapprochement, qu'un lecteur moderne est tenté de faire entre des termes dont les uns utilisés dans une perspective cosmique « subsumeraient », pour ainsi dire, les autres appliqués à un milieu social déterminé.

Quoi qu'il en soit, le témoignage de Paul, plus ancien que la rédaction finale, sinon la documentation ou la tradition d'aucun des évangiles, suffirait à prouver que la famille de Jésus, en tout ou en partie, a fini par être touchée par la grâce (cf. 1 *Cor.* 9:5; *Gal.* 1:19). Reste à savoir à quel point, ou à quel niveau, Jacques semble avoir été singulièrement en retrait par rapport à Étienne ou à Paul, voire à Pierre.

[78] Cf. *N.T. Gr. Concord. ad loc.* : ἐξίστημι.

[79] εἴτε γὰρ ἐξέστημεν, θεῷ· εἴτε σωφρονοῦμεν, ὑμῖν (2 *Cor.* 5:13).

[80] Cf. *N.T. Gr. Concord., ad loc.*, notamment 1 *Cor.* 14:23, en ce qui touche la glossolalie,

2. La Foi mystique

Ce qu'on appelle foi dans le langage courant, en l'associant à certaines formes de piété, peut être assez superficiel. La foi que l'on peut dire mystique, en s'expliquant, va plus profond et plus loin.

a) *Piété courante et foi*

De même que la piété courante peut, dans beaucoup de cas, se réduire à des pratiques extérieures, ainsi la foi courante, qu'elle implique, peut n'être qu'une adhésion peu réfléchie et peu sentie à quelques doctrines traditionnelles. C'est le genre de foi inopérante dont l'épître de Jacques (*2*:14 ss.) conteste la valeur [81]. Il l'oppose à la foi d'Abraham, agissante, coopérante et se perfectionnant dans cette opération (2:22). Cette foi vivante diffère peu de celle dont Paul affirme qu'elle justifie plutôt que les œuvres dont elle est le principe vital, et qui, sans elle, ne seraient qu'agitation, sans effet profond sur l'homme et sur son destin [82]. Cette foi vivante, opérante, ou coopérante, peut être qualifiée de mystique dans la mesure où elle cherche la communion et, par anticipation, la trouve. C'était celle de Pascal, quand il décrit, dans ses Pensées, le Mystère de Jésus : « Console-toi, tu ne me chercherais pas si tu ne m'avais trouvé [83] ». En mettant plus encore l'accent sur une initiative divine, le Psalmiste s'exprimait ainsi : « Mon cœur dit de ta part : « Cherchez ma face », je cherche ta face, ô Éternel » (*Ps.* 27:8). C'est sous le signe de cette foi, dont, à ses yeux, Jésus-Christ est le chef, que l'auteur de l'épître aux Hébreux dépeint toute l'histoire d'Israël [84],

---

et *Jean, 10:20*, où l'on peut voir un parallèle à *Marc, 3:21*, mais avec μαίνεται au lieu de ἐξέστη, ce qui montre que, dans le langage populaire, les deux termes étaient parfois synonymes, en y joignant, dans le même texte johannique et dans la bouche non de parents, mais d'adversaires, l'insultant δαιμόνιον ἔχει. Dans les trois Synoptiques, Jésus repousse avec vigueur cette injure blasphématoire et met en garde contre un péché irrémissible, « le péché contre le Saint Esprit », ceux qui font preuve d'un tel endurcissement qui risque de rendre inopérant le pardon de Dieu (*Marc, 3:23-30* et *parall.* en *Matth. 12:22-32*, tandis que *Luc*, selon sa coutume, arrondit les angles et ne souffle mot sur le danger mortel d'un tel blasphème (*11:14-20*).

[81] L'argument de *Jacques, 2:14-26* s'achève sur une conclusion dont les termes semblent diamétralement opposés à l'argumentation paulinienne : « Comme le corps sans esprit est mort, de même la foi sans œuvres est morte ». Pour Paul, c'est la foi qui est esprit et les œuvres qui sont le corps. Il ne s'agit évidemment pas de la même foi.

[82] *Ibid.* et *comp.* 1 *Cor. 13*:2 s.

[83] Pascal : *Pensées (le mystère de Jésus)*, p. 575, éd. Hachette, Paris, 1917.

[84] Cf. *Hébr. 11*. La définition de la foi, au verset 1, en souligne la fermeté dans l'espérance, c'est à dire, en termes de psychologie, la volonté dans l'affectivité, mais aussitôt

et celle d'Abraham en particulier [85]. Quoi qu'il en soit du point de vue spécifiquement chrétien et d'un substratum réellement historique [86], l'Ancien Testament a bien été rédigé dans cette perspective : une aventure de la foi. Les personnages et les événements marquants y sont plus ou moins « symbolisés », quelquefois « mythifiés », presque toujours « théologisés » sous ce signe, et cela dès le récit de la Création. Les phénomènes extatiques y figurent sporadiquement, comme des traits verticaux sur une ligne horizontale dont ils accentuent le sens général.

b) *Foi biblique, foi mystique*

L'homme, selon la tradition biblique, dès le premier chapitre de la Genèse, est créature de Dieu; mais ce qui le distingue du reste de la création est d'avoir été créé à l'image de Dieu [87]. Sa vocation particulière, sa destinée, c'est donc d'entrer en rapport avec Dieu, en subordination, sans doute, mais également en parenté. Une vie divine lui est offerte qui procède de Dieu, mais qui n'est pas celle de Dieu. La tentation pour lui, à laquelle il céda, fut de prétendre à cette vie même de Dieu, contre l'ordre de Dieu [88]. La chute et la malédiction qui en résultèrent n'ont pas détruit la vocation humaine qui est de tendre vers Dieu et vers la vie divine. C'est le sens de la quête mystique, de la foi mystique dont toute la Bible est pénétrée. Sous l'angle de la chute, c'est un retour à Dieu et à la vie en Dieu.

L'aventure qui commence après cette cassure a quelques grandes étapes sur l'itinéraire biblique. Elles sont repérées et marquées par l'auteur de l'épître aux Hébreux dont l'admirable fresque n'est pas d'invention pure [89]. *Abel, Hénoc, Noé* avaient acquis depuis longtemps dans la tradition juive une valeur symbolique et mystique importante.

---

après, l'intelligence probante des réalités invisibles. Ce dernier trait fait penser à la remarque de Blondel (*supra*, p. 95, n. 2) : « Le mystique est le plus raisonnable des hommes ». Si cette définition n'est pas de Paul qui n'en a guère le goût, ni le tempérament de scribe, elle fait une synthèse assez heureuse et bien deutéro-paulinienne des éléments de sa notion prophétique de la foi : Ἔστιν δὲ πίστις ἐλπιζομένων ὑπόστασις, πραγμάτων ἔλεγχος οὐ βλεπομένων. *Comp. Rom.* 5:1 s.; 8:24 s.; *2 Cor.* 4:13-18.

[85] Cf. *Hébr.* 11:8-19. *Comp. Rom. 4 passim*; *Gal.* 3:7 ss.; *Act.* 7:2-8.
[86] Cf. *supra*, p. 38, 56 s.. *Comp. Hb. 11* au discours d'*Étienne*, en *Act. 7*.
[87] Cf. *Gen.* 1:26 s.; 9:6. *Comp. Ps.* 8:4 ss.; 1 *Cor.* 11:7; *Col.* 3:10; *Éph.* 4:24; *Jac.* 3:9.
[88] Cf. *Gen.* 3:5, 22. *Comp.* 11:4; *Act.* 12:22 s.
[89] Le chap. *11* de l'ép. aux *Hébr.* est fidèle à la tradition juive, quel que puisse en être le substratum historique, légendaire ou mythique. Par quelques touches, ici et là (versets 19, 26, 40), et surtout par la conclusion en *12*:1-3, il fait entrer cette tradition dans la perspective chrétienne. *Comp.* le discours d'*Étienne* en *Act.* 7:2-53.

Le sang d'Abel, avec sa foi, « parlaient encore » [90]. Hénoc avait échappé à la mort, protagoniste, par la foi, d'une vie qui passe directement, par grâce spéciale, de la terre aux cieux et du temps à l'éternité [91]. Avec Noé, c'est un nouveau départ, à l'aube d'une sorte de recréation post-diluvienne qui évoque la première création [92]. L'image de Dieu, le sang d'Abel sont rappelés (*Gen. 9*:6) avant cette alliance noachique dont la largeur s'étend à toute la création (*Gen. 9*:8 ss.). Elle sera invoquée plus tard contre les particularismes et les exclusivismes d'une tradition déviée de son cours normal [93]. Si cette faveur éminente fut accordée à Noé, c'est parce qu'il avait repris la quête mystique et la marche en avant : la marche avec Dieu (*Gen. 6*:8 s.).

De même, la longue marche d'*Abraham*, sur l'appel de Dieu, est l'exemple typique, longuement développé, de cette foi qui s'engage sur un itinéraire mystique, sans bien savoir où elle ira, (*Hébr. 11*:8), sinon où Dieu la mène. Elle fera de lui, pour toute la tradition biblique, de l'Ancien au Nouveau Testament, le père des croyants [94]. Elle lui a valu, suivant cette même tradition unanime, une alliance élective interprétée diversement, le plus souvent dans un sens restrictif [95]. Le particularisme juif, quelquefois dénoncé par les prophètes,[96] sera stigmatisé par Jean-Baptiste en termes violents : « Dieu de ces pierres, peut faire naître des enfants à Abraham » [97], et Paul observera que si Abraham est le père des croyants, c'est que tous les croyants sont des enfants d'Abraham (*Rom. 4*:16 ss.). Il est ainsi fidèle à l'esprit de

---

[90] Cf. *Hébr. 11*:4; *12*:24; *Mt. 23*:35; *Lc. 11*:51 et *Gen. 4*:10, 11.

[91] Cf. *Hb. 11*:5 et *Gen. 5*:24, où le verbe לקח qui désigne l'enlèvement d'*Hénoc* est repris en *Ps. 49*:16 et *73*:24 (cf. *infra*, p. 122, n. 156). Cette assomption merveilleuse a valu à Hénoc un renom légendaire, que son personnage soit entièrement mythique ou non, et une floraison d'apocalypses, entre les deux Testaments. Cf. *Jude, 14*.

[92] Le personnage de *Noé*, par ses relations spéciales avec Dieu, est entré profondément dans la tradition, et plus tard, dans le cycle des apocalypses. Cf. *Hb. 11*:7. Comp. *Ézech. 14*:14, 20; *Mt. 24*:37 s.; *Lc. 17*:26 s.; 1 *Pi. 3*:20 s. où le baptême devient l'antitype du déluge; 2 *Pi. 2*:5.

[93] Les instructions de Noé en *Gen. 9*:1-6 (P.) étaient, pour certains rabbins, un code noachique en sept commandements, pour tous les humains.

[94] *Abraham* est considéré comme *le Père des croyants* par les Juifs, les Chrétiens et les Musulmans.

[95] Tel est le cas chez les Juifs, pour qui cette alliance leur est réservée. Par contre, le mouvement récent des *communautés abramiques* lancé par de jeunes chrétiens, se réclame de la foi de celui qui partit sans savoir où il allait, *Hb. 11*:8.

[96] Cf. *Amos, 9*:7 et *infra* : le courant prophétique.

[97] Cf. *Mt. 3*:9, *Lc. 3*:8.

Jésus [98]. La foi, non la simple croyance dont il s'agit dans les textes et les termes du Nouveau-Testament [99], est, de toute évidence, la foi vivante et vivifiante, la foi vécue et opérante que l'on entend par « foi mystique ».

Si l'on reprend l'itinéraire mystique de l'Ancien Testament, tel que l'auteur de l'épître aux Hébreux l'a suivi [100], on trouve, après Abraham, « les héritiers de la même promesse » [101], et de la même foi : *Isaac, Jacob, Joseph*, et l'on s'arrête plus longuement à *Moïse* [102]. Moïse est la grande figure de l'Ancien Testament, avec le riche symbolisme qui s'attache à sa personne et à ses actes, à ses inspirations, à sa révélation essentielle de Yahweh, à la Loi dont il a doté les enfants d'Israël, de la part de Dieu. Pour l'auteur de l'épître aux Hébreux qui voit se dérouler cette perspective sous l'éclairage chrétien, Moïse est le Voyant de l'Invisible [103] manifesté en Christ. Un nouveau symbolisme mystique de la foi mosaïque se superpose à celui de l'Ancien Testament.

On peut juger de l'importance traditionnelle et prévalente de la *Thora* mosaïque [104] relativement aux autres livres de l'Ancien Testament, à l'accélération de la marche en avant sur cet itinéraire mystique. Si l'on adjoint à Moïse Josué dans ce qu'on nomme l'*Hexateuque* [105], trente versets auront été consacrés à cette première partie, tenue pour capitale, tandis que six ou huit seulement le sont au reste [106], pêle-mêle, avec quelques noms dans une foule anonyme : Gédéon, Barac, Samson, Jephté, *David* [107], *Samuel et les prophètes en bloc* [108]. Le temps note l'auteur, lui manquerait s'il voulait en parler [109]. Tous, qu'ils soient ou non désignés nommément, le sont comme témoins de la foi dans cette foule hétéroclite, mais qu'associe un lien mystique. Il

---

[98] Cf. *Rom. 4:9-18 ; Gal. 3:6-9, 29* et comp. *Mt. 8:11*.

[99] Cf. *supra*, p. 111.

[100] Cf. *supra*, p. 112.

[101] Cf. *Hb. 11*:9 : Isaac et Jacob, héritiers avec lui de la même promesse.

[102] *Hb. 11*:23-29.

[103] *Ibid.*, v. 27.

[104] Les cinq livres du Pentateuque ont toujours eu, et de beaucoup, la plus grande autorité dans le monde juif (*supra*, p. 48).

[105] *Hexateuque* est un terme forgé par la critique, du fait que les sources de *Josué* sont les mêmes que celles du Pentateuque, sans que pour autant ce livre ait une autorité du même poids.

[106] *Hb. 11*:32 à 38 ou 40.

[107] *Ibid.*, v. 32.

[108] *Ibid.*

[109] *Ibid.*

conviendrait, naturellement, d'en dégager quelques grands noms qui ont marqué dans cette aventure spirituelle, et notamment ceux des prophètes dont chacun apporte sa note personnelle à la quête mystique, en-dehors des extases dont certains ont été gratifiés [110].

La vision d'*Ésaïe*, lors de sa vocation [111], est caractéristique de sa nature religieuse, de sa piété et de sa foi. Il lui a fallu l'inspiration et la révélation de Yahweh dans cet état de grâce, pour comprendre jusqu'où il était appelé sur cette voie sacrée, sans, pour autant, aller trop loin. La notion qu'il s'est fait de Dieu, de sa transcendance et de sa sainteté marquera son message religieux, moral, social, d'un cachet fortement imprimé d'autorité, d'urgence et de sévérité [112]. Il en va tout autrement d'*Osée*, son contemporain dans le royaume du Nord [113], et de *Jérémie*, comme lui en Juda, mais au siècle suivant [114]. Avec eux, la révérence est pénétrée d'amour, et d'amour partagé, selon cette parole de Yahweh : « Je t'ai aimée d'un amour éternel » (*Jér. 31*:3) [115]. A cet amour de Dieu répond l'amour mystique du fidèle, ou son infidélité dont le symbolisme est sans doute nuancé chez Osée par son expérience conjugale [116].

L'amour profane entrera même en jeu, à titre symbolique dans l'interprétation traditionnelle du *Cantique des Cantiques*. Ce qui vraisemblement, était à l'origine une sorte d'anthologie de chants nuptiaux [117]

---

[110] Cf. *supra*, p. 102 s. et *infra* : le courant prophétique.

[111] Cf. *Ésaïe, 6*:1 ss.

[112] Cf. *supra*, p. 102 s., 104 ss. et *infra*, p. 145 s., 153.

[113] *Idem.*

[114] *Idem.*

[115] *Jér. 31*:3.

[116] L'interprétation autobiographique et réaliste du chap. 1 d'Osée paraît la plus probable. Les infortunes conjugales du prophète seraient à la base du symbolisme qu'il met en œuvre pour flétrir les infidélités d'Israël dans ses rapports avec Yahweh.

[117] La présence du *Cantique des Cantiques* dans la Bible a donné lieu à un grand nombre de suppositions et d'hypothèses critiques, en marge des interprétations traditionnelles en milieu juif ou en milieu chrétien. Jacobi, Ewald, Renan, Ch. Bruston, Dillmann, Driver, etc. y voyaient une sorte de poème dramatique sur la lutte, la résistance et la victoire d'un amour fidèle, « fort comme la mort » (8:6). Le genre dramatique serait sans autre exemple chez les Hébreux, même à l'époque hellénistique. Aussi la plupart des critiques modernes pensent-ils au genre lyrique encore en honneur en Syrie où des poèmes d'amour et des chants nuptiaux analogues au Cantique des cantiques ont été identifiés et publiés, notamment par G. Dalman. A. Lods, *art.* RHR (Déc. 1920) estime qu'une partie du Cantique consiste en chants nuptiaux, le reste en chants d'amour qui peuvent avoir occasionnellement accompagné les premiers aux festins de noces. Cf. *art. Cantique* in *Dic. Bibl.* (D.E.B., etc.).

est devenu, pour entrer dans le recueil biblique, un dialogue amoureux entre Yahweh et la nation juive [118]. Dans la Nouvelle Alliance, le partenaire humain sera remplacé par l'Église [119], ou, simplement, par l'âme éprise de Dieu. Ce que l'amour profane peut avoir de mystique est ainsi transposé sur le plan religieux, non sans abus [120].

Plus authentique est la foi dans les *Psaumes*, où la recherche personnelle de communion divine atteint son point culminant dans l'expérience mystique où le fidèle se rend compte que sa quête répond à celle même de Dieu : « Mon cœur dit de ta part : « Cherchez ma face ». Je cherche ta face, ô Dieu Vivant » (*Ps. 27*:8) [121]. C'est mieux que l'exaucement de la prière instante : « Mon âme soupire après toi, ô Dieu ! Mon âme a soif de Dieu, du Dieu vivant » (*Ps. 42*:1 s.; cf. *Ps. 63*:1). C'est déjà la révélation anticipée du message d'amour dans l'Évangile et les écrits apostoliques, l'amour du Dieu Père, du Dieu-amour, du Dieu qui nous a aimés avant que nous l'aimions (*Matth. 6*:8 ss., *Rom. 5*:8; 1 *Jean, 4*:7-10). C'est avec le Christ, en Christ, que cet amour s'est manifesté dans sa plénitude (*ibid., Jean, 5*:16 et *passim*). Sur ce point, paulinisme et johannisme sont d'accord et se rejoignent, quelles que soient les nuances qui les distinguent par ailleurs.

Le mysticisme paulinien est plus heurté que le johannique; il est d'action et de combat, de luttes intérieures dont les remous, par contre, se sont apaisés dans le johannisme. Si l'apôtre Jean, qui fut appelé par Jésus « fils du tonnerre » (*Marc, 3*:17), est réellement l'auteur ou même seulement l'inspirateur de cette pensée mystique, il doit avoir

---

[118] Le Cantique des cantiques, premier des cinq *méguilloth*, les petits rouleaux qu'on lisait aux grandes fêtes, trouvait une place de choix le huitième jour de la Pâque, en raison, pensait-on, de l'amour qu'il chantait, entre Yahweh et la nation juive, amour scellé par d'alliance au Sinaï.

[119] *Origène* transposait dans le cadre chrétien l'allégorie mystique grâce à laquelle le Cantique avait été admis, non sans difficultés, dans le Canon juif (cf. *supra*, p. 5, n. 12; p. 47 s., n. 200). La Sulamite était l'Église, son bien-aimé le Christ. Telle a été pendant longtemps, la doctrine régnante dont la Réforme elle-même a hérité jusqu'à l'ère critique.

[120] Il est certain qu'un facteur érotique, aisément perceptible à la psychanalyse, a joué un rôle fâcheux dans les divagations mystiques de saints prédicateurs sur tel ou tel passage du « sublime cantique ». Bernard de Clairvaux n'a pas consacré moins de quatre-vingt sermons aux deux premiers chapitres. Bossuet avait aussi une prédilection étrange pour ce livre. On est moins surpris de la constater chez de nombreux mystiques du courant aréopagite (cf. *supra*, p. 97, n. 9). La piété protestante reste beaucoup plus sobre, bien que les Réformateurs n'aient point réagi contre l'interprétation allégorique de l'Église officielle. Castellion, en 1544, émet pourtant des doutes à ce sujet.

[121] Cf. *supra*, p. 111, n. 83, où cet élan mystique du *Ps. 27*:8, comparé à celui de Pascal, semble aller plus profond, pour monter aussi haut.

changé entre temps [122]. Il croyait plus que Paul à la colère de Dieu quand, avec son frère Jacques, il demandait à Jésus de faire tomber la foudre sur un village samaritain inhospitalier (*Luc, 9*:54). Il n'était pas encore sorti d'une alliance où l'auteur d'un admirable Psaume, après une envolée sublime, fait cette chute horrible : « Je hais tes ennemis d'une parfaite haine » (*Ps. 139*:22).

Il n'en demeure pas moins que le mysticisme johannique, s'il a suivi cet itinéraire, s'est éloigné beaucoup de son point de départ, plus que Paul du sien au bout d'un processus plus facile à tracer [123]. En tout état de cause, il ne semble pas que l'hellénisme ait joué dans cet écart un rôle aussi considérable que le croyait Albert Schweitzer [124], ni que cet écart soit aussi grand qu'il imaginait. Les influences helléniques ou hellénistiques [125] sont sensibles des deux parts, mais diversement [126] et sans que l'on puisse prétendre qu'elles aient modifié profondément

---

[122] *La colère de Dieu* est, dans le N.T., un motif très paulinien. Elle est explicitement admise dans plus de vingt passages des écrits pauliniens ou deutéro-pauliniens, dont 13 fois dans l'ép. aux *Rom*. Elle est, par contre, absente des épîtres de Jean et ne figure qu'une fois dans le 4e évangile (3:36). On la rencontre 2 fois dans les Synoptiques, mais dans la bouche de Jean-Baptiste, et, ce qui ne surprend pas, six fois dans le *Dies irae* de *l'Apocalypse*, qui fait écho à celui des Apocalypses juives et aux colères de Yahweh dans l'A.T., en y adjoignant « la colère de l'Agneau » (6:16). Il va sans dire que ce thème, sur lequel on reviendra (*infra*, p. 249 s., n. 622-623) a donné lieu à une foule de commentaires et d'interprétations, empreintes, trop souvent, d'un certain dogmatisme lénifiant et harmonisant. *Jérôme* traduisait bravement $\mathring{o}\rho\gamma\acute{\eta}$ $\tau o\hat{v}$ $\theta\epsilon o\hat{v}$ par *furor Dei* dans la Vulgate, ce qui faisait très Ancien Testament (cf. *2 Sam.* 22:9; *Ps.* 18:8; *Amos*, 1:2; 2:13; *Ésaïe, 30*:27; *51*:17; *Soph. passim*, etc.). *Augustin*, justement, d'ailleurs, contestait l'usage de *furor*, qui suggère l'absence de contrôle d'un « esprit malade ». Il proposait : *indignatio* qui répondrait assurément mieux à l'étymologie $\mathring{\omega}\rho\mu\alpha\omega$ désignant le soulèvement de la sève, de la fermentation, de la vague, du cœur, de la conscience (cf. Kleinknecht, Stählin, $\mathring{o}\rho\gamma\acute{\eta}$, *T.W.*, V, 382-448); on dirait aujourd'hui, en termes pittoresques et très humains (allzumenschlich) : quelqu'un qui « en a ras le bol », ou qui sort de ses gonds.

[123] La documentation concernant *Paul* est certes loin d'être exhaustive, mais elle est relativement étendue, sur des bases sûres, tandis que celle concernant *Jean* est plus réduite, sur un fonds littéraire discuté, avec des compléments légendaires intéressants, mais discutables. Il n'est pas exclu d'en faire usage, mais avec réserve.

[124] Cf. A. Schweitzer : *op. cit.*, *Die Mystik d. Apost. Paulus*, Tübingen, 1930, trad. angl., *The Mysticism of Paul, the Apostle*, London, Black, 1931.

[125] Les influences classiques sont naturellement à distinguer des syncrétismes hellénistiques, même quand elles ont été véhiculées par eux.

[126] On peut maintenant s'exercer, surtout depuis les découvertes de *Qoumran*, qui n'ont pas dit leur dernier mot, à faire le départ entre les hellénismes, l'alexandrin et le palestinien, dans l'action qu'ils ont pu exercer, directement ou indirectement, sur tel auteur du N.T.

les tendances mystiques. Si le johannisme en est, à certains égards, plus marqué [127], il paraît moins ouvert à l'extase, dont Paul a fait l'expérience. L'apôtre serait sur ce point, plus proche de Platon, de Philon, des Mystères [128] ; mais, en réalité, il n'avait nul besoin de leur contribution pour connaître des états mystiques si répandus [129]. C'est dans un autre domaine, celui du raisonnement, de la pensée philosophique, avec application à la théologie, que l'influence grecque s'est fait sentir, bien que différemment [130].

Le caractère de Paul, son coefficient personnel très marqué dans tous les domaines, dans ce qu'il sent, dans ce qu'il pense, dans ce qu'il fait [131], caractérise la foi mystique dont il est animé. C'est peut-être dans le domaine pratique, dans celui de l'action qu'elle se manifeste de la manière la plus paradoxale et la plus saisissante. Sur ses itinéraires les plus soigneusement préparés, selon une méthode missionnaire logique et rationnelle, Paul reste disponible, ouvert à des imprévisibles et à des imprévus, par où l'inspiration lui vient en expériences mystiques et en clairvoyance [132].

Dans le domaine de la pensée théologique, et mystique, Albert Schweitzer insiste sur l'eschatologie qui caractériserait le paulinisme par rapport au johannisme [133], où la notion de vie éternelle serait la marque hellénistique. Il ne le semble pas, du moins à ce degré, car la quête mystique de Vie accompagne celle de Dieu partout et toujours. Parmi ses réactions extrêmes contre les excès païens, la piété juive, on pouvait s'en douter, ne fait pas exception.

3. *Quête de Dieu, quête de Vie*

Chercher à acquérir la vie divine contre l'ordre divin, en-dehors du

---

[127] On accordera peut-être à Albert Schweitzer, que le johannisme est plus hellénisé que le paulinisme, mais sans doute pas comme il l'entend. Cf. *infra*, p. 130, n. 185; p. 165, n. 139; p. 335-340.

[128] On pense notamment à l'extase, que Paul a connue sans l'avoir provoquée (cf. 2 *Cor.* 12:1-4), et qui présente quelque analogie, *mutatis mutandis*, avec celle que prônent Platon, Philon, Plotin, d'ailleurs diversement. (Cf. *supra*, p. 97, n. 9; p. 104, n. 43; p. 106, n. 61). Le symbolisme mystérique du baptême en *Rom.* 6:3 ss. est également significatif.

[129] Cf. *supra*, p. 96 s., 99 s., 102 s.

[130] Cf. H. Clavier : ʽΗ Συνείδησις, *une pierre de touche de l'hellénisme paulinien*, *op. cit.*, Athènes, 1953. Ἐπίγνωσις, *Stud. u. Untersuch.*, Berlin, 1973.

[131] Cf. *supra*, p. 103, n. 39.

[132] *Idem.*

[133] Cf. *supra*, n. 124.

seul Dieu vivant et vivifiant, était l'un des aspects du péché originel [134]. La rentrée dans l'ordre et la quête de Dieu, de « la face de Dieu », redeviennent une quête de vie, mais de vie en Dieu, c'est à dire de Vie éternelle. Vu sous cet angle, l'itinéraire mystique à travers l'Ancien Testament, jusque dans le Nouveau, ne se suit pas sans peine et sans détours.

a) *L'expérience de Vie dans l'Ancien Testament*

Avant de devenir la nation d'Israël sous la puissante impulsion de Moïse, prophète, prêtre et législateur avec le même génie, les tribus hébraïques ressemblaient à d'autres, issues du même tronc sémitique, non seulement par leur organisation sociale [135], mais par leurs coutumes et croyances religieuses. Comme on l'a constaté, des vestiges archaïques s'y trouvaient inclus qui ont persisté dans la suite [136]. L'animisme ancestral et le culte des morts y sont, comme partout ailleurs, fortement implantés [137]. Le mythe du *Sheôl* en dérive pour divers mobiles et motifs [138]. L'existence misérable et confuse, pour tous indistinctement, dans ce séjour des morts est si peu enviable, si contraire à l'expérience de vie, à la face de Yahweh, que le fidèle en éprouve une sorte de complexe qui ne se résorbera pas sans mal.

On cherchera à contourner l'obstacle en rendant le Sheôl plus acceptable à la sensibilité religieuse et morale. Quand on lit dans la Genèse, que les patriarches défunts sont recueillis, rassemblés vers leur peuple, ou leurs pères, on peut se demander s'il n'y aurait pas là déjà l'amorce d'une distinction dans l'universel et confus séjour des morts [139]. Les pratiques mêmes de la nécromancie, auxquelles on croyait, tout en les réprouvant [140], pouvaient aller dans le même sens. La figure de Samuel

---

[134] Cf. *Gen.* 3:5, 22, et *supra*, p. 83ss.

[135] Cf. *supra*, p. 72, n. 54.

[136] *Idem*, p. 62.

[137] *Id.*, p. 77-81.

[138] *Id.*, p. 79. Cf. H. Clavier : *L'Exp. de la V.É.*, op. cit., p. 111-116.

[139] *Idem*, p. 115. Cf. *Gen.* 25:8; 35:29; 47:30; 49:29, 33. Parmi les croyances au sujet du *Scheôl*, on trouve une distinction confuse entre un séjour d'honneur pour les vaillants guerriers (*Ézech.* 32:21, 27, et lo trou, le puits, בֹּאר, bôr, où sont jetés les lâches, les parjures, ceux dont les cadavres sont foulés aux pieds (*Ésaïe*, 14:18-20; *Psaumes*, 28:1; 30:4; 88:7; 143:7). C'est le fond du Scheôl. (*Ésaie*, 38:18 s.)

[140] *Idem, Exp. V.É.*, p. 109 ss. et *supra*, p. 71, n. 47. Saül qui « avait fait disparaître du pays ceux qui évoquent les morts et les devins » (1 *Sam.* 28:3, 9), s'en va consulter une nécromancienne : la pythonisse d'Endor.

qui monte « comme un dieu » [141] de dessous terre, à l'évocation de la sorcière d'Endor, montre que son « repos » [142] dans les Enfers n'est pas la situation lamentable imaginée ou déplorée pour d'autres [143]. De là à cloisonner les enfers, pour y introduire un paradis, il n'y a qu'un pas qui sera franchi [144].

Une autre voie s'ouvrait à la piété yahwiste où l'obstacle n'était plus à contourner, mais à éliminer. Le Dieu unique, le seul vivant et vivifiant, ne peut souffrir, dans un culte des morts, la concurrence de ces pâles *elohim* que sont les ombres, les âmes, les esprits, les *Refaïm* au Sheôl [145]. Le yahwisme officiel les ignorera, au risque d'éteindre dans sa piété tout espoir d'au-delà. C'est l'explication habituelle que l'on trouve chez Bossuet entre autres, du silence relatif de l'Ancien Testament sur un avenir eschatologique [146]. Il y a même plus que le

---

[141] Cf. 1 *Sam. 28*:13, et *supra*, p. 71, n. 47.

[142] *Id., verset* 15.

[143] Le *Scheôl* est un pays de ténèbres et de désolation :
« Terre obscure comme la nuit,
Où règnent l'ombre de la mort et le chaos,
Où la lumière même est semblable à la nuit ». (*Job, 10*:22)

C'est le pays dont on ne revient pas. Le pouvoir même de Yahweh et sa fidélité s'arrêtent aux portes du Scheôl :
« Ce n'est pas le Scheôl qui chantera tes louanges,
Ni la mort qui te célébrera ;
Ceux qui sont descendus dans le puits(bôr) ne comptent plus sur *ta fidélité*.
Le vivant, le vivant seul peut te célébrer,
Comme je le fais aujourd'hui » (*Ésaïe, 38*:18 s.).

Les habitants du Scheôl sont faibles, comme ceux du *Hadès* homérique. Ils mènent une existence pâle et décolorée. Ce sont les *Refaïm*, la racine « rafâ » (flaccidus, remissus fuit, defecit) impliquant la notion d'impuissance et de débilité ; c'est le peuple affaibli, amoindri, exténué des ombres.

Quant le tyran de Babylone descend au Scheôl, tout ce monde vaporeux l'entoure et dit ironiquement :
« Toi aussi, te voilà faible comme nous !
Toi aussi, te voilà devenu semblable à nous ! » (*Ésaïe, 14*:10).

Les *Refaïm* n'ont pas toujours été des ombres débiles. On désignait ainsi les géants qui habitaient autrefois la terre de Canaan. En phénicien, ce terme était réservé à l'aristocratie du séjour des morts. Cf. Ad. Lods : *La croyance à la vie future et le culte des morts dans l'antiquité israélite*, p. 213. Paris, Fischbacher, 1906, et H. Cl., *L'Exp. de la V.É.*, p. 114 ss.

[144] *Ibid.* et *supra*, n. 139.

[145] Cf. *supra*, p. 79, n. 80.

[146] Bossuet était d'avis que le silence de l'A.T. sur l'immortalité était une précaution de la Providence contre l'attrait du paganisme avec son culte des morts et l'idolâtrie

silence, il y a la négation : « ... O Dieu vivant, ... dans la mort, il n'est plus fait mention de toi. Qui te célébrera dans le Sheôl ? » (*Ps. 6:5* s.). « Ah ! Si je n'avais l'assurance de voir la bonté de Yahweh sur la terre des vivants ! » (*Ps. 27:*13). On sent la révolte gronder sous l'apparente résignation si contraire à la foi mystique.

Cette foi vivante, en quête du Dieu vivant et vivifiant, trouve quand même à s'exprimer dans quelques textes typiques. Il y en a, dans les prophètes, qui répondent plutôt à l'espérance messianique d'une restauration nationale [147]; mais, dans certains passages perce un autre espoir plus personnel. Si le thème central est bien celui de la résurrection du peuple élu, la participation du fidèle yahwiste à la vie collective ainsi retrouvée n'implique-t-elle pas qu'il n'en ait jamais perdu le principe et la flamme ? Comment se résigner à croire que ceux-là mêmes qui longtemps ont constitué « le reste » [148] fidèle soient comme tous les autres enfouis dans le Sheôl ? Le Dieu des délivrances qui a pour la mort même des portes d'issue, ne ferait-il qu'en retarder l'échéance [149] ? Ésaïe, dans un bel élan, répond à cette question angoissante : « Il anéantira la mort pour jamais... Il essuiera les larmes de tous les visages... » (*Ésaïe, 25:*8), de même qu'il a fait disparaître « l'opprobre de son peuple » [150]. Et c'est l'espoir d'une résurgence de ceux qui sont descendus au Sheôl, l'annonce d'une résurrection personnelle, au nom de Yahweh, le Vivifiant [151]. « L'Éternel a parlé » *Ésaïe, 25:*8)... : « De la terre remonteront les morts... (*26:*19) »... Ceux qui auront eu l'intelligence réelle (celle de la foi mystique), resplendiront au firmament, comme des étoiles, à perpétuité (*Dan. 12:*3) [152].

---

qu'il favorise. Cette idée a souvent été reprise. Cf. Henri Martin : *La vie future suivant la foi et suivant la raison*, pp. 66-68 ; 73 s., Paris, 1858.

[147] Cf. *Amos, 9:*11-15 ; *Osée, 3:*5 ; *6:*2 ; *13:*14 ; *Michée, 4:*1-3 ; *Ézech. 37*. Qu'importe le sort de l'individu, pourvu que le peuple ou la nation vivent : telle peut être la pensée sous-jacente à cet espoir. En Égypte, sous l'Ancien Empire, l'espérance de vie tendait à se satisfaire dans l'immortalité du seul Pharaon où s'absorbait toute la nation. Le rôle de la royauté davidique n'a jamais été gonflé à ce point en Israël où la survie collective du peuple apparaissait comme l'essentiel. Cf. Ant. Causse : *op. cit.*, p. 106.

[148] Le *Reste*, שְׁאָר, le reste rescapé d'un désastre, le reste fidèle, le reste qui reviendra à Yahweh (Schear-Yaschoub, prénom symbolique donné par Ésaïe à son fils, 7:3), le Reste est une notion fort importante qui prend divers aspects dans l'histoire et dans l'espérance d'Israël, jusqu'à sa transposition dans le cadre de la Nouvelle Alliance (*Rom. 11:*5 ss.). Cf. *infra*, courant prophétique), Cf. Schrenk : λεῖμμα in *T.W.*, IV, 198-221.

[149] Cf. *Ps. 68:*21.

[150] *Ésaïe, 25:*8 : « Il anéantira la mort pour jamais... Yahweh a parlé ! ».

[151] *Yahweh*, le Dieu vivant et vivifiant. Cf. *supra*, p. 85, n. 109.

[152] *Ésaïe, 26:*19 : « Fais donc revivre tes morts ; que les cadavres des miens se relè-

Il peut y avoir interdépendance entre l'espérance nationale et l'expérience mystique; mais celle-ci n'a pas absolument besoin de celle-là. Elle se nourrit de sa propre existence; elle est « existentielle » et animatrice de toute autre foi. C'est dans la piété individuelle que l'espoir de vie éternelle a ses racines les plus profondes et les plus solides. Le fidèle yahwiste en a l'intime conviction qui s'exprime rarement, et avec retenue, mais suffisamment pour qu'on n'en doute point. Cette conviction est en rapport direct avec les expériences du péché, du pardon, de la régénération, comme de toutes les délivrances de Yahweh [153]. Ce Dieu libérateur ne pourrait-il aussi délivrer du Sheôl, délivrer de la mort, éternellement ? Il a bien pris auprès de lui, sans leur laisser goûter la tombe, Hénoch, Élie [154]. Pourquoi ne le ferait-il pas de cette manière ou autrement pour celui qui l'aime et qui a éprouvé son amour ?

« C'est pourquoi mon cœur se réjouit, et mon âme tressaille de joie;
... tu n'abandonneras pas mon âme au Sheôl,
Tu ne permettras pas que ton fidèle voie la corruption [155];
Tu me feras connaître le chemin de la vie... » (*Ps. 16*:9-11)

« ... Moi, je serai toujours avec Toi...
Dans ta sagesse tu me guideras,
Et puis, gloire ! Tu me prendras [156].
Quel autre ai-je au ciel que Toi ? » (*Ps. 73*:23-25).

Après avoir posé, quasiment sans espoir, le grand problème : « Si l'homme après la mort pouvait revivre ! », Job espère quand même contre toute espérance, et le clame en termes pathétiques [157] :

---

vent ! ... », ou encore : « que mon cadavre se relève » ! Il semble que dans le contexte des versets 7 à 21, la pensée de l'auteur soit bien celle-ci : les *refaïm* des méchants resteront au *Scheôl* et ne se relèveront pas (verset 14); mais « les morts de Yahweh », les fidèles ressusciteront.

[153] Cf., entre autres, *Ps. 3*:4 ss.; *4*:4 ss.; *9*:10 s.; *10*:17 s.; *11*; *12*; *27*; *28*; *32*; *51*; *68*:21 etc.

[154] Cf. *Gen. 5*:24; *2 Rois*, 2:9-12. Cf. *supra*, p. 113, n. 91.

[155] Cf. *supra*, p. 79 s., n. 80-83. La fin dans le Scheôl, au trou, est incompatible avec les expériences mystiques de salut et de joie vécues par le Psalmiste sous la protection et dans la communion de Yahweh.

[156] Le verbe לקח est celui qui désigne l'enlèvement d'Hénoc et d'Élie (*supra*, n. 154). Il est repris par le Psalmiste pour bien marquer sa délivrance : au *Ps. 49*:16 : Yahweh délivrera mon âme de l'étreinte du Scheôl, car Il me prendra (*iqah'éni*); de même au *Ps. 73*:24 « ... tu me prendras (*tiqah'éni*) ».

[157] *Job* a posé la question angoissante, en *14*:14 s. : « Si l'homme, après la mort,

> « Oh ! Si mes paroles pouvaient être écrites... dans un livre !
> Si avec un burin de fer et avec du plomb,
> Elles étaient gravées sur le roc pour toujours !
> Pour moi, je sais que mon Vengeur [158] est vivant
> Et qu'à la fin, il se lèvera sur ma poussière [159].
> ... je verrai Dieu... Mes yeux le contempleront, non ceux d'un autre !
> Mes reins [160] se consument d'attente au-dedans de moi ! (*Job, 19*:23-27).

A cette attente passionnée répondra, selon le témoignage apostolique, Celui qui a réduit la mort à l'impuissance, et qui a mis en lumière la Vie et l'immortalité par l'Évangile (2 *Tim. 1*:10) [161].

b) *L'expérience de Vie dans le Nouveau Testament*

L'espérance, et l'on peut dire, en quelque mesure, l'expérience de Vie, de la Vie éternelle, apparaît comme le point culminant d'un itinéraire spirituel, avec les souffrances et les joies du repentir et du pardon, de la conversion et de la régénération. Sauf dans quelques rares passages, elle est encore tâtonnante et balbutiante dans l'Ancien Testament. Elle n'ira pas plus loin avec le Judaïsme intermédiaire [162],

---

pouvait revivre ! Tout le temps de mon service, j'attendrais, jusqu'à ce qu'on vînt me relever. Tu appellerais, et je répondrais... ».

[158] גאל, *goël*, le vengeur (vengeur du sang) le parent, le membre de la famille qui doit tirer vengeance d'une injure ou d'un crime ; mais aussi le libérateur, celui qui rachète.

[159] La traduction du v. 26 est difficile et discutée. Il nous semble que, dans le contexte 23-27, on ne peut écarter l'espérance de vie triomphant de la mort physique, l'espérance mystique de la vie éternelle. Cf. *L'Exp. de la V.É.*, *op. cit.*, p. 126-128.

[160] Cf. *supra*, p. 00. En style biblique, les reins, comme d'autres organes essentiels, sont, métaphoriquement, le siège d'états psychiques, auxquels on les associait, dans une « psycho-physiologie » rudimentaire. Cf. *Ps. 7*:10 ; *16*:7 ; *Prov. 23*:16 ; *Jér. 11*:20 ; *12*:2 ; ... *Apoc. 2*:23, etc. On y situait aussi la source de la vie (*Gen. 35*:11 ; *Hb. 7*:10). Cf. νεφρός in *T.W.*

[161] « Χ. καταργήσαντος μὲν τὸν θάνατον φωτίσαντος δὲ ζωὴν καί ἀφθαρσίαν διὰ τοῦ εὐαγγελίου

[162] Il semble que ce que nous écrivions, il y a un demi-siècle (*Exp. V.É. op. cit.*, p. 122), aurait à peine besoin d'être nuancé, même après Qoumran : « Des écrits canoniques les plus récents de l'A.T. jusqu'à la prédication de l'Évangile, il y a un long intervalle de 3 ou 4 siècles (bien moindre pour quelques uns d'entre eux ; cf. *supra*, p. 00). Cet intervalle est rempli par de nombreux écrits apocryphes ou pseudépigraphiques. Aucun de ces écrits ne nous permet d'affirmer un progrès de l'expérience de vie depuis les psalmistes et Job. Au contraire, malgré les beautés réelles que nous offrent ces livres, nous pouvons y constater une diminution, une déperdition de la vie religieuse. L'espérance de l'au-delà paraît grandir, ou, du moins, s'y précise en eschatologies étrange-

jusqu'au Nouveau Testament où elle s'épanouira. Elle semble avoir trouvé son expression parfaite dans la personne de Jésus telle qu'elle transparaît dans les témoignages de la tradition chrétienne primitive [163].

---

ment détaillées; mais l'expérience (mystique) est en recul. Il n'y a plus de prophètes, et ceux qui chantent encore des Psaumes n'ont plus la même inspiration que les premiers psalmistes ». Les *hôdâyôt* de Qoumrân apparaîtront dans l'intervalle; certains de ces hymnes sont fort beaux, mais aucun ne va aussi profond dans l'expérience mystique de vie, de vie éternelle, que les *Ps. 16, 17, 49, 73* ou *Job. 19*. Les perspectives d'avenir y sont encore plus vagues. Les conclusions de Millar Burrows restent ici toujours valables : « Des Mss de la Mer Morte, il est impossible de tirer actuellement une idée nette des croyances de la secte concernant la nature de la vie future », dans *Lumières nouvelles sur les Mss. de la Mer Morte* (trad. franç.), p. 412 Paris, Laffont, 1959; éd. angl., p. 346, N. York, 1958. J. Carmignac partage cette réserve, contre Dupont-Sommer, dans : Carmignac : *Le retour du Docteur de Justice à la fin des Jours, Revue de Qumran*, tome I, n° 2, p. 239, 235, 243, 247 s., Paris, Letouzey, 1958. Cf., dans le même tome, p. 124, 130 s., P. Grelot : *L'eschatologie des Esséniens et le livre d'Hénoch*. Sur le texte-clef du *Document de Damas*, VI, 10 s., cf. la traduction et le commentaire contestés par Carmignac, dans : Dupont-Sommer : *Les Écrits esséniens..., op. cit.*, p. 146, n. 5; *comp*. dans le *chap*. sur *le Rouleau des Hymnes, ibid.*, p. 235, 238, 377.

Ainsi, pour le moment, quelle que soit l'importance considérable et indéniable des découvertes de Qoumrân, il ne semble pas qu'elles aient rien apporté d'essentiellement autre en ce qui touche la vie mystique et l'espérance eschatologique. On s'associera, néanmoins, à la sage conclusion de Jean Carmignac, p. 248 : « Si un jour quelque document nouveau vient nous apprendre que les Esséniens attendaient effectivement le retour de leur Docteur de Justice à la fin des temps, tout le monde acceptera de bon gré ce témoignage ». Mais que vaudrait ce témoignage éventuel et doctrinal en expérience mystique ?

Au développement, pour ne pas dire au foisonnement des croyances et fantaisies eschatologiques dans les Apocalypses du temps, on peut joindre aujourd'hui quelques trouvailles à *Qoumrân* ou ailleurs, notamment dans une sorte de compartimentage plus moral du *Scheôl* (Cf. *Règle*, 1QS, XI, 10; *Hod.*, 1QH, E, 16-18, in D. Sommer, p. 224, et Grelot : *art. cit.*, p. 121 ss.). Mais il ne semble pas qu'il y ait grand chose à modifier dans ce qu'on écrivait en 1923, *ibid.*, p. 129 : « Ce scheôl nouveau style est plus moral que l'ancien où tous allaient, soit pêle-mêle, ou par catégories, mais sans égard sérieux pour leurs vertus ou pour leurs vices; il offre des récompenses aux bons dans une sorte de Paradis, analogue, peut-être, aux Champs-Élysées des Grecs (*comp*. Grelot : *art. cit.*, p. 124 ss.); il menace le coupable d'un sort affreux dans la géhenne (id. 127 ss.), ce nouvel exutoire qui remplace le puits, le trou, ce qui est, pour les déchets d'humanité, ce que la Géhenne de Jérusalem, la vallée de Hinnom, est pour les objets de voirie. — Mais, qu'est-ce que l'attente d'un paradis du Hadès, auprès de l'espoir magnifique d'une expérience de vie ? ».

[163] C'est alors que se produit, dans l'histoire religieuse, la plus puissante des « variations spontanées » qui ait contredit un évolutionnisme étroit : la personne de Jésus-Christ. Il y a là, suivant l'expression qu'emploie Hugo de Vries, en étudiant l'évolution des êtres, « mutation brusque » ... (*Exp. V.É., op. cit.*, p. 129 s.).

La vie que Jésus a vécue, d'après les Évangiles et les écrits apostoliques, est de qualité telle que ses témoins les plus « engagés » y ont trouvé l'exemple et l'énergie d'une communion divine. C'était, à les entendre, une vie sainte et sanctifiante [164], une vie vivifiante, que l'expérience de Pâques a confirmée dans son intensité, dans son éternité [165]. Tout ce que leur foi pouvait attendre mystiquement de la vie en Dieu leur était assuré en Jésus, le Christ [166]. Que ce soit à la manière de Paul, à la manière de Jean [167], ils l'ont exprimé en termes semblables,

---

[164] Sur les divers aspects relevés et reconnus dans la tradition chrétienne primitive, de la sainteté de Jésus, cf. H. Cl. : *Exp. V.É.*, p. 145 ss. et, du même : *Tentation et anamartésie dans le N.T.*, in *RHPR*. 1967, p. 158 ss. La sainteté de Jésus a souvent été contestée pour des motifs variés. Il ne s'agit pas ici d'examiner le problème en soi, mais par rapport à la vie mystique. L'infaillibilité, avec l'absence d'erreur, voire d'ignorance, est d'un autre ordre, et de nature intellectuelle, ce qui n'a pas toujours été reconnu. Les évangiles, surtout le quatrième, sont déjà marqués par cette confusion ; mais ils mentionnent simplement des faits qui montrent que Jésus pouvait ne pas savoir, ou même se tromper. L'anamartésie, l'absence de péché, est l'aspect négatif de la sainteté morale. Il semble qu'elle soit admise sans discussion par les évangélistes et les apôtres. Leur témoignage culminerait dans cette apostrophe de Jésus à ses adversaires, d'après l'évangile johannique (8:46) : « Qui de vous me convaincra de péché ? ». Il n'y a cependant par là de quoi alimenter le courant mystique. Seule peut y entrer, et y entraîner, une sainteté positive, avec son dynamisme et son héroïsme exaltant. Le don total de soi, l'élan d'un sacrifice culminant sur la croix s'est propagé au courant mystique avec une vigueur et une ampleur jamais atteintes jusque là. Les apôtres, les fidèles de l'Église primitive en ont été soulevés comme par une lame de fond, et, depuis, à travers les siècles, tous ceux qui, devant la croix, ont entendu, comme un appel mystique, cette question lancinante : « Voilà ce que j'ai fait pour toi, et toi, qu'as-tu fait pour moi ? ».

[165] Cf. dans le discours de Pierre à la Pentecôte, précédant une citation du *Ps. 16*:8-11 (*supra*, p. 122 s.) : « Dieu l'a ressuscité, en rompant les liens de la mort, parce qu'il n'était pas possible qu'elle le retînt en sa puissance », *Act. 2*:24.

[166] Telle était l'expérience de Paul dans cette « vie cachée avec le Christ en Dieu » qui doit être celle de tous les chrétiens (*Col. 3*:3). Source secrète et vive de puissance et de joie, elle jaillit parfois soudainement, dans ses lettres, en termes inspirés dont on peut admirer la beauté poétique autant que la ferveur mystique : « Qui nous séparera de l'amour du Christ ? ... » (*Rom. 8*:35 ss.) ; « Je puis tout par le Christ qui me fortifie » (*Philip. 4*:13) ; « Si quelqu'un est en Christ, il est une nouvelle créature, les choses vieilles sont passées, voici, toutes choses sont devenues nouvelles » (2 *Cor. 5*:17) ; « Christ est ma vie, et la mort m'est un gain » (*Philip. 1*:21) ; « Je suis crucifié avec Christ ; je vis, mais non plus moi, c'est Christ qui vit en moi » (*Gal. 2*:20) « ... ensevelis avec lui par le baptême, vous êtes ressuscités avec lui par la foi... » (*Col. 2*:12) ; « nous sommes plus que vainqueurs par celui qui nous a aimés » (*Rom. 8*:37), etc.

[167] L'expression « vie éternelle » caractérise, par sa fréquence relative la terminologie johannique. Elle apparaît autant de fois (21) dans le 4e évangile et la 1e épître que dans le reste du N.T. Cette qualité de vie est donnée par *le Fils*, et cette corrélation, comme

bien que diversement nuancés. Les Évangiles synoptiques, dans une triple convergence, qui n'est d'ailleurs pas uniforme [168], pointent vers le même but. Leur témoignage le plus remarquable à cet égard, dont la résonance johannique a souvent été soulignée [169], est celui de *Matth. 11*:27 s. (*par. Luc, 10*:22), dans cette déclaration et cet appel de Jésus : « Toutes choses m'ont été remises par mon Père et nul ne connaît le Fils si ce n'est le Père, et nul ne connaît le Père, si ce n'est le Fils, et celui à qui le Fils aura voulu le révéler. Venez à moi... ». C'est la réponse plénière à la quête mystique « Maître, que dois-je faire pour avoir la Vie éternelle ? », (*Marc, 10*:17, *par. Matth. 19*:16 ; *Luc, 10*:25 ; *18*:18).

Le quatrième évangile, celui par excellence de la Vie éternelle, assimile cette quête mystique à celle du Royaume de Dieu, thème principal de l'enseignement de Jésus dans les Synoptiques : « Si un homme ne naît de nouveau, il ne peut voir le Royaume de Dieu » (*Jean, 3*:3, 5) [170]. Entrer dans le Royaume (*Jean, 3*:5), c'est entrer dans la Vie (*Matth. 7*:14 ; *18*:8 ; *19*:17).

---

chacun de ses termes, est également typique du johannisme : « Celui qui a foi dans le Fils a la Vie éternelle » (*Jean, 4*:35) « ... il ne vient pas en jugement ; il est passé de la mort à la Vie » (*5*:24) ; « Dieu nous a donné la Vie éternelle, et cette Vie est dans son Fils ; celui qui a le Fils a la Vie » (1 *J. 5*:11 s.), etc.

[168] L'harmonistique ancienne ne tenait aucun compte des tendances théologiques particulières à chacun des évangiles et pas seulement au johannique.

[169] La résonance johannique indéniable de *Mt. 11*:27 s.-*Lc. 10*:22 les a fait suspecter d'interpolation par divers critiques, dont Harnack et Wellhausen. Mais l'usage par Matth. du verbe ἐπιγινώσκειν pourrait être aussi une résonance paulinienne. Malgré quelques variantes, l'hypothèse la moins onéreuse paraît être encore celle de l'intégrité du texte.

[170] L'aspect mystique du Règne ou du Royaume de Dieu est manifeste dans la Bible, et particulièrement dans le N.T. où la prédication de l'Évangile en est marquée à l'évidence. Le « Reste », les fidèles, les « pauvres » d'Israël vivaient depuis longtemps, comme le vieux *Siméon* (*Lc. 2*:25 ss.) ou la prophétesse *Anne* (id. 36 ss.), dans l'attente de ce règne. Le contempler en la personne du Christ comblait déjà cette espérance mystique. Le verbe Ὁράω et la forme εἶδον, avec ses variantes εἶδα, ἰδον, quand elles lui servent d'aor. 2, désignent l'acte de contempler de l'intérieur plutôt que du dehors. C'est ainsi qu'apparaîtra la vision mystique (ὅραμα). Un autre verbe, βλέπειν marque l'action de voir physiquement, de la vision ordinaire et courante. Il peut y avoir confusion entre les termes dans certains cas, mais pas, semble-t-il, en ce qui touche la vision du Règne ; il en est de même pour la vision de Dieu, de la gloire de Dieu, du Christ ressuscité. Cf. entre autres : *Marc, 9*:1 ; *Lc. 9*:27 ; *J.3*:3 ; *Mc. 9*:4 ; *13*:26, *par.* ; *14*:62 ; *Mt. 5*:8 ; *17*:3 ; *24*:30 ; *28*:7, 10 ; *Lc. 1*:11, 22 ; *9*:31 ; *22*:43 ; *24*:34 ; *J. 1*:51 ; *3*:32 ; *8*:38 ; *11*:40 ; *Act. 9*:17 ; *13*:31 ; *26*:16 ; 1 *Cor. 15*:5-8, etc. Cf. H. Reinhold : *De graecitate...*, Diss. Ph. Halle, 1898 ; H. Clavier : *L'Accès au R. de D.*, p. 7, Paris, Fischb. 1944 ; W. Michaelis : ὁράω, in *T.W.*, V, 315-372.

Les Synoptiques mentionnent plus souvent le Royaume, et le quatrième évangile la Vie, la Vie éternelle [171]; mais sans se recouvrir, les deux réalités sont interdépendantes. Les Synoptiques présentent plus souvent le Royaume ou la Vie comme un but à atteindre dans un avenir eschatologique; mais c'est un avenir qui peut et qui doit être virtuellement acquis dès maintenant. Avec Jésus, le Règne de Dieu s'est approché [172]; il est en marche, en voie de réalisation. Le principe en était déjà dans la foi des humbles à qui sont vouées les Béatitudes [173] : le

---

[171] Cf. *supra*, p. 125 s., n. 167.

[172] *Le Royaume vient*, ἔρχεται, en *Mc. 11*:10; *Mt. 6*:10; *Lc. 11*:2; *17*:20, au présent grec; ce temps de l'action continue, implique une venue en cours, une marche qui se poursuit sur une ligne où progresse la dynamique du Royaume. Suivant le point de vue sur ce parcours inachevé, le Royaume viendra, il vient, il est venu. Il est bon de constater que la formule initiale du Kerygma évangélique ἤγγικεν ἡ β, en *Mc. 1*:15; *Mt. 3*:2; *10*:7; *Lc. 10*:9, 11, au temps parfait, en grec celui de l'action définie, de l'action achevée, marque une approche déjà réalisée, certaine, effectuée du Règne. C'est de cette manière que le Royaume est proche, ἐγγύς ἐστιν ἡ β. (*Lc. 21*:31). Il a fait mouvement, et le mouvement se poursuivra, soit dans l'indétermination d'un aoriste, soit dans la continuité d'un futur. Ces variations grammaticales sur le temps et sur le mode d'action sont significatives, qu'il s'agisse de la venue du Règne ou de l'entrée dans le Royaume (cf. *L'accès au R.*, op. cit., p. 10 et *passim*). Si le futur est accentué dans les écrits postérieurs au N.T. (cf. 1 *Clém. 42*:3; 2 *Clém. 5*:5; *12*:2), il est impliqué dans l'attente de Joseph d'Arimathée, comme de tous ceux que suppose le καί dans la remarque : lui aussi (ὅς καί) était dans l'attente du R. de D. (*Mc. 15*:43).

Ainsi, le Royaume vient, comme on vient au Royaume; il est en vous, on est en lui (*Lc. 17*:21-; *13*:28 s.; *Mc. 14*:25; *Mt. 8*:11, etc.). Cette inversion d'images ne surprend pas dans le langage mystique où la possession mutuelle du sujet et de l'objet en relation intime, en communion, permet d'envisager successivement ou simultanément l'un en fonction de l'autre, et vice-versa. La contradiction du contenant dans son contenu perd sa logique dans ce domaine intérieur qui n'est pas soumis aux lois de la physique spatiale. Il en est ainsi des expressions, interchangeables en leur ambivalence : nous en Christ, Christ en nous, si caractéristiques du mysticisme paulinien : ἥμεις ἐν X. — X. ἐν ἡμῖν.

[173] Bienheureux, vous pauvres ... *Lc. 6*:20; l'Évangile est annoncé aux pauvres, *Lc. 7*:22; *Mt. 11*:5. Il s'agit des « pauvres d'Israël », ces Juifs humbles et pieux, de condition généralement modeste, mais caractérisés plutôt par leurs qualités spirituelles que par leur situation pécuniaire ou sociale : πτωχοὶ τῷ πνεύματι, *Mt. 5*:3. Cf. H. Clavier : *Les Béatitudes...* in *Ét. Théol. et Relig.*, II, p. 448 ss., Montpellier, 1927; *L'Accès au R.*, op. cit., p. 20 ss.; A. Causse : *Les Pauvres d'Israël*, Paris-Strasbourg, 1922.

On a beaucoup discuté sur le présent de cette Béatitude dans Matth. et dans Luc, et sur le futur des autres, sauf la 8e en Matth. Il ne faut pas oublier le sens, déjà souligné, des temps verbaux en grec, ni le fait qu'en araméen, où les Béatitudes furent prononcées, le verbe était sans doute absent. Le choix du temps grec par le traducteur ne semble pas indifférent.

Royaume est à eux [174]; il est en eux (*Luc, 17*:21), comme le grain dans une bonne terre [175], par une secrète immanence qui répond à la divine transcendance [176]. Il germe et croît, sans qu'on sache comment, d'une infime semence, pour devenir un arbre où les oiseaux viennent faire leurs nids (*Marc, 4*:27, 31 s. et *par.*) [177].

---

[174] *Ibid.* Le présent grec est, proprement, un présent « imparfait » d'une action continue. Il se situerait, graphiquement, sur une ligne, du terminus *a quo* au terminus *ad quem* d'un mouvement en cours, d'un acte qui se poursuit jusqu'au parfait, temps, ou plutôt mode, de l'achèvement. La signification réelle du soi-disant « temps » grec l'apparente au verbe hébreu ou araméen dont l'indétermination temporelle est encore plus grande. Le cadre de la Béatitude y serait simplement : « Heureux vous..., car à vous... », à la deuxième personne, comme en Luc, plutôt, peut-être, qu'à la troisième comme en Matthieu (Cf. *L'Accès au R.*, op. cit., p. 20 s.). Si l'on ne veut pas se fier à l'intuition du traducteur qui, sur la ligne continue d'une action imparfaite et toujours en cours, a repéré, ici une section plus voisine du terminus *a quo*, et là plus rapprochée du terminus *ad quem*, il n'y a plus qu'à s'en remettre aux indications ou suggestions de ce qui constitue l'essentiel des Béatitudes : leur pensée, leur qualité, leur esprit. On s'apercevra peut-être alors que le vide temporel du cadre araméen convenait le mieux à un plein spirituel qui, tel la durée bergsonienne, ne se débite pas en tranches, mais associe, dans le mouvant de sa réalité, le présent, le passé, l'avenir.

Telle paraît être la vérité profonde du Règne à travers les Béatitudes. La fidélité du texte au sens inachevé et toujours assez vague du présent comme du futur grecs ne trahit pas l'intemporalité de l'original araméen supposé ; mais elle exclut la précision analytique de nos chronologies occidentales modernes. C'est dans ce clair-obscur que transparaît la nature du Règne, sa convenance intime, « existentielle » à ceux qu'anime l'esprit de simplicité, d'humilité sincère, de pauvreté. Bienheureux sont-ils, virtuellement et réellement, quels que soient le degré ou le moment d'une béatitude où il est vain de préciser si c'est le bienheureux qui entre dans le Royaume ou si c'est le Règne qui est en lui, et à quelle heure du temps spatialisé. Il s'agit d'une expérience mystique dont la réalité profonde ne peut être suggérée que synthétiquement, dans un langage approprié.

[175] Des observations analogues à celles qui accompagnent le message du Royaume ou du Règne peuvent être faites à propos des paraboles en général, et des paraboles du Royaume en particulier. L'absence de toute rhétorique, la souplesse des structures et de l'encadrement, la liberté des métaphores et de la construction permettent d'évoquer sans les fixer, de suggérer ou d'inspirer, sans les arrêter, des réalités qui vivent et se propagent dynamiquement. Les paraboles de Jésus sont un langage merveilleusement adapté à son message et à son intention : l'Évangile est annoncé aux « pauvres ». (*supra*, n. 173).

[176] Cette correspondance entre l'immanence et la transcendance nous paraît être l'un des caractères distinctifs de la bonne nouvelle évangélique par rapport au message apocalyptique. Cf. *L'accès au R.*, p. 18 et *L'Évangile apocalyptique*, *passim*, Paris, Fischbacher, 1930.

[177] Parmi les paraboles du Royaume, celles qui empruntent à la nature l'image de la croissance, de la semence à la moisson, du germe à l'épanouissement, sont les plus signifi-

Les écrits johanniques insistent particulièrement sur le principe vital de cette croissance, la Vie essentielle, éternelle, dont ceux qui ont le Fils font l'expérience mystique. Il s'agit bien d'une grâce actuelle, gage d'un avenir sans fin : « Celui qui a foi dans le Fils a la Vie éternelle [178] ... ; il ne vient pas en jugement, il est passé [179] de la mort à la Vie » (*Jean*, 3:36 ; 5:24). Sans préjudice des développements futurs [180], cette présence de la Vie éternelle est accentuée dans le johannisme plus qu'ailleurs. Elle est bien l'une des caractéristiques de sa théologie mystique, sans doute nuancée par l'hellénisme [181], mais sans perdre contact avec la tradition biblique et sa notion implicite du temps et de

---

catives. C'est là que l'harmonie préétablie, la convenance mutuelle de tous les facteurs en jeu apparaît le plus lumineusement dans les rapports de l'homme et du Règne de Dieu. La parabole du Semeur, la plus ample et la plus longuement commentée, est celle qui fait saisir le mieux les secrètes correspondances de la nature et de la grâce, du sol, du grain, de la moisson (*Mt. 13*:3-23 et *parall.*). C'est à cet éclairage que ressort l'enseignement de la semence qui germe et croît mystérieusement (*Mc. 4*:26-29), de la graine de moutarde (*Mt. 13*:31 s. et par.), et d'autres paraboles du Royaume. Cf. *L'accès au R.*, p. 15-18 ; *L'Exp. de la V.É., op. cit.*, p. 133 s. Parmi les nombreux ouvrages de valeur sur les paraboles, cf. la belle étude de C.H. Dodd : *The Parables of the Kingdom* (chap. VI, *Parab. of Growth*), London, Nisbet, 1935.

[178] Cf. *supra*, p. 125 s., n. 167. Les Synoptiques utilisent moins souvent que l'évangile johannique le terme de Vie au sens de Vie éternelle, ou l'expression entière, si caractéristique du johannisme. Mais ils ne l'ignorent pas ; elle est pour eux synonyme de Royaume, ce qui accentue l'intimité du règne et sa portée mystique. Entrer dans le Royaume, c'est entrer dans la Vie et réciproquement : *Mt. 7*:14 ; *18*:8, 9 ; *19*:16, 17 ; *Mc. 9*:43-47 ; *Lc. 10*:25 ; *18*:18, etc. C'est également ce que suggère l'évangile johannique dans le seul texte où il soit question du Royaume de Dieu : *J. 3*:3, 5. Il conviendrait d'y adjoindre le passage où Jésus répondant à Pilate, assure que son Règne n'est pas de ce monde, et en suggère la nature mystique, autant et plutôt même qu'eschatologique : *J. 18*:36. Cf. *L'Exp. de la V.É., op. cit.*, p. 131 ss.

[179] *Idem, supra*, p. 125 s., n. 167.

[180] Les paraboles « de croissance » (*supra*, n. 177) indiquent assez clairement que le Royaume et sa vie secrète à l'origine sont appelés à croître dans l'avenir. Si même l'on compare leurs faibles débuts avec les résultats qu'il est permis d'attendre, on peut dire qu'ils sont dans le futur plus que dans le présent. *Exp. V.É.*, p. 134 ss.

[181] On savait depuis longtemps que le judaïsme palestinien n'avait pu se soustraire à l'influence hellénistique (*supra*, p. 117 s.). Les découvertes de Qoumrân l'ont confirmé. Lorsque cette influence apparaît sensible dans tel ou tel livre du N.T., le problème se pose : vient-elle directement du foyer rayonnant d'hellénisme qu'était Alexandrie, avec Philon, ou indirectement, d'une Palestine beaucoup moins irradiée, moins encore irradiante ? Les deux voies sont ouvertes, et si l'on ne peut fermer la seconde, il paraît vain de barrer systématiquement la première. On ne voit pas, d'ailleurs, quel en serait l'intérêt véritable. La théologie traditionaliste, plus ou moins teintée de théopneustie, croyait défendre autrefois la Bible en niant obstinément toute influence extérieure sur sa lettre et sur son

l'éternité [182]. Cette expérience de Vie en Christ, vivant et vivifiant [183], est bien authentiquement au cœur de la pensée comme de la piété chrétiennes. Elle commande une eschatologie non pas précisément réalisée, mais en voie de réalisation [184].

Cela ne signifie nullement, comme on l'a parfois prétendu [185], que le

---

esprit (*supra*, p. 4, 20, 54 s., 56 s.). Comment ne pas soupçonner un relent de ce vain dogmatisme chez certains qui usent immodérément de Qoumrân pour conjurer le spectre de Philon ? Quoi qu'il en soit, le johannisme est plus ou moins pénétré d'hellénisme, comme le constatait déjà *Augustin* dont les observations ont été récemment reprises et confirmées dans une étude magistrale de C. H. Dodd : *The Interpret. of the fourth Gospel*, p. 10 ss., Cambridge U.P., 1953. Quant à l'influence de *Philon*, on ne voit pas comment ni pourquoi l'écarter en face des parallèles sur le *Logos*, quelle que soit l'importance reconnue à l'incarnation et sa marque distinctive sur la conception johannique (*ibid.*, chap. *Logos*, p. 263 ss.).

[182] La notion biblique du temps est toujours plus ou moins mystique, au regard de Celui pour qui « un jour est comme mille ans, et mille ans comme un jour » (2 *Pi. 3*:8; *Ps. 90*:4). Elle l'est au maximum dans le johannisme, sans pourtant que le temps s'évanouisse totalement dans le délire ou le coma des communions panthéistiques. Cf. H. Cl. : *Mediation in the 4th Gospel*, op. cit., p. 14; *Le probl. du rite et du mythe dans le 4e Évang.*, *RHPR*, 1951, p. 275 ss.; *La struct. du 4e Évang.*, *RHPR*, 1955, p. 178; *L'Avenir de l'homme, Man in God's design*, p. 80, SNTS, 1953.

[183] Dans la terminologie johannique, « le Fils » est généralement employé là où Paul mettrait plutôt : le Christ ,ou Christ : ἐν τῷ υἱῷ (1 *J.* 2:24; 5:11; comp. 5:10; *J.* 3:36; 9:35) correspondrait au ἐν Χριστῷ paulinien.

[184] Cf. *Exp. V.É.*, op. cit., p. 133 ss.; *L'accès au R.*, op. cit., passim; *La struct. du 4e Év.*, p. 177. C. H. Dodd, à qui l'on a parfois reproché l'expression « realized eschatology » comme équivoque et pouvant faire croire à un mysticisme statique du genre platonicien ou philonien, avait précisé en 1935 : *The Parab. of the Kingdom*, op. cit., p. 189, que le Royaume, d'après les paraboles, est « *in process of realization* », Cf. depuis, *The Interpr. of the 4th Gospel*, op. cit., p. 150, et notre analyse critique de ce bel ouvrage, in *R.H.P.R.*, 1964, à p. 239. *L'Avenir...*, op. cit., p. 77 ss. (eine sich realisierende Eschatologie).

[185] D'après Albert Schweitzer : *Die Mystik des Apostels Paulus*, Tübingen, 1930, chap. I, le mysticisme de Paul aurait été décentré de Dieu sur Christ, et le mysticisme johannique, de Christ sur le Logos (chap. XIII). Il semble qu'il s'agisse simplement de nuances particulières, et non de catégories aussi tranchées. Le mysticisme, quel qu'il soit, se prête mal aux distinctions logiques (cf. *supra*, p. 127 s., n. 172-173, 175). Théocentrisme, christocentrisme, et même anthropocentrisme, peuvent s'y côtoyer. Cf. notre essai sur : *L'humanisme et la piété chrétienne*, Paris, Je Sers, 1931. Ni le paulinisme, ni le johannisme n'iraient jusqu'à dire avec *Pascal*, que « Jésus-Christ est donc le véritable Dieu des hommes » (*Pensées*, éd. Hachette, p. 571, p. 547). Le Prologue de Jean observe simplement : « Nul n'a jamais vu Dieu ; le Fils unique qui est dans le sein du Père, est celui qui nous l'a fait connaître » (*1*:18), ce qui n'est pas la même chose. La subordination du Fils par rapport au Père est maintes fois affirmée dans les écrits johanniques ou pauliniens (*J.* 5:19, 25; *17*:1; 1 *J.* 2:1, 23 s.; *3*;23 s.; *4*:9 ss., etc.; 1 *Cor.* 15:28; *Philip.* 2:11; *Rom.* 6:22 s.; 7:25; *8 passim, 12*:1 etc...).

Christ ait remplacé Dieu dans la quête mystique du Nouveau Testament, et du johannisme en particulier. Celui en qui Pierre salue, après la Pentecôte, le Prince de la Vie (*Act.* *3*:15), et qui, selon l'évangile johannique, se présentait lui-même comme « le Chemin, la Vérité, la Vie » (*Jean, 14*:6), n'est que le Médiateur pour aboutir plus sûrement au Père. C'est ce qu'annonce implicitement le message synoptique, déjà si johannique, cité plus haut : « Nul ne connaît le le Père sinon le Fils, et celui à qui le Fils aura voulu le révéler » (*Matth. 11*:27 et *par* en *Luc, 10*:22). Plusieurs textes johanniques y font écho,[186] sous l'affirmation réitérée et soulignée de l'unité mystique du Père et du Fils, modèle et type de l'unité proposée, dans l'amour, aux disciples : « ... afin qu'ils soient un, comme nous sommes un ! » (*Jean, 17*:22) [187]. Demeurer dans l'amour, dans le Fils, dans le Père et par là dans la Vie, c'est tout un, puisque Dieu est Amour, et qu'il a aimé le premier (1 *Jean, 2*:23-25 ; *4*:7-10, 16, 19 ; *5*:11, 13, 20). Il est la cause première et la cause finale de tout le processus mystique.

Les écrits pauliniens et deutéro-pauliniens ne disent pas autre chose, en termes différents. Le but, c'est la vie éternelle ; mais cette Vie est un don de Dieu, en Jésus-Christ, le Seigneur (*Rom. 6*:22, 23). Elle s'obtient par une libération des puissances de mort, auxquelles est asservi le vieil homme [188], et qui sont associées au péché radical. Cette

---

[186] Cf. *J. 1*:18 ; *5*:19 ss. ; *6*:37 ss., 57 ; *7*:16 s., 28 ss. etc. ; 1 *J. 2*:23 ; *3*:23 s. ; *5*:1 ss., 11 ss.

[187] On a souvent usé, et parfois abusé de cet appel à l'unité dans la prière dite sacerdotale (*Jean, 17*), en faveur de l'œcuménisme. Il ne faudrait pas oublier de quel genre d'unité il s'agit. L'union mystique du Père et du Fils ne peut être proposée comme modèle qu'au niveau spirituel, comme l'unité d'esprit vers laquelle il faut tendre. Les soucis d'organisation, de régime ecclésiastique, de formes cultuelles, si légitimes qu'ils puissent être à certains égards, sont d'un ordre différent. La confusion, trop fréquente, entre les deux ordres ne peut qu'être préjudiciable à l'un et à l'autre.

[188] Le drame de la vie et de la mort, qui se joue mystiquement et mythiquement, dans de nombreux cultes et rites variés, a ceci de particulier au N.T. qu'il y est mis en relation étroite avec la vie, la mort et la résurrection de Jésus le Christ. Paul n'hésite pas à utiliser la terminologie des Mystères pour mieux faire comprendre ce point essentiel à ses lecteurs pagano-chrétiens : baptisés (par immersion) dans Christ Jésus, ils l'ont été dans sa mort ; ils sont descendus avec lui dans sa tombe, pour ressurgir avec lui dans une vie nouvelle. Comme implantés en lui, en mourant au péché, crucifiés de la sorte avec lui, ils participent mystiquement de sa résurrection. (*Rom. 6*:3-11). Morts d'une part, vivants de l'autre, ils sont justifiés par la foi (*Gal. 3*:26 s. ; *Rom. 5*:1 ss.) : « Vous êtes morts, et votre Vie est cachée avec le Christ en Dieu » (*Col. 3*:3, noter l'indétermination, aoristique, du passé de la mort, et le parfait du présent achevé de la Vie secrète). Comme dans Jean, dont les expressions mystiques sont ici voisines (cf. *J. 3*:18, 36 ; *5*:24, etc. ,*supra*, p. 125 ss.),

libération s'opère dans une intégration mystique, par mortification et régénération, à la mort et à la résurrection du Christ : « une même plante avec lui, par une mort qui ressemble à la sienne » (*Rom. 6*:5) pour « vivre une vie nouvelle » (*6*:4) qui s'achève dans la Vie éternelle (*6*:22 s.). Telle est la voie neuve et vive que Jésus a ouverte par son sacrifice (*Héb. 10*:20).Telle est la Vie vécue déjà par anticipation, « la Vie cachée avec le Christ en Dieu » (*Col. 3*:3), la Vie qui, au grand jour, sera manifestée en gloire (*3*:4), à la gloire de Dieu, le Père (*Philip. 2*:11). C'est ainsi et à cette fin que le Christ, « votre vie » (*Col. 3*:4) réduit la mort à l'impuissance, en faisant resplendir la Vie et l'immortalité par l'Évangile (2 *Tim. 1*:10), l'Évangile mystiquement saisi et vécu [189].

4. *Le Symbolisme du langage et de la pensée mystiques dans la Bible*

La part du symbolisme dans tout langage est, comme on l'a noté, considérable et même essentielle [190]. Elle l'est a fortiori dans le langage

---

l'Eschaton ainsi réalisé partiellement, est cependant en voie de réalisation. Ce qui reste à accomplir dépassant de beaucoup ce qui est déjà fait, l'expérience mystique, loin d'incliner au quiétisme, n'en est que plus dynamique. C'est ainsi que Paul se voit transportant partout en son corps la mortification, νέκρωσιν la mort du Christ, afin que la vie de Jésus soit aussi manifrstée dans cette chair mortelle. Tel est le sens profond qu'il donne à son épuisante et brûlante activité au service du Christ, avec les renoncements, les luttes, les souffrances qu'elle implique (2 *Cor.* 4). Cf. notre essai : *Le drame de la mort et de la vie dans le N.T.*, in *Text. u. Untersuch. z. Gesch. d. altchrist. Lit.*, Bd. 88, p. 166-177, Berlin, Akad. Verlag, 1964.

[189] *Ibid.*, p. 177. C'est à cet éclairage, dans un milieu où la superstition du vieux *Scheôl* n'avait pas entièrement disparu, que se comprend le mieux la position de Paul et son chant triomphal en *Rom.* 8:31 ss. Cf. nos *Brèves rem. s. la not. de* σῶμα πνευματικόν, in *N.T. Eschat.* (in hon. C. H. Dodd), p. 342-362, Cambridge U.P., 1956.

[190] Cf. *supra*, p. 126, n. 169-170. Le symbolisme inhérent à toute expression humaine d'une donnée quelle qu'elle soit, joue dans tous les langages et plus librement qu'ailleurs, dans le langage mystique (cf. *supra*, p. 127 s., n. 170, 172-173, 175). C'est pourquoi les recherches structuralistes sur ce terrain mouvant ne semblent pas appelées à donner de bien grands résultats. Les essais récents de « *Sémiotique narrative des récits bibliques* » s'enlisent avec leurs chiffres, leurs graphiques et leur vocabulaire technique dans des récits comme ceux de la Passion. L'esprit de finesse plutôt que de géométrie peut seul deviner et saisir la pensée comme la piété mystiques dont le langage et la rédaction mêmes sont pénétrés. Cf. C. Chabrol, L. Marin : *Sémiotique narrative : récits bibliques*, in *Langages*, Rev. trimestr., Juin 1971, Paris, Didier-Larousse. D'autre part, cela paraît être une gageure que d'étudier isolément, dans une traduction française déterminée, des narrations écrites primitivement dans une langue très différente qui n'a pu manquer de laisser des traces, même là où l'on serait tenté de redire : *traduttore-traditore*. Peut-être se fût-on aperçu, par exemple, en remontant aux sources, que l'*antitype* d'*Héb.* 9:24 suppose un type qui est au ciel, ce qui trahit, sans doute, une influence platonicienne et philonienne,

mystique, et celui de la Bible n'y échappe évidemment point. Un très grand nombre de termes ont acquis, dès l'Ancien Testament, une signification seconde et parfois plusieurs, dont le Nouveau a hérité en les modifiant ou en y ajoutant. Il en est résulté un jeu des sens multiples [191] dont les auteurs bibliques jouent quelquefois [192], mais sans atteindre aux excès métaphoriques ou allégoriques des exégètes palestiniens ou alexandrins [193]. On peut s'y reconnaître encore, ce qui ne sera

---

et marque d'un cachet particulier le symbolisme et la pensée mystique de l'auteur (*ibid.*, p. 98 ; cf. *infra*, p. 136 s.). On a raison de se référer à *James Barr* dans sa critique des « présupposés théologiques » (p. 130 ; cf. *supra*, p. 2, n. 3 ; p. 33 s., n. 137), et dans son vœu que les théologiens bibliques soient plus experts en linguistique. On ne peut guère demander, en contre-partie, à des linguistes purs d'être théologiens, mais de connaître au moins les langues bibliques, et même un peu d'histoire, quand ils s'attaquent à la Bible. Elle n'est certes pas un domaine réservé, mais une mine inépuisable où il y a encore, après des siècles, du travail pour tous. Quoi qu'il en soit, comme on l'observait, avec d'autres, (M. Deloffre en particulier), au Congrès de Linguistique de Bucarest, en 1968, la méthode structuraliste stricte a trop de rigidité pour s'adapter à des synchronies transitoires et vacillantes sous l'ébranlement des diachronies. Le *verborum quasi structura* de Cicéron, que le dictionnaire Gaffiot traduit : une maçonnerie de la phrase, serait plutôt comparable à une texture ou à une contexture, à un tissu d'une grande souplesse. Cf. in *Actel. XII*[e] *Congr. Internat. de lingu. roman.* vol. II, p. 595 ss., H. Clavier : *La tension stylist. entre struct. et significat.*, Fréd. Deloffre : *A propos d'un rythme caractérist.*, p. 509 ss., et débat sur la méthode structuraliste, à la lumière d'un article pénétrant de Léo Spitzer et d'une mise au point de Roman Jakobson dans un débat télévisé avec Lévi-Strauss, Fr. Jacob et Ph. L'Héritier (p. 510, 600).

[191] *Idem.* Cf. H. Clavier : *Les sens multiples dans le N.T.*, in *Nov. Testam.* II, p. 185-198, Leiden, Brill, 1958. Le jeu des sens multiples est inséparable du langage par où l'homme, dès qu'il parle, exprime sa pensée, mais ne la dévoile pas toujours tout entière, à supposer qu'il puisse jamais le faire intégralement. Il lui arrive même de la voiler plus ou moins, quand il ne la masque pas délibérément. Quand Dieu, suivant la thèse de Th. d'Aquin (cf. *supra*, p. 10, n. 36), donne aux choses le sens qu'Il veut, il ne saurait s'agir que d'une destination, d'une finalité *in re*, non d'une désignation *in nomine*. C'est à l'homme que Dieu confie le soin de marquer d'un signe, de désigner les êtres et les choses. Cette désignation est une sorte de re-création subjective qui tend à s'objectiver (cf. sur ce point : Louis Lavelle : *La Parole et l'Écriture*, p. 15 ss., 32 ss., 93 ss. et *passim*, Paris, Aubier, 1942). L'écart entre le langage et la réalité varie au gré de l'esprit humain qui peut y affirmer son indépendance relative et y déployer sa virtuosité. Vue sous cet angle, la sémantique serait un jeu d'ombres et de lumières, suivant que l'expression s'éloigne ou se rapproche du dessein de Dieu sur la réalité qu'il éclaire en lui donnant sa vérité. Quoi qu'il en soit de cette métaphysique ou de cette théologie du langage, le développement sémantique favorise le jeu des acceptions et nuances variées qui deviennent de plus en plus nombreuses, non seulement dans les mots isolées, mais dans leurs assemblages. Cf. H. Clavier : *Le langage en tant qu'agent de division et d'union*, in *Act. del XI Congr. Internac. de Lingu... roman.*, Madrid, C.S.I.C., 1968.

[192] *Idem, Les sens mult., passim, et Esqu. de Typolog. comp., op. cit., passim.*

[193] *Ibid.* et *supra*, p. 3 s., n. 9 ; p. 5, n. 13 s., p. 6 ss.

plus le cas quand la scolastique médiévale s'en mêlera et qu'il faudra, pour en sortir, un décodage avec chiffres et clef [194].

Les expressions caractéristiques du passé lointain sont naturellement parmi celles qui ont prêté le plus aux transferts métaphoriques pour d'autres temps, en se chargeant aussi, positivement ou négativement, de symbolisme mystique. Il en est ainsi, comme on l'a déjà constaté [195], de la terminologie du Désert. Les mots hébreux qui en désignaient, dans leurs étymologies, les aspects différents, n'ont pas échappé à certaines contaminations réciproques, avant que leurs sens multiples ne se confondent, traduits dans un seul terme, grec, latin ou autre [196]. Il en est résulté, dans un mythe du désert, soit une attraction, soit une répulsion qui ont pris souvent un tour mystique. La nostalgie du désert, comme on l'a observé [197], n'a jamais totalement disparu, et ses retours de flamme sont parfois surprenants. Le désert et les termes typiques de la vie d'Israël au désert : la tente, le troupeau et le berger, l'eau dont on a soif, et que sa rareté rend d'autant plus précieuse, l'arbre qu'elle fait vivre, et à l'ombre duquel on peut se reposer, le roc dont l'abri est aussi protecteur, les astres dont la lumière attire et guide sur des itinéraires incertains à travers les vastes étendues solitaires, le vent souhaité ou redouté, sont entrés, avec d'autres, dans le vocabulaire symbolique et mystique des deux Testaments.

Dans cette mythologie mystique du désert, une place éminente revient à l'Exode, ce grand tournant de l'histoire d'Israël, avec ses épisodes marquants, avant, pendant, après la sortie d'Égypte, avec son promoteur et son animateur Moïse, avec son but : la Terre promise, avec sa Loi divine. Chacun de ces motifs devient plus ou moins « légendaire », entrant à la fois dans le mythe et le symbolisme mystique [198]. Il en

---

[194] *Ibid.* p. 10-12.
[195] Cf. *supra*, p. 63 ss.
[196] *Ibid.*, p. 65, n. 15 ss. et p. 65 s., n. 18-21.
[197] *Ibid.*, p. 66-68.
[198] Cf. *supra*, p. 68-75, p. 105, n. 53. Mystique et mythe n'ont sans doute pas la même origine étymologique, bien que la question ait pu se poser (cf. $\mu\tilde{u}\theta o\varsigma$, p. 772 ss., par Stählin, in *T.W.*, *Bd.* IV); mais la polysémie de leurs développements sémantiques les a souvent rapprochés. Les définitions multiples que l'on en donne de part et d'autre les laissent dans un « flou » favorable à l'un comme à l'autre, et même, occasionnellement, à des « mythifications » qui sont des « mystifications ». Mais, pour parler sérieusement de même que la pensée mystique peut être ce qu'il y a de plus profond et de plus intime en l'homme, de même le mythe peut être le moyen d'expression des problèmes essentiels concernant ses origines, sa destinée, ses relations avec le monde, l'au-delà, le divin. Il est, à cet égard, comme la *Weltanschauung* des mentalités archaïques, leur représenta-

est ainsi particulièrement de Moïse et de la Loi dont il fut le révélateur et le législateur. C'est avec une vénération religieuse que l'Israélite pieux regarde à Moïse, homme de Dieu, médiateur des desseins et des ordres de Yahweh dans la Thora (*Ps. 103*:7 ; *105*:26 ; *106*:16, 23 ; *Ésaïe, 63*:12 ; *Mal. 4*:4). Quant à la Thora même, elle acquiert un caractère sacré, au point de devenir un objet religieux dans le Judaïsme postbiblique où l'on ira jusqu'à se représenter Dieu passant le temps à méditer la Loi, une Loi quasiment hypostasiée comme certains attributs divins [199]. Mais l'impulsion mystique est déjà donnée dans l'Ancien Testament, au *Psaume 119*, par exemple, où Parole et Loi de Yahweh confondues participent de sa sainteté divine et du culte qui Lui est dû (*Ps. 119*:1 ss., 9 ss., 16 ss., 89 ss., 102 ss., etc.). La marche à l'hypostase est déjà commencée. Elle sera sans doute accélérée par l'hellénisation plus ou moins effleurée ou pénétrée d'idéalisme platonicien [200]. La LXX en portera la marque ; mais déjà, le livre des Proverbes semble y avoir cédé dans sa partie la plus récente, avec la personnification de la Sagesse (*Prov. 8*).

---

tion du monde, leur philosophie en images, et la voie qui s'ouvre au chercheur pour en saisir la pensée à travers les symboles (cf. M. Leenhardt : *Le mythe, moyen de connaissance*, in *Act. VIIe Congr. Internat. Hist. d. Relig.*, Amsterdam, 1950, et, *ibid.*, H. Cl. : *Le Probl. du rite et du mythe dans le 4e évang.*, *RHPR*, p. 275-292. Cf. P. Tillich : *Mythus*, in *RGG*. C'est dans cette perspective que l'on utilisera le terme et la notion de mythe dont les usages variés prêtent à confusion. De Platon à Hegel, Strauss, Renan, Comte, Dumézil, Freud, Jung, Dibelius, Bultmann, Lévi-Strauss, pour ne citer que quelques noms, le mythe a été présenté, employé, conformé suivant les intérêts prévalents de l'auteur : philosophe, historien, philologue, psychanalyste, ethnologue, sociologue. Les traits que l'on a retenus sont assez largement admis entre les extrêmes : une fabulation archaïque, enfantine autour d'une réflexion rudimentaire et la figuration symbolique des plus profondes et plus hautes vérités. Il y a mythe et mythe, et puisqu'un certain symbolisme est inéluctable, les démythisations légitimes pourraient n'être qu'une transmythisation, dans une approche asymptotique de la réalité. Cf. *supra*, p. 27, n. 110 ; p. 32 s. ; p. 40 s. ; p. 45s., n. 193 ; p. 75, n. 62 ; p. 88-92. Cf. entre autres, Dibelius : *op. cit.*, p. 265 ss. ; Bultmann : *Kerygm. u. Mythos* ; Tillich, in *RGG*. ; Eliade : *Hist. Rel.*, p. 356 ss.

[199] Cf. J. Bonsirven : *Le Judaïsme palestinien*, t. I, p. 167 s., 216, 249 ss., Paris, Beauchesne, 1934, et art. *Judaïsme*, in *Dic. de la Bible*, *Suppl. col.* IV, col. 1158, 1185, Paris, Letouzey, 1948. Qu'il s'agisse de la *Memra*, de la *Schekina*, de la *Thora*, Bonsirven estime qu'il y a prosopopée plutôt qu'hypostase. Mais il faut bien admettre que la tendance à celle-ci est là, et parfois en termes tels qu'il est bien difficile de maintenir que la limite n'ait pas été franchie, surtout dans l'imagination populaire.

[200] Philon : *De Opif. Mundi*, 4, dans une perspective platonicienne (*Timée*), imaginait une création en deux temps : celle d'un *Cosmos* idéal d'abord, celle du monde visible ensuite, sur le type de la première. De nombreuses spéculations rabbiniques sur les archétypes célestes du tabernacle, du temple, du culte, de la Loi, porteront diversement la même marque. Cf. Bonsirven : *ibid.*

Si l'exode a pu se muer, dans la pensée mystique, en retour au désert (*Osée, 2*:14 ss.), l'ardente aspiration à posséder la Terre, la terre promise dans une vision quasi-paradisiaque, « un pays découlant de lait et de miel » *Exode, 3*:17 ; *Nomb. 14*:8 ; *Jér. 11*:5 ; *32*:22). se mue, au cours d'expériences décevantes, dans le désastre national, dans l'exil, en nostalgie mêlée d'espoir. Au regret lancinant du paradis perdu se substitue l'attente des temps nouveaux, de la terre nouvelle, dans une perspective d'avenir qui tourne à l'eschatologie, voire à l'apocalypse [201]. Ce processus tout à la fois mythique et mystique est de tous les temps. Rien d'étonnant que l'on en trouve trace dans la littérature exilique et post-exilique, déjà dans l'Ancien Testament. Le peuple élu possédera éternellement cette terre transfigurée (*Ésaïe, 60*:21). Jérusalem sera restaurée dans une gloire surnaturelle qui dépassera immensément tout ce que David ou Salomon avaient pu lui donner : « Lève-toi, Jérusalem, fais éclater ta splendeur, ... la gloire de Yahweh s'est levée sur toi... Ton soleil ne se couchera plus ... Yahweh sera pour toi une lumière éternelle ... » (*Ésaïe, 60*:1, 20 et *passim*). C'est comme une assomption messianique où la Jérusalem future transférée dans les cieux, y retrouvera bientôt, à la faveur de l'hellénisme, la Jérusalem idéale, la Jérusalem typique, préexistant, de toute éternité, dans le dessein de Dieu [202]. Après l'apothéose, ce sera, dans l'Apocalypse johannique (*21*:2), la descente des cieux, d'auprès de Dieu, comme un tabernacle de Dieu, sans le temple (*21*:3, 22). Ne serait-ce pas, en même temps, une réminiscence du culte au désert ? [203]. Ce genre de typologie transcendée n'est pas le seul, ni le plus fréquent dans le Nouveau Testament ; mais il s'y trouve assurément. Il s'y trouve justement à propos du tabernacle et déjà dans les *Actes* (7:44), où Moïse reçoit l'ordre divin de le faire sur le modèle, « selon le type qu'il avait vu » [204]. Plus explicite encore, l'épître aux *Hébreux* (8:5 ; 9:11) mentionne un type de tabernacle préexistant à la Création, ou, tout au moins, la transcendant [205]. Il semble que l'on soit ici assez proche de la cosmogonie

---

[201] Le transfert des origines à la fin, de la cosmogonie à l'eschatologie est un thème courant en Hist. des Relig. (cf. H. Cl. : *L'Évang. apocal., op. cit.*, p. 8 ss.), et notamment dans les *Apocalypses juives* (34 ss.). Cf. Bonsirven : *op. cit.*, I, p. 168, 513 ss., II, 112.

[202] Cf. Bonsirven, *ibid.*, I ; 86, 98 s., 157, 513 ; II, 112.

[203] Cf. *supra*, p. 66 s. et *infra* : *le courant cultuel*.

[204] La tente du témoignage, sur ordonnance divine, a été faite par Moïse κατὰ τὸν τύπον ὃν ἑωράκει (*Act.* 7:44). Cf. *supra*, p. 66 s., n. 22.

[205] Cf. *supra*, p. 132 s., n. 190. Il s'agit, en *Hb.* 8:5, de la même citation d'*Ex.* 25:40 faite déjà en *Act.* 7:44. On peut douter que l'auteur des Actes, en relatant le discours d'Étienne.

platonicienne du Timée [206]. Mais c'est toute l'histoire d'Israël, tenue pour histoire exemplaire, pour « Histoire du Salut », que l'auteur envisage dans cette perspective typologique. C'est une histoire mythiquement élargie, et mystiquement ressentie en même temps que comprise et revécue [207]. Ainsi, l'ancienne alliance, avec sa Loi, son culte n'est pas seulement comme pour Paul (*Col.* 2:17), l'ombre des choses à venir, mais aussi des réalités célestes, de toute éternité en Dieu (*Héb.* 8:5; *10*:1). L'arche de Noé, symbole de salut, dont, pour 1 *Pi.* 3:21, le baptême serait l'antitype, ne serait plus elle-même qu'un antitype du salut éternel dont le type est au ciel (*Héb. 9*:24; comp. *12*:22) [208].

Tandis que Paul spécifiait, peut-être contre *Philon* [209], que le spirituel

---

ait donné à τύπος un autre sens que l'ordinaire, d'autant qu'au verset précédent (43), ce terme sert à désigner des images qui n'ont rien d'idéal : des idoles. On conçoit, néanmoins, que son usage au verset suivant (44), (à propos du tabernacle), ait prêté à la typologie philonienne. C'est un exemple d'affinité entre certaines perspectives transcendantes dans la Bible et celles du platonisme. Il y aurait, cependant, loin de ce qui pourrait être entendu comme une vision de Moïse, aux Idées éternelles de Platon. Il en va autrement pour l'auteur de l'épître aux Hébreux. Le *type*, en *Hb. 9*:24, n'est plus un exemple historique, mais une réalité idéale, transcendante, dont la figuration matérielle n'est que l'*antitype*. Malgré le renfort que certains (ainsi, R. Gärtner : *The Habakk. Comment., Stud. Theol.* 1955, p. 1 ss.; Millar-Burrows : *Lumières nouv., op. cit.*, p. 161) pensent avoir trouvé en *Qoumrân*, pour confiner cette épître dans le cercle du judaïsme palestinien, plus touché qu'on ne le pensait autrefois par l'hellénisme, on ne voit ni la possibilité, ni l'intérêt de contester à cet écrit la marque du baptême alexandrin. Cf. H. Cl. : *Esqu. de Typol. comp., op. cit.*, p. 35 s., *supra*, p. 5 s., n. 15-16; p. 6, n. 17-18, p. 129 s., n. 181.

[206] Cf. *Platon : Timée*, 32-37.
[207] Cf. *supra*, p. 5 s., n. 15-16; p. 6 s., n. 17-18, 20.
[208] C'est également le sens de la Jérusalem céleste en *Hb. 12*:22. Cf. *supra*, p. 135 s. n. 200-201.
[209] On connaît l'exégèse philonienne des deux récits de la création de l'homme, en *Gen. 1*:27 et 2:7. Le premier se rapporterait à la création de l'homme idéal, archétypal, de l'homme céleste, à l'image de Dieu, transcendant toute individuation, y compris le masculin et le féminin. Le second viserait l'Adam concret, terrien de constitution et voué au péché, malgré le souffle de vie que Dieu lui a insufflé. On distingue sans peine le platonisme sous-jacent à cette interprétation. *Philon* semble attacher une grande importance à cette thèse des deux Adam : l'idéal d'abord, le matériel ensuite (cf. *Leg. alleg.*, I, 31 s.; *de opif. mundi*, 13 ss.). Pour Paul, c'est le contraire : ce n'est pas le spirituel qui vient d'abord, mais, au sens de matériel et presque de charnel que lui assigne le contexte, le psychique (τὸ ψυχικόν). (Sur l'emploi de ce terme dans ce texte, cf. H. Clavier : *Brèves rem. s. la not. de* σῶμα πνευματικόν in ... *N.T. and Eschatol., in hon. C. H. Dodd*, p. 345 s., 350 s., Cambridge U.P., 1956, et *Typol. comp. op. cit.*, p. 36. Cf. *supra*, p. 3, n. 9; p. 8, n. 22; p. 71, n. 45; p. 79, n. 81). ψυχή offre la vision la plus large et la plus floue de l'être humain, au point de signifier, éventuellement, chacun de ses aspects mouvants : en montée vers πνεῦμα, en descente vers σῶμα - σάρξ.

vient ensuite [210], l'auteur de l'épître aux Hébreux serait sans doute d'accord avec Philon que le spirituel vient d'abord. La pensée, mystique des deux parts, est orientée diversement, et même inversement. On peut cependant se demander si elles ne sont pas communicantes, ce qui n'aurait rien de surprenant chez Paul, élève des rabbins, puisqu'entre hellénisme et rabbinisme il n'y a pas les cloisons étanches que l'on imaginait autrefois. Plusieurs textes, d'ailleurs, en témoignent [211].

Néanmoins, la typologie mystique habituelle, dans les évangiles et dans les autres écrits du Nouveau Testament, est celle de l'histoire du salut dans l'Ancien Testament, dont les personnages, les événements, les textes sont cités à titre d'ébauches, d'étapes, d'exemples préparatoires ou prémonitoires de ce salut réalisé en Jésus, le Christ. Ce sont autant de témoignages, de *testimonia* à cette rédemption, et surtout aux grands faits rédempteurs qu'ils préfigurent. Quand cette perspective mystique est comme durcie, avant d'être fixée par le dogme, cette préfiguration devient divinatoire, engageant l'avenir par nécessité [212]. Ce déterminisme scripturaire, avec des apparences logiques, modifie profondément, s'il ne le fait disparaître, le cachet mystique de la pensée comme de la piété bibliques [213]. Si les évangélistes y ont prêté, à des degrés divers, comme les apôtres, il ne semble pas que l'enseignement authentique de Jésus en ait été affecté [214].

---

[210] *Ibid.*, *supra*, p. 3-6, 7 ss., 42 s., 117 s. etc.

[211] *Ibid.* : p. 3, n. 9; p. 3-9, etc.

[212] Le fatalisme scripturaire du *mektoub* musulman (مكتوب) ne manque pas de parallèles, *mutatis mutandis*, dans le judaïsme et dans le christianisme. L'usage que les rabbins, les ermites de Qoumrân, les auteurs du N.T. faisaient de l'Écriture (cf. *infra*, p. 197 ss.) en offre un grand nombre.

[213] L'attachement servile à la lettre ne peut qu'être préjudiciable à l'esprit qui souffle librement dans la pensée mystique (2 *Cor.* 3:6).

[214] Paul, dont la formule, devenue proverbiale, flétrit le culte d'une lettre qui tue (2 *Cor.* 3:6), y a sacrifié quelquefois, à l'instar des rabbins dont il fut l'élève, en l'allégorisant (*supra*, p. 3-6, 7 ss., 42 s., 117 s.). La liberté de l'allégorie peut alors s'associer curieusement à celle de l'esprit qu'elle entrave le plus souvent, comme il apparaît dans l'exégè très rabbinique du récit d'Agar et Ismaël (*Gen.* 16:15; 21:9 ss.), ou du terme σπέρμα, en *Gal.* 3:15 ss. et 4:21 ss. Le texte n'est alors qu'un prétexte, en dehors de tout souci critique à l'endroit d'une tradition que l'on admet sans discussion.

C'est dans une perspective semblable que les évangélistes citent l'A.T. pour étayer de son autorité qu'on ne discute pas, la foi nouvelle. D'une manière générale, ils respectent la lettre, telle qu'elle leur est connue, telle qu'ils s'en souviennent. Mais l'usage qu'ils en font à titre de *testimonia* ou *dicta probantia* est extrêmement libre et parfois fantaisiste. Il n'empêche qu'ils attachent à ce qu'ils croient en être la réalisation un caractère de nécessité marqué dans la combinaison du τὸ 'ρηθέν et du δεί : il est dit ou il est écrit et

Si Jésus, selon *Matth.* 5:17, est venu non pour abolir, mais pour accomplir, il faut saisir dans le texte et dans le contexte, ce qu'est cet accomplissement [215]. Une perspective symbolique et mystique le fait mieux apparaître qu'un tracé logique et rationnel. A l'approche du Royaume annoncé, tout ce que Dieu a voulu et suscité autrefois devient clair et se révèle dans l'Évangile comme accompli, parachevé, épanoui, transfiguré. Aussi Jésus peut-il poursuivre : « Vous avez entendu qu'il a été dit, ... mais moi je vous dis ... » (*Matth. 5:*21 s., 27 s., 31 s., 33 s.,

---

il faut. (Cf. 2e partie, chap. sur le lien des 2 Testaments). Un exemple saisissant et choquant de ce déterminisme scripturaire se trouve en *Jean, 19*:28, où la soif ardente du crucifié agonisant est interprétée comme l'accomplissement d'une prophétie. Dans la même perspective, des gestes ou des paroles acquièrent une signification typologique sans même que leurs auteurs en aient la moindre conscience, et quelquefois sans autre lien qu'une association fortuite ou de pure imagination (cf. *Esqu. de typol. comp., op. cit.*, p. 38).

Il est difficile de préciser jusqu'où les évangélistes ont prêté à Jésus une mentalité qui, avec plus ou moins de rigueur, était générale à l'époque (cf. l'arbitraire, d'une part du commentaire qoumranien d'Habacuc, et, d'autre part, des interprétations philoniennes). Il semble, à certains traits, que Jésus, avec l'indépendance et la liberté d'esprit qui le caractérisent, ait, au contraire, réagi contre les excès littéralistes et conformistes de cette mentalité. Son jugement sur le sabbat en est un exemple typique, à l'inverse des Qoumraniens esclaves de la lettre. On y reviendra dans la *seconde partie*, en examinant de plus près la relation entre les deux Testaments.

[215] Le sens discuté du $\pi\lambda\eta\rho\hat{\omega}\sigma\alpha\iota$ de *Matth. 5:*17, dans un contexte embrouillé, ne peut être approché qu'en élargissant ce contexte du $\kappa\alpha\tau\alpha\lambda\hat{\upsilon}\sigma\alpha\iota$ antithétique, dans le même verset, au $\dot{\epsilon}\gamma\dot{\omega}$ $\delta\dot{\epsilon}$ $\lambda\dot{\epsilon}\gamma\omega$ $\dot{\upsilon}\mu\hat{\iota}\nu$ six fois répété du verset 22 au verset 44. Cela n'exclut pas la recherche du terme araméen correspondant, mais est plus sûr. A l'examen de ces divers facteurs, il paraît difficile de nier que « la loi et les prophètes » soient visés par le « mais moi je vous dis », à travers ce qui en est dit, entendu ou compris. L'accomplissement, dans ce cas, ne peut être, semble-t-il, qu'en esprit, dût la lettre en pâtir dans certains cas, celui du sabbat, entre autres et en plus de ceux impliqués dans le contexte. L'accomplissement ici n'est pas l'application d'une règle ou l'exécution d'un programme ; il n'est pas davantage un complément, une adjonction, comme le suggère, peut-être ironiquement le *Talmud* (*Schab.* 116 b : Moi, l'Évangile, je ne suis pas venu ôter quelque chose à la Loi de Moïse, mais y ajouter). Cet accomplissement doit être pris dans le sens du développement normal, de l'explicitation et de l'épanouissement de ce qui était en germe dans l'A.T., selon le dessein même de Dieu. De ce point de vue, la perspective est analogue à celle des paraboles de croissance, et notamment à celle du grain de moutarde (cf. *supra*, p. 128 s., n. 177).

L'exégèse traditionaliste s'en tient habituellement au sens de l'application d'une part, et, d'autre part, elle minimise ce que le « mais moi, je vous dis » suggère d'original, de neuf, peut-être de révolutionnaire. Certains qui écartent cette suggestion, en attribuent la paternité non à Jésus, mais à l'évangéliste ; le contraire semble plus plausible. Cf. Delling : $\pi\lambda\dot{\eta}\rho\eta\varsigma$, *T.W.* ; VI ; 288-309.

38 s., 43 s.) [216]. Il arrive aux évangélistes, et spécialement au quatrième, d'attribuer à certains textes, à certains actes, un sens typologique dont leurs auteurs n'ont certainement pas eu la moindre conscience, et quelquefois, sans autre lien qu'une association fortuite ou de pure imagination [217]. Il est difficile de préciser jusqu'où les évangélistes ont prêté à Jésus une mentalité qui, avec plus ou moins de rigueur, était générale à l'époque. Il semble, à certains traits, que Jésus, avec l'indépendance et la liberté d'esprit qui le caractérisent, ait, au contraire, réagi contre les excès littéralistes et scolastiques de cette mentalité [218].

---

[216] M. J. Lagrange, en commentant *Matth. 5:21*, dans la série *Études bibliques*, Paris, Gabalda, 1941 (5e éd., p. 97) prend position « contre les protestants » lesquels, par littéralisme, se refuseraient à admettre que la Loi elle-même ait pu être visée par le « mais moi, je vous dis ». C'est une généralisation hâtive et qui surprend après un reproche inverse fait à Luther (p. 93). Il est vrai, toutefois, que le respect du texte revendiqué par la Réforme, d'accord sur ce point avec la Renaissance (*supra*, p. 11 ss.), prêtait au culte de la lettre, et que la tradition protestante n'y a pas manqué, tant il est difficile de trouver l'équilibre après une rupture, si justifiée fût elle.

[217] L'inconscience des comparses ou figurants dans le drame sacré dont Jésus est l'acteur clairvoyant, est l'un des traits typiques de ce Livre des signes (*The Book of Signs*, in Dodd : *The Interpr. of the 4th Gospel, op. cit.*, p. 297 ss.) et des *quiproquo*, que représente le 4e évangile. Ainsi, dans le récit des *Noces de Cana*, ceux qui seraient normalement les principaux intéressés n'y comprennent rien. L'aporie du chef de table est totale et s'exprime comiquement, mais, en même temps, prophétiquement (*Jean, 2:9* ss.). Il en est de même pour *Caïphe* (*J. 11:49-53*). Grand-prêtre et Sadducéen féru de libre-arbitre, il annonce involontairement, sans même s'en rendre compte, la fin de son sacerdoce par le sacrifice unique et rédempteur de Jésus pour tous. Le mot de Caïphe est rappelé au cours du *procès juif*, pour en démasquer la parodie de justice et le sens caché (*18:14, 28*). De même dans le *procès romain*, les réponses, les décisions apparentes de *Pilate* ont une signification qu'il ignore. Dans sa bouche, l'*Ecce homo* (*19:5*), accentué sans doute par le geste et l'intonation, a la vulgarité d'un : Voici l'individu, le type... ! Pris dans un événement qui le dépasse, Pilate n'est qu'un fantoche dont les efforts pour délivrer Jésus ne peuvent aboutir. Il l'est à tel point, comme les autres comparses du Mystère sacré, que, suprême ironie, le sens même de ses mots lui échappe et que, douteur de toute vérité, il profère, sans le savoir, celle-ci qui est essentielle : *Voici l'Homme* ! (Cf. H. Clavier : *L'Ironie dans le 4e évang.* in *Stud. Évang.*, p. 262-276, *T.U.*, 1959; *Les sens mult. ds. le N.T.* in *N.T.*, vol. II, p. 190 ss., 1958; *Esqu. de Typ., op. cit.*, p. 38). Cf. encore, *ibid.* : *la robe sans couture* (*J. 19:24*) : ἵνα ἡ γραφὴ πληρωθῇ, le titulus de la croix (*J. 19:19-22*).

[218] Cf. *supra*, p. 138 s., n. 214. La connaissance que Jésus avait des Écritures et sa méditation lui permettaient, sans doute, d'associer fréquemment ses propres faits et gestes, ceux de ses interlocuteurs, sa vocation, son ministère à tel épisode, à telle parole de l'A.T. Il pouvait dire, selon l'évangéliste, mais plus librement que lui : Sondez les Écritures, elles témoignent de moi (*J. 5:39*). Mais on ne voit pas le Jésus du ἐγώ δὲ λέγω (*Mt. 5:22, 28, 32, 34, 39, 44*) et de tant de paroles ou d'attitudes souverainement libres, asservi aux préjugés déterministes ou aux systèmes typologiques de son temps.

C'est le cas de Paul quand il échappe, sous le coup de l'inspiration, à l'emprise d'une tradition et d'une éducation rabbiniques [219]. On voit alors, jusqu'à son style, à quel point il est saisi et libéré.

L'effet « littéraire » d'une impulsion mystique se constate, comme ailleurs, dans l'Ancien Testament, où les prophètes et les Psaumes en offrent maints exemples [220]. Mais il est particulièrement remarquable quand la langue maniée par l'inspiré n'est pas sa langue maternelle, et c'est le cas de Paul. Son grec est quelquefois embarrassé, gauche et pesant, notamment dans ses argumentations rabbiniques. Il est d'autant plus saisissant d'assister, parfois presque sans transition, au maniement génial d'une langue qui, libérée d'entraves, s'adapte aux finesses d'une pensée profonde, comme aux élans et aux visions mystiques [221].

Conclusion

Ainsi, le courant mystique n'est pas comme un fleuve au cours délimité et contrôlé. Moins que tout autre, il n'est réglementé ; il déborde souvent de ses rives, mêlant à d'autres ses eaux vives. Tous les courants bibliques, jusqu'à celui de la Sagesse, à première vue le plus distant, en sont plus ou moins affectés. C'est par là que leurs théologies peuvent le mieux échapper aux ratiocinations abstraites d'une scolastique sacrée. Cela est vrai, principalement, du courant cultuel où les infiltrations mystiques se sont heurtées aux cristallisations ritualistes, ou dogmatiques. Le courant sapiential, moins ample, était menacé par d'autres fixations dont l'infusion mystique a pu le préserver, mais non sans risques. Trop abondante, elle faisait déborder la Sagesse en Gnose, à l'époque du Nouveau Testament qui a dû s'en garder, et bien au-delà, en milieux juifs ou plus ou moins christianisés [222].

---

[219] Cf. *supra*, p. 138 s., n. 214.

[220] Cf. *supra*, p. 111 s., 115 s. Parmi les nombreux psaumes dont la beauté littéraire a toujours été reconnue, et d'inspirée, est devenue inspiratrice, on peut citer, entre autres, les *Ps.* 1, 19, 23, 27, 32, 42, 47, 51, 55, 68, 90, 103, 104, 121, 130, 139, etc. Cf. R. E. Prothero : *The Psalms in human life*, p. 13 ss., 168 ss., 235, 268 ss., London, Nelson, 1903.

Une inspiration tout à la fois prophétique et mystique se traduit en beauté littéraire dans la scène de la vocation d'*Ésaïe* (6), de *Jérémie* (1), d'*Ézéchiel* (1), et dans bien d'autres textes où la foi passionnée du prophète anime le ton, le style des oracles qu'il profère au nom de Yahweh.

[221] Cf. *supra*, p. 117 s., et H. Cl. : *Méthode et inspiration chez Paul, op. cit.*, p. 185.

[222] Le courant sapiential n'apparaîtra ici que dans ses confluences avec d'autres plus amples (cf. *infra*, p. 168 ss.). Ses déviations gnostiques se sont parfois produites à partir de la Bible, mais n'y ont guère trouvé place, bien au contraire. Favorisées par les contacts

Ce que peut être essentiellement une théologie mystique, on l'a constaté dans les faits ; il suffira de le rappeler sommairement, en quelques traits. Comment elle peut agir sur d'autres, on le prévoit, et l'on s'en rendra compte en suivant de près les courants majeurs.

1. *Caractère et grands traits d'une théologie mystique*

Du point de vue adopté au commencement de ce chapitre, le mysticisme se caractérise par une recherche de communion qui se médite et se réfléchit en pensée mystique. Cette pensée devient, à proprement parler, théologique lorsque la quête de communion et la réflexion consécutive sont orientées vers le divin. Ici, comme on l'a vu, s'ouvrent deux voies principales : celle d'une communion par fusion, celle d'une communion personnelle. La première attire l'attention par ses accidents de parcours, que l'on appelle « états mystiques », et qui la font dévier vers une théologie panthéistique. La notion de Dieu en est pénétrée ; celles du monde, de l'homme et de leur destinée, qui en dérivent, en sont profondément affectées. On a vu que cette voie, malgré certaines échappées ou risques de déviations, n'était pas celle de la théologie biblique.

La seconde voie, où le spectacle et la sensation ne viennent pas frapper le regard [223], aboutit à une théologie où la quête de communion, si intime soit-elle, est comprise dans un contexte où la personne humaine, comme la personne divine sont respectées.

2. *L'apport de la théologie mystique à une théologie biblique*

La communion personnelle avec un divin qui soit Dieu imprimera le cachet mystique aux formes variées de la théologie biblique. Le message prophétique en sera pénétré. Les synthèses cléricales du culte et leurs théologies n'auront encore quelque souplesse et quelque vie que dans la mesure où l'âme de mysticisme qui pouvait y souffler n'en aura point été expulsée. Le courant sapiential que l'on rencontrera occasionnellement dans ses confluences avec de plus abondants, semble, au premier abord, intellectuel et rationnel par essence ; ses gonflements sont tempérés dans l'Ancien Testament par la foi en la sagesse suprême

---

hellénistiques jusque dans le judaïsme, elles ont menacé le christianisme naissant qui s'en est défendu, dès le N.T. Cf. *infra*, p. 143, n. 224 ; 168 ss.

[223] Cf. *Luc*, *17*:20 s.

et souveraine de Dieu. C'est de celle-ci, la Sagesse, que le mysticisme s'empare pour en faire presque une hypostase, ce qui s'effectuera dans les gnoses post-bibliques [224].

---

[224] La sagesse dans la Bible, la חכמה va de l'habileté, de la simple dextérité, à la culture, à la science. Le sage sera l'homme avisé, mais instruit, cultivé, qui aura sa place et jouera son rôle dans la société. Sa connaissance vient de Dieu qui la lui fait entendre par sa parole. Comme le note Bultmann avec pénétration (art. γινώσκω, γνώσις, etc., in *T.W.*, I, p. 696 s.), c'est là une différence importante avec la pensée grecque où l'intelligence est mise en relation avec le sens de la vue plutôt que de l'ouïe. Ainsi, pour un Hébreu, connaître ne consiste pas à voir, jusqu'à pénétrer du regard la chose en soi, dans une extase mystique, mais à saisir la relation du sujet à l'objet, dans une écoute intelligente de la parole de Dieu (cf. H. Clavier : *Recherche exégét. et théol. sur la notion paulin. d'Épignosis*, p. 49, in *Stud. Évang.*, *T.U.*, 1973). La distance, considérable à l'origine, entre les deux attitudes, entre les deux approches de la connaissance, tend à se réduire, au prix de nombreux compromis, et quelquefois à s'effacer dans les syncrétismes judéo-hellénistiques.

Déjà dans la Grèce classique, l'intelligence des réalités suprêmes était acquise dans une intuition mystique, dans cette espèce de folie divine (θεῖα μανία) qu'est l'extase platonicienne (*Platon : Phèdre*; cf. H. Cl. : *L'Exp. de la V.É.*, op. cit., p. 38 ss.). La recherche de cette vision directe n'est pas autorisée dans la Bible où ce qu'on nomme une « théophanie » est au second degré, par objet ou personne interposés. Dans le cas d'Ésaïe, où elle arrive soudainement, elle doit être aussitôt neutralisée (*Ésaïe, 6*:6 s.; cf. *supra*, p. 105, 115). Tandis que le sage hellène vise à la θεωρία, au spectacle divin de ce qui est éternel (τὸ ἀεὶ ὄν), le sage hébreu se met à l'écoute du Dieu personnel, qui parle dans le temps et lui révèle ses desseins. C'est de ce Dieu, seul Sage totalement, que procède toute vraie sagesse (*Ésaïe, 31*:2, etc.; comp. *Rom. 16*:27). C'est de Lui que Joseph, par exemple, a tiré la sienne (*Gen. 41*:39). Mais, quelle que soit l'abondance, ou l'intelligence, de la sagesse ainsi gratifiée, elle ne permet pas à l'homme le plus sage de percer les mystères de Dieu : nul n'a siégé au conseil de Dieu (*Jér. 23*:18). Cette incapacité radicale va s'atténuer sous l'influence des courants philosophiques et mystiques de l'hellénisme. Des gnoses nombreuses et variées en découleront.

La « théologisation » croissante de la σοφία va tourner à la théosophie gnostique, soit par dédoublement hypostatique de la Sagesse divine, soit par intériorisation du processus de communication de la sagesse au sage. Les deux voies ne sont qu'entrouvertes dans les *Proverbes*, où la Sagesse est personnifiée, mais littérairement (*Prov. 8*), où l'amour quasi-conjugal dont elle est l'objet, a comme repoussoir les appâts de la courtisane (comp. *Prov. 4*:6; *8 passim* à *7*; *9*:13-18). Avec les écrits sapientiaux grecs, de traduction (Sirach) ou d'origine (Sapience), ces traits sont plus accusés, surtout en ce qui touche la συνουσία, l'union mystique dans l'amour, de la Sagesse et de Dieu, de la Sagesse et du fidèle. Cf. *Sir. 4*:11 s.; *14*:22-27; *15*:2; *Sap. 7*:28; *8*:2, 16. Un mythe de la Sagesse s'est ainsi ébauché, qui, dans les gnosticismes proprement dits, tournera en mythologies complexes. La part du judaïsme à cette préparation, c'est-à-dire un pré-gnosticisme, est beaucoup plus grande qu'on ne l'imaginait autrefois. Elle s'est manifestée non seulement à Alexandrie, avec *Philon*, mais en Palestine, avec les *apocalypses* et à *Qoumrân* où le *Maître de Justice* » versé dans tous les Mystères de la connaissance, « fait presque figure de « hiérophante » ou de

Quant à la théologie biblique elle-même, en tant que recherche et discipline indépendante, on a noté (*supra*, p. 14 s.) qu'elle était apparue en milieu piétiste, ce qui est significatif. Une piété vivante est toujours personnelle, et donc libérée, en une certaine mesure, des entraves conventionnelles ou des doctrines officielles. C'est une observation générale qui se vérifie jusque dans les Églises où la discipline est la plus contraignante et le dogme le plus rigide [225]. Le risque opposé, celui des interprétations particulières et des théologies fantaisistes, n'a pas manqué de sévir et d'exercer ses ravages en milieu piétiste. On y voit surgir également, sous la forme d'un biblicisme dogmatisant, un dogmatisme scolastique aussi ruineux que d'autres pour la libre recherche et la vie mystique elle-même. C'est pourtant là où cette vie est fervente que la pensée a le plus de chances d'approcher la vérité, en courant l'aventure de la liberté.

---

parfait gnostique (Dupont-Sommer, *op. cit.*, p. 372). Cf., entre autres : R. Bultmann : *art. cit.* (γινώσκω...); Wilckens-Fohrer : σοφία, in *T.W.*. Bd. VII, p. 465-529; L. Cerfaux : *Gnose pré-chrét. et bibl.* in *D.B.P.*, vol. III, 1938; G. W. Mc. Rae : *The Jewish Background of the Gnostic Sophia Myth*, in *N.T.* (*Nag Hammadi Stud.*), p. 86 ss., L.B. 1970, et Malcolm L. Peel : *Gnostic Eschatology...*, *ibid.*, p. 141 ss.

[225] Ainsi, dans l'Église romaine, certains mystiques ont fait preuve d'une surprenante indépendance, dans leur conviction d'être en relation personnelle avec Dieu. Ce fut le cas de Catherine de Sienne dans ses propos, et dans ses *Dialogi de providentia Dei*. Cf. Zöckler : *Katharina von Siena*, in *Herzog-Hauck Realencykl. Bd.* 10, p. 190.

CHAPITRE III

LE COURANT PROPHÉTIQUE DANS LA PENSÉE BIBLIQUE

Proche du courant mystique, mais distinct, quoique souvent alimenté par les mêmes eaux, le courant prophétique est le plus fort, dans l'Ancien Testament, et davantage encore dans le Nouveau.

1. *Quelques traits caractéristiques du Prophétisme*

Le mysticisme, tel qu'on l'a conçu, est la recherche, l'obtention ou la grâce d'une communion divine. Il est donc à la source de toute vie religieuse. Il est essentiellement, « existentiellement », individuel, quelles que soient les affluences, confluences et dérivations collectives [1]. La « quête mystique » s'achève dans un état de paix ou de joie qui peut aller, quand tout contrôle est suspendu, de la jouissance quiétiste ou de l'apathie [2] jusqu'à la jubilation délirante. Le langage, quand il se fait entendre dans ces états d'extase, est plus ou moins « glossolalé » [3]. La tendance générale en Israël, sous le chef de Yahweh, Dieu transcendant, créateur, personnel et saint, était de contrôler ce mysticisme dans toutes ses expressions, dans la piété, le culte ou la prophétie [4].

Le prophétisme comporte essentiellement la quête et la réception d'un message, non tant pour soi que pour d'autres, un message à transmettre. L'intention et le but ont un caractère social marqué. Le message, le « kerygme », au nom d'une Sagesse ou d'un Pouvoir surnaturels, doit être proclamé pour prendre effet dans l'attitude religieuse et le comportement social, économique, politique d'individus dans une société donnée. Cette proclamation n'est pas une simple prédication, au sens courant du terme, mais un oracle divin qui suppose une inspiration spéciale, une révélation et une explication accessibles à ceux qui en

---

[1] Sur le prophétisme en général, en dehors de la Bible, cf. A. B. Davidson : *Prophecy and Prophets*, in *Hust. Dic. of the Bible*, vol. IV, p. 106 ss.; A. Westphal : *Prophètes*, in *D.E.B.*, II, 456 ss.; L. Ramlot : *Prophétisme*, in *D.B.P.*, VIII, p. 811 ss.; Krämer, Rendtorff, Meyer, Friedrich : προφήτης... art. & bibliograph. in *T.W., Bd.* VI, p. 781-863; C. Westermann : *Propheten*, in *B.H.H.*, III, 1496 ss.

[2] Cf. *supra*, p. 96 ss.

[3] *Ibid.*, p. 106.

[4] *Ibid.*

seront informés. Leur présent et leur avenir en dépendent. On peut dire, sans anachronisme, qu'il y a dans le schéma prophétique, un élément de « futorologie », avec une part de clairvoyance et de divination qui prêtent à certaines confusions [5]. La vision d'avenir peut s'étendre bien au-delà du temps actuel, jusqu'aux lointains messianiques, apocalyptiques, eschatologiques. Interprète de signes et de messages mystérieux, le prophète est un révélateur, un agent de lumière [6], de connaissance, mais aussi de puissance. Il communique une force, une énergie surnaturelle, ou la déploie, telle qu'il l'a reçue, à la stupeur et à l'effroi de ses opposants. Le réconfort qu'il apporte aux uns est un dynamisme, pour d'autres terrifiant.

Il semble que ces traits ressortent, en dessins variés, du prophétisme concret, tel qu'il existait diversement, mais non sans relations, dans les pays et chez les peuples qu'Israël a cotoyés ou fréquentés : en Suméro-Babylonie, en Égypte, en Canaan, en Iran, puis dans le monde hellénistique [7]. Les parallèles sont instructifs entre ces milieux différents, dont certains récemment explorés [8]. Ils le sont avec Israël, avec la Bible dont ils font ressortir, par contraste, les caractères distinctifs et l'originalité plus que la dépendance, bien que celle-ci puisse être parfois reconnue. Le crédit attribué à la divination et à sa technique est un point de repère sur la ligne de démarcation. Considérable ailleurs, ce crédit est souvent contesté et condamné dans la Bible [9], sans préjudice, au demeurant, de la clairvoyance et des révélations accordées au prophète, et communiquées par lui. Les techniques divinatoires [10], nombreuses et complexes en Assyro-Babylonie, et dans toute l'Asie [11], ne l'étaient pas en Égypte [12]. Une sorte de sagesse à perspectives poli-

---

[5] Le pro-phète, $\pi\rho o$-$\phi\acute{\eta}\tau\eta s$, celui qui parle avant ou devant, peut être envisagé comme un devin ou comme un témoin, celui qui prédit ou celui qui professe. Il peut être aussi l'un et l'autre, diversement.

[6] Agent de lumière, le prophète le serait, même étymologiquement, si l'on considère que les racines $\phi\acute{a}\omega$, $\phi a\acute{\iota}\nu\omega$, d'où procède $\phi\eta\mu\acute{\iota}$, suggèrent une clarté, un rayonnement, une révélation.

[7] Cf. *supra*, p. 115, n. 1. Add. *Prophecy...* in *General Index*, E.R.E.

[8] Sur les fouilles de Mari, et notamment du prophétisme à Mari, cf. A. Parrot : art. *Mari*, in B.H.H., II, 1150, avec *Biblio.*; Ch. F. Jean : *Mari*, in D.B.P., vol. V, c. 883-905.

[9] Cf. A. Westphal : *Divination*, in D.E.B., I, p. 301 ss., et parmi les textes de mise en garde ou d'interdiction : *Lév.* 19:26, 31 ; *20*:6 ; *Deut.* 18:10 s. Cf. *supra*, p. 101.

[10] *Ibid.*; art. *Divination*, in E.R.E., vol. 4, p. 775-830 ; Westermann : art. cit. in B.H.H., III, col. 1497 ss.

[11] *Ibid.*; Ramlot : *Proph. (Égypte, Mésopot., Mari, Canaan)*, art. cit.

[12] *Ibid.*

tiques, et parfois messianiques y ressortait, sur un fond d'espérance eschatologique d'une rare intensité. L'extase n'était pas recherchée, non plus, semble-t-il, qu'à Sumer. Le même genre de civilisation agricole y favorisait un souci analogue d'utilité positive dans une vie que l'on souhaitait aussi revivre concrètement. La documentation présente ici des lacunes; elle s'est, par contre, enrichie récemment à *Mari* [13] où des oracles d'un vif intérêt ont été découverts et comparés aux oracles bibliques. Ces parallèles sont parfois éclairants jusqu'à la sortie de l'exil, où l'Iran libérateur exerce une action certaine sur les apocalypses juives et l'eschatologie biblique [14].

2. *Caractères distinctifs du prophète biblique*

Le prophète biblique est porteur, comme d'autres, d'un message dont il est inspiré, et qu'il doit délivrer. Ce qui le distingue, c'est la conviction d'être saisi par une personne divine, à nulle autre pareille, et qui l'oblige à parler en son nom. Il ne s'agit pas d'une puissance occulte et indéterminée, d'un esprit vaguement personnel, ni même d'une divinité entre autres, mais d'un dieu caractérisé par des attributs spirituels et moraux, d'un dieu toujours le même, et qui sera pour tous l'unique et seul vrai Dieu [15].

a) *Les prophètes d'Israël*

Le prophète est désigné dans l'A.T. par plusieurs termes assez généraux pour pouvoir être appliqués à n'importe quel inspiré, voyant ou clairvoyant [16]. Mais, par rapport à Dieu qui l'envoie, il sera son envoyé, son héraut, son messager, son interprète, son serviteur, l'homme de Dieu [17]. Par rapport à son peuple, auquel il est envoyé, il sera un gardien, un berger, un veilleur [18].

Au temps des patriarches, c'est eux qui exerçaient toutes ces fonctions, dans le cadre de la famille, du clan, de la tribu [19]. Cela n'excluait

---

[13] *Ibid.* et *supra*, n. 8, 11.
[14] Cf. *infra*, p. 214-215.
[15] Cf. *supra*, p. 85 s.
[16] Cf. *supra*, p. 100 s., où les termes de *nabi* et *rô'eh* sont analysés; il faudrait y adjoindre celui de *h'ôzeh* qui met l'accent sur la voyance, à peu près comme *rô'eh*, tandis que *nabi* évoquerait la voix qui annonce et qui clame. Cf. Rendtorff προφήτης, art. cit. in *T.W.*, p. 796-810; Ramlot: *Prophét. (terminologie)*, art. cit. in *D.B.P.*, VIII, c. 924-943.
[17] *Ibid.* : homme de Dieu, homme de l'Esprit, serviteur de Dieu.
[18] *Ibid.*
[19] Cf. A. Causse: *Du groupe ethnique...*, *op. cit.*, p. 27. Il semble, néanmoins, à lire

pas l'intervention ou la consultation occasionnelles d'inspirés venus d'ailleurs. Tel fut, selon la tradition, *Melchisédec* [20], ce personnage mystérieux, auquel Abraham rendit hommage après sa victoire sur les rois. Cet épisode mentionné brièvement en *Gen. 14*:18-20, a été grossi démesurément et a donné lieu à d'innombrables commentaires dans le Judaïsme, puis dans le Christianisme. Les fonctions royales, sacerdotales et prophétiques sont associées en sa personne. Elles le sont encore mieux dans celle de *Moïse* [21], gratifié de la plus haute

---

un texte tel que *Gen. 25*:22, où Rébecca va consulter Yahweh, que, dès les temps patriarcaux, il y ait eu, pour rendre les oracles divins, des conseillers autres que le père ou le mari. Il s'agit là d'usages fort anciens, et qui remontent bien en-deçà de la préhistoire d'Israël. Il se perpétuent jusqu'à nos jours, non seulement chez quelques peuplades encore peu évoluées, mais chez tous ceux qu'une mentalité archaïque mène aveuglément chez la voyante, le mage, ou autre moderne « chaman » à la mode du jour (cf. *supra*, p. 99, n. 18, 23).

Il est donc vraisemblable que les Hébreux aussi connaissaient, dès l'origine, et consultaient de tels personnages, que l'on croyait en rapport spécial avec le divin ou la divinité. S'ils étaient attachés à quelque lieu particulier, que l'on sacralisait, c'est là que l'on venait quémander leurs oracles et les recevoir selon des formes plus ou moins rituelles. Ainsi, pouvaient-ils, virtuellement, tenir du devin, du prophète et du prêtre. Si la *thora* veut dire, à l'origine, un jet, un sort jeté, selon l'étymologie adoptée par Wellhausen et d'autres, un rapprochement serait à faire avec les *Urim et Thummim* que le grand prêtre portait dans le pectoral de l'*ephod*, et dont il se servait, en certaines occasions, pour consulter Yahweh. Étaient-ils des fléchettes, des galets bicolores, des lettres gravées sur pierre, ou quoi que ce soit d'autre que l'on ait supposé? Il semble bien qu'on les jetait comme les dés, les jonchets, ou des pièces de monnaie à pile ou face. Le sens premier: *jeter* est, d'ailleurs, discuté, bien qu'il apparaisse assez nettement en *Jos. 18*:6, et ailleurs pour désigner un jet de flèche. La racine ירה peut vouloir dire aussi: montrer du doigt, montrer le chemin, instruire. Dans la LXX, les Urim et Thummim sont, très librement, traduits par: $δήλωσις καὶ ἀλήθεια$ (*Ex. 28*:26), ou $τὴν κρίσιν τῶν δήλων$ (*Nb. 27*:21). Cf. R. Bultmann: $δηλόω$, in *T.W.*, II, p. 61; R. Press: *Urim und Thummim*, in *B.H.H.*, III, c. 2066, et *Biblio.*; A. R. S. Kennedy, J. Paterson: *Urim and Thummim*, in *Hast. Dic. of the B.*, Rev. ed., 1963, p. 1019 s.; Ad. Lods: *Les Prophètes d'Israël*, p. 154 (*Évol. de l'Humanité*), Paris, Albin Michel, 1935.

[20] *Melchisédec*, à qui Abraham a payé la dîme, roi et prêtre du Très-Haut, pouvait être également, au niveau supérieur, l'un de ces prophètes-devins. Quoi qu'il en soit du fond historique ou mythique de ce mystérieux épisode, il a laissé des traces profondes dans la tradition. *Philon* poussait l'interprétation allégorique jusqu'à faire de Melchisédec un antitype du Logos qui préside au repas spirituel de l'âme. Pour l'auteur de l'épître aux *Hébreux*, le Logos étant incarné en Christ, Melchisédec devient une figuration de l'un dans l'autre. Cf. *Ps. 10*:4; *Hb. 5*:6-10; *6*:20; *7*:1-17 ss. Cf. art. Melchisédec dans divers *Dic. Bibl.* Cf. Michel: $Μελχισεδέκ$ in *T.W.*, IV, 573 ss.

[21] *Moïse*, d'après la tradition de l'A.T., développée dans le judaïsme rabbinique ou alexandrin, réunissait, plus que tout autre, en sa personne, les dons et les fonctions

inspiration : celle du Dieu vivant ; médiateur entre Dieu et le peuple dont il est l'organisateur, le conducteur, le chef. Sa vocation, telle qu'elle est contée en *Exode 3*, présente des traits que l'on retrouvera dans d'autres vocations prophétiques : *l'horreur sacrée* chez *Ésaïe* [22], la *mission* déterminée chez tous [23], l'hésitation et l'essai de se récuser chez *Jérémie* [24]. Moïse est appelé à délivrer son peuple, à épurer sa foi, à définir son culte, à lui donner sa *Loi*, en lui révélant qui est *Yahweh*, quelles sont ses exigences et les desseins qu'il a sur Israël [25]. A en juger sur la tradition dominante, Moïse offrirait le modèle d'un prophétisme assez puissamment inspiré pour devenir inspirateur, mais sans excès d'extases. Néanmoins, le rayonnement de son visage, à sa descente du Sinaï [26], est caractéristique d'un état de ravissement. D'après *Nomb. 12*:6-8, Moïse n'est pas un *nabi* ordinaire, de ceux à qui Yahweh se manifeste en vision et en songe ; avec lui, Yahweh parle sans énigmes, directement, « comme un homme avec son ami » (*Ex. 33*:11). Et pourtant, selon le curieux épisode de *Nomb. 11*:24-30, Yahweh descend de la nuée, prend de l'esprit qui était sur Moïse et le met sur soixante dix anciens qui commencent à prophétiser. Cette sorte de contagion fait penser à celle de *Saül* avec la troupe des prophètes (1 *Sam. 10*:10 ss.) que l'on appelait autrefois : voyants, d'après 1 *Sam. 9*:9. Samuel,

---

prophétiques, sacerdotales, royales. En recueillant cette tradition, le N.T. a fait de lui le personnage-clef de l'ancienne alliance par rapport à la nouvelle, où le Christ assumera, plus complètement, toutes ces fonctions. Cf. Wayne A. Meeks : *The Prophet-King, Moses tradit. and the Johann. christol.*, passim et biblio., Leiden, Brill, 1967.

[22] Cf. *És. 6*:5-7 ; cf. *supra*, p. 105 s , n. 52, 54 ; p. 107, n. 67.

[23] L'ordre de mission suit toute vocation biblique, celle des Juges, comme *Gédéon* (*Jg. 6*:11-24), celles de tous les prophètes. N. Habel : *The Form and Significance of the Call Narratives* in Beihefte zur Zeitschrift für die alttestamentliche Wissenschaft (*BZAW*) LXXVII, p. 297-323, Berlin, A. Töpelmann, 1965, trouve dans les récits bibliques deux types de vocation, toujours accompagnés d'un ordre de mission : le type Gédéon-Moïse, Jérémie, le type Ésaïe-Ézéchiel caractérisé par une théophanie. Le schéma général serait le suivant : 1º L'appel divin ; 2º l'assistance divine assurée ; 3º L'ordre de mission ; 4º Les réticences de l'appelé ; 5º La confirmation de l'appel et du secours divins ; 6º Le signe de cette confirmation.

[24] Cf. *Jér. 1*:6. *Comp.* les réticences de *Moïse* (*Ex. 4*:10, 13), de *Gédéon* (*Jg. 6*:15), la terreur d'*Ésaïe* (*És. 6*:5), l'amertume et le silence d'*Ézéchiel* (*Éz. 3*:14 s.).

[25] On mesure la distance qui sépare la vocation de prophète et les détails minutieux de la législation du Lévitique, et l'on comprend que les exégètes aient eu du mal à réduire cet écart, sans recourir, comme *Philon*, aux tours de force ou de passe-passe de l'allégorie.

[26] Cf. *Exode, 34*:29-35, et l'application que Paul en fait pour marquer le contraste entre l'ancienne alliance et la nouvelle qui fait tomber le voile dont Moïse se couvrait le visage, et passer librement de la lettre à l'esprit (2 *Cor. 3*:7-18). Cf. *supra*, p. 111 s.

l'homme de Dieu, le Prophète, était donc aussi le visionnaire, le Voyant (*ibid.*). Cette confusion nous ramène aux origines du prophétisme hébreu et aux influences qu'il a pu subir entre temps. La plus inquiétante, et de beaucoup, s'est produite lors de l'installation en Canaan [27]. Le Yahwisme a dû mener surtout, sinon exclusivement, contre elle un rude et tenace combat [28].

L'existence antérieure, « au désert », avec ses restrictions inévitables et son ascétisme commandé par les circonstances, était peu favorable aux débordements d'un nabisme en délire [29]. Elle n'excluait sans doute pas des extases, mais purement mystiques, spontanées, relativement sobres et sans excès [30]. Il en allait autrement en Canaan où le nabisme du cru s'excitait en gesticulations et en orgies. C'est contre lui et sa contagion que se dressent et tonnent les prophètes de Yahweh. La scène du *Carmel*, au plus fort du conflit, fait ressortir, sur un fond dramatique, la grande figure d'*Élie* [31].

D'autres apparitions d'une saisissante grandeur ont surgi avant lui : *Samuel* sacrant Saül et, plus tard, lui signifiant le jugement de Yahweh (1 *Sam. 10*:1 ss. ; *15*:17 ss.) ; *Nathan* devant David adultère et meurtrier (2 *Sam. 12*:1 ss.). Aucune de ces figures de proue, si l'on en excepte Moïse, moins exclusivement, moins typiquement prophète, n'a marqué autant qu'Élie dans l'imagination et la tradition populaires. Il a été l'Élie d'un passé dramatique ; il restera « l'Élie qui doit venir » [32]. Prophète

---

[27] Cf. *supra*, p. 90 ss., 98 ss.

[28] Sans charger Canaan et les populations cananéennes de toutes les tentations et de tous les péchés qui auraient épargné un prophétisme resté pur au désert, on doit y constater l'existence d'un « nabisme » débridé contre lequel le yahwisme a dû mener un combat sans merci.

[29] Cf. *supra*, p. 65 ss., 73 ss., 85 ss., 90 ss., 99 ss.

[30] Cf. *supra*, p. 102 ss.

[31] 1 *Rois, 18*.

[32] La place éminente que le prophète *Élie* tient dans la tradition juive se juge à cet éloge du *Siracide, 48*:1-14, *passim* :

« Alors parut Élie, un prophète semblable au feu,
dont les paroles étaient comme une fournaise ardente...
Que tu es admirable, Élie !
et qui pourrait se vanter d'être ton égal ?
Toi qui ressuscitas un mort...
Toi qui fus enlevé dans un tourbillon de flamme...
Toi qui, suivant les Écritures (cf. *Mal. 4*:5 s.),
es tenu en réserve pour le temps fixé...
Heureux qui pourra te voir avant de mourir,
mais plus heureux toi-même, car tu vis ... »

L'annonce du retour d'*Élie, le prophète* avant *le Jour de Yahweh*, en *Mal. 4*:5, était

du désert, il symbolise en sa personne la nostalgie et les aspirations de ceux qui rêvent d'y retourner, d'y retrouver, dans une austérité légendaire, l'indépendance et la liberté [33]. C'est au désert qu'il cherche refuge, sous la menace de Jézabel; c'est là qu'il reçoit la plus saisissante révélation que Yahweh ait faite de sa nature depuis Moïse, et dans les mêmes parages [34]; c'est de là qu'il rentre en scène, chargé d'une mission dramatique, au cours de laquelle il se dressera devant Achab meurtrier de Naboth [35]. L'exécution des menaces divines s'achèvera par la mort affreuse du roi d'abord, et de la reine ensuite [36].

Après le spectacle d'Élie montant au ciel dans un char de feu, *Élisée*, son disciple, ramasse son manteau [37]; mais il n'a pas la même envergure. Il s'efforce, sans doute, de poursuivre fidèlement son œuvre; mais il se perd en actions de détail où la magie thaumaturgique ne laisse que peu de place au message proprement spirituel [38].

---

comme la conclusion de l'A.T., que la littérature post-canonique a recueillie et amplifiée. Le N.T. l'a interprétée à sa manière. Selon *Mc. 9*:11 ss. et *Mt. 17*:10-12, Jésus aurait identifié le Baptiste, précurseur du Messie, avec l'Élie qui devait revenir. D'après *Mc. 15*:34 ss. et *Mt. 27*:46 ss., les *ultima verba* de Jésus sur la croix : *Eli, Eli, lamma sabachtani* auraient été mal compris comme un appel suprême au secours, non de Dieu, mais d'Élie. Nul autre prophète n'est mentionné aussi souvent dans le N.T. Pierre, Jacques et Jean, sur la montagne de la Transfiguration, croient le voir, avec Moïse, conversant avec Jésus (*Mc. 9*:4 s.; *Mt. 17*:3 s.; *Lc. 9*:30 ss.). Jésus lui-même est pris parfois pour cet *Elias redivivus* (*Mc. 8*:28; *Mt. 16*:14; *Lc. 9*:19; comp. *J. 1*:21). Il semble, d'après *Apoc. 11*:6, que les deux martyrs de la Bête, aux avant-derniers jours, soient Moïse et Élie, qui ressusciteront de nouveau peu après (*Apoc. 11*:3-12). Cf. J. Jeremias : 'Ηλ(ε)ίας in *T.W.*, II, 930-943).

[33] Cf. *supra*, p. 68 ss.; A. Causse : *Du groupe ethnique…, op. cit.*, p. 67-70. Le désert, sous certains de ses aspects variés, avec leur symbolisme, a toujours exercé un fort attrait sur les âmes mystiques jusqu'à nos jours. Les traditions anciennes d'Israël ne pouvaient que le renforcer. Les retraites plus ou moins prolongées, parfois définitives, au désert, ont été fréquentes chez les *Lévites*, les *Récabites* et autres. C'est au désert que les ermites de *Qoumrân* pensaient obéir à l'exhortation, ainsi interprétée, d'*Ésaïe 40*:3 : « Frayez dans le désert un chemin à Yahweh » (1QSVIII, 14). C'est ce qu'entend faire aussi *Jean Baptiste* (*Mc. 1*:3, par.; *J. 1*:23). Cf. G. Kittel : ἔρημος in *T.W.*, II, 654 ss.; B. Reicke : *Wüste*, in *B.H.H.*, III, 2193 s. Sur le symbolisme spirituel du désert, cf. M. M. Davy : *La Mystique du désert*, in *Encycl. des mystiques*, p. 189 ss. et *passim*, Paris, Laffont, 1972.

[34] Cf. 1 *R. 19*:11-13 où Élie a la révélation que Yahweh ne s'impose pas d'en haut, comme un Zeus fulgurant et tonitruant, ni même, comme à Moïse, dans un feu, mais d'une voix douce et pénétrante qui suggère une approche immanente et un amour.

[35] Cf. 1 *R. 21*.

[36] *Idem, 22*:34-38 et 2 *R. 9*:30-37.

[37] 2 *R. 1*:11-13.

[38] Cf. 2 *R. 1-8, passim*; *13*:14-21.

C'est au milieu du 9ᵉ siècle que se dresse comme sur un sommet, la personnalité prophétique d'Élie. Pareille altitude n'est de nouveau atteinte qu'un siècle plus tard, avec les prophètes de la grande crise qui allait aboutir à la ruine du royaume du Nord et à la déportation de 722. C'est également l'ère des prophètes écrivains qui commence, ou du moins de ceux dont on a conservé les mémoires. Quelle que soit la part de la composition et de la rédaction, l'on est ici sur un terrain plus solide que celui d'une tradition indirecte et anonyme.

Amos, berger du *midbar* judéen, présente, par ses origines, son milieu, son style, quelque analogie avec Élie, habitué du *midbar* transjordanien (1 *R. 17*:1). « Pris derrière son troupeau », *Amos* (7:15) est appelé à une rude mission dans le royaume du nord. Il en sera expulsé après avoir tenu tête au prêtre *Amatsia*, dans un affrontement saisissant et symbolique d'une opposition radicale entre le prophète et le prêtre. Au sanctuaire royal, à Béthel, Amos avait stigmatisé le formalisme et l'hypocrisie du culte officiel, en même temps que le luxe des grands, la rapacité des marchands, et l'oppression du peuple par le pouvoir et ses agents [39]. Dans une vision terrifiante, Amos a vu Yahweh debout, s'apprêtant à raser les sanctuaires impies et à passer au niveau la nation coupable (*Am.* 7:7-9). La maison royale sera détruite, le roi tué, le grand prêtre déshonoré, les grands massacrés ou emmenés captifs avec le peuple dans un lointain exil [40].

Osée, plus familier avec ce même pays du nord, qu'il habite sans doute, est plus proche des événements qu'il prévoit et qu'il prédit, mais sur un autre ton. Avec Amos, c'était la justice implacable, à peine une lueur d'espoir et l'échappée d'un éclair sur l'horizon universel [41]. Avec Osée, c'est un amour blessé, mais persistant et lancinant de Dieu sur le point de châtier la nation infidèle en rupture d'alliance. Le prophète fait état, vraisemblablement, de sa propre expérience conjugale malheureuse pour en tirer des images et des parallèles saisissants [42]. Si Osée semble avoir moins eu affaire avec le *midbar* qu'Élie ou Amos, il en a pourtant la nostalgie : c'est là que l'infidèle trouvera le pardon, loin des villes bruyantes et corrompues [43].

---

[39] Cf. A. Causse : *op. cit.*, p. 85 ; *Amos, 6*.
[40] *Ibid.*, p. 86 n. ; *Amos 5 passim* ; *7 passim* ; *9 passim* ; *1-4 passim*.
[41] Cf. *Amos 8*:11 ; *9*:7 ss., 11 ss.
[42] *Osée, 1-3 passim*.
[43] *Ibid.*, 2:16 s. ; *12*:10.

Avec des traits d'Amos et quelques uns d'Osée [44], *Ésaïe*, bien qu'issu d'un milieu tout autre, remplit une mission analogue, marquée au coin de sa forte originalité. Le plus puissant des prophètes écrivains était un habitant de Jérusalem, en relation avec le Temple et avec la cour [45]. Ces hautes relations ne l'empêchent pas de prononcer librement les oracles les plus durs de Yahweh [46]. Comme Amos et Osée, il prédit au royaume du nord la ruine et la désolation (*28*:1 ss.); mais aucun des peuples voisins n'échappe à ses malédictions [47], et c'est essentiellement le royaume du sud, l'héritage de David, avec Jérusalem qui l'intéresse. Il profère de vigoureux oracles contre les exploiteurs et oppresseurs du peuple [48]. Il s'élève avec virulence contre le culte formaliste [49]. Il rêve aussi du passé [50], mais sans aller jusqu'au désert qui est plutôt pour lui symbole d'aridité et de désolation [51]. Face aux perversités humaines, il en appelle à la justice de Dieu dont il se fait le porte-parole et comme le procureur [52]. Quant à ses intrusions dans les affaires publiques et dans la politique étrangère, elles sont motivées par des informations directes, mais leur mobile principal est d'ordre mystique [53]. Sur l'horizon qui s'obscurcit, et par delà l'orage qui gronde, s'ouvre soudain l'échappée lumineuse vers les temps messianiques [54].

Contemporain d'Ésaïe, mais de la campagne [55], *Michée* de Morésheth prononce des oracles plus rudes encore, non seulement contre le royaume du nord corrompu et corrupteur (*1*:1 ss.), mais contre celui de sud où il se tient. Il flétrit le faux prophétisme et ses artifices (*3*:5 ss.).

---

[44] *Comp. Ésaïe*, 1:10-17 et *Amos*, 5:21-24; *Ésaïe*, 1:18-21; 2:1-4; 4:2 ss.; *8-12 passim*, etc. et *Osée*, 2:14-23; 6:1-6; *11 passim*, etc.

[45] Cf. *Ésaïe, 6-8 passim*; *37-39 passim*.

[46] *Ésaïe*, 1:5 ss.; 2:12 ss.; 3:16 ss.; 5:5 ss., 28:1 ss., etc.

[47] *Ésaïe, 13-23*; *31*; *34*.

[48] *Id.*, 3:13-15; 5:8-10; *10*:1 ss.

[49] *Id.*, 1:10-17.

[50] *Id.*, 1:2, 21; 5:1-4.

[51] *Id.*, 5:5 s.; *34-35, passim*.

[52] Cf. A. Causse : *op. cit.*, p. 90.

[53] *Ibid.*, p. 90 s.

[54] *Ésaïe*, 9:1-6; *11*:1-10; *12*; 2:2-4.

[55] *Morésheth*, localité située sans doute dans la Séphéla, région de collines et de vallons fertiles entre la montagne de Juda et la Méditerranée. Michée qui en était originaire, tonne, comme Ésaïe, contre la corruption de ses contemporains (*1-3, passim*). Sa diatribe contre les faux prophètes (*3*:5 ss.) évoque le conflit de son homonyme, contemporain d'Élie, *Michée, fils de Jimla* (1 *R.* 22:9) et des prophètes de cour bénisseurs des desseins du roi (10-13). Le vaillant Michée dénonce leur mensonge au prix de sa liberté. Achab le fait jeter en prison (1 *R.*, 22:26-28).

« L'Esprit de Yahweh » (*3:6*) l'autorise à cette rigueur, mais lui révèle aussi l'avenir messianique [56]. Les conditions d'accès au Royaume entrevu tiennent dans cette brève exhortation qui donne déjà le ton de la nouvelle alliance [57] : « On t'a dit, ô homme, ce qui est bien et ce que l'Éternel demande de toi : c'est de faire ce qui est juste, d'aimer la miséricorde, et de marcher humblement devant ton Dieu » (*6:8*).

Plus explicite encore, *Jérémie*, au siècle suivant, annoncera cette rénovation : « Les jours viennent, oracle de Yahweh, où je ferai avec la maison d'Israël et avec la maison de Juda une alliance nouvelle » (*31:31*). L'Israël du Nord s'était effondré sous les coups du conquérant assyrien, et sa déportation datait de 722. La menace pesait maintenant sur Juda, le royaume du Sud. La ruine de Ninive, en 606, avait seulement retardé le désastre et les déportations sous un nouvel Empire : celui de Babylone [58]. Dans l'intervalle de plus d'un siècle qui sépare les deux drames, le royaume du Sud, replié sur lui-même après l'effondrement du Nord, a connu sous le règne de *Josias*, vers 622, un mouvement de Réforme [59] qui se traduira plus tard, dans la rédaction finale du *Deutéronome* [60]. Jérémie, dont la timidité naturelle est comme violentée par sa vocation [61], a certainement salué cette réforme avec joie. Il n'était pas à Jérusalem lorsqu'y fut annoncée la découverte du document qui servit de base à la rénovation [62]. Le printemps d'une campagne voisine [63] avait coloré poétiquement sa rude mission. Sans la triste expérience conjugale d'Osée, il trouve, néanmoins, des accents d'amour aussi pathétiques pour déplorer la rupture du contrat par l'infidèle et sa restauration dans un esprit nouveau, avec un cœur nouveau, par la grâce de Celui qui dit encore à son Élue coupable : « Je t'ai aimée d'un

---

[56] *Michée, 4-5*; comp. *Ésaïe, 2:2-4*; *9:1-6*; *11:1-10*; *12*.

[57] *Idem, 6:8*; comp. *Ésaïe, 1:17*; *Amos, 5:24*.

[58] Après la ruine de l'Israël du Nord, en 722 et sa déportation assyrienne, le royaume du Sud fut détruit à son tour, mais par Babylone qui lui infligea trois déportations successives, en 597, 587 et 581.

[59] La réforme dite de Josias est bien dans la ligne prophétique; Jérémie était sans doute trop jeune pour en être l'instigateur, mais il a certainement contribué à son affermissement. Cf. *Jér., 1:6 s.*

[60] Cf. *supra*, p. 48 s., n. 203.

[61] Cf. *Jérémie, 1:6-8*; *15:10 ss.*; *20:7 ss.*

[62] On suppose que ce document avait été caché dans le temple au temps de Manassé, l'indigne fils et successeur du pieux Ézéchias, dans le 1er moitié du 7e siècle.

[63] *Jér. 1:11 s.*; Jérémie vivait à Anatoth, où son père était sacrificateur, dans les environs de Jérusalem, au Nord.

amour éternel ! » [64]. Ces accents évangéliques et son triste destin ont fait de Jérémie un « ebed Yahweh » auquel Jésus sera comparé [65].

Environ le même temps, *Sophonie*, et peut-être aussi *Nahum* et *Habacuc* font entendre, diversement et brièvement, un message analogue [66]. Chez ce dernier se trouve la déclaration qui sera le pivot de l'argumentation paulinienne sur la justification : « Le juste vivra par la foi » [67]. *Joël* perçoit, plus loin que le terrifiant « Jour de Yahweh » et le jugement des peuples dans la vallée de Josaphat [68], une ère messianique d'universelle rénovation où Yahweh répandra de son Esprit sur toute créature [69].

Avec les trois déportations à Babylone, en 597, 587, 581, le coup mortel a été porté; les voix prophétiques changent de ton; il n'y a plus d'espoir qu'en une résurrection. Et c'est alors, dans une vision hallucinante, les os secs, redressés au souffle des quatre vents, qui se couvrent de chair, et qui revivent [70]. *Ézéchiel*, le prophète inspiré de cette scène grandiose, est parti en exil avec les premiers déportés, en 597, à Tell Aviv, sur les rives du Kebar [71]. Le drame où il est plongé a sans doute accentué des traits de caractère. La vision sublime qui accompagne sa vocation est suivie d'autres beaucoup plus fantastiques, avec des gestes symboliques non moins étranges [72]; mais parmi les phantasmes, des intuitions profondes et qui témoignent de la plus haute inspiration. Ainsi, le rouleau de la Loi qu'il avale en parfait légaliste et en prêtre qu'il est, un geste sans beauté, s'assimile et se fond en loi intérieure personnelle et spirituelle [73]. L'accent de Jérémie est retrouvé et renforcé : « L'âme qui pèche est celle qui mourra » (*18*:4); « faites-vous un cœur nouveau et un esprit nouveau » (*18*:31). L'amour de Yahweh pour la nation coupable l'incline au pardon et inspire ce renouveau (*16*) qui s'étendra jusqu'à la Samarie, jusqu'à Sodome ! (*16*:53-55). L'alliance

---

[64] *Jér. 31*:3.
[65] Cf. *Matth. 16*:14; mais *Élie* seul figure nommément dans les parall. de *Mc. 8*:28 et de *Lc. 9*:19.
[66] Cf. Edm. Jacob : *L'A.T.*, op. cit., p. 71-74.
[67] Cf. *Hab. 2*:4; *Rom. 1*:17; *Gal. 3*:11. Comp. *Comm. Hab.* (*1 Q. Hab.* II, 4b) et *Jc. 2*:24.
[68] Cf. *Joël, 1*:15; *3*:2, 12, et comp. *Amos, 5*:18.
[69] *Joël, 2*:28; cf., à la Pentecôte, *Act. 2*:16.
[70] *Ézéch. 37*.
[71] Cf. *Ézéch. 1*:1, 3. Le Kebar est une rivière de Mésopotamie, non loin de l'antique Nippour.
[72] Cf. *Ézéch. 3*:14, 24 ss.; *4*:4 ss.; *8*:1 ss.; *11*:1 ss.
[73] *Idem, 2*:8-*3*:3; *1*:2; *2*:3; *18*:4, 31.

sera rétablie pour l'éternité (*16*:60). L'exclusivisme tantôt exacerbé et tantôt ébranlé par le désastre national, en sera banni. L'accent universaliste d'Amos retentit dans cette apostrophe au racisme hiérosolymite : « ... ton père était un Amoréen, ta mère une Héthienne » [74]. Les visions eschatologiques, voire apocalyptiques d'Ézéchiel le laissent pourtant assez lucide pour établir un plan de reconstruction du Temple et de la ville sainte, avec une réorganisation du culte au retour de l'exil (chap. 40-48). Ce dédoublement caractéristique, et quasiment « caractériel » du même personnage va jusqu'à dispenser occasionnellement des conseils de sagesse, en passant de l'allégorie fantastique à la parabole [75].

Vers la fin de l'exil, et peut-être d'Égypte, où Jérémie avait été entraîné [76], une inspiration mystique autant que prophétique se saisit d'un inconnu génial. Il écrit, dans un style émeuvant [77], ce que Yahweh lui dicte, et qui monte aux sommets de l'universalisme et du messianisme de l'Ancien Testament. Les chants dits de « l'ebed Yahweh » [78], surtout le dernier, personnalisent à tel point le peuple d'Israël en serviteur de Dieu, que l'on en a fait le prototype du Messie, du Christ [79]. Les chapitres 40 à 55, rattachés sans motivation apparente au livre d'Ésaïe [80], constituent ce qu'on nomme : le second ou le deutéro-Ésaïe. Ils sont suivis de douze autres chapitres (*56-66*), que l'on tient souvent pour un troisième ou trito-Ésaïe. Le cadre n'est plus celui de l'exil, mais de la restauration, en Palestine [81]. L'inspiration est à peu près au même niveau que dans les chapitres précédents, en ce qui touche les exigences morales et spirituelles, le messianisme, l'universalisme [82].

Il semble que ce soit pendant les exils judéens et au retour des exilés que les prophéties d'*Abdia* [83], d'*Aggée* [84], de *Zacharie* [85] aient été

---

[74] *Idem, 16*:3, 45; comp. *Amos, 9*:7; *supra*, p. 152.

[75] *Idem, 40-48*; *19*. Cf. E. Jacob, *L'A.T., op. cit.*, p. 76.

[76] Cf. *Jér., 43-44*; d'après la tradition juive, Jérémie, en Égypte, aurait été lapidé par ses compatriotes qui le considéraient comme un traître.

[77] Cf. *Ésaïe, 40*.

[78] *Idem, 42*:1-9; *49*:1-6; *50*:4-9; *52*:13-*53*:12.

[79] *Idem, 41*:8; *42*:19; *43*:10; *52*:13-*53*.

[80] Cf. E. Jacob : *L'A.T., op. cit.*, p. 76.

[81] Cf., pourtant, *Ésaïe, 55*:12 s. et *passim*, qui suggèrent la fin prochaine de l'exil et une perspective de restauration plutôt que des travaux déjà en cours.

[82] Cf., notamment, *56*:1-8; *57*:15; *58*:6 ss.; *66*:2; *57*:1; *61*:1-3; *65*:18 ss.; -*55*; *60*; *66*:18 s.

[83] Les brèves malédictions d'*Abdia*, en un seul chapitre, contre Edom dont les bandes de pillards ont assailli Jérusalem sans défense après une déportation, la seconde sans doute, en 587, s'élargissent, au verset final (21), à la vision du règne de Yahweh.

[84] Les deux chapitres d'*Aggée* sont une exhortation et un encouragement adressés à

prononcées ou écrites. Une sorte de « deutéro-Zacharie », analogue au second Ésaïe, a semblé faire allusion au serviteur souffrant et mourant, dans un chapitre (*12*), que le Nouveau Testament interprétera ainsi [86]. *Malachie*, mon messager [87], désigne un auteur inconnu dont les oracles sévères rendent l'écho du passé dans un présent où le Temple reconstruit et le culte rétabli devraient être un sujet de reconnaissance et de fidélité. Il n'en est rien ; aussi, Élie va-t-il revenir pour annoncer le jour terrifiant de Yahweh (*4*:1, 5). Alors se lèvera pourtant le soleil de justice qui porte la santé dans ses rayons (*4*:2). Le livre de *Jonas*, de date indéterminée [88], est un roman fantastique dont la baleine est demeurée dans l'imagination populaire. On en oublie ce qui caractérise cette étrange aventure : la vocation prophétique d'un Juif dont la mission est d'annoncer le jugement de Yahweh et sa miséricorde, à Ninive, la cité païenne [89]. Reste un ouvrage d'un autre genre, mais aussi étrange, que l'on range parmi les écrits prophétiques : le livre de *Daniel* [90]. Ce personnage, peut-être fictif, voire mythique, est à la fois, un sage qui interprète les songes, comme Joseph, un prédicateur exhortant à la manière de Jérémie, un visionnaire fantastique, rappelant Ézéchiel, mais à une époque où l'influence de l'apocalyptique iranienne avait gagné le judaïsme hellénisé. Le temps qui fut celui de « l'abomination de la

---

Zorobabel. La reconstruction du temple (cf. *Esdras*, *6*:14, où sont nommés Aggée et Zacharie) prélude à une rénovation du monde et à l'instauration du règne universel de Yahweh. Zorobabel y présidera comme serviteur élu (*2*:23).

[85] Dans les mêmes circonstances, *Zacharie* (nommé avec Aggée en *Esdras*, *6*:14) est chargé d'un message semblable, mais il le reçoit en visions fantastiques, à la manière d'Ézéchiel.

[86] Cf. *Zach*., *12*:10, où « celui qu'ils ont percé » semble désigner symboliquement Yahweh lui-même. Le 4e évangile y verra une allusion au coup de lance de la crucifixion (*Jean*, *19*:37 ; cf. *Apo*. *1*:7). D'autres passages de ce *deutéro-Zacharie* (*9-14*) sont tenus pour des prédictions de certains événements de la vie et de la mort de Jésus le Christ. Ainsi, *Matth*., *21*:5 associe *Zach*. *9*:9 et *Ésaïe*, *62*:11, pour en trouver l'accomplissement dans l'entrée de Jésus à Jérusalem, au jour des Rameaux. En montant à Gethsémané, Jésus rappelle à ses disciples *Zach*. *13*:7, comme l'un de ces « il est écrit » qui vont se réaliser (*Matth*. *26*:31). En se remémorant, dans une certaine confusion, *Jérémie*, *32*:6 ss. et *Zach*. *11*:12 s., *Matth*. *27*:9 s. attribue à Jérémie un chiffre qui se trouve dans Zacharie : celui de trente et l'applique à la somme reçue par Judas comme salaire de sa trahison ; il y voit encore l'accomplissement d'une prophétie.

[87] Cf. *Mal*., *3*:1 ; *4*:5 s. La mission conciliatrice d'Élie a pour objet d'éviter au pays un anathème qui serait son arrêt de mort.

[88] Cf. E. Jacob, *L'A.T.*, *op. cit.*, p. 80.

[89] Cf. *Jonas*, *1*:2 ; *3-4*, *passim*.

[90] Cf. E. Jacob, p. 83 s. ; *infra*, le prophét. apocalypt.,

désolation » ⁹¹ pourrait être daté du règne d'Antiochus Épiphane, vers 168. L'importance théologique de ce livre réside surtout dans un texte fameux qui est devenu une « crux interpretum » avec l'expression mystérieuse בר אנש, fils d'homme ⁹².

b) *Le prophétisme dans le Nouveau Testament*

Le prophétisme de l'Ancien Testament tient une grande place dans le Nouveau, à titre de référence, de prédiction, de preuve. Dans cette perspective, c'est toute l'ancienne alliance qui est tenue pour prophétique. Les textes les plus dénués de signification dans le recueil biblique peuvent être utilisés comme signifiants. Le choix des *dicta probantia* ou des *testimonia* dans cet ensemble est dicté, dans son apparente fantaisie, par une pensée mystique. Le sens induit ne se rattache pas à l'inducteur par une banale association de termes ou d'idées, ni par une logique rigoureuse, mais par un processus interne où toute la foi de l'interprète est engagée ⁹³. La recherche historique ne saurait l'ignorer, car cela est aussi de l'histoire ; mais sa tâche principale est de dégager le sens originel des textes et des faits, avec un maximum d'objectivité ⁹⁴.

L'interprétation originale ⁹⁵ de l'Ancien Testament est loin d'épuiser la veine prophétique du Nouveau. Elle n'en est guère qu'un affleurement, tant cette veine est profonde, riche et variée, du premier évangile jusqu'à l'apocalypse ⁹⁶.

a) *Le Précurseur*. Quelques figures prophétiques apparaissent à l'aube de la Nouvelle alliance. On pourrait être tenté d'y faire maintenant figurer *le Maître de Justice* ⁹⁷ ; pour ne s'en tenir qu'aux documents évangéliques, il y aurait le vieillard *Siméon* ⁹⁸, la prophétesse *Anne* ⁹⁹,

---

⁹¹ Cf. *Daniel, 11*:31 ; *12*:11 ; *comp. 9*:27. L'abomination de la désolation est, sans doute, l'usage de l'autel des holocaustes pour sacrifier à Zeus Olympien. Dans un autre contexte historique, l'expression est reprise par *Marc, 13*:14 et *Matth. 24*:15.

⁹² Cf. *Daniel, 7*:14 et *infra*, p. 208 ss., 224 ss.

⁹³ Parmi les exemples déjà rencontrés de cette exégèse de la foi, cf. *supra*, p. 157, n. 86.

⁹⁴ Cf. *supra*, p. 32 s.

⁹⁵ *Ibid.*, et p. 24 ss. ; il s'agit d'une interprétation sans a priori, sur les textes originaux,

⁹⁶ Auprès des grands courants, ou y participant, chaque livre du N.T. a, en effet, ses particularités ou ses nuances théologiques plus ou moins accusées dans son appropriation et sa diffusion du kerygma évangélique, un message essentiellement prophétique.

⁹⁷ Cf. Dupont-Sommer, *op. cit.*, p. 369-392 ; Millar Burrows : *Lumières nouvelles...*, *op. cit.*, p. 386-406, etc.

⁹⁸ Cf. *Luc, 2*:25 ss.

⁹⁹ *Id.*, 2:36 ss.

Zacharie [100], le père de Jean-Baptiste ; mais seul son fils retient réellement l'attention comme *Le Précurseur* : « un prophète et plus qu'un prophète » [101]. On se rend compte également que ce nouvel Élie du désert [102] fut, au surplus, un véritable fondateur de religion. Si quelques uns de ses disciples ont suivi le Christ qu'il avait baptisé, d'autres ont constitué une communauté indépendante, plus tard hostile au christianisme, et dont quelques héritiers tardifs subsisteraient encore dans la secte des *Mandéens* [103]. Le caractère prophétique de Jean Baptiste ne réside pas dans son ascétisme ou dans son mysticisme [104], mais dans

---

[100] *Id., 1*:11 ss.

[101] Cf. *Matth. 11*:9 ; *Lc. 7*:26.

[102] Cf. *Mt. 11*:14 ; *21*:26 ; *Lc. 20*:6 ; *Mc. 11*:32 ; *Jean, 1*:21 ; cf. *Mal. 4*:5.

[103] Les *Mandéens*, ou ce qui en reste, se réclament encore de Jean, le Baptiste (Yahia Yuhana). Cf. Mrs. E. S. Drower : *The Mandaeans of Iraq and Iran*, p. 2-4, 6 s., 16 s., 261 ss., 278 ss. et *passim*, Leiden, Brill, 1962. Il n'est cependant pas évident que ce rapport soit d'origine ; certains supposent qu'il a été mis en avant et peut-être inventé, pour apaiser les conquérants arabes qui vénèrent Jean Baptiste (Cf. *Coran, Sur.* XIX, 7-15). Une littérature sacrée aurait été alors créée ou retouchée dans ce sens, pour avoir la faveur accordée par l'Islam à une « religion du Livre ». Quoi qu'il en soit, le Mandéisme a des origines fort anciennes ; d'autre part, le N.T. atteste, en plusieurs passages, la persistance d'un mouvement religieux issu de la prédication et du baptême de Jean. Cf. *Mc. 2*:18 ; *Mt. 9*:14 ; *11*:2-6 ; *Lc. 5*:33 ; *7*:18-23 ; *11*:1 ; *Act. 18*:24-*19*:7. Les disciples du Baptiste apparaissent encore dans les écrits pseudo-clémentins, au 2d. s. Les textes publiés par Lidzbarski, de 1905 à 1925, ont suscité un si vif intérêt que l'on a pu parler d'une « fièvre mandéenne ». D'autres modes ont surgi ; mais de chaque découverte, il est resté des éléments solides qui font avancer la recherche. Cf., entre autres, H. Ch. Puech : *Le Mandéisme*, in *Hist. Génér. des Relig.*, vol. III, p. 67-83, et *Biblio.*, p. 444-446, Paris, Quillet, 1945. Les Mandéens sont mentionnés trois fois dans le *Coran*, sous la désignation de Sabéens, avec les Juifs, les Chrétiens et les Croyants (*Sur.* II, 62 ; V, 69 ; XXII, 17 où les Mages sont ajoutés).

[104] L'ascétisme du Baptiste, tel qu'il ressort des textes évangéliques (*Mc. 1*:6 ; *Mt. 3*:4 ; *11*:18 ; *Lc. 7*:33), comme sa retraite au désert, sont dans la ligne prophétique d'un Élie, auquel il faisait penser (cf. *supra*, n. 102). De même, le mysticisme que suggère la vision du Baptiste au baptême de Jésus (*J. 1*:32 ss.) semble de même nature que celui d'un Élie ou d'un Ésaïe. Il n'est pas nécessaire, en l'occurrence, de supposer des influences dualistiques venues d'Iran, de Platon ou d'ailleurs, tout en reconnaissant que nul recoin, aussi fermé fût-il, du monde hellénistique d'alors n'y avait totalement échappé. L'ermitage de Qoumrân, où l'on a supposé, sans raisons suffisantes (J. Daniélou : *Les Mss. de la Mer Morte et les origines du christianisme*, Paris, 1957) que Jean Baptiste avait été formé, avait reçu de ces infiltrations. Cf. Dupont-Sommer, *op. cit.*, p. 58 s., 64 ss., 68 s. ; Millar Burrows : *Les Mss. de la Mer morte, op. cit.*, p. 290-312 ; *Lumières nouvelles sur les Mss. ..., op. cit.*, p. 332-348. Quant au pharisaïsme le plus strict, il ne pouvait avoir que l'illusion d'en être indemne. Cf. O. Cullmann : *D. neuentdeck. Qumran Texte, und d. Judenchrist. d. Pseudo-klement.* — *Neutest. Stud. f. R. Bultmann*, p. 35-61, Berlin, Töpelmann, 1954.

son message qui les pénètre et les rend signifiants. Il en est de même pour son baptême. Les multiples rites baptismaux de l'époque n'avaient pas tous le même sens. La plupart symbolisent une purification, comme à *Qoumrân* [105] où l'entrée dans l'alliance, y est subordonnée. Il y a autre chose dans le baptême de Jean, en tant que préparation messianique à la venue du Christ et au baptême de l'Esprit que le Christ seul dispensera [106]. Le baptême de Jean est bien le signe d'un repentir par rapport au passé, mais également d'un élan positif en avant, d'une conversion à l'avenir et au Règne qui vient.

β) *Le prophétisme dans la communauté chrétienne primitive*. Les premiers disciples sont des « envoyés », des messagers, comme l'étaient les prophètes d'Israël [107], mais des messagers, des envoyés, des prophètes de Jésus : « Je vous envoie des prophètes », déclare-t-il dans son réquisitoire contre les pharisiens (*Mt. 23*:34) [108]. Il envoyait les douze, puis les soixante dix, comme des agneaux ou des brebis au milieu des loups [109]. Le cercle des disciples présente certaines analogies avec ceux qui se formaient autour d'un maître, au temps de Samuel ou d'Élie [110], et, plus récemment, autour de Jean-Baptiste.

Le choix des Sept par la communauté, en *Act. 6*:3-6, remplit certaines des conditions d'un appel prophétique [111]. Une figure, en tout cas, s'en détache : celle d'Étienne, *Étienne*, dont on ne peut contester le caractère de prophète : « un homme plein de foi et d'Esprit saint » (*Act. 6*:5). Prophète, il l'est non seulement par cette inspiration reconnue, mais par la puissance et la grâce divines qui se constatent dans son attitude, ses actes et sa prédication, dans son martyre [112]. Saul de Tarse, présent

---

[105] Cf. Dupont-Sommer, *op. cit.*, p. 61 s. ; Millar Burrows : *Les Mss...*, *op. cit.*, p. 272 s. ; *Lumières nouvelles...*, *op. cit.*, p. 442 s. ; Éd. Cothenet : *Prophétisme dans le N.T.*, *Jean Baptiste*, in Suppl. (*Pirôt*) au *Dic. de la Bible*, vol. VIII, col. 1242 ss. Paris, Letouzey, 1971. Cf. *1QS*, III, 4 ss., in Dupont-Sommer, p. 92, ou M. Burrows, *Les Mss...*, p. 427.

[106] A noter, cependant, que la purification par l'Esprit est inscrite dans la règle qoumranienne (*1QS*, III, 6-8). Cf. M. Burrows : *Lumières...*, p. 76, dans un *chap.* consacré à *Jean Baptiste* (p. 72-81). Cf. *Éz. 36*:25-27.

[107] Cf. *supra*, p. 147 ss.

[108] *Mt. 23*:34.

[109] Les douze comme des brebis (*Mt. 10*:16), les soixante dix comme des agneaux (*Lc. 10*:3).

[110] Cf. *1 Sam. 10*:11 ss. ; *1 R. 18*:4 ; *2 R. 2*:7.

[111] Cf. *Act. 6*:3-6. Les appelés doivent être remplis du Saint Esprit (3), l'Esprit de la Pentecôte. C'est bien le cas d'*Étienne* qui remplit personnellement cette condition (5).

[112] Cf. *Act. 6*:8-10 ; 15 ; *7 passim*.

à une lapidation dont il est complice, sera, de par sa conversion, comme l'Élisée de cet Élie, dont il relèvera le manteau [113].

Philippe, nommé après Étienne sur la liste des Sept (*Act. 6:*5), est mentionné, en *Act. 21:*8 s., comme « l'évangéliste », père de quatre filles prophétesses. Lui-même semble avoir exercé une activité prophétique assez étendue. Sa mission en Samarie, ses gestes miraculeux, sa prédication, son envoi par un ange et par l'Esprit vers l'intendant de la reine d'Éthiopie, témoignent du crédit qui lui était attribué par la tradition [114].

Le don de prophétie mentionné par Paul, et si puissamment exercé

---

[113] Cf. *Act. 7:*58. La conversion de Saul n'est survenue que plus tard; mais le travail intérieur qui s'est traduit d'abord par un raidissement sous le choc (*Act. 8:*1-3; *22:*20), y a finalement conduit, par un processus psychique reconnu. Cf. R. Allier : *La psychologie de la conversion... Les prodromes...*, vol. I, op. cit.; H. Clavier : *Conversions brusques et conv. lentes*, in *Le Christ de l'expérience*, p. 154 ss. (Paul); 329 ss., Paris, Fischbacher, 1925. Cf. *supra*, p. 107, n. 65.

[114] Le ministère de *Philippe* auprès de l'intendant de la reine Candace présente un intérêt particulier. L'épisode, tel qu'il est relaté dans les *Actes, 8:*26-40, fait penser aux récits d'inspirations soudaines, d'enlèvements prodigieux dont certains personnages prophétiques de l'A.T. ont été gratifiés (*Gen. 5:*25; 1 R. *18:*10-12; 2 R. *2:*9-12, 16; *Éz. 3:*12-14, que le fidèle espère aussi pour lui, à son heure dernière (*Ps. 49:*16; *73:*24; *supra*, p. 00). On peut leur comparer, *mutatis mutandis*, les histoires merveilleuses de disparitions et réapparitions, de lévitation, de voyages dans les airs comme dans certains rêves, d'enlèvements célestes, etc. qui abondent dans divers cultes. La littérature apocalyptique, la littérature islamique, etc., en offrent de nombreux cas, sans omettre les publications spirites ou les légendes de saints qui ont inspiré certains peintres. Le N.T. n'en est donc pas indemne, surtout si l'on en rapproche les apparitions, quelques traits de la tentation (*Mt. 4:*5, 8; *Lc. 4:*5, 9) et de l'ascension (*Lc. 24:*51; *Act. 1:*9-11). Cf. Delling : $\lambda\alpha\mu\beta\acute{\alpha}\nu\omega$ etc., in *T.W.*, *Bd.* IV, 5 ss.; Hultkrantz : *Spirit Lodge...* in *Stud. in Shamanism*, p. 32-68, et Nordland : *Exper.* « *the Unreal* », *idem*, p. 166-185, Stockholm, Almqvist & Wiksell, 1967.

Un trait plus important encore du récit d'*Act. 8:*26-40 est la méthode d'évangélisation telle qu'elle devait être pratiquée non seulement par Philippe, mais d'une manière générale, par les premiers évangélistes, auprès des Juifs, des prosélytes ou des sympathisants qui connaissaient ou cherchaient à comprendre les Écritures. C'était le cas de l'eunuque éthiopien lisant *Ésaïe 53*. Le sens profond lui en est caché; il a besoin d'un guide. Ce guide sera l'évangéliste qui, partant du texte biblique, en donnera la clef : « Alors, Philippe, ouvrant la bouche et commençant par ce passage de l'Écriture, lui annonça Jésus » (35). Comme l'a fort bien vu C. H. Dodd : *According to the Scriptures*, London, Nisbet, 1952, cet usage des Écritures va se transmettre dans l'Église qui en deviendra la gardienne. Il y aura une exégèse reçue des textes considérés comme des témoins, des *testimonia*, par anticipation, des vérités chrétiennes. La seconde épître attribuée à Pierre, à une époque déjà tardive (vraisemblablement dans la première moitié du second siècle), met en garde contre toute interprétation individuelle des prophéties de l'Écriture (2 *Pi. 1:*20 s.).

par lui-même [115], n'était pas limité aux Sept dans la communauté primitive. Toux ceux qu'avait saisi l'Esprit de la Pentecôte étaient censés l'avoir reçu [116], conformément à la prédiction de *Joël*, interprétée par *Pierre* : « ... ils prophétiseront » [117]. Certains le faisaient plus que d'autres, et, de ce fait, en recevaient l'appellation, comme ces « prophètes » qui « descendirent de Jérusalem à Antioche », parmi lesquels un nommé *Agabus* [118]. C'est lui, sans doute, qui, plus tard, fera

---

[115] Cf. 1 *Cor. 12*:10; *13*:2; *14 passim*; *Rom. 12*:6; cf. 1 *Tim. 4*:14.

[116] Cf. *Act. 2*:16 ss.

[117] *Ibid*. Le discours de *Pierre*, aux origines du kerygma apostolique, fait un usage des Écritures typique de la méthode qui sera suivie par Philippe (*supra*, p. 161, n. 114) et par toute l'évangélisation traditionnelle. Le prophète chrétien rend actuelle une prophétie ancienne en y impliquant non seulement un message, une prédication pour les contemporains, mais une divination (*Act. 2*:30 s.). C'est en Christ que la lecture de l'A.T., voilée pour les Juifs, se fait à découvert (2 *Cor. 3*:14 ss.). Cette image de Paul, dont l'artiste a usé en voilant le visage de la synagogue au portail sud de la cathédrale de Strasbourg, est remplacée dans la vision de l'Apocalypse, par celle des sept sceaux du Livre (*Apoc. 5-8*). Seul l'Agneau immolé peut les rompre et ouvrir le Livre. Tel est le thème du cantique nouveau : « Tu es digne de prendre le Livre et d'en ouvrir les sceaux; car tu as été immolé, et tu as racheté pour Dieu, par ton sang, des hommes de toute tribu, de toute langue, de tout peuple et de toute nation... » (*5*:9). Pour se servir d'une autre image, le Christ est la clef des Écritures (cf. *Lc. 11*:52 et Joach. Jeremias : κλείς in *T.W.*, III, 746 s.).

On a rapproché de cette méthode exégétique celle des commentaires qoumraniens, et notamment de celui sur Habacuc (1QpHab). Effectivement, un texte biblique y est pris et suivi de cette formule d'introduction au commentaire : « L'explication (pésher) de ceci, c'est que... », ou autre formule semblable. L'interprétation ainsi annoncée prétend donner un sens actuel au passé et, du même coup, par cette transposition, interpréter le présent. Il y a là, sans doute, quelque analogie entre les deux procédés. Mais l'exégèse qoumranienne, conçue et pratiquée dans un cercle d'initiés, est ésotérique et très souvent allégorique (cf. *supra*, p. 3, n. 9), au point que l'on discute encore sur ce qu'elle entend signifier. Si le Maître de Justice en est la clef, comme le croit Dupont-Sommer : *op. cit.*, p. 270, il faut bien reconnaître que cette clef des énigmes est elle-même énigmatique. Il n'en va pas de même pour l'exégèse du kerygma apostolique. Quelle qu'en soit l'arbitraire, elle se pratique à découvert, non pour la satisfaction de quelques initiés, mais pour l'instruction et le perfectionnement de tout homme en Christ (*Col. 1*:28). Un exégète contemporain ne saurait se permettre en conscience de pareils procédés; mais il faut bien admettre que les hommes de ce temps pouvaient s'y adonner sans complexe. La rigueur, l'exactitude, l'honnêteté envers les textes sont des notions modernes qui ne se sont imposées que progressivement. C'est en toute bonne foi que l'on « actualisait » le passé, à grand renfort d'allégorie, selon divers modèles (cf. *supra*, p. 3-6, p. 7 ss.), dont le rabbinique et l'alexandrin (*supra*, p. 5 s., n. 14, 16; p. 7 ss.).

[118] Cf. *Act. 11*:28. *Agabus* prédit λιμὸν μεγάλην, une grande (ou la grande) famine sur tout le monde habité. L'auteur des Actes l'a pris dans le sens historique plutôt qu'apocalyptique (cf. *Apoc. 6*:8; *Mc. 13*:8 & *parall.*). Cette prédiction était sans doute

le geste symbolique, à la manière des prophètes d'Israël, pour annoncer à Paul le sort qui l'attend à Jérusalem [119]. Parmi les dons tenus pour prophétiques, la prédiction semble avoir été son fort; celui de *Jude* et *Silas*, mentionnés comme prophètes en *Act. 15*:32, pourrait avoir été plutôt la parole et l'exhortation [120]. A *Antioche* qui avait pris, en quelque mesure, la relève de Jérusalem, après la persécution qui suivit le martyre d'Étienne [121], on associait, ou l'on distinguait, prophètes et docteurs [122]. Quelques noms sont mentionnés en *Act. 13*:1, dont ceux de *Barnabas* et *Saul* [123]. Il y avait également, comme dans l'Ancien Testament, de « faux prophètes » [124]. Parmi les vrais, doué de ce don et de bien d'autres, le génie qui culmine sur l'Église, mais sous le chef du Christ, est, incontestablement, Saul devenu *Paul*.

γ) *Paul prophète.* Paul est apôtre et entend l'être au même titre que ceux appelés par Jésus au cours du ministère de son incarnation [125]. Paul distingue la fonction d'apôtre de celles du prophète, du docteur et d'autres charismes ou dons de l'Esprit [126]. Mais aucun de ces dons

---

destinée à émouvoir les frères d'Antioche en faveur de ceux de Jérusalem, plus pauvres et nécessiteux. Le secours ainsi obtenu fut confié à Barnabas et Saul, pour être remis aux anciens de l'Église mère (29 s.). Au sujet des dons, la *Didachè*, *11*:12 recommandera de n'en consentir qu'à ceux qui en sollicitent non pour eux-mêmes, mais pour d'autres, dans le besoin.

[119] Cf. *Act. 21*:11.

[120] *Jude* et *Silas*, chargés, avec *Barnabas* et *Paul* de communiquer à la communauté d'Antioche les décisions du Synode de Jérusalem (*Act. 15*), « exhortèrent et fortifièrent aussi les frères διὰ λόγου πολλοῦ » (*15*:32), par de nombreux messages.

[121] Cf. *Act. 11*:19-20. Parmi les fondateurs de la communauté d'*Antioche*, il y eut non seulement des Juifs ne s'adressant qu'aux Juifs, mais certains, de la diaspora de Chypre et de Cyrène, qui avaient évangélisé aussi « les Hellènes ». Le terrain était ainsi préparé pour l'évangélisation de Paul.

[122] Cf. *Act. 13*:1. É. Trocmé : *Le Livre des Actes...*, p. 166, Paris, P.U.F., 1957, pense que l'auteur des Actes a consulté les archives de l'Église d'Antioche. Luc, d'après la tradition, était originaire d'Antioche, tradition d'ailleurs contestable et contestée.

[123] Les Actes font une grande place à Barnabas, d'abord au premier plan, mais qui cédera le pas à Paul, en mission, à Chypre (*comp. Act. 13*:2, 11).

[124] Il convient de distinguer les « faux prophètes », à la manière de l'A.T., et les « faux Christs », comme le font *Mc. 13*:22 et *Mt. 24*:24 (*comp. Lc. 21*:8) dans ce qu'on nomme « la petite apocalypse évangélique ». Cf. Éd. Cothenet : *art. cit.* (*supra*, p. 160, n. 105), col. 1273-1275.

[125] Cf. *1 Cor. 1*:1 ; *2 Cor. 1*:1 ; *Gal. 1*:11-20 ; *Rom. 1*:1-5, etc. Paul ne semble pas faire de différence entre la vision qu'il a eue du Christ au chemin de Damas, et celles qu'ont eu ses prédécesseurs, apôtres ou non ; il se sert pour toutes du même terme : ὤφθη, en se désignant modestement comme le dernier et l'avorton (*1 Cor. 15*:5-11).

[126] Cf. *1 Cor. 12*:4 ss., 28 s. ; *comp. Éph. 4*:11.

n'est exclusif des autres, et Paul avait été gratifié de plusieurs, à un très haut degré, et, en particulier, de prophétie. L'événement décisif du chemin de Damas est, en même temps qu'une expérience mystique, au sens que l'on a défini [127], une vocation de prophète ; elle présente des traits communs avec celles d'Ésaïe, de Jérémie, d'Ézéchiel ou autres, avec des caractères qui lui sont propres [128]. Si Jérémie avait reçu pouvoir sur les nations, pour démolir et pour bâtir (*Jér. 1*:10), c'est autrement que Paul sera l'apôtre des Gentils. Sa mission est de leur délivrer le *kérygma* dont il est possédé : « Malheur à moi, si je n'évangélise ! » (1 *Cor.* 9:16). Nul n'a jamais rendu avec plus de force la contrainte intérieure d'une vocation de prophète, sinon, peut-être Jérémie dont la nature plus douce lui donnait davantage encore l'impression d'être violenté (*Jér. 20*:9) [129].

On a vu à quel point une inspiration que l'on pourrait dire mystico-prophétique agissait quelquefois sur le style de Paul [130]. On constate, ici comme ailleurs, l'irruption mystérieuse d'une énergie galvanisante dont la nature spirituelle ne fait pour l'apôtre aucun doute. Si l'on en juge d'après ses lettres, Paul a éprouvé maintes fois cet apport de puissance qui donnait à son *kérygma* une impulsion et une efficacité prodigieuses. Le saisissement était d'autant plus fort que les conditions physiques étaient moins favorables, comme au début du ministère à Corinthe, où l'apôtre n'était pas au sommet, mais au creux de la vague [131]. C'est en méditant le mystère de ses infirmités [132], et celui, bien plus grand, de ces injections spirituelles, que Paul s'émerveille : « Quand je suis faible, c'est alors que je suis fort » [133].

Parmi les dons habituels du prophète, Paul a celui de la clairvoyance où le facteur mystique entre également en jeu [134]. L'un et l'autre ont

---

[127] Cf. *supra*, p. 95 ss., 106 s., 115-118, 130 s , 140 s.

[128] *Idem* et p. 106-102 ; p. 114 s.

[129] *Jér. 20*:9 : « Si je dis : « Je ne ferai plus mention de Lui, je ne parlerai plus en son nom » —, il y a dans mon cœur comme un feu brûlant qui me consume les os. Je m'efforce de le maîtriser, mais je ne le puis ».

[130] Cf. *supra*, p. 140 s.

[131] Cf. 1 *Cor. 2*:3. Paul était venu à Corinthe « dans la faiblesse, dans la crainte, et en tremblant beaucoup ». On a cherché à expliquer cet état de marasme par diverses maladies auxquelles on pourrait ajouter la déception provoquée par l'insuccès du kerygma aux Athéniens (cf. *Act.* 17:32 ; H. Clavier : *La santé de l'apôtre Paul, in Stud. paul., in hon. de Zwaan*, p. 66-82, Haarlem, Bohn, 1953).

[132] *Idem* et 2 *Cor.* 12:5-10.

[133] 2 *Cor. 12*:10 ; cf. *Philip. 4*:13 ; 2 *Cor. 4*:7, 10 ss., etc.

[134] Cf. *supra*, p. 103, n. 39.

joué, de pair avec une raison lucide, dans les projets de l'apôtre, dans les changements qu'il y apporte, dans les avertissements qu'il donne, à l'occasion, en certaines matières, à de plus compétents que lui, aux marins, par exemple, qui allaient entreprendre un périlleux voyage en une saison défavorable [135]. A ce genre de lucidité où le bon sens et la raison ont leur large part, on peut adjoindre une autre sorte de voyance où prophétisme et mysticisme partagent le don médianimique de percer à jour les intentions les plus secrètes d'un individu ou d'orienter les mouvements intérieurs d'une foule [136]. L'interprétation du parler en langues par des prophètes, selon le vœu de Paul [137], relève sans doute de ce don. Il y aurait encore à comparer, pour une meilleure identification, d'autres variétés de prophétisme au prophétisme paulinien [138], et notamment le johannique où prédomine le mysticisme [139]. Celui de Paul, le plus indépendant, ne le cède en souveraine liberté qu'à celui de Jésus.

---

[135] *Idem*. Cf. *Act. 27*:9 ss., 21 ss., 31.

[136] Jésus avait au suprême degré ce don de clairvoyance et cette autorité. Il perçait du regard ses interlocuteurs (cf. l'usage et le sens de $\dot{\epsilon}\mu\beta\lambda\dot{\epsilon}\pi\omega$ en *Mc. 10*:21, 27; *Mt. 19*:26; *Lc. 20*:17; *22*:61; *Jn. 1*:42; comp. *Jn. 2*:24 s.); il avait autorité non seulement sur les individus, mais sur les foules (*Mc. 1*:22; *6*:45 s.; *Mt. 7*:28 s.; *14*:22 s.).

[137] Cf. 1 *Cor. 14*. H. Clavier: *Langues (Don des)*, in *D.E.B.*, II, p. 7-21.

[138] Si l'on en juge par le livre des Actes, le kerygma apostolique en général, et le paulinien en particulier se conformaient à une sorte de schéma ou de plan commun: Après un exorde spécial selon les circonstances et les besoins du moment, le message proprement dit se déroulait au fil des événements du drame de la rédemption: la passion et la mort sur la croix, la mise au tombeau, la résurrection et les apparitions. Ensuite venaient les preuves scripturaires, les testimonia; enfin, l'appel au repentir et à la conversion (cf. M. Dibelius: *Die Formgeschichte*, op. cit., p. 14 ss., 23). Une homogénéité du kerygma apostolique, jusque dans cette ordonnance, ne surprend pas et se trouve confirmée par Paul: «Que ce soit moi, que ce soit eux, c'est ainsi que nous prêchons, et c'est ainsi que vous êtes venus à la foi» (1 *Cor. 15*:11); cf. C. H. Dodd: *Accord. to the Script.*, op. cit., p. 28-60; É. Trocmé: *Le livre des Act. et l'Hist.*, op. cit., p. 207 ss. Néanmoins, chacun, dans le détail, retrouvait sa liberté d'inspiration, et celle de Paul était grande. Cet homme à qui la tradition prête une physionomie tantôt peu séduisante, et tantôt angélique (d'ap. *Act. de Paul et de Thécla*; cf. H. Clavier: *La santé de Paul*, art. cit., p. 66 ss.; *Méthode et Inspir. dans le Mission de Paul*, art. cit., p. 171 ss.), devait être saisi et transfiguré par son inspiration quand il décrivait aux *Galates* (3:1), là, sous leurs yeux, Jésus Christ crucifié.

[139] Cf. *supra*, p. 115-118, 121-131. Cf. C. H. Dodd: *Le kérygma apost. ds. le 4ᵉ Év.*, in *R.H.P.R.* 1951, p. 265-274; R. E. Brown: *The Paraclete in the 4th Gospel*, in *N.T.S.*, 1966-67, p. 113-132 et *Rapport Sémin. sur l'Esprit Saint de l'Év. de Jean*, in *N.T.S.* 1972, p. 448-451. Il y a, même dans l'Apocalypse un souffle prophétique intermittent. Il est perceptible non seulement dans les messages aux Églises, mais, occasionnellement, jusque dans les visions délirantes.

δ) *Jésus prophète.* Comment retracer maintenant les traits prophétiques, en les distinguant des mystiques déjà esquissés [140], de Celui que tous les disciples, apôtres et auteurs du Nouveau Testament tiennent pour leur incomparable inspirateur, animateur et propulseur ? L'auteur latin, vaguement informé des origines d'un mouvement qu'il jugeait sans grand intérêt, ne croyait pas si bien dire dans cette formule, à rectifier : *impulsore Chresto* [141]. Si Jean Baptiste avait pu apparaître, à un certain moment, comme un prophète, et plus qu'un prophète [142], Jésus était tenu pour tel, au suprême degré, par toute la chrétienté primitive. Chacun de ses fidèles porte sa marque, fût-il d'une originalité aussi géniale et puissante que Paul. Aucun, sous cette marque, n'est identique à l'autre, mais se distingue par tel ou tel accent ou trait particulier. Il semble, au témoignage de tous, que les plus nobles de ces traits prophétiques soient dessinés sur la figure du Christ en un portrait d'une harmonie, d'une énergie et d'un rayonnement sans égal. Puissance, discernement, clairvoyance ou voyance, pénétration vitale de lumière, de force libératrice, reconstituante et vivifiante, tels sont les caractères que les auteurs du Nouveau Testament, chacun à sa manière, attribuent à Jésus prophète [143].

Jésus lui-même, d'après *Luc 13*:33, se considère comme un prophète parmi ceux que Jérusalem a tués [144]. Son tour approche, mais il savait déjà que « nul n'est prophète en son pays » [145]. D'après *Matth. 23*:34, Jésus envoie lui-même des prophètes [146], mais autrement que ne pouvait le faire, à la manière antique, le chef d'une bande de prophètes, voire un Samuel ou un Élie [147]. C'est un privilège divin qu'il assume, tel que

---

[140] Cf. *supra*, p. 106-110, 123 ss.

[141] Suétone : *Claudius*, 25, mentionne des troubles parmi les Juifs de Rome, *Chresto impulsore*. On suppose habituellement qu'il y a là confusion chez un historien de second ordre, et que l'agitateur en question serait, par un effet posthume, *Christus*, le Christ. Semblable effet s'est d'ailleurs bien souvent reproduit dans l'histoire de l'Église. En l'occurrence, il pourrait avoir été l'un des motifs de l'édit d'expulsion mentionné par Suétone et qui frappa toute la colonie juive de Rome, sans excepter les Juifs chrétiens, parmi lesquels Aquilas et Priscille. Cf. *Act. 18*:2.

[142] Cf. *supra*, p. 158 s.

[143] Cf. *supra*, p. 165, n. 136, et *infra*, p. 372, n. 18. Cf. *Mc. 6*:15; *Mt. 21*:11, 46; *Lc. 7*:16; *24*:19; *Jn. 4*:19; *6*:14; *7*:40; *9*:17; *Act. 2*:22 ss.; *3*:13 ss., *4*:22 ss.

[144] *Lc. 13*:33 ss.; comp. *Mt. 23*:37.

[145] Cf. *Mc. 6*:4 et *parall. Mt. 13*:57; *Lc. 4*:24; *Jn. 4*:44.

[146] Comp. *Mt. 10*:41 s.

[147] Cf. *supra*, p. 99, 102 s., 149-151.

Jérémie le réserve à Yahweh [148]. Avec la même autorité, il met en garde contre les faux prophètes [149].

Jésus, pourtant, est loin de recueillir l'unanimité. Certains, qui ne sont pas nécessairement des ennemis, doutent de sa qualité de prophète [150]. D'autres la lui refusent [151] ou la tournent en dérision [152]. Mais dans le peuple, même à la cour d'Hérode, et parmi ceux qui ne l'acceptent pas comme le Messie, beaucoup le tiennent pour un prophète [153]. On le compare nommément à Élie ou Jérémie, dont, pour certains, peut-être, il est une réincarnation, à moins que ce ne soit de Jean-Baptiste, ce nouvel Élie [154]. Ainsi, dans l'imagination populaire, le portrait de Jésus tiendrait de la rude vigueur d'Élie ou du Baptiste, mais, paradoxalement aussi, de la douceur de Jérémie, le prototype de cet *Ebed Yahweh* dont le Christ souffrant et mourant pour l'humanité tout entière apparaîtra comme le type accompli [155]. Comment fondre les deux images en une seule réalité vivante ? La clef de l'énigme pourrait être dans le *kérygma*, le message qui fait réellement le prophète [156].

---

[148] Cf. *Jér. 7:25; 35:15; 44:4.*
[149] Cf. *Mt. 7:15, 22; 24:11, 24; Mc. 13:6, 22.*
[150] Cf. *Lc. 7:39.*
[151] Cf. *Jn. 7:52; comp. 1:46.*
[152] Cf. *Mc. 14:65 et parall.*
[153] Cf. *supra*, n. 143; *Mt. 16:14; Lc. 9:8, 19.*
[154] Cf. *supra*, p. 159, n. 104; *Mt. 16:14; Mc. 6:14 et parall.*
[155] Sur la notion biblique d'accomplissement, cf. Delling : $\pi\lambda\acute{\eta}\rho\eta\varsigma$, $\pi\lambda\eta\rho\acute{o}\omega$, etc., in *T.W.*, VI, p. 283-309 (pour *Mt. 5:17*, p. 292 s., n. 44 avec le commentaire talmudique, *Schab.* 116 b : « Moi, l'Évangile, je ne suis pas venu pour ôter à la loi de Moïse, mais pour y ajouter »). Mis en regard des déclarations de Jésus : « Vous avez entendu qu'il a été dit, mais moi je vous dis », avec leur $\delta\acute{\epsilon}$ réitéré (*Mt. 5:22, 28, 32, 34, 39, 44*), ce commentaire suggestif appuie le sens d'un accomplissement dans un esprit que Jésus seul saisit parfaitement, et non d'une exécution à la lettre (*comp. 2 Cor. 3:6*). Sur le sens de cet accomplissement, cf. également, entre autres : A. Westphal : *Comment Jésus a accompli...*, in *D.E.B.*, art. *Prophète*, II, 490-492, où la pensée de Jésus est mise en relation, en dehors du texte et de son contexte, avec une doctrine de la rédemption. Une autre tendance théologique ne tient pas suffisamment compte de la nuance adversative du $\delta\acute{\epsilon}$ qu'elle attribue à l'évangéliste, d'où un débat intéressant au Congrès de la *S.N.T.S.* à Claremont (Calif.), en Août 1972. L'effet produit par le kerygma de Jésus s'expliquerait mal sans cette nuance caractéristique et caractérisée : « Les foules étaient frappées (de stupeur ou de stupéfaction, $\dot{\epsilon}\xi\epsilon\pi\lambda\acute{\eta}\sigma\sigma o\nu\tau o$) par son enseignement, car il leur parlait comme ayant autorité et non pas comme leurs scribes » (*Mt. 7:28 s.*, en conclusion de ce que l'on nomme le *Sermon sur la montagne*, où figure la série des $\delta\acute{\epsilon}$).
[156] Cf. *supra*, p. 145 s., 147 ss.

3. *Divers aspects du message prophétique*

On a vu comment le courant prophétique et le courant mystique parvenaient à se mélanger [157]. Le message du prophète en acquiert parfois une coloration qui en découle indubitablement. La nuance mystique peut être perceptible même quand le prophète emprunte le langage de la sagesse, face aux problèmes politiques, moraux ou sociaux de son temps; *a fortiori* quand on en vient aux aspects messianiques, apocalyptiques, eschatologiques de son message.

a) *La Sagesse prophétique*

Il est une sagesse prétentieuse qui n'est pas compatible avec la pensée prophétique, non plus, d'ailleurs, qu'avec un mysticisme normal [158]. Cette sagesse qui va de la ruse du serpent [159] aux élucubrations d'une Raison infatuée d'elle même et vaniteuse, est condamnée unanimement par la Bible [160]. La sagesse, au niveau le plus humble comme au plus haut, est tenue pour un don de Dieu à qui elle doit rendre hommage. Ses débuts peuvent être fort modestes. On en trouve, néanmoins, chez les peuples les plus archaïques, de remarquables exemples [161]. D'un point de vue purement humaniste, ils témoignent en faveur de l'*homo sapiens* qui n'est pas un vain mot.

Il n'y a donc aucune raison pour ne pas supposer qu'au désert même, comme d'ailleurs d'autres peuplades [162], Israël ait eu ses « Sages ». Rien d'étonnant que, directement ou indirectement, modelées par la tradition, ou sous d'autres influences [163], certaines de leurs réflexions soient passées en maximes, pour être transmises, de génération en génération, jusqu'aux collections sapientiales, telles que Proverbes ou

---

[157] Cf. *supra*, p. 99, 103 ss., 135 ss., 145 ss.

[158] Cf. *supra*, p. 143.

[159] Cf. *Gen. 3:1*.

[160] Cf. *Job, 5:12* s.; *Ésaïe, 5:21; 29:14; 41:25; 47:10; Jér. 8:9; 9:23; 51:57; Éz. 28:3 ss., 17; Mt. 11:25 et par. Lc. 10:21; 1 Cor. 1:17 ss.; 2:1 ss., 13; 3:19 s.; 2 Cor. 1:12; Rom. 1:22; Jc. 3:16* s'élève contre cette sagesse là qui ne vient pas d'en haut, mais qui, terrestre, charnelle, peut être diabolique.

[161] Un cas typique relevé par un pionnier de la mission dans une région jusque là sans contact avec la culture occidentale, est celui du sage *Motloumé*. Cf. Th. Arbousset : *Voyage d'exploration...* p. 538-554, Paris, Missions Évang., 1842 (couronné par la Soc. de géogr. de Paris) cité dans H. Clavier : *Th. Arbousset...*, p. 67 s., 303 s., Paris, Miss. Évang. 1965.

[162] *Idem*. Cf. A. Lods : *La relig. d'Israël, op. cit.*, p. 201 ss.

[163] Cf. A. Lods : *ibid.*; Fohrer : σοφία in *T.W.*, VII, p. 480 s.

Qoheleth [164]. C'est ainsi que se perpétue « la sagesse des nations », dont certaines, comme Sumer ou l'Égypte, à un niveau culturel supérieur, en ont été des centres de perfectionnement et de diffusion, dès la plus haute antiquité [165]. A ce degré d'humanisme, la Sagesse devient internationale, et même œcuménique au sens religieux [166]. Rien d'étonnant que les prophètes en aient usé, à l'occasion, dans leur message, pénétré, là comme ailleurs, de foi mystique [167].

Il semble qu'il y ait eu, d'une manière assez générale, progression d'une sagesse terre à terre à des formes plus relevées, mais nullement avec la rigueur prescrite par un évolutionnisme simpliste [168]. Des intuitions profondes qui vont bien au-delà des besoins matériels d'une existence précaire peuvent être données à des natures en apparence très frustes [169]. Elles ne sont pas réservées à une sagesse plus cultivée qui peut, au contraire, en manquer. Peut-être était-ce le cas de celle, pourtant fameuse, de Salomon [170]. Sagesse de cour, comme en d'autres

---

[164] A. Lods : *op. cit.*, p. 202, estime que les préceptes de morale pratique sont « essentiellement les mêmes pour tous les hommes ». C'est ainsi que dans les *Proverbes*, la petite collection intitulée « paroles des sages » (*22:17* à *23:11*) suit de près le traité de morale de l'Égyptien *Amen-em-opé*, tandis que d'autres (*30* et *31*) sont attribuées à des sages arabes : *Agour* et le roi *Lemouel*. D'après 1 *Rois 4:31*, la sagesse de Salomon était supérieure à celle de tous les sages d'Égypte et d'Orient, dont plusieurs sont nommés. Cf. Fohrer : *art. cit.*, p. 481.

[165] Cf. S. N. Kramer : *L'Hist. commence à Sumer, op. cit.*, p. 167-176 ; A. Causse : *Sagesse égypt. et Sagesse juive, R.H.P.R.* 1929, p. 149-169 ; Fohrer, *art. cit.*, p. 477-480.

[166] Au niveau supérieur, la Sagesse de tous les peuples devient religieuse et suggère, plus ou moins confusément ou clairement, un monothéisme moral implicite. Tel est le cas, spécialement en Égypte, où le sage *Amen-em-opé*, tout en recommandant les dons à un certain nombre de divinités spécialisées, parle souvent de Dieu au singulier. Cf. A. Lods : *op. cit.*, p. 202 ; Fohrer : *art. cit.*, p. 479-481.

[167] Cf. *supra*, n. 164-166. Ainsi, la sagesse d'Amen-em-opé se retrouve en *Prov. 22:17-23:11*.

[168] Le caractère utilitaire d'un grand nombre de dictons, adages ou proverbes sapientiaux est indéniable. Il varie en proportion suivant les milieux et les temps. Il semble avoir été pratiqué largement à Sumer (cf. Kramer : *op. cit.*, p. 176 ; Fohrer : *art. cit.*, p. 478). Mais on le trouve aussi dans la Bible. Nombre de proverbes dits de Salomon et de sentences de l'Ecclésiaste en portent la marque. 1 *Rois, 7:14* admire la sagesse artisanale du Tyrien Hiram habile aux ouvrages d'airain. *Jér. 10:9* vise une telle sagesse quand elle se met au service de l'idolâtrie. Le prophète constate que la sagesse des nations ainsi dévoyée est insensée, stupide au regard de Yahweh: seul sage (*ibid.*, 6-15).

[169] Cf. *supra*, p. 168, n. 161.

[170] Dans la collection des proverbes réunis sous le nom de Salomon, à laquelle il n'est pas exclu qu'il ait apporté sa contribution, on distingue deux catégories d'observations : celles qui ont trait à la connaissance de la nature ; celles qui visent un comportement

États, elle manquait du souffle mystique dont la sagesse des prophètes est animée. Toujours est-il qu'ils ne l'ont ni louée, ni même mentionnée [171]. Les sages patentés qui vont tenir une place quasiment officielle auprès des prêtres et des prophètes, sont probablement visés par Ésaïe [172], et certainement par Jérémie [173]. Ils connaissent la Loi ; mais ils en font un mauvais usage, et leur conscience oblitérée n'éprouve aucune honte à la transgresser ; comme les prêtres indignes et les faux prophètes, « ils ne savent même plus ce que c'est que rougir » (*Jér.* 8:12).

Qu'était donc la sagesse des prophètes hébreux ? Elle usait parfois des mêmes procédés littéraires, notamment du *machal*, sous ses divers aspects [174] : oracle, parabole, allégorie [175], mais sans qu'il y eût nécessairement emprunt à une Sagesse déjà classée. Elle s'en distinguait, dans cette analogie, par un souffle original et puissant, que n'eurent jamais les Sages officiels, fidèles ou non à l'idéal yahwiste. Il semble, par contre, que ce souffle ait gagné certains passages des écrits sapientiaux, comme en *Prov.* I-IX [176], *Job* (*passim*) [177] et, parmi les apo-

---

humain, avec ou sans intention moralisante ou religieuse. Cf. Fohrer : *op. cit.*, p. 481. Les parallèles, qui ne sont pas nécessairement des emprunts, avec des sagesses et dictons étrangers y sont nombreux. Cf. l'intéressant tableau dressé par A. Barucq : *Proverbes* (avec *Biblio.*) in *D.B.P.*, *op. cit.*, VIII, col. 1413-1432, Paris, 1972.

[171] La sagesse de Salomon que l'on pensait trouver dans les Proverbes, était elle-même devenue proverbiale. Elle l'est restée jusque dans l'Islam où le *Coran* se réfère souvent à lui, et parfois comme à une sorte de magicien dont la science de la nature lui donne pouvoir sur les vents, les oiseaux et autres êtres, sur les djinns et sur les démons (cf. *Sour.* XXI, 81, 82 ; XXVII, 16-20, 39 ; XXXVIII, 33-37). Aujourd'hui encore ou, du moins, en 1935, comme on l'a constaté sur place, le chercheur, dompteur ou charmeur égyptien de cobras invoque Salomon et son pouvoir magique avant de se livrer à ses investigations et à son art dangereux. La sagesse de Salomon était déjà réputée de son temps, avant d'être « mythifiée ». Cf. 1 *Rois*, 5:21 ; *10*:1-24 ; 2 *Chron.* 2:12 s. ; 9:1-7, 22 s.

[172] Cf. *Ésaïe*, *29*:14 ; comp. *5*:21 ; *10*:13.

[173] Cf. *Jér.* *8*:8 s. ; *10*:14. En *18*:18, les prêtres, sages et prophètes sont nommés successivement comme préposés respectivement à la Loi, à la prudence, à la parole de Dieu.

[174] Sur le sens et les acceptions de *machal* (ou *mashal*) dans les Proverbes ou *Mishlê Shelomoh*, cf. Ed. König : *Proverb*, in *Hast. Dic. of the B.*, IV, 137-139 ; G. von Rad : *Th. de l'A.T.*, I, 362, *trad. fr.*, Genève, 1963 ; A. Barucq : *art. cit.*, col. 1396-1399.

[175] Le mashal, avec son rythme, ses assonances et son parallélisme, est passé du langage parlé à l'écriture, pour constituer un genre littéraire, catalogué comme sapiential.

[176] Cf. notamment, *Prov.* *1*:7-33 ; *2*:6-22 ; *3*:19-26 ; *6*:16-19 ; *8*:22-31.

[177] Cf. notamment, *Job*, *3* ; *6* ; *7* ; *9* ; *14* ; *19* ; *26-28* ; *38-39* et *passim*. Les plaintes de Job, entremêlées de visions, de sentences, d'oracles, seraient à rapprocher de celles de *Jérémie*, *5* ; *6* ; *8* ; *9* ; *12*, passim, etc. Sur la sagesse chez Job, et ses accents prophétiques, cf. Éd. Bruston : *É.T.R.*, III, p. 297-305, Montpellier, 1928 ; Fohrer : *art. cit.*, p. 490-492.

cryphes, la *Sapience*, où l'influence hellénistique a naturellement sa part [178]. La prosopopée fameuse de *Prov. 8* qui ouvre la voie à une hypostase de la Sagesse personnifiée [179], est animée d'une inspiration tout à la fois poétique et mystique où l'on retrouve certains accents de *Jér. 10*:12-16; *51*:15, ou, encore d'*Ésaïe, 40*:12-14 et ss. Les perspectives cosmiques de la sagesse divine y sont présentées pareillement [180]. Cette confluence des courants prophétique et mystique dans et par la Sagesse est aperçue dans *Sapience 7*:27 s. : « D'âge en âge, en passant dans les âmes saintes, elle prépare des amis de Dieu et des prophètes ».

C'est à cette altitude, et sur ce plan universel que va se produire la déviation, sans doute la plus importante, de la Sagesse métamorphosée en *Gnose*. Ce qui n'est, vraisemblablement, que prosopopée en *Prov.* ou *Sap.*, y deviendra un mythe caractérisé [181]. Bien qu'il n'ait pris toute son extension qu'au second siècle de notre ère, il pointe déjà dans ce que l'on considère comme un *pré-gnosticisme*, contre quoi les auteurs du Nouveau Testament ont eu à lutter [182]. Ils prendront ainsi la relève des

---

[178] Cf. L. Randon : *Les livres apoc. de l'A.T.*, p. 583 ss., Paris, Soc. Bibl., 1909; Wilckens : *D. Weisheit im hellen. Judent.*, σοφία, in *T.W.*, VII, 498-502.

[179] La « théologisation » de la חָכְמָה, avant de se traduire en prosopopée, ou de dévier en hypostase, plonge des racines profondes dans la Bible. Même pratique et terre à terre, et souvent empruntée à d'autres Sagesses, elle change de caractère en entrant dans la Bible. Elle vient de Dieu, seul sage absolument, et c'est Lui qui la donne. C'est de Lui que Joseph reçoit la sienne, et c'est Pharaon qui en témoigne (*Gen. 41*:39). Tout homme en a sa part, en quelque mesure, depuis le premier homme (cf. *Job, 15*:7-9, où certains voient une allusion au mythe de l'Adam primordial, cf. Fohrer : 493 ss.). Cette grâce faite aux hommes ne leur permet cependant pas de pénétrer dans le mystère insondable des desseins de Dieu (cf. *Job, passim, 42*:3); nul n'a siégé au conseil de Dieu (*Jér. 23*:18). De cette constatation naîtra chez certains, comme *l'Ecclésiaste*, un scepticisme pessimiste à l'endroit de toute sagesse humaine, incapable de résoudre les problèmes essentiels et celui d'un destin qui dépend de Dieu seul (*Eccl. 8*:17; *9*:1 ss.). Mais quand la transcendance lointaine, inaccessible de Dieu s'intériorise et se tempère ainsi d'une certaine immanence, un grand espoir surgit avec ses élans mystiques, mais aussi des risques de déviation.

La sagesse ne sera plus seulement révélée d'en haut, du dehors, mais inculquée, inspirée du dedans, des profondeurs de l'homme où Dieu est descendu. Cette sagesse « intimisée », trouvera sa chaleur et sa vie dans l'amour, où elle cèdera parfois aux tentations d'un mysticisme érotique. Comp. *Sir. 14*:22 ss. à *Prov. 7*:6 ss.; cf. *Sap. 8*:2, 9, 16. Cf. Wilckens : *art. cit.*, p. 499 et *supra*, p. 114 ss.

[180] Cf. *Prov. 8*:27-29; *Job, 38*; *Sap. 9*:9.

[181] Cf. Fohrer : *art. cit.*, p. 490-492; Wilckens : *art. cit.*, p. 499 ss. 508 ss.

[182] Cf. Wilckens : *id.*, p. 508 ss., 514; O. Cullmann : *Le Probl. litt. et hist. du roman pseudo-clémentin. Ét. s. le rapport entre le gnostic. et le judéo christian.*, Paris, Alcan, 1930; — *D. neuentdeckt. Qumrantexte u.d. Judenchristentum*, in *N.T.S. f. Rud. Bultmann*, p. 35-51, Berlin, Töpelmann, 1954; H. Schlier : *D. Denken d. frühchrist. Gnosis, id.*,

prophètes d'Israël contre une « fausse sagesse » bientôt organisée et ordonnée en systèmes concurrents ou hostiles.

Selon les Pères de l'Église, *Simon le Magicien*, dont il est question dans *Act. 8*:9-13, aurait été un gnostique [183]. Pierre venu en Samarie, aurait démasqué sa fausse conversion au kérygma évangélique. Il semble donc que dès ses premiers pas, le christianisme ait eu affaire avec des mouvements gnosticisants. Les épîtres pauliniennes ou deutéro-pauliniennes, les épîtres dites catholiques, l'Apocalypse [184] en donnent confirmation.

Le kérygma évangélique et apostolique, où se manifeste le prophétisme du Nouveau Testament, s'adresse en priorité aux cœurs simples et qui le sont restés, quel que soit le degré de leur connaissance. Pas plus que les prophètes hébreux, il ne dédaigne la sagesse, la vraie, celle qui vient de Dieu, de Dieu qui a envoyé à son peuple « des prophètes, des sages et des scribes » (*Matth. 23*:34) [185]. Suivant *Luc, 2*:40, 47, 52, Jésus enfant était rempli de sagesse et d'intelligence, mais aussi de grâce, devant Dieu et devant les hommes [186]. Cette sagesse est admirée par ses concitoyens (*Mc. 6*:2 ; *Mt. 13*:54) avant qu'ils ne s'irritent contre lui. Jésus donnera une bouche et une sagesse persuasives à ses disciples

---

p. 67-82 ; J. J. Gunther : *St. Paul's opponents and their background*, p. 271-297, Leiden, Brill, 1973 (chap. VII : *Apocalypt., Mystic Gnosticism*). La question autrefois débattue, de savoir s'il est licite de parler de gnose et de gnosticisme avant les grands systèmes du second siècle, paraît maintenant assez vaine et purement scolastique. Ce qui est certain, et ne surprend pas, c'est que les syncrétismes hellénistiques variés ont souvent tourné en théosophies, dont certaines en milieu juif, et qu'il y a là, pour le moins, de la pré-gnose et du pré-gnosticisme.

[183] *Idem* : Cullmann : *passim* ; Schlier, p. 68-76 et A. F. J. Klijn-G. J. Reinink : *Patrist. Evidence for Jewish-Christian Sects*, p. 102, 107, 229, 230, Leiden, Brill, 1973 ; L. Cerfaux : *La gnose simonienne*, in *Rech. de Sc. Relig.* 1925, 26-27 (XV, XVI, XXVII) ; L. Cerfaux : *Gnose pré-chrétienne et biblique*, in *D.B.P.*, III (1938).

[184] Il semblerait que *Paul*, en 1 *Cor. 1*:17 ss. en ait à une certaine sagesse, sans doute gnosticisante, et dont l'effet serait de rendre vaine la croix du Christ où triomphe la sagesse de Dieu. Wilckens, *art. cit.*, p. 530, estime que le mythe judéo-gnostique de la Sagesse a provoqué cette déviation d'une christologie corinthienne. Il s'agirait en *Col. 2*:1 ss., 8 s., 22 s., de déviations analogues ; de même à l'arrière-plan d'*Éph. 3* ; *Jc. 3*:14 ss. Il faut tenir compte d'autres influences en milieu pagano-chrétien, et « par le parallèle, saisir ce qui distingue ». (cf. *supra*, p. 21 ss.).

[185] *Mt. 23*:34 ; comp. *Lc. 11*:49 : « ... la sagesse de Dieu a dit : Je leur enverrai des prophètes et des apôtres... ».

[186] *Lc. 2*:40 : « Le petit enfant grandissait et se fortifiait (les Mss. du Text. Recept. et quelques autres ajoutent ici πνεύματι), rempli de sagesse, et la grâce de Dieu était sur lui (D : en lui) ». Comp. *Lc. 2*:52 ; *Act. 6*:3, 10 ; *7*:10 ; — 1 *Sam. 2*:26.

(*Luc 21*:15) [187]. En *Luc 11*:49, la Sagesse est personnifiée, comme dans certains des écrits sapientiaux, mais certainement en-dehors du processus hypostatique aboutissant aux gnoses [188]. Rien ne serait plus opposé à cette prière, suivie d'une déclaration à résonance très johannique [189], et qui, pourtant, se trouve dans *Matth. 11*:25 ss., avec parallèle en *Luc 10*:21 ss. : « Je te loue, ô Père, ... de ce que tu as caché ces choses aux sages et aux intelligents, et de ce que tu les as révélées aux petits enfants. Oui, Père, il en est ainsi parce que tu l'as trouvé bon. Toutes choses m'ont été remises par mon Père, et nul ne connaît le Fils, si ce n'est le Père, et nul ne connaît le Père si ce n'est le Fils, et celui à qui le Fils aura voulu le révéler ». Pour désigner ce mode de connaissance, du Père au Fils, du Fils au Père, et du Fils aux élus, la rédaction de Matthieu utilise un verbe dont l'usage néo-testamentaire est surtout paulinien ou deutéro-paulinien : $\dot{\epsilon}\pi\iota\gamma\iota\nu\dot{\omega}\sigma\kappa\epsilon\iota\nu$; le substantif $\dot{\epsilon}\pi\dot{\iota}\gamma\nu\omega\sigma\iota\varsigma$ n'apparaît que dans les épîtres. Il semble que la préposition $\dot{\epsilon}\pi\dot{\iota}$ ajoute une nuance aux termes simples, et que l'épignose soit généralement autre chose que la gnose [190].

---

[187] *Lc. 21*:15; comp. *Mc. 13*:11 et *par.*

[188] *Lc. 11*:49; comp. *Lc. 7*:35 et *par.* en *Mt. 11*:19.

[189] *Mt. 11*:25 ss. et *par.* en *Lc. 10*:21 ss., à *comp.* à *Jean, 17*:10, 21 ss.; *16*:15; *10*:30, 38, etc.

[190] Cf. *Mt. 11*:27. Sur la notion d'*Épignosis*, cf. H. Clavier in *Stud. Évang., T.U.*, 1974, avec cette conclusion : « L'aperçu général et particulier de tous les textes où les mêmes notions, les mêmes nuances variées sont perceptibles sous le substantif et le verbe, a montré diverses orientations motivant et justifiant le terme composé avec son préfixe $\dot{\epsilon}\pi\dot{\iota}$. Il peut s'agir d'un renforcement intellectuel, mais dont on ne voit nullement que l'aboutissement soit « gnostique », puisqu'il marque plusieurs fois un coup de frein sur cette voie, ou une opposition radicale. Il reste, d'ailleurs, une marge importante entre la nuance imprimée à ce renfort intellectuel par les épîtres pastorales ou l'épître aux Hébreux et la pensée de Paul dans les grandes épîtres. Il y a la direction contraire en apparence, d'une connaissance mystique avec laquelle, au bout du compte, la gnose trouvera bien des accommodements. Le johannisme va certainement plus loin que le paulinisme dans cette direction ; mais il s'arrête à temps... D'après *Rom. 1*:19-21, l'homme a bénéficié, dès l'origine, d'une capacité, issue naturellement de Dieu, pour saisir ce qui est connaissable de Dieu ($\tau\dot{o}$ $\gamma\nu\omega\sigma\tau\dot{o}\nu$ $\tau o\hat{v}$ $\theta\epsilon o\hat{v}$) dans les merveilles de la création. Cette révélation élémentaire devait avoir pour suite normale, avec adoration et action de grâces (v. 21), un effort d'approfondissement, de pénétration et de perfectionnement de connaissance en *épignose*. L'homme ne l'a pas voulu (v. 28). C'est en cela qu'a consisté la chute, avec ses conséquences funestes : la corruption de la nature humaine en une nature dénaturée. Pour l'apôtre, la rédemption acquise et assurée par le Christ et en Christ, consiste intimement en une restauration de la nature selon Dieu, pour reprendre la progression refusée et brisée. Le but est encore loin, la connaissance partielle ; un jour viendra où, dans l'amour divin, l'épignose divine sera aussi la nôtre : $\tau\acute{o}\tau\epsilon$ $\dot{\epsilon}\pi\iota\gamma\nu\dot{\omega}\sigma o\mu\alpha\iota$ $\kappa\alpha\theta\dot{\omega}\varsigma$ $\kappa\alpha\dot{\iota}$ $\dot{\epsilon}\pi\epsilon\gamma\nu\dot{\omega}\sigma\theta\eta\nu$ (1 *Cor. 13*:12). ».

La sagesse orgueilleuse contre laquelle s'élève *Paul* [191], à l'instar des prophètes hébreux [192], est confite en sa gnose, dont elle se pare et s'enfle, tandis que la sagesse authentique, d'origine divine, tend à l'approfondissement et au perfectionnement d'une connaissance première en une épignose, moins superficielle, moins partielle, et plus proche de Dieu [193]. Le refus de passer de l'une à l'autre a marqué la Chute. La Rédemption renoue le fil rompu [194].

b) *Le message politique*

L'épithète « politique » ne saurait être utilisée ici au sens classique et dérivé du grec, dans un système social que l'Israël biblique n'a jamais connu [195]. Mais si le politique est conçu largement, comme l'art de gouverner, de gérer un État, une société, un peuple, on en découvrira les éléments dès les origines patriarcales, et les élaborations successives, avec le développement tribal du clan, de la fédération « amphictyonique » [196], jusqu'à la royauté. Celle-ci, bien qu'attirée, influencée par d'autres, a toujours eu, en Israël, un statut différent [197], sous le chef de Yahweh qui seul règne vraiment, avec les exigences de sa Loi souveraine. La mission politique des prophètes a été de le proclamer et de le rappeler sans trêve et sans crainte.

Quand on entre dans le détail de leurs interventions, on peut se demander ce que valait réellement en général, ou dans tel cas particulier, la politique des prophètes d'Israël. Faut-il admirer, avec certains, leur merveilleuse lucidité, ou, avec d'autres, les taxer d'utopie [198] ? Quoi qu'il en soit, on ne saurait les qualifier de « politiciens », au sens

---

[191] Cf. *supra*, p. 168, n. 160.

[192] *Ibid.* et p. 170, n. 172-173.

[193] Cf. *supra*, n. 190.

[194] *Idem*.

[195] Tandis que ἄστυ désigne une agglomération urbaine, différente des villages et bourgs de la campagne, πόλις caractérise un centre politique, un État ; πολίτης distingue un citadin en tant que citoyen. Il n'y a rien de ce genre dans l'A.T., au point que πόλις n'apparaît dans la LXX que dépolitisé, privé de ce qui, dans la Grèce classique, faisait sa spécificité. Cf. Strathmann : πόλις, πολίτης, etc., in *T.W.*, IX, 516-535.

[196] Cf. A. Causse : *Du groupe ethnique à...*, *op. cit.*, p. 92 ; S. Herrmann : *Staat*, *A.T.*, in *B.H.H.*, III, col. 1842-1843 (Biblio.).

[197] *Ibid.* et Strathmann : *op. cit.*, p. 523 ss. La royauté en Israël ne fut jamais qu'une délégation de pouvoir, sous le chef de Yahweh, seul monarque absolu. Dans cette relation, la prétention despotique d'un homme n'était qu'usurpation et impiété.

[198] Cf. Causse : *op. cit.*, p. 92 ; L. Ramlot : *Prophétisme*, in *D.B.P.* (1971), VIII, *col.* 1050 ss. (les prophètes dans la vie politique d'Israël).

péjoratif du terme, ce qu'étaient habituellement les « prophètes de cour »[199]. Ceux-ci, même quand ils n'étaient pas au service d'un culte païen, comme les 450 prophètes de Baal et les 400 prophètes d'Astarté qui mangeaient à la table de Jézabel (1 *R.* *18*:19), étaient asservis, avant tout, au pouvoir qui les nourrissait et qui les payait. Attentifs à son bon plaisir et à ses projets, jusque dans les affaires de l'État, ils n'avaient pas d'autre écoute que celle de leur propre intérêt, de leur intérêt immédiat. Quand ils vaticinaient, soi-disant au nom de Yahweh, c'était pour flatter le monarque, ses désirs et ses ambitions, afin de s'assurer ses faveurs. Ses intentions politiques, à l'intérieur, à l'extérieur, leur suggéraient de faux oracles qui n'en étaient qu'un écho : vox regis, vox Dei ! Ils les rendaient selon les techniques reçues, assez astucieusement pour se ménager une issue, en cas d'échec.

Les vrais prophètes se dressent contre ces courtisans, de toute la force d'un engagement total au service de Yahweh. Ils fustigent leur veulerie en termes cinglants d'ironie sarcastique : « Leurs dents trouvent-elles à mordre, ils annoncent la paix ; mais à qui ne leur met rien dans la gueule, ils déclarent la guerre »[200]. — « Leurs visions sont trompeuses, leurs oracles menteurs ... ils disent ... oracle de Yahweh[201], alors que je n'ai point parlé... Ils égarent mon peuple en disant : Paix ![202], quand il n'y a point de paix... »[203].

Le message politique des prophètes d'Israël, parfois douteux et contesté quand ils entrent dans le détail complexe de la diplomatie[204], devient clair quand ils se contentent de proclamer et de revendiquer les droits prioritaires de Dieu en toutes circonstances et sous tous les régimes. C'est vraisemblablement le mobile principal d'une certaine méfiance qui peut aller jusqu'à l'hostilité en face de la royauté. Il n'y a pas là seulement un regret nostalgique du passé, mais une opposition de principe aux empiètements, favorisés par un régime plus fort, sur la souveraineté de Yahweh[205]. Le terme de *théocratie* que Flavius

---

[199] *Ibid.*, Ramlot, col. 1058.

[200] *Michée, 3*:5. Comme le note la *Bible du Centenaire* (Soc. B. Paris), cette apostrophe virulente vise la coutume fort ancienne des paiements et dons plus ou moins généreux pour consultations de voyants, prophètes et devins (cf. 1 *Sam.* 9:7 s. ; 1 *R.* 14:3 ; 2 *R.* 5:5 ; 8:8). Beaucoup d'entre eux accordaient leurs oracles à l'importance de ce qui leur était offert, et les modifiaient sans scrupule, selon les cas.

[201] *Idem* ; *Ézech. 13*:7.

[202] Cf. Ed. Jacob : *L'idéal de paix ds... l'A.T.*, in *Ét. Th. et Relig.*, 1944, p. 3-13.

[203] Cf. *Jér.* 6:14 ; 8:11 ; *Éz. 13*:6-11.

[204] Cf. *supra*, p. 174, n. 198.

[205] *Ibid.* et n. 202.

Josèphe [206] semble avoir été le premier à utiliser pour caractériser le régime instauré par Moïse, répondrait mieux que tout autre à la politique des prophètes. Si elle combat le despotisme monarchique, elle est incompatible avec cette sorte d'« hiérocratie » usurpatrice, bien qu'autrement, des prérogatives de Dieu, qui s'instaura au retour de l'exil [207].

Dans la réalité concrète, une théocratie de principe et d'inspiration, comme celle des prophètes, se traduit nécessairement par une tendance et une action politiques distinctes, sous quelque régime que ce soit. L'autorité des Juges sur une sorte de confédération de clans ou de tribus [208] ne présentait pas les mêmes tentations que celles d'un roi sur son royaume ; mais elle avait d'autres inconvénients [209]. Le défaut d'unité et de continuité dans les affaires extérieures n'en était pas le moindre. Dans cette situation charismatique, où le choix d'un juge compétent pouvait dépendre *in extremis* de l'inspiration d'un prophète, l'existence des tribus d'Israël était souvent en jeu [210]. Les royautés

---

[206] Cf. Fl. Josephus : *Ctr. Apion.*, II, 16 ; H. Clavier : *Théocrat. et Monarchie...* in *The sacral Kingship*, p. 447 ss., Leiden, Brill, 1959. Wellhausen : *Prol. z. Gesch. Israëls*, I, p. 436, Berlin, Reimer, 1882 pense que Josèphe aurait préconisé, sous cette appellation (θεοκρατία), une sorte de hiérocratie élargie par transfert sur la fonction royale du caractère sacré de la fonction sacerdotale. Une théocratie ne peut, effectivement, s'exercer que par le truchement d'un pouvoir humain, d'où l'ambiguïté d'un tel régime. Il ne semble pas, cependant, que Josèphe, ait marqué une préférence pour un régime semblable à celui d'Israël au retour de l'exil, et dont il ferait remonter l'origine à Moïse, dans une perspective historique simplifiée. Il serait plutôt favorable à une aristocratie, voire à une espèce de démocratie aristocratique (cf. *Antiqu.* IV, VIII, 14 ; 17 ; VI, iii, 3 ; XI, iv, 8). La raison de cette préférence est que la véritable théocratie risque moins d'être confisquée et exploitée de la sorte que sous l'autorité d'un monarque ou d'un sacerdoce. Une relation aussi directe que possible entre Dieu et son peuple serait une meilleure garantie de la théocratie.

[207] Un pouvoir théocratique encore plus absolu sera revendiqué au XIe s. par le pape Grégoire VII, dans son mépris du pouvoir civil et sa prétention de détenir *sacerdotium et imperium* (cf. C. Mirbt : *Gregor VII*, in *R.E.*, VII, p. 110). L'infaillibilité papale y était impliquée jusque dans le domaine politique. Le concile du Vatican, en 1870, la limitera, en principe, au dogme et à son interprétation *ex cathedra*.

[208] Cf. A. Causse : *op. cit.*, p. 19, 21.

[209] *Idem*, Herrmann : *art. cit.*, col. 1842 s. Les *chôfetim* n'étaient pas des juges comme on les entend aujourd'hui, ni même des magistrats temporaires comme les *suffètes* à Carthage, mais des chefs appelés dans la détresse du peuple châtié et repentant, à le délivrer de l'oppression. Leur première tâche était de mener au combat contre l'oppresseur du moment.

[210] Le schéma général de l'action des Juges est donné par Josué, en *Juges*, 2:11-19 : Le peuple élu a été infidèle, malgré les mises en garde de *Josué, 23-24* ; Yahweh le châtie

voisines exerçaient sur certains l'attrait d'une stabilité et d'une sécurité qui leur semblaient plus grandes, sans compter le prestige et l'éclat fascinant de leurs cours [211]. Les prophètes devaient souvent en dénoncer les effets corrupteurs; mais on ne peut pas dire que, dans l'ensemble, ils se soient montrés anti-royalistes. On doit même constater leurs bonnes relations avec des rois fidèles à l'alliance yahwiste, comme Ézéchias et Josias. On les voit mal, néanmoins, s'associant à une *apothéose* telle qu'au Psaume 45 où le style courtisan, banal ailleurs, fait sentir, exceptionnellement, son action [212].

Quoi qu'il en soit, l'adhésion à la royauté se présentait diversement suivant la personne du roi et son comportement à l'égard de la Loi. Pratique plutôt que théorique, cette adhésion n'était pas uniforme, et bien que généralisée, elle ne fit jamais l'unanimité. Une attitude de principe, résolument anti-monarchique a trouvé en *Osée* son témoin radical. C'est en colère contre Israël que Yahweh lui a donné un roi [213].

---

durement, en le livrant à ses ennemis; dans sa détresse, le peuple se repent et appelle au secours; Yahweh lui suscite un libérateur qui le soulève et le conduit à la victoire, puis l'administre et le gouverne en paix jusqu'à sa mort; après quoi, le cycle reprenait : infidélité, châtiment, repentance, délivrance.

[211] La royauté en Israël ne fut jamais totalement comme les autres, grâce à la tradition yahwiste que représentaient et défendaient les prophètes. Attirée d'un côté par l'éclat des cours étrangères, notamment avec Salomon, et retenue de l'autre, elle trahit toujours, dans son principe même et sa pratique du pouvoir, une certaine ambiguïté.

[212] Cf. *Ps. 45*:7, 8 et *passim*. Bien que présenté comme un chant nuptial, ce psaume semble être le témoin, le seul de ce qui pourrait avoir été une sorte d'apothéose royale en Israël. Mais on ne trouve aucune trace de mythe dynastique, comme chez d'autres peuples.

[213] Cf. *Osée, 13*:9-11 : « Où sont tes Juges, (à propos de) qui tu disais : Donne-moi un roi... ? — Je t'ai donné un roi dans ma colère, et je te l'ôterai dans mon indignation ». Il s'agit ici, manifestement, de la première nomination d'un roi en Israël, pour remplacer l'institution des Juges. D'autres textes d'Osée, notamment 3:5 (ils reviendront à Yahweh, leur Dieu, et à David, leur roi), suggèrent que le prophète vise la royauté du Nord considérée comme illégitime par rapport à celle du Sud demeurée davidique. C'est la thèse que soutient, après un examen des textes, A. Caquot : *Osée et la royauté*, in *R.H.P.R.* 1961, (XLI), p. 125-146. Il semble que l'on puisse conclure à une ambiguïté provenant de ce que le prophète est partagé entre plusieurs sentiments : une aversion prononcée contre la royauté du Nord, une préférence marquée pour celle du Sud tenue pour seule légitime, une opposition de principe à l'institution même d'une royauté dès l'origine, arrachée, pour ainsi dire, au consentement de Yahweh. Ad. Lods : *Israël, des orig. au milieu du VIIIᵉ s., op. cit.*, p. 409 ss., 456 ss., 477 s., distingue, dans un groupe de récits favorables à la royauté, deux versions différentes. Il identifie également et caractérise le courant anti-royaliste (p. 412 s.); mais les raisons invoquées pour lui attribuer une origine tardive ne semblent pas probantes. Il serait inconcevable que l'instauration d'une monarchie

Tout pouvoir qui prétend s'élever au-dessus de la condition humaine et de ses contingences est une usurpation de privilèges souverains qui n'appartiennent qu'à Dieu [214]. Là même où la puissance royale reste dans ses limites, imposées par la Loi divine, les prophètes les plus favorables ne cessent pas de la mettre en garde contre la tentation du despotisme, de l'arbitraire, du luxe et de la corruption [215].

Le *Nouveau Testament* a eu en *Jean Baptiste*, face à Hérode, son Nathan ou son Élie [216]. La mort affreuse d'un autre Hérode est présentée en *Act. 12*:22 s. comme un châtiment de son apothéose [217]. Si ce tyranneau est maudit et rongé des vers, c'est moins pour la

---

permanente et héréditaire en Israël n'eût suscité aucune opposition, non seulement parce qu'elle lésait nécessairement certains intérêts, mais aussi et surtout parce qu'elle heurtait une tradition politico-religieuse invétérée (cf. 1 *Sam. 7*:8; *10*:17-25; *12*:10-15).

[214] *Idem* et A. Lods : *Les Prophètes d'Israël*, p. 104 s., 134 s., Paris, A. Michel, 1935. Lods (*ibid.*, p. 105) considère comme « plus que probable que les passages annonçant le retour d'Israël (du Nord) sous les lois de David ont été interpolés... ». Il semble qu'une solution moins logique soit ici préférable.

[215] Cf. H. Clavier : *Théocrat. et Monarch.*, *art. cit.*, p. 447 s. : « Plusieurs courants se sont manifestés en Israël pour appliquer pratiquement une théocratie de principe, car il faut au Dieu souverain un agent ou un organe de commandement. L'institution de la royauté a fait éclater un conflit latent entre des tendances et intérêts variés. Elle a pu ensuite exercer une influence sur certains aspects de l'idéal théocratique ; mais ce serait une grave erreur que de faire dériver celui-ci d'un régime politique et social auquel il a préexisté. Cet idéal était inhérent au Yahwisme, et le yahwisme était assez fort pour freiner les entraînements totalitaires d'un monarchisme trop enclin à se modeler sur les cours orientales. Contre la tentation mégalomane d'un despotisme analogue, il suffisait de rappeler les droits souverains de Yahweh. Nathan devant David (2 *Sam. 12*:1 ss.), Élie devant Achab (1 *Rois, 21*:17 ss.) dressent la théocratie comme un obstacle infranchissable au bon plaisir de la monarchie, et c'est la voix de la conscience qu'ils font entendre du même coup ».

L'influence du régime royal sur la pensée religieuse et sur ses manifestations dans le culte est sensible aux *Psaumes* dits *d'intronisation de Yahweh* (*Ps. 47, 93, 96, 97, 99*, etc.). Cf. S. Mowinckel : *Psalmstudien II, D. Thronbesteigungsfest Yahwehs u.d. Urspr. d. Eschat.*, Kristiania, Dybwad, 1922 ; les analyses remarquables et suggestives de l'auteur semblent poussées trop loin, notamment en ce qui touche les origines de l'eschatologie en Israël. Si les Psaumes d'intronisation peuvent rappeler au roi lui-même que Yahweh seul est Roi, les prophètes font descendre de leur piédestal tous les pouvoirs humains en mal d'apothéose. Cette « désacralisation » du pouvoir de l'homme se retrouvera dans l'Évangile, mais sous un éclairage nouveau.

[216] Cf. *Mc. 6*:17 ss. et *parall.*

[217] Cf. *Act. 12*:21-23. La harangue de cet Hérode au peuple avait reçu l'applaudissement : « Voix d'un dieu, non d'un homme ! », sans qu'il s'y opposât, comme le firent à Lystre Barnabas et Paul, quand ils furent pris pour Zeus et Hermès, et qu'on fit mine de leur sacrifier des taureaux (*Act. 14*:11-18).

persécution qu'il a ordonnée, et dont l'apôtre Jacques fut la victime, que pour sa prétention aux honneurs divins [218].

La foi théocratique de Jésus exclut toute compromission avec les partis politiques de son temps. Son message condamnait en principe l'opportunisme lâchement intéressé des uns, collaborateurs et profiteurs [219], mais aussi la violence meurtrière des autres. Si tel ou tel de ses disciples est venu du camp zélote, cela n'implique nullement que Jésus y ait jamais appartenu [220].

---

[218] Le tyranneau a été frappé pour avoir accepté complaisamment son apothéose, et usurpé ainsi une gloire qui revient à Dieu seul (*Act. 12*:23).

[219] *Josèphe, Ant.* XIII, 10, 6, constate que les *Sadducéens* n'ont que les riches pour eux; le peuple n'a point de sympathie pour eux. Il y avait donc, par là même, incompatibilité entre leur attitude et celle de Jésus. Leur conservatisme littéraliste et ritualiste ne pouvait qu'ajouter à cette hétérogénéité foncière. Curieusement associés à un opportunisme politique et une diplomatie qui faisaient d'eux des collaborateurs de l'occupant, cet aristocratisme et ce conservatisme les tenaient plus distants de Jésus que les pharisiens. Leur opposition s'exprime donc moins fréquemment (cf. pourtant, *Mt. 16*:6, 12; *22*:23 ss. et *parall.*), jusqu'au moment où jugeant Jésus dangereux pour leur diplomatie, ils prirent une part active, avec le sacerdoce et la classe dirigeante qui leur appartenaient, à son élimination.

[220] Les *Zélotes* étaient les extrêmistes de la résistance à la domination et à l'occupation romaines. *Josèphe, Ant.* XX, *passim* et 167 s. les tient pour des imposteurs et des brigands, ce que la plupart n'étaient certainement pas, mais des patriotes terroristes et fanatisés. Les Romains et leurs collaborateurs avaient naturellement une propension à taxer de zélotisme tout mouvement d'opposition, quelle que fût sa nature. Tel fut le cas de celui suscité par Jésus, et auquel d'anciens zélotes avaient adhéré, qui l'étaient encore plus ou moins demeuré. Mais c'est une gageure que de prétendre avec Reimarus (*Nouv. Fragm. de Wolfenbüttel*, 1778), et plus récemment, R. Eisler (*ΙΗΣΟΥΣ ΒΑΣΙΛΕΥΣ ΟΥ Β. ...*, Heidelberg, 1928-30) que Jésus était un partisan de la violence, un zélote. Une thèse qui se rapproche de cette opinion, mais s'en distingue, est celle de S. G. F. Brandon : *Jesus and the Zealots. A Study of the political Factor in primitive Christianity*, Manchester Univ. Press, 1967, et mise au point in *N.T. St.* XVII (1971), p. 453. Le fait qu'un certain *Simon* figure avec la désignation : le *Zélote*, dans la liste des apôtres, le distinguerait des autres et signifierait que Jésus, s'il ne l'a pas écarté pour autant, est fort éloigné d'être non seulement un chef, mais un partisan de l'insurrection. Cette argumentation de Brandon porte plus loin qu'il ne pense, quand il suggère un rapprochement entre cette position et celle de ces *para-zélotes* que Josèphe signale, et qui sympathisaient sans y adhérer, avec le zélotisme militant. En réalité, l'évangile de Jésus est incompatible avec la violence meurtrière de ceux que le livre des *Actes* (*21*:38) appelle des sicaires, désignation qui se retrouve chez Josèphe, et qui signifie « poignardeur ». Si donc un Simon ou tout autre Zélote était admis dans le cercle des disciples, c'était dans l'intention de l'évangéliser, au sens existentiel, essentiel, c'est à dire de le convertir; il en était ainsi pour tout homme de bonne volonté, qu'il fût zélote ou pas. Ce fait capital demeure, que l'on accepte ou non l'interprétation de *barjona* qui fait de la bonne pâte qu'était Pierre, un terroriste,

Jésus a pris maintes fois position contre les autorités de son peuple, et c'est une attitude politique. Il le fait non par esprit frondeur ou par tempérament anarchique, mais par conviction, dans la pénétration et l'exigence d'une foi totale en la souveraineté de Dieu. L'exemple le plus précis nous en est donné dans son opposition aux pharisiens en place, avec l'appétit de domination qui les conduit à empiéter sur le privilège exclusif d'une direction divine :

« Les scribes et les pharisiens sont assis dans la chaire de Moïse... ils aiment les premières places... ils aiment être appelés, Maître. Mais vous, ne vous laissez pas appeler Maître, car vous n'avez qu'un seul Maître [221] et vous êtes tous frères. N'appelez personne sur la terre votre Père ; car vous n'avez qu'un seul Père [222] : celui qui est dans les cieux. Ne vous laissez pas appeler non plus Directeurs [223], car vous n'avez

---

ou des deux *Boanerges*, Jacques et Jean, des zélotes en puissance. Cf. Brandon : *op. cit.* et O. Cullmann : *Dieu et César*, p. 11-25, Paris-Neuchâtel, Delachaux, 1956. Quant à prétendre, avec Albert Schweitzer (Cullmann, p. 24), que Jésus se rangerait lui-même parmi les violents dont il serait question en *Mt. 11*:12 (*par. Lc. 16*:16), il faudrait non seulement savoir si Jésus approuve ou blâme l'attitude violente, mais, avant tout, si le texte est bien traduit, comme on le fait habituellement, dans sa première partie : le royaume des cieux est forcé ou violenté. Il semble, à l'examen exégétique approfondi, que βιάζεται, comme c'est le cas le plus souvent, doive être pris au sens moyen plutôt que passif, ce qui donnerait à peu près ceci : Le Royaume des cieux vient avec force, et ce sont les forts qui s'en emparent. Le commentaire de Clément d'Alexandrie en retiendrait la leçon d'énergie : « Le chrétien doit faire effort, car le Royaume est surtout à ceux qui s'efforcent » (*Clém. A., Stromates* VI, 149). Cf. H. Clavier, *L'accès au Royaume de Dieu*, p. 11, n. 26, Paris, Fischbacher, 1944. Le sens du verbe au moyen a été adopté par de nombreux commentateurs, parmi lesquels F. C. Baur, Harnack, Zahn).

[221] Cette maîtrise d'un seul procure à qui l'accepte un maximum de liberté vis à vis de tout autre pouvoir. Celui d'un homme, quelles que soient ses fonctions, ne peut faire oublier qu'il est homme ; en tant que tel, il n'a droit qu'au respect dû à tout homme. Les marques extérieures de ce respect ne doivent pas dépasser les bornes que requiert la dignité de la personne humaine. Les soldats d'Alexandre le ressentaient qui refusaient de se prosterner devant lui. L'évangile assure une semblable fierté sur son fondement réel : tous égaux devant Dieu, et frères (*Mt. 23*:8).

[222] Πατήρ, au sens fort, est un titre qui n'appartient qu'à Dieu. Quels que soient les usages et les dévalorisations sémantiques, on comprend le scrupule de ceux qui répugnent à saluer un homme de la formule Révérend Père ou Saint Père, dont ils savent qu'elle est contraire à la réalité humaine et chrétienne. *Mt. 23*:9.

[223] Καθηγητής en *Mt. 23*:10, bien que synonyme et de ραββεί, et de διδάσκαλος au verset 8, s'en distingue, sans doute, par une nuance, par un accent mis sur le direction ; il s'agirait de celui qui guide, qui conduit, qui dirige. Nul homme n'est habilité à être un tel directeur. Il n'y a pas d'autre direction de conscience que celle du Christ, dont Vinet disait qu'il est la conscience de notre conscience.

qu'un seul Directeur : le Christ ; mais que le plus grand d'entre vous soit votre serviteur. Ainsi, quiconque s'élèvera lui-même sera abaissé, et quiconque s'abaissera sera élevé » [224]. Prononcées dans des circonstances particulières et dans un cas concret, ces paroles ont une portée universelle. Elles équivalent à un renversement des valeurs traditionnelles. La vie même de Jésus, comme son Évangile, en sont l'application ; son sacrifice suprême, l'illustration dramatique et souveraine. « Le Fils de l'Homme est venu non pour se faire servir, mais pour servir et donner sa personne en rançon pour beaucoup [225] ».

Tout homme est appelé à suivre ce chemin, le chemin du service, pour son propre compte et celui d'autrui. L'imitation servile, telle que la figure le mythe gnosticisant du rédempteur et de la rédemption [226], est exclue ; mais l'orientation est donnée, avec ses conséquences dans le domaine social et politique. L'attitude requise n'est pas d'obéissance

---

[224] *Mt. 23*:11, 12.

[225] Cf. *Mc. 10*:45 ; *Mt. 20*:28. λύτρον ἀντὶ πολλῶν : le λύτρον étant la rançon payée pour libérer un esclave, il semble que le Fils de l'homme étant lui-même cette rançon, se substitue à cet esclave, ou plutôt à ces esclaves que sont les hommes, pour les délivrer. Le sens habituel de la préposition ἀντί va dans ce sens. Mais à prendre ainsi le texte à la lettre, on se demande ce que devient le Fils de l'homme, et s'il n'a pas besoin d'être racheté à son tour, comme dans le mythe gnosticisant du rédempteur racheté. (cf. le *Chant de la perle* dans les Actes apocryphes de Thomas, ou les Odes dites de Salomon, spécialement les 22 et 23). Le fait que la différence entre ἀντί et ὑπέρ qui signifierait plutôt en faveur de, s'était amenuisée en grec hellénistique, n'écarte pas entièrement la substitution. De même, quand 1 *Tim. 2*:6, par allusion probable à notre texte pris dans les Logia, paraphrase : « il y a un seul médiateur de Dieu et des hommes, l'homme Christ-Jésus qui s'est donné lui-même ἀντίλυτρον ὑπὲρ πάντων, τὸ μαρτύριον καιροῖς ἰδίοις ». Néanmoins, les notions d'échange et de témoignage y relâchent la rigueur accentuée par la théologie traditionnelle, d'une expiation substitutive. La notion johannique de propitiation, ἱλασμός, non pas à la place de ou en faveur de, mais au sujet de, à cause de (περί) nos péchés (1 *J. 4*:10) apporte une solution : la rançon propitiatoire et libératrice n'est point offerte à un Dieu courroucé, mais à l'homme aveuglé par le mal, au point d'imaginer vindicatif et colérique à son image, le Dieu qu'il a trahi, le Dieu-Amour (1 *J. 4*:8, 16). Cf. H. Clavier : *L'accès au R. de D.*, op. cit., p. 103, et : ... *un mot-clef du johannisme et de la sotériologie biblique* : 'ΙΛΑΣΜΟΣ, in *Nov. Test.*, X (1968), p. 287-304. Cf. G. Quispel : *D. Thomasevang. u. d. Lied v. d. Perle*, Leiden, Brill, 1967.

[226] L'imitation du Rédempteur par le racheté trouve dans les *Odes de Salomon* cette étrange comparaison qui passe l'imitation du mystagogue par l'initié dans les cultes à mystères : « ... les grandes eaux emportent ceux qui méprisent le Seigneur ; elles effacent leurs traces... mais ceux qui les traversent dans la foi ne sont pas ébranlés... le Seigneur a marché sur les eaux, ses pas n'y sont pas effacés ; ils sont fermes comme dans du bois sculpté qui flotte ». Le fidèle doit mettre ses pieds dans les traces des siens, figées, lignifiées, pour traverser le fleuve. (Cf. *Ode 39* ; comp. *Odes 21*, 7).

passive au pouvoir, quel qu'il soit ; elle n'est pas non plus de non-résistance également passive, quand ce pouvoir devient tyrannique ; mais de contestation et d'opposition. Si l'on en croit la tradition johannique, appuyée d'ailleurs par certains traits synoptiques, l'image de Jésus « comme un agneau muet devant celui qui le tond » [227] n'est pas conforme à la réalité. Il n'y a pas que les silences qui peuvent être éloquents dans un certain contexte [228]. Quand, devant le grand prêtre, Jésus s'étonne d'être interrogé sur des faits bien connus, et que, jugeant son attitude irrévérencieuse, un agent du pouvoir le soufflette, Jésus ne tend pas l'autre joue, mais proteste calmement, avec une dignité souveraine [229].

L'attitude est la même devant l'autorité civile ou politique. Jésus relève de deux juridictions : la juive et la romaine. La première était en réalité celle de l'Iduméen Hérode Antipas, tétrarque de Galilée et de Pérée, le meurtrier de Jean-Baptiste. Alors que Jésus se trouvait sans doute non loin des lieux du crime, on vient le presser de passer la frontière pour échapper à un sort semblable. Sans égard pour celui qui, juridiquement, était son souverain, Jésus réplique, en visant le roitelet assassin : « Allez dire à ce renard... ». Ce n'est pas ce triste sire qui l'entravera dans sa mission ; ce n'est pas ici, mais à Jérusalem que sa carrière terrestre trouvera son terme [230]. La juridiction y est autre, sous l'autorité romaine exercée par le procurateur, Ponce Pilate. Quand celui-ci, pour faire une gracieuseté à Hérode et se réconcilier avec lui, de passage à Jérusalem, fait comparaître devant lui Jésus qui vient d'être arrêté, Jésus garde le silence et ne répond pas un mot aux questions du fantoche royal, curieux de voir et d'entendre un sujet qui a tant fait parler de lui [231]. L'attitude de Jésus est autre devant Pilate ; mais il le juge aussi et ne se prête pas d'un bout à l'autre à son interrogatoire [232]. Cette souveraine dignité et ce jugement intime que Jésus garde, en toutes circonstances, devant le pouvoir et ses juges n'est pas l'indice d'une opposition radicale à toute autorité humaine, mais le signe d'une allégeance supérieure à laquelle cette autorité doit être subordonnée. Le principe théocratique exclut l'asservissement au pouvoir, sous quelque régime que ce soit. Le totalitarisme y est condamné comme une impiété blasphématoire.

---

[227] Cf. *Ésaïe, 53*:7.
[228] Cf. *Mc. 14*:60 s.; *Mt. 26*:62 s., *Lc. 23*:9; *J. 19*:9.
[229] Cf. *J. 18*:23. La réaction de Paul sera violente, dans un cas semblable, *Act. 23*:3.
[230] Cf. *Lc. 13*:31-33.
[231] Cf. *Lc. 23*:7-12.
[232] Cf. *Mc. 15*:4 s., *par.* en *Mt. 27*:12-14; *J. 19*:9.

C'est dans cette perspective constante, celle des prophètes et de Jésus [233], qu'il convient d'interpréter la fameuse déclaration : « Rendez à César ce qui est à César... » [234]. On en a souvent usé et abusé en faveur de César [235], sans se rendre compte suffisamment que l'accent porte sur la seconde partie de l'exhortation : « Rendez à Dieu ce qui est à Dieu » [236]. Il n'y aurait conflit entre les deux obligations, d'importance inégale, que si, comme il arrive souvent, car c'est une tentation constante du pouvoir, César sortait de ses attributions, outrepassant ses droits et mordant sur les droits de Dieu. En somme, sous l'éclairage évangélique, César doit rester à sa place, où lui est due l'obéissance active et lucide. Elle n'est plus obligatoire, mais, au contraire, la résistance, sous des formes appropriées aux situations, et dans certaines limites, quand César devient totalitaire et vise, par là même, à une sorte d'apothéose. Ainsi, le despotisme d'un monarque absolu, la dictature d'un homme, d'un groupe ou d'un parti sont incompatibles avec la souveraineté de Dieu, dans l'esprit de Jésus [237].

Suivant cette orientation et cette impulsion, l'apôtre *Paul*, face à des problèmes nouveaux, se fraie une voie originale qui, semble-t-il, n'est pas allée sans quelques déviations. Sa position, dès le départ, présente une ambiguïté dont celle de Jésus était indemne. Juif et glorieux de l'être, Saul de Tarse est, par droit de naissance, un citoyen romain [238]. Il en use occasionnellement, à bon droit, sans doute [239] ; mais il fait preuve ainsi, d'une diplomatie qui n'était pas dans les moyens, ni dans le caractère de Jésus [240]. De même, devant l'insulte, Paul réagit violem-

---

[233] Cf. *supra*, p. 175 s.

[234] Cf. *Mc. 12*:17, *par. Mt. 22*:21 ; *Lc. 20*:25.

[235] *Rendez à César ce qui est à César* : cette parole a été souvent exploitée pour favoriser les empiètements de l'État, ou, comme le pensait Harnack (*D. Wesen d. Christentums, op. cit.*, p. 108 ; *trad. angl.* p. 107 s., N. York, Putman, 1904), pour distinguer nettement son domaine de celui de Dieu, ce qui est déjà une usurpation, dans la même intention : obtenir une obéissance docile à des lois, à une politique. Cf. H. Clavier : *Résistance chrétienne*, p. 16-21, Clermont Fd. 1940-44 ; *The Duty and the Right of Resistance*, Oxford 1946 (Blackwell 1956) ; *Jésus résistant*, in *Stud. Évang.*, p. 435 ss., *Stud. u. Untersuch.* Berlin 1959.

[236] Cf. *Mc. 12*:17, *par.*

[237] *Ibid.*, n.234 236 et, entre autres, J. Hering : *A good and a bad Government, according to the N.T.*, *passim*, Springfield, USA, Thomas, 1954 ; H. Clavier : *Théocrat... art. cit., passim.*

[238] Cf. *Act. 16*:37-39 ; *22*:25-29 ; *23*:27 ; *25*:10-12, 21, 25 ; *26*:32 ; *28*:19.

[239] *Ibid.*

[240] *Ibid.* Il était difficile de ne pas miser sur les deux tableaux, dans l'intérêt de la

ment, et perd le contrôle, ce qui contraste avec la maîtrise de soi et la dignité souveraines de Jésus en pareille circonstance [241].

Le texte clef dont on a voulu souvent extraire la pensée politique de Paul est *Rom. 13*:1-7, dont on traduit habituellement le premier verset comme donnant le ton : « Que toute personne soit soumise aux autorités placées au-dessus de nous ; car il n'y a pas d'autorité qui ne vienne de Dieu, et celles qui existent ont été instituées par Dieu [242] ». La conséquence logique, estime-t-on, est formulée aussitôt après, au verset 2 : « Ainsi, celui qui résiste à l'autorité, s'oppose à l'ordre que Dieu a établi ; et ceux qui s'y opposent attireront sur eux le jugement ». On conçoit aisément, et l'on constate l'usage que les pouvoirs civils et politiques ont pu faire de cette traduction. Le chrétien devrait se soumettre docilement à toute autorité constituée et s'abstenir, en somme, d'une politique active qui pourrait contrarier celle du pouvoir en selle [243]. Il y a, d'ailleurs, d'autres interprétations de la même traduction sur le thème de l'autorité dont le principe même et l'origine première seraient dans la seule souveraineté de Dieu [244]. On en conclura que le pouvoir ne doit être obéi que dans la mesure où il ne s'oppose pas à cette souveraineté [245]. On rejoindra ainsi la traduction qui s'impose avec cette interprétation, quand du texte reçu on passe au

---

mission. Que de missionnaires, depuis Paul, ont cédé à une tentation analogue, et d'autant plus quand ils appartenaient à la nation colonisante sur leur champ de travail.

[241] Cf. *Act. 23*:3 ; cf. *supra*, p. 182, n. 229.

[242] Cf. *Rom. 13*:1-7 ; comp. 1 *Pi.* 2:13 s. ; *Tite*, 3:1 ; 1 *Tim.* 2:1 s. ; cf. Sp. Kennard : *Render to God*, Oxf. U.P., 1950 ; H. Cl., *The Duty*..., p. 53 ss.

[243] Grotius : *De jure belli ac pacis*, I, cap. IV, iv, 1, 2, 5 etc. combine *Rom. 13*:1-7 et 1 *Pi.* 2:13-25, pour en conclure que l'autorité émanant de Dieu, doit être obéie en toute circonstance. Bien que dissident, résistant, et condamné comme tel en Hollande, Grotius blâme la résistance des Huguenots en France ; il dédie son très célèbre ouvrage à Louis XIII, en termes si flatteurs qu'ils lui valurent plus tard une protection et une pension. Cf. H. Cl. : *The Duty ... of Resistance*, op. cit., p. 27 s., 54, 77 s.

[244] Cf. les nombreux commentaires qui adoptent la leçon courante, avec $\dot{\alpha}\pi\acute{o}$: toute autorité vient de Dieu, et qui n'en tirent pas les mêmes conclusions que Grotius.

[245] Il faut néanmoins reconnaître que la leçon $\dot{\alpha}\pi\acute{o}$ prête à confusion ; c'est le moins qu'on puisse dire. On peut même se demander si la complicité du trône et de l'autel n'est pas pour quelque chose dans la substitution de $\dot{\alpha}\pi\acute{o}$ à $\dot{\upsilon}\pi\acute{o}$. Harnack, *op. cit.*, p. 302 s. signale cette sainte alliance dans l'Église romaine, où elle fut classique, et met en garde les Églises protestantes contre une telle perversion du message chrétien, et l'on sent bien, à le lire (p. 302), qu'il faisait, dans son entourage, de tristes constatations. Quoi qu'il en soit, les plus anciens témoins de la leçon $\dot{\alpha}\pi\acute{o}$ ne sont pas antérieurs au 6e siècle.

meilleur texte, trop souvent négligé, avec non pas ἀπό, mais ὑπό, lequel ne laisse place à aucun doute [246].

Pour Paul comme pour Jésus, comme pour les prophètes, la souveraineté de Dieu est donc le principe de toute autorité. L'attitude politique du croyant, conformément à ce principe, dépendra de la manière dont cette autorité procédera dans des circonstances données. Celles où se trouvait Paul ne sont plus exactement celles où se trouvait Jésus, sinon que le pouvoir suprême était exercé par Rome. Le magistrat romain avait généralement quelque souci de justice et d'équité en soi, ou simplement pour que fût maintenue de par le monde : la *pax romana* [247]. C'est pourquoi Jésus acceptait peut-être mieux d'être interrogé par Pilate que par Hérode. Quant à Paul, citoyen romain, il trouvait d'autant plus aide et compréhension auprès du magistrat

---

[246] Un point important, qu'il ne faudrait pas négliger, est le sens de ἐξουσία. Qu'est-ce au juste, que l'autorité, le pouvoir, les autorités, les pouvoirs dont il est question dans ce texte et dans son contexte paulinien ? S'il est permis d'invoquer ici, en parallèle *Col. 1*:16; *2*:10,15 ou *Éph. 1*:20 s.; *3*:10, en y adjoignant 1 *Cor. 15*:24, etc., on se rendra compte que la pensée de Paul va bien au-delà du magistrat romain ou autre; elle s'étend jusqu'aux sphères célestes où dominent d'autres puissances, auxquelles on croyait de son temps. Mais le point essentiel, c'est qu'elles sont toutes subordonnées à Dieu ὑπὸ θεοῦ et qu'elles doivent le rester. L'obéissance ne leur est due qu'à ce prix. Cf. *supra*, p. 71, n. 47; p. 81, n. 89. Le Christ a reçu les pleins pouvoirs sur elles (1 *Cor. 15*:24; *Rom. 8*:38; *Col. 1*:16, etc.). Cf. Dibelius : *Die Geisterwelt... op. cit.*, p. 99-143, *passim*. Quand une autorité, quelle qu'elle soit, prétend se mettre ὑπέρ θεοῦ, la résistance est non seulement un droit, mais un devoir. Reste à déterminer quel genre de résistance. Cf. O. Cullmann : *Dieu et César, op. cit.*, p. 67 ss., 97-120; H. Cl. : *The Duty and Right of Resist., op. cit.*, p. 55 s.

[247] Le souci d'équité du magistrat romain transparaît chez Pilate, lors du procès de Jésus, sous la pression des Juifs, ou, du moins, de leurs dirigeants (cf. *Mc. 15*:4, 9-14; *Mt. 27*:17-24; *Lc. 23*:13-22; *Jn. 18*:38; *19*:4, 6, 12). Leur responsabilité reste entière, et l'on ne voit pas qu'il y ait aucun motif valable, ni aucun intérêt à la minimiser, comme le font certains, par sympathie parfois, pour les malheurs du peuple juif (cf. Cullmann : *op. cit.*, p. 44-50). Il va sans dire que les chefs responsables n'engageaient pas tout le peuple et encore moins ses descendants. La malédiction dont on a voulu, pendant des siècles, et jusqu'à nos jours, les charger n'en demeure pas moins odieuse et criminelle. Le magistrat romain, malgré ses défaillances chez Pilate et chez d'autres, veillait, avec le légionnaire, sur cette *pax romana* qui a permis à Paul de voyager dans une sécurité relative sur les routes de l'empire, et spécialement sur les voies romaines (cf. W. Ramsay : *Roads and Travels in N.T.*, in *H.D.B.* V; H. Clavier : *Paul, ses voyages*, in *D.E.B.*, II et *Méth. et Inspir. ds. la mission de Paul, art. cit.*). Paul pouvait aussi, en tant que citoyen romain, compter sur une protection et une compréhension particulières sous une juridiction qu'il appréciait et qu'il pouvait comparer à d'autres (cf. F. Lyall : *Roman Law in the Writings of Paul*, in *N. T. St.*, XVII (1970), p. 73.

romain sous la juridiction duquel il se trouvait placé, jugé, mais protégé [248]. En tant que tel, il avait des motifs particuliers de repousser et de réprouver une attitude zélote qui devait être assez répandue au ghetto juif de Rome et qui risquait de contaminer une partie de la communauté chrétienne [249]. L'intégrité de l'Église en eût été menacée, en même temps que sa paix. Un zélotisme qoumranien [250] contraire à l'esprit de Jésus, l'était aussi, pour des raisons ecclésiastiques et politiques, à celui de l'apôtre Paul. Mais il y avait, pour celui-ci, la tentation de dépasser la mesure par diplomatie, et de verser dans le compromis. Il semble que ce soit le cas dans les écrits deutéro-pauliniens, à la pensée moins vigoureuse. Ainsi, la 1re épître de Pierre (2:13) exhorte à se soumettre, διὰ τὸν κύριον, à toute institution humaine, ce qui paraît excessif et d'un conformisme peu conforme à l'esprit de Jésus.

---

[248] *Idem.* Sergius Paulus, Festus étaient des magistrats honnêtes et de bonne volonté (*Act.* 13:7 ss.; 25:16 ss.). Au premier, qui se convertit, *Saul*, jusque là désigné sous ce nom, a sans doute emprunté son *cognomen* de *Paul* (comp. *Act.* 7:58; 8:1; 9:1, 4s., 11, 17 ss.; 11:25, 30; 13:1, 2, 7, d'une part, et, d'autre part : 13:9, 13 etc.). C'est à partir de ce moment qu'il prend la tête de la mission dont son compagnon Barnabas a été, jusque là, le chef (cf. *supra*, p. 163, n. 123).

[249] Cf. *supra*, p. 179 s., n. 220. *Rom.* 13:1-7 serait à examiner sous cet éclairage, et en pensant aux troubles qui avaient motivé l'édit d'expulsion de Claude, vers 45 (cf. *supra*, p. 166 s., n. 141). M. Hengel : *Die Zeloten... bis 70 n. Chr.*, Leiden, 1961, croit que les principaux adversaires de Paul, qui le suivaient dans ses missions, pour les contre-carrer, et même, éventuellement, pour l'assassiner, étaient des Zélotes. R. Jewett : *The Agitators and the Galatian Congregation*, in *N.T. Stud.*, XVII (1971), p. 198-212, entre dans ces vues (p. 204 s.); J. G. Griffiths : *idem*, XIX (1973), p. 485 (*Zealot and Para-Zealot*) fait de même, à l'occasion d'un débat où il rejette comme excessive la thèse de Brandon sur le para-zélotisme de Jésus (*N.T. Stud.* XVII, 1971, p. 453).

[250] La thèse de Cecil Roth : *The histor. Background of the D. Sea Scrolls*, Oxford, 1958, d'après qui les documents qoumraniens émaneraient de cercles zélotes, est rejetée justement, mais exagérément, par Dupont-Sommer : *Les Écrits esséniens..., op. cit.*, p. 409-415. Que les ermites qoumraniens aient été des sicaires et le Maître de Justice un chef zélote, comme le prétend Roth, cela paraît, en effet, très peu probable. Mais on constate, d'autre part, à la lecture du *Rouleau dit de la guerre des fils de lumière contre les fils des ténèbres* (1QM), les sentiments fort belliqueux qui animaient ses auteurs. Il semble excessif de les considérer comme des « moines soucieux avant tout de faire leur salut et de pratiquer la perfection » (Dup. Somm., p. 412). C'est ce que notait Millar Burrows : *Les Mss. de la Mer Morte, op. cit.*, p. 334. Son opinion plus nuancée, qu'il confirme dans *Lumières nouvelles..., op. cit.* p. 325-328, est que les « sectaires » de Qoumran formaient une communauté très particulière, présentant, certes, bien des affinités avec d'autres déjà connues, et, occasionnellement, des points de contact, mais non identifiable absolument avec telle ou telle d'entre elles, même avec l'essénisme dont elle se rapproche le plus. Peut-être pourrait-on appliquer aux plus militants de ces moines-guerriers, le qualificatif de para-zélotes.

Quant à *Tite*, 3:1 et 1 *Tim*. 2:1 s., on y retrouve sans doute la pensée amortie du texte-clef de l'épître aux Romains [251].

Une attitude opposée, bien que fondée sur le même principe théocratique, est celle de l'Apocalypse, en un temps où l'ordre romain est devenu désordre [252]. D'ailleurs, certains motifs de ce livre étrange et composite sont d'une origine plus ancienne.

c) *Le message social et moral*

Défenseur des droits souverains de Dieu, le prophète l'est, du même coup, des droits de l'homme. Son attitude a, comme on vient de le voir, des implications politiques, face à tous les régimes. Bien que spirituel et mystique en son fond, le message prophétique n'en est pas moins social et moral. Nathan devant David, Élie devant Achab, Jean-Baptiste devant Hérode en offrent des exemples saisissants et typiques [253]. La loi divine qui condamne les monarques coupables est la meilleure garante des droits de leurs sujets, le rempart le plus solide de la moralité publique.

Les prophètes d'Israël ont été les principaux agents de spiritualisation et d'humanisation des tabous archaïques dont les censures barbares seront moralisées, tandis que le sacré deviendra la sainteté à l'image de Dieu [254]. Le message proprement social des prophètes d'Israël a été souvent admiré, mais quelquefois « politisé » à l'excès [255]. Il est en fait, on l'a noté, au-dessus des partis ; c'est au nom de Yahweh que la justice est exigée. Dans la même perspective, les biens de ce monde : richesses naturelles, propriétés, profit, appartiennent au Créateur, essentiellement et réellement. S'il a confié la terre et ses produits aux hommes, c'est afin qu'ils en soient les économes, les gérants, et c'est à Lui qu'ils doivent en rendre compte [256].

---

[251] Cf. *supra*, p. 184 s., n. 242-246.

[252] L'État romain persécuteur y est devenu *la Bête* : θηρίον (*Apoc*. 1:13) avec laquelle aucune entente n'est possible. Cf. Cullmann, p. 77-90 et *infra*, le prophétisme apocalyptique, p. 214-228. Sur le grave problème des modes de résistance, cf. H. Cl. : *The D. and the R. of Resist.*, *op. cit.*, *passim*.

[253] Cf. *supra*, p. 151, 178, n. 216.

[254] Cf. *supra*, p. 89, n. 120.

[255] Cf. *supra*, p. 175 s. E. Jacob : *Les prophètes bibliques sont-ils des révolutionnaires ou des conservateurs ?* in *Christian. Social*, LXX (1963), p. 287-297.

[256] Cf. *Jér*. 2:7 ; *Ézéch*. 33:23, 26 ; *Deut*. 11:12 etc. Le droit de propriété est impliqué, mais limité par la loi de Yahweh. Il a fait don de la terre à l'homme, sous condition (*Jos*. 24:12 ss. ; *Gen*. 2:15-17). Que cette condition, essentiellement de justice, de fidélité

Les prophètes se sont donc élevés contre l'accaparement des sols et les gains excessifs : « Malheur, tonne Ésaïe, malheur à ceux d'entre vous qui ajoutent maison à maison, qui joignent un champ à un autre, jusqu'à ce qu'il n'y ait plus d'espace et que vous restiez seuls au milieu du pays » [257] ? Un siècle auparavant, Amos était aussi virulent contre le luxe générateur de corruption [258]. L'enrichissement et ses excès n'avaient fait que croître depuis l'installation, au sortir du désert. Le clan nomade d'autrefois ne pouvait connaître les mêmes tentations et les mêmes inégalités [259]. C'est au cours de la sédentarisation que l'on voit se distendre et s'allonger les écarts sociaux entre riches et pauvres. L'influence des pays étrangers y contribuera, pour accélérer un processus, peut-être, jusqu'à un certain point, inévitable. Toutes barrières levées, il y aura des usuriers [260], le juge se laissera corrompre [261], et

---

et d'intégrité ne soit pas observée, la terre lui sera ôtée; il en sera chassé (*Gen. 3:17*, 24), ou, ce qui revient au même, il périra sous un ciel fermé, et sur un sol aride, par sa faute (*Deut. 11:16*, 17).

[257] *Ésaïe, 5:8*; comp. *Mich. 2:2*, *Deut. 19:14*; *27:17*, etc., contre les accapareurs. L'un des griefs contre la royauté est l'accumulation de biens et de richesses (cf. 1 *Sam. 8:10-18*; 1 *R. 10:10-11:11*). Cet abus fut particulièrement scandaleux avec Salomon (1 *R. 10:10* ss. 2 *Chron. 9:9* ss.) et fut l'une des causes du schisme, par le mécontentement du peuple exploité (1 *R. 12:4*), que Roboam, le fils et successeur de Salomon prétendait traiter plus durement encore, en suivant le conseil de ses jeunes courtisans (1 *R. 12:10* ss.). Le percepteur d'impôts fut lapidé, le roi s'enfuit à Jérusalem, et la scission du Nord fut consommée. La réforme deutéronomique, d'inspiration prophétique (cf. *supra*, p. 154 s.), inscrira dans la Loi, ou renforcera une véritable charte sociale, dont une clause importante à l'intention et à l'attention du roi, pour prévenir ses accaparements (*Deut. 17:14-20*) : « Il écrira pour lui, dans un livre, un double de la Loi ..., il y lira tous les jours de sa vie, afin qu'il apprenne à craindre Yahweh, son Dieu, et à pratiquer avec soin cette Loi..., de peur que son cœur ne s'élève au-dessus de ses frères... ».

[258] Cf. *Amos, 3:10-15*; *Osée, 8:14*; *Ésaïe, 3:14-24*. Contre l'exploitation et l'injustice sociale, cf. encore *És. 10:2*, etc., *infra*.

[259] Cf. *supra*, p. 98, 102 s., 133 s., 149 s.; A. Causse : *La crise de la famille et du clan en Israël*, in *R.H.P.R.*, X (1930), p. 24-60; *idem* : *Du groupe ethnique, op. cit.*

[260] La vie sédentaire, avec sa régularité, sa continuité, ses garanties et sécurités permet d'amasser plus rapidement et beaucoup plus que la vie nomade. La propriété, de collective, devient de plus en plus individuelle. La soif de posséder, l'appétit du lucre et de l'argent croissent à mesure. Les opérations de prêt se multiplient, où le créancier calculateur cherche à ruiner le débiteur pour pouvoir se saisir de ses biens. Cf. É. Szlechter : *Le prêt dans l'A.T.*, in *R.H.P.R.*, XXXV (1955). Il y parvient en pratiquant des taux usuraires, en mordant sur sa victime, selon la forte expression de *Hab. 2:7*; comp. *Deut. 23:19* s., où le prêt à intérêt est interdit entre Juifs, et *Néhémie 5*, où les débiteurs insolvables protestent contre leur triste sort et reçoivent satisfaction.

[261] Cf. *Ésaïe, 1:23*; *Jér. 5:28*.

l'on achètera jusqu'à l'homme lui-même [262]. Le luxe insolent des grands, des rois [263], les ornements des femmes [264], l'usure [265], les falsifications dans un but lucratif [266], autant de motifs qui provoquent l'indignation des prophètes et qui animent leurs oracles tout à la fois sociaux et moraux.

Enfin, dans un domaine où morale et religion s'interpénètrent, les prophètes stigmatisent la débauche comme l'idolâtrie qui sévissent sur les hauts-lieux [267]. Mais ils s'élèvent aussi vigoureusement contre le formalisme et l'hypocrisie qui menacent et corrompent le culte officiel : « Que m'importe », font-ils parler Yahweh », la multitude de vos sacrifices ! ... Recherchez la justice, soutenez l'opprimé, faites droit à l'orphelin, défendez la veuve » [268]. L'affinement spirituel du prophétisme le conduit à revendiquer les droits de la personne individuelle devant certaines contraintes ou préjugés sociaux [269]. Parallèlement, les Psaumes, en exprimant l'intimité de la foi personnelle, font ressortir, du même trait, la valeur et la dignité du plus humble fidèle dans un milieu social trop prompt à le négliger ou à l'opprimer [270].

Ce processus n'aboutit pas à une opposition de style moderne entre riches et pauvres, entre nantis et prolétaires. Ce serait un anachronisme que d'y voir l'amorce d'une lutte des classes autour d'une économie ou d'un marché. Le contraste entre les « rechaïm » et les « anavim » n'est pas essentiellement celui de l'opulence et de l'indigence, mais de l'égoïsme, la suffisance, l'orgueil impies face aux renoncements, à la simplicité et à l'humilité devant Dieu. L'opposition entre « les pauvres d'Israël » et les riches prétentieux ressortit moins à la sociologie, à la finance ou à l'économie qu'à l'intimité religieuse, à la foi [271].

---

[262] Cf. *Amos*, *2*:6; *8*:6.
[263] Cf. *supra*, p. 188, n. 257-258.
[264] Cf. *supra*, p. 188, n. 258; *Ésaïe*, *3*:16-24.
[265] Cf. *supra*, n. 260; *Ézéch. 18*:7 s., 12 s., 16 s.
[266] Cf. *Osée, 12*:8 s., *Mich. 6*:11 (fausses balances); *És. 1*:22; *Jér. 6*:20 (faux alliages).
[267] Cf. *supra*, p. 90 ss.
[268] Cf. *És. 1*:10-17; *29*:13; *Amos, 5*:21-25; *Os. 6*:6; *Mich. 6*:6-8; *Jér. 6*:20; *7, passim*.
[269] Cf. *Jér. 31*:30, 33 s.; *Éz. 18*. Chacun mourra pour son propre péché.
[270] Cf. *supra*, p. 121-122 s.
[271] Cf. A. Causse : *Les Pauvres d'Israël*, Strasbourg, Paris, Istra, 1922; Hauck-Kasch : πλοῦτος, in *T.W.*, VI, p. 316-330; Hauck-Bammel : πτωχός, *ibid.*, p. 885-915. Les « pauvres », victimes des malheurs du temps, ou de la rapacité des « riches » ont toujours été défendus par les prophètes, et les Psaumes exhalent souvent leur plainte. Ils tiennent une grande place dans la littérature post-exilique, et notamment à *Qoumran*. Cf. dans le rouleau de la Règle (1QS), les conditions d'entrée dans la communauté, une communauté

Le *Nouveau Testament* a recueilli cet héritage et l'a mis en valeur, dans une lumière nouvelle. C'est sous cet éclairage qu'il faut comprendre les Béatitudes, et d'abord la première : « Heureux ceux qui ont l'esprit de pauvreté, car c'est à eux qu'est le royaume des cieux » [272]. Telle est la version de Matthieu qui s'explique ainsi dans le milieu où l'original araméen fut prononcé. Le terme servant à désigner les pauvres de cette qualité [273] n'a pas d'équivalent en grec. $\Pi\tau\omega\chi\acute{o}\varsigma$ employé seul, comme

de « pauvres » (V, 2 ; VI, 19, 22, 25 ; VII, 6). Les Hodayot, comme les Psaumes, font entendre leur voix (1QH, III, 24 s. ; V, 13 s. ; X, 23-30, etc.). Cf. Bammel, p. 896-98.

[272] *Mt. 5:3 ; par.* en *Lc. 6:20.* La divergence la plus importante entre les deux versions de la première Béatitude est le $\tau\hat{\omega}$ $\pi\nu\epsilon\acute{u}\mu\alpha\tau\iota$ de *Mt.* qui ne figure pas en *Lc.* Deux autres le sont moins, bien que non dépourvues de signification, du moins celle du $\tau\hat{\omega}\nu$ $o\vec{u}\rho\alpha\nu\hat{\omega}\nu$ de *Mt.* et du $\tau o\hat{u}$ $\theta\epsilon o\hat{u}$ de *Lc.* ; la deuxième personne de *Lc.*, au possessif ($\acute{u}\mu\epsilon\tau\acute{e}\rho\alpha$) au lieu de la troisième sous forme pronominale en Mt. ($\alpha\vec{u}\tau\hat{\omega}\nu$) ne compte pas autant. C'est ici, néanmoins, que la préférence irait à Luc, au style plus direct. Heureux êtes vous, car c'est à vous... Pour le reste, on adoptera la leçon de Matthieu qui paraît plus fidèle à ce que pouvait être l'original araméen où « les pauvres » et « les cieux » avaient une signification religieuse qu'ils n'ont pas en grec. Dans le milieu où vivait Jésus, on prononçait rarement le nom sacro-saint de Yahweh, et l'on parlait habituellement du « royaume des cieux », avec une nuance eschatologique. Quant aux pauvres, le terme clef de cette première Béatitude, on vient de percevoir les échos qu'il éveillait en Israël ; $\tau\hat{\omega}$ $\pi\nu\epsilon\acute{u}\mu\alpha\tau\iota$, surajouté, de *Mt.* a pour objet de les réveiller. A cette écoute, le choix devient plus facile entre les traductions proposées. On écartera, naturellement, l'attribution populaire, et parfois ironique, de cette Béatitude aux « pauvres d'esprit », même quand on considère que l'idiot, « le maboul » ou le simple ont été souvent, notamment en Orient, tenus pour bénis de Dieu. On ne s'arrêtera pas au sens du terme grec $\pi\tau\omega\chi\acute{o}\varsigma$ (Cf. *supra*, p. 127) dont la racine verbale implique l'idée de crainte, d'imploration et de mendicité. H. Pernot : *Pages choisies des Évangiles*, Paris, Belles Lettres, 1925, propose, en conséquence ; Bienheureux ceux qui mendient à l'Esprit, parce qu'ils ont des besoins spirituels. Du même coup, la version de Luc prendrait un accent de révolution sociale : « Heureux vous, les mendiants, les gueux... ». Lagrange : *Comment. Mt. ad hoc*, p. 82, estime qu'il s'agit « non de pauvres en fait d'esprit humain, encore moins dépourvus d'Esprit divin, ni détachés de la richesse à cause de l'Esprit qui les anime, mais : pauvres selon leur propre esprit ». On aboutit aux humbles, par une voie détournée qui nécessiterait un $\kappa\alpha\tau\grave{\alpha}$ $\pi\nu\epsilon\hat{u}\mu\alpha$, comme dans l'usage paulinien, absent des évangiles, où il s'oppose à $\kappa\alpha\tau\grave{\alpha}$ $\sigma\acute{\alpha}\rho\kappa\alpha$. Un parallèle intéressant par le sens et aussi le datif $\tau\hat{\omega}$ $\pi\nu\epsilon\acute{u}\mu\alpha\tau\iota$, au *Ps. 33:19*, LXX : « Le Kyrios sauvera les humbles en esprit », indique à ceux que le datif accroche son autre fonction en grec : celle du locatif. Et l'on retrouve ici l'une des qualités du « pauvre d'Israël » : l'humilité spirituelle, avec l'esprit de pauvreté. Le locatif incontesté du parallèle de la LXX vient en aide à celui de la première Béatitude de *Mt.*, sous la forme dative : les pauvres en esprit, dans le sens et avec les nuances que suggèrent à la fois le contexte littéraire et celui de l'histoire. Cf. H. Clavier : *Les Béatitudes...* in *Ét. Théol. et Relig.*, II (1927), p. 442-488, Montpellier ; *id.* : *L'accès au R. de D.*, *op. cit.*, p. 19-33 ; *supra*, p. 189, n. 271 ; Traub : $o\vec{u}\rho\alpha\nu\acute{o}\varsigma$, p. 521, in *T.W.*, V, p. 496-543.

[273] Parmi les mots hébreux que la LXX rend par $\pi\tau\omega\chi\acute{o}\varsigma$, deux peuvent être retenus pour désigner « les pauvres d'Israël » : עָנִי dont la racine emporte les notions d'affliction,

dans la version de Luc [274], met l'accent sur l'état de misère, de dénuement, d'imploration craintive du gueux ou du mendiant [275]. En transposant hardiment ce sens dans le cadre social de notre temps, on brossera le portrait moderne d'un Jésus défenseur du prolétariat [276]. Cet anachronisme sera facilité par la suite du texte de Luc [277] et par ses contre-Béatitudes dont la première oppose les repus aux miséreux [278]. Nul ne contestera la sollicitude particulière de Jésus pour tous les déshérités de la terre; mais il ne semble pas qu'il ait jamais attribué à leur état une valeur religieuse en soi. Il n'a pas été le tribun malheureux d'une révolution sociale manquée, mais le protagoniste d'une révolution plus profonde qui a recréé des personnalités par millions au cours des siècles, et jusqu'à notre temps : une révolution spirituelle avec ses effets variés dans tous les ordres de la vie. Le fait trop évident que d'innombrables et funestes inconséquences ont souvent arrêté cet élan pour

---

d'oppression, d'accablement et אֶבְיוֹן qui accentue davantage l'indigence, la pauvreté, la quête ou la requête, soit aux hommes, soit à Dieu. Le premier, de beaucoup le plus fréquent dans la LXX (environ 100 fois), a été retenu par deux traducteurs du N.T. en hébreu : Delitzch et Ginsburg (*Soc. Bibl. Brit...*). Le second (11 fois) aurait l'avantage de faire trait d'union entre Mt. et Lc. par sa tonalité plus voisine de celle du grec πτωχός. Si l'on choisit, pour sa fréquence, le terme hébreu *Ani*, au pluriel *Aniim*, mais en tenant compte du fait qu'en araméen, la langue parlée en Palestine au temps de Jésus et bien avant (Cf. *Ésaïe, 61*:1) *Ani* devient *Anav* (au pluriel *Anavim*), les « pauvres » de la première Béatitude selon *Mt.* seront des *Anavim*. Si l'on choisit, pour sa nuance plus accentuée d'indigence, voire de mendicité, à l'intention de *Lc.*, le mot *Ébiôn*, pluriel *Ébionim*, les pauvres de la Béatitude seront des *Ébionites*, à ne pas confondre avec la secte de ce nom au second siècle, héritière néanmoins, en quelque mesure, de la communauté judéo-chrétienne primitive, avec des infiltrations « qoumraniennes » ou autres.

Cf. Bammel : πτωχός, *art. cit.*, p. 888 s., 896 ss., 903 ss., 911 s.; O. Cullmann : ... *Roman pseudo-clém.*, *op. cit.*, p. 223 s.; idem : *Die neu. Qumrantext. u. d. Judenchrist.*, *art. cit.*, p. 47-51; Klijn-Reinink : *Patr. Evid. f. Jew.-Christ. Sects (Ebionites*, p. 19-43), Leiden, Brill, 1973.

[274] Cf. *Lc. 6*:20; *supra*, n. 273.

[275] *Idem.*

[276] Le portrait d'un Jésus prolétaire ou agitateur politique (*supra*, p. 000, n. 220) répond aussi peu à la réalité que le portrait opposé d'un Jésus insouciant et oisif. Cf. Lugan : *La loi sociale du travail*, p. 4 ss., 31, 89, Paris, 1920; H. Clavier : *Le Christian. et le travail*, p. 53, 57-62, Clermont Fd., 1943-44.

[277] Cf. *Lc. 6*:20-26.

[278] *Lc. 6*:24 : « Malheur à vous, les riches, car vous avez déjà reçu votre réconfort », ou, en donnant à ἀπέχετε le sens précis que ce verbe a sur de nombreuses quittances de l'époque (cf. A. Deissmann : *Licht v. Ost.*, *op. cit.*, p. 88 ss.) : « car vous avez donné le reçu (ou la quittance) de votre confort ». (On ne vous doit donc plus rien). La seconde malédiction est encore plus dure : « Malheur à vous, les repus, car vous aurez faim ! » (25).

retomber dans les vieilles ornières, ne doit pas rendre aveugle au processus normal qui n'a jamais cessé d'avoir cours [279].

Dans cette perspective, les avertissements de Jésus aux riches [280] ne perdent rien de leur gravité, mais prennent, au contraire, plus de poids. Les tentations de la fortune sont redoutables et presque irrésistibles : « Qu'il est difficile à un riche d'entrer dans le Royaume de Dieu ! » [281]. Le pire danger est moins le désordre social en soi que la ruine de la personne humaine, des deux parts : que reste-t-il de dignité personnelle au pauvre Lazare attendant ou quêtant quelques miettes à la porte du riche [282] ? Et quant au riche : « Insensé, cette nuit même, ton âme te sera redemandée ; alors, ce que tu as préparé, pour qui cela sera-t-il » [283] ? — « Et que servirait-il à un homme de gagner le monde entier, s'il perdait son âme » [284] ? Mais, paradoxalement, perdre son âme, c'est refuser de la donner, pour en conserver égoïstement la jouissance et les fruits. Amasser des biens pour soi seul n'est qu'un aspect, le plus visible, le plus énorme de ce refus. Mais il en est beaucoup d'autres dont personne, quelle que soit sa condition, n'est totalement indemne. Seul Jésus l'a été : « Le Fils de l'Homme n'est pas venu pour être servi, mais pour servir, et pour donner son âme (sa vie, sa personne, sa vie personnelle entière) en échange (en rançon libératrice) de beaucoup (d'autres âmes, de personnes) » [285]. C'est ici le principe de la révolution personnelle, et, du même coup, sociale opérée par Jésus. C'est l'étincelle qui, sans cesse, éclaire le désordre de l'ordre ancien en y mettant le feu, pour qu'en surgisse « un homme nouveau » et que « toutes choses soient nouvelles ». C'est en ces termes saisissants que Paul exprime ce qu'il a saisi de plus existentiel et de plus dynamique dans l'Évangile et la personne du Christ [286]. L'individuel et le social y sont étroitement conjugués ; l'expérience de base ne peut se clore

---

[279] Aux époques les plus sombres, la chrétienté, en ses multiples branches, a toujours eu des témoins et des propagateurs de cette révolution.

[280] En ce qui touche la richesse, l'évangile selon *Luc* porte en d'autres passages que *6*:24, 25 l'accent revendicatif, moins marqué chez les autres ; ainsi, en *1*:53 ; *12*:16-21 ; *14*:12 s., 21 ; *16*:19-25 ; *18*:23-27 et *par.* en *Mc.* 10:22-27 et *Mt.* 19:22-26 ; *Lc.* 21:1-4, et *par.* en *Mc.* 12:41-44.

[281] *Ibid. Mc.* 10:23-27 et *parall.*

[282] Cf. *Lc.* 16:19-21.

[283] Cf. *Lc.* 12:20.

[284] Cf. *Mc.* 8:36 s. et *par.* en *Mt.* 16:26 et *Lc.* 9:25.

[285] Cf. *Mc.* 10:45 et *par.* en *Mt.* 20:28 ; *supra*, p. 181, n. 225.

[286] Cf. 1 *Cor.* 5:7 ; 2 *Cor.* 5:17 ; *Gal.* 6:15 ; *Col.* 3:10 ; *Éph.* 2:15 ; 4:24.

sur un quiétisme béat; l'étincelle ne brille qu'un instant si elle ne devient flamme dévorante : « Malheur à moi, si je n'évangélise ! » [287].

Rien n'est donc plus faux que l'image des enfants sans souci que seraient les disciples autour d'un maître insouciant [288]. Il connaissait le travail quotidien; ses disciples aussi [289]. Quand il dit : « A chaque jour suffit sa peine », il sait ce dont il parle. Il exhorte à ne pas y ajouter indéfiniment et nocivement par l'inquiétude et le souci rongeurs: « Ne vous mettez pas en souci » [290]. Une autre forme d'inquiétude est celle qui agite Marthe [291]; c'est contre cette agitation, accrue par un sentiment de jalousie, que Jésus, calmement et doucement, la met en garde.

Jésus qui a travaillé de ses mains, comprend les problèmes du travail tels qu'ils pouvaient se poser de son temps, dans son milieu social. Celui du salaire est de tous les temps : « L'ouvrier est digne de son salaire » [292]. Il est juste que le salaire soit proportionné au travail fourni. C'est bien ce que pensent les ouvriers de la parabole [293], et ils ont raison dans la perspective habituelle; mais il en est une autre où il n'est plus question de mérite ni de rétribution calculée [294]. Les

---

[287] Cf. 1 *Cor. 9:*16.

[288] C'était l'un des tableau de « l'idylle galiléenne » selon Renan : *Vie de Jésus*, chap. X.

[289] Le thème de Jésus-ouvrier a souvent été prêché, par Bossuet, entre autres, dans son panégyrique de St. Joseph. Les gens de Nazareth s'étonnaient de ce qu'un artisan pût enseigner avec tant de sagesse (*Mc. 6:*3; *par.* en *Mt. 13:*55). Celse, dans sa polémique virulente contre le christianisme, s'en prenait à Jésus, ce fils du charpentier, cet homme de rien qui « passa sa vie à Nazareth, à travailler des planches ». Cf. Origène : *Contr. Cels.*, c. 36; H. Cl. : *Le Chr. et le Travail*, *op. cit.*, p. 57 ss., 67 ss. Les disciples sont également pris à partie, comme travailleurs.

[290] Cf. *Mt. 6:*25; *par. Lc. 12:*22.

[291] Cf. *Lc. 10:*38-42.

[292] Cf. *Lc. 10:*7.

[293] Cf. *Mt. 20:*1-16.

[294] L'analyse de la parabole des ouvriers à temps variés, mais à salaire égal, dans le contexte évangélique, conduit à distinguer dans le travail des éléments que l'on tend à confondre. Ainsi, Karl Marx (*Le Capital*, Sect. I, *chap.* 1), écrit, entre autres : « La substance de la valeur est le travail, la mesure de la quantité de la valeur est la quantité du travail, la quantité du travail est mesurée elle-même par la durée, par le temps du travail ». Il pourrait s'agir du travail au tas, qui se mesure à la minute et à la pelle. Mais que fait-on de la qualité et des facteurs parfois très subjectifs de la valeur ? On les voit jouer dans le prix du travail, par la loi de l'offre et de la demande; de même dans l'attribution et la rétribution des mérites. On saisit aisément l'utilité, sinon l'exclusivité, de critères externes dans l'évaluation concrète et pratique du travail dans une société. Il en va autrement d'un emploi au service de Dieu.

La notion de mérite joue dans les relations humaines, comme celle de valeur quanti-

ouvriers du Père de famille ont tous besoin de la même grâce, et c'en est déjà une que d'avoir travaillé plus longtemps à son service [295].

Travailler au service de Dieu, c'est, avant tout, évangéliser. C'est pourquoi Jésus refuse de se laisser trop absorber par les guérisons qui sont un service aussi et qu'il aime, auprès de malades qu'il aime [296]. Il veut être avant tout le médecin des âmes ; c'est là sa vocation, son ministère, son travail [297]. La manière la plus efficace et la plus directe de l'accomplir, c'est d'annoncer l'Évangile aux pauvres [298]. Tous les

---

fiable et comptable dans une économie. Toutes deux sont corrélatives du salaire qu'elles commandent et qui leur donne un poids en les rénumérant. Elles sont en rapport avec la matérialité du travail qui se jauge, se pèse, se chiffre et s'évalue, pour justifier sur la balance un prix équivalent. On s'accroche ici à la quantité où l'ouvrier de la première heure, travaillant à la tâche, doit gagner douze fois plus que l'ouvrier de la onzième heure, si leurs tas sont proportionnés à l'horaire. Mais ces calculs ne tiennent plus quand le travail est au service de Dieu. : c'est moins la quantité que la qualité qui compte et qui fait la valeur du travail et du travailleur. Il se peut qu'en peinant douze heures, l'ouvrier de la première heure ait amélioré la qualité de son travail et la sienne propre ; mais il se peut aussi que le dernier des embauchés apporte, au bout de son chômage une valeur d'âme et une qualité d'acte qui lui confèrent la même grâce devant Dieu qui regarde au cœur. Il n'y a plus, à proprement parler, de mérite sous le signe de la grâce, où tout ce qui se fait pour Dieu n'est qu'une restitution, et la moindre des choses : « Quand vous aurez fait tout ce qui vous est commandé, dites : Nous sommes des serviteurs sans mérite (non point inutiles, assurément, mais sans mérite : $\dot{\alpha}\chi\rho\epsilon\hat{\iota}o\iota$) ; ce que nous avons fait, nous devions le faire » (*Lc. 17*:10). Cf. H. Cl. : *Le C. et le Trav.*, op. cit., (*supra*, p. 191, n. 276) p. 116 s.

Le mot $\dot{\alpha}\chi\rho\epsilon\hat{\iota}os$ qui signifie généralement : inutile, ne peut pas avoir ce sens dans ce contexte. Mais il figure dans tous les Mss., sauf la Syr. Sin. Il n'y a donc pas lieu de l'éliminer. On le rencontre, d'ailleurs, signifiant : sans valeur, sans dignité, pitoyable, ce qui appliqué à un service, et complété par ce qui suit, équivaut à : *sans mérite*. Cela veut dire ici, et c'est un trait marquant de l'enseignement évangélique : nous ne pouvons nous prévaloir de rien devant Dieu, et surtout pas de mérites « surérogatoires ». La doctrine romaine qui les revendique pour ses saints est ici en retrait sur l'Évangile plus encore que ne l'était l'A.T. qui « se fonde sur un contrat synallagmatique entre Jéhovah et Israël, et établit une espèce de compte-courant entre les deux contractants... » (Éd. Reuss : *Hist. de la Théol. chrét. au siècle apost.*, *vol.* I, p. 208 s., Strasbourg-Paris, Treuttel, 1852 ; cf. H. Cl. : *L'Accès au R.d.D.*, op. cit., p. 54, 99, n. 129, 277 ; idem : *Faith and Works in East and West*, in *Proceed. IX Conf. I.A.H.R.*, p. 254-266, Tokyo-Kyoto, 1958 et adapt. franc. in *R.H.P.R.* 1962, p. 1-16).

[295] Cf. dans la parabole de l'enfant prodigue, la réponse du père au reproche du fils aîné : *Lc. 15*:31.

[296] Cf. *Mc. 1*:29-34 et *parall.* en *Mt.* et *Lc.*

[297] Cf. *Mc. 2*:17 et *parall.* en *Mt.* et *Lc.*

[298] Cf. *Mt. 11*:5 et *par.* en *Lc. 7*:22 ; comp. *Lc. 4*:18 et *Ésaïe, 61*:1, que Jésus commente et où il est question des *Anavim* dans le texte hébreu (cf. *supra*, p. 190 s., n. 273).

hommes devraient se sentir tels, comme tous ont besoin de médecin [299].
Si les miracles de guérison physique sont des œuvres [300], les guérisons
de l'esprit le sont davantage encore. Jésus s'exerce à toutes, mais
spécialement à celles-ci, avec passion, « tant qu'il fait jour » [301]. Sous
l'impulsion d'une personne dynamique dans son être intensif et dans
son œuvre, les apôtres ont perçu après coup l'énergie souveraine de
l'Esprit [302] ou du Logos divin [303]. L'évangile johannique en rend l'écho
dans cette parole attribuée à Jésus : « Mon Père travaille jusqu'à ce
jour ; moi aussi je travaille » [304]. La question du sabbat de Dieu, si
discutée parmi les Juifs, est ainsi réglée en principe : « Le sabbat a été
fait pour l'homme et non pas l'homme pour le Sabbat » [305]. Le Psalmiste
avait déjà l'intuition que Yahweh ne sommeille point [306]. Il n'y a donc
pas de sabbat pour Lui, mais pour l'homme qui en a besoin. Toutefois,
dans cette institution en sa faveur, l'homme n'est pas tenu de se plier
automatiquement et passivement à la lettre d'un règlement ; il garde
sa liberté de jugement et d'action au service du prochain et de Dieu [307].

---

[299] Cf. *supra*, n. 297.

[300] Les miracles sont des œuvres : ἔργα; cf. *Mt. 11*:2 ss.; comp. *Lc. 24*:19, où les disciples d'Emmaüs parlent de Jésus comme : δυνατὸς ἐν ἔργῳ καὶ λόγῳ; cf. encore : *Jean, 5*:20 ; *7*:3 ; *9*:4, etc.

[301] Cf. *Jean, 9*:4.

[302] Cf. *2 Cor. 3*:17.

[303] Cf. *Jean, 1*:1 ss.

[304] Cf. *Jean, 5*:17. Celse tournait en dérision ce Dieu ouvrier, ce Dieu des Juifs et de Jésus, le charpentier (*supra*, p. 193, n. 289). Thomas d'Aquin, par contre, mettant en relation cette parole avec 1 *Cor. 3*:9, concluait que l'ouvrier humain est plus que quiconque à l'image de Dieu : *Quod omnium divinius est Dei cooperatorem fieri* ? (*Cont. Gent.* III, 21). Il s'agit, naturellement, de l'homme qui travaille, de quelque travail légitime que ce soit. Thomas d'Aquin était assurément l'un de ces travailleurs, lui que l'on comparait, en termes bucoliques, à un bœuf de labour : *bos suetus aratro*.

[305] Cf. *Mc. 2*:27.

[306] Cf. *Ps. 121*:4.

[307] L'observation du *Sabbat* avait fini, chez les Juifs de stricte observance, par condenser toute la Loi, dont elle était devenue, avec la circoncision, l'un des deux piliers de soutien. Cette rigueur et ce formalisme croissants se sont manifestés, après l'exil, jusque dans l'interprétation des textes, en commençant par des retouches. La plus typique est celle de *Gen. 2*:2, où l'hébreu porte qu'Elohim acheva son œuvre le septième jour et se reposa, ce que la LXX corrige en spécifiant que cet achèvement fut réalisé le sixième jour, si bien que le septième fut, tout entier, un sabbat pour Dieu. En *Exode 31*:17, de rédaction sacerdotale, la plus récente, le texte hébreu est à l'avenant, afin que nul n'aille supposer que Yahweh ait travaillé encore, si peu que ce fût, le sabbat : Yahweh a créé en six jours, et il a repris souffle (וַיִּנָּפַשׁ) en se reposant le septième. Cet exemple divin sacralisait à tel point le sabbat que les rabbins s'exercèrent à déterminer, avec une

Telle est, décrite à grands traits, l'éthique sociale et morale de l'Évangile. Le kerygma apostolique y est, dans l'ensemble, fidèle, en prenant comme point de repère et centre de ralliement le sacrifice suprême de Jésus. Quand Paul fait appel à la charité des Corinthiens fortunés en faveur des indigents palestiniens, il n'hésite pas à mettre en avant cette référence qu'il juge décisive : « Car vous connaissez la grâce de notre Seigneur Jésus-Christ, qui, étant riche, s'est fait pauvre pour vous, afin que par sa pauvreté vous fussiez enrichis » [308].

Moins inspirée, l'épître de Jacques nous ramène à l'Ancien Testament [309] et au niveau prophétique habituel, que Jésus avait dépassé [310].

---

minutie de plus en plus tâtillonne, ce qu'il est permis de faire ou de ne pas faire en ce jour où Dieu lui-même se repose. Le *Talmud*, en son traité *Schabbath*, a consigné quelques unes de leurs élucubrations. Ainsi, la vingt et unième et la vingt-deuxième interdictions : faire et défaire un nœud sont gravement et longuement commentées (VII, XV. Le Talm. de Jérusalem, III, p. 87, 157 s. (trad. Moïse Schwab, Paris, Maisonneuve, 1960)). Cf. Ch. Guignebert : *Le monde juif vers le temps de Jésus*, p. 106, Paris, Ren. du Livre, 1935 (Evol. Huma. XXVIII bis); Lohse : σάββατον, in *T.W.*, VII, 1-35 (*op. cit.*), 1960. Cette scolastique inepte pouvait conduire, dans la pratique, à des impasses ou à des solutions burlesques. Si l'on en croit *Josèphe, Bell. Jud.*, II, 8, 9, les Esséniens s'abstenaient (?) de satisfaire aux besoins naturels, le sabbat (Cf. Dupont-Sommer : *op. cit.*, p. 43). On ne trouve rien de cet acabit dans les documents qoumraniens, mais suffisamment pour exclure toute affinité réelle et foncière entre leur observance externe et minutieuse du sabbat, comme de la Loi en général, et la liberté d'esprit évangélique. Cf. *C.D.*, X, 14-XI, 1-18, in D. Sommer, p. 167-169 et la traduction différente, plus dure sur le point de savoir si on peut secourir quelqu'un qui est tombé à l'eau, de Millar-Burrows : *Les Mss... op. cit.*, p. 412 ; *Lum. nouv., op. cit.*, p. 113 ss. Mais point de doute, s'il s'agit d'un animal domestique, on le laisse crever. Cf. par contraste, la parole de Jésus en *Mt. 12*:11.

308 Cf. *2 Cor. 8*:9.

309 A supposer que l'épître dite de Jacques rende un écho de sa prédication, elle confirmerait le recul par rapport à Jésus que l'Église de Jérusalem a subi sous l'autorité de son frère. C'est lui, et non Pierre, qui fut le chef, et ce que l'on sait de son attachement aux coutumes et à la tradition juives explique cette régression judéo-chrétienne. Cf. O. Cullmann : *Le probl. ... du roman pseudo-clément., op. cit.*, p. 250-252; H. Cl. : *La primauté de Pierre*... in *Mélanges*. à l'occas. du 1900ᵉ anniv. de la venue de St. Paul en Grèce, p. 51 s., Athènes, et *R.H.P.R.*, XXXVI (1956), p. 301 ss.

310 On a pu se demander si cette épître n'était pas un écrit juif remanié par un auteur chrétien. Il ne le semble pas, à une analyse attentive. Mais, bien qu'excellente et rejoignant l'Évangile sur certains points, elle est, dans l'ensemble, d'un niveau spirituel moins élevé. Certaines de ses exhortations la rapprochent de la Sagesse courante plutôt que des prophètes, auxquels elle fait allusion (*5*:10), mais dans un sens très général où Job serait inclus (v. 11). Toutefois, les tirades contre la fausse sagesse (*3*:14-16) ou contre les riches (*2*:6 s. ; *5*:1-6) font entendre l'écho affaibli d'Esaïe ou de Jérémie. On notera, en *1*:12-18, une remarquable notion de Dieu, où diverses influences ont, semble-t-il, agi sur la réflexion propre de l'auteur : celle de l'A.T. (17a), celles, peut-être, de Paul (18), mais

L'élan spirituel des Béatitudes dans la version de Matthieu, fléchit vers l'interprétation plus terre à terre de Luc, où les pauvres sont les indigents [311]. Parallèlement, la foi n'est plus conçue selon la dynamique paulinienne, où c'est elle qui justifie, germe vivant et vivifiant des œuvres, foi du cœur comme de la pensée, foi de toute la personne, foi existentielle [312]. Foi de tête au niveau de Jacques, elle est morte sans les œuvres; ce sont les œuvres qui justifient [313].

Le problème du régime social le plus conforme à l'Évangile s'est posé à l'Église primitive où un essai de communisme chrétien a été tenté [314] à Jérusalem. Sur le plan étendu et diversifié de son évangélisation, Paul semble avoir en vue, pour les églises, une confraternité plus efficace qu'un système, à condition d'être « en Christ » : « Soyez animés entre vous des mêmes sentiments qui vous animent en communion avec le Christ Jésus » [315]. C'est dans cette perspective et dans cet esprit que l'apôtre envisage et résoud les problèmes d'éthique morale et sociale qui se posent à lui. La conclusion pratique de ses lettres y est généralement consacrée [316]. C'est ainsi qu'il condamne l'oisiveté soi-disant pieuse qui sévissait à Thessalonique [317]; il le fait parce qu'elle compromet le service social que chacun doit à tous, parce qu'elle trouble la communauté; il déclare sans ambages : « Celui qui ne veut pas travail-

---

aussi d'un milieu hellénistique analogue à celui de Qoumran, sans lui être identique (17). Cf. M. Dibelius : *D. Brief d. Jakobus*, p. 39, in *Meyer Komm.*, Göttingen, 1921; J. Marty : *L'ép. de Jacques*, p. 30 ss., Paris, Alcan, 1935; Dupont-Sommer : *op. cit.*, p. 164, n. 3; 203 s., 390; Millar-Burrows : *Les Mss...*, *op. cit.*, p. 290 ss.; *Lumières nouv.*, *op. cit.*, p. 338 ss.

[311] Cf. *Jc.* 2:1-7.
[312] Cf. *supra*, p. 111 s., n. 81, 84.
[313] *Idem*, *Jc.* 2:14-26.
[314] Cf. *Act.* 2:44 s.; 4:32-37. Cet essai de *communisme* dans l'Église primitive n'était pas imposé. Le cas d'Ananias et de Saphira le montre bien. Leur crime n'était pas d'avoir conservé une partie du prix de la vente de leur propriété, mais de l'avoir dissimulé par un mensonge (*Act.* 5:2-4, 8 s.).
[315] Cf. *Philip.* 2:5 où le sens habituel du ἐν χριστῷ paulinien et celui du ἐν ὑμῖν (parmi vous) sont appuyés par ce qui précède (1-4) et qui a trait à l'entente fraternelle, à la communion d'esprit entre chrétiens. Les théologiens réunis en conférence d'étude, sous les auspices du mouvement œcuménique Vie et Action (Life and Work), en 1929, à Novi-Sad, étaient d'accord sur cette interprétation (parmi eux, présidés par M. Dibelius, C. H. Dodd, K. L. Schmidt, P. Bratsiotis). Cf. H. Cl. : *La Conf. de Novi-Sad et ses ét. s. Phitip.*, in *Ét. Th. et Relig.* V (1930), p. 249-271, 352-365. Cf. M. Dibelius : *...An d. Philip.*, p. 52 ss., Tübingen, Mohr-Siebeck, 1911 (*Hndb. z. N.T.* III).
[316] Cf. *1 Thess. 5; 2 Thess. 3; 1 Cor. 16; 2 Cor. 13; Gal. 5:13-6; Rom. 12-16*, etc.
[317] Cf. *1 Thess.* 4:11 s.; *2 Thess.* 3:6-12.

ler ne doit pas non plus manger » [318]. De même, c'est au nom de la confraternité chrétienne qu'il exhorte les Corinthiens à considérer et à résoudre leurs problèmes : celui des viandes sacrifiées aux idoles [319], celui de la glossolalie [320]. Pour régler celui des dissensions et des partis, il faisait appel à Dieu, avec qui nous sommes ouvriers [321]. Bien d'autres questions ont été soulevées au cours de son expérience missionnaire ; c'est toujours dans cet esprit, face aux réalités concrètes de son milieu et de son temps, qu'il s'efforce d'y répondre sur les deux plans : l'individuel et le social.

L'un des plus graves de ces problèmes était celui de l'esclavage, ce scandale des sociétés païennes ou paganisées [322]. Rien n'était plus contraire que cette odieuse institution à la loi du service et à la loi d'amour [323]. Le cas de l'esclave Onésime qui a fui la maison de son maître Philémon, et que l'apôtre a converti, amène celui-ci à prendre position. Il ne pousse pas le cri de Spartacus, dont les effets, alors, ne pouvaient être que désastreux. Il le renvoie à Philémon, ce qui, en apparence, est conforme à l'ordre établi. Mais il connaît bien Philémon, et il sait qu'avec lui, on peut aller au fond des choses. Il confie donc à Onésime un message amical, spirituel, enjoué pour celui qui fut son maître, mais qui est appelé à prendre conscience qu'il est désormais son frère [324]. Sous le revêtement léger d'un style et d'un billet charmant,

---

[318] Cf. 2 *Thess.* 3:10.

[319] Cf. 1 *Cor. 8* ; *10*:23-33.

[320] Cf. 1 *Cor. 14* ; *supra*, p. 101, n. 28 ; 102, n. 33 ; 106, n. 56-59 ; 110, n. 80.

[321] Cf. 1 *Cor.* 3:9 : Nous sommes co-ouvriers de Dieu ($\theta\epsilon o\hat{v}$ $\sigma v v \epsilon \rho \gamma o i$), et avec Dieu (cf. *supra*, p. 195, n. 304).

[322] Cf. G. Renard : *Le Travail dans la préhistoire* (*coll. Hist. univ. du Trav.* t. I), p. 272, Paris, Alcan, 1927 : « Il ne faut pas oublier que l'esclavage a été une pièce maîtresse de toutes les sociétés antiques et que les philosophes les plus hardis ne concevaient pas que l'on pût s'en passer un jour ». Cf. H. Cl. : *Le Chr. et le Trav., op. cit.*, p. 22, 41-50, 65, 70 s., 90, 134, 139-142. *Xénophon*, dans *l'Économique*, rêve de trois esclaves inaliénables par citoyen.

[323] Idem, *Le Chr. et le Trav.*, notamment p. 90 s. L'incompatibilité radicale de toute forme d'esclavage avec les principes chrétiens est évidente. Le fait qu'un très grand nombre de chrétiens, ou soi-disant tels, se sont livrés à cette odieuse exploitation de l'homme ne change rien à cette évidence. Ils sont condamnés doublement par l'Évangile de liberté et de fraternité. L'Église des premiers siècles a cherché, parfois maladroitement, à pratiquer son évangile social. Ainsi, quand certains gros propriétaires, possesseurs de vastes domaines dans l'*agro romano*, firent vœu de pauvreté, abandonnant leurs esclaves à eux-mêmes, ceux-ci se révoltèrent. Leurs anciens maîtres auraient dû les aider à entrer dans leur nouvel état, en s'inspirant de l'exemple de Paul avec Onésime et Philémon. (Cf. H. Cl., *op. cit.*, p. 90.)

[324] Cf. *Philém.* 16 s. ; H. Cl., *Philémon (ép. à)*, in *D.E.B.*, II, 386-7. « L'affranchisse-

fermente la plus grande révolution sociale de tous les temps : Il n'y a plus ici ni esclave ni libre, ni barbare ni juif, ni homme ni femme : vous êtes tous un en Jésus-Christ [325]. Comme dans l'Évangile, la fraternité humaine ne peut être réelle et vivante que sous le chef de la paternité de Dieu, le Dieu-Amour. Tel était, en substance, le message évangélique du Royaume de Dieu.

C'est une expérience nouvelle de la réalité divine qui est donc le principe de cette révolution sociale et morale. Sans doute, il y a quelques textes des prophètes ou des Psaumes qui en donnent le pressentiment [326]. Mais, d'une manière générale, dans l'Ancien Testament, l'autorité de Yahweh s'impose du dehors; elle s'exprime dans une loi codifiée à laquelle il faut obéir. Le cœur doit y être, mais au sens du terme hébreu [327] לב où il y a aussi de la conscience, mêlée à d'autres éléments. Il en est encore ainsi pour la traduction Καρδία dans la LXX. Mais, avec l'Évangile de Jésus, une intériorisation des valeurs s'effectue sous le chef du Dieu d'amour, du Dieu-Père. La transcendance divine n'est aucunement lésée; mais elle pénètre en immanence dans une loi qui devient conscience. L'usage évangélique du terme Καρδία en est déjà marqué [328]; mais il traduit encore de manière imprécise la réalité intime, principe et source d'une conduite morale authentique

---

ment d'Onésime est-il, sinon exigé, du moins suggéré au v. 21, comme le pensent Reuss, B. Weiss, Godet ? D'autres le nient (von Soden, Lightfoot). On peut même estimer, par la comparaison des v. 13, 14, 19, 21, que Paul a songé à garder Onésime à son service; il n'a cependant pas voulu le faire sans l'assentiment de Philémon. Il suggère, peut-être, qu'après réconciliation fraternelle avec son maître, l'esclave lui revienne pour le servir désormais. L'affranchissement d'Onésime n'est pas nécessairement impliqué. Mais qu'importe, puisque, de toutes manières, Onésime est le frère bien-aimé de Paul et de Philémon ! (v. 10, 12, 16 s. cf. *Col. 4:9*)».

C'est dans la même perspective qu'il convient de situer les exhortations de Paul aux serviteurs et aux maîtres, dans cette lettre aux *Colossiens* (*3:22-4:1*) où Onésime est mentionné comme « notre fidèle et bien-aimé frère » (*4:9*). Si un esclave peut être affranchi, tant mieux pour lui (1 *Cor.* 7:21). Reste encore pour lui comme pour tout homme, à être libéré de l'esclavage fondamental, pour servir le Christ-libérateur (1 *Cor.* 7:22).

[325] Cf. *Gal. 3:28*; *Col. 3:11* (noter l'équivalence mystique du ἐν X. et du X. ἐν. Cf. *supra*, p. 125, n. 166; p. 127, n. 172.

[326] Cf. les textes de l'A.T. où Yahweh n'apparaît pas en monarque absolu, en son omnipotence transcendante, mais déjà en Dieu qui aime, qui parle doucement, à l'intérieur, qui demande un amour du fidèle, plutôt qu'une obéissance et une ducilité de commande. Cf. *supra*, p. 105, n. 51; p. 114 s.; p. 122 s.; p. 151, n. 34; p. 152, n. 42; p. 155, n. 64.

[327] לב cf. *supra*, p. 77 s., n. 74-75; H. Cl., 'Η Συνείδησις, *op. cit.*, p. 6, 7.

[328] *Idem*. Cf. aussi l'image de la lumière intérieure, *Mt. 6:23*; *Lc. 11:35*.

et vivante. Bénéficiant de l'analyse grecque, et notamment de la stoïcienne [329], Paul se sert du mot Συνείδησις dans un sens original [330], selon son expérience chrétienne. Il rejoint, d'une part, l'intuition prophétique d'une loi intérieure dans un cœur nouveau, et d'autre part, la notion hellénique de lois non-écrites : les ἄγραφοι νόμοι [331]. Paul en appelle à toute conscience d'homme [332]. En *Rom.* 2:15, la conscience est reconnue chez les païens ; elle leur permet de se juger eux-mêmes, voire de juger le Juif, et, sans doute, le chrétien [333]. Elle le fait suivant une loi inscrite dans les cœurs [334], et qui procède ainsi naturellement, φύσει [335]. L'analogie avec la lumière selon l'Évangile [336], avec la

[329] Au temps de Paul, l'attrait panthéistique auquel cédait le stoïcisme ancien, s'est affaibli. Une certaine autonomie du divin ou de Dieu par rapport à la Nature ou à l'humanité tend à se rétablir ; mais il ne s'agit pas encore d'une véritable transcendance. Quand la conscience est rattachée à Dieu, elle se confond avec son immanence et se substitue à Lui. Pour Paul, comme pour toute la tradition juive, cette confusion est exclue. La conscience, de création divine, comme tout ce qui fait l'homme, n'est pas à l'abri des perversions du mal. Quand Dieu parle par elle, Il ne se confond pas avec elle. Cf. H. Cl., *op. cit.*, p. 16-19.

[330] *Idem.*

[331] Sur les ἄγραφοι νόμοι, cf. le *locus classicus* : Soph. *Antig.* V, 446 ss. etc. ; H. Cl., *op. cit.*, p. 14 s. et *L'Accès au R. de D.*, *op. cit.*, p. 107.

[332] Cf. *2 Cor. 4:2.*

[333] L'image du tribunal intérieur (*Rom. 2:15*) où l'homme comparaît, avec ses bonnes et ses mauvaises actions comme témoins à charge ou à décharge, est commune à Paul et à Sénèque, *Epist.* 41. Au tribunal intérieur, le rôle habituel de la conscience est celui d'un témoin, quelquefois d'un plaignant ; mais elle peut s'ériger en censeur, en accusateur, en juge, et cela non seulement du moi dont elle se détache, mais des hommes et des institutions.

[334] *Idem.* Cette « loi inscrite dans les cœurs » rappelle singulièrement les ἄγραφοι νόμοι d'Antigone, ou cette Loi souveraine dont *Plutarque* dira : « Qui gouvernera le gouverneur ? La Loi, reine des mortels et des Immortels, ainsi que Pindare la nomme ..., elle n'est pas écrite extérieurement sur des livres ou des tables de bois, mais intérieurement, dans l'âme... » (*Moralia*, 780, d'ap. C. H. Dodd : *The B. and the Greeks*, *op. cit.*, p. 36 ; comp. *Jér. 31:33* : « Je mettrai ma loi au-dedans d'eux, et je l'écrirai dans leur cœur ». ; il s'agit de la Thora, dont la notion, en s'intériorisant, se rapproche de la notion hellénistique de Loi, sans pourtant se confondre avec elle.

[335] Cf. *Rom. 2:14.* La nature dont relève la conscience selon Paul, quand le païen pratique naturellement (par la loi naturelle) ce que la Loi de Dieu prescrit, ne coïncide pas entièrement avec la φύσις ou la *natura* stoïciennes. Tandis que, pour le stoïcisme, de Chrysippe à Sénèque, *Epist. 79:14* ; *94:69*, la commune nature est bonne et divine, elle est, aux yeux de Paul, fortement compromise et dénaturée par le mal. Sa corruption n'est pas totale, ni irrémédiable, puisqu'une révélation (*Rom. 1:19* s.) et une loi (*2:14* s.) peuvent encore passer par elle ; mais elle a besoin d'être régénérée. La conscience naturelle devient hésitante et faible quand elle cède aux préjugés ou aux superstitions (*1 Cor. 8:7-12*). Souillée, elle doit se purifier en Christ pour être une « bonne conscience ». Cf. 1 *Tim.*

lumière qui éclaire tout homme venant au monde [337] est manifeste. De toutes façons, il s'agit d'une nature originelle, voulue de Dieu, instaurée par Dieu, maintenue par Dieu. Contrairement à l'analyse gréco-latine [338], celle de Paul n'accorde à la conscience qu'une autonomie relative, sous le chef d'un Dieu souverain dont elle peut devenir le porte-voix [339], d'un Dieu qui se limite de lui-même, pour une liberté suffisante d'un homme responsable [340].

d) *L'Avenir dans le message prophétique*

Les oracles de Yahweh, même quand ils visent une situation concrète et présente, comme c'est généralement le cas, en transcendent l'actualité fugitive et l'orientent vers l'avenir [341]. Il en est de même pour le kerygma évangélique et apostolique. Dans cette perspective, une variété de points de vue permet de distinguer sans rigueur trois tendances qui parfois se confondent ou convergent : une attente messianique, au sens plus ou moins large, celle d'un bouleversement apocalyptique, celle d'une progression vers un achèvement eschatologique.

α) *Le prophétisme messianique.* Comme pour d'autres termes dont on discute vainement quand chacun leur donne un sens différent [342], il faut s'entendre au préalable sur celui qu'on accorde à messianique

---

3:9; 2 *Tim.* 1:3 qui rendent bien ici l'écho de la pensée de Paul; *comp. Act.* 23:1. Cf. H. Cl. : *Ἡ Συνείδησις ...*, p. 9-12, 18 s., et encore, sur les aspects divers, qui semblent parfois s'opposer, de la Loi selon Paul, H. Cl., *Antilégalisme et nomisme*, in *Ét. Th. et Rel.* VII (1932), p. 359-368.

[336] Cf. *supra*, n. 328.

[337] Cf. *Jean*, 1:9. La parataxe habituelle au style johannique recommande la traduction : « Il était la lumière, la vraie, qui éclaire tout homme venant dans le monde » (à sa naissance). L'inversion qui relierait « venant dans le monde » à « la lumière, la vraie » serait inusitée, et non sans intention dogmatique. Cf. H. Cl., *L'accès au R. d. D., op. cit.*, p. 56 s.

[338] Cf. *supra*, n. 329, 335.

[339] Cf. *supra*, n. 334.

[340] Une limitation volontaire, comme le contrôle de soi, est un acte de sur-puissance.

[341] Sur la différence fondamentale entre prophétisme et divination, cf. *supra*, p. 145 s.

[342] Un dictionnaire des termes — clefs en théologie, et de leurs variations, serait au moins aussi utile que celui de Lalande en philosophie. Il y aurait, en le consultant, quelque chance d'éviter les interminables logomachies sur des mots que chacun prend dans un sens différent.

[343] Le Messie, מָשִׁיחַ, de מָשַׁח, enduire avec la main (d'huile, de peinture) un objet (pierre, ustensile, bouclier de cuir), une partie du corps, la tête, oindre (un chef, un roi, un prêtre, un prophète). Le Messie est l'oint de Yahwe : מְשִׁיחַ יְהֹוָה.

ou messianisme. Étymologiquement, ces mots ont rapport au Messie [343], l'oint de Dieu, le libérateur promis au peuple juif dans l'Ancien Testamrnt, et dont le Christ du Nouveau Testament n'est que la traduction et l'adaptation [344]. Dans un sens élargi, abusivement au gré de certains, mais c'est un fait sémantique indéniable, ces termes se réfèrent à l'attente religieuse d'un sauveur ou d'un rédempteur, pour une ultime libération. Pour ne prendre que cet exemple, l'attente du Mahdi [345], chez les Musulmans soudanais, était une espèce de messianisme. Mais il en est bien d'autres dans l'histoire des peuples [346], jusqu'à celui qui, sans être centré sur un personnage particulier, n'est plus que le rêve d'un âge d'or, d'un Éden projeté dans l'avenir proche ou lointain [347]. Ainsi, quand on discute de l'apparition du messianisme en Israël, il est essentiel de préciser de quel messianisme, *stricte dictu* ou *lato sensu*,

---

[344] *Le Messie, le Christ* : Μεσσίας en *Jean, 1:42*; *4:25*; partout ailleurs dans le N.T., ὁ Χριστός, ou simplement Χριστός. Cf. Alfred Escande : Κύριοσ 'Ιησοῦσ Χριστός, Paris, Libr. Prot., 1970; Grundmann, Hesse, de Jonge, van der Woude : χρίω, Χριστός, etc., in *T.W.*, avec biblio. (1972), IX, 482-576.

[345] Le *Mahdi* de ها د، guide, celui qui est guidé, inspiré, illuminé. Parmi les soi-disant Mahdis de l'Islam, le plus célèbre est Mohammed-Ali qui souleva le Soudan contre les Anglais, et fonda un empire éphémère, après s'être emparé de Khartoum, en 1885. Il était mort, quand Lord Kitchener vainquit la rébellion, en 1898, et fit disperser les reliques du Mahdi, que ses fidèles attendaient encore, *redivivus*. Sur le *Mahdisme* ou messianisme musulman, cf. J. W. Sweetman : *Islam and Christ. Theol., Part I, vol. II*, p. 114 s.; *P. II, vol. I*, p. 178 ss., 223 s., London, Lutterworth Press, 1947, 1955.

[346] Sur les autres *Mahdis*, cf. Sweetman, *ibid.*, notamment *P. II*, Vol. I, p. 178 ss., 223, où l'un d'entre eux pourrait être identifié avec le prototype humain dans le Zend Avesta, *Gayomart*, devenu le Messie d'une secte mazdéenne dans la grande détresse qui accompagna et suivit la conquête musulmane. S'il en était ainsi, nous aurions là un exemple typique d'une attente apocalyptique du Messie, le premier, le dernier représentant du peuple, de l'ethnie, de l'humanité dont il est à la fois l'alpha et l'oméga. Ce Messie des Mages, comme dit le théologien musulman *Ibn Hazm*, au XIe siècle, et qu'il nomme *Bahman Varjamwand*, que des milieux plus populaires attendent sous le nom de *Humawand*, fait penser à *Hum-ban, Hum-an*, (Dieu-créateur), que l'on retrouve en composition dans un grand nombre de noms d'hommes, dans l'antique Élam (cf. T. G. Pinches : *Elamites*, in *Hast. E.R.E., vol.* V, p. 252). On aboutirait ainsi à l'un des mythes les plus répandus dans l'histoire des peuples et des religions : celui de l'homme primordial, de l'*Urmensch* qui reviendra en Messie, en Sauveur quand tout semblera perdu, ou à la fin des temps, pour rendre le bonheur, l'âge d'or, le paradis à des hommes, à une humanité qui n'avaient plus d'espoir qu'en son retour. Ce mythe que l'on retrouve chez des populations archaïques et tout au long de l'histoire humaine, avec d'innombrables variantes, est également l'un des motifs les plus constants de l'apocalyptique. Cf. H. Cl. : *L'Évang. apoc., op. cit.*, p. 10-12, 43-48 et *passim*; N. Söderblom : *La vie future... Ét. d'eschatol. comp., passim*, Paris, Leroux, 1901.

[347] *Idem.*

on veut parler. Le premier pourrait être tardif, le second fort ancien [348]. Quoi qu'il en soit, la caractéristique du messianisme hébreu, sous toutes ses formes, c'est qu'il se constitue sous le chef exclusif de Yahweh.

Le messianisme, dans tous les sens, est optimiste, contrairement à l'attente fataliste de l'éternel retour, dans un cyclisme incoercible et inexorable [349]. Le messianisme hébreu l'est d'autant plus qu'il est subordonné au Dieu souverain et maître de l'histoire, le Dieu qui a fait d'Israël son peuple, en traitant alliance avec lui. Les vicissitudes du parcours n'ont pas la fatalité du Destin; elles dépendent, en une certaine mesure, de la fidélité à l'alliance, garantie malgré tout, par

---

[348] Ainsi, l'on peut discuter du moment où l'attente d'un Messie personnel s'est imposée à Israël. Wellhausen, trop restrictif, n'en trouvait pas trace avant l'exil. On reviendra sur ce sujet. Quoi qu'il en soit, Gressmann : *D. Messias*, Göttingen, 1929, a raison de mettre en relation un messianisme *lato sensu* avec la notion plus ancienne du Jour de Yahweh (*Amos*, 5:18 ss.), quoique cette attente soit, pour la plupart, terrifiante. Curieusement, Mowinckel : *He that cometh* (*trad.*) 1956, et l'école scandinave découvrent dans le culte et dans la sacralisation du roi comme médiateur entre Yahweh et son peuple, les origines du messianisme juif. Dans le combat des peuples, ce Roi prédestiné devient à la fois « celui dont l'origine remonte aux temps anciens et aux jours éternels » (*Michée*, 5:1), l'homme primordial, l'*Urmensch*, le Fils de l'Homme et l'*Ebed Yahweh*, le Serviteur de Yahweh ! De cette thèse éminemment discutable ressort, en tout cas, l'antiquité du messianisme de l'Urmensch. On y reviendra. Cf. ; van d. Woude ; *Messias*, in *B. Hist. Hndw.*, II, col. 1197-1204 ; Hesse, *art. cit.*, *T.W.*, IX, 496.

[349] Le messianisme a ses élus, et leur attente, même mêlée de crainte, est un espoir. L'éternel retour de Pythagore et des stoïciens, par rétablissement cyclique du *statu quo ante*, n'a jamais eu rien d'enthousiasmant. Le κύκλος τῆς γενέσεως, hérité, sans doute, de l'Extrême-Orient, conduit à la désespérance. Le messianisme, *lato sensu*, dans l'Orphisme, l'Hindouisme, le Bouddhisme, est l'espoir de s'en affranchir selon diverses perspectives et diverses méthodes : yogas variés ou vie orphique. Cf. H. Cl. : *L'exp. de la V.É.*, *op. cit.*, p. 33, 51-56 ; *L'Accès au R. de D.*, *op. cit.*, p. 74 s. ; *La foi… ds. les relig. d'Extr. Orient…*, *art. cit.*, p. 1-7.

Le messianisme *lato sensu* s'exprime dans de nombreux mythes qui ont soutenu ou soutiennent encore une espérance humaine indéfectible : le mythe du Progrès dans la religion positiviste d'Auguste Comte ou ailleurs, le mythe de la Science apportant le bonheur, le mythe de la Révolution sous ses aspects socialistes, marxistes, léninistes, maoïstes, etc. Les perspectives historiques varient d'une évolution continue, parfois coupée de grandes étapes, de mutations, à un bouleversement fondamental. Mais il n'y a, pour tous, messianisme que dans l'attente d'une fin heureuse, d'un *happy end*. Il n'y en a point, quand la vision s'achève sur une plage où les vagues du temps, au bout des « épistèmes », auront effacé les dernières traces de notre humanité. Ainsi, toutes ces étapes, qui furent de grands moments, aboutissent à cette triste fin, dans la conclusion de Michel Foucault : *Les mots et les choses*, Paris, Gallimard, 1966.

la fidélité de Dieu ³⁵⁰. Si la ligne du temps parcouru est sinueuse, elle n'est pas à l'image du serpent qui se mord la queue ³⁵¹. Le but fixé n'est plus un retour au paradis perdu, ce rêve infantile où la psychanalyse dit maintenant son mot, et que l'on retrouve dans certains mythes babyloniens ou autres ³⁵². Au bout de la dernière étape de son histoire, Israël verra Yahweh se manifester dans sa gloire ³⁵³.

Dans cette perspective, et *lato sensu*, un messianisme est sans doute perceptible en *Gen.* 3:14 s. où, maudissant le serpent, Yahweh annonce que la postérité de la femme lui écrasera la tête ³⁵⁴. Cette postérité, semence de l'homme ³⁵⁵, se retrouve dans la descendance de Noé ³⁵⁶,

---

³⁵⁰ Cf. *supra*, p. 104, n. 44; p. 113-114, 121-122, 152 etc.

³⁵¹ Le cours du temps ne figure pas un cercle, ni une droite horizontale, verticale ou oblique, mais une ligne sinueuse, et qui, dans la perspective biblique, est emportée dans un mouvement ascensionnel, comme en spirale. Cf. *supra*, p. 83, n. 100; p. 127, n. 172. Cf. H. Cl. : *Le probl. du rite et du mythe* ... in *R.H.P.R.*, XXXI, (1951), p. 284 s.; *La struct. du 4ᵉ Évang.*, *R.H.P.R.*, XXXV (1955), p. 176, 178. 194 s.; *L'Exp. de la V.É.*, *op. cit.*, p. 93 ss., 191 ss.; O. Strasser : *Le temps de l'Église*, in *R.H.P.R.* XXX (1950), n° 4.

³⁵² Cf. Joach. Jeremias : παράδεισος, in *T.W.*, V, 763-771 (cf. 764). Au sujet des parallèles dans des traditions différentes, Bousset : *Die Relig. d. Judent. im neutest. Zeitalt.*, 2ᵉ Aufl., p. 546 ss., Berlin, 1906, fait observer qu'on peut les expliquer, dans certains cas, par des emprunts indépendants à une source commune. Dans d'autres, estiment Dillmann, *Komm. Genes.*, p. 3, Réville, Amélineau, *R.H.R.*, 1910, il suffit de recourir aux ressources indéfinies de l'esprit humain, capable de « trouver en deux pays différents, en des époques différentes, les mêmes expressions pour exprimer des idées identiques ». Sans doute, l'unité de l'esprit humain peut expliquer des analogies dans la structure des mythes et dans leurs grandes lignes ; mais ce recours paraît insuffisant, quand on en vient à de menus détails. Certaines filiations finissent par s'imposer. On n'en oubliera pas, pour autant, le sage conseil de Théodoret : *par le parallèle, saisir ce qui distingue* (cf. *supra*, p. 22, n. 82 ; p. 39, n. 164). Cf. H. Cl. : *L'Évang. apoc.*, *op. cit.*, p. 6 s.

Le thème général du retour au passé idéalisé peut être décelé dans des mythes variés : celui du désert (cf. *supra*, p. 65 ss.), celui d'une palingénésie semblable à la cosmogonie, (*supra*, p. 135 s.), de l'oméga identique à l'alpha (*supra*, p. 203, n. 346, 348), du paradis retrouvé. Il se forme déjà dans l'imagination du vieillard qui voit en rose ce qui ne l'était pas toujours « de son temps », et qui en garde un regret nostalgique. Freud, en prolongeant les lignes, croira découvrir sous toutes ces nostalgies, celle d'un éden embryonnaire. Cf. Mircea Éliade : *Le mythe de l'éternel retour*, Paris, 1948 ; A. Gelin : *Messianisme*, in *D.B.P.*, V, *col.* 1165-1212.

³⁵³ Au Jour de Yahweh (*supra*, p. 203, n. 348).

³⁵⁴ Sur le *Mythe du serpent*, cf. A. Gelin, *art. cit.*, col. 1170.

³⁵⁵ La *Semence* de l'homme זֶרַע dans l'A.T., σπέρμα dans la LXX et le N.T.

³⁵⁶ Cf. *Gen.* 9:9.

d'Abraham [357], de David [358]; elle devient *le Reste* dans le message prophétique [359], avant d'être personnifiée en Christ [360]. Une analyse détaillée ferait apparaître certaines nuances distinctives entre les sources, dont J., d'inspiration prophétique, offre ici le plus d'intérêt [361]. Mais un messianisme latent est perceptible ailleurs dans le Pentateuque. Il est inclus dans la bénédiction d'Adam avant la chute [362], dans celle de Noé, prélude à une alliance à caractère universel et inconditionné [363], dans celles d'Abraham [364], suivies de l'alliance bi-latérale conditionnée [365] et confirmée après le sacrifice d'Isaac, avec cette promesse aux horizons messianiques, dans le sens le plus large : « Toutes les nations de la terre seront bénies en ta postérité, parce que tu as obéi à ma voix » [366]. La même perspective apparaît au renouvellement de l'alliance avec Isaac [367], avec Jacob [368]. C'est en bénissant ses fils, « chacun de la bénédiction appropriée », que Jacob, sur son lit de mort,

---

[357] Cf. *Gen. 12*:7; *15*:5,18; *17*:7; *22*:19. — De même pour *Isaac, 17*:19; *26*:4, 24; pour *Jacob, 28*:14; *35*:12.

[358] Cf. 2 *Sam.* 7:12-15.

[359] Cf. *Ésaïe, 43*:5; *44*:3.

[360] Cf. *Gal.* 3:19, etc. (cf. *supra*, n. 355).

[361] Cf. *Gen. 12*:1-37; *13*:15-17; *15* (Abraham); -*22*:15-18; *26*:2-5, 24 (Isaac); -*28*:13-15 (Jacob). Ces bénédictions de Yahweh, selon J. sont plus précises que celles d'Elohim, parallèlement en P.

[362] Cf. *Gen. 1*:29; *5*:2.

[363] Cf. *Gen.* 9:1, 8-17.

[364] Cf. *Gen. 12*:1-3; *13*:15-17.

[365] La première alliance bi-latérale (*Gen. 15*:7-17) est figurée par le rite ancestral des victimes sacrifiées et tranchées en deux parts, entre lesquelles passent les deux parties. Cf. *supra*, p. 89, n. 132; p. 104, n. 44. L'alliance est conditionnée par la foi et la fidélité d'Abraham (*Gen. 15*:6; *17*:1, 2, 9, 10); lui et ses descendants en porteront la marque dans la circoncision (*17*:11, 14).

[366] Cf. *Gen.* 22:16-18.

[367] Cf. *Gen. 26*:3-5, 24 (*17*:24). C'est sur la base de la fidélité d'Abraham que la promesse est confirmée à Isaac (*26*:5, 24).

[368] Cf. *Gen.* 28:13-15. A l'universalisme caractéristique de la source yahwiste, la tradition élohiste (E) adjoint, en *Gen.* 35:11, dans la promesse faite à Jacob, l'annonce d'une royauté future. Ce n'est, d'ailleurs, que le renouvellement d'une promesse faite à Abraham, d'après cette même source E, en *Gen. 17*:6 : « Je ferai de toi des nations, et des rois sortiront de toi ». La « royalisation » d'une prophétie messianique au sens large est ainsi donc située et datée, par rapport à J. plus ancien (cf. *supra*, p. 48, n. 203). Elle va se confirmer et se concentrer sur Juda dans les bénédictions de Jacob sur son lit de mort (*Gen.* 49).

annonce à Juda son destin royal [369], « jusqu'à ce que vienne le *Schilo* [370] ». Certains ont vu dans ce terme énigmatique la désignation du Messie. D'autres interprétations ont été proposées [371]. Quoi qu'il en soit, du sens exact de l'expression, il semble bien qu'un certain messianisme y soit impliqué, en direction de celui qui deviendra classique en se fixant sur un descendant de David [372]. Cette prédiction a, d'ailleurs, été rédigée postérieurement au règne de David, si bien que l'oracle dont *Nathan* fut chargé en 2 *Sam.* 7:16, où le trône de ce roi est assuré « pour toujours », est antérieur à cette rédaction [373]. Le message pro-

---

[369] Cf. *Gen. 49*:8-12. *Juda*, ce jeune lion, tiendra ferme le sceptre et le bâton de commandement, jusqu'à ce que vienne le *Schilo*, et que les peuples se soumettent à lui (v. 9-10).

[370] *Schilo*, שִׁילֹה, terme très discuté, d'origine obscure, dans un contexte qui ne permet pas de l'identifier avec certitude. On l'a souvent interprété comme une désignation du Messie davidique, de la tribu de Juda. C'est ainsi qu'on l'entendait généralement en Palestine, aux environs de notre ère. Le fragment 4Q de *Qoumran* va dans ce sens : « L'explication de ceci (*Gen. 49*:10), c'est qu'un monarque ne fera pas défaut à la tribu de Juda, quand Israël aura la domination, et un descendant assis sur le trône ne manquera pas à David, ... jusqu'à ce que vienne le Messie de justice, le Germe de David... » (trad. Dupont-Sommer, *op. cit.*, p. 328 ; la traduction de Millar-Burrows : *Lum. nouv.*, *op. cit.*, p. 476, n'en diffère pas sur l'essentiel). Mais, la LXX, et, sans doute, avec elle, une grande partie de la Diaspora, ne voit pas dans *Schilo* un titre du Messie, mais un privilège résrrvé à Juda : « jusqu'à ce qu'advienne ce qui lui a été conservé (la royauté) », ἕως ἄν ἔλθῃ τὰ ἀποκείμενα αὐτῷ). Quelques auteurs ont proposé de changer ce neutre évident en une tournure personnelle qui rejoindrait l'exégèse classique : « jusqu'à ce que vienne celui à qui appartient la domination » (Lagrange, Procksch, Jacob). La référence à *Ézéch. 21*:32 : « Jusqu'à ce que vienne celui à qui appartient le jugement », suggère que l'interprétation palestinienne remonte haut, mais ne résoud pas entièrement le problème : la *crux interpretum* demeure.

[371] Parmi les autres explications de *Schilo*, il y a celle, peu vraisemblable, qui en fait un nom de lieu : « jusqu'à ce qu'il vienne à Schilo », et cette autre, séduisante, mais qui manque d'attestations : « jusqu'à ce que vienne le chef », où l'on suppose que *schilo* est un terme hébreu archaïque, de même racine que l'accadien *šilu*, qui veut dire : gouverneur, directeur.

[372] Gressmann, *op. cit.* voit dans les Bénédictions de Jacob le plus ancien poème messianique de l'A.T. et suppose audacieusement qu'il aurait été présenté à David lui-même, en style de cour. On ne perçoit guère ce style dans le texte, à supposer que la cour de David en ait connu un, comme, sans doute, plus tard, celle de Salomon.

[373] R. de Vaux : *Bible de Jérusalem, ad hoc.*, estime que la bénédiction se rapporte à David, fondateur d'un empire, mais, sur un plan étendu, comme type du Messie, l'abondance en Juda (v. 11 s.) préfigurant les temps messianiques. La prédiction incluse dans la bénédiction de Jacob, même si la tradition qu'elle exprime est antérieure à l'institution royale, a été rédigée *post eventum*, ce qui est généralement le cas pour les prédictions de ce genre. Cela n'exclut nullement que l'événement ait été préparé et que la tendance

phétique de Nathan marque un renouvellement de l'alliance rattachée désormais à *David* et à sa dynastie sur laquelle sont transférées les promesses et perspectives messianiques [374]. Les *Psaumes* dits « royaux » sont sur la même ligne avec la même orientation [375]. Le messianisme aux horizons universels y est réduit à un empire et le Messie à un autre David descendant du premier [376], devenu le motif d'une littérature courtisane. Le rêve de justice et de paix y est restreint à proportion [377]. Le cadre trop étroit craque parfois [378] ; mais c'est aux prophètes les plus fortement inspirés qu'il appartiendra de le briser.

Sensible chez *Amos* [379] et chez *Osée* [380], la vision universaliste se précise et s'élargit avec *Ésaïe* [381] et *Michée* [382]. La référence à David et à sa dynastie ne disparaît pas ; mais le ton s'élève, l'horizon se dévoile à perte de vue sur une perspective d'innocence et de paix, dans une

---

royaliste, au temps des Juges, ait trouvé à s'exprimer, bien qu'avec moins de précision. Ce qui ressort de cette rédaction est vrai *a fortiori* des oracles attribués à *Balaam*, en *Nb. 24*:3-9, 15-19 où le thème de la royauté en Israël est présenté incontestablement dans une perspective quasi messianique. C'est ainsi que l'entend la tradition juive qui a fait de l'étoile, en *Nb. 24*:17, l'étoile qui sort de Jacob, le signe de la nation d'Israël et le symbole de ses espoirs messianiques. Lorsque Simon prit la tête de la révolte contre Hadrien (132-135), il se fit appeler *Bar-Kokeba*, le fils de l'étoile et fit frapper une monnaie à cet insigne. (Cf. réf. rabbin. in Strack-B., *op. cit.*, I, 13 c, 76 f.). En tant que Messie davidique, le Christ a sans doute hérité de cette étoile, devenue l'étoile de Bethléem. Cf. Foerster : ἀστήρ, in *T.W.*, I, 501 s. ; P. Gardner-Smith : *Star of the Magi*, in *Hast. D.B.*, rev. ed., p. 936, Edinburgh, Clark, 1963.

[374] L'oracle de Nathan, en 2 *Sam.* 7:8-17, suivi de la prière de David (18-29), vient après les succès décisifs de David, qui lui ont assuré la succession de Saül : la prise de Jérusalem sur les Gébuséens, le choix de cette ville comme capitale de l'amphictyonie des Hébreux et sanctuaire de l'arche de l'alliance. Il y a là, dans les débuts de la royauté, un renouvellement de l'alliance désormais rattachée à David et à sa dynastie, avec transfert sur cette maison royale des promesses et des perspectives messianiques, une alliance parfaite, une alliance éternelle, dans l'exaucement des vœux, et un épanouissement de bonheur (2 *Sam.* 23:5-7 ; comp. 7:16).

[375] Cf. *Ps. 2*:2, 6-8 ; *21* ; *45*:4, 7, 17, 18 ; *72 passim, 110*, etc.

[376] On constate dans ces Psaumes, un curieux mélange de messianisme large aux échos affaiblis, et d'un messianisme rétréci aux dimensions d'un royaume et d'un roi guerrier pour qui les promesses d'avenir ne sont plus guère que des oripeaux et flatteries de cour.

[377] Cf., notamment, *Ps. 72*.

[378] Cf. *Ps. 18*:50 ; *72*:17.

[379] Cf. *Am.* 9:13-15.

[380] Cf. *Os.* 3:5 ; *14*:5-7.

[381] Cf. *És.* 9:1-8 ; *11*.

[382] Cf. *Michée, 4-5*.

connaissance mystique de Yahweh [383]. La vision est moins étendue chez *Jérémie*; l'alliance nouvelle qu'il annonce semble ne concerner qu'Israël [384]; toutefois « l'intériorisation » et l'intimité de la Loi dans son message prophétique [385] orientent vers une association paradoxale, mais fréquente, d'individualité et d'universalité [386]. Il en est de même chez *Ézéchiel* pour qui le souci de la personne individuelle [387] n'est pas un obstacle aux visions eschatologiques de la nouvelle Jérusalem [388] et d'une Mer Morte transformée en vivier [389]. La note apocalyptique de cette eschatologie [390] se renforcera pendant la période qui sépare les deux Testaments, au point de devenir dominante.

Deux motifs importants vont contribuer diversement à modifier le caractère du messianisme davidique : celui du *Fils de l'Homme* qui perce en *Daniel 7* [391] et celui du *Serviteur* dans le second Ésaïe [392].

---

[383] Cf. *Ésaïe, 9:6; 11:1, 6-9; Michée, 4:4-8.* En *Ésaïe, 11:6-9*, la vision de paix devient idyllique et s'étend à la nature entière; c'est un retour à l'Éden primitif. Cf. *supra*, p. 204, n. 352.

[384] Cf. *Jér. 23:3-8* où le prophète se réfère à David et à sa postérité : v. 5 : צֶ֫מַח, le germe, le bourgeon, le rejeton, terme qui va servir à désigner le Messie, rejeton de David. Cf. *Jér. 33:15; Zach. 3:8; 6:12*, le *Germe*, tsémah'; peut-être déjà en *Ésaïe, 4:2*. C'est dans ce sens qu'il figure à Qoumran : *4QpIsa, Dl*; *4Q Flor.* I, 11; *4Q BP, 3* (cf. *supra*, p. 206, n. 370; D.-Sommer, *op. cit.*, p. 287, 326, 328; comp. *supra*, p. 204, n. 355, 359-360, les désignations : זֶ֫רַע σπέρμα, semence, dans un usage théologique analogue, jusqu'à l'identité, en *Gal. 3:16*, seul texte aussi explicite).

[385] Cf. *Jér. 31:33* où l'on saisit comment, dans la pensée biblique, une immanence divine, ici la loi intérieure, ne peut être que sous le chef de Celui qui l'opère : Yahweh qui mesure les cieux et sonde la terre jusqu'en ses fondements, le Dieu souverain et transcendant (*Jér. 31:35-37*).

[386] Cf. *Jér. 31:29-30*, que l'on retrouvera développé en *Ézéch. 18:2 ss.* La pensée individuelle et personnelle rejoint parfois l'universel directement et plus aisément qu'en stationnant, ou en stagnant, dans les réalités sociales intermédiaires. Leurs détails concrets et passionnants, quand on s'y accroche, peuvent empêcher de saisir l'ensemble, comme les arbres cachent la forêt.

[387] Cf. *Ézéch. 18:2 ss.* où le proverbe déjà cité en *Jér. 31:29* : « Les pères ont mangé des raisins verts, et les dents des fils en sont agacées » est reproduit sous une forme presqu'identique, pour en prendre la contre-partie, mais avec de longs développements dans le même sens : celui d'une justice personnalisée, individualisée.

[388] Cf. *Ézéch. 48 passim*.

[389] *Idem, 47:8-10*.

[390] Cf., entre autres, *47:1-12*.

[391] Cf. *Dan. 7:13* où, dans une vision nocturne, peuplée de monstres symboliques, apparaît une figure humaine, celle d'un personnage semblable à un fils d'homme (כְּבַר אֱנָשׁ) à qui est conféré le pouvoir souverain sur tous les peuples, pour régner à toujours et à perpétuité. Ce motif qui pourrait se greffer sur l'un des plus anciens et des plus fré-

Ainsi, trois notions d'origines très différentes finiront par se conjuguer dans la personne du Messie : la notion devenue classique depuis la royauté, d'un Messie descendant de David et régnant glorieusement sur le trône ancestral; celle du Fils de l'Homme, beaucoup plus ancienne, enracinée dans une tradition apocalyptique étendue, et qui prendra un tour nouveau dans les Évangiles [393]; celle, plus récente, du Serviteur souffrant et mourant. A première vue, il y a incompatibilité radicale entre ces trois notions. La première est longtemps apparue comme la seule authentiquement juive; la seconde semble être, sous des aspects divers, l'un des motifs courants du messianisme apocalyptique en Histoire des Religions; la troisième, issue d'une réflexion mystique sur les malheurs du peuple élu, ou sur ceux des prophètes, voire du Maître de Justice pour les Qoumraniens [394], n'a pas affaire, originairement avec le messianisme. Cette distinction des sources est parfaitement justifiée. Il n'empêche que, dans le mélange de motifs, de croyances, d'expériences du judaïsme pendant et après l'exil, on peut considérer comme acquise la collusion du Messie classique et du Fils de l'Hom-

---

quents du messianisme universel (cf. *supra*, p. 202s., n. 346, 348), a joué un rôle important dans la tradition apocalyptique juive. On le retrouve souvent dans le cycle d'*Hénoch*, les *Oracles sibyllins*, le *4e Esdras*. On en usait certainement à *Qoumran*, où la littérature apocalyptique était en honneur, et où l'on a retrouvé des fragments de sept manuscrits de Daniel, du cycle hénochien et d'autres écrits de même inspiration. Cf. Dupont-Sommer, *op. cit.*, p. 311 ss., 335 ss.; Millar-Burrows : *Lum. nouv., op. cit.*, p. 407 ss., 413 s.; A. Gelin : *art. cit., col.* 1201 s.; B. Reicke : *Henochbücher*, ià *B.H.Hndw.*, II, *col.* 692 s.

[392] Le serviteur de Yahweh, nommément Israël en *Ésaïe, 41*:8, 9, est individualisé, tout au moins dans les termes où il est présenté dans ce qu'on appelle : les *chants de l'Ebed Yahweh* : *Ésaïe, 42*:1-7, le premier chant, auquel on rattache *61*:1-3; *49*:1-9, le second chant; *50*:4-10, le troisième; *52*:13-*53*:12, le quatrième, le plus connu, celui qui figurera, au premier chef dans les *testimonia*, et qu'on désignera comme « l'Évangile avant l'Évangile ». Cf. Éd. Bruston : *Serviteur de l'Éternel*, in *Dic. Enc. B.*, II, 664-667.; H. Gressmann : *D. Messias, op. cit.*, p. 219-223; 317-337; Guignebert : *Le monde juif vers le temps de Jésus, op. cit.*, p. 191-198; Gelin, *art. cit. ,col.* 1192 ss.

[393] Cf. J. Hering : *Le R. de D. et sa venue*, p. 75-110, Paris, Alcan, 1937; H. Cl. : *l'Év. apoc., op. cit.*, p. 43 ss.

[394] Cf. D. Sommer : *op. cit.*, p. 375-377 et les réserves judicieuses de Millar Burrows : *Lum. nouv., op. cit.*, p. 399 ss., à propos des deux Messies, un Messie roi, un Messie prêtre attendus dans les écrits qoumraniens et aussi dans les *Testaments des douze patriarches* (id., p. 386-400). Cf. également, A. Gelin, *col.* 1195-1199. A la faveur du sacerdotalisme croissant, le Messie-prêtre aura la priorité. S'il est douteux que la figure du Maître de Justice puisse coïncider avec celle de l'un des deux Messies qoumraniens, elle présente néanmoins, des traits messianiques, au sens large.

[395] Cf. Joach. Jeremias : παῖς θεοῦ in *T.W.*, V, 653-713. *Biblio.* 1954. L'auteur y reprend (p. 685 ss.) la thèse qu'il soutenait déjà au colloque sur la Rédemption *Theol.*

me [395]. Quant à la rencontre du messianisme juif et du Serviteur souffrant, elle est attestée dans les parties les plus anciennes du Talmud [396], c'est-à-dire à une époque où il paraît exclu que le judaïsme l'ait empruntée au christianisme rival et envahissant, contre lequel il réagit violemment [397].

Si ces trois notions différentes de messianisme et de Messie se sont mêlées après l'exil, leur hétérogénéité foncière s'opposait à une fusion complète [398]. Il en allait ainsi au temps de Jésus et pour *Jésus*. L'inter-

---

Deutsch II, 1929, dans sa communication très remarquée : *Erlöser und Erlösung im Spätjudentum und Urchristentum*, in *Deutsche Theol.* II, 106-119, Göttingen, Vandenhock u.R., 1929. La notion d'un Messie souffrant, lépreux même comme Job, est attestée dans le Judaïsme palestinien, en remontant le temps, jusqu'environ 100 A.D. Mais elle n'a pu naître, comme on l'a supposé, sous une influence chrétienne, à un moment où la querelle était vive entre les deux confessions. L'origine de cette notion, tout au moins sous la forme du Juste souffrant, est un motif très ancien, que Kramer : *op. cit.*, p. 157-163, signale à Sumer, bien des siècles avant le *Job* de la Bible. Les motifs essentiels, de solidarité, d'expiation et de substitution y sont adjoints chez l'*Ebed Yahweh d'Ésaïe 53* ; on les retrouve à Qoumran chez le *Maître de Justice* (*1QH*, II, 8, 9 ; VIII, 11, D. Sommer, p. 377. Si la rencontre de la notion du Messie n'est pas encore faite, elle est proche.

[396] Cf. *Talm. Bab. Sanh. 98*, a, b, vers 200, 250, et un siècle plus tôt, trad. grecque d'*És.* 53:4, par *Aquila*. Cf. Jeremias, *art. cit.*, p. 688 ss. *Supra*, n. 395 et Jeremias ; *id.*, p. 689.

[397] Il n'en demeure pas moins que l'hétérogénéité foncière des trois notions, plus encore que leurs origines différentes, rendait leur fusion difficile et aléatoire.

[398] Cf. *supra*, p. 207, n. 376. Le messianisme classique a pour lui le terme même de Messie (cf. *supra*, p. 201, n. 343) qui fait penser à l'onction royale et s'y réfère explicitement dans l'A.T. L'attente d'un roi-sauveur n'était pas limitée à Israël. On la rencontre bien des siècles plus tôt, en Égypte, avec la prophétie *post eventum* dite « vision de Neferrehou » (au début du troisième millénaire, ou plutôt vers la fin ; cf. A. Moret : *Le Nil et la civilisation égyptienne*, p. 257, 268, Paris, A. Michel, 1926 ; Ad. Lods : *Les Proph. d'Israël*, *op. cit.*, p. 77 s.). Mais cette attente prend, dans la Bible, une forme très différente, en raison du caractère spécifique de Yahweh et du théocentrisme yahwiste (cf. *supra*, p. 174-176 ; H. Cl., *Théocr. et Monarch.*, *op. cit.*, p. 452 s).

Sans doute, le Messie sera un descendant glorieux de David, un David idéalisé ; il exercera des fonctions médiatrices en qualité de fils de Dieu, mais au contraire des mythes royaux de naissance divine en Égypte ou ailleurs, d'une filialité purement adoptive consacrée par l'onction royale. Comme le fait dire à Yahweh le Ps. 2:6 s., qui sera transposé sur la personne du Christ dans la littérature chrétienne primitive (cf. *Act.* 13:33 ; *Hb.* 1:5 ; 5:5), « Et moi, j'ai établi mon roi (par l'onction, v. 2) sur Sion, ma montagne sainte... Tu es mon fils, je t'ai engendré aujourd'hui ».

Ce roi Messie sera le représentant du peuple. La tentation aurait pu se présenter, comme en Égypte (cf. A. Moret : *op. cit.*, p. 211), d'absorber dans la personne royale tout le présent, tout l'avenir, et l'immortalité même du peuple, Il a fallu, en Égypte, de grandes crises, et l'ébranlement du pouvoir pour entraîner celui du mythe royal et faire renaître les espoirs de survie personnelle (cf. A. Moret, p. 257 ss., 268, 293 ss., 476). Le processus en

prétation qu'il donne lui-même d'un texte biblique, au *Psaume 110*, verset 1, permet de dégager son point de vue. Adoptant l'opinion indiscutée de son temps, suivant laquelle la suscription est une désignation d'auteur et veut dire : psaume composé par David, Jésus, selon *Matth.* 22:41 ss.[399], pose cette question aux pharisiens : « Que vous semble du Messie ? De qui est-il le fils » ? — Ils lui dirent : « De David ». — Il leur dit : « Comment donc David, inspiré, l'appelle-t-il Seigneur, en disant : « Le Seigneur a dit à mon Seigneur : « Assieds-toi à ma droite, jusqu'à ce que j'ai mis tes ennemis sous tes pieds ? ». Si donc David l'appelle Seigneur, comment est-il son fils » ? Suivent, dans le même évangile, les imprécations contre les pharisiens [400]. Peu importe ici que l'authenticité davidique du Psaume 110 se défende mal [401], et, du même coup, son caractère messianique [402]. Dans cette perspective, quelle qu'en soit la précarité, la mise au point de Jésus sur sa messianité garde

---

Israël a été très différent (cf. *supra*, p. 121-122) ; de même en ce qui touche le messianisme royal. Ce qui prime, c'est un théocratisme intransigeant. La tension était inévitable entre son principe et celui d'un pouvoir monarchique, même et peut-être surtout quand il est transféré à un Messie royal. Cette tension, avec son malaise inhérent, a sans doute joué dans les déviations du messianisme classique vers des notions très différentes : celles du retour de l'Homme ou du Fils de l'homme, celle, surtout, de l'*Ebed Yahweh*. Les confluences, qu'il est difficile de dater, peuvent être envisagées, entre autres points de vue, sous l'angle d'un redressement théocratique. Aux ouvrages déjà mentionnés sur ces rapprochements ou ces rencontres, *add.* W. Manson : *Jesus the Messiah*, 173 s. et *passim*, Londres, 1943 ; W. D. Davies : *Paul and Rabbinic Judaism*, p. 275-284, London, S.P.C.K. 1948.

[399] Cf. *Mt.* 22:41-45, où la question a été posée aux pharisiens assemblés (v. 41), tandis que dans les *parall.*, *Mc.* 12:35-37 ; *Lc.* 20:41-44, Jésus parle dans le temple, ou ailleurs, sans questionner directement un cercle particulier d'auditeurs, et en visant les scribes.

[400] Cf. *Mt. 23.* Cf. *supra*, p. 179 s.

[401] Entre les acceptions possibles du לְדָוִד (LXX : τῷ Δαυείδ) de la suscription, les auditeurs de Jésus n'en connaissaient qu'une dans le texte hébreu : celle qui marque l'origine et désigne l'auteur ; ils attribuaient, d'ailleurs, tout le Psautier à David. D'autres sens : la destination, la possession, la situation dans un recueil sont aussi acceptables (cf. le datif ou locatif de la LXX). Quoi qu'il en soit, une chose paraît certaine : même si quelques psaumes ont un fond davidique, le recueil, sous sa forme actuelle, n'est pas antérieur à l'exil. Cf. Éd. Bruston : *Psaumes*, in *D. Enc. de la B.*, II, p. 513-515.

[402] Tenu pour messianique au temps de Jésus, ce Psaume 110 ne semble plus l'avoir été par les rabbins, jusqu'au milieu du 3e siècle, peut-être en raison de l'usage que les chrétiens en faisaient. Cf. en plus de *Mt.* 22:41-45 et *par.* : *Act.* 2:34 ; 5:31 ; 7:55 (*Mc.* 14:62 ; 16:19 ; *Mt.* 26:64 ; *Lc.* 22:69 ; 1 *Cor.* 15:25 ; *Rom.* 8:34 ; *Col.*3:1 ; *Éph.* 1:20 ; *Hb.* 1:3 ; 8:1 ; *10*:13 ; 1 *Pi.* 3:22 ; *Ap.* 3:21 ; -1 *Clém.* 36:5 ; *Barn.* 12:10, etc. Cf. Strack-B., *Komm. z. N.T. aus Talm. u. M.* IV, 452 ss. Munich, 1928.

toute sa valeur. Ce n'est pas cette messianité en soi qu'il répudie, ni même expressément, peut-on argumenter, l'ascendance davidique [403], mais la représentation que s'en font ses interlocuteurs. Il ne veut pas être le Messie qu'ils attendent, sur la ligne et suivant le modèle agrandi d'un roi puissant et glorieux, même si ce roi était son aïeul. Ce n'est pas de là qu'il tient sa mission et son autorité messianiques, mais de Dieu seul. Quant au caractère de cette mission et de cette autorité, il est aux antipodes de ce que l'on croit [404].

Sa mission est « d'annoncer la bonne nouvelle aux pauvres..., de publier la liberté aux captifs, et aux aveugles qu'ils recouvrent la vue... », selon le texte biblique de sa prédication à Nazareth [405]. Son autorité est celle du service, et si le titre de « fils de l'homme », qu'il semble avoir affectionné, a quelque rapport avec *Daniel* 7:13, c'est dans un sens tout différent [406] où les phantasmes délirants de l'apocalyptique sont dissipés par la réalité toute simple du service de l'homme auprès des hommes. Pour lui, le Fils de l'Homme, ce service essentiel ira jusqu'au sacrifice total de sa personne et de sa vie. Le texte des trois Synoptiques, où Jésus repousse la notion courante du Messie davidique, est suivi de la mise en garde et des malédictions contre le pharisaïsme [407]

---

[403] Certains auteurs ont conclu que Jésus rejetait ici, purement et simplement, une origine davidique. D'autres ne le pensent pas, et parmi eux : O. Cullmann : *Christologie du N.T.*, op. cit., p. 113 s., 193 ; Lohse : υἱός Δαυίδ, in *T.W.*, VIII (1967), p. 482-492, notamment p. 488 ss.-; R. Bultmann : *Theol. N.T.*, op. cit., p. 28 s. (trad. angl., I, p. 28), croit que la composition postérieure du texte ne permet pas de savoir ce que Jésus pensait ; Grundmann : Χριστός in *T.W.*, IX (1972), p. 518-576, notamment p. 521 s., estime qu'à travers la doctrine réflétée dans le texte, on peut retrouver ce qui, pour Jésus, était l'essentiel : non pas une généalogie physique, mais la pensée et l'acte de Dieu (*nicht die irdische Abstammung ist entscheidend, sondern Gottes Gedanke und Tat*). Cullmann (p. 114) se référait, dans le même sens, à *Mc.* 3:31 ss.

[404] Suivant le 4e évang., Jésus a résisté à une foule enthousiaste qui voulait le faire roi, c'est à dire Messie-Roi (*Jean, 6:15*). Cet épisode est important pour suivre l'enchaînement des faits depuis la multiplication des pains jusqu'à la scène de Césarée de Philippe qui marque un tournant dans la vie de Jésus. Cf. H. Cl. : *La multiplic. des pains ds. le minist. de Jésus*, in *Stud. Evang.*, p. 441-457, Text. u. Untersuch., Berlin, Akad. Verlag, 1959 ; C. H. Dodd : *Histor. Trad. in the 4th Gospel*, p. 214 ss., Cambr. U.P., 1963 ; cf. *supra*, p. 000, n. 220. Le règne messianique n'est pas ce que pense et attend la foule ; dans le sens multiple et nuancé du *cosmos* johannique, il n'est pas « de ce monde » (ἐκ τ. κόσμου τούτου, *J.* 18:36). Cf. H. Cl. : *Les sens mult. ds. le N.T.*, in *Nov. Test.*, II (1958), p. 191 s. ; *Théocr. et Monarch.*, art. cit., p. 454 s.

[405] Cf. *Lc.* 4:18 et contexte, où Jésus commente *És. 61*:1 s. Cf. *supra*, p. 190 s., n. 273 ; p. 194, n. 298.

[406] Cf. *supra*, p. 208 s., n. 391.

[407] Cf. *supra*, p. 211, n. 399-400 (*Mt. 23, passim* et *parall.*).

corrupteur, hypocrite et oppresseur. Les valeurs exploitées dans ce système néfaste sont rétablies dans leur vrai sens, leur échelle factice renversée [408]. « Quiconque s'élèvera sera abaissé et quiconque s'abaissera sera élevé » [409]. Le commandement est subordonné au service : « Le plus grand d'entre vous sera votre serviteur » [410]. Sous le signe de la théocratie, la vraie [411], une royauté valable n'est plus qu'un ministère. Comment ne le serait-elle pas, puisque le Messie lui-même, à qui David était censé rendre hommage, révèle sa messianité non dans un imperium pompeux, mais dans le sacrifice total ! La parole souveraine et décisive est bien celle-ci : « Le Fils de l'Homme n'est pas venu se faire servir, mais servir et se donner en rançon libératrice d'un grand nombre d'hommes » [412]. Le vieux messianisme davidique est vidé de son monarchisme et rempli de ces notions tout autres que sont le Fils de l'Homme et le Serviteur de Dieu. Quel que soit l'usage eschatologique, voire apocalyptique de la première, elle est ici toute pénétrée de la seconde, car l'éventuelle royauté du Fils de l'Homme est un ministère où il ne s'agit pas de régenter les hommes, mais de les servir. C'est dans ce ministère de renoncement total à soi que réside le mystérieux pouvoir d'affranchissement des autres. C'est dans ce ministère d'amour que se manifeste la vraie messianité.

L'écho de cette déclaration capitale se perçoit à travers tout le Nouveau Testament, là même où les rumeurs de l'ancien temps le brouillent, sans parvenir à l'étouffer jamais. Les écrits pauliniens et deutéro-pauliniens le rendent plus ou moins fort. Malgré la note triomphaliste qui détonne toujours un peu et qui détonnera davantage dans la suite [413], l'appel au sacrifice au nom du Christ sacrifié ne cesse pas de retentir. Paul le faisait entendre à propos d'une collecte [414] ; c'est également au cours d'exhortations pratiques et concrètes qu'il entonne un hymne à la rédemption accomplie et promue par le Christ dans son abaissement volontaire et son sacrifice [415]. L'affranchissement que confère ce sacrifice total à ceux qui en bénéficient est, selon l'évangile

---

[408] Cf. *supra*, p. 180 s., n. 221-224.
[409] *Ibid.*
[410] *Ibid.* (*Mt. 23*:11 ; cf. *20*:26 s., *parall.* ; *Mc. 9*:35, *parall.*).
[411] Cf. *supra*, p. 175 s., 177 ss.
[412] Cf. *Mc. 10*:45 ; *Mt. 20*:28.
[413] Il est certain qu'avec les meilleures intentions, certains accents d'apothéose d'une piété officielle, théologique ou mystique ne sont plus dans le ton que Jésus a donné.
[414] Cf. 2 *Cor.* 8:9, et *supra*, p. 195 ss.
[415] Cf. *Philip.* 2:1-18 ; *supra*, p. 197, n. 315.

johannique [416], essentiel, « existentiel » : Si le Fils vous affranchit, vous serez essentiellement (existentiellement, ὄντως) libres ». Les rêves apocalyptiques d'un messianisme tendu vers le retour du Christ, ne réussiront jamais, dans leurs phantasmes et leurs délires [417], à effacer complètement l'image d'un Messie déjà venu et qui, selon Matthieu dans son verset final [418], déclare : « Je suis avec vous tous les jours, jusqu'à la fin du monde ». Cette présence continue se manifeste à ceux qui en prennent conscience, par l'appel au sacrifice, devant la croix : « Voilà ce que j'ai fait pour toi, et toi, qu'as-tu fait pour moi ? » [419] — « Si quelqu'un veut venir après moi, qu'il se charge de sa croix, et qu'il me suive ! » [420].

β) *Le prophétisme apocalyptique.* Le prophétisme dans l'Ancien Testament n'est que rarement apocalyptique; il tend à le devenir en périodes de crise; il sera l'une des références des Apocalypses juives, telles que les auteurs du Nouveau Testament les ont connues.

Le thème central du message apocalyptique est la fin du monde en catastrophe, désastreuse pour les uns, bénéfique pour les autres. C'est un thème fort ancien qui se manifeste sous des formes variées, avec des motifs analogues, dans tous les temps, surtout de crise, et sous tous les cieux [421]. Il a trouvé son expression la plus remarquable en Iran, à la faveur d'un dualisme qui deviendra manichéen [422], mais alors, sous

---

[416] Cf. *Jean, 8:36.*

[417] Cf. *infra*, p. 217 ss.

[418] Cf. *Mt. 28:20*, à mettre en relation avec la parabole du Jugement dernier, dont la clef n'est pas dans la vision triomphale du mythe populaire du retour messianique en gloire, mais dans cette déclaration inattendue, paradoxale, et néanmoins royale : « En réalité, je vous le certifie, dans la mesure où vous l'avez fait à l'un de ces plus petits de mes frères, vous me l'avez fait à moi-même » (*Mt. 25:40*). L'image du Christ en vérité ne serait pas celle du Jupiter tonnant et foudroyant que le génie de Michel Ange a peint au plafond de la chapelle Sixtine, mais toute proche de cette humanité souffrante et misérable, avec laquelle, bien que sans faute, il s'identifie. Pascal en fera l'expérience mystique et en tirera sa conclusion : « Jésus sera en agonie jusqu'à la fin du monde : il ne faut pas dormir pendant ce temps là » (*Pascal : Pensées (le mystère de Jésus)*, éd. cit., p. 575, Paris, Hachette).

[419] Cette inscription, sous l'image du Christ en croix, a porté au comte *Zinzendorf* le choc décisif de sa conversion, avec tout ce qui s'ensuivit sur le plan social, et missionnaire (F. Bovet : *Le comte de Zinzendorf, vol.* I, p. II, 19 ss., Paris, 1865), avec les Frères Moraves. Cf. H. Cl., Th. Arbousset, *op. cit.*, p. 20, 171, 250, 278.

[420] Cf. *Mc. 8:33 et parall.*

[421] Cf. H. Cl. : *L'Évang. apoc., op. cit., passim.* Supra, p. 202s., n. 346, 348; p. 208 s., n. 391.

[422] L'adjectif « manichéen » a ici le sens de dualiste intégralement, essentiellement,

le chef d'un dieu souverain et bon, Ahura-Mazda, qui finira par triompher, en apocalypse, du dieu mauvais, Angra-Mainyu [423].

Il est incontestable que, parmi les facteurs étrangers qui ont influencé les Apocalypses juives, l'iranien a été l'un des plus actifs [424]. Le livre de Daniel en porte la trace jusque dans un terme emprunté par l'araméen, et qui désigne le mystère d'un avenir déterminé par Dieu, et que Dieu seul peut révéler [425]. Or, cet ouvrage qui combine apocalypse et prophétie, né pendant la révolte des Macchabées contre la tyrannie profanatrice d'Antiochus Épiphane [426], au second siècle avant notre

---

sans admettre implicitement une origine mazdéenne discutable et très discutée. Il n'est cependant pas exclu que l'une des racines du manichéisme plonge en Iran ; mais il y en a d'autres. Sur le syncrétisme manichéen qui séduisit si fort Augustin avant sa conversion, cf. entre autres : H. C. Puech : *Le Manichéisme*, in *Hist. Gén. d. Relig.*, *vol.* II, p. 85-116 (*Biblio.* p. 446-449), Paris, Quillet, 1945; du même, *Le Manichéisme*, Paris, 1949.

[423] « Alors, sera vaincu le démon du mensonge; il aura beau courir çà et là pour faire périr le juste, et son monde et sa race, le criminel et son Maître seront détruits... » (*Yest* XIX, 90). Cf. N. Söderblom : *La Vie future d'ap. le Mazdéisme, Ét. d'Eschatol. comp.*, *op. cit.*, p. 226-236; H. Cl. : *L'Év. apoc.*, *op. cit.*, p. 16 s.

[424] L'influence de l'Iran s'explique aisément, et pour deux raisons majeures : 1º *Cyrus*, libérateur des captifs de Babylone, est vénéré en Israël comme le berger, l'oint de Yahweh qui a touché son cœur (*Ésaïe, 44*:28; *45*:1; *Esd. 1*:1 (2 *Chron.* 36:22); *Dan.* 6:28); 2º La religion des Perses tendait au monothéisme et se distinguait nettement, sur le plan spirituel comme sur le plan moral, des paganismes environnants. Renan considérait le *Mazdéisme* comme la plus noble des religions non-bibliques. Tombé sous les coups de l'Islam, il ne présente plus que des vestiges, dans le *Parsisme* hindou.

[425] Le terme issu du perse dont se sert *Daniel*, dans sa partie araméenne, pour désigner l'énigme, le secret, le mystère divin (LXX μυστήριον) רָז, se retrouve dans les écrits qoumraniens et dans certaines apocalypses. Cf. *Dan.* 2:18, 19, 27, 28, 29, 30, 47. Comp. *1QS*, III, 23; IX, 18; *-1QM*; XIV, 14; *1QH*, A1, 21; M. 26; V. XIII, 2; *1Qp Hab.* VII, 8, etc. Cf. Millar B. : *Les Mss...*, *op. cit.*, p. 298 ss.; D. Sommer : *Les Écrits... op. cit.*, p. 59, 94, 111, etc.; D. Sommer : *Le problème des influences étrangères sur la secte juive de Qoumrân*, in *R.H.P.R.*, XXXV (1955), p. 75-96; Bornkamm : μυστήριον, in *T.W.*, IV (1942), p. 809-834 (cf. p. 821 ss.).

[426] Cf. *supra*, p. 157 s., n. 90-92. Au plus fort de la persécution, *Antiochus* introduit le culte de Zeus Olympien à Jérusalem et lui fait dresser un autel à la place de l'autel des holocaustes, en 168. C'est l'abomination de la désolation (τὸ βδέλυγμα τῆς ἐρημώσεως) que *Mc. 13*:14 et *Mt. 24*:15 emprunteront à *Dan. 9*:27; *11*:31; *12*:11 (comme l'avait fait 1 *Macch. 1*:54), pour désigner une autre profanation ou un autre profanateur; cf. le *masc.* ἑστηκότα en *Mc. 13*:14, d'où l'hypothèse séduisante et suivie par beaucoup, de Pfleiderer : *D. Urchrist.*, I, 380 ss., Berlin, 1902 (*éd. rev. et augm.*; *trad. angl.* 1906) : l'impie en question serait *Caligula* qui, vers l'année 40, avait soulevé l'indignation des Juifs, en donnant l'ordre au légat de Syrie de lui ériger une statue au temple de Jérusalem. Il s'en fallut de peu que l'édit ne fût appliqué, et la révolte aurait éclaté s'il n'avait été rapporté, sur l'intervention directe d'Hérode Aggripa I auprès de l'empereur insensé. La plupart des commentateurs estiment qu'il faut penser à un événement en rapport

ère, sera suivi d'une prolifération d'œuvres analogues qui en feront usage, jusque dans le Nouveau Testament [427].

Toutefois, le livre de Daniel n'est pas la première manifestation de la veine apocalyptique en terrain juif. On en constate des expressions caractérisées dans les visions fantastiques d'Ézéchiel [428], dans les chapitres 24 à 27 d'Ésaïe [429], dans l'attente du *Jour de Yahweh* chez Amos [430], Joël [431], Abdias [432], dans certains Psaumes [433], et même, plus anciennement, dans des récits guerriers où les combats d'Israël sont exaltés jusqu'à figurer la lutte finale, aux derniers jours [434]. On en trouve trace également chez Job en sa détresse [435]; Yahweh lui parle des « arsenaux de grêle » qu'Il tient prêts pour les temps difficiles et le jour du combat [436]. C'est là un motif fort ancien associé aux orages et aux dieux des orages [437]. C'est de ces arsenaux que fut déchaînée la septième plaie d'Égypte [438], que furent lapidés et massacrés les Amoréens en

---

avec la ruine du temple en 70, ou à la manifestation apocalyptique de l'Antéchrist, avec la menace d'une profanation semblable à celle qu'avait en vue, antérieurement, Caligula. Cf. Foerster : βδέλυγμα in *T.W.*, I, p. 598-600; P. Benoit : *B. Jérus.* (*Mt. 24*:15), 3ᵉ éd., 1961; A. Piganiol : *Observ. s. la date de l'Apoc. synopt.*, in *R.H.P.R.*, IV (1924), p. 245-249. Cf. E. Lohmeyer : *Komm., ad. hoc.*, p. 274, Göttingen, Vand. u. Rup. 1937; E. Trocmé : *La Formation de l'Évang. selon Marc*, p. 84, n. 54, Paris, P.U.F. 1963; H. Cl. : *L'Év. apoc.*, *op. cit.*, p. 128, n. 176, où l'on concluait : « Luc supprime ce trait, comme il le fait pour d'autres. Ces divergences rédactionnelles sont une illustration de la souplesse du cadre et des symboles apocalyptiques, mais elles obligent à être singulièrement circonspect dans la fixation d'une tradition primitive de ce discours et dans son attribution à Jésus ».

[427] Cf. E. C. Dewick : *Primitive Christ. Eschatol.*, p. 50-110, Cambridge, 1912; R. H. Charles : *Eschatology*, 2ᵉ éd., London, 1913; H. Cl. : *L'Év. apoc.*, p. 19 ss.

[428] Cf. *Éz. 37-39; 48*; comp. *Zach. 5, 6, 12, 14*; *supra*, p. 155 s., n. 73-75. Cf. A. Causse : *Les Proph. d'Isr.*, p. 206-216, Paris, Payot, 1913.

[429] Cf. *supra*, p. 153; A. Causse, p. 213, n. 3.

[430] Cf. *Amos, 5*:18-20.

[431] Cf. *Joël, 2*:30 ss.

[432] Cf. *Abd.* : 15 ss.

[433] Cf. *Ps. 18*:5-17 (par. *2 Sam. 22*:5-17, dans le cant. de David); *Ps. 29; 46; 50*:3-5; *68 passim*; *74 passim*; *98 passim*, etc.

[434] Ainsi, dans l'*Oracle de Balaam*, *Nb. 24*:8 s., 16-18. Cf. *supra*, p. 206 s., n. 373. Cf. aussi le *Cant. de Débora*, *Jg. 5*:3 ss., 20 ss.

[435] Cf. *Job, 38*.

[436] *Ibid.*, v. 22 s.

[437] J. Darmesteter, l'un des initiateurs de la science iranienne, faisait sortir, non sans excès, du thème naturiste de la nuée d'orage toutes les mythologies cosmogoniques et apocalyptiques. Cf. H. Cl. : *L'Év. apoc.*, p. 9.

[438] Cf. *Ex. 9*:18-26.

déroute devant l'attaque soudaine de Josué près de Gabaon [439]. Ces arsenaux sont aussi en réserve pour le grand jour des châtiments tel que le prévoit Ésaïe [440]. La grêle qui fut une arme redoutable dans les guerres de Yahweh, le sera non moins dans les combats suprêmes tels qu'ils sont décrits jusque dans l'Apocalypse du Nouveau Testament [441]. Ce n'est là qu'un détail parmi d'autres que l'on retrouve aussi dans les diverses productions de la littérature apocalyptique [442]. Dans un encadrement qui ne varie guère, le schéma que les apocalypses juives transmettront aux apocalypses chrétiennes, pourrait être à peu près celui-ci : La période actuelle du monde, cet éon de souffrance et de vice, est soumise à Satan et à ses démons. Les fidèles sont opprimés par les impies. Cela ne durera pas toujours. L'heure approche où la grande espérance des justes se réalisera dans un renouvellement universel [443]. Mais il faut s'attendre d'abord à de grandes épreuves, à des bouleversements dramatiques. L'audace des impies et le déchaînement de la persécution atteindront leur paroxysme. De grandes plaies, souvent au nombre de sept, guerres, pestes, famines, etc., désoleront l'humanité; des cataclysmes cosmiques changeront la face de la terre et des cieux. Puis, ce sera l'épreuve dernière, l'abomination de la désolation [444] : l'Antéchrist s'établira au temple de Jérusalem, pour exiger l'adoration de tous les peuples de la terre. Alors, viendra la fin : Le Messie apparaîtra sur les nuées du ciel, à la tête de l'armée des anges. Il détruira tous les impies : les païens, l'antéchrist, les démons et Satan. Puis,

---

[439] Cf. *Jos. 10*:11.
[440] Cf. *Es. 28*:17; *30*:30; comp. *Ps. 18*:14; *Ézech. 38*:22.
[441] Cf. *Apoc. 8*:7; *11*:19; *16*:21.
[442] Avec *Daniel*, ce ne sont plus des visions éparses, incoordonnées, mais des vues d'ensemble qui vont caractériser l'apocalyptique juive, et en faire, comme l'observait Auguste Sabatier, une ébauche de philosophie ou de théologie de l'histoire. Cf. in *Revue des Ét. juives*, Avr. Juin 1900, A. Sabatier : *L'Apoc. juive et la philo. de l'hist.*

On peut, d'ailleurs, faire observer ici que d'autres essais, non-apocalyptiques, de théologie de l'histoire ont déjà été tentés. Le *Yahwiste*, qui représente le mieux, dans la composition du Pentateuque, le point de vue prophétique remanié ensuite par E. et D., posait comme grandes étapes du plan divin : la création, la chute, le relèvement, prédit en *Gen. 3*:15, entrepris, conduit et poursuivi dans le cadre de l'alliance (cf. *supra*, p. 48, n. 203). Le *Sacerdotal* insiste, à sa manière, sur la théocratie dans une alliance qui commence avec Adam et qui reprend avec Noé, avant de se préciser avec Abraham et de se fixer sur la Loi de Moïse. C'est le règne de la Thora (cf. *supra*, p. 49, n. 203).
[443] Cf. H. Cl. : *L'Év. apoc., op. cit.*, p. 20 s., 32 et *passim*. Sur le renouvellement universel, cf. Oepke : ἀποκατάστασις, in *T.W.*, I, p. 386-392.
[444] Cf. *supra*, p. 215, n. 426.

les morts ressusciteront pour le grand Jugement qui sera exercé par le Messie ou par Dieu lui-même. Les pécheurs condamnés s'en iront dans un lieu de tourment, pour y souffrir des peines éternelles. Les justes entreront dans la gloire et la félicité. Ce sera le début d'un autre âge. Le ciel descendra sur la terre avec la Jérusalem nouvelle où Dieu et le Messie habiteront.

Cette ordonnance générale est modifiée dans tout un cycle d'apocalypses par la notion du *millenium*. Le millenium ou règne de mille ans est une étape intermédiaire entre l'âge actuel et celui qui viendra. Instauré par le Messie, après les grandes tribulations, il sera réservé aux fidèles encore vivants ou ressuscités. Il sera suivi du jugement dernier avant que soient établis les nouveaux cieux et la nouvelle terre, pour l'éternité [445].

Ces vues d'ensemble où l'*apocatastase*, le rétablissement final [446] répond jusque dans le détail à la cosmogonie, la création initiale du monde, avec des aperçus intermédiaires, peuvent être considérées comme une ébauche de philosophie ou de théologie de l'histoire universelle [447]. Il y a, d'ailleurs, quelque chose de cela dans le plan général du yahwiste [448] et dans celui de la synthèse sacerdotale [449]. Les hori-

---

[445] Cf. *Apoc.* 20:1-7; comp. *Hen. eth.* 91:12 s.; 93:1-14; *Sib.* 3:652-660; 4 *Esd.* 7:28 s.; *Bar.* (s) 29:3; 30:1-5; 40:3. Le *millenium* des apocalypses juives, dont a hérité la chrétienne, est destiné à accorder, tant bien que mal, deux conceptions messianiques radicalement différentes : celle du Messie-Roi, descendant de David, et celle du Messie universel, descendant du ciel pour la lutte finale, la résurrection générale des morts, le Jugement dernier et l'apocatastase. Le règne du Messie national pendant mille ans sert de transition ou de tampon entre deux perspectives qu'on ne pouvait juxtaposer. Cf. Lohse : $\chi\iota\lambda\iota\acute{a}\varsigma$ - $\chi\iota\lambda\iota o\iota$, in *T.W.*, IX, (1972), p. 455-460. Les apocalypses juives ne sont pas unanimes sur la durée du règne intermédiaire. Le chiffre de mille est sans doute en relation avec les calculs sur la durée des jours de la création, mille ans chacun, avec référence à *Ps.* 90:4 (cf. 2 *Pi.* 3:8). Le règne de mille ans serait une relâche, un grand sabbat avant le suprême assaut des forces du mal et la victoire définitive du Royaume des cieux.

[446] *Idem* et *supra*, p. 217, n. 443.

[447] Cf. *supra*, p. 217, n. 442.

[448] Cf. *supra*, p. 217, n. 442.

[449] *Idem.* R. H. Charles : *op. cit.* (p. 216, n. 427), présente un condensé de ses travaux sur l'*Apocalyptique*, in *Encycl. Brit.*, vol. 2, p. 101-105 (1962), et caractérise en quatre points le genre, distingué de la prophétie : 1º Le message des prophètes est un appel au repentir et à la justice pour que le peuple échappe au Jugement. Les apocalypses appellent à la patience et à la confiance, à travers de grandes épreuves, jusqu'à la délivrance et la rétribution finales.

A la nature du message s'ajoute : 2º le dualisme théologique des apocalypses. Tandis que le prophète ne désespère jamais d'un monde issu de Dieu et d'un peuple dont le

zons y sont pourtant moins étendus et se bornent habituellement aux origines, à l'histoire et à la restauration d'Israël.

L'apocalyptique alliée au prophétisme ne manque pas de souffle ; mais quand ce souffle s'évapore, et c'est généralement le cas, il ne reste que constructions factices, d'une platitude et d'une sécheresse désolantes. Ce ne sont plus les images prophétiques, les symboles expressifs, les apologues saisissants, ni même les délires d'un enthousiasme exubérant, mais des allégories baroques, sans rapport avec les réalités naturelles, faites de pièces et de morceaux péniblement assemblés dans un ensemble hétéroclite. Les textes prophétiques utilisés et commentés ont perdu toute vitalité dans ces élucubrations abstraites et scolastiques sans originalité [450]. Les drames du moment les réanimaient et leur donnaient un second souffle à l'époque et dans le milieu du Nouveau Testament [451]. C'est ainsi qu'il y a un problème apocalyptique de l'Église primitive, sur lequel des opinions diverses n'ont pas cessé de s'affronter [452].

---

présent, si noir soit-il, laisse filtrer des lueurs d'espérance, d'une espérance continue, l'apocalypticien ne croit plus à cette continuité ; il désespère d'un monde satanisé, et dans son pessimisme, il n'attend plus qu'une catastrophe et un bouleversement total, dans une lutte sans merci, jusqu'au triomphe du bien par une intervention violente et décisive de Dieu. 3º Le message du prophète est personnel et direct ; il parle au nom de Dieu, mais aussi en son nom. Le temps de l'apocalypticien est celui où « il n'y a plus de prophète » ; c'est sous un pseudonyme qu'il parlera. 4º C'est aussi un temps où, sous les coups de grands empires, Israël perd pied et se sent emporté, comme un fétu dans des événements dont le sens lui échappe. Il se raccroche à une foi tenace. La solution de problèmes déroutants et angoissants viendra quand même et sera cosmique. Tout est déterminé dans le dessein de Dieu ; il s'ensuit pour l'apocalypticien une attitude fataliste, en attendant que le Mystère s'éclaircisse, à la fin des temps. « Ainsi, le déterminisme est devenu un caractère dominant de l'apocalyptique juive, et sa conception de l'histoire est mécaniste (severely mechanical) ».

[450] *Idem.* Cf. H. Cl. : *L'Év. apoc., op. cit.*, p. 33-37.

[451] Sur les Apocalypses juives et chrétiennes, ou christianisées, cf. É. de Faye : *Les Apoc. juives*, Paris, Fischbacher, 1892 ; E. C. Dewick : *op. cit.* ; R. H. Charles : *op. cit.* (p. 216, n. 427 ; p. 218, n. 449) ; H. Cl. : *l'Év. apoc.*, p. 20-22 ; S. Aalen : *Apokalypsen, Apokalyptik*, in *B. H. Hndw.* I, col. 105-108.

[452] *Idem* et *supra*, p. 215, n. 426. Cf. J. Hering : *op. cit., supra*, p. 209, n. 393, et H. Cl. : *L'Accès au R. de D., op. cit., passim*. Le problème apocalyptique du N.T. avait été posé dès le XVIIIe siècle par le déiste Reimarus, auteur des *Fragments de Wolfenbüttel* publiés par Lessing en 1774. Jésus n'aurait agi, enseigné et prêché que dans la perspective d'un cataclysme cosmique imminent. Sans écho à l'époque, cette thèse fut reprise partiellement par Strauss et Renan. Celui-ci, dans sa *Vie de Jésus* (*op. cit. supra*, p. 18, n. 73) a brossé le diptyque : idylle galiléenne-drame judéen, le second portrait étant celui d'un Jésus sombrant dans l'attente apocalyptique. Une étude systématique centrée sur la

L'Apocalypse dite johannique est la seule construction de ce genre dans le Nouveau Testament, construction hétéroclite en soi comme les apocalypses juives au cycle desquelles on la rattache aisément,

---

notion du Royaume de Dieu a été entreprise, dès 1878, par un théologien peu connu, Auguste Wabnitz : *op. cit. supra*, p. 23, n. 85. Elle préludait modestement aux thèses retentissantes de Johannes Weiss : *Die Predigt Jesu vom Reiche Gottes*, Göttingen, 1892, dont on peut dire qu'elles ont inspiré toute une école : l'école apocalyptique (cf. *supra*, p. 23, n. 85). J. Weiss s'opposait à l'interprétation idéaliste de la prédication du Royaume de Dieu, dans la théologie de son temps dont le représentant le plus éminent était alors Albrecht Ritschl, son beau-père. Cf. M. Goguel : *L'Orientation de la Science du N.T.* (leçon d'ouverture à l'École des Htes Études, pour succéder à Loisy) *R.H.R.*, XCVI (1927).

L'école eschatologique, ou plus exactement, apocalyptique, a trouvé en Albert Schweitzer : *Von Reimarus zu Wrede*, *op. cit. supra*, p. 23, n. 85, un partisan convaincu et radical. Beaucoup d'autres théologiens ont essayé comme lui, dans une optique semblable à celle de Reimarus, de réduire à l'eschatologie apocalyptique l'enseignement de Jésus. On a toujours pensé qu'il y avait là une erreur fondamentale et que l'Évangile essentiel de Jésus, celui qu'il annonçait et celui qui demeure, avait un caractère d'éternité incompatible avec une telle perspective. Cf. H. Cl. : *L'Exp. de la V.É.*, 1923, p. 131-138 ; — *L'Év. apoc.* (1930), p. 38-62 ; — *L'Accès au R. de D.* (1944), p. 5, 9 ss., 20 ss., 26 s., 53 s., 84 ss., et *passim* ; — *Rech. du Jésus de l'hist.*, *R.H.P.R.*, 1964, p. 239, etc. Aussi, comme on le notait dans cette étude (*Rech. du Jésus de l'hist.*), s'est-on trouvé d'accord dès le début, avec la « *realized eschatology* » de C. H. Dodd, étant bien entendu, comme Dodd l'a admis lui-même, qu'il s'agit, plus exactement, d'une eschatologie *en voie de réalisation* (*in process of realization*, *The Parables of the Kingdom*, p. 189, London, Nisbet, 1935 et *The 4th Gospel*, *op. cit.* (1953), p. 447, n. 1.

Sans renier les méthodes de la *Religionsgeschichtliche Schule*, l'École dite de l'Histoire des Religions, ni même la perspective apocalyptique (cf. *supra*, p. 23, n. 85), des théologiens éminents, ont cherché à concilier cette perspective et ce qui leur a semblé capital dans le message de Jésus. Ainsi, M. Dibelius : *Evangelium und Welt*, *passim*, Goettingue, 1929 ; R. Bultmann : *Theol. d. N.T.*, *op. cit.*, p. 8, 19, 22, 26 ; H. D. Wendland : *Die Eschat. d. R. Gottes bei Jesus*, p. 27-53, Gütersloh, Bertelsmann, 1931. Cette conciliation est apparue de plus en plus difficile à de nombreux théologiens qui retiennent l'essentiel, ou l'existentiel du kerygma évangélique. C'est ainsi que E. Käsemann : *Exeg. Versuche u. Besinnungen*, *II*, Göttingen, Vandenhoeck u.R., 1965, *trad. angl.* : *N.T. Questions of Today*, p. 111 ss., London, S. C. M. Pr. 1969, constate : On trouverait difficilement un spécialiste du N.T. pour soutenir encore, avec Schweitzer, que, dans l'attente fiévreuse de la fin, Jésus a dépêché *in extremis* ses disciples pour évangéliser la Palestine au plus vite, sous la discipline provisoire d'une *éthique intérimaire* ; puis, dans sa déception de ne voir rien venir, Jésus aurait cherché à forcer l'événement par une provocation qui a causé sa mort. Cf. également, dans le même sens, quoique diversement : W. G. Kümmel : *Einleit. in d. N.T.*, Heidelberg, Quelle M., 1965, *trad. angl.* London, SCM. P. 1966, p. 100 ss. ; — H. Conzelmann : *Grundriss d. Theol. d. N.T.*, p. 125-134 ; A. L. Moore : *The Parousia in the N.T.*, p. 38-66, Leiden, Brill, 1966, qui répudie aussi toute solution philosophique du problème, comme celle de Bultmann par l'existentialisme.

et plus encore avec ses éléments évangéliques lesquels, dans ce conglomérat, semblent hétérogènes [453]. Mais d'autres textes du N.T., plus isolés, et sans avoir, de loin, la même ampleur, portent aussi la marque apocalyptique. Il y en a dans les écrits pauliniens et deutéro-pauliniens [454]. Il y en a même dans les évangiles, et c'est ici que le problème devient grave.

Tant qu'il s'agit des écrits apostoliques ou post-apostoliques, on

---

[453] *L'Apocalypse* est un ouvrage composite formé d'éléments hétérogènes artificiellement réunis. La première partie, avec les lettres aux sept églises porte incontestablement la marque chrétienne; mais même là, dès la première vision (*1*:12-16), l'apocalyptique juive apparaît. Elle reprend après les lettres et se montre, par endroits, incompatible avec le message évangélique. Les chapitre *10* à *12* sont d'un judaïsme prononcé. Après l'image transparente du livre à dévorer pour en tirer une autre prophétie (*10*:8-11), le voyant reçoit l'ordre de mesurer le temple de Dieu, qui est manifestement le temple de Jérusalem. (*11*:1-2). Il est question ensuite de deux témoins qui, dans le texte et le contexte du chapitre *11*, sont vraisemblablement Moïse et Élie en tant que précurseurs de la venue du Messie. C'est lui qui naît au chapitre *12*, d'une femme aux emblèmes cosmiques et que poursuit un dragon (*12*:1-6). Quant à l'enfant, il est enlevé auprès de Dieu (*12*:5), pour réapparaître en *19*:11-16, sur un cheval blanc, à la tête des armées célestes. C'est alors le combat où sont vaincus la Bête et ses suppôts. Elle est jetée dans l'étang de feu et de soufre. Puis Satan est enchaîné pour mille ans. Après ce *millenium* où règnera le Christ, Satan est délié pour la lutte finale (cf. *supra*, p. 218, n. 445). On a déjà reconnu dans ce schéma rapide quelques uns des motifs de l'apocalyptique juive; il y en a d'autres qui sont aussi inconciliables avec une espérance typiquement chrétienne. Cf. E. Vischer : *Die Offenbar. Johan., eine jüd. Apk. in christlich. Bearbeitung*, T.U., II, 3, Berlin, 1895; R. H. Charles : *The Rev. of St. John*, Edinburgh, 1920; E. Lohmeyer : *Die Offenbar. d. Johann.* Tübingen 1926; W. G. Kümmel : *Einleit. in N.T.*, op. cit. (*Offenb. J., Biblio.*), 1966.

[454] On peut être assuré que *Saul de Tarse* partageait les notions apocalyptiques plus ou moins accusées, du milieu pharisien (cf. *infra*, p. 223, n. 463), d'où il était issu. Rien d'étonnant qu'il les ait d'abord transposées en quelque mesure dans sa pensée chrétienne, et que, devenu l'apôtre Paul, il les ait radicalement transformées, ou éliminées partiellement. Le processus en transparaît dans ses lettres, de 1 et 2 *Thess.* à 1 et 2 *Cor. Comp.* 1 *Thess.* 4:13-5:11, avec l'attente de la parousie, à la voix de l'archange, au son de la trompette, la résurrection, l'enlèvement dans les airs, au milieu des nuées, à la rencontre du Kyrios; — 2 *Thess.* 2:1-12, où l'attente est modérée par le rappel des situations et des conditions, notamment de ce qui fait encore obstacle, τὸ κατέχον, et de celui qui fait obstacle, ὁ κατέχων (v. 6, 7) au déchaînement satanique du hors la loi (ἄνομος) que le Kyrios détruira du souffle de sa bouche, afin que tous tombent sous son jugement; Travers-Herford : *Les Pharisiens*, p. 233-236, Paris, Payot, 1928, conteste, mais de manière peu convaincante, la relation entre les pharisiens et l'apocalyptique.
— 1 *Cor.* 15:20-57, où, à propos de la résurrection des morts, de sa nature plutôt que de son moment ou de son rang, Paul perçoit encore le son de la dernière trompette (v. 52), signal pour les morts et les survivants fidèles qui seront alors changés en un clin d'œil et munis de leur corps spirituel. Ces événements de la fin sont tenus pour prochains au

ne s'étonne pas qu'ils aient subi, jusqu'à un certain point, l'action de leur milieu. A la réflexion, ce qui surprend le plus, ce n'est pas d'y découvrir quelques infiltrations apocalyptiques, mais d'y constater, très largement, d'autres apports contraires qui se mêlent au courant mystique. Cela est vrai, davantage encore pour les Évangiles où l'on voudrait retrouver la pensée même de Jésus. Mais comment concilier le message des Béatitudes avec celui de ce que l'on nomme : la petite apocalypse synoptique ? [455]. Derrière les questions de forme et de rédaction pourrait surgir le problème de fond et d'inspiration [456].

Si l'on ramène à quelques grands traits le message apocalyptique, on s'aperçoit que chacun de ces traits semble bien figurer dans le discours sur les événements de la fin commun aux trois Synoptiques, mais que, d'autre part, ils paraissent contredits par les textes fondamentaux qui constituent la trame de l'Évangile. Ainsi, l'un des thèmes favoris de l'apocalyptique est celui des signes des temps saisis dans les événements dramatiques, les convulsions dernières qui annoncent la fin. Ce thème se retrouve, indiscutablement, dans la petite apocalypse synoptique [457]. Et pourtant, par ailleurs, Jésus se refuse formellement à donner un signe éclatant de sa messianité, un signe venu du ciel, [458] à ceux qui sont dans cette attente, cette attente apocalyptique.

---

chap. 7, et les frères sont exhortés à régler leur conduite en conséquence (7:26-31) ; — *2 Cor.* 4:16-5:10 où la méditation éprouvée et approfondie prend un ton différent. L'homme intérieur est mentionné explicitement comme le seul renouvelable au jour le jour, dans une perspective de régénération et de vie éternelle. Sur ces divers textes et ces divers points qui ont suscité une littérature abondante et de nombreux débats, cf., entre autres : H. Clavier : *1 et 2 Thess.* in *Dic. Enc. B.*, II, p. 772-778 ; *1 et 2 Cor. idem*, I, p. 237-241 ; — *L'avenir de l'homme*, in *L'homme dans le dessein de Dieu*, op. cit., p. 71-73 ; *Brèves rem. s. la not. de* σῶμα πνευματικόν in *The Backgr. of the N.T. and its Eschatol.* (*in hon. C. H. Dodd*, p. 343-362, Cambridge U.P., 1956 ; — M. Dibelius : *1 et 2 Thess. ad hoc.* (*Hndb. z. N.T.*), Tübingen, Mohr, 1911 ; — H. Lietzmann : *1 u. 2 Cor., ad loc. idem*, 1906 ; — W. G. Kümmel : *Einleit., op. cit.* (*1 u. 2 Thess.*) 1966 ; — A. L. Moore : *The Parousia...*, op. cit., p. 108-119, (1966). — H. Cl. : *L'Exp. de la V.É., op. cit.* (1923), p. 172-75, Cf. *supra*, p. 130 s., 140 s.

[455] Cf. *supra*, p. 215, n. 426 ; p. 219 s., n. 452.

[456] *Idem.*

[457] Cf. *Mc. 13*:4-10, 14, 21 s., 28 s. et *par.* in *Mt. 24* et *Lc. 21*. Les signes auxquels on reconnaîtra que la fin approche sont énumérés. Les disciples sont invités à les considérer, comme on regarde aux feuilles du figuier qui annoncent que l'été est proche. Ces signes sont les mêmes que ceux dont il est fait mention dans les apocalypses juives : guerres, famines, séismes, prodiges célestes, avec un redoublement d'activité virulente des puissances du mal.

[458] Cf. *Mc. 8*:11-13 et *par.* en *Mt. 16*:1-4 et *Lc. 12*:54-56. Le texte de *Mc.* est le plus expressif : c'est une fin de non recevoir brève et totale après un profond soupir qui en

Leur appétit du sensationnel et du prodigieux l'indigne au point qu'il en soupire profondément [459] avant de leur opposer une fin de non recevoir absolue. Bien que d'autres motifs aient joué dans un autre refus, celui de consacrer tout son temps aux miracles de guérison [460], Jésus y associe vraisemblablement celui-là. L'essentiel dans sa mission, c'est le message, l'Évangile [461]. De manière analogue, la conclusion de la parabole de Lazare et du mauvais riche renvoie à Moïse et aux prophètes ceux qui attendent pour se convertir le spectacle sensationnel d'une résurrection [462].

La même dualité se retrouve sur un thème capital dans les Apocalypses juives, mais qui, à première vue, semblerait périmé dans un message chrétien : celui d'un Messie que les Juifs attendent encore, mais qui est déjà venu pour les chrétiens. Dans la réalité historique, l'Église primitive a transposé plus ou moins sur l'attente d'un retour du Christ celle du Messie juif. Cette attente de la Parousie, avec ses fièvres et ses délires apocalyptiques dans certains cercles de l'Église primitive [463],

---

dit long sur l'esprit de Jésus καὶ ἀναστενάξας τῷ πνεύματι αὐτοῦ λέγει. *Mt. 12*:38 s. et *Lc. 11*:29 mentionnent un refus analogue en d'autres circonstances.

[459] *Idem*, *Mc. 8*:12; *comp.* le refus de principe à la tentation du signe prodigieux : *Mt. 4*:5-7; *Lc. 4*:9-12.

[460] Cf. *supra*, p. 194 s., n. 296-301.

[461] *Idem*.

[462] Cf. *Lc. 16*:31.

[463] Il est exclu que l'attente apocalyptique ait été la même chez tous dans l'Église primitive et dans son milieu immédiat. C'est ce que faisait valoir Charles Bruston dans sa polémique avec son collègue Auguste Wabnitz (cf. *supra*, p. 23, n. 85; p. 222, n. 457), à la Faculté synodale de Montauban. Cf. Ch. Bruston : *La vie future d'ap. l'enseign. de Jésus*, Paris, Fischbacher, 1890; *Les prédictions de Jésus*, idem, 1899; *De l'eschatol. de J.C.*, idem, 1911. Chez les Juifs palestiniens, contemporains de Jésus, cette attente était répandue, sans être universelle, et à formes très variées dans les cercles divers qui la partageaient. Elle n'était pas identique chez tous les pharisiens qui, malgré l'opinion de Travers-Herford : *Les Pharisiens*, p. 233-236, Paris, Payot, 1928, en étaient assez généralement imbus, mais souvent de façon théorique, scolastique, avec calculs et littérature. Les *Sadducéens* la répudiaient; les *Zélotes* la politisaient. Cette attente vivait réellement, avec moins de calcul et de littérature, au cœur des braves gens, des *anavim*, de l'*am haharets*, ce peuple de la terre, ou du terroir, où, sans doute, bien des distinctions seraient encore à faire. Cf. Ch. Guignebert : *Le monde juif vers le temps de Jésus*, op. cit., p. 266-271. Il y avait aussi les dissidents, comme à Qoumran, qui avaient leur manière à eux d'utiliser les thèmes et les symboles de l'apocalyptique. Albert Schweitzer ne se doutait pas de cette grande diversité (cf. *supra*, p. 000, n. 454; A. L. Moore : *The Parousia*, op. cit., p. 40 ss., 172 ss. et *passim*; H. Conzelmann : *Theol. d. N.T.*, op. cit. (1968), p. 40 ss.). Cf. encore *supra*, p. 208 s., n. 391; p. 210 ss., n. 398-404; p. 214, n. 418; p. 215 ss., n. 425-426, 442; p. 218, n. 445.

et jusqu'à nos jours [464], trouve quelque fondement dans bien des textes du Nouveau Testament [465] et dans plusieurs déclarations placées dans la bouche de Jésus. Telle est cette réponse à la question du grand prêtre « Es-tu le Messie, le Fils du Béni ? » : « Je le suis, et vous verrez le Fils de l'Homme descendant du siège à droite de la Puissance et venant avec les nuées du ciel » [466]. Jusqu'où vont symbolisme ou réalisme dans ce texte de Marc, inspiré de *Daniel* 7:13 [467], déjà inter-

---

[464] Cf. H. Cl., *L'Év. apoc., op. cit.*, p. 28-31 : « L'un des cas les plus extraordinaires d'infantilisme apocalyptique est celui de *Papias*, évêque d'Hiérapolis qui attribuait à Jésus cette fantastique prédiction du règne de mille ans : « Le jour viendra où croîtront des vignes dont chacune aura 10.000 ceps, et chaque cep 10.000 branches, et chaque branche 10.000 sarments, et chaque sarment 10.000 grappes, et chaque grappe 10.000 grains, et chaque grain pressé donnera 25 mesures de vin ». C'est le vin dont s'abreuveront les élus après la résurrection (d'ap. Irénée). On voudrait pouvoir interpréter symboliquement ces détails hilarants. Mais il paraît que Papias croyait ferme à la réalisation matérielle de son rêve chiliastique. On comprend qu'Eusèbe de Césarée : *Hist. Eccl.* III, 19:13 l'ait jugé d'une intelligence extrêmement réduite ($\sigma\phi\acute{o}\delta\rho\alpha$ $\gamma\acute{\alpha}\rho$ $\tau o\iota$ $\sigma\mu\iota\kappa\rho\grave{o}\varsigma$ $\mathring{\omega}\nu$ $\tau\grave{o}\nu$ $\nu o\mathring{v}\nu$ ... $\phi\alpha\acute{\iota}\nu\epsilon\tau\alpha\iota$). Le montanisme a présenté des cas aussi réjouissants, et aussi lamentables, d'aberrations apocalyptiques.

La même puérilité se donne libre cours toutes les fois que l'attente des événements suprêmes courbe les fronts sur de vieux textes auxquels on veut donner une actualité et une signification présente. Cf. M. Goguel : *L'actualité de l'Apocalypse*, in *R.H.P.R.*, 1921, p. 119-137. *Voltaire* dont l'esprit caustique n'épargnait pas l'illuminisme, et moins encore son exploitation par les habiles, écrivait dans le *Dictionn. philos.*, art. *Fin du monde* (Paris, 1757) : « Pendant plus de dix siècles, on a vu une multitude de donations aux moines commençant par ces mots : *Adventante mundi vespere*, etc... La fin du monde étant prochaine, pour moi, pour le remède de mon âme, et pour n'être point rangé parmi les boucs, ... je donne toutes mes terres à tel couvent... La crainte força les sots à enrichir les habiles ».

Aujourd'hui encore, sans compter d'autres cas analogues d'attente apocalyptique, l'adventisme le plus strict et le mieux organisé, celui des *Adventistes du septième jour*, groupe environ dix mille communautés de par le monde, six cent mille membres baptisés (adultes), dont les cotisations atteignent environ trente huit millions de dollars. Quelques erreurs, dont certaines firent sensation, sur la date calculée de l'apocalypse finale, en interprétant les prophéties, notamment *Dan.* 9:13, 14, ne les ont point découragés. Cf. art. *Seventh-Day Adventists*, in *Encycl. Brit.* vol. 20 (1962).

[465] Cf. *supra*, p. 221 s., n. 453-454 ; p. 222, n. 457.

[466] Cf. *Mc.* 14:61, 62 et *par.* en *Mt.* 26:63, 64 ; *Lc.* 22:66-69 est un *par.* plus distant, sans doute avec l'attente reculée d'une parousie moins pittoresque, et même, si l'on en juge par l'omission du retour, l'invitation à concentrer toute sa foi sur la gloire du Fils de l'Homme devenu Fils de Dieu. Sur diverses interprétations de cette divergence, cf. A. Trocmé : *La Form. de l'Év. selon Mc., op. cit.*, p. 185, n. 39 ; A. L. Moore : *The Parousia..., op. cit.* (1966), p. 139-143 ; W. G. Kümmel : *Intr., op. cit.*, (1966), p. 100 s. — H. Cl., *L'Év. ap.*, p. 45 s.

[467] Si Jésus a fait cette citation de *Dan.* 7:13, est-il vraisemblable de penser qu'il ait

prêté en Matthieu et Luc [468], éclairé sans doute par la vision que mentionne *Jean 1*:51 [469] ? L'addition de Matthieu : « *à partir de maintenant* » (vous verrez) [470] ne trouve-t-elle pas son explication et son complément dans cette déclaration du Christ en conclusion du même évangile : « Voici, je suis avec vous tous les jours, jusqu'à la fin du monde » [471] ?

Le même problème de la nature du symbolisme et de son extension dans une image très réaliste se pose encore à propos de deux autres motifs courants de l'apocalyptique : la résurrection des morts et le Jugement dernier. Celui de la résurrection suit immédiatement celui de la parousie dans la petite apocalypse évangélique [472]. Les anges rappellent les élus des quatre vents, ils le font au son de la trompette, comme le spécifie Matthieu [473], détail pittoresque repris également par

---

adopté le sens le plus littéral du symbolisme le plus réaliste, là où les scribes et les rabbins calculateurs et scolastiques voyaient les éléments hétéroclites d'une sorte de *puzzle* avec signes et chiffres ? Cf. M. Goguel : *art. cit. (supra*, n. 464), p. 129 s.

[468] Cf. *supra*, n. 466. Par l'adjonction de πλήν et ἀπ'ἄρτι, *Mt. 26*:64 marque la différence entre deux aspects du Messie : Fils de Dieu, Fils de l'Homme, le premier dans sa réalité permanente, le second dans la perspective d'une manifestation imminente. En faisant adresser par une pluralité de personnes la demande : « Es-tu le Messie ? », en supprimant l'ambiguïté du symbolisme visuel, en affirmant que désormais (ἀπὸ τοῦ νῦν), à partir de maintenant la double messianité : Fils de l'Homme, Fils de Dieu, est une dans la même gloire, à la droite du Dieu tout puissant, *Lc. 22*:66-70 écarte ou atténue plusieurs difficultés pour les lecteurs de son milieu : la parousie en termes et en symboles juifs leur semblait étrangère, et bien étrange. D'ailleurs, la diaspora hellénisée avait d'autres perspectives et des conceptions différentes. Cf. *art. cit.* Χριστός in *T.W.* (1972) IX, p. 511 s. (de Jonge), 524 (Grundmann), 539 s., 550 ss. 564 s. (Grundmann).

[469] *Jean, 1*:51 : « Oui, vraiment, je vous le dis : « Vous verrez le ciel ouvert et les anges de Dieu montant et descendant sur le Fils de l'Homme ». La médiation sera donc assurée dans les deux sens : de l'homme à Dieu, de Dieu à l'homme.

[470] Cf. *Mt. 26*:64, et *supra*, n. 468.

[471] Cf. *Mt. 28*:20.

[472] Cf. *Mc. 13*:26-27; *Mt. 24*:30-31; *Lc. 21*:27, par contre, après avoir annoncé la venue du Fils de l'Homme sur un nuage (comme *Mc.* et *Mt.* (sur les nuages), mais sans trompette (*Mt. 24*:31)), ne fait pas mention du rassemblement des élus qui implique la résurrection de ceux qui sont morts. Luc remplace cette prédiction par un *sursum corda* énergique aux approches de la fin et de la délivrance (*Lc. 21*:28) : « Redressez-vous, élevez vos têtes, car votre délivrance approche ». Ces termes dynamiques (ἀνακύψατε, ἐπάρατε) font penser au θαρσεῖτε, prenez courage, de *Jean, 16*:33 : « Vous aurez des afflictions dans le monde, mais courage. J'ai vaincu le monde », et du même coup, au parallèle mystérique, à l'heure de l'initiation : θαρρεῖτε μύσται, Courage !, mystes du dieu-sauveur, car de nos souffrances sortira le salut ». (*Firm. Mat., de Error. profan. Relig.* 22)). Cf. Grundmann : θαρρέω, in *T.W.*, III, p. 25-27; -Kümmel : *Introd., op. cit.*, p. 94, 100.

[473] Cf. *Mt. 24*:31.

Paul [474]. Mais, d'autre part, quand les Sadducéens posent à Jésus leur question insidieuse sur la résurrection [475], il semble bien que celle-ci soit envisagée dans le présent, et de telle façon que sa nature physique peut être mise en doute [476]. Il semble qu'il en soit de même pour la curieuse notion du corps spirituel, telle que Paul l'a, sans doute momentanément, envisagée [477]. Il est des cas où l'usage purement

---

[474] Cf. 1 *Thess.* 4:16; 1 *Cor.* 15:52. Cf. Friedrich : σάλπιγξ in *T.W.*, VII, p. 71-88, notamment p. 80, 84, 86-88, sur le *sens eschatologique* (apocalyptique) de *la trompette*.

[475] Cf. *Mc.* 12:18-27 et *par.* : *Mt.* 22:23-33; *Lc.* 20:27-40.

[476] Cf. *Mc.* 12:24-27 : « Jésus leur répondit : « N'êtes-vous pas dans l'erreur parce que vous ne comprenez pas les Écritures, ni la puissance de Dieu ? Lorsqu'on ressuscite d'entre les morts, on ne prend femme ni mari, mais l'on est comme anges dans les cieux ; et au sujet des morts et de ce qu'ils ressuscitent, n'avez-vous pas lu dans le livre de Moïse, ce que Dieu lui a dit près du buisson : « C'est moi le Dieu d'Abraham, le Dieu d'Isaac et le Dieu de Jacob » ? Il n'est pas le Dieu des morts, mais des vivants. Vous vous trompez beaucoup ». Le texte de *Mt.* 22:29-32 diffère peu de celui de *Mc.* Celui de *Lc.* 20:35-38 présente des traits originaux, avec sa distinction entre les deux *éons* : celui-ci, celui-là, dans un sens qui paraît différent de celui des apocalypses où cet éon là succède à cet éon ci, après la fin du monde. Il semble que dans le texte de *Luc*, cet éon-là soit simplement la vie future, la vie après la mort. Certains rabbins l'entendaient ainsi. Cf. Ch. Bruston : *La vie fut.*, *op. cit.*, p. 95 ss.; — Bonsirven : *Le Jud. palestin.*, *op. cit.*, I, p. 474-482. Presque tous croyaient à un état intermédiaire, ce que la référence à *Exode* 3:6 dans les trois textes parallèles de *Mc*, *Mt.*, *Lc*, avec la même interprétation, renforcée en *Lc.* 20:38, fin. (πάντες γὰρ αὐτῷ ζῶσιν) paraît bien exclure. Il est étrange que cette croyance ait néanmoins pénétré, sous des formes diverses, dans maintes communautés chrétiennes, avec des développements théologiques variés. *Calvin* la rejetait, en se fondant sur ces textes et quelques autres, dans son traité du Sommeil des âmes (*Psychopannychie*), *Op.* V, 170 ss. (1534-1542), contre les Anabaptistes. Cf. H. Cl. : *L'Év. ap.*, *op. cit.*, p. 49; *L'Exp. de la V.É.*, *op. cit.*, p. 208-212; 115-137.

Si Jésus défend, contre les Sadducéens sceptiques et moqueurs, une vie future, il ne le fait nullement à la manière des pharisiens dont certains docteurs poussaient le matérialisme jusqu'à discuter à perte de vue sur le point du corps à partir duquel on ressuscite, comme si la résurrection était une cristallisation. Certains pensaient que c'était à partir de l'os le plus dur de la colonne vertébrale. Cf. Bonsirven : *op. cit.* I, p. 484. (Réponse de Rabbi Josué ben Hanania à l'empereur Hadrien : *Lév. R* 18, 1 et *Gen. R.* 28, 2. Détails sur cet os ...) Certains rabbins sont également en souci du vêtement que portera le corps à la résurrection (*Midr. Rabba, Gen.* 95, 1 ; 100, 2, etc., Bonsirven, *id.*, p. 485, n. 2, 3). Dans le même esprit, la scolastique, avec Thomas d'Aquin, *Summa*, *Migne*, IV, 1298, s'est vivement intéressée aux ongles et aux cheveux du corps ressuscité. Cf. H. Cl. : *Brèves rem. sur la not. de* σῶμα πνευματικόν, *op. cit.* (*supra*, p. 221, n. 454), p. 342 s., 349 s.

[477] Cf. H. Cl. : *Brèves rem...*, *op. cit.* (*supra*, p. 221, n. 454), p. 342-362; *L'Avenir de l'homme d'ap. le N.T.*, *op. cit.*, p. 71 ss. L'expression « Sôma pneumatikon » ne se trouve qu'en 1 *Cor.* 15:45, et l'on peut estimer que l'apôtre n'en a pas été entièrement satisfait. Dans le contexte immédiat de cette curieuse expression dont les deux termes semblent jurer d'être ensemble, il s'agit de répondre à cette question : comment les morts ressusci-

symbolique, et peut-être ironique, d'une imagerie populaire est manifeste ; ainsi dans la parabole de Lazare et du mauvais riche [478]. Il n'en va pas autrement pour la fresque du Jugement dernier brossée magnifiquement, selon Matthieu, en conclusion de l'Évangile [479]. Elle a inspiré beaucoup d'artistes qui y ont ajouté de nombreux détails [480].

---

tent-ils ? Avec quel corps reviennent-ils ? (*15*:35). Dès le début d'une dialectique dont la rigueur est contestable, Paul fait appel aux métamorphoses de la nature vivante pour élucider ce problème. A en juger d'après l'analogie répétée et appuyée, le corps pneumatique serait au corps psychique ce que la plante dans sa croissance, ou même la fleur dans son épanouissement seraient à la semence. Il y aurait continuité, mais pas identité numérique ; ce ne serait pas le même corps ayant seulement changé de direction, conduit par l'Esprit, mais un autre corps, de genre différent. Ce changement d'organisme et de constitution était annoncé dès le verset 37, et le verset 38 fait intervenir la volonté de Dieu dans le processus naturel. Les versets 39-41 opposent *doxa* à *sarx*, comme s'il s'agissait de deux substances (cf. *supra*, p. 78 s., n. 75, 78). Le verset 50 paraît conclure en affirmant catégoriquement : « La chair et le sang ne peuvent hériter le Royaume de Dieu ; la corruption n'hérite point l'incorruptibilité ».

Mais aussitôt après cette revendication spirituelle péremptoire, Paul introduit une notion perturbatrice : la parousie conçue comme un retour matériel et visible du Seigneur. Il change brusquement de ton au verset 51 et se met à vaticiner, brossant, en deux versets, une scène d'apocalypse qui présuppose des données étrangères aux précédentes : transformation soudaine des fidèles encore vivants ; résurrection de morts qui se trouvaient, par conséquent, dans un état intermédiaire mal défini (*supra*, p. 226, n. 476) ; revêtement, et non plus métamorphose intime et spirituelle du corps présent, revêtement par deux qualités abstraites : incorruptibilité, immortalité, comme un vernis plaqué ou un embaumement de la même substance. Et, pourtant, quelques versets plus haut, le « pneumatique » était opposé radicalement, non seulement à la substance carnée, charnelle au sens commun, mais également à un « psychique » en descente et en dégradation vers la chair, le psychique presque synonyme de charnel au sens moral paulinien (cf. *supra*, p. 78, n. 78, 81 ; p. 80 s., n. 84-89 ; p. 132, n. 189). L'adjectif ψυχικός employé six fois dans le N.T., dont quatre chez Paul, une en Jacques, une en Jude, y a toujours un sens péjoratif. Le « psychique » serait un homme dont la « psychê » est en descente spirituelle ; elle a perdu contact avec « pneuma » ; elle est en train de rentrer dans « sarx ». Le corps psychique participant de cette dégradation, n'est plus seulement corps vivant, mais corps déchu, comme le souligne la strophe rythmée de 1 *Cor.* 15:42-44. Cf. E. Schweizer : ψυχικός, in *T.W.*, IX (1973), p. 662-664 ; Trench : *Syn. of the N.T.*, London, 1890 ; H. Cl. : *L'accès au R. d. D., op. cit.*, p. 38 ss.

[478] Cf. *Lc.* 16:19-31 (*supra*, p. 223, n. 463 ; p. 194, n. 282).

[479] Cf. *Mt.* 25:31-46. Cf. *supra*, p. 214, n. 418.

[480] Une mosaïque célèbre de St. Marc, à Venise, en offre l'une des plus belles figurations : Un Christ, d'une souveraine majesté, siège sur le trône judicial. Les apôtres l'assistent et les anges planent autour de son auguste chef. A sa droite, les élus de l'ancienne et de la nouvelle Alliance sont ravis en extase. A sa gauche, les réprouvés sont poussés en enfer où leur sont infligés les supplices les plus raffinés et les plus variés, suivant la nature de leurs vices. Les détails des tourments sont à peu près ceux qui se

Comme la tentation de la lettre, qui tue l'esprit [481], celle de « réaliser » les symboles a fait des ravages [482]. L'évangile johannique pourrait être envisagé comme une mise en garde et une interprétation spirituelle, sur ce point et sur d'autres, du message de Jésus [483]. Toutefois, pour qui sait comprendre et apprécier le symbolisme, la sublime leçon d'amour donnée par Jésus ne perd certes rien à être encadrée dans le décor saisissant et magnifique du Jugement dernier en *Matth. 25*:31-46 : « ... ce que vous avez fait au plus petit de mes frères, vous me l'avez fait à moi-même » [484]. On n'oublie pas, d'ailleurs, qu'un certain symbolisme est inéluctable et qu'aucun langage ne peut s'en passer [485].

γ) L'eschatologie prophétique. La quête intense et intime de vie passe naturellement du présent et du proche avenir à l'avenir lointain, d'où la perspective d'une eschatologie mystique dans la Bible [486]. En quoi l'eschatologie prophétique peut-elle en différer quand elle reste sur sa ligne, sans dévier en apocalypse ? Ce qui la caractérise, c'est l'ampleur de son attente comme de son message qui oriente la quête personnelle de base bien au-delà de l'individu ou d'un cercle social restreint, vers des horizons universels.

Ainsi, dans l'Ancien Testament, l'avenir du peuple d'Israël est le souci principal du prophète; mais il arrive que son inspiration l'entraîne loin des frontières d'un judaïsme étroit, vers le destin futur du monde et de l'humanité, tel que Yahweh l'a ordonné [487]. Créateur et maître de l'univers, il n'a pas aliéné son pouvoir et son règne sans bornes en faisant alliance avec Israël. Il a l'œil sur tous les peuples,

---

trouvent décrits dans *l'Apocalypse de Pierre* (cf. *Neutest. Apokr.*, herausg. von E. Hennecke (2te Aufl.), p. 318-327, Tübingen, Mohr-Sieb., 1924, et qui sont entrés dans la tradition populaire dont s'est inspiré *Dante* pour décrire les châtiments de *l'Enfer*.

[481] Cf. 2 *Cor.* 3:6.

[482] Beaucoup, surtout au Moyen-Âge et dans les affres de l'an mille, contemplaient ces scènes d'enfer comme la suite réaliste et réelle du Jugement dernier pour les damnés.

[483] *Clément d'Alexandrie*, d'après Eusèbe : *H.É.* VI, 14, 7, écrivait, dans ce sens : Jean ayant observé que les faits matériels étaient mis au clair dans les évangiles (précédents), composa un *évangile spirituel*.

[484] Cf. *Mt.* 25:40, 45 ; *supra*, n. 479 et p. 214, n. 418.

[485] Cf. *supra*, p. 40 s., n. 169-170 ; p. 132 s., n. 190.

[486] Cf. *supra*, p. 119-132. Sur les caractéristiques distinctives des eschatologies : mystique, prophétique, apocalyptique, cf. *supra*, p. 145-147 ; 218 s., n. 449. Il n'en demeure pas moins qu'il existe de curieux mélanges, et que la distinction est parfois difficile à faire. Cf. *supra*, p. 223, n. 463. Le mysticisme arrive à pénétrer partout et à communiquer de la chaleur et de la vie aux scolastiques et aux calculs qui en paraissent le plus dénués.

[487] Cf. *supra*, p. 205, n. 362-364 ; p. 207 s., n. 379-382, 386.

et s'il a fait sortir les Juifs du pays d'Égypte, Il a de même appelé de Crète les Philistins et de Géorgie les Syriens. C'est ce que déclare Amos [488] en annonçant au Royaume du Nord sa ruine en châtiment de son infidélité. Yahweh commande à tous ; Il se sert même de ses ennemis pour réaliser ses desseins. Ainsi, les Assyriens, sans qu'ils s'en doutent, sont « la verge de sa colère » [489], en attendant d'être, à leur tour, châtiés. Sa justice est pour tous les hommes, non seulement pour les punir, mais pour les bénir. Ésaïe qui voit l'ire divine frapper sans distinction les coupables, contemple aussi, dans une vision de paix, tous les peuples réconciliés sur la montagne sainte où ils viendront se joindre à Israël pour adorer Yahweh dans sa maison [490]. De même, Jérémie les voit répudiant l'idolâtrie afin de s'associer au culte du vrai Dieu [491]. Et quand le désastre national est à son comble, quand surgit pour les déportés la tentation du désespoir ou du repliement sur soi et le passé, la grande voix prophétique trouve ses accents les plus beaux pour ouvrir les perspectives les plus larges sur l'avenir. Israël a été choisi, et le demeure, mais pour être un témoin, pour porter le salut de Yahweh jusqu'aux extrémités de la terre [492]. Les temps messianiques viendront, *per angusta ad augusta*, où le rétablissement final sera moins celui d'Israël que celui d'un ordre divin sans limitation. Tel est, sans doute, le genre d'« apocatastase » [493] que Pierre, selon les Actes [494], décèle dans le message des « saints prophètes ». Tel serait le message d'avenir que Jésus s'est approprié, en insistant non pas sur des bouleversements cosmiques, mais sur les conditions morales et spirituelles de cet avenir [495]. La venue du Royaume de Dieu dépend d'une ouverture à ce Royaume [496].

Il y a, en effet, une concordance remarquable entre les conditions d'accès au Royaume et celles de l'avenir humain [497]. La notion d'un Royaume intérieur et présent, bien qu'elle ne soit pas la seule, constitue, cependant, l'un des éléments essentiels et caractéristiques de l'Évangile.

---

[488] Cf. *Amos, 9:7* ; *supra*, p. 207, n. 379.
[489] Cf. *Ésaïe, 10:5*.
[490] Cf. *Ésaïe, 2:2-4* et *Mich. 4:1-3* ; *supra*, p. 207 s., n. 381-383.
[491] Cf. *Jér. 4:2* ; *16:19-21* ; *supra*, p. 208, n. 386 ; p. 155 s.
[492] Cf. *Ésaïe, 55:4* ; *56:3, 6-8*, etc. ; *supra*, p. 156, n. 82.
[493] Cf. *supra*, p. 218, n. 446 ; p. 217, n. 113.
[494] Cf. *Act. 3:21*.
[495] Cf. *supra*, p. 120 s. et notes ; p. 190 ss., 212 s., 218 ss. et notes.
[496] *Idem* ; cf. H. Cl. : *L'Accès au R. d. D., op. cit., passim* ; *L'Avenir., op. cit.*, p. 74 ss. ; *L'Év. apoc., op. cit.*, p. 54-62 ; *L'Exp. d. l. V.É., op. cit.*, p. 131 ss.
[497] *Idem* ... *L'Avenir de l'homme*..., p. 74 ss. et *supra*, p. 124-133 et notes.

Le présent marqué dans plusieurs passages [498], tandis que d'autres portent le futur [499], est significatif de cette continuité qu'implique le verbe grec, en y ajoutant supplémentairement la nuance temporelle [500]. Et si l'on fait observer que Jésus parlait araméen, on répondra que le verbe sémitique n'est pas tellement différent du grec sur ce point. Quant au parfait, que l'on rencontre aussi [501], il implique une approche effectuée, déjà réalisée, du Règne. On trouve même l'aoriste [502] dont l'augment préfixal figure le passé, sans autre précision de l'acte et du moment. La profondeur du Règne et son intimité sont impliquées dans maints passages [503] qui suggèrent une relation essentielle entre

---

[498] *Idem.* Cf. *Mt. 5*:3, 10; *11*:11, 12; *19*:14; *Lc. 17*:21, etc.

[499] *Id.* Cf. *Mt. 5*:4, 5, 6, 7, 8, 9, etc...

[500] Cf. *supra*, p. 127 s., n. 172-174.

[501] *Idem.* Cf. *Mc. 1*:15; *Mt. 3*:2; *10*:7; *Lc. 10*:9, 11.

[502] *Id.* Cf. *Mt. 12*:28; *Lc. 11*:20.

[503] Le plus typique de ces textes est *Lc. 17*:21 : « Le Royaume de Dieu est au dedans de vous », ἡ βασιλεία τ.θ. ἐντὸς ὑμῶν ἐστίν. Cette traduction que l'on adoptait en 1930, dans un essai sur l'Évangile apocalyptique (*op. cit.*), et que l'on a maintenue depuis, a souvent été contestée pour des motifs qui paraissent étrangers au texte et à son contexte immédiat. Nul ne prétend que le sens habituel de ἐντός ne soit pas celui-là : à l'intérieur de, au dedans de. On admet aussi que ce qui précède, aux versets 20 et 21 a, va dans cette direction : « Le Royaume de Dieu ne vient pas de manière à être observé (μετὰ παρατηρήσεως, ostensiblement, spectaculairement), et l'on ne dira pas : vois : là ou ici... ». Cette concordance est telle qu'il faudrait, pour la détruire, inverser totalement le sens de παρατήρησις, comme a tenté de le faire, paradoxalement, Arnold Meyer, suivi par Jean Hering : *Le R. de D. et sa venue, op. cit.*, p. 42 s. On obtiendrait alors cette séquence : « Le R. d. D.ne *viendra* pas *secrètement*; mais on ne *dira* pas non plus : il est ici ou là; car on *dira* : le R. d. D. est au milieu de vous ». Que de peine prise pour appuyer une thèse apocalyptique ! Le contre-sens de *secrètement*, au lieu d'ostensiblement ou spectaculairement est si flagrant que d'autres partisans de la même tendance générale ne l'ont pas commis. Cf. Riesenfeld : τηρέω, etc. in *T.W.*, VIII (1966), p. 139-151 (παρατήρησις, p. 148-150). De plus, les futurs sont également forcés, du moins deux d'entre eux : le « viendra » souligné par nous, est au présent dans le texte (ἔρχεται); le second « on dira » n'y est pas; quant au premier « on ne dira pas », il y est bien; mais ne serait-ce pas justement contre ce seul futur d'une attente apocalyptique à sensation que pointeraient les deux présents ἔρχεται, ἐστιν, dans cette continuité d'un processus en cours, et qui, de plus et surtout, est intérieur, intime, existentiel (sur le sens des temps comme modes de l'action, en grec, cf. *supra*, p. 128, n. 174).

Ce caractère spirituel, intime du Royaume est parfaitement saisi et exprimé par *Paul*, en *Rom. 14*:17 : « Le R. de D. n'est pas nourriture et boisson, mais justice, paix et joie en esprit saint » (*comp. Mt. 6*:33).

Moins convaincante, mais néanmoins intéressante, est cette interprétation « philosophée » socratiquement, d'un recueil de Logia : « Le R. de Cieux est au-dedans de vous. Ainsi, quiconque se connaît soi-même le trouvera : ὅστις οὖν ἑαυτὸν γνῷ ταύτην εὑρήσει.

La traduction « au milieu de vous » adoptée par de nombreux auteurs, n'appuie pas

le Royaume et la destinée humaine. Entrer dans le Royaume, c'est entrer dans la Vie, dans la Vie Éternelle [504] où se décide et s'accomplit tout l'avenir de l'homme. Le fond du johannisme se trouve déjà dans les Synoptiques : « Si tu veux entrer dans la Vie, garde les commandements » [505]. Cette Vie est une vie nouvelle à laquelle il faut naître, comme à la première, mais d'une nouvelle naissance, une naissance de l'Esprit [506]. Le rapport déjà signalé [507] entre l'eschatologie et la cosmogonie est maintenant condensé dans l'anthropogonie. Paul en a l'intuition quand il déclare : « La Création attend anxieusement la révélation (l'apocalypse) des fils de Dieu » [508].

Ainsi, la nouvelle naissance qui commande l'avenir de l'homme est d'un autre ordre et d'une autre nature que la première. Elle ne la mime pas comme dans le rite osirien ou la *diksa* hindoue où la palingénèse mystique est figurée par les phases d'une parturition [509]. La nouvelle naissance est essentiellement, existentiellement, ontologiquement [510] spirituelle. Elle fait entrer dans le Royaume comme entrer dans la Vie [511].

Il s'agit donc de vivre une certaine vie, la vraie vie, dont tous les traits peuvent s'éterniser, pour posséder maintenant en puissance, et déjà partiellement en jouissance, le Royaume. Mais, cette possession,

---

nécessairement l'attente apocalyptique du Royaume, à la parousie ; mais elle passe à côté du sens normal, courant et clair du texte dans son contexte. C'est ce que voyait déjà fort bien Godet : *Comm. s. l'Év. de Luc*, II, p. 244 s., Lausanne, Paris, Fischbacher, 1872. C'est ce qu'ont vu, plus récemment, Goguel : *Vie de Jésus*, p. 552, Paris, Payot, 1932 ; C. H. Dodd : *Parables of the Kingdom*, p. 84 s., London, Nisbet, 1935, repris et nuancé dans *Hist. Trad. in the 4th Gosp.*, p. 401, Cambridge U.P. 1963. Assez curieusement, Guignebert : *Jésus*, p. 413, Paris (Év. Huma.), A. Michel, 1938, concède que la linguistique appuie la traduction « au dedans de vous », mais ne s'y rallie pas. (Cf. H. Cl. : *L'Accès au R. D.*, op. cit., p. 12, 13, n. 30. H. Conzelmann : *Theol. N.T.*, op. cit. (1968), p. 131, semble hésiter entre trois traductions : au-dedans de vous, au milieu de vous, à votre portée. Une seule est réellement conforme non seulement à la linguistique d'un terme, ἐντός, mais au texte dans son contexte : Le R. de D. est au-dedans de vous. C'est une pensée qui n'est certes pas isolée dans les Évangiles, et qui porte loin.

[504] Cf. *supra*, p. 129 s., n. 181-184.
[505] Cf. *Mt. 19*:17.
[506] Cf. *Jean, 3*:5-8.
[507] Cf. *supra*, p. 130, n. 201 ; p. 203, n. 346 ; 217, n. 443.
[508] Cf. *Rom. 8*:19 ss.
[509] Cf. H. Cl. : *L'Accès au R. d. D.*, op. cit., p. 74 s., n. 181.
[510] Cf. *J. 8*:36.
[511] Comp. *Jean, 3*:3 et *Mc. 10*:17, par. ; *Mc. 10*:30, par. Cf. H. Cl., *L'Éxp. de la V.É.*, op. cit., p. 131-135.

ne fût-elle, comme le décrit Paul, que d'arrhes ou de prémices [512], est à son tour le signe que l'avenir de l'homme a commencé, que l'homme de l'avenir est né. Cependant, pas plus que la jouissance du Règne, cette naissance d'en haut n'est inconditionnée, pas plus sa persistance et sa croissance que le maintien et la progression dans le Royaume. L'homme de la parabole, s'il est permis d'en presser l'image, avait eu accès au festin des noces [513], parce qu'ayant entendu l'appel universel, il s'était détourné de son chemin pour se présenter au palais du roi. Il y avait eu, dans son cas, un début, un premier élan de *Metanoia*, de conversion. Mais il n'avait pas revêtu l'habit de noces, et son mouvement initial de bonne volonté ne lui évita pas la condamnation [514]. L'appel est universel, dans toute la largeur d'une vision prophétique; mais il est suivi d'une discrimination, d'une élection sans arbitraire. Elle a pour condition initiale, et durable, de revêtir l'habit de noces, la robe blanche, en entrant. Seuls ceux qui auront observé cette règle et s'y seront tenus, seront de la fête [515] et y resteront.

Cette anthopogonie nouvelle, dont l'attente était largement répandue à l'époque [516], est considérée par l'Église primitive comme ayant commencé avec Jésus-Christ. Cette conviction perce dans les Synoptiques [517]. Le paulinisme et le johannisme en sont pénétrés, bien que diversement. L'incarnation du Logos éternel ne se présente pas de manière identique à la venue du second Adam.[518] La continuité, qui

---

[512] Cf. 2 *Cor.* 1:22; 5:5; *Éph.* 1:14 (ἀρραβών) — 1 *Cor.* 15:20, 23; *Rom.* 8:23 (ἀπαρχή).

[513] Cf. *Mt.* 22:1-14.

[514] *Ibid. v.* 11-14. Ces versets, sans parallèle dans la parabole du grand festin, en *Luc, 14*:16-24, n'ont qu'un lien littéraire assez lâche avec ce qui précède. Ils constituent comme une seconde parabole greffée sur la première.

[515] E. Klostermann : *D. Mt. Evang., ad loc. Hndb. z. N.T.* 4, Tübingen, Mohr-Siebeck, 1927, constate le passage et l'écart de l'appel universel à la condition rigoureuse dont la non-observance est durement sanctionnée. Il y a donc une règle à observer, une fois entré dans le Royaume, pour y rester. Lagrange : *Év. s. St. Mt., ad loc.* fait observer que si peu sont élus, cela résulte, d'après la parabole, « de la mauvaise volonté des récalcitrants ». Il n'y a donc pas là de prédestination. L'élection suit l'appel et même l'entrée libre et largement ouverte dans le Royaume. Elle n'est pas arbitraire, mais conditionnelle.

[516] Cf. *supra*, p. 219 s., n. 452-453; p. 223, n. 463.

[517] Cf. *Mc.* 9:37, 40 s.; *Mt.* 10:42; 18:5; *Lc.* 9:48 ss., etc.

[518] *Comp.* 1 *Cor. 15*:22, 45 et *Jean, 1*:1 ss. Cf. aussi les notions pauliniennes de « vieil homme » et d'« homme nouveau ».

[519] La continuité s'affirme dans la notion paulinienne de préexistence en 2 *Cor.* 8:9 et plus explicitement en *Philip.* 2:5 ss.

n'est pas absente du paulinisme [519], est beaucoup plus accusée dans le johannisme où le Logos était et demeure « la vraie lumière qui éclaire tout homme dès sa naissance » [520]. La continuité johannique n'est pourtant pas une sorte d'évolution naturelle qui rendrait inutile une re-création [521]. Il reste que, pour tous les auteurs du N.T., les conditions de l'avenir humain sont « récapitulées » [522] et concentrées en Jésus-Christ et dans sa communion [523].

Ainsi, le Nouveau Testament tout entier affirme qu'un changement capital s'est produit dans l'histoire du monde, avec la venue du Christ, sa vie, sa mort et sa résurrection. Ce sont les phases et les péripéties d'un événement sans autre précédent de cette importance que la Création même, avec la première anthropogonie, un événement qui ouvre et inaugure les temps nouveaux, avec une seconde et décisive anthropogonie.

Une attente demeure du futur instauré; elle a pris pour beaucoup, comme on l'a vu [524], l'aspect apocalyptique de la parousie, mais avec une variété de nuances qui ne s'accordent pas toujours, qui se succèdent et quelquefois contrastent. Paul en donne un exemple [525]. Ce qui ne varie pas, et qui importe, c'est le contenu spirituel de cette attente, la conviction profonde que toutes choses étant devenues nouvelles [526], et le chrétien un homme nouveau en Christ [527], l'avenir, jusqu'alors obscur, devient clair et lumineux en Christ qui est venu, qui vient et qui viendra [528]. Avec nous tous les jours, jusqu'à la fin du monde [529], Il est le même, hier, aujourd'hui, demain, éternellement [530]. Il est le Juge dont le jugement a déjà commencé [531] et qui, pourtant, jugera

---

[520] Cf. *supra*, p. 201, n. 337. Cette exégèse normale de *Jean, 1*:9 a été adoptée par la plupart des anciens (Chrysost., Orig., Jérôme, August., etc.) et de nombreux modernes et contemporains (Calvin, Bèze, Burney, Pernot, Goguel, Dodd, etc.). Cf. H. Cl. : *L'Accès au R...*, *op. cit.*, p. 55-58.
[521] Cf. *supra*, p. 230 s.
[522] Cf. *Éph. 1*:10; comp. *Rom. 13*:9. Cf. Schlier : $\dot{\alpha}\nu\alpha\kappa\epsilon\phi\alpha\lambda\alpha\iota\acute{o}o\mu\alpha\iota$ ($\kappa\epsilon\phi\alpha\lambda\acute{\eta}$) in *T.W.* III, p. 681 s.
[523] Cf. entre autres : *2 Cor. 5*:17; *Rom. 8*:29; *Col. 2*:10; *Jean, 5*:24; *11*:25 etc.
[524] Cf. *supra*, p. 213 ss., 218 ss.
[525] Cf. *supra*, p. 222, n. 454; p. 223, n. 463.
[526] Cf. *2 Cor. 5*:17.
[527] *Ibid.*; *1 Cor. 5*:7; *Gal. 6*:15; *Col. 3*:10; *Éph. 2*:15; *4*:24.
[528] Le Paraclet sert de trait d'union entre hier et demain : *Jean, 16*:13 ss.
[529] Cf. *Mt. 28*:20.
[530] Cf. *Hb. 13*:8.
[531] Cf. *Jean, 9*:39; *12*:31; *16*:11.

définitivement au Jugement dernier [532]. Il est, entre hier et demain, celui qui soutient, console et réconforte, le Paraclet [533].

En termes pauliniens, dont on notera les analogies johanniques, la récapitulation en Christ [534] par rapport au passé, se projette dans l'avenir; la gloire du Seigneur s'y reflète, comme sur un miroir, en chacun de ceux qu'il transforme progressivement à son image [535], jusqu'à l'état d'homme fait, stature parfaite et plénitude du Christ en nous, comme de nous en Christ [536]. C'est alors qu'Il sera bien le premier-né entre de nombreux frères [537].

En style johannique, c'est le Fils qui est Vie et qui donne la Vie, comme, pour Paul, le second Adam était esprit vivifiant [538]. Comme Yahweh en Horeb, le Fils peut prononcer un « Je suis » souverain [539] et recréer, pour la Vie éternelle, quiconque a foi en lui [540]. Cette création nouvelle n'est pas un événement statique, mais l'impulsion et l'élan dynamiques vers un avenir éternel [541].

4. *Implications et directives théologiques du prophétisme biblique*

Le message prophétique sous ses aspects divers suppose une théologie dont les grandes lignes peuvent être maintenant retracées brièvement. Leur orientation générale a été perçue bien avant les prophètes écrivains, et jusqu'aux origines confuses du prophétisme hébreu. Elle

---

[532] Cf. *Mt. 25*:31 ss : *comp. Mt. 12*:41 s.; *Lc. 11*:30 ss.

[533] Cf. *Jean, 14*:16 ss., 26; *15*:26; *16*:7 ss., 13 ss.

[534] Cf. *supra*, p. 233, n. 522.

[535] Cf. *2 Cor. 3*:18.

[536] Cf. *Éph. 4*:13; cf. *supra*, p. 232, n. 518; p. 127, n. 172, sur l'alternance mystique des termes en apparence contradictoires, mais dont l'intimité, dont ils cherchent à rendre compte, échappe aux contingences physiques et à leur logique externe.

[537] Cf. *Rom. 8*:29.

[538] Cf. *1 Cor. 15*:45.

[539] ἐγώ εἰμι. Cf. *Jean, 8*:58; *comp. 8*:24, 28; *13*:19, et, dans un sens apparemment plus ordinaire, *Jean, 4*:26; *18*:5, 8; mais en *18*:6, le « Je suis » qui fait tomber à terre ceux qui viennent arrêter Jésus, est chargé de la puissance divine et créatrice à quoi rien ne résiste. Le quatrième évangile est également celui des sens multiples et des quiproquos. Cf. H. Cl. : *Les sens mult., art. cit.*; *Le probl. du rite et du mythe dans le 4e Év., art. cit.*, p. 279; *La struct. du 4e Év., art. cit.*, p. 184 s., 190. Cf. Büchsel : εἰμί in *T.W.*, II, p. 396-398.

[540] Cf. *Jean, 5*:24; *7*:38; *11*:25 s., etc.

[541] C'est ce que suggère Paul dans les textes notés, entre autres, mais aussi l'évangile johannique, aux perspectives éternelles où les temps se confondent, mais où, néanmoins, l'avenir l'emporte, indéfiniment. Cf. *1 J. 3*:2 s.; *2*:24 s., du même point de vue.

s'est prolongée en se précisant dans le Nouveau Testament où elle se dégage du voile que lui avait infligé dans l'Ancien une rédaction finale du Pentateuque [542]. On la distinguait, néanmoins, sans peine dans la source yahwiste dont on a pu dire que l'auteur était de la même famille spirituelle que le prophète Élie, tout en l'ayant précédé, peut-être, d'un siècle [543]. Il se rattache à la lignée des « prophètes du désert » [544], sans exclusivisme ni romantisme, car il apprécie également le bienfait d'une terre fertile [545]. Ce qu'il écrit [546] n'est pas une histoire d'Israël au sens moderne, ce dont on n'avait aucune idée dans son milieu et de son temps [547], mais une histoire « théologisée », une théologie de l'histoire. Il en est d'ailleurs ainsi pour les autres sources. Elles offrent ensemble une documentation précieuse, irremplaçable, pour l'historien de notre temps. Il n'empêche que leur perspective est autre que la sienne. Elles s'attachent moins aux événements tels qu'ils ont pu se passer dans la réalité matérielle des faits, qu'à leur interprétation théologique, dussent-ils être sollicités par une exégèse orientée. L'orientation du courant prophétique est déjà bien marquée dans l'usage très libre que la source yahwiste fait d'antiques traditions mythiques, suméro-babyloniennes ou autres [548], pour en tirer une sorte de préhistoire du peuple élu. Cette élection par Yahweh, unique, mais universel, n'est pas une mise en ghetto, mais une mission auprès de tous les peuples. La manière même dont les mythes sont « historiés » ou l'histoire

---

[542] Le caractère sacerdotal de cette combinaison et de cette rédaction est imprimé sur un ensemble où la proportion et la répartition des éléments constitutifs en portent aussi la marque. Cf. *supra*, p. 16, n. 61 ; p. 47, n. 196-197 ; p. 48 s., n. 203 ; p. 25, n. 101.

[543] Cf. A. Causse : *Du groupe ethnique...*, *op. cit.*, p. 72. Le Yahwiste aurait vécu en Judée, vers la fin du règne de Salomon, suivi du schisme du royaume du Nord, en 933. Achab y régna de 876 à 854.

[544] Cf. *supra*, p. 150-152.

[545] *Gen. 26*:12 s. montre Isaac faisant des semailles que Yahweh bénit, et quand Isaac trompé par le déguisement de Jacob, croit donner à Ésaü sa bénédiction, il dit : « Voici, l'odeur de mon fils est comme l'odeur d'un champ que Yahweh a béni » (*Gen. 27*:27). Cf. A. Causse : *Les plus vieux chants de la Bible*, p. 28-31, Paris, Alcan, 1926.

[546] Le pouvoir de synthèse et de composition du Yahwiste a souvent été reconnu et loué. Cf. A. Causse : *Du groupe...*, *op. cit.*, p. 72 ; E. Jacob : *L'A.T.*, *op. cit.*, p. 33.

[547] La notion d'une histoire scientifique (autant que possible) est de date relativement récente. Cf. *supra*, p. 32 s., 37 s. Cf. H. Cl. : *Wiederaufbr. ein. Meth. probl. in d. Relig. geschicht.*, in *S. u. Wesen d. Rel. wissenschaft*, p. 293-302, Darmstadt, Wissensch. Buchgesellsch., 1974.

[548] Cf. *supra*, p. 25, n. 101 ; p. 62, n. 3 ; p. 64, n. 10-12 ; p. 69, n. 34 ; p. 70, n. 41 ; p. 72, n. 53 ; p. 78, n. 78.

« mythisée » [549] est caractéristique d'une théologie dominée par la notion dynamique d'un Dieu vivant, saint et bon. C'est sous ce chef que le prophétisme hébreu a été, comme l'a souligné A. J. Toynbee, le facteur spirituel le plus puissant d'une « dématérialisation » de l'histoire [550].

Cette opération spirituelle qui se prolonge et s'approfondit dans le Nouveau Testament, ne saurait être confondue, soit avec une « rationalisation », soit avec une « idéalisation ». Elle bénéficie de l'expérience et de l'élan mystiques [551], mais elle est préservée de la déviation affective [552] par la vocation du prophète dans un milieu social, par le message qu'il a charge et obligation d'adresser à des hommes réels, dans une situation réelle et pour un but concret. Si une telle vocation implique, à l'origine, une certaine notion de Dieu, cette notion même, par un choc en retour, se fortifie et s'enrichit, d'inspiration en révélation, de révélation en inspiration, au cours de la mission prophétique [553].

---

[549] Cf. *supra*, p. 18, n. 72, 73 ; p. 62, n. 4 ; p. 69, n.34 ; p. 73 ss., n. 56, 62 ; p. 97, n.9 ; p. 134 s., n. 198. Cf. Stählin : $\mu\tilde{v}\theta\acute{o}s$ in *T.W.*, IV, 769-803 (notamment, 791-93 : *Myth. u. Geschicht.*). Sur les définitions et interprétations variées du mythe, de l'antiquité à nos jours (symbolique, philosophique, psychologique, psychanalytique, sociologique, religieuse, etc.) cf. L. Honko : *The Probl. of defin. Myth.*, art. cit. (*supra*, p. 00, n. 62).

[550] Cf. Arnold J. Toynbee : *A Study of History, vol.* I, p. 55 ; II, 54 s. ; IV, 225-262 ; VI, 42 ; X *passim*, Oxford U.P., 1934-1954 ; M. Larès : *A. Toynbee et l'A.T.* in *R.H.R.*, CLXXXIV (1973), p. 159-208 (p. 93).

[551] *Ibid.* Le terme « etherialization » dont se sert Toynbee (*vol.* IV, p. 225) pourrait prêter à confusion et faire penser à une sorte de sublimation idéale ou éthérée, s'il n'insistait ailleurs et souvent, sur la notion concrète et vivante de Dieu qui engage et mène le processus. La découverte spirituelle (spiritual discovery), plus importante que toute autre pour l'avenir de l'humanité, aurait été acquise avec le Dieu d'Abraham, à partir d'une tradition familiale qu'il emportait d'Ur où la tendance monolâtrique préludant au monothéisme était déjà marquée. Toynbee adopte sur ce point la thèse contestée de Woolley (cf. *supra*, p. 64, n. 10-11 ; p. 72, n. 54). La vocation d'Abraham est l'étape décisive de cette découverte qui va se prolonger et s'élever jusqu'aux sommets du prophétisme, dans un peuple aux moyens matériels réduits, mais doué, par rapport à ses voisins, d'une intuition spirituelle sans égale (gifted with unparalleled spiritual insight). Toynbee, II, 50 ss. ; IV, 262 ; VI, 39. Cf. *supra*, p. 104 ; p. 113, n. 94-95 ; p. 86, n. 116 ; p. 82 s., 92 s.

[552] Cf. *supra*, p. 147 s.

[553] S'il n'y a pas de révélation toute faite sans une inspiration préalable, la révélation peut devenir, à son tour, l'agent d'une nouvelle inspiration préludant à une nouvelle révélation, et ainsi de suite, d'inspiration en révélation, et de révélation en inspiration. Cf. *supra*, p. 36, n. 151 ; p. 103, n. 39 ; p. 107, n. 65 ; p. 112-114, où l'on pourrait envisager la foi biblique sous cet angle, une foi en progression, de foi « enveloppée », petite foi, à foi pleine et entière, suivant les termes de Calvin : *Institution...*, III, c. ii, § 3-5. Cf. H. Cl. : *Ét. s. le Calvinisme*, p. 17 s. (11-20 ; 104-107), Paris, Fischbacher, 1936.

a) *La notion prophétique de Dieu.* L'idée de Dieu chez les prophètes n'est pas une notion vague, aux contours indécis et fuyants, fondus dans un brouillard panthéistique, mais l'idée-force d'une personne vivante, agissante, exigeante. Elle n'est pas née de raisonnements abstraits sur l'harmonie du monde ni d'une mysticité sentimentale, mais d'une expérience saisissante, empoignante, exaltante et précise. Il n'est, pour s'en convaincre, que de se référer aux vocations de prophètes [554], depuis ceux de l'Ancien Testament jusqu'à Paul dont le « malheur à moi si je n'évangélise » [555] conviendrait à tous, ainsi paraphrasé : Malheur à moi si je ne délivre le message dont j'ai été chargé ! ». Telle est la marque, l'empreinte où se dessine une figure, la figure de celui qui appelle, qui anime, qui exige et qui ne lâche plus : le Dieu dont on est le témoin, le Dieu unique. Le prophétisme, n'est sans doute pas le seul facteur du monothéisme hébreu [556], mais, assurément, le plus énergique et le plus actif, par la qualité qu'il donne à cette unicité. L'anthropomorphisme inhérent aux divinités multiples ne saurait être maintenu sous ses mille formes matérielles, même en les transformant en symboles. La personne unique du Dieu unique ne peut être que spirituelle. C'est par sa nature spirituelle qu'elle épure autour d'elle, et d'abord les notions que l'on a d'elle [557]. Les éléments physiques les plus saillants de l'anthropomorphisme sont éliminés ; les éléments psychiques prennent le dessus et sont eux-mêmes épurés de ce qui heurte une conscience humaine affermie et affinée à mesure. La réforme deutéronomique, où l'on reconnaît l'action du prophétisme, en marque bien la tendance générale qui se précisera dans la suite : « Yahweh vous parla du milieu du feu ; vous avez entendu le son des paroles, mais vous n'avez point vu de figure ; vous n'avez entendu qu'une voix. Il a publié son alliance, qu'il vous a ordonné d'observer, les dix paroles... Prenez garde à vos âmes, car vous n'avez vu aucune figure... de peur que vous ne vous corrompiez, et que vous ne vous fassiez quelque image taillée, la figure de quelque idole, l'image d'un homme ou d'une femme, l'image d'un animal... » [558]. Ces déclarations attribuées à Moïse mon-

---

[554] Cf. *supra*, p. 114-119, 147 ss., 154 ss., 162 ss.

[555] Cf. 1 *Cor. 9*:16 ; comp. *Jér. 20*:9.

[556] Les facteurs politique et cultuel peuvent être aussi envisagés ; mais ils sont secondaires et jouent parfois à contre-sens ; ils n'ont ni la vigueur, ni la pureté du facteur prophétique, associé, en le clarifiant et en l'épurant, au facteur mystique Cf. *supra*, p. 106, n. 58, 61 ; p. 145 ; p. 147-168 *passim* ; p. 236, n. 550 ; p. 236, n. 551.

[557] *Idem* ; *supra*, n. 551.

[558] Cf. *Deut. 4*:12-19 et de nombreux oracles prophétiques contre l'idolâtrie, notamment quand elle se mêle au culte de Yahweh, avec le veau d'or de Samarie (*Osée, 8*:5 s. ;

trent, dans leur contexte, que si l'anthropomorphisme matériel est fortement réduit, sans d'ailleurs être détruit, l'anthropomorphisme spirituel ne disparaît pas pour autant. Il va, bien au contraire, en bénéficier et croître en intensité comme en qualité. Dieu garde au suprême degré les facultés psychiques et les vertus spirituelles dont Il a doté l'homme en le créant à son image et à sa ressemblance. Cet anthropomorphisme là marque la pensée biblique tout entière ; mais le prophétisme en a été l'agent le plus actif de progrès dans l'affinement et l'épuration. Le développement de la notion de sainteté en offre l'exemple le plus flagrant [559].

D'une sainteté négative de séparation, d'exclusive, de tabou, l'expérience et la méditation prophétiques sont passées à l'intuition d'une sainteté positive et communicative : celle du Dieu saint, juste et bon. Le récit de la vocation d'Ésaïe est typique à cet égard ; on y saisit nettement ce passage. Les rites préservatifs de purification devant la sainteté redoutable de Dieu ne serviraient de rien sans une épuration d'en haut par le grâce du Dieu saint. Il révèle ainsi, d'une part la vanité du ritualisme, et d'autre part la nature positive de sa sainteté [560].

---

comp. Amos, 8:14) et même « le serpent d'airain qu'avait fait Moïse, parce que, jusqu'à ce jour, les enfants d'Israël brûlaient de l'encens devant lui » (2 *Rois*, 18:4). Ce *Néhustan* devenu au Temple même ou près du temple, objet d'idolâtrie, fut mis en pièces, comme les statues des hauts lieux (*id.*) sur l'ordre du pieux Ézéchias, dont Ésaïe était le conseiller (2 *R.* 19:2 ss. ; *Ésaïe*, 37:2 s.). Une opération plus vaste encore contre l'idolâtrie qui avait repris de plus belle entre temps, fut dirigée par Josias. Elle comprenait, avec la destruction d'une foule d'idoles étrangères (2 *Rois*, 23), celle du haut lieu de Béthel (*23*:15) où Jéroboam, au temps du schisme, avait établi, ainsi qu'à Dan, le culte du veau d'or comme substitut du culte de Yahweh au Temple de Jérusalem (1 *Rois*, 12:26-33). C'est à cet acte impie que l'on faisait remonter une contamination qui avait bien d'autres racines.

[559] Cf. 2 *R.* 23:15 ; *Jer.* 48:15. Cf. *supra*, p. 72, 78, 86-93 ; p. 154 ss. Cf. *supra*, p. 89, n. 129-131 ; p. 90s., n. 134, 138 ; p. 92, n. 142. La racine $Q\ D\ S$ (qadash) marque une séparation, analogue, primitivement, à celle du *tabou*, jusque dans ses manifestations impersonnelles et magiques. Quand il s'agit de Yahweh, cette séparation s'affirme et s'accentue de diverses manières : dans l'hypertranscendance de Yahweh, dont le nom même ne sera plus prononcé, comme s'il était chargé d'un potentiel magique et redoutable ; dans un négativisme croissant par où, plus tard, l'Islam d'Averroès, le Judaïsme de Maimonide et la doctrine de l'Aréopagite se rencontreront. Cf. J. W. Sweetman : *Islam and Christ. Theol.*, *op. cit.*, *P.* I, vol. ii, p. 40-47 ; M. Simmons : *Maimonides and Islam*, London, 1888 ; P. de la Boullaye : *Ét. comp. d. Relig.*, *op. cit.*, I, 112-122.

Le Judaïsme a néanmoins, été gardé des déviations les plus accusées, par une qualité spirituelle et morale d'anthropomorphisme : Yahweh, le Dieu unique et saint, sera de plus en plus le Dieu Bon.

[560] Cf. *Ésaïe*, 6:1-8 ; *supra*, p. 115, n. 111-112. Ce récit de la vocation d'Ésaïe interprété souvent comme s'il marquait le caractère négatif de la sainteté divine dans son cadre

Son exigence de sanctification est en soi la révélation de ce qu'Il est lui-même. Son exigence spirituelle est l'indice le plus sûr de ce qu'Il est en soi. Si la pratique de la Loi n'est rien sans être inscrite au cœur de l'homme, c'est à dire dans sa conscience [561], c'est que la Loi de Dieu est au cœur de Dieu, dans la conscience de Dieu [562]. Le commandement externe n'a de valeur que dans une exigence interne qui réponde chez l'homme à une parenté divine, à l'image et à la ressemblance de Dieu. Le Bien, comme le remarque *Duhm* [563], est l'expression naturelle et vivante de la nature divine. Telle est, dans son essence, la sainteté de Dieu à laquelle, sur le prolongement évangélique de la ligne des prophètes d'Israël, l'homme sera convié : « Soyez parfaits comme votre Père céleste est parfait » [564].

Le Yahweh des prophètes de l'Ancien Testament est encore loin de cette perfection; mais il y tend. S'il lui arrive trop souvent de s'irriter, de menacer en termes virulents et de frapper avec violence [565], il a de meilleurs moments où Il choisit la manière douce. Ainsi quand Il

---

imposant, est orienté, en réalité, vers la sainteté positive d'un Dieu dont « les yeux sont trop purs pour voir le mal » (*Hab. 1*:13). Il ne s'agit pas d'une sorte d'horreur métaphysique devant laquelle toute créature pécheresse disparaîtrait, anéantie, mais d'une répulsion morale, non vis à vis de l'homme en soi, mais du mal qui le ronge. Contrairement au Dieu musulman, dont l'hypertranscendance crée un abîme métaphysique d'où, par un jeu de prince, et sans connotation morale, certains émergent arbitrairement, Yahweh n'a en horreur que le mal : « Il ne veut pas la mort du pécheur, mais qu'il se convertisse et qu'il vive » (*Ézéch. 33*:11). Cf. Sweetmann, *op. cit.* P. I, *vol.* ii, p. 53, 57, 157-163 (*supra*, p. 86, n. 117, n. 559); E. Kellerhals : *D. Islam*, p. 196 ss., Basl. Miss. 1945.

[561] Sur la notion de conscience incluse dans celle de cœur, cf. *supra*, p. 77 s., n. 75; p. 199-201, n. 327-340. Le terme de conscience n'apparaît pas, jusqu'à Paul qui l'empruntera à l'analyse grecque; mais la réalité est inscrite profondément dans *lev* ou *kardia*.

[562] Parce que la sainteté de Yahweh est de cette qualité spirituelle et morale, ses commandements doivent être inscrits dans le cœur et pratiqués de cœur (*Deut. 4*:9; *6*:6; *30*:6; — *Jér. 31*:33; — *Ézéch. 37*:26 s.; — *Ésaïe, 51*:7; *Ps. 37*:31, etc.). Parce que le cœur de Dieu brûle de cette sainteté là, toute affection contraire doit être consumée au cœur de l'homme; mais, de la même flamme, le cœur de l'homme doit s'embraser positivement pour tout ce qui remplit le cœur de Dieu, et qui est le Bien. Telle est l'orientation d'une théologie prophétique, tout autre que celle du sacerdotalisme où Dieu finit par devenir l'étudiant assidu et l'exécuteur ponctuel de sa Thora, à la lettre plutôt qu'en esprit. Cf. Gutbrod : νόμος, in *T.W.*, IV, p. 1049.

[563] Cf. B. Duhm : *D. Theol. d Proph.*, p. 116, Bonn, 1875 : « D. Gute ist die natürl. Lebensäusserung d. göttlich. Natur ». Cf. *Amos, 4*:2; *6*:8; — *Jér. 3*:15; — 1 *Sam. 13*:14.

[564] Cf. *Mt. 5*:48; *comp. Lc. 6*:35 s.

[565] Cf., entre autres, 1 *Sam. 6*:19 ss.; 2 *Sam. 6*:6 ss.; *Jér. 10*:24 s., etc.; cf. Kleinknecht, Grether, Procksch, Fichtner, Sjoeberg, Stählin : ὀργή …, in *T.W.*, V, p. 382-448 (notamment 395-410). Cf. *supra*, p. 117, n. 122).

se manifeste à Élie en Horeb [566], quand Il assure à Ézéchiel qu'Il ne veut pas la mort du pécheur, mais qu'il se convertisse et qu'il vive [567], quand Il en persuade Jonas réticent parce qu'il s'agit non plus de Juifs, mais de païens [568]. Cette orientation générale, qui trouvera son aboutissement dans le message évangélique, est perceptible non seulement dans les actes, mais dans les attributs essentiels de Dieu, tels que les suppose la prédication des prophètes hébreux. Une comparaison avec d'autres notions de Dieu le fait amplement ressortir [569].

La toute-puissance du Dieu unique, son omniscience et son éternité ne sont jamais conçues dans un abstrait métaphysique, mais dans une perfection humanisée qui leur donne chaleur et vie. L'éternité divine est entrée dans le temps et dans l'histoire humaine. Dieu se limite, à cet effet, dans son omniscience et dans sa toute-puissance, pour créer, et pour entrer en relation avec des créatures assez libres pour être responsables [570]. Son unicité qui pourrait être menacée, comme dans

---

[566] Cf. 1 *Rois*, *19*:12. Cf. *supra*, p. 105, n. 51.

[567] Cf. *Ézéch.* *33*:11, et *supra*, p. 238 s., n. 560.

[568] Cf. *Jonas*, *4*:9-11. Cf. *supra*, p. 157, n. 88-89.

[569] Yahweh se distingue aisément sur ce point, des dieux humains, par trop humains du paganisme, Zeus tonnant et foudroyant ou autres. Il se distingue aussi d'Allah, et c'est à ce niveau que la comparaison est la plus instructive (cf. *supra*, p. 238 s., n. 559, 560).

La grandeur de Yahweh et son éternité, sa toute-puissance et son omniscience, c'est à dire les principaux aspects métaphysiques de sa divinité, sont fortement marqués et nuancés par le cœfficient moral qui les caractérise. C'est ainsi que Yahweh se distingue d'Allah, mais aussi d'Ahura-Mazda, dont le caractère moral, bien qu'accusé, est, cependant, moins assuré dans un système dualiste où le génie du mal s'oppose à lui positivement, comme ce sera le cas dans le manichéisme où l'ombre est éternelle autant que la lumière, où Satan est créateur de son côté comme Dieu du sien. Le dualisme mazdéen n'est pas aussi absolu (cf. *supra*, p. 214 s., n. 422; p. 215, n. 423-424), mais sauf dans une grandiose vision apocalyptique (*supra*, p. 215, n. 423), il laisse planer un doute sur la victoire finale d'un seul vrai Dieu, le Dieu du Bien.

En attendant, la situation est confuse. Ahura-Mazda se contente de peu auprès de Yahweh qui regarde au cœur et ne risque pas de se laisser jouer par une pratique externe qui pourrait n'être que comédie du bien. Avec Allah, c'est autre chose : la morale est sacrifiée à la métaphysique et à la transcendance d'une volonté solitaire qui n'a pas en elle-même sa loi et tourne au vent de son caprice; ce n'est même plus du bon-plaisir : « J'expédie un tel au Paradis, et tel autre en Enfer, que m'importe ? » (Cf. Kellerhals, *op. cit.* (*supra*, p. 238 s., n. 560), p. 199.

[570] Cf. *supra*, p. 83, n. 100; p. 130, n. 182; p. 204, n. 351. Malgré l'image du potier, maître absolu du vase qu'il façonne à sa guise (*Jér.* *18*:6; — *Ésaïe*, *45*:9; — *Rom.* *9*:20 s.), le Yahweh prophétique n'est pas, comme le sera Allah, un despote aux volontés arbitraires. L'omnipotence, l'omniscience, l'omniprésence qui lui sont bien souvent attribuées dans l'A.T., ne réduisent pas à néant la liberté relative de l'homme qu'Il a créé pour être une personne qui Lui obéisse librement, ou qui Lui désobéisse sous sa propre responsabilité.

le mazdéisme, par l'opposition radicale du mal et du bien, est jalousement défendue. Le dualisme moral ne vire pas au métaphysique, même influencé par un hellénisme plus ou moins teinté de platonisme [571]. Cette même unicité, qui implique une transcendance, ne la pousse jamais jusqu'aux extrêmités de l'Allah musulman qui, par trop de puissance, dans son splendide isolement, perd le pouvoir d'association [572]. Le Dieu de l'Ancien Testament est un Dieu d'alliance. Il l'est dès la création, par l'engagement qu'Il prend vis à vis de lui-même et de ses créatures [573]. Il l'est avec Noé [574]. Il l'est à ce tournant qui, pour la tradition biblique, est capital : son alliance avec Abraham [575].

---

[571] Le platonisme, avec son opposition radicale entre la matière et l'esprit, a pénétré plus ou moins, dans des secteurs variés, la pensée hellénistique. Le Judaïsme même, à Alexandrie, avec Philon, ou à Jérusalem, n'en a pas été préservé entièrement, bien que retenu par la tradition biblique, et par un autre genre de dualisme qui lui était plus congénial, et qu'il avait emprunté à l'Iran (cf. *supra*, p. 214s., n. 421-422 ; p. 215, n. 423-425).

[572] Cf. *supra*, p. 238 s., n. 559-560 ; p. 240, n. 569. Allah ne s'associe à rien ni àpersonne ; affirmer le contraire serait une impiété : *Allahou akbar, la sharika lahou* ; Allah est grand, Il n'a pas d'associé : telle est la profession de foi musulmane. Par crainte de commettre le crime de *shrk* (شرك), d'association, les théologiens mutazélites sont allés jusqu'à écarter de l'Un transcendant et divin tout attribut qui risquerait d'en compromettre l'unité absolue. C'est par là que cette école a rencontré le négativisme et l'agnosticisme du pseudo-aréopagite qui a exercé une grande influence sur la piété et la pensée mystiques du Moyen-Âge. (Cf. H. Cl. : *L'Exp. V.É.*, *op. cit.*, p. 70 ss.)

Quant à la notion d'alliance bi-latérale supposant une association légalisée, le Coran, déjà, la repousse avec horreur : « Les Juifs disent : La main de Dieu est enchaînée (par la Loi, code de l'alliance avec Israël). Que leurs propres mains soient enchaînées et qu'ils soient maudits pour ce qu'ils disent... » (*Sour.* V, dite de la Table servie, verset 69). Qu'Allah soit exalté au-dessus de tout ce qu'on prétend lui associer ! (*Sour.* XXVII, dite de la Fourmi, ou de Naml, verset 68). Il aura pitié de vous, si cela lui plaît ; il vous mettra au supplice, si cela lui plaît. Il n'a pas envoyé Mahomet pour vous prendre en charge (*Sour.* XVII, dite du Voyage nocturne, verset 56).

[573] Le premier engagement de Dieu est celui de la Création, par lequel Il se limite et prend la décision de maintenir, coûte que coûte, les restrictions qu'Il s'est imposé en créant la nature avec ses lois, en créant l'homme conscient, personnel et suffisamment libre pour être, à son image, une personne morale. Cette limitation volontaire de son omnipotence est, en réalité, pour Dieu, un acte de *sur-puissance*. Cette notion d'un self-control divin pointe souvent dans la tradition biblique, où elle va jusqu'au terme fort de שוב, se repentir, se convertir, ce qui marque de manière saisissante, l'essentielle différence entre le Dieu moral de l'A.T. et le Dieu musulman. Dieu constate que chacune de ses créations successives est bonne (כי־טוב) parce que lui-même est bon.

[574] Cf. *Gen.* 9:1-17, *supra*, p. 204s., n. 356, 362 (comp. *Gen. 1*:29 ; 3:14 s. ; 5:2, *supra*, p. 205, n. 362).

[575] Cf. *Gen. 15*:7-17 ; *supra*, p. 205, n. 357, 364-366.

Par une alliance bi-latérale, Dieu non seulement se limite, dans un acte de sur-puissance, et s'engage; mais Il entre, en quelque mesure, dans le jeu imprévisible d'un partenaire douteux. Il n'en est plus le seul meneur, selon son bon plaisir [576]. Sa perfection morale l'oblige à tenir compte d'une conversion humaine, et à changer d'itinéraire par une sorte de conversion divine que le prophète n'hésite pas à appeler de ce nom [577]. Cette audace prophétique est un point de repère sur la ligne d'orientation qui coupe d'autres textes où l'omnipotence de Yahweh s'exerce sur sa créature comme, la main du potier sur la glaise qu'il modèle à sa guise [578].

La bonté de Dieu qui rejaillit sur sa création d'origine [579], s'exerce dans sa providence de sagesse, de justice et d'amour. Ici encore, la ligne prophétique majeure se retrouve sans peine. Yahweh est sage avec juste mesure et bienveillance dans ses desseins; c'est de lui que, selon Ésaïe, les esprits égarés apprendront cette sagesse là [580]. Faite aussi de mesure, d'harmonie, d'équilibre, selon l'image classique, mais également biblique de la balance [581], la justice divine et son impact sur la justice humaine, souvent si divergente, sont l'un des thèmes majeurs du message prophétique. Établir la justice est l'un des traits saillants du plan de Dieu pour l'avenir du monde et de l'humanité [582]. La paix sera l'effet de cette justice [583]. La paix n'est pas seulement la cessation des conflits et du recours aux armes; dans l'expérience prophétique, voisine ici de l'expérience mystique, préludant l'une et l'autre à l'expérience évangélique, la paix s'intériorise, en même temps que la justice, en harmonie profonde, existentielle [584]. La justice divine

---

[576] Cf. *supra*, p. 238 s., n. 560; p. 240, n. 569-570.

[577] Cf. *supra*, n. 573. Cf. *Joël*, 2:14, où l'on trouve joints deux termes à peu près synonymes, dont l'un renforce l'autre : ישוב ונחם, le second, נחם plus affectif avec la nuance de regret, de remords, quand il s'agit de l'homme, est appliqué à Dieu dans *Amos*, 7:3, 6; *Jér.* 8:6; *18*:8, 10; *Jon.* 3:10; *4*:2.

[578] Cf. *supra*, p. 240, n. 570.

[579] La création d'origine était bonne (*supra*, n. 573; *Gen. 1*:10, 12, 18, 25, 31).

[580] Cf. *Ésaïe, 33*:6; *supra*, p. 168 ss.

[581] Cf. *Ps. 62*:10; *Job. 31*:6; *Dan. 5*:27; — Rengstorf : ζυγός in *T.W.*, II, p. 898-904 (notammn. 899 s.). Le motif de la psychostasie, antique et fréquent en Égypte, est passé par la Bible avant de s'inscrire aux tympans des cathédrales, comme au grand portail de N.D. de Paris.

[582] Cf. *Ésaïe, 11*:5; *31*:17; *Jér. 23*:5 s.: *Ésaïe, 42*:1-4, etc.; *Dan. 12*:3.

[583] Cf. *Ésaïe, 9*:5 s.; *32*:17; *Ps. 85*:11.

[584] La justice désigne fréquemment, dans l'A.T., l'état de l'homme en règle avec Dieu. L'aspect juridique de cette relation, sans être perdu de vue, s'estompe quand la justice

pénètre l'homme et condescend, pour ainsi dire, de sa transcendance à une sorte d'immanence. Les termes du problème majeur de l'épître aux Romains sont virtuellement posés [585].

Le Dieu juste est également fidèle et vrai. Il n'est pas inconstant, variable et menteur, comme le sont trop souvent les divinités païennes et ceux qui les suivent. En Lui, justice, fidélité, vérité sont étroitement associées [586]. Ici encore, ce qu'Il attend de ses fidèles est un indice de ce qu'Il est. Ce qu'Il est en son fond, dans la synthèse de ses vertus

---

en vient à désigner les conditions internes de cette situation, la réalité spirituelle et morale d'une existence ainsi vécue en paix avec soi-même et avec Dieu. Cette harmonie intime échappe au danger des fixations mystiques en s'accordant avec les harmonies externes, d'une justice dans le monde et en société. La justice prophétique, loin de tout quiétisme, est un bonheur existentiel, et néanmoins tendu, comme dans la quatrième Béatitude où elle est l'objet d'une recherche ardente, d'une faim, d'une soif (*Mt. 5*:6). Cf. *Ésaïe, 4*:3; *17*:21; *45*:8; *60*:14; *61*:1; — *Jér. 31*:33; *Ézéch. 26*:25; *Eccl. 7*:30, etc.; H. Cl. : *L'Év. et le monde... Béatitudes*, p. 218-224, Paris, Fischbacher, 1940, *L'Accès au R. d. D...*, *op. cit.*, p. 29, 102; — Quell-Schrenk : δίκη, δίκαιος, δικαιοσύνη ... in *T.W.*, (1934), p. 176-229, *passim.*

[585] La justification paulinienne oscille entre un acquittement juridique et une pénétration mystique de justice intime, la solution forensique n'excluant pas le processus interne de régénération, et vice-versa. La justification est une grâce qui s'obtient par la foi. La grâce, par décision transcendante de Dieu, « s'immanentise », pour ainsi dire, ou, plus simplement, s'assimile ou s'approprie dans « la vie cachée avec le Christ en Dieu » (*Col. 3*:3). Cf. *supra*, p. 112 ss., p. 131 s., n. 188-189; — Schrenk : *op. cit.*, δικαιοσύνη, p. 204-214; — H. Cl. : *L'Accès au R...*, *op. cit.*, p. 79 s., 85 s., 88 s. Luther, dans sa *Préface au Comment. s. l'ép. aux Rom.* (1522), traduit magnifiquement l'expérience paulinienne qu'il a vécue lui-même : « La vraie foi est une œuvre de Dieu en nous, qui nous transforme et nous régénère par la force de Dieu (*J. 1*:13), qui tue le vieil Adam, fait de nous des hommes dont le cœur et toutes les facultés sont totalement changés par la force du St. Esprit. Oh! c'est une chose vivante, agissante, active, puissante que la foi, et il est impossible qu'elle n'opère sans cesse le bien... il est impossible de séparer l'œuvre, de la foi, aussi impossible que de séparer la chaleur et la lumière, de la flamme ». Cf. H. Strohl : *La substance de l'Évangile selon Luther*, p. 258 ss., Paris, La Cause, 1934. On saisit, à ce commentaire, la différence de niveau entre cette conception paulinienne de la foi et celle de l'épître de *Jacques*, 2:14-26. Il s'agit d'autre chose, et si, comme beaucoup le pensent, la seconde prétend s'opposer à la première, elle manque fatalement son but qui est sur un autre plan. La vérité qu'elle exprime vise une croyance morte et non la foi paulinienne qui selon *Calvin*, d'accord avec Luther, est « conjointe à une intelligence » allant « au cœur plutost qu'au cerveau » (*Instit.* L. III, ch. ii, & 33). Cf. H. Cl., *Ét. s.l. Calvin.*, *op. cit.*, p. 16 ss.; *L'Acc. au R.d.D.*, p. 51 ss., 79 s., 85 s., 88 s.

[586] Cf. *Deut. 7*:9 : « Reconnais que Yahweh, ton Dieu est le Fidèle »; « ... témoin fidèle et vrai » (*Jér. 42*:5). « Les jugements de Yahweh ne sont que Vérité » (*Ps. 19*:10). Comp. *Deut. 32*:4; *Ésaïe, 49*:7; *Ps. 36*:6; *69*:14; *89*:2, 3, 6, 9, 25; *100*:5; *119*:90, etc.; — *Ps. 25*: 5, 10; *40*:12; *43*:3; *51*:8; *108*:5; *117*:2, etc.

ou de ses attributs, l'Évangile de Jésus le distinguera clairement et
le révélera en Lui donnant le nom de Père, au sens que le johannisme
traduira dans cette définition : Dieu est amour [587]. Les prophètes
d'Israël en ont eu quelquefois l'intuition, et leur message tendait
assurément vers cette souveraine convergence de sainteté, de vérité,
de justice, de bonté dans la personne du Dieu d'amour. Il chérit ses
fidèles, Il est pour Israël un époux qui pardonne [588], bien que jaloux
dans l'exigence du contrat qui les lie. Cette sorte d'exclusivité où Il
semble s'être engagé vis à vis du peuple élu cède parfois, comme on l'a
vu [589], aux mouvements généreux d'une providence universelle; mais
ce n'est pas encore l'amour tel que le chanteront ou le méditeront paulinisme et johannisme, tel que Jésus le vivra, et en mourra sur la croix.

La mutation de l'Ancien au Nouveau Testament est, certes, considérable, même sur la ligne prophétique; mais celle-ci réapparaît visible-
ment dans bien des textes d'où l'on peut induire ou déduire qui est
Dieu. Il s'agit de la notion de Dieu dans les écrits apostoliques et dans
l'Évangile de Jésus.

Si le fil est rompu entre les deux Testaments [590], s'il n'y a plus de
prophète [591], il est renoué dans le Nouveau. Les aperçus et raisonnements théologiques sur la nature de Dieu évoquent souvent, chez *Paul*,
le message prophétique, en y ajoutant, parfois difficilement, des éléments originaux issus de sa méditation sur la personne du Christ.
Si l'on en juge par le récit des Actes [592], il fait à Lystre, avec Barnabas,

---

[587] Cf. 1 *J.* 4:8, 16.

[588] Cf. *Osée*, 2:13-20; *Jér.* 2:2; 3:7 s., 12-13; *31*:32-34. Cf. *supra*, p 152., 154 ss. Lorsqu'il
est question, dans l'A.T. de la jalousie de Yahweh, du Dieu jaloux, il s'agit presque toujours de l'exigence de Yahweh dans ses relations avec le peuple de l'Alliance. La jalousie de
Dieu est éveillée et attisée par les infidélités d'Israël. Si ni Osée, ni Jérémie n'emploient
le terme, il se trouve dans *Ézéchiel* (*16*:38; *23*:25), appliqué à Dieu comparé de même à
un mari trompé et bafoué par une femme infidèle. Dans d'autres textes, la jalousie de
Dieu a une portée plus large et se manifeste en faveur d'Israël, pour le défendre contre
ses ennemis. Il peut s'agir aussi de défendre l'honneur de Dieu, sa sainteté (*Éz. 39*:25;
comp. *Ex. 20*:5, au début du Décalogue). Cf. Stumpff : $\zeta\hat{\eta}\lambda os$, in *T.W.*, II, p. 880 ss.

[589] Cf. *supra*, p. 205-114.

[590] L'interruption entre les deux Testaments est l'éclipse du prophétisme proprement
dit, sous la pression de l'apocalyptisme d'une part (cf. *supra*, p. 218-222) et du sacerdotalisme d'autre part (cf. *infra*, p. 268 ss.). Le « fil rompu » est celui-là; mais ce n'est que
l'image, à ne pas presser, d'une réalité plus complexe.

[591] *Idem*, cf. *Ps. 74*:9. Cf. *supra*, p. 123 s., n. 162; p. 218 s., n. 449.

[592] Cf. *Act. 14*:11-15. Le geste symbolique de déchirer, plus ou moins, ses vêtements,
en signe de douleur, de désespoir, de deuil, ce crainte, d'indignation, apparaît souvent
dans la Bible (*Gen. 37*:34; *Job, 1*:20; *Juges, 11*:35; 2 *R. 19*:1; *Esth. 4*:1; — 2 *Sam. 1*:11;
— 1 *R. 21*-27; 2 *R. 11*:14; 22:11; — 2 *R. 5*:7; *Mc. 14*:63, *par.*, etc.

le geste symbolique d'un prophète devant l'idolâtrie dont ils sont les objets. Il y greffe un appel au Dieu unique et créateur, dont la providence et les bienfaits s'étendent à tous les hommes, à toutes les nations [593], qu'Il a laissés libres de «suivre leurs propres voies». Le ton est ici différent de ce qu'il sera dans tel passage de l'épître aux Romains où Paul retrouve, parmi ses références bibliques, celle du potier qui fait du vase qu'il modèle ce que bon lui semble [594]. S'il n'y avait que ce texte dans son contexte [595] et quelques autres de même style, on ne serait pas loin de la notion musulmane d'un Allah qui prédestine à sa fantaisie; que lui importe? [596]. On vient d'entendre un autre son dans le récit des Actes [597]. Il retentit encore plus fortement, avec quelques vibrations stoïciennes, mais autrement harmonisé, dans la prédication chrétienne de l'*Agnostos Theos* [598] aux Athéniens. Ce Dieu inconnu des

---

[593] *Id. Act. 14*:15-17.

[594] Cf. *Rom. 9*:20 ss., *supra*, p. 240, n. 570; p. 242, n. 578.

[595] Cf. *Rom. 9*:11-18; *11*:7-10, 29-32.

[596] Cf. *supra*, p. 238, n. 559; p. 240, n. 569.

[597] Cf. *Act. 14*:16 : εἴασεν ... πορεύεσθαι, d'où l'on peut inférer que Dieu ne contraint personne, et *comp.* les textes où Paul suppose une coopération entre les hommes et Dieu : 1 *Cor. 3*:9 θεοῦ γάρ ἐσμεν συνεργοί; *Rom. 8*:28, où la construction la plus signifiante est celle qui fait d'un ὁ θεός le sujet sous-entendu de συνεργεῖ, ce qui donne, selon la même orientation : Dieu coopère en tout avec ceux qui l'aiment, pour le faire servir à leur bien. Cf., sur ce point, l'excellent commentaire de C. H. Dodd : *The Epistl. of P. to the Rom.*, p. 137-139. London, Hodder & S., 1932. Cf. *supra*, p. 195, n. 304; p. 198, n. 321; — Bertram : συνεργός ..., *Th. W. N.T.*, VII (1964), p. 869-875.

[598] Le problème tant débattu de l'*Agnostos Theos* doit être examiné, non point séparément, mais dans tout un ensemble à analyser méthodiquement. C'est ce qu'a fait Martin Dibelius, dans une étude présentée à l'Académie de Heidelberg, en 1939, et republiée dans les Mélanges posthumes parus en 1951, par les soins de H. Greeven et sous les auspices de R. Bultmann : Martin Dibelius : *Aufsätze z. Apostelgesch.*, p. 29-70, Göttingen-Vandenh. u. Rupr., 1951. L'expression remarquable, dans un contexte qui ne l'est pas moins (*Act. 17*:23, in 15-34), ἀγνώστῳ θεῷ, avait naturellement, et depuis longtemps, attiré l'attention des commentateurs. *Jérôme* ne connaissait l'expression qu'au pluriel, et Calvin : *Comm. ad loc.*, ne consent point « que sainct Paul, par une saincte finesse, a tiré à un dieu seul ce qui estoit escrit de plusieurs ». Il constate les références aux auteurs païens, notamment au poète *Aratus*, et pense qu'il ne s'en faut « esbahir », ni supposer quelque opposition entre cette prédication et le verdict de Paul sur les païens, en *Rom. 1*. Ce point de vue harmonistique se retrouve, à quelques nuances près, dans la théologie traditionnelle des diverses Églises, et même chez des auteurs aussi détachés que Renan : *St. Paul*, p. 174-200, Paris, Lévy, 1869. Les problèmes, pourtant graves, de critique littéraire, rédactionnelle, historique, sont à peine effleurés, quand ils ne sont pas totalement ignorés. Ils n'ont été sérieusement envisagés et posés que vers la fin du XIXe et au début du XXe siècle, avec quelques commentateurs, auxquels se réfère *Dibelius*.

auditeurs de Paul est bien celui des prophètes d'Israël au sommet de leurs inspirations : unique, créateur de toutes choses, souverain de l'univers, dégagé de toute contingence matérielle qui permettrait aux hommes de le localiser dans des temples construits, de l'y faire habiter, de mettre la main sur lui, en le servant physiquement, et non spirituellement, Lui qui n'a besoin de rien, puisqu'Il donne tout à tous. Il est le Maître de l'histoire, et cela pour toutes les nations sur lesquelles Il règne et qu'Il attire à Lui, dans leur démarche tâtonnante, car c'est en Lui que nous avons la vie, le mouvement et l'être ; nous sommes de sa race. Et c'est sur cette référence stoïcienne [599], adaptée à son discours, que l'apôtre lance un appel spécifiquement chrétien.

Il rend un hommage particulier à Éduard Norden : *Agnostos Theos*, 1913, tout en se séparant de lui sur quelques points. Cette liberté parfaitement légitime le sera également pour ceux qui reprendront l'analyse exemplaire de Dibelius, sans pour autant se sentir obligés d'adhérer à toutes ses conclusions. Il semble étrange qu'étant de ceux qui ont mis en lumière la pénétration de l'hellénisme à l'époque, il cherche à la minimiser pour Paul en l'occurrence (p. 55 s. ; cf. également : M. Dibelius : *Paulus*, p. 28 s., Berlin, de Gruyter, 1951). Il en résulte que, pour lui, le discours sur l'Aréopage est un corps étranger (ein Fremdkörper, p. 65) dans tout le N.T. et que l'auteur des Actes en est le responsable, comme aussi du discours à Lystre (*supra*, n. 592, 593). Mais il suffit de constater, comme on a dû le faire de plus en plus depuis un demi-siècle, l'importance de la pénétration hellénistique, même en secteur palestinien, pour aboutir à des conclusions différentes, plus proches sans doute des thèses traditionnelles, mais autrement nuancées, et surtout mieux fondées. Cf. H. Cl. : *H.S., une pierre de touche de l'hellén. paul., op. cit.*, Saul Liebermann : *Hellen. in Jew. Patest*, *op. cit.*, N. York, Jew. Sem. 1950 ; Carl Clemen : *Religionsgeschicht. Erklär. d. N.T.*, p. 290-304, Giessen, Töpelmann, (2e Aufl.), 1924 ; Étienne Trocmé : *Le « Livre des Actes et l'Histoire, op. cit.*, p. 99, 144 s., 213 s. Que l'auteur des Actes soit responsable de sa rédaction et que la présentation schématique du discours d'Athènes soit de sa main, c'est une évidence à laquelle tout exégète est sensible aujourd'hui plus qu'autrefois ; mais de là à prétendre que la pensée même en soit étrangère à Paul, il y a un grand pas. C'est, au contraire, la pensée de l'apôtre qu'on y retrouve, et, en faisant abstraction de toute influence, un prophétisme hébreu de pointe (*supra*, p. 205 ss.), rénové, élargi, épanoui. La part de l'hellénisme à cet épanouissement n'est certes pas négligeable. L'agent principal en est pourtant l'Évangile du Christ et le Christ lui-même.

[599] La forme hellénistique et la terminologie stoïcienne du récit de l'évangélisation d'Athènes ont été soigneusement étudiées et analysées par Norden, Clemen, Dibelius (supra, n. 598). Ils en ont posé le problème en ce qui touche l'authenticité paulinienne de l'ensemble, ou de tel détail particulier. On peut varier sur le dosage des éléments que Paul aurait pu manier. Il est sans doute plus important que certains ne le pensent, d'ailleurs différemment ; mais, en fait, Paul n'en est pas directement l'auteur. La question est proprement de savoir jusqu'à quel point il en est bien l'inspirateur, et dans quelle mesure une authenticité « deutéro-paulinienne » doit être admise. Il nous semble que cette mesure est large.

Les Actes présentent des synthèses, faites par un paulinien, de la pensée de Paul. Dans les épîtres, c'est Paul lui-même qui s'exprime, au cours de sa mission, dans des situations concrètes, avec leurs imprévus. Son message n'en est que plus vivant; mais en perdant la rigueur d'un enseignement d'école [600], il devient parfois hésitant et vacillant, par souci d'atteindre et de convaincre ses auditeurs ou ses lecteurs. S'il rappelle aux Galates les temps d'ignorance où ils servaient des dieux qui ne le sont pas « de nature » [601], il se demande, dans le cas difficile où se trouvent les Corinthiens [602], si ces dieux ne sont que néant ou plutôt de ces démons auxquels il croit, selon les idées de l'époque [603]. Il n'est plus question, à travers eux, d'une marche tâtonnante vers l'agnostos Theos.

---

[600] M. Dibelius : *Die Formgeschichte d. Evang.*, Tübingen, Mohr Siebeck, 1919, 2te neubearb. Aufl., 1933, observait justement dans les Actes, la forme structurée selon le même schéma, de la prédication apostolique (II. *Die Predigt*) : après un exorde adapté aux circonstances particulières, le kérygma proprement dit dans l'ordre : passion, crucifixion, résurrection, témoignages scripturaires, appel à la conversion (p. 15 ss.). Cette uniformité relative ne vient pas de ce que l'auteur des Actes manquait d'imagination, mais d'une réelle conformité à ce qui fut. « Que ce soit moi, que ce soit eux », disait Paul en pensant aux autres apôtres, « c'est ainsi que nous prêchons, et c'est ainsi que vous êtes venus à la foi » (1 *Cor. 15*:11). Cf. H. Cl. : *La forme de l'Évang. et le fond*, 2ᵉ art. in *É.T.R.*, 1934, p. 69 ss.; 4ᵉ art. p. 282 ss.

C. H. Dodd : *The Apostol. Preach. and its Develop.*, London, Hodd. and Stoughton, 1936 (2ᵉ éd. 1944), développe méthodiquement une thèse analogue sur l'existence et l'utilisation de ce schéma kérygmatique dans l'Église primitive.

[601] Cf. *Gal. 4*:8 et *comp.* ce φύσει à celui de *Rom. 2*:14. Paul semble avoi r ici, et ailleurs, une connaissance plus avancée de la philosophie stoïcienne que ne le supposait Dibelius (*supra*, p. 000, n. 598). C'est bien ce qui le rend apte à se servir du terme de φύσις dans un sens différent de celui de Chrysippe ou de Sénèque, pour lesquels la commune nature est bonne et divine. Il en va autrement pour Paul, et cela ne fait aucun doute. La nature humaine n'est sans doute pas totalement corrompue, puisqu'elle peut encore recevoir une révélation et une loi morale; mais l'apôtre constate qu'elle est tragiquement compromise et dénaturée par le mal. Cf. H. Cl. ʽΗ Συνείδησις, *op. cit.*, p. 18. Nul ne prétendra que Paul se soit plongé dans l'étude de la philosophie grecque, tombée, d'ailleurs, de son temps, au niveau d'un syncrétisme éclectique. Mais on sait que, justement à ce niveau, et grâce aux vulgarisations de la Diatribe qui en usait dans ses débats, elle était très répandue, à Tarse, en particulier. Cf. Hans Böhlig : *Die Geisteskultur von Tarsos, mit Berücksicht. d. paulin. Schrift.* Göttingen, 1913; R. Bultmann : *D. Styl. d. paulin. Predigt u. d. kyn. stoische Diatribe*, 1910; É. Bréhier : *Hist. de la Philo.* I, 422, Paris; W. Eltester : *Gott u. d. Natur in d. Areopagrede*, in *Neut. Stud. f. Bultmann*, p. 202-227, Berlin, Töpelmann, 1954; Michel : φιλοσοφία in *T.W.*, IX (1970), p. 169-185 (notam. 182 ss.).

[602] Il s'agit de la querelle des viandes sacrifiées aux idoles. Cf. et *comp.* 1 *Cor. 8*:4-7 et *10*:19-21.

[603] Cf. *supra*, p. 71, n. 47; p. 80 s., n. 84-85, 89; M. Dibelius : *Die Geisterwelt im Glauben d. Paulus, op. cit.* (*supra*, p. 71, n. 47).

Ce Dieu inconnu des païens n'est pas inconnaissable. Il y a en Lui du connaissable, τὸ γνωστὸν τ. Θεοῦ, selon l'épître aux Romains [604]. Ce qui ne l'est pas pourrait simplement échapper à cette connaissance partielle, ἐκ μέρους, et temporaire du moment présent, sans être insaisissable en soi. C'est ce que Paul suggère vers la fin de son hymne à l'amour, dans 1 Cor. 13 [605]. Il se pourrait que Dieu nous révélât plus tard ce qui nous est actuellement caché, quand les images confuses dans un miroir terni auront fait place à la vue face à face. Plus de vision énigmatique [606], de connaissance partielle; alors, je connaîtrai mieux et à fond, d'une connaissance plénière, ἐπίγνωσις, comme j'ai été connu [607], de cette connaissance là. Si cette parfaite et divine *épignose* [608] ne trouve son accomplissement que dans l'éon futur ou dans l'au-delà, elle n'est cependant pas exclusivement eschatologique. L'homme y était appelé dès qu'il contemple, comme à l'œil nu, les perfections invisibles de Dieu dans l'œuvre de sa création [609]. Le péché initial, d'après l'épître aux Romains, a été le refus de répondre à cet appel : l'appel à connaître Dieu non seulement en simple gnose, mais en épignose [610].

Cet appel entendu doit être suivi d'une quête active et persévérante pour croître dans cette épignose de Dieu [611]. Sinon, le risque est là de retomber, comme les Galates [612], dans une gnose de tête, impuissante,

---

[604] Cf. *Rom. 1:19*, que l'on peut traduire : ce qui est connu, ou connaissable de Dieu, implique, dans les deux sens, que Dieu n'est pas totalement inconnaissable. L'agnosticisme n'est donc pas de rigueur, tandis qu'il pointe dans la traduction erronée de Karl Barth : *Römerbr., ad loc.* : *der Gottesgedanke*. La notion ou l'idée que l'on a de Dieu peut être entièrement fausse; elle n'implique pas nécessairement que rien soit connaissable en Dieu. R. Bultmann : γινώσκω, etc., in *T.W.*, I, p. 688-719, estime qu'au contraire, on peut hésiter entre : ce qui est connaissable, impliquant que tout ne l'est pas, ou la « cognoscibilité » de Dieu (Gott in seiner Erkennbarkeit», supposant que tout le sera (p. 719). On rejoindrait ainsi la pensée de 1 *Cor. 13:8-12*, en tenant compte du passage de la simple *gnosis* à l'*épignosis*, dont Bultmann (p. 707) ne semble pas distinguer la différence (*comp.* p. 710). Elle nous paraît, cependant, manifeste. Cf. H. Cl. : *Rech. exég. et théol. s. la not. paul. d'Épignosis, op. cit., supra,* p. 173, n. 190.

[605] Cf. 1 *Cor. 13:9*, 12.

[606] *Ibid. 13:12* : ἐν αἰνίγματι.

[607] *Ibid.*

[608] *Ibid.* et H. Cl. : ... *Epignosis, supra,* n. 604.

[609] Cf. *Rom. 1:20*. Bultmann (*supra*, n. 604), *art. cit.*, p. 719, observe que le génitif peut avoir le sens de « l'invisibilité de Dieu » dans l'expression τὰ ἀόρατα αὐτοῦ, comme celui de « l'incognoscibilité de Dieu » dans le τὸ γνωστὸν τ.θ. du verset 19.

[610] Cf. *Rom. 1:28*, et *supra,* n. 604, 608; p. 173, n. 190.

[611] Cf. *Col. 1:10*; *comp.* 2 *Pi. 1:2*, 8; *2:20*.

[612] Cf. *Gal. 4:9*.

comme la seule contemplation des beautés naturelles, à saisir Dieu en Christ [613]. C'est, en effet, par Christ, ainsi que Paul l'explique aux Colossiens, que la quête aboutit, dans le passage des ténèbres païennes et de leur corruption à la lumière de Dieu [614].

Ce passage s'effectue dans une participation, dans une communion agissante et sanctifiante. L'Esprit de Dieu en est l'animateur. Il est dans la personne divine ce qu'est l'esprit de l'homme dans la personne humaine [615]. Il est, vis-à-vis de l'homme, l'agent intime de communication qui témoigne à notre esprit que nous sommes enfants de Dieu [616]. C'est de son immanence que surgit la révélation [617], la lumière de Dieu dans nos cœurs [618] et la présence du Christ en nous [619]. Il fortifie, il purifie la conscience, dont l'action en vient ainsi à se confondre avec la sienne [620], jusqu'à devenir en nous la conscience de Dieu [621].

La vraie nature de Dieu se dessine déjà dans cette connaissance et cette relation. Tout anthropomorphisme matériel est exclu et l'anthropomorphisme spirituel est manié sur un plan supérieur à celui où se tiennent habituellement les prophètes d'Israël. Toutefois, quelques textes détonnent, notamment ceux où il est question de la colère de Dieu, $\dot{\eta}$ $\dot{\phi}\rho\gamma\eta$ τ. $\theta\epsilon o \tilde{u}$ [622], où Dieu apparaît comme » par trop humain »,

---

[613] Cf. *Rom. 1:20-23*; comp. *10:2*.

[614] Cf. *Col. 2:2; 3:10*; comp. *Éph. 1:17; 4:13*.

[615] Cf. *1 Cor. 2:11* qui semble contraire à la doctrine orthodoxe de la Trinité où l'Esprit est une personne distincte, ce qui ne saurait être le cas pour l'esprit de l'homme dans la personne humaine. Cf. M. A. Chevallier : *Esprit de Dieu, paroles d'homme*, p. 49 s., 116 s., Neuchâtel, Delachaux & N., 1966.

[616] Cf. *Rom. 8:16*; comp. *1 Cor. 2:10 s.; Éph. 1:17 s.*

[617] Cf. *supra*, p. 236, n. 553.

[618] Cf. *2 Cor. 4:6* : le Dieu qui a dit : Des ténèbres que brille la lumière est celui qui brilla dans nos cœurs pour faire resplendir la connaissance de sa gloire sur la face du Christ.

[619] Cf. *Gal. 4:6; Rom. 8:2, 8-11; Éph. 3:16 s.*

[620] Comp. *Rom. 8:16* et *9:1*. Cf. *supra*, p. 199 ss., p. 247, n. 601.

[621] Cf. *1 Pi. 2:19* et *supra*, p. 199 ss., p. 247, n. 601.

[622] Cf. *supra*, p. 117, n. 122. Le mot le plus courant dans l'A.T. pour désigner la colère et, très anthropomorphiquement, la colère de Dieu, *anaph* אַף veut dire, à l'origine souffler par les narines. Les termes correspondants en grec suggèrent une agitation, une impulsion violentes, un coup de vent, un accès de fureur, $\theta \upsilon \mu \acute{o} s$, — le mouvement d'un liquide que va déborder, la montée de la sève, de la vague, de l'indignation, $\dot{o}\rho\gamma\eta$, de $\dot{o}\rho\gamma\acute{a}\omega$ — l'amertume de la bile ou du ressentiment, $X o \lambda \eta$, de $X o \lambda \acute{a} \omega$, — le paroxysme de ces états ou de ces mouvements, $\pi \alpha \rho o \rho \gamma \iota \sigma \mu \acute{o} s$, $\pi \alpha \rho o \xi \upsilon \sigma \mu \acute{o} s$. $\Theta \upsilon \mu \acute{o} s$ figure dix huit fois dans le N.T., dont dix dans l'Apocalypse; $\dot{o}\rho\gamma\acute{\eta}$ trente quatre fois, dont six dans l'Apoc., vingt trois dans les écrits pauliniens et deutéro-pauliniens, cinq dans les Évangiles; $\chi o \lambda \acute{a} \omega$ une fois, $\chi o \lambda \acute{\eta}$, mais au sens propre de bile ou d'amertume jalouse, deux fois; $\pi \alpha \rho o \rho \gamma \iota \sigma \mu \acute{o} s$ une fois; $\pi \alpha \rho o \xi \upsilon \sigma \mu \acute{o} s$, dans un sens approchant, une fois, et une

malgré les explications et les atténuations que l'on peut, d'ailleurs justement, faire valoir [623]. Il en serait de même de la justice de Dieu, δικαιοσύνη θεοῦ, si elle n'était que d'imputation [624] et liée à un décret de prédestination [625], comme certains textes le donneraient à croire [626],

---

autre fois pour indiquer une vive émulation ou un maximum d'amour ou de bienfaisance (*Hb. 10*:24). Cf. Trench : *Synon. du N.T.*, p. 153-158, trad. de l'angl., London, 1890 ; G. Stählin : ὀργή, in *T.W.*, V, 422 ss. ; Mac Gregor : *The Concept of the Wrath of God in the N.T.*, in *N.T.S.*, VIII (1960), p. 101-109 ; Conzelmann : *Theol. N.T.*, p. 263 ss., Dodd : *Rom., op. cit.*, p. 20 ss.

[623] L'expression : « *colère de Dieu* », ὀργή τοῦ θεοῦ, ne se rencontre que huit fois dans le N.T. ; mais un plus grand nombre de textes, surtout pauliniens ou deutéro-pauliniens, mentionnent une colère qui ne peut être que divine. On en rencontre une dizaine dans l'ép. aux *Rom*. Le problème posé, sans être exclusivement paulinien, l'est pourtant dans une large mesure. Albrecht Ritschl : *D. Christliche Lehre v. d. Rechtfertig. u. Versöhnung*, II, p. 123-138, Bonn, 1874, prétendait que la colère de Dieu n'avait rien d'émotif, mais désignait un acte eschatologique de justice divine, sans aucun sentiment ni ressentiment. F. Godet : *Comm. Rom.* I, p. 213, Genève, 1879, fait observer judicieusement qu'en *Rom. 1*:18 ss., il ne s'agit pas d'un avenir, mais d'un présent, et que, d'autre part, il est impossible d'abstraire l'acte du sentiment, surtout quand on lit, en 2:8, θυμός associé à ὀργή. Néanmoins, il y a quelque chose, et d'importance, à retenir de l'analyse de Ritschl. Dans la plupart des textes où il est question d'une colère qui ne peut être que divine, sans, pour autant, être nommée « colère de Dieu », il y a comme une sorte de détachement de la personne même de Dieu. C'est au point qu'en *Rom. 3*:5 ; *5*:9 ; *12*:19 ; *13*:5, et déjà en 1 *Thess. 2*:16, on pourrait imaginer le début d'un processus d'hypostase de *La Colère*. Il n'en est rien dans la pensée de Paul ; mais on constate, dans ces textes là, et notamment en *Rom. 3*:5, (ὁ θεὸς ὁ ἐπιφέρων τὴν ὀργήν) une certaine objectivation qui équivaut à une sorte d'« insensibilisation » de Dieu. Le problème spirituel et moral relativement à la personne de Dieu est ainsi déplacé plutôt que résolu. A la théologie pratique d'en tenir compte dans son domaine, mais sans intervenir dans une recherche qui doit l'ignorer ou la mettre entre parenthèses, parce qu'elle est d'un ordre différent.

Paul tend à faire de La Colère, comme de La Mort, le *salaire du péché* (*Rom. 6*:23) ; mais il est retenu par la difficulté d'admettre sur ce point l'insensibilité du Dieu qui aime et qui pardonne personnellement (*Rom. 2*:4 ; *5*:8, etc.). Cette tension que Paul ressent devant ce problème connexe à celui de la Justice de Dieu, telle qu'il la conçoit, ne semble pas avoir affecté la pensée plus limpide et plus sereine de Jésus. La colère divine pourrait être suggérée par quelques paraboles ; mais il ne convient pas d'en presser les images, non plus que celle du juge inique ou de l'ami qui tarde à ouvrir sa porte.

Ainsi, la pensée paulinienne oscille entre la notion d'une colère divine conçue comme une indignation, un soulèvement du cœur de Dieu devant le mal, et la notion d'un acte de justice abstrait du contexte affectif, comme l'effet d'une cause, l'exécution d'une loi. Cf. C. H. Dodd : *The Ep. of P. to the Rom., op. cit.*, p. 20-24.

[624] Cf. *supra*, p. 242 s.

[625] Le texte capital, abondamment commenté et discuté, sur *la prédestination* selon Paul, se trouve en *Rom. 8*:28-30. L'apôtre constate, tout d'abord (28), que Dieu collabore, ou coopère (συνεργεῖ) en tout avec ceux qui l'aiment, en vue du bien (pour le faire servir à leur bien (*supra*, p. 245, n. 597). Ce sont ceux qu'Il a appelés à dessein, (κατὰ πρόθεσιν,

s'il n'y en avait d'autres où la justice pénètre l'homme, sous le signe de la grâce, une grâce sans arbitraire. La Χάρις τ. θεοῦ c'est la grâce du Dieu d'amour [627]; c'est dans l'amour que se résolvent ses problèmes.

---

selon un projet). Car ceux qu'il a connus d'avance (προέγνω, pré-connus), Il les a aussi *prédestinés* (προώρισεν) à être conformes à l'image de son Fils, afin qu'il soit le premier né (πρωτότοκος) entre beaucoup de frères. Mais ceux qu'Il a prédestinés, Il les a aussi appelés (ἐκάλεσεν), et ceux qu'Il a appelés, Il les a aussi justifiés (ἐδικαίωσεν), et ceux qu'Il a justifiés, Il les a aussi glorifiés (ἐδόξασεν). S'il y a une logique dans ce raisonnement, elle suivrait donc cet ordre : 1 : pré-connaissance, 2 : prédestination, selon plan, 3 : vocation, appel, 4 : justification, 5 : glorification. La prédestination selon Paul est donc comprise, et comme enserrée dans une chaîne de motivations et d'implications qui, sans détruire la liberté de Dieu, marquent bien son contrôle de soi, comme de son dessein (*supra*, p. 241, n. 573). Nous sommes loin de l'arbitraire d'Allah (*supra*, p. 238, n. 559; p. 240, n. 570; p. 241, n. 572). Ni la Justice, ni la Grâce de Dieu ne sont de bon plaisir.

[626] Cf. *supra*, p. 240, n. 570. Il n'est pas jusqu'au beau texte, *Rom.* 9:16, dont les magnats calvinistes magyars avaient fait leur devise : *Non est currentis aut volentis, sed miserentis Dei*, qui ne puisse être tordu dans le sens d'une prédestination fataliste. Il en est de même des nombreuses références de Paul et des autres auteurs du N.T. aux Écritures, à un « *Il est écrit* » systématisé en déterminisme scripturaire (cf. *supra*, p. 000, n. 212). Le calvinisme a eu ses aberrations « prédestinationnistes »; mais par un étrange paradoxe, habituellement reconnu, et qui a sa logique, il a formé des personnalités fortes dont l'esprit d'entreprise et les initiatives sont bien loin de l'Islam, qui veut dire soumission, et du *mektoub* classique, avec sa résignation. Il est vrai que l'Islam a eu son ère d'énergie dévorante, et qu'il est peut-être en passe de la retrouver, mais autrement, dans une laïcisation accélérée.

[627] Le mot χάρις se trouve environ cent cinquante fois dans le N.T., dont quatre fois dans l'évangile selon Jean (3 fois dans le Prologue), deux fois dans l'Apocalypse, et tout le reste dans les écrits pauliniens et deutéro-pauliniens (Luc et Act. compris). On saisit, à cette statistique, l'importance du terme et de la notion dans la théologie paulinienne. La notion sans le terme est, d'ailleurs, sous-jacente dans les évangiles et dans tout l'enseignement de Jésus.

Χάρις est associée, dès l'origine, à χαρά dont elle partage la racine, Χαίρειν, dont l'impératif devient le beau salut grec : χαίρε, réjouis-toi ! C'est ainsi que, dans l'usage classique, et surtout poétique, χάρις peut signifier aussi joie, mais avec une nuance qui la distingue déjà de χαρά, et qui marque le début d'un développement sémantique distinct. Il s'agit alors d'une joie belle, aimable, souriante, gracieuse, d'une beauté qui donne cette joie, comme dans le beau vers de Keats : *A thing of beauty is a joy for ever*. Le passage de l'esthétique à l'éthique se marquera dans des expressions telles que : don, faveur, accueil joyeux, aimable, souriant, gracieux, qu'il s'agisse de bienfaisance, d'amitié ou d'amour humains.

Il semble que l'on approche de l'usage religieux; mais c'est plutôt vers la magie que s'oriente le paganisme, comme dans le Grand Papyrus de Paris où Χάρις se fourvoie dans cet étrange contexte : « Donne gloire et grâce à ce talisman ». La grâce figure dans les écrits hermétiques, au même sens de vertu magique, notamment dans le *Poimandres*. (Cf. G. P. Wetter : *CHARIS*, p. 130-137, in *Untersuch. z. N.T.*, begr. v. H. Windisch,

C'est ici que se découvre aussi le lien le plus intime entre deux théologies par ailleurs différentes : la paulinienne et la johannique avec ses

---

1913; — William Manson : *Grace in the N.T.*, in *The Doctr. of Grace*, p. 38-40, London, Stud. Chr. Mov. Pr. 1932; Dodd : *The 4th Gospel, op. cit.*, p. 10-53; Conzelmann : Χάρις, in *T.W.*, IX (1973), p. 363-366; K. F. Smith : *Magic, Greek and Rom.* in *Encycl.* (*E.R.E.*), VIII, p. 277 s., etc. Cf. *supra*, p. 88, n. 126; p. 170, n. 171. L. Hodgson : *The Grace of God in Faith and Philosophy*, London, 1936, signale le risque d'une déviation analogue à celle du magisme, dans l'usage abusif du terme Grâce ou d'une doctrine de la Grâce pour couper court à tout débat. On pourrait y ajouter l'analogie d'un processus d'hypostase.

Cet usage disgracieux de la grâce n'a pas de racine biblique. La grâce n'est pas absente de l'Ancienne alliance où tout ce dont a bénéficié Israël n'est pas l'effet de sa justice, mais un don de Yahweh (*Deut.* 7:7; 9:4; 10:14 ss.). Ce Dieu bon qui pardonne et qui garde sa faveur à son peuple repentant, est déjà le Dieu de la Grâce. Il l'est totalement, dans la Nouvelle alliance, en Jésus-Christ. Si le terme χάρις ne figure pas en *Mc.* et en *Mt.*, la notion y est constamment. On le rencontre plus ou moins fréquemment dans les autres écrits, surtout les pauliniens, avec des nuances esthétiques, éthiques, théologiques variées (cf. *Lc.* 2:52; 4:22; *Col.* 4:6; *Act.* 2:47; 7:10; 24:27; 25:9; 2 *Cor.* 8:4; — *Act.* 24:23; 1 *Cor.* 1:4; 2 *Cor.* 1:11; *Rom.* 1:8; *comp.* εὐχαριστεῖν, εὐλογεῖν, en *Mc.* 6:41; 14:22; *Mt.* 14:19, etc.). Le sens de beaucoup le plus fréquent est celui d'une disposition favorable de Dieu vis à vis des hommes, d'un comportement divin inspiré par la bienveillance et par l'amour. Dans cette acception religieuse d'une grande richesse et d'une grande beauté, aucune des nuances esthétiques ou éthiques n'est perdue. La grâce de Dieu, tout unique et sainte qu'elle soit, reste aimable, souriante et souverainement belle (cf. 1 *Cor.* 15:10; *Gal.* 1:15; *Hb.* 2:9; 1 *Pi.* 1:10).

La grâce de Dieu déborde la stricte justice, le *summum jus*, et accomplit la vraie justice par l'amour qui supporte et qui comprend tout (cf. *Gal.* 2:21; *Éph.* 2:5-7; 1 *Tim.* 1:13 s.; 2 *Tim.* 1:9, etc. et *comp.* 1 *Cor.* 13:4-7).

Paul, par la notion corrélative de foi, évite les déviations d'une Grâce abstraite, détachée, absolue, avec les risques signalés de perversion magique. La grâce n'est pas automatique; mais elle n'est pas non plus arbitraire, anarchique. Il y a dans l'univers et dans les âmes, un ordre souverain établi par Dieu, et maintenu par Lui, en dépit du mal et du péché. Cet ordre, à la fois esthétique et moral, n'est pas compromis par la grâce. L'antilégalisme de Paul n'est pas un anti-nomisme. C'est dans le cadre des harmonies anciennes que la grâce de Dieu inscrit ses harmonies nouvelles (cf. H. Cl. : *Antilégalisme et Nomisme*, *Ét. Th. & Rel.*, 1932, p. 359-376; *L'Acces au R... op. cit.*, p. 51-58).

Cet ordre de la grâce n'est perceptible qu'à la foi. La formule *sola gratia, sola fide*, chère aux Réformateurs, est fidèle à la pensée de Paul. Dans cette association indissoluble où la grâce de Dieu a toujours l'initiative, et subvient même aux déficits, comme aux besoins de la foi, la foi n'en marque pas moins le moment humain indispensable à la réception, à la pénétration et à l'assimilation de la grâce : « Ainsi donc, par la foi, pour être selon la grâce, διὰ τοῦτο ἐκ πίστεως, ἵνα κατὰ Χάριν, *Rom.* 4:16 (*supra*, p. 243, n. 585). Paul a su expliciter ce qui se trouve implicitement dans tous les évangiles. Les théologiens réunis à la Conférence œcuménique d'Édimbourg, en 1937, en avaient pleinement conscience, en s'associant dans cette déclaration commune : « Seuls ceux qui savent que Dieu est amour, et que tout ce qu'Il fait est fait par amour, afin d'accomplir ses justes desseins, connaissent vraiment le sens de la grâce divine... Le salut et le bien de l'homme

définitions de Dieu : Dieu est Esprit [628], Dieu est Lumière [629], Dieu est Amour [630]. Si l'une et l'autre ont bénéficié, en proportions variées, d'apports hellénistiques [631], on ne peut pas dire que ce soit sur ce point où

---

ont leur source en Dieu seul, qui n'est mû dans l'action de sa grâce envers l'homme par aucun mérite de la part de l'homme, mais seulement par son amour libre et spontané ». Cette profession de foi où s'unirent les représentants de cent vingt trois groupements d'églises dans le monde, marqua le point culminant d'une belle expérience de communion intellectuelle et spirituelle. Cf. *Foi et Constitution, Actes offic. de la Conf. univ. d'Édimbourg, 1937, version franç.* par H. Cl., p. 131 ss., 255 ss., 354, 386 ss., Paris, Fischbacher, 1939.

[628] Cf. *Jean, 4:24*; comp. *2 Cor. 3:17* : Le Seigneur (Kyrios Christos), c'est l'Esprit. — La définition johannique : πνεῦμα ὁ θεός, *Dieu est esprit*, s'inscrit dans un dualisme moral caractéristique du johannisme, mais également du paulinisme. Les deux styles différent, mais souvent se rapprochent, avec des contrastes violents entre esprit, lumière, vérité d'une part, et, d'autre part, mensonge, ténèbres et, dans un sens particulier, le monde (Jean), la chair (Paul). Ce sens particulier n'exclut pas les autres, avec, parfois, le jeu des sens multiples (cf. H. Cl. : *Les sens mult. ds. le N.T.*, art. cit.). Jean comme Paul, Paul comme Jean croient à l'incorporation dans une chair humaine, à l'incarnation de l'Esprit, de la Lumière, de la Vérité, en la personne de Jésus-Christ (*J. 1:14*). Et si le Logos est devenu chair, c'est parce que Dieu a tant aimé le monde qu'Il a donné son Fils unique, afin que quiconque a foi en lui ne périsse point, mais qu'il ait la Vie éternelle (*J. 3:16*). Sur les dualismes, cf. *supra*, p. 214 s., n. 423; p. 240, n. 569.

[629] Cf. *1 J. 1:5*; comp. *J. 1:9* (*supra*, p. 201, n. 337; p. 253, n. 520); *3:19*; *8:12*; *9:5*; *12:46*, où c'est le Logos ou le Fils qui est Lumière. Comp. *Act. 13:47*, citation d'*Ésaïe, 49:6*, où c'est Israël qui est la lumière des peuples. En de nombreux textes de l'A.T., le symbole de la lumière est appliqué à Yahweh; cf. *Ps. 27:1*; *És. 2:5*; *10:17*; *60:19 s.*, etc.

[630] Cf. *1 Jean, 4:8,16*. Si *Dieu est Amour*, ἀγάπη dans l'épître, c'est en qualité de Père, absolument, titre habituel de Dieu dans l'épître comme dans l'évangile johannique, le Père de Jésus Christ. Le Père, dans ce sens, apparaît 28 fois dans l'évangile, 10 fois dans la 1e épître, 1 fois dans la 2de, et une dizaine de fois dans les autres écrits du N.T. Sous des formes moins absolues : mon Père, votre Père, notre Père, notre Père qui est dans les cieux, environ 45 fois dans le N.T.; on constate que l'évangile johannique met 15 fois : mon Père, dans la bouche de Jésus, *Mt.* 7 fois, *Lc.* 2, *Mc.* 1 fois.

[631] Cf. *supra*, p. 3, n. 4-8; p. 117 s.; p. 129 s., n. 181-182; p. 135, n. 200; p. 136 s., n. 204-208; p. 137 s., n. 209-211; p. 245 s., n. 598-599; p. 247, n. 600-601. C. H. Dodd : *Interpret. of the 4th Gosp. op. cit.*, p. 10-115, 263 ss. et *passim*. Mûs par un souci dogmatique, les théologiens de la tradition ont cherché longtemps à résoudre les problèmes bibliques dans le cadre exclusif de l'A.T. hébreu, ou d'un judaïsme palestinien rigoureusement étanche. On se rend compte aujourd'hui que cette position était intenable, et l'on s'étonne que l'on ait pu croire la foi menacée, alors que, dans un sens, elle peut trouver son bénéfice dans l'élargissement des problèmes, en constatant qu'ils ne sont pas limités à une sorte de ghetto spirituel. On n'en appréciera d'ailleurs que mieux l'importance primordiale et la valeur de ce qui demeure le fondement, l'inspiration, la matrice hébraïques.

Ainsi, à Tarse même, comme on l'a vu (*supra*, p. 247, n. 601), le jeune Saul a pu, vraisemblablement, bénéficier de la culture hellénistique, jusqu'à un point qu'on ne peut,

elles sont tributaires non seulement d'une tradition prophétique et mystique ancrée dans l'Ancien Testament [632], mais d'une révolution dont l'impact les a profondément marquées. Il s'agit de l'incroyable et bouleversante révélation d'amour de l'évangile, de la personne, du sacrifice de Jésus sur la Croix.

Quant aux autres écrits du Nouveau Testament, ils ont subi le même choc; chacun le rend à sa manière, généralement dans le sillage de Paul, mais avec moins de vigueur et de pénétration [633].

C'est dans les évangiles [634] que sont décrites cette vie et cette mort par amour où les auteurs du Nouveau Testament ont fait, dans la réalité d'événements concrets, l'extraordinaire découverte dont les prophètes d'Israël n'avaient eu que le pressentiment : celle d'un amour total dans un amour divin. Les traits déjà connus de Dieu [635] sont maintenant saisis dans une lumière nouvelle. Il était l'Unique, le Créa-

---

assurément, déterminer. Mais à Jérusalem, aux pieds de Gamaliel, il n'en était pas immunisé. Le pharisaïsme le plus strict était déjà, sans se l'avouer, contaminé. Ensuite, au cours de sa carrière apostolique, Paul, dans la Diaspora, et directement auprès des Gentils, a rencontré maintes fois la pensée, la religiosité ou la piété hellénistiques. Le brillant *Apollos*, dont le kerygma, que Paul ne conteste pas, séduisait de nombreux Corinthiens, était un Juif alexandrin qui ne pouvait manquer d'avoir connu Philon, mort en 54, ou du moins son école. Or, déjà christianisé, Apollos avait été initié à l'évangile paulinien par Priscille et Aquilas (*Act. 18*:26), à Éphèse, où Jean, d'après la tradition dominante, aurait vécu jusqu'à un âge avancé. Comment le johannisme a-t-il été influencé par l'hellénisme, indirectement ou directement ? On ne saurait le préciser avec certitude; mais le fait est là, difficile à nier. Les parallèles philoniens y sont éloquents, comme, d'ailleurs, dans l'épître aux Hébreux, que Luther et d'autres avec lui, ont attribuée à Apollos. Ces problèmes ne sont pas résolus à la lumière de *Qoumran*, d'ailleurs hellénisé, par des voies différentes (cf. *supra*, p. 3; p. 6, n. 16; p. 117 s., n. 126; p. 123 s., n. 162; p. 129 s., n. 181; p. 136 s., n. 205; p. 143 s., n. 224; p. 151, n. 33; p. 155, n. 67; p. 159, n. 104; p. 160, n. 105-106; p. 162, n. 117; p. 171 s., n. 182; p. 189 s., n. 271; p. 195, n. 307; p. 209 s., n. 394-395; p. 223, n. 463).

[632] Cf. *supra*, p. 104-122; p. 154 s.; p. 158 s., etc.

[633] En ce qui touche l'ép. de *Jacques*, cf. *supra*, p. 111, n. 81; p. 196 s., n. 309-311; p. 243, n. 585.

[634] Chaque évangile a sa théologie et son projet particuliers qui influent naturellement sur la rédaction. Le quatrième présente à cet égard une originalité qui le met à part. Son témoignage, même du point du vue strict de l'histoire, ne saurait être négligé. Cf. Dodd : *The Interpr. of the 4th Gospel, op. cit.*, p. 444 ss.; *Histor. Trad. in the 4th Gospel*, C.U.P., 1963.

[635] Le Dieu de l'Évangile était le Dieu d'Israël, le Dieu d'Abraham, d'Isaac et de Jacob, le Dieu des Juifs. Cf. *Mc. 12*:26 & *par.*; *J. 8*:54. Il est donc le Créateur (*Mc. 10*:6; *13*:19), l'Unique et seul vrai Dieu (*Mc. 12*:29 s. et *par.*; *Mt. 4*:10; *Lc. 4*:8; *J. 17*:3).

teur, le Vivant, le Saint, le Juste, le Bon essentiellement [636]. Il est toujours cela; mais Il se révèle, par dessus tout, comme le Père, et dans un éclairage nouveau. Il reste le Dieu saint qui a le mal en horreur; mais cette sainteté, essentiellement bonne [637], n'a plus rien des antiques tabous, des solitudes transcendantes et des horreurs sacrées [638] qui tourmentaient encore les prophètes d'Israël. En tant que Père universel, et de tous les humains, Dieu s'est décidément, et définitivement rapproché d'eux, ou, plutôt, ce que Dieu fut toujours, Jésus l'a rendu manifeste en incarnant son amour [639]. Dieu n'attend pas pour pardonner et pour régénérer. Dans son amour de Père, Il cherche la brebis perdue; Il va à la rencontre de l'enfant prodigue [640].

Il semble que le mot Père appliqué à Dieu ait été d'un usage assez limité chez les Juifs [641], et même quand il apparaît, il y a toujours lieu de se demander ce qu'il veut dire exactement [642]. Il pourrait ne s'agir que du créateur, à l'instar du « géniteur » humain. Celui-ci, même quand il est bon pour ses enfants, et se livrant, jusqu'à un certain point, à une affection naturelle, peut demeurer distant et attendre, pour conseiller ou pardonner, que l'enfant vienne à lui, humble, contrit et repentant. Cette distance à tenir et à garder devient paralysante; elle disparaît rarement de l'A.T., sauf dans quelques élans mystiques [643]. Elle n'est plus dans l'Évangile, qu'adoration d'amour pour le Dieu d'amour. Tout ce qui, dans l'ancien culte, était propitiatoire [644], au

---

[636] *Idem*; cf. *Mc. 12*:27 & *par.*, *J. 5*:26; — *Lc. 1*:49; *11*:42; *18*:7; *J. 17*:11, 25; — *Mc. 10*:18 & *par.* Le Dieu de la perfection morale absolue (*Mt. 5*:48), étend à toutes ses créatures une bonté providentielle (*Mt. 5*:45; *6*:26, 30; *10*:29-33; *Lc. 12*:24; *18*:28).

[637] *Ibid*.

[638] Cf. *supra*, p. 89, n. 129-131; p. 90, n. 134; p. 147 s., n. 19; p. 251 ss., n. 558-560. H. Cl. : *Théocr. et Monarchie*, art. cit., p. 457.

[639] Cf. *supra*, p. 251 ss., n. 627; *supra*, n. 630.

[640] Cf. *Mt. 18*:12-14; *Lc. 15*:3-7, 20.

[641] Cf. A. Dalman : *Worte Jesu*, (2ᵉ éd., 1930), I, p. 150-159, 296-304; Schrenk : πατήρ, *T.W.*, V, p. 977 ss.

[642] Il y a des notions très différentes de la paternité divine, depuis celles du *Dyaus-Pitar* des anciens Aryens, *Zeus-Pater* des Grecs, *Jupiter* des Latins, et autres, jusqu'à celle que l'on peut tenir pour caractéristique du Kerygma évangélique. Cf. *supra*, p. 253; n. 630; Schrenk, *supra*, n. 628, p. 951-959; Quell : *ibid.*, p. 971 ss.; Schrenk, p. 977 ss., p. 984-1004, 1007-1016.

[643] Cf. *Ps. 27*:8-10; *89*:27; *103*:13; *Jér. 3*:19; *31*:9; *Ésaïe, 64*:8. Symboliquement et mystiquement, Yahweh est aussi comparé à une mère (*Ps. 27*:10; *És. 66*:13), à un époux (*Osée, 2*:2, 16, 19, 20; *És. 62*;4, 5). Cf. Quell : *ibid.*, p. 965 ss., 971 ss.; *supra*, p. 152, 154 s., 244, n. 588.

[644] La propitiation était l'acte propitiatoire, par lequel on cherchait à se concilier la

sens de captation de la faveur d'un Dieu lointain, offensé, irrité [645], ne l'est plus que par rapport à l'homme. Suivant l'expression johannique, c'est Jésus-Christ qui accomplit, qui est cette propitiation ; c'est lui qui, par son sacrifice d'amour, ramène l'homme hostile et méfiant au Père qui n'a jamais cessé de l'aimer [646].

C'est dans cette perspective de la paternité divine, une paternité d'amour, que se comprend le mieux la prédication évangélique du Royaume de Dieu [647]. Le Règne que Jésus proclame est celui d'un père, et de ce Père là... Il l'est de toute sa création qui bénéficie, sans distinc-

---

divinité, à la rendre propice. Cf. André Arnal : *Propitiation*, in *Dic. Encycl. Bible* (*D.E.B.*), II, p. 495-500 ; Fr. Büchsel & Joh. Herrmann : ἴλεως, ... ἱλασμός ..., *T.W.*, III, p. 300-324 ; H. Cl. : *Notes s. un mot-clef du Johann. & d. l. Sotériol. bibl.*, Nov. *T.*, 1968, p. 287-304 : ἱλασμός. L'étymologie et la sémantique du terme présentent un grand intérêt pour la solution d'un problème difficile et embrouillé de sotériologie. Les notions de propitiation et d'expiation, trop souvent confondues, sont à distinguer radicalement. D'origines différentes, puis associées abusivement, dans le culte sacerdotal, elles se séparent dans le N.T., et notamment dans la pensée johannique. Il ne s'agit plus d'apaiser un Dieu courroucé et de le réconcilier avec l'homme pécheur, mais de dissiper la méfiance, l'incompréhension, la crainte, l'hostilité de l'homme vis à vis de Dieu, pour le réconcilier avec le Père qui n'a jamais cessé de l'aimer. C'est par le sacrifice de Jésus-Christ que s'effectue cette propitiation. Cf. *supra*, p. 181, n. 225, et *infra*, le courant cultuel, les déviations sacerdotales.

[645] *Ibid.*

[646] Cf. 1 *J.* 2:2 ; *4*:10. Ce que Paul affirmait clairement en 2 *Cor.* 5:19 : « Dieu était en Christ, réconciliant le monde avec lui-même... », le Johannisme le fait entrer profondément dans l'expérience et la méditation chrétiennes, en identifiant ἱλασμός et le Fils. En 1 *J.* 2:2, Jésus-Christ est présenté comme l'acte même, l'acte propitiatoire de Dieu : αὐτὸς ἱλασμός ἐστιν. Il l'est non seulement pour nous, à cause de, par rapport à nos péchés (περὶ τῶν ἁμαρτιῶν ἡμῶν), mais pour le monde entier (relativement aux siens). C'est dans le second texte où figure ἱλασμός, 1 *J.* *4*:10, que la perspective johannique se découvre entièrement. (Cf. *supra*, p. 181, n. 225). Le processus rédempteur, sous quelque angle qu'on l'envisage, procède essentiellement de Dieu, qui est Amour (1 *J.* *4*:8, 16). Ἱλασμός est, dans le Fils offert par Dieu aux hommes pécheurs, au monde pécheur, la manifestation vivante de cet amour, l'offre de Dieu Lui-même. L'effet de cette révélation souveraine et suprême ne doit donc pas être recherché du côté de Dieu, l'Initiateur, mais du côté de l'homme, et du monde. La crainte et la méfiance qui agitent le coupable, et le braquent contre Dieu, doivent faire place à la confiance, à la foi, à l'amour : « Il n'y a point de crainte dans l'amour, l'amour parfait bannit (jette dehors) la crainte » (1 *J.* *4*:18). Cet amour donne une pleine et totale assurance, παρρησία (1 *J.* 2:28 ; 3:21 ; *4*:17 ; 5:14). Une manifestation aussi évidente, aussi bouleversante d'amour dans l'*Ilasmos* divin, provoque en l'homme une révolution intérieure, une nouvelle naissance, une régénération (*J.* 3:3-8). Cf. *supra*, p. 131, n. 188 ; p. 221 s., n. 454 ; p. 243, n. 585 ; p. 125, n. 164 ; p. 229, n. 493, 495 ; p. 234, n. 534-536.

[647] Cf. *supra*, p. 127 ss., p. 189 ss., p. 212 s., p. 218 ss., p. 229, n. 496 ; p. 230-232.

tion, de sa faveur providentielle [648]. Il l'est, de cercle en cercle, autour du même centre brûlant et rayonnant, de la nature universelle à l'homme qu'Il a créé à son image [649], au peuple élu pour être son messager entre tous les peuples [650], selon les clauses d'un contrat bilatéral ; Il l'est, plus près encore du centre, de ce reste fidèle que constituent les pauvres d'Israël, à la communauté de ceux qui suivent Jésus, le Christ et à chacun de ceux qui, par lui, le Bien-aimé, sont entrés dans sa communion. Pour ceux-là, réellement, le Règne s'est approché, les a saisis et marqués, en même temps qu'ils y ont accédé et déjà pénétré [651]. Ainsi, dans cet amour universel du Père, il y a une variété de tons, suivant la réponse qu'Il trouve ; mais qui voudrait en faire le calcul risquerait fort d'en oublier la leçon capitale : celle de la brebis perdue et de l'enfant prodigue [652]. Le mystère de la grâce divine ne s'explique pas en quelques raisonnements plus ou moins schématiques. Il en va ainsi du mystère de Jésus dans une incarnation dont il assume l'humanité devant Dieu. L'éclairage synoptique, plus sobre que le johannique, semble pointer ici vers le but assigné par la méditation de Paul : afin qu'il soit le premier-né d'un grand nombre de frères [653].

b) *La notion prophétique de l'homme.* Il y a une telle interdépendance entre les deux notions, et de Dieu et de l'homme [654], que ce qui vient d'être noté de la première permet d'être plus bref encore sur la seconde. C'est d'ailleurs par celle-ci qu'on eût pu commencer en suivant l'inévi-

---

[648] *Idem* et *supra*, n. 641-643. Cf. *Mt. 6*:25-34 ; *10*:29-31.
[649] *Idem* ; cf. *Mt. 6*:26 ; *10*:31 ; *Lc. 12*:7, 24, 28.
[650] Cf. *Mc. 7*:27 ; *Mt. 15*:26 ; *J. 4*:22.
[651] Cf. *Mt. 5*:3, 9, 10, 44, 45 ; *25*:34 ; *Lc. 6*:35 ; *J. 17*:23.
[652] Cf. *supra*, p. 255, n. 640 ; p. 255 s., n. 641-646.
[653] Cf. *supra*, p. 234, n. 537 (*Rom. 8*:29) ; p. 250 s., n. 625.
[654] Cf. Calvin : *Inst. Chrét.*, Liv. I, chap. I, § 1-2, avec cette ouverture célèbre : « Toute la somme presque de nostre sagesse, laquelle, à tout conter, mérite d'estre réputée vraye et entière sagesse, est située en deux parties : c'est qu'en cognoissant Dieu, chacun de nous aussi se cognoisse. Au reste, combien qu'elles soyent unies l'une à l'autre par beaucoup de liens, si n'est-il pas toutesfois aisé à discerner laquelle va devant et produit l'autre. Car en premier lieu, nul ne se peut contempler, qu'incontinent il ne tourne ses sens au regard de Dieu, auquel il vit et a sa vigueur... D'autre part, c'est chose notoire que l'homme ne parvient jamais à la pure cognoissance de soy-mesme, jusques à ce qu'il ait contemplé la face de Dieu, et que du regard d'icelle il descende à regarder à soy... Toutesfois combien qu'il y ait une liaison mutuelle entre la cognoissance de Dieu et de nous-mesmes et que l'une se rapporte à l'autre, si est-ce que l'ordre de bien enseigner requiert qu'en premier lieu nous traittions que c'est de cognoistre Dieu, pour venir au second poinct ».

table processus de toute idée qui germe et croît dans l'esprit humain [655]. En l'occurrence, et pour un aperçu théologique succinct, il était sans doute plus pratique d'adopter la démarche initiale de la foi pour laquelle, si tout ramène à Dieu, c'est que tout est parti de Lui [656].

On constatera d'abord, sans plus, qu'en ce qui touche l'anthropologie ou la psychologie de l'être humain, le courant prophétique de l'Ancien Testament n'a point d'apport particulier. Les éléments constitutifs de l'homme sont ceux que l'on a déjà signalés dans une tradition d'origine archaïque [657]. Quelques changements se produiront dans la littérature post-exilique, sous des influences étrangères, surtout celles de la pensée grecque [658]. L'écart entre l'âme et l'esprit sera de plus en plus réduit [659]. L'analyse se poursuit dans le Nouveau Testament, avec Paul qui distingue de la notion de cœur celle de conscience [660].

Quelle que soit la part de mysticisme qui soit entrée dans la piété des prophètes d'Israël [661], ils ont toujours maintenu la distance entre l'humain et le divin, entre l'homme et Dieu [662]. Le judaïsme post-exilique a résisté aux influences qui le poussaient non seulement à réduire cet intervalle, mais à le supprimer tout à fait dans une apothéose de l'homme [663] pour se fondre avec Dieu dans un magma panthéistique [664]. Pour le Nouveau Testament, la rencontre a eu lieu dans une

---

[655] Cf. *supra*, p. 37 s., p. 75 ss., p. 238, n. 559.

[656] On a procédé autrement p. 75 ss., où il s'agissait de l'approche archaïque des problèmes de l'homme, du monde, de Dieu. L'ordre d'un exposé n'est pas indifférent, mais n'a pas d'importance essentielle, pourvu que la tentation du dogmatisme soit évitée ou surmontée. Cela peut sembler plus facile en partant d'une connaissance de l'homme. Il n'y a, cependant, pas lieu d'en faire une question de principe, surtout quand on a affaire avec des auditeurs ou des lecteurs très au courant des faits et des idées. Un problème analogue est celui de la relation entre théocentrisme et anthropocentrisme où l'on a quelquefois versé dans le byzantinisme et la logomachie. Cf. H. Cl. : *L'Humanisme et la piété chrétienne*, *op. cit.* Cf. *supra*, p. 130, n. 185.

[657] Cf. *supra*, p. 75-81.

[658] Cf. *supra*, p. 78 s., n. 78; p. 137, n. 209; p. 226 s., n. 477; p, 241, n. 571; p. 247, n. 601.

[659] *Ibid.* Cf. Dihle : ψυχή *T.W.*, IX (1973), p. 630-633.

[660] Cf. *supra*, p. 78, n. 75; p. 173; p. 199 ss.; p. 237 s., n. 558.

[661] Cf. *supra*, p. 102 s., 114 s.

[662] *Ibid.* et p. 104, n. 43-44; p. 104 s., n. 45-53.

[663] *Ibid.* et *supra*, p. 95 ss. Sur la répulsion juive pour un θεῖος ἄνθρωπος à la manière d'Apollonius de Tyane ou d'Alexandre Abonotichos, cf. Dodd : *Man in God's design*, *op. cit.*, p. 14 ss.; M. Dibelius : *Le N.T. et l'Hist. d. Relig.*, in *Ét. Th. R.*, 1930, p. 214; 1931, p. 336 ss.

[664] Cf. *supra*, p. 104 s., n. 43-53.

personne, la personne de Jésus-Christ, Fils de l'Homme, Fils de Dieu. On a vu ce que pouvait signifier chacun de ces deux titres, et quelles sont leurs affinités [665]. Ils se rapprochent et finissent par se confondre dans le service et dans l'amour [666], sur le fond commun d'une parenté dès la création même de l'homme, à l'image et à la ressemblance de Dieu [667]. La transcendance divine est toujours maintenue, mais elle ressortit davantage à une éthique existentielle qu'à une essence métaphysique. La rupture entre l'homme et Dieu provient du péché de l'homme.

C'est l'homme qui, selon la tradition biblique unanime, a rompu avec Dieu en provoquant les réactions divines sur lesquelles l'Ancien Testament est prolixe. Le Nouveau Testament l'est moins, et le message évangélique suppose assez clairement que Dieu n'est pas devenu l'ennemi de l'homme, comme celui-ci l'a imaginé en déclarant la guerre à Dieu. La réconciliation, en somme, est unilatérale [668]. Elle consiste à ramener dans la vraie voie, la sienne, un homme totalement égaré, perverti par le mal, obnubilé dans ses propres fantasmes, au point de prendre pour un ennemi son allié de toujours, Dieu qui l'a créé par amour, et qui n'a jamais cessé de l'aimer [669]. Une conversion est donc nécessaire pour que l'homme retrouve sa voie, la voie que Dieu lui avait assignée, vers la plus heureuse destinée. Cette conversion implique évidemment le repentir d'avoir mal fait; mais ce n'est pas assez [670].

---

[665] Cf. *supra*, p. 123 s.; p. 158, n. 92; p. 202 s., n. 346, 348; p. 208, n. 391; p. 213, n. 412; p. 224, n. 466; p. 232 s., n. 518-521; p. 234, n. 538-541; p. 257; p. 258, n. 663.

[666] *Ibid.*

[667] Cf. *supra*, p. 112, n. 87-88; p. 234.

[668] Cf. *supra*, p. 181, n. 225; p. 255 s., n. 644-646.

[669] *Ibid.*

[670] Le repentir n'est qu'une étape où s'oriente et se précise le sentiment du péché, mais de manière surtout négative. Il faut que suive un mouvement positif, pour échapper aux refoulements et aux complexes. Une religion qui plonge l'homme dans la contemplation de sa misère et ne l'en sort pas assez tôt par un redressement nécessaire, accentue son déséquilibre et rend sa misère plus grande, peut-être irrémédiable. Car au stade obsédant, et parfois délirant, la « pénitence » apporte au péché même, par une sorte de fascination, l'énergie qui n'a pas été canalisée autrement. Le pénitent se plonge d'autant plus dans le péché que, par une pénitence plus intense et plus prolongée, l'idée même de ce péché est devenue, pour lui, plus précise et plus obsédante. Ce processus obéit à une loi que la psychothérapie a mise en lumière : la *loi de l'effort converti.* Cf. Dr. P. Tournier : *Médecine de la personne*, p. 3 ss., 135, 190, 222, etc., Neuchâtel-Paris, Delachaux-Niestlé, 1941; Dr. G. Liengme : *Pour apprendre à mieux vivre...* Neuchâtel, Attinger, 1936; H. Cl. : *L'Accès au R.*, op. cit., p. 70 ss.

Luther en a fait durement l'expérience et a flétri cette *Galgenreue*, cette contrition de

L'Ancien Testament déjà, dans son message prophétique, suggère un renouveau en profondeur, jusqu'où le péché a corrompu le cœur humain [671]. Le N.T. insiste sur la régénération que cela nécessite, pour que l'homme, après s'être retourné [672], se mette à marcher de l'avant. C'est une nouvelle naissance [673] qu'il faut à cet effet. L'homme,

---

potence qui l'avait torturé. Harnack : *Dogmeng.* III, p. 593 s. constate les effets néfastes de cette espèce de pénitence ruineuse de la religion et de la morale la plus simple (eine Verwüst. d. Relig. u. d. einfachst. Moral). La bulle de Léon X (1520) cite, pour le condamner, un sermon de Luther sur la Pénitence, où le Réformateur, par une remarquable intuition, décrit, avant la lettre, la loi de l'effort converti et son effet désastreux : « haec contritio facit hypocritam, immo magis peccatorem ». *Luther* revient souvent sur ce sujet et conclut dans son *Comment. s. l'ép. aux Rom.*, que le chrétien, *simul justus ac peccator*, ne se perd pas en émotions et en pratiques pénitentielles, mais poursuit hardiment, sa vie durant, sa conversion, en régénération. Cf. H. Strohl : ... *L'Évang. selon Luther, op. cit.*, p. 31, 34 ss., 44, 49, 109 (*supra*, p. 243, n. 585). Calvin, de son côté, stigmatise une pénitence légale qui devient un « portail d'enfer » comme elle était pour Luther, une « Galgenreue ». Cf. *Inst. chrét. Liv.* III, *C.* iii, § 4, 5.

[671] Cf. *Ps.* 38:4, 19. L'obsession de la faute s'exprime dans quelques textes de l'A.T. (*Ps. 32:3 ; 38:5-11, 18 s. ; 51:5*) ; mais l'issue positive est trouvée dans le pardon de Yahweh qui purifie (*Ps. 32:5 ; 51:9-14 ; És. 1:18 ; 38:17 ; Mic. 7:18 s. ; Jér. 50:20 ; Éz. 18:21-32 ; 33:16 ; És. 43:24 s. ; 44:22* etc.).

[672] Le verbe grec qui traduirait le plus exactement l'hébreu שׁוּב est ἐπιστρέφειν qui veut dire littéralement faire demi-tour, se retourner, et qui peut avoir aussi le sens de se convertir (cf. *Mc.* 4:12 ; cit. *És.* 6:10) par. *Mt.* 13:15 s., *J.* 12:40 ; *Act.* 9:35, etc.). Le substantif correspondant, ἐπιστροφή, au sens de conversion, est un hapax, en *Act.* 15:3. Par contre, le terme de choix pour cette désignation, μετάνοια se rencontre plus de vingt fois, et le verbe μετανοεῖν une trentaine de fois. Ce choix, moins adéquat littéralement, a une signification spirituelle. Autant et plus que le changement de position, il marque celui de mentalité, de νοῦς. La conversion s'intériorise et tend vers la nouvelle naissance, la régénération. Le mal est au-dedans, et c'est profond qu'il faut aller pour un changement intime qui soit une conversion réelle et durable. Jésus met le doigt sur la plaie que les psychologies classiques n'ont jamais osé reconnaître, quand il dit, dans les trois Synoptiques : Ce ne sont pas les bien portants (ou se croyant tels) qui ont besoin de médecin, mais les malades (*Mc.* 2:17 ; *Mt.* 9:12 ; *Lc.* 5:31). En se présentant comme ce médecin, dans le verset suivant des trois textes, il spécifie, selon *Luc* (5:32), qu'il est venu appeler les pécheurs, c'est à dire les malades, εἰς μετάνοιαν. Cf. H. Cl. : *L'A. au R... op. cit.*, p. 65 ss.

[673] *Idem.* Le terme qui, littéralement, désigne une nouvelle naissance, παλιγγενεσία a sa place dans le vocabulaire philosophique et mystique de la Grèce. Pythagore et les stoïciens l'appliquaient au renouvellement du Cosmos ou à son rétablissement cyclique, à chaque tour. Philon : *De aetern. mundi*, 47, 76, en fait mention. Il emploie, par analogie, le même terme pour désigner le renouveau du monde après le déluge (*Vita Mos.*, 2, 65). Cette palingénèse, selon certains, se fera par l'eau, à travers l'eau, comme la re-création d'un Cosmos issu, à l'origine, d'un chaos liquide. Certains cercles baptistes reprendront,

dès lors, a retrouvé son destin dans le dessein de Dieu, et les plus belles perspectives d'avenir lui sont ouvertes. Cet avenir, comme on l'a vu, a commencé en Christ, et c'est à sa stature qu'il s'agit d'aboutir [674].

L'évangile donnait à l'homme comme objectif de ressembler à Dieu [675], et Jésus en était le vivant exemple. Toute une théologie de l'homme y était impliquée, devant l'état de fait si distant de l'état de droit [676]. Les deux grands courants théologiques du N.T., le paulinien, le johannique, en ont tiré les conséquences, chacun à sa manière.

Ainsi, pour Paul, comme pour Jésus, l'homme présent, l'homme concret, c'est l'homme pécheur [677]. Mais le fond du tableau est plus sombre. Sans aller jusqu'à la corruption totale de la nature humaine, la théologie paulinienne insiste sur la contagion du mal dans tous les

---

en la modifiant, cette perspective, que l'on peut voir pointer en 1 *Pi.* *3*:21. Cf. M. Dibelius : Le *N.T.* & *l'Hist. d. R.*, art. cit.; Büchsel : γενέσις ... παλιγγενεσία, *T.W.*, I, 685-688.

Le sens mystique y est associé, comme peut-être en *Tite* *3*:5, tandis que l'autre texte du N.T. où se trouve le terme, *Mt.* *19*:28, ne vise que l'eschatologie. Quels que soient les parallèles mystériques de la palingénésie chrétienne, celle-ci paraît indemne de tout facteur magique, du moins à l'origine. Le symbolisme le plus cru de palingénèse mystique est celui de la *diksa* védique et brahmanique où se miment, de la manière la plus réaliste, les phases d'un accouchement. On peut en rapprocher aussi, en curieux parallèle à *J.* *3*:4, le rite figurant la renaissance d'Osiris. Cf. *supra*, p. 231 ; A. Moret : *Mystères égypt.*, Paris, 1925.

[674] Cf. *Gal.* *4*:19 ; *Éph.* *4*:13. Cf. *supra*, p. 131 s., n. 188 ; p. 181, n. 226.

[675] *Mt.* *5*:48. Cf. *supra*, p. 112 ; 234, n. 535-541 ; 239, n. 564 ; 255 s. La septième Béatitude (*Mt.* *5*:9) trace un trait capital de cette ressemblance avec Dieu, le Dieu de paix. Les artisans de paix seront reconnus, à ce titre, et proclamés (κληθήσονται) fils de Dieu.

[676] En fait, l'homme est « déshumanisé », et sa nature « dénaturée » à tel point par le mal, que sa filialité par ressemblance divine est obscurcie, oblitérée, parfois comme effacée. Si, par un péché volontaire, délibéré et obstiné, l'homme en venait à faire disparaître toute trace de son origine et de sa parenté divines, il serait devenu un démon, un enfant du diable (*J.* *8*:44). Le risque est bien réel, et Jésus met en garde solennellement ceux qui vilainement et méchamment l'accusent d'être lui-même un agent de Béelzébul, par le pouvoir duquel il guérirait. Ils sont en voie de commettre le péché de non-retour, le péché pour lequel il n'y a point de pardon, parce que le coupable s'est fermé à lui-même la voie du repentir, le péché contre l'Esprit. Cf. *Mc.* *3*:29 ; *par.* en *Mt.* *12*:31 ; *Lc.* *12*:10.

Ainsi, dans la relation entre l'homme et Dieu, la filialité et la paternité s'expriment par une ressemblance morale et spirituelle ; elles croissent ou s'atténuent suivant que cette ressemblance augmente ou diminue. Ce qui fait que la paternité de Dieu s'étend encore à l'homme pécheur, c'est que cet homme ressemble encore à Dieu, c'est que sa corruption n'est point totale, irrémédiable ; ne fût-il plus qu'un lumignon fumeux, Jésus a le pouvoir de ranimer sa flamme sur le point de s'éteindre (cf. *Mt.* *12*:20, cit. *És.* *42*:3). Mais s'il n'y a plus de lumière du tout, « combien grandes les ténèbres ! » (*Mt.* *6*:23).

[677] Cf. *supra*, p. 259s., n. 670, 672. Comp. *Mt.* *7*:11 (*par. Lc.* *11*:13) et *Rom.* *3*:9 ss. ; *7*:14 ss., etc.

domaines et sur sa pénétration au plus profond de l'homme [678]. Quand Jésus se présente comme le médecin d'un tel malade [679], son pronostic n'est aussi noir que si le malade ne veut même pas reconnaître son mal et se refuse à se laisser soigner. En dehors de cette attitude négative, tous les espoirs sont permis [680]. L'analyse de Paul ne le conduit sans doute pas à des conclusions opposées, mais sa perspective est moins claire. C'est ce qui ressort, dans une certaine confusion, de sa théologie de la chair [681] et de ses réflexions sur le monde [682].

---

[678] Cf. *R. 1*:21-32; *3*:9 ss.; *7*:14 ss., etc.

[679] Cf. *supra*, p. 260, n. 672.

[680] Cf. *supra*, p. 251 ss., n. 626; 256, n. 646; 261, n. 676.

[681] Cf. *supra*, p. 226 s., n. 477. Le mot σάρξ figure environ 150 fois dans le N.T., dont près de 100 fois dans les épîtres pauliniennes. Le seul groupe des 4 grandes épîtres : *Rom.*, 1 et 2 *Cor*, *Gal.* l'utilise environ 70 fois. Quant aux adjectifs formés sur σάρξ, l'un, σαρκινός est un hapax, en 2 *Cor. 3*:3; l'autre, σαρκικός n'apparaît que dans *Rom.*, 1 et 2 *Cor.* (8 fois), et 2 fois en *Hb.* et 1 *Pi.* que l'on compte comme écrits deutéro-pauliniens. Cette simple énumération montre déjà l'importance du terme dans le vocabulaire paulinien. L'intérêt qu'il présente est accru par la multiplicité des sens qu'il peut revêtir dans la pensée de Paul. De la substance carnée du corps, acception originelle, la chair passe à toute une gamme de significations plus amples ou plus profondes, jusqu'à friser une position analogue à celle de la matière dans le dualisme platonicien. Telle devient parfois, dans la théologie paulinienne, ou tend à devenir, l'opposition de la chair à l'esprit. Paul s'est pourtant gardé de cette extrémité, par sa foi en l'incarnation du Christ.

Ainsi, la chair n'est plus seulement la viande qu'elle serait dans la querelle au sujet des aliments, si le mot y était employé, ce qui n'est pas (1 *Cor.* 8:1, 4, 7, 10, 13). Le terme est déjà nuancé autrement en 1 *Cor.* 15:39 où il est comme enserré par σῶμα aux versets précédents et suivants. Et quand on s'attendait à trouver, un peu plus loin, un corps de chair ou un corps charnel (ce qui n'est pas la même chose) opposé au corps spirituel, on est surpris de tomber sur un corps psychique (cf. *supra*, p. 226 s., n. 477). La neutralité de la chair, de ce qui est en chair (ἐν σαρκί, σαρκινός) est difficile à maintenir et à préserver d'une incompatibilité radicale avec ce qui est en esprit (cf. *R.* 8:8 s.). On voisine alors, dans une certaine confusion, avec un σαρκικός ou un κατὰ σάρκα, au sens caractéristique de la pensée et du style pauliniens, un sens nettement péjoratif. Aussi, quand Paul écrit en 2 *Cor.* 5:16, qu'il ne veut plus connaître personne κατὰ σάρκα, comme il a connu autrefois le Christ (le Messie), cela n'implique nullement qu'il ait rencontré Jésus, bien que cela ne soit pas rigoureusement exclu. Cela signifie que, d'une connaissance rudimentaire, superficielle, imparfaite du Messie, ou de Jésus en tant que tel, Paul est passé à une connaissance tout autre et d'ordre spirituel. Il reste qu'à l'encontre des rédempteurs gnostiques, le Christ est venu ἐν σαρκί, pour vivre, dans une histoire humaine, une existence humaine. Tel est le sens de ce qui pourrait être le premier article d'une première confession de foi spécifiquement chrétienne. Cf. 1 *Tim.* 3:16; 1 *Jean*, 4:1-3; comp. *J. 1*:14. Cf. H. Cl. : *L'Accès eu R.*, *op. cit.*, p. 22, 38 ss.; E. Schweizer : σάρξ, *T.W.*, VII, p. 118-151 (*id.* Baumgärtel, Meyer, p. 98-118); Schweizer : σῶμα, *ibid.*, p. 1024-1091.

[682] Cf. *supra*, p. 81 s., n. 92-96; 253, n. 628; p 256, n. 646; H. Sasse : κόσμος, *T.W.*, III,

Néanmoins, si atteinte et malade qu'elle soit, la nature humaine est encore rédemptible et la lumière du kerygma évangélique luit aussi dans le paulinien. La révélation naturelle [683] et la loi naturelle ne sont pas totalement obscurcies [684]. La conscience peut encore se faire entendre en l'homme pécheur, comme la voix de Dieu [685]. Il y a de l'espoir, en Christ, pour l'avenir de l'homme [686], voire une pleine assurance [687] pour les élus et rachetés de Jésus-Christ [688].

Dans le johannisme où l'éclairage est différent [689], et les dualités encore plus accentuées que dans le paulinisme [690], sans aller toutefois jusqu'à rupture [691], la chair n'a pas la même diversité de sens [692];

---

p. 867-898; H. Cl., *Le milieu cosmique...*, in *L'homme ds. le dessein de D., op. cit.*, p. 63 ss. S'il y a, dans le N.T., des textes qui rendent l'écho des conceptions populaires du *Cosmos* et de leurs perspectives eschatologiques (cf. *supra*, p. 221 s., n. 453-454; 223 ss., n. 463, 472, 476; 226 s., n. 477), d'autres vont plus profond. Le rétablissement du cosmos en catastrophe, son *apocatastase*, y tourne en *palingénèse*, au sens intime, en renaissance, en nouvelle naissance (*supra*, p. 260 s., n. 673).

Dans le N.T. comme dans l'A.T., mais davantage, les valeurs éthiques et spirituelles prévalent sur les cosmiques en tant que matérielles, et cela sous le chef du Dieu créateur, unique et saint. C'est au point que le renouvellement du Cosmos dépendrait du renouveau intérieur, plutôt que le contraire. Ainsi, le cœur nouveau d'*Ézéch. 18:31; 36:26* préluderait au monde nouveau, plutôt que le monde nouveau au cœur nouveau. Il en va de même, *a fortiori* dans le N.T. où le Cosmos en vient à perdre sa bonté originelle, ou sa neutralité, et à se pervertir, par un processus analogue à celui qui finit par opposer σάρξ à πνεῦμα. Paul parlera même d'un « esprit du monde » contraire à l'esprit qui vient de Dieu (1 *Cor.* 2:12. Comp. 1:21; 3:19; *Gal.* 6:14, et l'antagonisme entre le dieu de ce siècle, τοῦ αἰῶνος τούτου et l'Évangile du Christ qui est l'image de Dieu, ce siècle ou cet éon mauvais auquel Jésus-Christ nous arrache, 2 *Cor.* 4:4; *Gal.* 1:3 s., etc.). La limite entre un dualisme moral et un dualisme métaphysique est, de nouveau, bien près d'être franchie. Néanmoins, dans beaucoup de cas, les termes en question gardent leur sens normal, comme dans la formule courante : aux siècles des siècles, ou : dans tous les âges, etc. ; la création du monde, etc. Cette création qui fut bonne, à sa genèse (*Gen. 1:12*, 18, etc.), a été gâtée par le mal et a besoin d'une rédemption. Paul la voit tout entière gémissant sous l'esclavage de la corruption et dans l'attente anxieuse de la révélation des fils de Dieu (*Rom.* 8:19-22). Cf. *supra*, p. 200, n. 335; p. 241 s., n. 573, 579; p. 254, n. 632).

[683] Cf. *R. 1:19 ss.*, *supra*, p. 248, n. 604-610; p. 248 s., n. 611-613, 617.
[684] Cf. *R. 2:14 s.*, *supra*, p. 200, n. 329-335; p. 247, n. 601.
[685] *Ibid.* et p. 249, n. 620-621.
[686] Cf. *supra*, p. 234, n. 534-537.
[687] παρρησία, cf. *Philip. 1:20 s. Comp. Hb. 3:6; 10:35; 1 J. 2:28; 4:17*.
[688] Cf. 1 *Thess. 5:9 s.; 2 Thess. 1:7; 2.13 ss.; 1 Cor. 15:20, 23, 49 ss.*, etc.; *supra*, p. 131 s., n. 188-189.
[689] Cf. *supra*, p. 129 s., n. 178-184; p. 130 s., n. 185-187; p. 234, n. 538-541.
[690] *Ibid.* et p. 125 s., n. 167, 169.
[691] *Ibid.*, le texte-clef étant toujours : *J. 1:14*.
[692] Cf. *supra*, n. 685. Sur les quelque cent cinquante mentions de σάρξ dans le N.T.,

mais le monde y supplée [693]. Le péché y est-il, pour autant, moins intime, dans une nature dénaturée ? Il ne le semble pas, puisque le johannisme insiste sur la nouvelle naissance [694], et la conformité totale à Christ comme objectif suprême [695].

---

l'évangile selon Jean n'en présente que douze, dont six au chap. *6* au sens de chair du Fils, que l'on mange symboliquement, comme l'on boit son sang, pour avoir la Vie éternelle. Mais un septième et dernier usage du terme dans le même chapitre marque une différence radicale avec l'esprit qui vivifie. L'opposition est accentuée en *J. 1*:13; *3*:6. En *8*:15, apparaît un κατὰ τὴν σάρκα très proche du κατὰ σάρκα paulinien. Une nuance péjorative analogue à celle de *J. 1*:13, se retrouve en 1 *J. 2*:16, tandis que 1 *J. 4*:2 et 2 *J. 7* rappellent *J. 1*:14. Quant à l'*Apoc.* où le terme figure 7 fois, dont 5 dans un seul verset (*19*:18) il signifie la substance carnée (*comp.* 1 *Cor. 15*:39).

[693] Cf. *supra*, p. 253, n. 628; p. 262 s., n. 682. Κόσμος figure environ 175 fois dans le N.T., dont 78 dans le 4e évangile et 23 dans la 1e ép. de Jean, 1 dans la 2e et 2 dans l'Apoc. Les écrits paulin. et deutéro-paulin. y comptent pour près de 60. La proportion est donc de beaucoup la plus élevée en *J.* et 1 *J.* qui, réunis, atteignent la centaine. Plus significatif encore est le fait que, dans la grande majorité des cas, *Cosmos* est le monde pécheur et ténébreux en opposition radicale à la Lumière, à la Vérité, à Dieu et à son Fils, soit, avec des nuances variées, environ 50 fois dans l'évangile et 20 fois dans la 1er épître. La frontière d'un dualisme non seulement éthique, moral, mais essentiel, métaphysique, paraît être franchie, sous l'influence hellénistique; mais ce n'est qu'un flottement, comme pour l'opposition paulinienne, et parfois johannique, entre la chair et l'esprit (*supra*, n. 681-682, 692). C'est en *J. 3*:16 que se trouve l'affirmation la plus nette d'une possibilité de rédemption pour un monde qui n'est donc pas entièrement corrompu : « Dieu a tant aimé le monde... », comme c'est en *J. 1*:14 que l'Incarnation est proclamée de la manière la plus précise : « Le Logos est devenu chair ». (Comp. pour *kosmos*, dans cette perspective : *J. 1*:29; *3*:17; *6*:51; *12*:47; *17*:21; 1 *J. 2*:2; 14; 2 *Cor. 5*:19; pour *sarx* : *J. 6*:51, 52, 53, 54, 55, 56; 1 *J. 4*:2; 2 *J.* :7; 1 *Cor. 15*:39; 2 *Cor. 4*:11, etc. (*supra*, n. 681).

Le monde est donc « rédemptible », et ne peut obtenir sa rédemption qu'en Jésus-Christ, avec celle de l'humanité (cf. *J. 1*:29; *3*:17; *6*:51; 1 *J. 2*:2; *4*:14; *comp.* 2 *Cor. 5*:19; *R. 8*:19-23). Ce n'est pas la rédemption du monde qui entraînera celle de l'homme, mais l'inverse (*supra*, n. 682). Cet ordre est respecté jusque dans le contexte violemment apocalyptique de 2 *Pi. 3*:12, où la proximité du renouvellement universel peut être hâtée par la conduite et la piété des fidèles. Cette dépendance relative n'est pas celle que la pensée confucianiste ou bouddhique attribue à l'ordre cosmique par rapport à l'ordre humain, en dehors de toute action divine. Avec la méditation biblique, tout se passe sous le chef du Dieu souverain : « Yahweh règne, et le monde est solide » (*Ps. 96*:10). La ligne originale du N.T. est tracée par la subordination de l'avenir et du salut humains, non aux circonstances externes ou au milieu cosmique, mais à des conditions internes, lesquelles dépendent elles mêmes de la relation avec Dieu, par sa grâce et dans la foi en Jésus-Christ (*supra*, p. 000, n. 627; p. 000, n. 644-646). Sur la relation de l'ordre cosmique à l'ordre humain dans les cosmologies comparées, cf. Masson-Oursel : *La philosophie en Orient*, p. 126 ss., Paris, Alcan, 1938, et art. *Cosmology*, in *E.R.E.*, vol. IV, *passim*.

[694] Cf. *supra*, p. 259 s.; *comp.* p. 131 s., n. 188.

[695] *Comp.* 1 *J. 3*:2 et *Éph. 4*:13.

c) *La pensée prophétique sur le culte que l'homme doit rendre à Dieu, et à Dieu seul.* Le culte, comme on le verra de plus près au chapitre suivant, peut être entendu comme interne ou externe, le second supposant normalement le premier. Ce lien naturel est souvent rompu dans une extériorisation excessive ou déviée. Les prophètes d'Israël se sont attachés fortement à le renouer. Après les outrances ritualistes, sacerdotales et cléricales de la période post-exilique, le Nouveau Testament, renouant avec les prophètes, a fait ressortir le caractère intime du culte, celui que Dieu attend, qui n'est dû qu'à Lui seul : le culte en esprit et en vérité [696].

Amos, le plus ancien des prophètes écrivains, donne le ton dans cette condamnation que prononce Yahweh sur le culte dévié qui lui est offert : « Je hais, je méprise vos fêtes solennelles ; je ne prends point plaisir à vos assemblées. Quand vous m'offrez des holocaustes et des oblations, je ne puis les agréer ; je ne fais aucun cas des bêtes grasses de vos sacrifices. Éloignez de moi le bruit de vos cantiques : Je ne veux pas entendre le son de vos harpes. Faites plutôt couler le bon droit comme de l'eau, et la justice comme une fleuve intarissable » [697]. Le même Amos, dans un affrontement au symbolisme saisissant, tient tête au prêtre Amatsia, en condamnant dans sa personne les abus du cléricalisme et l'alliance du trône et de l'autel [698].

Ce qu'Amos pensait du culte sans esprit, tel qu'il était rendu dans le royaume du Nord, Osée, au siècle suivant, le proclame, en termes analogues, au royaume du Sud, et pareillement, comme un oracle de Yahweh : « Que puis-je faire pour toi, Éphraïm, que puis-je faire pour toi, Juda ? Votre piété est pareille à une nuée matinale, à la rosée qui se dissipe dès le matin. C'est pourquoi, je vous ai châtiés par l'intermédiaire des prophètes ; je vous ai fait périr par les paroles de ma bouche ; c'est ainsi que mes jugements éclatent à la lumière. Car je prends plaisir à la bonté et non aux sacrifices, à la connaissance de Dieu plutôt qu'aux holocaustes » [699].

La même note retentit puissamment avec Ésaïe, dans son oracle inaugural, avec Michée qui se pose le problème du comportement devant Dieu [700]. Jérémie ajoute même à cet antiritualisme, en con-

---

[696] Cf. *J.* 4:23 s.
[697] Cf. *Amos,* 5:21-24 et *supra,* p. 152, n. 39-40.
[698] *Ibid.* 4:10-17.
[699] Cf. *Osée,* 6:4-6, et *supra,* p. 115, n. 113 ; p. 152, n. 41-43 ; p. 177 s., n. 213-214.
[700] Cf. *Ésaïe, 1*:10-17 ; *Mich.* 6:6-8 ; *supra,* p. 115, n. 111 s. ; p. 153, n. 45 s. ; p. 153 s., n. 47-57.

testant l'origine divine des commandements sur les sacrifices. Dans l'alliance nouvelle qu'il annonce, la loi sera écrite dans les cœurs [701]. En recueillant à travers le message de Jésus, cet héritage spirituel, Paul exhortera ses Corinthiens à porter en eux-mêmes cette loi intérieure inscrite par l'Esprit du Dieu vivant, non sur des tables de pierre, mais sur des tables de chair, sur les cœurs [702]. Il n'est pas jusqu'à Ézéchiel sacrificateur, mais néanmoins prophète, et grand prophète, à ses heures, qui n'ait prêché le cœur nouveau et l'esprit nouveau. La lutte entre cet esprit et les fonctions rituelles du prêtre perce à travers l'étrange vision, mi-réaliste, mi-symbolique, de la restauration du culte dans le temple de Jérusalem, tel qu'il doit être méthodiquement reconstruit [703]. Pour l'auteur de l'épître aux *Hébreux*, ce culte n'a jamais été que l'image et l'ombre des réalités célestes qui en sont le modèle ou le type [704]. La « spiritualisation » par « dé-matérialisation » qui est l'un des caractères du prophétisme [705], est ici accentuée sous des influences étrangères [706]. La « dé-ritualisation » ne suit pas fatalement le même processus, bien qu'elle y tende normalement. L'usage du symbolisme peut ouvrir aux pratiques rituelles des voies de dégagement et des itinéraires détournés [707]. Il n'en est pas ainsi dans l'Évangile.

Contrastant avec le ritualisme qui sévissait non seulement au Temple, mais chez des marginaux comme à Qoumrân [708], le kerygma évangélique appelle au culte le plus pur et le plus dégagé des superfétations qui en alourdissent l'élan et en encombrent le chemin. La synagogue [709], bien que tenue, par rapport au Temple, pour une sorte de pis-aller, simplifiait pratiquement et par nécessité ; elle pouvait, en une certaine mesure, déblayer le terrain, mais l'esprit des grands prophètes n'y

---

[701] Cf. *Jér. 6:20; 7:22; 31:33*; *supra*, p. 154 s., n. 59-65 ; p. 115, n. 114-115 ; p. 200, n. 334 ; p. 208, n. 384, 386.

[702] Cf. 2 *Cor. 3:3*; *supra*, p. 200, n. 334.

[703] Cf. *Ézéch. 18:31; 33:11; 36:26; 40-43*; *supra*, p. 155, n. 70-p. 156, n. 75 ; p. 239, n. 562 ; p. 238, n. 560, p. 240, n. 561, 567 ; p. 208, n. 387-390.

[704] Cf. *Hb. 9:24*; *supra*, p. 7, n. 20 ; p. 136-137 ; Goppelt : $\tau \acute{u} \pi o s$, *T.W.*, VIII, 246-260 ; *Hb. 8:5; 10:1*; *comp. Col. 2:17*; cf. Schulz : $\sigma \kappa \acute{\iota} \alpha$, *T.W.*, VII, 396-401.

[705] Cf. *supra*, p. 236, n. 550 ; p. 236, n. 551.

[706] Cf. *supra*, p. 253 s., n. 631. Cf., par contre, Goppelt : *art. cit.*, p. 259 ($\tau \acute{u} \pi o s$).

[707] Cf. *supra*, p. 132-138.

[708] Cf. *supra*, p. 253 s., n. 631, *in fine*.

[709] Cf. J. Bonsirven : *Le Judaïsme...*, *op. cit.*, II, p. 136 ss. ; Guignebert : *Le monde juif...*, *op. cit.*, p. 98 ss., etc., et *infra*, p. 284 ss.

soufflait guère. Jésus a retrouvé à la source leur inspiration, plus pure et plus puissante, à tel point que le culte espéré par eux peut se réaliser, en esprit et en vérité [710].

---

[710] Cf. *supra*, p. 189, n. 268-270; p. 265, n. 696.

CHAPITRE IV

LE COURANT CULTUEL ET LA PENSÉE BIBLIQUE

L'étude du courant cultuel est maintenant requise, et cela d'autant plus que la Thora proprement dite, au centre du culte juif, est une compilation sacerdotale dont l'influence sur la pensée biblique est considérable. Mais l'action du culte s'est exercée encore par d'autres voies plus directes, ou moins déviées, que celle d'une institution complexe et soigneusement élaborée. Qu'est-ce donc que le culte ?

1. *L'ambiguïté du Culte*

Si l'on en juge par l'étymologie [1], le culte est non seulement la pratique d'une religion, mais une attitude intérieure. Le culte rendu

---

[1] *Le Culte*, du latin *cultus*, formé sur le supin, *cultum*, du verbe *colere* qui veut dire *cultiver*, s'applique à la pratique, à l'exercice, à la culture de la religion. *Deos colere* (Cic.) signifie honorer les dieux, avec tout le respect et la vénération qui leur sont dus. Le culte est donc aussi un respect, une vénération à caractère religieux, mais dont l'objet peut être autre qu'une divinité. On peut avoir le culte de la patrie, de la famille; mais cet usage serait tenu pour douteux par la Bible, en tant qu'il pourrait exprimer ou suggérer quelque idolâtrie.

Les deux faces du culte sont offertes également dans le grec du N.T., par le verbe λατρεύειν (21 f.) et le substantif λατρεία (5 f.). La nuance étymologique du salaire (λάτρον), du service rétribué, au sens profane, ne laisse plus que la notion de service religieux. L'hébreu עָבַד est traduit dans la LXX par λατρεύειν quand il s'agit de service religieux, et par δουλεύειν dans le cas d'un service ordinaire.

Des offrandes et du sacrifice dans l'A.T., le service ira, dans le N.T., jusqu'à s'offrir soi-même, en sa personne, dans son corps, entièrement à Dieu, et Paul dira que c'est logique ou raisonnable (*R. 12:1*). Strathmann : λατρεύω ..., *T.W.*, IV, 65 s. estime que c'est, effectivement, l'aboutissement logique du renouveau de la pensée biblique en Christ, et comme le couronnement (die Krönung) de la notion de culte. Dans le cadre judéo-hellénistique des deux théologies, la paulinienne, la johannique, nous serions là tout proche du culte en esprit et en vérité de *J. 4:23* s. Cf. Lietzmann : *ad loc.*, *Hndb. N.T.*, III, p. 61, Tübingen, Mohr.

Mais c'est un autre mot que nous trouvons dans ce dernier texte, avec d'autres nuances, pour désigner l'acte du culte : προσκυνεῖν (57 f. ds. le N.T.) évoque le baiser du sujet ou du fidèle au prince ou au dieu devant lequel il s'incline ou se prosterne jusqu'à terre. Il s'agit, en *J. 4:23* s., d'un culte d'adoration. Cf. Greeven : προσκυνέω ..., *T.W.*, VI, 759-767. (προσκυνητής, *id.*, *hap.* du N.T. 3 f. *J. 4:23* s.)

Un troisième terme, λειτουργία (6 f.), avec verbe λειτουργεῖν (3 f.), substantif λειτουργός (5 f.), adjectif λειτουργικός (1 f.), peut aussi désigner le culte, en mettant l'accent

intimement à la divinité s'alimente aux mêmes sources que le courant mystique. Il peut même le suivre jusqu'en ses déviations, non seulement dans les sociétés archaïques, et sous des formes repoussantes, mais dans des sociétés beaucoup plus évoluées. Il s'en distingue et en diverge, d'autre part, au fur et à mesure que la pratique externe, ses rites et ses institutions pèsent plus lourdement sur la vie intérieure et font obstacle à l'élan spirituel. Dans le langage courant, le culte est un exercice plutôt qu'un état d'âme ; on ne pense pas toujours à cette ambiguïté du culte. On va même jusqu'à confondre la religion avec les pratiques sensibles, parfois les plus sensationnelles [2], en oubliant qu'elle aussi, comme le culte et avec lui, a son intimité, sans laquelle elle perd sa raison d'être, sa vérité, sa vie.

L'importance et la complexité croissantes des rites et du cérémoniel ont rendu de plus en plus indispensables le rôle et les fonctions de l'officiant. Nul ne peut se substituer à lui dans une spécialité à laquelle il est initié et dont il a l'expérience. Irremplaçable dans la médiation qu'il exerce, dispensateur des grâces divines, il est le substitut de la divinité dont le pouvoir agit dans son office et dans ses gestes rituels, *ex opere operato*, par une vertu magique. Telle est l'apparence qu'il prend aux yeux des fidèles, quelle que soit sa dignité (ou son indignité) morale.

Le sacerdotalisme ou le cléricalisme ont sur le dogme une action manifeste qui rejaillit sur eux, en assurant la position du sacerdoce et des clercs. De développement en développement, le dogme agissant sur le rite, et vice versa, on en vient à une complexité telle que le clerc seul pourra s'y retrouver. Le fidèle s'en remettra entièrement à lui de sa pratique et de sa foi. On croira faire son salut en adhérant, les yeux fermés, à une doctrine, sans même chercher à la comprendre, à une

---

sur l'aspect social, communautaire, populaire du service ou de l'œuvre, suivant l'étymologie (λαός - ἔργ). Cf. Strathmann : λειτουργεῖν ..., *T.W.*, IV, 232-238.

D'autres termes servent à désigner tel ou tel aspect du culte, mais n'ont pas la même spécificité : Ainsi, δουλεία, δουλεύειν, εὐλάβεια, εὐσέβεια, θρησκεία, σεβέσθαι, etc. Si l'on revient aux trois premiers, pour remonter à l'A.T., en passant par la LXX, on trouve plusieurs termes hébreux correspondants. Le plus usité pour désigner le culte, est, comme on l'a vu, de racine עבד au sens étymologique très fort, allant de service d'esclave à d'autres formes de service. Toutes les vertus du service divin sont concentrées, pour les auteurs du N.T., dans l'œuvre et la personne de celui qui a choisi d'être le serviteur des hommes en même temps que celui de Dieu, le véritable עֶבֶד יְהוָה.

[2] C'est ainsi qu'après avoir contemplé une incinération rituelle sur les rives du Gange, un historien des religions, et non des moindres, s'écriait, avec un certain enthousiasme : Voilà de la religion ! Cf. *supra*, p. 95, n. 1.

pratique agissant d'elle-même, coupée du fondement spirituel et moral, seul garant de son authenticité, de sa sincérité, de sa vitalité. Les risques graves d'une telle attitude : aveuglement, formalisme, pharisaïsme, hypocrisie, ont été démasqués par les prophètes et stigmatisés par Jésus [3].

Au fond, l'ambiguïté du culte n'est qu'une expression particulière, parmi d'autres, de la tension générale et permanente entre la réalité intérieure et sa forme sensible. Il en allait de même entre l'âme et le corps, entre la chair et l'esprit. Quand il s'agit du culte qui, de privé doit devenir public, et de l'individu s'étendre à une communauté, le parallèle le plus proche est la tension entre l'événement spirituel et l'institution qui favorise, consolide et perpétue cette extension. Une communauté cohérente est l'organisme nécessaire à cette propagation, avec ses règles et ses lois, ses officiants, ses fonctionnaires, son administration. L'utilité de ces organes intermédiaires ne se discute pas, tant qu'ils restent réduits à la portion congrue ; mais en proliférant, comme quelque tissu cancéreux, ils menacent la vie qui fait vivre l'organisme dans son ensemble. Ils accentuent, à proportion de leur complexité, la tension et l'ambiguïté d'une institution qui risque de n'être plus qu'un « sépulcre blanchi » [4]. Ce redoutable processus menace également le culte, dont on peut dire, comme de ses parallèles : *corruptio optimi pessima*. L'histoire en offre maints exemples [5].

2. *Aperçu historique du culte dans la Bible*

La mise en forme d'une documentation variée, dans le moule sacerdotal de l'A.T., a exercé son influence sur la perspective générale du culte, mais sans effacer toutes traces de ses origines et de ses développements antérieurs. Les aperçus que l'on va prendre permettront de mieux suivre la pensée cultuelle dans son cours. Ils seront d'autant plus brefs que les courants déjà étudiés ont eu un écoulement parallèle, auquel on pourra souvent se référer.

---

[3] Cf. *supra*, p. 152-153, 188 s., 265-267, etc. ; p. 88, n. 127.

[4] Cf. *Mt. 23:27* ; *comp. Act. 23:3*.

[5] H. B. Alexander : *Worship (primitive)*, *E.R.E.*, XII, 752 ss. croit que dans l'A.T., comme ailleurs, le culte a commencé par des états chamanistiques. Puis est venu un maître, une personnalité à la fois éthique et mystique, pour épurer et normaliser en rituel ces formes anarchiques. Cette ritualisation qui accompagne la promotion sociale du culte, cède au risque des syncrétismes, jusqu'à ce qu'un prophète réformateur reconduise le culte à ses normes. Le processus ainsi schématisé et simplifié, paraît abstrait et pas toujours conforme à la réalité des faits concrets.

a) *Des origines à Moïse.* Sans compter les contaminations de cultes étrangers avant l'établissement en Canaan, où elles furent nombreuses et massives, on imagine ce que pouvait être le culte hébreu avant Abraham [6]. Les documents ne manquent pas sur ce qu'il fut chez les Sémites d'Accad ou de Babylone, sous l'influence de Sumer vaincue [7]. On peut même faire état, si l'on veut, d'analogies avec des cultes archaïques, lesquels trouveraient encore aujourd'hui quelques parallèles raréfiés dans des peuplades soi-disant primitives [8].

Si l'on prend les documents bibliques tels qu'il sont, dans l'ordre où ils sont présentés, sans tenir compte de leur mise en forme, on rencontre, en *Gen. 4*:2-16, le récit de Caïn et Abel et de leurs offrandes à Yahweh (3-4). L'offrande du laboureur Caïn consistait en « fruits de la terre » ; celle du berger Abel « en premiers nés de son troupeau, avec leurs graisses ». Le récit n'est pas du rédacteur sacerdotal, pour qui un sacrifice sanglant aurait plus de sens et de valeur qu'une oblation de fruits. Il est du yahwiste qui aurait pu marquer une préférence pour le berger nomade, précurseur, à ce titre, d'Israël au désert, opposé au cultivateur sédentaire. Mais ce n'est ni pour l'une, ni pour l'autre raison que Yahweh agrée le sacrifice plutôt que l'oblation. C'est la disposition intérieure qui compte, comme l'indique l'alternative posée par Dieu à Caïn avant son crime : dominer les mauvais sentiments, ou s'y abandonner pour le péché qui « guette à la porte » (*Gen. 4*:7).

Avec les holocaustes que *Noé*, au sortir de l'arche, offre sur l'autel qu'il a bâti à Yahweh (*Gen. 8*:20 ss.), on passe d'un acte individuel de culte à une forme collective. Noé le fait en tant que représentant de ce qui a survécu au déluge et comme chef de famille, c'est à dire de l'humanité survivante. Le document sacerdotal, qui suit le yahwiste, adresse à ces rescapés le même impératif qu'à la Création : « Croissez et multipliez » [9].

Les actes cultuels qui suivent sont ceux d'*Abram*, sur les autels qu'il a construits à Yahweh [10]. Le plus marquant est celui de l'alliance, avec

---

[6] Cf. *supra*, p. 63 s., 98 s.

[7] *Idem* et *supra*, p. 62, n. 3 ; p. 64, n. 9-12.

[8] Cf. *supra*, p. 22, n. 83 ; 64, n. 13 ; 76, n. 68 ; 80 s., n. 86, 89 ; 87, n. 125 ; H. Cl. : *Method. in Religiongesch.*, in ... *Wesen d. Religionswissenschaft*, p. 285 ss., Darmstadt, Wissenchaft. Buchgesell., 1974.

[9] *Comp. Gen. 9*:7 et *1*:28.

[10] Abram, en *Gen. 12*:7 « bâtit un autel à Yahweh qui lui était apparu », une théophanie qui évoque un état mystique (*supra*, p. 103, n. 40 ss.). Mais un autel ainsi dressé peut devenir, en même temps qu'un mémorial, un lieu de culte, comme en *Gen. 12*:8 ; *13*:4, 18 (*supra, idem*).

son caractère de communion [11]. Quant au sacrifice d'Isaac, brusquement interrompu sur ordre de Yahweh, et suivi du renouvellement de la promesse, il est aussi chargé de signification [12]. Dans d'autres circonstances, le patriarche officie comme chef de famille ou de clan [13]. C'est le premier aspect typique d'une fonction sacerdotale. L'union de la communauté se manifeste et se resserre par les rites cultuels, et spécialement par l'immolation d'une victime sacrifiée dont le sang, offert à la divinité, renforce, rétablit ou prolonge le lien de consanguinité consacré par elle [14].

Il y avait aussi, et, vraisemblablement, depuis les temps les plus anciens, des personnages mystérieux qui, pour des raisons variées, étaient considérés comme en rapport spécial avec le divin ou la divinité [15]. On les consultait à ce titre, et de leurs fonctions diverses pouvait se dégager une sorte de sacerdoce. S'ils étaient attachés à quelque lieu sacré, c'est là qu'on venait consulter leurs oracles. Ils les rendaient selon des procédés ou rites particuliers, dont celui qui

---

[11] Cf. *Gen. 15*:7-21; *supra*, p. 89, n. 132; 104, n. 44; 205, n. 365. *Jér. 34*:18-20, suggère un rite semblable pour d'autres contrats d'alliance, comme un affranchissement légal. Un autre rite d'accord, dont le fond mythique est différent, est celui du serment, tel qu'il est présenté en *Gen. 24*:2, 9; *47*:29, *supra*, p. 89, n. 132.

[12] Cf. *Gen. 22*:1-18; *supra*, p. 90, n. 135; 205, n. 366.

[13] Cf. *Ex. 12*:21; *21*:6; *Job. 1*:5; comp. *Jg. 17*:10; *18*:19. Le groupe patriarcal est encore une famille : *bayit*, בַּיִת, bien que déjà élargie. La solidarité avec l'ancêtre y est telle qu'il agit mystiquement, rituellement par elle, comme chef, prophète et prêtre. Le même faisceau de pouvoirs se retrouvera chez Moïse à la tête d'un peuple. Sur la famille élargie, cf. le cas d'*Éliézer*, en *Gen. 15*:2; *16*:2, 9.

Le clan, *michpâkhâ*, est encore patriarcal, mais se distingue par un régime différent : la direction n'y est plus exercée par un seul, mais par un conseil d'anciens, de chefs de famille. Cf. *Ex. 3*:16; *4*:29; *24*:14; *Nb. 11*:16, 24 s.; *Jg. 5*:9; *10*:17 s.; *11*:5 s.; *20*:2; *2 Sam. 5*:3. Certains ont supposé que le clan, de type patriarcal aurait hérité d'un régime qui se serait substitué, très anciennement dans la famille, à un matriarcat. Cf. A. Causse : *Du groupe ethnique ... op. cit.* p. 19 (et ses réserves, n. 3), *supra*, p. 90 s., n. 136.

Au stade social suivant, la tribu, *chêbêt*, la descendance d'un ancêtre commun est encore revendiquée; mais cette parenté, sous la forme que l'on prétend, n'est plus qu'un mythe.

[14] A l'encontre des cultes païens où les mythes et rites de parenté font d'une divinité l'ancêtre commun, Israël, dès l'origine, a respecté et défendu la transcendance divine. Quelle que soit l'intimité suggérée par certaines expressions mystiques, d'ailleurs peu fréquentes, il ne saurait être question de consanguinité.

[15] Cf. *Gen. 25*:22, où *Rébecca* va consulter Yahweh, ce qui suggère l'existence de « conseillers » autres que le père ou le mari, pour rendre les oracles divins. *Supra*, p. 99 s., n. 18, 23; p. 147 s., n. 19; Kapelrud : *Shaman... art. cit.*

consistait à jeter le sort [16]. Ce pourrait être l'origine étymologique du terme de *Thora* [17]. Roi et prêtre du Très-Haut, *Melchisédec*, à qui Abraham a payé la dîme [18], était, sans doute, en même temps, un personnage polyvalent de cette espèce, au niveau supérieur. Quoi qu'il en soit du fond historique ou mythique de ce mystérieux épisode, il a laissé des traces profondes dans la tradition, et donné lieu à de nombreux commentaires du côté juif comme du côté chrétien [19].

L'association, dans la même personnalité, de fonctions diverses atteint son apogée en Israël avec *Moïse*, que toutes les traditions bibliques présentent comme le réformateur du culte [20]. S'est-il borné

---

[16] *Jeter le sort*, selon des procédés variés, avec fléchettes, galets, dés, etc., était un rituel commun à bien des cultes archaïques où sont entremêlées magie et religion.

[17] Jeter le sort, comme en *Jos. 18*:6, pourrait être à l'origine étymologique de *Thora* (תּוֹרָה, de ירה, jeter), mais aussi : montrer du doigt, indiquer, instruire). Si le sens originel est bien, comme le pense Wellhausen, jeter (une flèche, un sort), un rapprochement est à faire avec les *Urim et Thummim*, que le grand prêtre portait dans le pectoral de l'ephod, et dont il se servait, en certaines occasions, pour consulter Yahweh. On ne sait exactement en quoi ils consistaient, et l'on a fait des suppositions diverses. Mais qu'ils fussent fléchettes, galets bicolores, lettres gravées sur bouts de pierre, ou autres, on les jetait sans doute, comme on ferait aujourd'hui en jouant, de jonchets, dés ou pièce de monnaie à pile ou face. Mais ce n'était pas un jeu. Ce rite réservé au grand prêtre pouvait être un moyen détourné d'exclure la divination païenne, frappée d'interdiction, au profit du Yahwisme. Dans la LXX, urim et thummim sont traduits par δήλωσις καὶ ἀλήθεια (*Ex. 28*:26) et τὴν κρίσιν τῶν δήλων (*Nb. 27*:21). Sous cet éclairage, *Thora* voudrait dire, étymologiquement, sort jeté, d'où oracle. Cf. Bultmann : δηλόω, *T.W.*, II, p. 61 ; Kennedy-Paterson : *Urim and Thummim*, Hast. Dic. Bible, Rev. Ed., 1963, p. 1019 s. ; R. Press : *Urim und Thum.*, Bibl. Hist. Hndw. III, Biblio.

[18] Cf. *Gen. 14*:18-20 ; *Melchisédec* in D. Enc. B. Westphal (D.E.B.), II, 143 s. ; Michel : Μελχισεδέκ, *T.W.*, IV, 573 ss. ; Wayne, A. Meeks : *Prophet-King*, op. cit., 152. Cf. supra, p. 148, n. 20.

[19] *Ibid. Philon* poussait l'allégorie jusqu'à faire de *Melchisédec* une sorte d'antitype du Logos présidant au repas spirituel de l'âme (*Leg. All.* III, 79-82). *Hb. 6*:29-*7*:17 pratique une allégorie analogue ; mais le Logos étant incarné en Jésus, Melchisédec serait une figuration provisoire, une ébauche de cette incarnation du Logos et de son ministère parfait en Christ Kyrios et souverain sacrificateur. Ces spéculations qui avaient commencé bien avant Philon le Juif et l'auteur de l'épître aux Hébreux (cf. *Ps. 110*:4, cit. en *Hb. 5*:6, 10 ; *6*:20 ; *7*:17, 21 ; 1 *Macch. 9*:30 ; *14*:41 ; *Test.* XII passim) se sont poursuivies longtemps après, en milieu gnostique où ce mystérieux personnage devient l'un des grands inspirés, illuminés et rédempteurs de la *Pistis Sophia*, jusqu'à être l'objet d'un culte dans la secte judaïsante et anti-chrétienne des *Melchisédéciens*. Elles n'ont pas manqué non plus dans l'exégèse chrétienne à travers les siècles. Cf. G. Bardy : *Melchisédech dans la tradit. patrist.*, Rev. Bibl., 1926, p. 496 ss. ; 1927, p. 25 ss. ; M. Simon : *Melchisédech dans la polém. et la légende*, R.H.P.R., 1937, p. 58-93.

[20] Cf. *Ex. 3*:14 s. ; *15*:17, 25 s. ; *16*:25-30, 32-35 ; *18*:19-23 ; *20*:1-17, 22-26 ; *21-40*, passim: *Lév.* passim, etc. ; *Deut.* passim, etc. ; 1 *R. 2*:3 ; 2 *R. 23*:25, etc. ; *Ps. 103*:7 ; *Mal. 4*:4 ; — *Mc. 10*:3 ; *12*:19, par. ; *Mt. 19*:7 s. ; *Lc. 24*:44 ; *J. 1*:17 ; *7*:19 ss. ; *Act. 6*:14 ; *13*:39 ;

à orienter sur la personne exclusive de Yahweh « de vieux rites sémitiques en usage chez les Hébreux comme chez les Qéniens », en les conservant sans les modifier ? [21]. Ce serait déjà beaucoup que cette orientation nouvelle, cet esprit nouveau d'un culte dont on ne voit pas comment il aurait pu s'accommoder de tous ces « vieux rites », sans exception. Après les premiers résultats d'une recherche affranchie des entraves dogmatiques, et l'abandon d'un point de vue doctrinal sur l'histoire sainte, la critique, d'abord négative, peut, en poursuivant son effort, dégager des traditions mosaïques de nombreux éléments positifs [22]. Il y a eu, sans aucun doute, des étapes intermédiaires entre les formes archaïques du culte hébreu et celle du sacerdotalisme, dont témoigne la source P. L'étape mosaïque n'a pas été la seule ; mais il n'est pas interdit de penser qu'elle fut décisive dans le fond, et par suite, dans les formes du culte.

Le fond, c'est la révélation, à la fois mystique et prophétique de Yahweh au Sinaï [23]. C'est elle qui va souffler, comme un vent fort, ou un esprit nouveau dans le culte, en lui imprimant sa direction, dont l'aboutissement sera l'adoration prescrite en *J. 4*:24. Il faut assurément déchanter quand on se trouve devant les prescriptions minutieuses du Lévitique. La majorité d'entre elles résiste à l'effort obstiné de générations d'exégètes pour les harmoniser et les accorder avec l'inspiration géniale du promoteur. Il a fallu souvent user, pour y parvenir, des tours de force ou de passe-passe, de l'allégorie [24]. Mais

---

15:5 ; *21*:21 ; *28*:23 ; 1 *Cor. 9*:9 ; 2 *Cor. 3*:15 ; *Rom. 10*:5 ; *Hb. 3*:2-5 ; *9*:19 et *passim* ; *10*:28, etc. ; — *Jeremias* : Μωυσῆς, *T.W.*, IV, 852-878 (*Biblio.*) ; J. Bright : *Mose, B. Hist. Hndw.* II, 1241 s.

[21] Cf. A. Lods : *La Relig. d'Israël, op. cit.*, p. 66.

[22] Une critique positive des traditions sur *Moïse* en maintient, en une large mesure la fiabilité chez H. H. Rowley : *The Re-Discovery of the O.T., op. cit.*, p. 84 ss. ; *From Joseph to Joshua, id.* 1950.

Beaucoup plus réticent est M. Noth : *Geschichte Israëls*, 2e éd. Göttingen, 1954. Il tient pour « pure divagation » de « parler de Moïse comme d'un fondateur de religion » (trad. franç., p. 147) ; aussi radical serait K. Koch : *D. Ende d. Religionsstifter*, 1962, tandis qu'un jugement plus mesuré serait porté par Albright : *Von d. Steinzeit z. Christentum.* Cf. Mc. Neile : *Moses, Hast. Dic. Bible, Rev. Éd.* 675 ss.

[23] Cf. *supra*, p. 84 s., n. 107-109 ; p. 105, n. 50 ; p. 114, n. 102-103 ; p. 119, n. 135 ; p. 148 s., n. 21-22 ; p. 149 s., n. 23-27 ; p. 234, n. 539 ; p. 236 ss., n. 550-559. La vocation de Moïse, d'après la tradition biblique, est, d'abord, de délivrer son peuple, pour en faire le peuple de Yahweh, en réformant son culte, en épurant sa foi. Dans ce but, il lui révélera les exigences de Yahweh et les desseins qu'Il a sur lui. Cf. W. A. Meeks : *Proph. King. op. cit.*, p. 117 ss. ; 182 s., 288 ss.

[24] Moïse a été magnifié, de manières différentes, non seulement dans les traditions

il en reste assez, que l'on retrouvera épuré, dans le Deutéronome, pour se rendre compte que le mouvement donné n'a pas tourné court totalement. L'action déterminante d'une personnalité puissante, au moment décisif de l'Exode, ne peut être niée raisonnablement, quelles que soient les réserves à faire sur les détails de la législation qui lui a été attribuée postérieurement. A ce tournant de l'histoire, il fallait un Moïse !

b) *De Moïse à l'exil.* La réforme du culte amorcée par Moïse a butté, dès l'installation, contre une présence cananéenne qui fut bien loin d'être extirpée. Il y avait dans les cultes cananéens des éléments archaïques semblables à ceux des envahisseurs [25], et dont l'épuration yahwiste chez ceux-ci allait être compromise par d'inévitables contacts avec ceux-là. Ainsi, le buveur relevé risque de rechuter quand il se trouve occasionnellement dans la compagnie de buveurs. C'était ce qui arrivait, avec d'autres excès, au cours des cérémonies et des fêtes sur les hauts lieux, et « sous les arbres verts » [26]. Les exterminations

---

juives, palestiniennes, alexandrines, mais aussi dans les chrétiennes et musulmanes. Les palestiniennes restent, en général, plus attachées que les alexandrines aux données bibliques ; mais elles se prolongent, et divergent largement dans l'apocalyptique, dont Moïse devient l'un des personnages principaux. Les alexandrines, surtout avec Philon : *Vita Mos.*, etc. font de Moïse l'homme idéal, dans la perspective platonicienne d'une typologie allégorique (*supra*, p. 3-8) appliquée à toute l'Écriture sainte. La Palestine n'a pas échappé indéfiniment aux infiltrations hellénistiques, signalées à Qoumran où Moïse devient, à maints égards, un prototype du Maître de Justice (cf. Dupont-Sommer : *op. cit.*, p. 374 s.). Il l'est, en quelque mesure, du Précurseur ou du Christ lui-même dans le N.T. (*Lc.* 3:15 ; *Act.* 3:22 s. ; 7:37). En 2 *Cor.* 3, *passim*, l'analogie, contrastée, entre le chef de l'ancienne et celui de la nouvelle alliance rappelle l'attitude de Jésus et sa liberté souveraine vis-à-vis de la Loi de Moïse (*Mt.* 5:17-48). Cf. *supra*, p. 8, n. 22 ; 137 ss., n. 209, 214-215 ; 143 s. n. 224 ; 148, n. 21 ; 149, n. 24-26 ; 162, n. 117 ; 167, n. 155 ; 193 s., n. 294). Dans la tradition musulmane, Moïse annonce Mahomet (*S.* XXVIII, *Al Qassas*, 43-46 ; cf. l'interprétation allégorique de la verge transformée en serpent et de la main blanche (*Ex.* 4:1-9, *S.* XX, *Ta Ha*, 19-23) in M, M. Ali : *The Holy Quran*, p. 766, n. 1882 s. ; p. 627, n. 1581 s., Woking, Islam. Rev. Office, 1917.

[25] Peuple d'Amoréens sémites et de Hittites aryens bien avant la conquête (cf. *Éz.* 16:3, 45, *supra*, p. 63, n. 6 p. 156, n. 74), au deuxième millénaire et déjà au troisième, sous les empires sémites d'Hammourabi, vers 1800 et de Sargon l'Ancien, vers 2300 (*supra*, p. 63 s., n. 5-9), le pays de Canaan où les Hébreux avaient déjà campé avec Abraham, ne leur était pas totalement étranger. La majorité de la population, d'origine sémitique, avait été profondément assimilée, et sans doute « chthonisée » par des éléments autochtones indéterminés, au cours de son installation. Elle n'avait pas eu, pour l'en préserver, du moins dans une certaine mesure, un frein puissant comme le yahwisme. Elle pouvait, néanmoins, avoir conservé dans ses traditions des éléments archaïques, sémitiques ou non, semblables à ceux des envahisseurs. Cf. *supra*, p. 70s., n. 43.

[26] Cf. *supra*, p. 90-93.

sauvages consacrées par la loi de l'interdit, le *h'erem*, n'ont été que sporadiques, à en juger par l'importance des restes et vestiges d'usages cananéens après la conquête [27]. Un *modus vivendi* s'imposait, ici et là, entre vainqueurs et vaincus, entre occupants et occupés. Ces relations impliquaient nécessairement quelque participation religieuse et cultuelle [28].

Les nomades hébreux, en se fixant sur le terroir, étaient contraints de s'adapter à un cadre et à un style de vie foncièrement différents de ceux qu'ils avaient connus jusque là. Comme, anciennement, pour leurs prédécesseurs en Canaan, le *Sitz im Leben* avait profondément changé. C'est d'eux qu'il fallait maintenant apprendre l'art d'y cultiver, d'y semer, d'y planter, d'y récolter, aux bons moments, selon les sols et les expositions. Or, chacun de ces actes était associé au culte de quelque *Baal*, par des rites et des mythes de fertilisation des terres, de fécondation des troupeaux, d'offrande des prémices, et autres gestes propitiatoires [29].

---

[27] La coutume sauvage de *l'interdit* (cf. *Nb. 21*:2 s.; *Deut.* 3:6; 7:2; *Jos.* 6:17; 7:1; 1 *Sam. 15*:3 ss., etc.), sous le couvert de la divinité, n'était nullement particulière aux Hébreux envahisseurs. D'autres peuples, sémites ou autres, pratiquaient depuis longtemps cette extermination quasi rituelle des vaincus, dans des conflits qui mettaient aux prises non seulement des hommes, mais leurs dieux. Cf. *supra*, p. 90, n. 134. De cette règle barbare, mais ordonnée, il convient de distinguer les actes de cruauté, mutilations et autres, dont Israël, comme ses ennemis, s'est rendu coupable (cf. *Jg. 1*:6 s.; 2 *Sam. 4*:12; 2 *R. 15*:16). Il semble, cependant, qu'il ne se soit jamais livré à ces affreux sévices et tortures savantes que d'autres peuples, et notamment, les Assyriens ou les Égyptiens, faisaient parfois subir à leurs prisonniers. Quant à la loi de l'interdit, en temps de guerre, c'est à dire de l'extermination, elle ne sera pas toujours observée en rigueur, soit par intérêt, soit par humanité (cf. *Deut. 19*:11 s., 19 s.; *21*:10 ss.).

[28] Cf. Ad. Lods : *La Relig. d'Israël, op. cit.*, p. 83 ss. : « Il était impossible, dans l'antiquité, — tant la religion était intimement mêlée à tous les actes de la vie, — d'avoir des rapports suivis avec des voisins sans participer, en quelque mesure à leur culte ». Qu'il s'agît de repas en commun, de marchés, de foires, de contrats, de mariages mixtes, toute relation sociale devenait religieuse à certains moments, et inclinait au syncrétisme des cultes.

[29] Cf. A. Lods : *ibid.*; Ed. Jacob : *Ras Shamra* : *op. cit.*, p. 109 ss., sur les rites agraires en Canaan; cf. *Lev. 23*:9 ss., l'offrande de la première gerbe. Sur la relation du mythe et du rite, par action réciproque, sans que l'on puisse toujours déterminer lequel a précédé l'autre, cf. H. Cl. : *Le probl. du rite et du mythe...*, art. cit., p. 285; R. Dussaud : *Introd. à l'Hist. d. Relig.*, p. 273-280, Paris, Leroux, 1914 y voit « une question d'espèces ». Tantôt le mythe est une explication d'un rite dont on avait perdu la signification; tantôt le rite est issu d'un mythe à l'occasion d'un événement prodigieux que l'on veut commémorer par une intime association de l'un et de l'autre. Cf. *supra*, p. 18, n. 72; p. 75, n. 62; p. 90-93. p. 203 s., n. 349.

Il n'était guère possible, en ces débuts d'installation, d'adopter l'intransigeance qui prévaudra plus tard, sous l'action des prophètes, et qui conduira à la réforme de Josias [30]. Deux compromis se présentaient à une co-existence : ou bien juxtaposer au culte de Yahweh celui des Baals du terroir, ou bien superposer la souveraineté de Yahweh à de nouvelles coutumes, sans s'inquiéter outre mesure des incompatibilités. Le résultat de cette seconde attitude, en dehors d'un contrôle sévère, ne pouvait être qu'une contamination rapide et l'intrusion, sous le couvert illusoire d'une autorité nominale, des cultes indigènes dans celui de Yahweh. L'idolâtrie et ses pratiques allant jusqu'aux excès orgiaques, s'infiltrèrent ainsi, plus ou moins, chez les nouveaux venus, provoquant, ici et là, de monstrueux amalgames [31]. Et pourtant, dans l'ensemble, les directives de la réforme mosaïque ne s'effacèrent point [32].

Ce sont ces directives que les prophètes dégagèrent d'un syncrétisme qui leur était odieux. Leur culte intransigeant du seul et unique Yahweh ne souffrait aucun compromis [33]. Bien qu'en opposition fréquente au pouvoir royal, ils furent aidés dans cette épuration par sa politique centralisatrice, avec l'institution d'un sacerdoce officiel et d'un sanctuaire national, au Temple de Jérusalem [34]. Les sanctuaires locaux et régionaux comme Béthel, Guilgal, Beer-Sheba, Guibéon, Shiloh, et bien d'autres *bamoth* [35], peut-être même un par village, subsistaient encore ; mais leur crédit était éclipsé par celui du Temple. Or, comme la chapelle du palais de Mari, le temple de Salomon était

---

[30] Cf. *supra*, p. 154, n. 59-62 ; p. 92, n. 143.

[31] Ad. Lods : *La Rel. d'Isr.*, *op. cit.*, p. 90, estime qu'au début de l'époque royale, la religion d'Israël « nous apparaît, en somme, comme un amalgame d'éléments provenant, les uns du vieux fonds sémitique nomade, d'autres du mosaïsme, d'autres enfin de la civilisation générale de l'Orient, spécialement sous la forme qu'elle avait prise en Canaan ».

[32] *Ibid.*, p. 91.

[33] Cf. *supra*, p. 92, n. 142-143 ; p. 152, n. 39, 42 ; p. 153, n. 49 ; p. 154, n. 59-62 ; p. 175 s., n. 205 ss. ; p. 188 s., n. 260-269.

[34] Cf. *supra*, p. 174 ss. L'adhésion à la royauté ne fut jamais uniforme en Israël (p. 177 s., n. 213-215), comme en témoignent les traditions diverses sur la nomination du premier roi : Saül, en 1 *Sam. 8-15*, *passim*. On y entend au moins trois sons de cloche différents, dont l'un nettement anti-royaliste (*8*:8 ss. ; *12*:12-25 ; *15*:17 ss., 35). De toutes façons, le culte devait être affecté profondément par le mouvement centralisateur qui, dans une convergence du politique et du religieux, devait conduire de l'institution royale à l'institution du Temple, avec un sacerdoce officiel. Cf. *supra*, p. 154 s., n. 62, 64.

[35] Cf. 1 *R. 3*:3 s. ; 2 *Chron. 1*:3, 13 ; *Amos*, *5*:5 ; *supra*, p. 91 s., n. 140-143 ; p. 92, p. 189, n. 267.

situé dans l'enceinte de la maison royale dont il dépendait matériellement, politiquement et presque officiellement par l'entremise d'un sacerdoce « royalisé » [36]. La notion même du règne de Yahweh, après avoir agi efficacement sur une royauté fidèle, en a subi l'action, par contre-coup, dans le culte et ses manifestations saisonnières [37].

Les infidélités royales au Yahwisme strict représenté par les prophètes, ne pouvaient manquer d'avoir des répercussions à la cour et dans le peuple, soit par imitation servile, soit par opposition. La scission en deux royaumes entraîna une divergence des cultes entre celui du nord où les vieux sanctuaires furent favorisés, et celui du sud avec Jérusalem, son Temple, son sacerdoce plus ouvert au mouvement prophétique d'assainissement et de fidélité à la Loi de Yahweh. Demeuré seul après la ruine de Samarie, en 722, le royaume de Juda, sous le règne du pieux *Ézéchias*, fut le théâtre d'une épuration qu'Ésaïe avait préparée par ses puissants oracles [38]. Le message du prophète ouvrait, d'ailleurs, des horizons bien plus vastes et lointains que la coercition négative de l'idolâtrie, vers la perfection positive d'un culte où l'expression sensible ne serait que la manifestation adéquate de la réalité intime : le culte en esprit et en vérité.

C'est un siècle plus tard, vers 622, que fut tentée une réforme plus radicale, dans des circonstances favorables [39], mais éphémères, avec le

---

[36] Cf. *supra*, p. 25, n. 96; p. 63 s., n. 8; p. 100, n. 23; p. 146 s., n. 8, 13; A. Lods : *La Relig...*, *op. cit.*, p. 93.

[37] L'école scandinave, avec Mowinckel, a mis en lumière l'influence du mythe royal sur le culte officiel. Au Nouvel An, à la fin des récoltes d'automne, avait lieu l'intronisation de Yahweh en tant que Roi des rois, mais par analogie avec celle du monarque régnant. Les Psaumes dits d'intronisation, y étaient chantés : *Ps. 93,95, 96, 98, 99, 100, 104*, etc. Cf. S. Mowinckel : *Psalmenstud.* II, p. 91-97; 229 ss., Oslo, 1922, et *Zum israelit. Neujahr und z. Deutung d. Thronbesteigungspsalmen*, Oslo, 1952; P. Humbert : *La relat. de Gen. 1 et du Ps. 104 avec la liturg. du Nouvel An israélite*, *R.H.P.R.*, p. 1-27; Ed. Jacob : *Théol. A.T.*, *op. cit.*, p. 214 ss.; Wallis et Westermann : *Thronbest.* in *B. Hist. Hndw.* III, 1976-1981 (*Biblio.*). Cf. *supra*, p. 177, n. 212.

[38] Cf. *2 R. 18-20* et *supra*, p. 237 s , n. 558; p. 153, n. 45 ss. La réforme d'Ézéchias ne semble pas être allée au-delà de la destruction des *bâmoth*, de leurs idoles, et notamment du serpent d'airain, devant lequel on brûlait de l'encens (*2 R., 18*:4). Cette épuration n'en était pas moins remarquable, d'autant qu'elle se faisait sous la menace de l'Assyrie. Mais le message d'Ésaïe portait beaucoup plus loin que ces mesures d'assainissement (*supra*, p. 115, n. 111 s.; p. 121, n. 150 s.; p. 153-154; p. 207 s., n. 381, 383; p. 237 ss., n. 558, 560.

[39] *Manassé* et *Amon*, le fils et le petit-fils d'*Ézéchias*, n'avaient pas suivi ses traces. Leurs règnes ont été marqués par une résurgence et une recrudescence du syncrétisme idolâtrique. *Josias*, âgé seulement de huit ans, quand il prit cette succession, dans des

plein assentiment et le soutien du roi dont elle porte le nom : *Josias* [40]. Elle est étroitement associée à la publication du *Code deutéronomique*, soit qu'il ait été composé après, ou, comme la majorité des auteurs le pensent, avant la promulgation de la Loi nouvelle ou renouvelée [41].

Les mesures coercitives contre l'idolâtrie cessèrent à la mort de Josias ; mais la seconde Loi, celle du Deutéronome, allait être la seule dans l'exil et après l'exil, jusqu'à devenir : « le noyau de la Bible conçue comme la norme de la vie » [42]. Par ses multiples prescriptions cérémo-

---

circonstances politiques moins difficiles et sous de bonnes influences, décida, la 18e année de son règne, de reprendre la réforme amorcée par son aïeul, mais avec une ampleur et une profondeur beaucoup plus grandes. Cf. 2 *R. 21-23* ; 2 *Chron. 33-35*.

[40] Cf. *supra*, p. 154, n. 59-62 ; p. 237, n. 558 ; 2 *R. 23, passim* : « Le roi, debout près de la colonne du Temple, conclut, en présence de Yahweh, une alliance solennelle, et il promit de suivre Yahweh, d'observer ses commandements, ses ordonnances et ses préceptes, de tout son cœur et de toute son âme, et de ratifier par là les conditions de l'alliance telles qu'elles sont déterminées dans le Livre. Tout le peuple donna à cette alliance son assentiment » (v. 3). En conséquence, toutes les idoles introduites jusque dans le Temple, dont une statue d'Astarté, furent brûlées ; les loges de la prostitution sacrée qui y avaient été construites pour les deux sexes furent démolies (v. 6, 7). Les *bamoth* furent partout profanés ou détruits ; tous les cultes païens dont celui de Moloch, où l'on « passait par le feu » fils ou fille, celui du soleil, celui d'Astarté instauré par Salomon (v. 13, 14), prohibés, ainsi que le culte des morts dont les ossements pris dans les tombes furent brûlés (v. 16). Il étendit cette épuration radicale jusqu'à la Samarie où les sacrificateurs des *bamoth* furent immolés sur leurs autels (v. 20). Les *theraphim*, ces idoles d'un culte domestique aux origines archaïques (cf. *Gen. 31*:19), furent saisis et détruits ; la nécromancie et la divination interdites (v. 24).

Quelques années plus tard, après la mort tragique de Josias et sous le règne de Yoyakim, l'un de ses fils (cf. 2 *R. 23*:29-57), Jérémie, qui avait pris une grande part à la réforme deutéronomique, est obligé de constater avec mélancolie dans un oracle de Yahweh : « Malgré tout cela, la nation perfide n'est pas revenue à moi de tout son cœur ; ce n'était qu'une feinte » (*Jér.* 3:10). L'épuration avait cessé dès la mort de Josias, sous son premier successeur : Yoachaz, au règne éphémère. Son demi-frère, Yoyakim, après lui, et comme lui, « fit ce qui est mal aux yeux de Yahweh, suivant en tout l'exemple que lui avaient donné ses aïeux » (2 *R. 23*:32, 37).

[41] Sur la « *Réforme deutéronomique* », cf. *supra*, n. 40 ; p. 48 s., n. 203 ; p. 154, n. 62 ; p. 237, n. 558. Le « code deutéronomique » aurait été découvert au cours de travaux de réparation du Temple, la 18e année du règne de Josias (2 *R. 22*:8 ss.). Ad. Lods : *op. cit.*, p. 147-150 juge cette tradition, à tout prendre, plus sûre que l'hypothèse d'après laquelle le code aurait été composé après la réforme, pour la justifier.

[42] Cf. A. Lods : *La R. d'Israël, op. cit.*, p. 153. L'auteur pense que la distinction entre prêtres et lévites remonterait à l'opposition entre les officiants du Temple et ceux des bâmoth ; du moins, faudrait-il préciser, certains d'entre eux (2 *R. 23*:9), puisque les plus idolâtres avaient été expulsés ou exécutés (*23*:5, 20). Quoi qu'il en soit, la réforme de Josias normalisait le culte hors de la vie courante et populaire, dans le milieu bien clos d'un sacerdoce fermé et officialisé.

nielles et rituelles, cette « norme de la vie » l'est *a fortiori* du culte, avec son sacerdoce et toutes les manifestations publiques auxquelles présidera officiellement le prêtre [43].

c) *Après l'exil*. Jérémie s'était rendu compte que les mesures restrictives et radicales édictées par Josias n'avaient produit que peu d'effet profond et durable. Plus encore qu'Ésaïe, il en appelle des conformismes externes, qui ne sont qu'apparence, au culte intime : celui d'une Thora inscrite dans les cœurs [44]. Et, par là, précurseur lointain de l'Évangile du Christ, il annonce à son tour, de manière saisissante, le culte en esprit et en vérité, dans une alliance nouvelle [45]. Vision lointaine, et qui ne devait pas se réaliser avant de nombreuses et dures vicissitudes. Et pourtant, le Temple détruit après les sanctuaires particuliers, la nation en exil, on aurait pu croire que cette intériorisation du culte fût le seul et unique recours. Le sacerdoce en jugea autrement et s'exerça à développer la réglementation du culte jusque dans les détails du Lévitique [46].

La première ébauche de ce règlement, dans la Bible, est celle du livre d'Ézéchiel, chap. 40 à 48. Le Temple sera reconstruit sur un site isolé, pour éviter les contaminations du voisinage comme au temps où il n'était, en somme, qu'une chapelle royale ouverte au culte public. Dans la même intention, il sera réservé aux prêtres choisis dans la tribu de Lévi, pour tout office, et même, en ce qui touche les sacrifices, aux seuls descendants de Sadok, le Lévite désigné par Salomon. Les autres seront chargés de fonctions subalternes [47]. Ainsi est achevée la sacralisation de l'unique lieu de culte, des officiants et des actes du culte. Le sacré, dont les tabous ont été enfreints, sans parfois que l'on s'en rende compte, sera satisfait dans l'expiation [48]. Elle était limitée, dans le Deutéronome, à des actes précis [49]. On pouvait encore « se réjouir devant Yahweh » en lui apportant des offrandes [50]. Désormais, il n'y aura plus que contrition : oblation, sacrifice, et même l'action de grâces feront « expiation en faveur de la maison d'Israël » [51]. Rien

---

[43] *Idem*.
[44] Cf. *Jér. 31:31-34. Comp. 32:40; 50:4* s.; *Ésaïe, 24:5; 25:8* s.; *55:3, 61:8*.
[45] *Idem* et *supra* : n. 39; p. 266, n. 701, 703, etc.
[46] Cf. A. Lods, *op. cit.*, p. 178 s.
[47] Cf. *Éz. 44:9-31*; *comp. Deut. 18:6-8*; *2 R. 23:8* s.
[48] Cf. *Éz. 40:39; 45:17*; *2 R. 12:16*.
[49] *Deut. 21:1-9*, où il s'agit du rituel d'expiation d'un meurtre dont l'auteur est inconnu.
[50] Cf. *Deut. 16:11, 14, 15*.
[51] Cf. *Éz. 45:13-25* (v. 17).

d'étonnant que cette rigidité cléricale, dans ce rétrécissement extrême du culte, ait posé un problème de composition et d'authenticité au lecteur averti et sous l'impact d'une inspiration aussi puissante que celle de la vision épique du chap. 37. Rarement, le prêtre et le prophète ont été aussi opposés dans leurs positions respectives. Comment les associer dans le même personnage et dans la même rédaction ? N'y a-t-il pas là des éléments hétérogènes dont on pourrait dire en style hugolien, qu'ils « hurlent d'être ensemble » ? [52].

Le temple de Salomon avait été détruit en 587, sur l'ordre de Nébucadnetzar. Il fut reconstruit au retour de l'exil, avec l'agrément de Darius, à partir de 520, sur le même emplacement [53]. Le plan dit d'Ézéchiel [54] ne fut donc pas réalisé, non plus que sa règle d'ordonnance du culte. On y tendait pourtant en dépassant les directives de la réforme deutéronomique dans le *Livre de la Loi*, lu par *Esdras* et commenté par lui devant une foule émue [55]. On peut en juger par le document P, le *Code sacerdotal*, qui y préludait [56].

C'est, vraisemblablement, au siècle suivant, avant la ruine de l'empire perse en 332, que la composition du Pentateuque fut achevée. L'ensemble de la Bible hébraïque devait être codifié peu après [57]. La période intermédiaire entre les deux testaments allait commencer.

d) *Entre les deux Testaments.* Ainsi, l'ordonnance du culte semblait arrêtée et figée, dans une Thora définitive. Mais c'était le culte officiel, et, comme on aurait pu s'y attendre, la piété populaire ne suivait pas. D'ailleurs, dans sa réalité concrète, la Thora n'était qu'un conglomérat d'éléments, souvent hétérogènes, dont la synthèse imparfaite, en laissant percer des divergences, permettait à des tempéraments variés d'y trouver leur compte. Si l'on tient que les Psaumes étaient,

---

[52] Cf. *supra*, p. 266, n. 703. L'intégrité du livre d'*Ézéchiel* est difficilement soutenable. La critique indépendante a proposé des solutions diverses au problème de la composition et de la rédaction finale de cet ouvrage. Cf. W. Eichrodt : *D. Hesekielbuch, B. H. Hndb.* avec *biblio.*, II, 710 s., et, *du même* : *Krisis d. Gemeinsch. in Isr.*, 1953.

[53] Cf. *Esd. 3-6.*

[54] Ce plan du Temple en *Éz. 40* ss. a été parfois interprété comme une vision apocalyptique.

[55] Cf. *Néhém.* 8:1-9.

[56] Le *Code sacerdotal* qui sera, dans l'analyse du Pentateuque, le document P., associé à J. E. D., était sans doute en voie d'achèvement. Peut-être en est-ce une rédaction déjà très avancée que le scribe Esdras lisait « à la porte des eaux », devant le peuple assemblé.

[57] Cf. *supra*, p. 47, n. 196-197 ; p. 48 s., n. 203.

en quelque mesure, le recueil des cantiques chantés dans les cultes [58], on constate par eux que le sentiment religieux des fidèles était loin de se plier indistinctement au conformisme et au ritualisme officiels.

Il y avait, sans doute, les chants solennels d'intronisation, mais bien d'autres aussi dont beaucoup sont l'expression directe et manifeste de ce culte intérieur, vivant et fervent, sans lequel il n'y a plus qu'écorce vide. Il semble difficile d'admettre que les Psaumes fussent intégralement le recueil du Temple, mais seulement quelques uns d'entre eux. Il n'est pas interdit de penser que dans cet assemblage sans homogénéité, il y a de nombreux témoignages de la piété mystique la plus pure [59]. Certains peuvent émaner de cercles piétistes sans organisation distincte, comme ces « *pauvres d'Israël* » [60] à qui s'adressera, en premier lieu, l'Évangile des Béatitudes [61].

Quant aux communauté indépendantes, et plus ou moins sectaires, comme celle de *Qoumran*, elles avaient leurs propres psaumes [62] et leur culte particulier, moins compatible avec celui du Temple [63]. Les ermites de Qoumran pratiquaient à leur manière les ablutions rituelles [64] et les repas de communion [65]; ils avaient même adopté un calendrier religieux différent de celui du sacerdoce officiel [66].

---

[58] Les thèses de Mowinckel, en ce qui touche l'usage cultuel des Psaumes, ont été généralement admises, avec plus ou moins de réserves. Cf. *supra*, p. 177, n. 212, 215; p. 278, n. 37; A. Causse : *Du groupe ... à la communauté*, op. cit., p. 250 s.; A. Lods : *op. cit.*, p. 197 ss.

[59] Cf. *supra*, p. 116 s., n. 121; p. 122, n. 153-156; p. 134 s., n. 198; p. 141, n. 220; A. Causse : *op. cit.*, p. 250 s.

[60] Cf. A. Causse : *Les Pauvres d'Israël, op. cit.*; *Du groupe ..., op. cit.*, p. 236-276. Cf. *supra*, p. 189 s., n. 271.

[61] *Idem*; H. Cl. : *Les Béatitudes ..., Ét. Th. R.*, 1927, p. 461 ss. Cf. *supra*, p. 127s., n. 173-174; p. 190 s., n. 272-273.

[62] Sur les *Hôdâyôt* de Qoumran (1QH), cf. *supra*, p. 123 s., n. 162.

[63] *Ibid.*; Dupont-Sommer, *op. cit.*, p. 56-63; 167-170; 213 ss.

[64] Les ablutions rituelles étaient pratiquées, à l'époque, dans des sectes baptistes nombreuses et variées. Josèphe : *Vita*, § 11, mentionne le cas de l'ermite *Banos*. Dans celui de Jean Baptiste, le baptême de repentance ou de conversion, avait un sens différent. Cf. *supra*, p. 159, n. 101-104; p. 160, n. 105-106; Pierre Benoît : *Qoumrân et le N.T.* in *N.T. Stud.* 1961, p. 280.

[65] Cf. Josèphe : *Bell. Jud.*, § 129-131; D. Sommer : *op. cit.*, p. 41. Le prosélyte n'était admis à ces repas communautaires qu'après deux ans de noviciat. Très différente est la Cène chrétienne dont on a voulu les rapprocher.

[66] Les ermites de Qoumrân avaient d'autres coutumes et d'autres rites que ceux du Temple où ils n'allaient sans doute point. Ils n'y offraient pas de sacrifices et n'en suivaient pas le calendrier des fêtes. Cf. Philon : *Quod omn. prob.*, § 75; D. Sommer : *op. cit.*,

Il ne semble pas que Qoumrân ait pu exercer la moindre influence sur Jésus, quoi qu'on en ait dit [67]. En effet, d'une part, Jésus ne manifeste aucune aversion pour le Temple, où il va souvent pendant ses séjours à Jérusalem. Il sait y découvrir, à côté des pompes officielles, et du pharisaïsme ostentatoire et suffisant, la contrition sincère d'un péager et le don sans réserve d'une pauvre veuve [68]. D'autre part, le ritualisme extrême des Esséniens qui les faisait considérer par les sceptiques sadducéens, comme de pieux abrutis, lui était, pour des raisons plus profondes, totalement étranger. Les menus problèmes de temps et de moments, de formules, d'attitudes, de gestes consacrés, étaient pour lui sans intérêt spirituel, à moins qu'ils ne devinssent un obstacle à la vie de l'esprit; auquel cas, comme les prophètes, il les démasquait et les condamnait [69].

Il n'en demeure pas moins que les « dissidences » cultuelles, à Qoumrân ou ailleurs, sont des indices complémentaires de l'échec du sacerdotalisme à mettre au pas la piété personnelle qui cherchait d'autres voies sans y trouver d'issue [70]. Il y en avait pourtant une dans la *Synagogue* dont le culte simple et libre préparait une ouverture au culte évangélique [71]. Née par nécessité dans la *Diaspora*, la synagogue

---

p. 47, n. 1; Benoît, *art. cit.*, p. 284; J. T. Milik : *Kalend. Fragm., Vet. Test. Suppl. 4*, p. 17-26, Leiden, Brill, 1957. Melle A. Jaubert a cherché à résoudre par le calendrier de Qoumrân, dont l'origine était ancienne, le problème chronologique de la Cène. Cf. A. Jaubert : *La date de la Cène*, Paris, 1957, et *Jésus et le calend. de Qumrân, N.T. Stud.* 1960, p. 1-30; J. Carmignac : *Rev. de Qumrân*, 1964, p. 59-79. Cette hypothèse ingénieuse se heurte à bien des difficultés. Jésus ne boudait pas le Temple, et ne voyait sans doute aucun intérêt spirituel à en contester le calendrier.

[67] Cf. *supra*, p. 282 s., n. 62-66. Même si Jésus avait suivi, pour la Cène, le même calendrier que celui usité à Qoumrân, cela n'impliquerait pas nécessairement un emprunt, puisque ce calendrier était, nous assure-t-on, fort ancien (A. Jaubert : *art. cit.*, p. 2-4). C'est l'une de ces conjectures, entre autres (éducation essénienne de Jean-Baptiste, usage par Jean-Baptiste du calendrier qoumrânien, transmission à Jésus de ce calendrier, etc.), qui font de l'ensemble un type d'hypothèse onéreuse créant plus de problèmes et de difficultés qu'elle n'en résout. Quant à l'incompatibilité radicale entre la mentalité qoumrânienne et l'esprit de Jésus en matière de culte, cf. *supra*, p. 138 s., n. 214; 159, n. 104; p. 195 ss., n. 307. La reconstitution du calendrier qoumrânien par Melle Jaubert n'en est pas moins un remarquable exploit.

[68] Cf. *Lc. 18:9-14; Mc. 12:41-44 et par.* en *Lc. 21:1-4*.

[69] Cf. *supra*, n. 67 et p. 133-154, 179-184.

[70] Cf. A. Causse : *Les Pauvres d'Israël, op. cit.*, id. : *Les Dispersés d'Israël*, Paris, Alcan, 1929; Ch. Guignebert : *Le monde juif vers le temps de Jésus, op. cit.*, p. 247-306 *passim*; E. Schürer : *Gesch. d. jüd. Volkes im Zeitalt. J. Christi*, Bd. III, *passim*, Leipzig, Hinrich (4e éd. 1909).

[71] Sur la *Synagogue* et le culte synagogal, cf. *Biblio.* in E. Schürer : *op. cit.*, II, p. 427 et Schrage : Συναγωγή, *T.W.*, VI, (1963), p. 766-850.

répondait si bien aux besoins spirituels du judaïsme dans son ensemble, qu'elle gagna Jérusalem où elle foisonnait [72].

La Synagogue était, à l'origine, un oratoire, comme l'indique le nom de προσευχή qui la désignait au début [73]. La prière y était donc l'acte essentiel. On n'y sacrifiait point, et le culte pouvait s'y dérouler sans prêtre. Cette différence capitale par rapport au Temple n'est qu'une analogie avec Qoumrân dont l'éloignait sa liberté d'allure [74]. L'ordonnance habituelle y était souple et quasiment laïque : 1. Lecture d'un texte pris dans la Thora, puis traduit en araméen : le *targum* [75] ; 2. Lecture dans les prophètes, et aussi, mais plus tard, dans les *ketoubim* [76] ; 3. Commentaire par l'un quelconque des membres de l'assemblée [77] ; 4. Prière ; 5. Bénédiction. Celui qui présidait l'office pouvait être un prêtre, s'il y en avait un, mais pas nécessairement. L'*archisynagogos* [78], un ancien [79], le *hazzan* [80], faisaient aussi bien l'affaire.

Cette indépendance et cette simplicité du culte constituaient pour l'Église primitive un précieux héritage.

e) *Le Culte dans le Nouveau Testament*. Jésus, le Galiléen, était accoutumé au culte synagogal, dont la grande liberté convenait à sa largeur d'esprit, et la favorisait [81]. Quand il venait à Jérusalem, les

---

[72] Jérusalem aurait compté 480 synagogues en 70. (Guignebert : *op. cit.*, p. 103)

[73] Cf. Schrage, *op. cit.*, p. 811.

[74] Sur le caractère ésotérique et strict de la discipline et des rites qoumrâniens, cf. D. Sommer : *op. cit.*, p. 61 ss. ; M. Burrows : *Lum. nouv...*, *op. cit.*, p. 432 ss. Cf. *supra*, p. 138 s., n. 214 ; p. 159, n. 104 ; p. 195 s., n. 307.

[75] Le *Targum* est une traduction, une traduction d'un texte biblique en araméen pour les Juifs qui, au retour de l'exil, avaient plus ou moins oublié l'hébreu. Lu dans la langue originale, au culte, le texte était ensuite paraphrasé autant que traduit, oralement. Les *targumim* furent ensuite écrits, et c'est d'eux que, plus tard, sont issus les *Talmuds*, par le *midrash* qui est une interprétation. Cf. *art. Talmud* et *Targum* (*Biblio*) in *Encycl. Brit.*, vol. 21 (1962), p. 768 ss., 810 ss. *Idem* in *D.E.B.*, II, p. 714 ss., 717 ss. (Ch. Jaeger) ; *E.R.E.*, vol. 12, p. 185 ss., 202 (I. Abrahams) ; *B.H.H.*, III, col. 1928 s., 1932 s. (1966, H. F. Weiss-Delekat).

[76] Cf. *supra*, p. 47, n. 200.

[77] C'est ce que Jésus fit souvent. Cf. *Mc. 1*:21 ; *6*:2 ; *Mt. 9*:35 ; *13*:54 ; *Lc. 4*:15 ss., etc.

[78] Cf. Schrage : ἀρχισυνάγωγος, *T.W.*, VII, 842-45. Le chef de la synagogue avait la direction et la surveillance générale. Cf. *Lc. 13*:14 ; *Act. 13*:15. Élu parmi les anciens, il veillait spécialement à l'organisation et à l'ordre du culte.

[79] *Idem* et Bornkamm : πρεσβύτερος (*Synag.*), *T.W.*, VI (1956), p. 660 s.

[80] Le *H'azzan* exerçait les fonctions subalternes et variées de concierge, assistant, bedeau, etc. Sur l'ensemble synagogal, cf. *art.* dans divers *Dic. Bibl.*, notamment : *H.D.B.*, IV, 636-643, et *éd. rev. et résum.*, 1 vol, p. 944-947, Edinburgh, Clark, 1963.

[81] Cf. *supra*, p. 283 s., n. 71-74 et Vernon Bartlet : *Worship* (*Christian*) in *E.R.E.*, XII, p. 762-776 (notamment 763 s.).

synagogues n'y manquaient pas; mais il y avait le Temple, le sanctuaire traditionnel et national. Jésus ne l'évitait point, comme les sectaires de Qoumrân [82]; mais il ne semble pas qu'il y ait jamais offert personnellement de sacrifice rituel. Le Temple était pour lui, essentiellement, avec tout son passé qu'il n'ignorait pas, une « maison de prière » [83], comme la synagogue [84], où l'on pouvait se recueillir, comme partout ailleurs [85]. On pouvait également y enseigner et il n'y manque point [86]. Enseigner, pour Jésus, comme pour les prophètes, c'est délivrer un message, une parole de Dieu; tel est bien, dans sa pensée, l'élément essentiel d'un culte communautaire, avec les prières prononcées et chantées, auxquelles Jésus s'est joint [87]. Toutefois, la participation personnelle demeure fondamentale, excluant les procédés et les automatismes qui ressortissent à la psychologie des foules [88]. Quelle que soit la forme du culte, il faut que le cœur y soit, dans son battement vital, existentiel. Les actes collectifs n'ont de valeur et de vitalité que par l'accompagnement individuel d'esprits ouverts à la grâce divine. Cela est tellement vrai que l'Oraison dominicale, proposée par Jésus comme modèle de prière, convient d'abord, dans son contexte évangélique [89], à celui qui cherche et trouve Dieu « dans le secret ». L'usage public du « Notre Père » dans un cercle plus ou moins étendu ne doit pas être au détriment de cette intimité, sans laquelle toute expression communautaire, si appréciable et louable soit-elle, serait comme un greffon enté sur un rameau sans sève.

Les manifestations externes du culte, qu'elles soient individuelles ou collectives, n'ont donc, pour Jésus, de valeur que dans la mesure où elles sont nourries par cette sève qui vient du dedans. Encore faut-il que leur complexité n'en entrave pas le cours. Ce n'est point à elles que Dieu regarde, mais au cœur [90]. Jésus va donc au Temple dans l'esprit des prophètes qui ont stigmatisé tout ce qui peut être faux-semblant dans l'extérieur du culte. Les rites et les cérémonies, les ornements sacrés, l'apparence, le costume et les gestes du prêtre, la sacralisation

---

[82] Cf. *supra*, p. 282 s., n. 66.
[83] Cf. *Mc. 11*:17 et *par.*
[84] Cf. *supra*, p. 284, n. 73.
[85] Cf. *Mc. 1*:35, etc.; comp. *J. 4*:21.
[86] Cf. *Mc. 12*:35; *14*:49 par.; *Mt. 26*:55; *Lc. 19*:47; *21*:37; *22*:55; *J. 18*:20.
[87] Cf. *Mc. 14*:26; *Mt. 26*:30. Cf. Delling : ὑμνέω, *T.W.*, VIII, 1969, p. 502.
[88] Cf. *Mt. 6*:7 et Delling : Βατταλογέω, *T.W.*, I, p. 597-598.
[89] *Idem* et *Mt. 6*:4-6, 18.
[90] *Idem*, et *Lc. 16*:15; *Act. 1*:24; *Apo. 2*:23; comp. *Jér. 11*:20; *17*:10; *20*:12.

des lieux et du calendrier y prêtent largement [91]. Jésus n'en admet pas le spectacle et la suggestion. Il s'oppose à toute mise en condition des fidèles. C'est pour une motif semblable qu'il refuse d'accorder à ceux qui les lui demandent les « signes » prodigieux qui forceraient leur adhésion [92].

Le lieu de culte est « désacralisé », avec tout l'appareil extérieur dont le culte est environné, comme si la relation entre l'homme et Dieu en dépendait [93]. Les mieux inspirés des prophètes avaient déjà pressenti cette révolution [94]. Il en est de même pour les moments du culte [95]. L'attitude de Jésus vis à vis du sabbat est ici caractéristique. Elle était d'autant plus révolutionnaire, à l'époque et dans son milieu, que le rabbinisme dominant tendait à une exaltation de la Loi, et, avec elle, du sabbat, jusqu'au point d'y assujettir Dieu lui-même [96]. Jésus va

---

[91] Cf. *supra*, p. 152, n. 39; p. 153, n. 48; p. 280, n. 44-45; p. 283, n. 67, 69; p. 285, n. 90 etc.

[92] Cf. *Mc. 8*:11 s. et *par.*; *Mt. 4*:5-7 et *par.* en *Lc.*; *16*:1-4 et *par.*; *Lc. 23*:8; *J. 6*:30.

[93] Cf. *supra*, p. 285, n. 85. Comp. *Act. 7*:48; *17*:24.

[94] Cf. *Jér. 7*:4 ss.; *23*:24; *És. 66*:1 s.; comp. *Act. 7*:48 s.

[95] Cf. *És. 1*:13 s. Comp. *Amos, 5*:21.

[96] Cf. *supra*, p. 138s., n. 214-215; p. 195s., n. 307; Lohse : σάββατον, art. cit. *T.W.* Le culte de la Loi était arrivé, dans certains milieux, jusqu'au point d'y subordonner Dieu lui-même, et spécialement au jour du sabbat qu'Il observe scrupuleusement. Quelques rabbins imaginent Yahweh penché sur sa Thora (cf. *supra*, p. 135, n. 199) et les réunissant dans la Jérusalem céleste, pour s'en entretenir avec eux. Cf. A. E. Suffrin : *God* (*Jewish*), in *E.R.E.*, VI, p. 296. La plupart, cependant, ne versaient point dans ces aberrations et croyaient à l'action continue et constante de Dieu; mais ils cherchaient quand même à justifier la rupture du sabbat, légalement. Il est dit, en effet, en *Es. 16*:29 : « Que chacun reste à sa place et que personne ne sorte du lieu où il est le septième jour ». C'est ce que fait Dieu à qui l'univers appartient. S'il s'y occupe, ce n'est jamais que chez soi. Quant à son genre d'occupation, on peut en discuter, et l'on n'y manque pas. Sur l'obéissance de Dieu à sa Loi, et sur les déplacements autorisés le jour du sabbat, cf. *Talmud de Jérus. trad. franç.* par Moïse Schwab, Paris, Maisonneuve, 1960, *vol.* IV, tr. Rosch Ha-Schana, p. 65; *vol.* III, tr. Schabbath, p. 1-11; tr. Eroubin, p. 231-327.

Tel n'est assurément pas le plan sur lequel se place le Jésus johannique lorsqu'il déclare, après la guérison du paralytique de Béthesda, un jour de sabbat, aux « Juifs » qui le condamnent : « Mon Père travaille jusqu'à maintenant; moi aussi je travaille », ὁ πατήρ μου ἕως ἄρτι ἐργάζεται, κἀγώ ἐργάζομαι, *J. 5*:17. Ce travail du « Père », que le « Fils » a vu faire au Père, et fait « pareillement », consiste essentiellement à donner la Vie (*J. 5*:19-21, 24-26). Le Jugement, qui y est adjoint, est devenu, de par la volonté du Père, un privilège du Fils (22, 24, 27-30). La réflexion du judaïsme hellénistique est passée par là, re-méditée par la pensée originale de l'évangéliste. *Philon* traite plusieurs fois de ce travail divin, tantôt sur le plan de l'immutabilité où s'associent paradoxalement création perpétuelle et repos éternel (*de Cher. 86*-90), tantôt sur celui, moins philosophique et plus concret de la Bible où l'action l'emporte en deux fonctions permanentes de

jusqu'à en dégager l'homme, dans cette déclaration qui porte loin :
« Le sabbat a été fait pour l'homme, et non pas l'homme pour le
sabbat » [97]. Les valeurs institutionnelles, quelles qu'elles soient, sont
ainsi remises à leur place, pour servir l'homme, et non pour l'asservir [98].

Dieu : le commandement et la providence (*de Migr. Abr.*, 182; *de Fuga*, 101; *Leg. All.*,
I, 16), en y comprenant le jugement (*Vit. Mos.* II, 99; *de Mut.*, 106, 110). Cf. C. H. Dodd :
The 4th Gospel, op. cit., p. 320-328.

[97] *Mc.* 2:27. τὸ σάββατον διὰ τὸν ἄνθρωπον καὶ οὐχ ὁ ἄνθρωπος διὰ τὸ σάββατον. Cette
parole ne se trouve qu'en Marc ; certains auteurs, comme Bramscomb : *The Gosp. of Mk.*
(*Moffatt N.T. Comm.*) *ad loc.*, London, 1937, en font une addition très postérieure, au
2d. s. Si cette déclaration porte en soi le ferment d'une révolution intérieure et d'un
renversement de valeurs établies, il y aurait là plutôt motif à en défendre l'authenticité.
Elle serait bien de Jésus, dans une traduction véridique. C'est ce qu'admet Rud. Bultmann : *Theol. d. N.T., op. cit.*, p. 18, et qui nous semble effectivement s'imposer dans le
texte et dans son contexte. D'autres auteurs y seraient disposés, mais en minimisant
l'importance d'une parole que des rabbins auraient pu prononcer, en se fondant, comme
Jésus lui-même, sur les dérogations admises (*Mc.* 2:25 s.). Il y a, effectivement, des
parallèles; mais l'esprit en est autre, manifestement. Cf. Lohse : σάββατον, *T.W., art. cit.*,
p. 22 ; Colpe : Ὁ υἱός τ. ἀνθρώπου, *T.W.*, VIII, (1969), p. 455.

L'*art.* de Colpe porte très largement (p. 403-481) sur la notion du Fils de l'Homme, et,
au cours de l'examen des textes, sur le verset suivant, *Mc.* 2:28 où ce titre figure, ce qui
pose un autre problème, et des plus complexes. Il nous semble, à l'encontre de beaucoup
d'auteurs, qu'on ne puisse désolidariser ces deux versets.

[98] *Idem* et *Mc.* 2:28 : « Ainsi, *le Fils de l'Homme* est maître, même du sabbat », ὥστε
κύριός ἐστιν ὁ υἱός τ.α. καὶ τ. σαββάτου. Invoquant un original araméen : בַּר־נָשָׁא et
son sens le plus courant, qui serait le même dans les deux versets, *l'homme*, Wellhausen :
D. Ev. Marci, p. 20, (2ᵉ éd.), Berlin, 1909, suivi par Bramscomb : *op. cit.*, p. 58 s. et
quelques autres, voit dans le verset 28 la continuation et l'accentuation du précédent.
Pour rendre cette hypothèse hasardeuse plus plausible, Wellhausen avance que κύριός
amplifie le terme araméen correspondant, ce qui est probable, mais ne résoud pas le
problème, à moins de faire une autre supposition : l'original araméen, ou Jésus lui-même,
auraient joué sur les sens, ce qui n'est pas exclu, surtout si l'on admet, par surcroît,
une légère différence de termes, de 27 (בר אנש) comme en *Dan.* 7:13) à 28 (בר נשא).
Cf. E. Trocmé : *La format. de l'Ev. selon Mc., op. cit.*, p. 136, n. 98. Cela fait beaucoup de
conjectures. Quoi qu'il en soit, on ne disjoindra pas les deux versets, ainsi que le font la
plupart des critiques rejetant soit l'un, soit l'autre, comme interpolé. C'est généralement
le 28 que l'on conteste, en assurant que le ὥστε ne se justifie pas si c'est Jésus qui parle,
mais seulement si c'est l'Église qui tire ainsi la conséquence, pour sa doctrine et pour
sa foi, de la déclaration de 27. Cf. Lohse : *art. cit.*, p. 22 s.; Colpe : *art. cit.*, p. 455 ; E.
Lohmeyer : *D. Ev. d. Mk., ad loc.*, éd. rev. Goettingen, 1951. L'argument ne vaut que
partiellement, contre un terme excessif comme κύριός (cf. Foerster : Κύριός, *T.W.*, II,
1081-95), terme de traduction, mais pas pour l'essentiel qui se greffe aisément sur 27.
La relation normale entre l'homme et le Fils de l'Homme apparaît non seulement dans un
johannisme relativement tardif (*J.* 19:5), qui aurait pu subir des influences étrangères,
mais chez Paul, dans le parallèle entre les deux Adams (*1 Cor.* 15:45), et surtout en *Rom.*

Du même coup, tout un décor factice est abbatu qui barrait la route entre l'homme et Dieu.

Telle est, sans aucun doute, la pensée directrice de Jésus, telle qu'elle ressort des textes évangéliques. Cette remise en place ne signifie pourtant pas que Jésus fasse fi de tout adjuvant externe au culte intérieur. Il serait absurde de le supposer. Mais quand on cherche à préciser jusqu'où, selon Jésus, l'extériorisation peut aller, on n'a que peu d'information [99]. On est pourtant assuré que la direction donnée doit être suivie ; elle ne le sera qu'au prix d'une grande discrétion et d'une simplicité foncière dans les formes et dans l'exercice du culte. On ne voit pas ce Jésus instituant une communauté assidue aux exercices religieux et aux rites du Temple [100] dans la mentalité sacramentelle qu'il avait répudiée [101]. Si touchant que soit le tableau de l'Église primitive à Jérusalem, il ne semble pas qu'il s'accorde sur tous les points avec la vision de celui dont on veut s'inspirer. Ses disciples les plus proches ne l'ont jamais compris tout à fait [102]. Sa propre famille l'a longtemps méconnu [103], et quand Jacques, son frère, prend la direction de la communauté de Jérusalem, c'est dans un autre esprit que le sien [104]. C'est par son ouverture sur le monde païen, et surtout grâce à Paul, que l'Église primitive a échappé à un recul général qui aurait peut-être abouti à une résorption dans le judaïsme officiel ou à

8:29 : « Ceux qu'il a connus d'avance, il les a aussi prédestinés à être conformes à l'image de son fils, afin qu'il soit le premier-né entre beaucoup de frères » ($\pi\rho\omega\tau\acute{o}\tau o\kappa o\nu$ $\dot{\epsilon}\nu$ $\pi o\lambda\lambda o\hat{\iota}s$ $\dot{\alpha}\delta\epsilon\lambda\phi o\hat{\iota}s$). Sur l'usage eschatologique ou apocalyptique de la notion du Fils de l'homme, cf. *supra*, p. 224s., n. 466-472. Sur la convergence des notions de Messie, de Fils de l'Homme et de Serviteur, cf. *supra*, p. 298-213. R. Bultmann, *Th. N.T.*, *op. cit.*, p. 31, estime que la notion du Fils de l'homme souffrant et mourant, calquée sur *Ésaïe*, 53, est une interprétation *post eventum*. H. Conzelmann : *Th. d. N.T.*, *op. cit.*, juge, de même, que le groupe des textes où il en est question, n'est pas historique (nicht historisch, p. 153). Le fait que certaines précisions et amplifications aient été faites « ex eventu » ne justifie pas ce rejet radical. Cf. par contre, Eth. Stauffer : *D. theol. d. N.T.*, *trad. angl.* J. Marsh, p. 25 ss., 108 ss. London, SCM Press, 1955. Colpe, *art. cit.*, p. 446 ss. après une analyse de chacun des textes intéressés, admet un substrat authentique (p. 447, 449).

[99] Cf. *supra*, p. 285.
[100] Cf. *Act.* 2:46.
[101] Cf. *supra*, p. 283-287.
[102] Cf. *Mc.* 8:32 s. (*par. Mt.* 16:22 s.); *10*:38 (*par. Mt.* 20:22); *Lc.* 9:55; *18*:34, etc.
[103] Cf. *Mc.* 3:21; 3:31-35 et *par.* en *Mt.* et *Lc.*; *J.* 7:5. Cf. *supra*, p. 108 ss.
[104] Cf. *supra*, p. 195 s., n. 309-313; p. 108 ss. Suivant une tradition conservée par Hégésippe (2d s.), *Jacques*, surnommé *le Juste*, pratiquait un ascétisme rigoureux et priait pour les péchés de son peuple, si souvent que ses genoux étaient devenus calleux comme ceux d'un chameau.

une sorte de christianisme « qoumranisé ». L'attitude de Jacques au synode de Jérusalem, et l'amendement final obtenu ou imposé par lui sont significatifs à cet égard [105]. La tendance judéo-chrétienne rétrograde qui en ressort est confirmée par une observation de Paul en *Gal. 2*:12, à propos de son conflit avec Pierre dont l'orientation spirituelle était pourtant beaucoup plus proche de la sienne.

Ainsi, jusqu'à la persécution et à la dispersion, la communauté hiérosolymite continua à fréquenter le Temple et les synagogues, tandis que les communautés pauliniennes, à majorité pagano-chrétienne, en étaient entièrement détachées. Il faut pourtant constater que l'apôtre lui-même, en tant que Juif, n'avait totalement rompu ni avec la synagogue, ni même avec le Temple [106]. D'autre part, une confraternité réelle était préconisée et cultivée par Paul qui la rendait efficiente et sensible par les collectes en faveur des « saints » de Jérusalem [107]. Il faut donc se garder d'amplifier et de dramatiser, comme certains l'ont fait, une divergence néanmoins très réelle. C'est plus tard, et dans des circonstances tout autres, qu'elle déviera en un conflit virulent [108]. Pour l'instant, à la faveur du *modus vivendi* adopté au Synode [109], les traits divergents sont estompés, les caractères communs du culte nouveau ressortent davantage.

Le trait spécifique est la place que le Ressuscité tient dans ce culte, selon la parole qui répercute la conviction des fidèles : « Là où deux ou trois sont réunis $\epsilon\iota\varsigma$ $\tau\grave{o}$ $\grave{\epsilon}\mu\grave{o}\nu$ $\check{o}\nu o\mu a$, là je suis au milieu d'eux » [110].

---

[105] Cf. *Act. 15*:13 ss. et *comp.* l'attitude de *Pierre*, 7 ss. et *chap. 10*.

[106] Cf. *Act. 21*:18 ss. où *Jacques* et ses adeptes obtiennent de Paul une transaction qui aura sans doute contribué à faire remarquer sa présence au Temple.

[107] Cf. 1 *Cor. 16*:1 ss.; 2 *Cor. 8*:1-15; *9*:1-5; *supra*, p. 195 s., n. 308.

[108] Cf. *supra*, p. 75 s., n. 65, 67; p. 195 s., n. 309; Cullmann : ... *Roman pseudo-clémentin, op. cit.*, p. 220-257.

[109] Cf. *Act. 15, supra,* n. 105.

[110] Cf. *Mt. 18*:20. L'étroite association du nom et de la personne, d'où le pouvoir du nom, n'est pas limitée aux sociétés archaïques, mais se retrouve, atténuée, chez les Hébreux et chez les Grecs (cf. Names, in *E.R.E.*, *vol.* 9, p. 130-181 ; $\check{o}\nu o\mu a$ (Bietenhard), *T.W.*, V, p. 242-283). Malgré la tendance générale du grec hellénistique à estomper les nuances classiques, on doit encore distinguer, dans le N.T., le $\epsilon\iota\varsigma$ $\tau\grave{o}$ $\grave{\epsilon}\mu\grave{o}\nu$ $\check{o}\nu o\mu a$ de *Mt. 18*:20, d'un $\grave{\epsilon}\nu$ $\tau\hat{\omega}$ $\grave{o}\nu\acute{o}\mu a\tau\iota$ $\mu o\nu$ en *J. 14*:13, 26; *15*:16, etc., ou du $\grave{\epsilon}\pi\grave{\iota}$ $\tau\hat{\omega}$ $\grave{o}\nu\acute{o}\mu a\tau\acute{\iota}$ $\mu o\nu$ de *Mc. 9*:37, 39, etc., et, naturellement, du $\delta\iota\grave{a}$ $\tau o\hat{\nu}$ $\grave{o}\nu\acute{o}\mu\acute{a}$ $\mu o\nu$ de *Lc. 21*:17, etc. (Sur le dynamisme du $\epsilon\iota\varsigma$ dans le mouvement vers le but déjà marqué par l'accusatif, cf. Oepke : $\epsilon\iota\varsigma$; $\grave{\epsilon}\nu$, *T.W.*, II, p. 418-432, 534-539 ; la nuance possessive accentuée de $\grave{\epsilon}\mu\acute{o}\varsigma$ par rapport à $\mu o\nu$ peut se discuter ici, bien qu'elle soit manifeste dans des textes tels que 1 *Cor. 16*:21; *Gal. 6*:11, etc., cf. W. Bauer : *W. N.T.* : $\grave{\epsilon}\mu\acute{o}\varsigma$. A noter encore que $\epsilon\iota\varsigma$ correspond à ל et $\grave{\epsilon}\nu$ à ב.

Il y a, sans doute, à tenir compte de l'intention et du mouvement suggérés par la proposition εἰς, peut-être même de la nuance possessive de ἐμός, pour caractériser ce genre, non point statique, mais dynamique, de réunion pour rencontrer Jésus en personne. Une telle rencontre pouvait survenir n'importe quand et n'importe où [111], mais plus aisément dans un local particulier qu'au Temple ou à la synagogue, où l'on n'était pas entre soi. C'est seulement beaucoup plus tard que l'on construira des édifices *ad hoc* [112]. Pour le moment, il faut se contenter d'une chambre haute assez vaste, sur une terrasse couverte [113]. C'est là que la première communauté se rassemblera avec les apôtres [114], et que tendus vers le Christ attendu, en de ferventes prières, ils seront visités par l'Esprit de la Pentecôte [115]. C'est ainsi qu'ils connaîtront l'exaltation glossolalique [116], dont les communautés pauliniennes feront également l'expérience, notamment à Corinthe où l'on a essayé de l'intégrer dans le culte [117]. Cela montre à quel point celui-ci était libre. Son ordonnance, quand il en avait une, devait se rapprocher de celle de la synagogue, avec lectures, explications, messages, chants de Psaumes, prières, mais dans l'ardente expectative du Maître attendu : *Marana tha !* [118]. Cette attente anxieuse où l'espérance était mêlée de

---

[111] Cf. *supra*, p. 285, n. 86 ; p. 286 s., n. 95-97.

[112] Les premières églises, du genre « basilique », ne pouvaient voir le jour qu'avec l'édit de Milan, en 313, par lequel Constantin accordait au christianisme un statut légal, avant de l'officialiser.

[113] Cf. Chambre-haute in *art. Maison, D.E.B.* II, p. 81, *col.* 1 ; House, *H.D.B.*, II, p. 434, *col.* I, et Room, IV, p. 313, *col.* 2. — Michel : οἶκος, *T.W.*, V, 132 s. Dans ce dernier article (*T.W.*, V, 122-160) où la signification symbolique et théologique de la maison est étudiée en détail, elle apparaît bien comme le premier lieu de culte des chrétiens (132 s.).

[114] Cf. *Act. 1*:13 (*comp. Mc. 11*:15 ; *Lc. 22*:12 ; *Act. 9*:37 ; *20*:8).

[115] Cf. *Act.* 2:1. *Le même lieu* (ἐπὶ τὸ αὐτό) pourrait être ὑπερῷον de *1*:13 ; mais ce n'est pas certain. L'expression peut signifier aussi : *ensemble*. Torrey : *The Compos. and Date of Acts*, p. 14 ss., Harvard Th. St. 1916, propose : *beaucoup*, qui correspondrait à l'araméen qu'il suppose. Trocmé : *Le liv. d. Act. et l'Hist., op. cit.*, p. 192, n. 3, ne retient pas cette conjecture, mais suggère un rapprochement intéressant avec la LXX qui traduit ainsi יחד dont l'une des significations : l'association, *l'Union* était celle que les gens de Qoumrân avaient choisie pour désigner leur communauté. Il nous semble, à tout prendre, que la désignation locative : *au même endroit*, est encore la plus plausible, et que cet endroit pourrait être la chambre haute.

[116] Cf. *Act.* 2:4-13, 15, où glossolales et polyglottes sont associés, ou confondus. Cf. *supra*, p. 101, n. 28 ; p. 106, n. 56-57 ; Trocmé : *op. cit.*, p. 201 s.

[117] *Idem* ; cf. *1 Cor. 12*:10, 28 ; *13*:1, 8 ; *14 passim*.

[118] Cf. *1 Cor. 16*:22 (*comp. Apoc. 22*:20) ; W. Bauer : *Wört. z. N.T.* : μαρὰν ἀθά ou plutôt μαράνα θά, transcription de l'araméen, מרנא תא : Notre Maître, viens !, cri-d'appel

crainte [119], favorisait les manifestations charismatiques [120] où le bon ordre du culte sombrait dans la confusion. Paul s'en inquiète et cherche à rétablir l'équilibre rompu par des poussées d'illuminisme [121]. Elles ne sont pas identiques partout, et la tactique de l'apôtre n'est pas la même à Corinthe où il hésite à condamner [122], et à Thessalonique où le danger plus menaçant doit être aussitôt conjuré [123].

Les excès charismatiques, facteurs de trouble et d'anarchie, ne pouvaient que renforcer, par une réaction instinctive, ou délibérée, le souci d'ordre et d'autorité. La mesure fut vite dépassée, d'abord à Jérusalem, puis dans les communautés d'origine paulinienne. On s'écartait, de part et d'autre, bien que différemment, de la droite ligne évangélique, et l'on déviait, grand train, vers les excès du ritualisme, du liturgisme et du cléricalisme [124]. Les Actes et les épîtres permettent de faire le point sur la situation vers le milieu du premier siècle, dans la communauté considérée comme l'Église-mère, sous la férule de Jacques [125]. Son autorité s'étend du cercle des apôtres, dont pourtant il n'est pas [126], non seulement à la communauté hiérosolymite, mais

---

des chrétiens en attente ou en détresse, entré, d'ap. *Did. 10*:6, dans l'ancienne liturgie de la Cène. Cf. H. Lietzmann : *Hndb. z. N.T.*, III, p. 159, *ad loc.*

[119] Cf. *Act.* 2:43.

[120] Cf. *supra*, n. 116-117; Conzelmann : χάρισμα, *T.W.*, IX (1973), p. 393-397; H. Cl. : *Geistesgabe*, in *B.H.H.*, I, c. 538-540.

[121] Cf. *supra*, p. 106-107.

[122] Cf. 1 *Cor.* 14 *passim*, où il s'agit du charisme des langues, et notamment, le verset 18, où Paul affirme l'avoir reçu, lui aussi; mais ile préfère nettement celui de prophétie, et il tient à ce que « tout se fasse avec bienséance et avec ordre » (v. 40).

[123] La forme d'illuminisme particulière à Thessalonique est une attente mystique de la parousie, dans une oisiveté pieuse où pointent divers excès. Cf. 1 *Thess.* 4:1-2; 5:13, 14, 22. L'apôtre condamne sévèrement cette attitude en 2 *Thess. 2, 3, passim* : « Si quelqu'un ne veut pas travailler, il ne doit pas non plus manger » (2 *Th.* 3:10). Cf. *supra*, p. 197 s., n. 317-318.

[124] Cf. *supra*, p. 285-289; R. Will : *Église*, in *D.E.B.*, I, p. 321-324; K. L. Schmidt : *Minist... ds. le N.T.*, *R.H.P.R.*, 1937, p. 320 ss. *Id.* : *Probl. du Christian. primit.*, *R.H.P.R.*, 1938, p. 145 ss.; M. Goguel : *Jésus et l'Égl.*, *R.H.P.R.*, 1933, p. 197-241, *passim* (notamment p. 217 ss., 234 ss.); *Id.* : *Le probl. de l'Égl. ds. le Christian. primit.*, *R.H.P.R.*, 1938, p. 293-320, *pass.* (notamment, p. 296 ss., 310 ss.); *Id.* : *Unité et divers. du Christian. primit.*, *R.H.P.R.*, 1939, p. 1-54, *passim* (notamment, p. 3 ss., 9 ss., 18 ss., 28 ss.); O. Cullmann : *Rom. pseud. clément.*, *op. cit.*, p. 220 ss.; *Id.* : *... Qumran-Texte u.d. Judenchrist.*, *art. cit.*, etc. H. Cl. : *La primauté de Pierre d'ap. les Pseudo-clément.*, *R.H.P.R.*, 1956, p. 298 ss.

[125] *Idem et supra*, p. 288s., n. 104-106.

[126] *Idem.* Jacques est un tard-venu dans la foi en son frère. Son autorité, qui s'est substituée à celle de Pierre, provient de sa parenté avec Jésus, de son caractère et de ce

à toutes celles qui sont considérées comme ses filiales, sans même en excepter les pauliniennes [127]. Un contrôle est exercé sur elles, impliquant un essai d'organisation et une discipline à tendance rétrograde [128]. Des privilèges sont revendiqués par ceux à qui le Maître est apparu [129]. Ils sont tenus, avec tous ceux qui ont accompagné Jésus, pour les gardiens d'une tradition qui n'a pas échappé à leurs interprétations et à leurs incompréhensions [130]. Paul se rend compte du risque tout autre que celui des charismes, et plus grave, qui menace les communautés qu'il a fondées [131]. Il n'hésite pas à distendre, sans les rompre, des liens qui durcissent et deviennent asservissants [132]. Lui aussi a eu sa vision du Christ [133], qu'il ne veut plus connaître selon la chair, mais selon l'esprit [134]. C'est en son nom qu'il défendra la liberté glorieuse des enfants de Dieu [135].

Le culte est naturellement affecté par deux conceptions aussi différentes de la nouvelle *Ecclesia* [136]. Celle-ci risquait, avec Jacques, de se résorber dans le judaïsme du Temple [137], et c'est la destruction de celui-ci qui lui fit prendre une autre direction, à partir de l'année 70.

---

que, semble-t-il, il est de ceux qui ont été gratifiés d'une apparition du Seigneur. Cf. 1 *Cor. 15*:7. Cf. E. Stauffer : *Z. Kalifat d. Jakobus*, Z.R.G.G., 1952.

[127] Cf. *Act. 15*:13-21 ; *Gal. 2*:12.

[128] Jérusalem devient, pour quelque temps, la métropole de toutes les Églises (*Act. 1*:8). Elle y a le sommet d'une hiérarchie, dans les Douze et en Jacques devenu comme un *pontifex maximus*. Il s'y crée une administration et une gestion pour la réception et la répartition de collectes recueillies dans les filiales, selon les moyens de chacune (*Act. 11*:29 s.). L'esprit de simplicité, de liberté, de confraternité que Jésus voulait inspirer à ses disciples ne souffle plus guère dans une institution qui se fige dans ses statuts, ses privilèges et l'ébauche d'un système à direction théocratique. Il semble que le diacre Étienne ait fortement réagi contre ce durcissement et que, par son martyre saisissant, il ait préparé la conversion de celui qui retrouvera l'élan spirituel de Jésus : l'apôtre Paul. Cf. *supra*, p. 160s., n. 112, 113 ; Goguel : *Unité et diversité du christian. primit.*, art. cit., p. 17 ss.

[129] Cf. *supra*, n. 126 ; 1 *Cor. 15*:5-8 ; *Act. 6*:2-4, où les Douze revendiquent un privilège que le Maître leur aurait sans doute refusé (cf. *Mc. 10*:35-45 et *parall.* ; *J. 13*:12-15).

[130] Cf. *supra*, p. 288 s., n. 102-105.

[131] Cf. *Gal. 3*:1 ss. ; *Col. 2*:16 ss. ; *Philip. 3*:2 s.

[132] Cf. *Gal. 1*:15-20 ; 2:1-14 ; 5:1-12.

[133] Cf. 1 *Cor. 15*:7 ; *Gal. 1*:12, 16.

[134] Cf. 2 *Cor. 5*:16 et *supra*, p. 262, n. 681.

[135] Cf. *Rom. 8*:21.

[136] Cf. R. Will : *Église*, art. cit. ; *supra*, n. 124 ; K. L. Schmidt : καλέω, ἐκκλησία, T.W., III, p. 502-539.

[137] La destruction du Temple, en 70, marque ici un tournant décisif. Cf. Goguel : *Le probl. de l'Égl...*, art. cit., p. 308 s.

Il est vraisemblable qu'une fuite commune, au delà du Jourdain, de la communauté judéo-chrétienne et des Qoumraniens, les a réunis, pour constituer un christianisme juif d'un type différent [138], sectaire et violemment hostile à l'esprit paulinien [139]. L'ambiguïté du culte au Temple et dans la chambre haute a disparu. Il n'y a plus de sacrifices, et l'on pourra plus facilement pactiser avec ceux de Qoumrân qui s'en passaient. L'automatisme et le magisme qui guettent rites et liturgies, dès qu'on les tient pour conditions *sine qua non* des faveurs divines, vont se fixer sur *le Baptême et la Cène* dont on fera des sacrements. Le même processus, mais par des voies très différentes, se produira dans les communautés de tradition paulinienne. Si l'on revient aux origines de ces deux usages, on se rend compte, d'abord, que les rites baptismaux, à significations variées, sont répandus de par le monde et dans les religions les plus diverses [140]. Ils l'étaient particulièrement, en Palestine et alentour, au temps de Jean Baptiste et de Jésus [141]. Leurs ressemblances et leurs différences apparaissent à l'examen; il convient de tenir compte et des unes et des autres pour caractériser le baptême chrétien à ses origines. Jésus ne l'a pas institué comme le sacrement qu'il est devenu dans la suite. Il ne l'a même pas institué du tout. Peut-être, mais c'est douteux, l'a-t-il pratiqué quelque temps avec Jean [142]. Il s'en serait ensuite abstenu, sans l'interdire à ses disciples qui avaient été ceux du Baptiste [143]. Le risque sacramentel lui est très vite apparu. D'autre part, le baptême de l'Esprit qui semble avoir été entrevu et annoncé par Jean, devait aller bien plus profond que le baptême de pénitence, jusqu'à la régénération du pénitent [144]. C'est ainsi qu'il fut entendu dans les communautés pauliniennes [145].

---

[138] Cf. Cullmann: *Qumrantexte u. Judenchrist.*, art. cit.

[139] *Idem* et, du même: *Rom. pseudo-clément...*, op. cit., p. 243 ss.

[140] Cf. J. A. MacCulloch, J. V. Bartlet, Kirsopp Lake, H. G. Wood, etc.: *art. divers: Baptism*, in *E.R.E.*, II, p. 367-412.

[141] Cf. *supra*, p. 159, n. 103-104; p. 160, n. 105-106; p. 69 s., n. 34-37.

[142] Cf. *J. 3:22*.

[143] Cf. *J. 4:2*; Oepke: Βάπτω, Βαπτίζω, *T.W.*, I, 527-544 (*notamm.* 536); Goguel: *La Vie de Jésus*, p. 253-258, Paris, Payot, 1932.

[144] *Ibid.* Aux ablutions de purification et, notamment, au baptême des prosélytes déjà pratiqué dans le monde juif, le baptême de Jean ajoute la notion capitale de pénitence et de conversion, mais sans aller jusqu'à la régénération qui caractérisera le baptême en milieu paulinien, et johannique. *Comp. Mc. 1:4, 5*, et *parall.* à *Rom. 6:3 ss.*; *Tite, 3:5*; *J. 1:31, 33; 3:3-8*, etc.

[145] *Ibid.* Des nuances plus ou moins importantes diversifieront néanmoins, les notions et pratiques baptismales dans les mêmes milieux, où l'auteur de l'épître aux *Hébreux* (6:2) mentionnera Βαπτισμῶν διδαχήν.

Il est cependant à noter que Paul lui-même, sensible au même risque, déclare aux Corinthiens que Christ ne l'a pas envoyé pour baptiser, mais pour évangéliser [146]. Il distingue ainsi deux fonctions que la première Église a, de bonne heure, étroitement associées dans l'ultime et impérial message attribué au Ressuscité [147] : « Toute puissance m'a été donnée dans le ciel et sur la terre ; allez donc, faites de toutes les nations mes disciples, les baptisant au nom du Père, du Fils et du Saint Esprit ». C'est une autre conception du baptême que celle de Paul et de Jésus. Les déviations sacramentelles ne pouvaient qu'en être accélérées.

Un processus analogue s'est produit pour la Cène, bien qu'ici, Jésus lui-même ait présidé à la première, ce qui fait une importante différence [148]. De plus, il y a dans l'Église primitive deux types de repas « communiels » que l'on fait remonter l'un et l'autre à Jésus [149]. Ce pourrait être effectivement le cas : l'un rappelant les agapes heureuses de la première partie du ministère [150], l'autre le dernier repas avant la

---

[146] Cf. 1 *Cor.* 1:17.

[147] Cf. *Mt. 28*:18-20.

[148] Si Jésus avait baptisé au début de son ministère, ce qui reste douteux (cf. *supra*, p. 293, n. 142-143), il aurait marqué la différence entre le baptême administré par lui et celui de Jean Baptiste. Peut-être l'a-t-il indiquée à ses disciples qui continuaient à baptiser, tandis qu'il aurait cessé de le faire, en les mettant en garde contre le risque du ritualisme. Mais, en l'absence de témoignage textuel, ce ne sont qu'hypothèses. Il en va autrement pour la Cène où les témoins ne manquent pas, mais divergent sur plusieurs points.

[149] Hans Lietzmann : *Messe und Abendmahl. Eine Stud. z. Geschichte d. Liturgie*, Bonn, Marcus-Weber, 1926, croit pouvoir dégager deux liturgies typiques de la Cène, en remontant au troisième siècle, et de là, aux témoignages les plus anciens, jusqu'à ceux du N.T. Cette méthode « régressive » à partir de liturgies tardives, dans une étude historique de grande valeur, ne peut être préférée à la méthode « progressive », à partir des documents les plus anciens, Elle pourrait, éventuellement, la suivre, comme une sorte de contre-épreuve, ou, du moins, se combiner avec elle. Il nous semble que le résultat final de cette double recherche ne serait pas celui auquel aboutit Lietzmann, et, par un autre itinéraire, Bultmann : *Th. d. N.T.*, op. cit., p. 153 (*trad. angl.*, I, p. 146), c'est à dire : la communauté primitive n'aurait pas célébré la mémoire de la mort du Seigneur, mais simplement le souvenir du dernier repas et de sa communion. Il se pourrait que l'un n'exclue pas l'autre, mais qu'un certain dédoublement ait été pratiqué par la suite, dans quelques usages liturgiques. Le texte de *Luc, 22*:15-20, avec ses deux coupes encadrant la fraction du pain, en porterait la marque, sauf dans le Codex D et quelques versions : ital., syr. s., c. où les versets 19 b. et 20 font défaut. Il n'y reste qu'une coupe, laquelle, au contraire de *Marc, 14*:22-25, vient en premier lieu.

[150] Jésus que ses ennemis taxaient vilainement d'intempérance, en le qualifiant de « mangeur et buveur » (*Mt.* 11:19; *Lc.* 7:34), par contraste avec l'ascétisme du Baptiste,

Passion et la Croix [151]. Celui-ci, qui est devenu, en divers embranchements, ou déviations, le sacrement de la Sainte-Cène ou de l'Eucharistie, ne pouvait pas avoir ce caractère avant les événements qui ont contribué à le lui donner [152]. Si l'on se réfère à la relation la plus brève, celle

---

n'engendrait certainement pas la tristesse et la mélancolie dans les repas qu'il partageait ou présidait. Le ton était donné par une sorte de bénédicité accompagné, selon la coutume juive, d'un geste symbolique sur le pain et le vin que l'on distribuait. Actions de grâces, consécration et communion étaient ainsi associées dans une atmosphère de convivialité joyeuse. Termes et gestes devaient être à peu près les mêmes chez les sectaires de Qoumrân, mais dans un climat différent qui ressemblait plutôt à celui que l'on reprochait au Baptiste (cf. *1QS*, VI, 4, 5; *1QSa*, 17-22; Dupont-Sommer : *op. cit.*, p. 100, 123).

Lorsque Jésus nourrit la foule, dans une détente générale, que l'on peut imaginer, il commence par rendre grâces, après avoir pris pains et poissons qu'il partage ensuite (*Mc. 6*:41 ; *8*:6, 7 et *parall.*). Il n'est pas fait mention de vin. Le geste symbolique habituel et constant est celui de la fraction du pain (cf. *Lc. 24*:30 ; comp. *J. 21*:13).

[151] L'atmosphère du dernier repas est, de toute évidence, radicalement différente. Jésus qui aurait pu fuir, est décidé à affronter la suprême épreuve, dans les heures qui viennent. Cette Cène par laquelle il souhaitait s'associer librement à la Pâque, avec ses disciples, est troublée, dès le début, par sa conviction que l'un d'entre eux va le trahir. Si l'on en croit la tradition johannique, le traître soupçonné, ou démasqué (*J. 13*:26 ss.; comp. *Mt. 26*:25) se serait esquivé (*J. 13*:29, 30). Le malaise dissipé, vers la fin du repas, ou aussitôt après (*Lc. 22*:20), Jésus aurait accompli les gestes de communion, avec le pain et le vin, qui auraient pu venir normalement au début. Il semble que le repas ait commencé dans une certaine confusion (*Mc. 14*:18 et *parall.*). Quoi qu'il en soit, l'imminence du sacrifice consenti donnait aux symboles de la communion une tout autre signification que dans un repas ordinaire.

[152] La dernière Cène, à caractère unique, dans des circonstances uniques, ne pouvait être répétée. Celui qui la présidait allait disparaître physiquement dès le lendemain. Il en avait l'intime conviction, et pouvait offrir, par anticipation, dans le pain, dans le vin, son corps brisé, son sang versé. Quelles que soient les analogies de cette offrande avec des rites sacrificiels nombreux et variés en histoire des religions (cf. *supra*, p. 89, n. 132; p. 104, n. 44; E. O. James : *Sacrifice*, *E.R.E.*, *vol.* 11, p. 1-7 et divers, p. 7-39), rien n'autorise à les confondre à l'origine. Jésus se sacrifie volontairement, tandis que les victimes sont sacrifiées. Ce n'est que plus tard, par de multiples déviations qui parfois s'embrancheront les unes sur les autres, que les essais de reproduction d'une Cène inimitable se trouveront affectés de ritualisme sacrificiel et sacramentel. Cf. Lietzmann : *op. cit.* (*supra*, n. 149), p. 50 ss.; Bultmann : *op. cit.*, p. 155 ss. (trad. angl., I, p. 148 ss.); M. Goguel : *La relat. du dernier repas de Jésus...*, *R.H.P.R.*, X (1930), p. 61-89; O. Cullmann : *La signific. de la Ste Cène ds. le Christian. primitif*, *R.H.P.R.*, XVI (1936), p. 1-22; H. Conzelmann : *Th. d. N.T.*, *op. cit.*, p. 69-77.

Les apparitions du Ressuscité et les Pentecôtes charismatiques ont infusé au christianisme naissant un dynamisme et une vitalité sans lesquels il se serait éteint. Mais, elles ont introduit, du même coup, des éléments nouveaux dans les faits d'origine, et ont contribué, avec des influences variées, tant du côté juif que du côté païen, aux déviations signalées. Paul n'y a pas échappé. Sa relation de la Cène, en *1 Cor. 11*:23 ss. en porte la

de Marc [153], en admettant qu'elle reproduise la tradition la plus ancienne [154], Jésus aurait fait, simplement, de sa dernière agape avec ses disciples un repas de communion dans le sacrifice qu'il allait accomplir, et qui répondait à la règle d'or qu'il leur avait donnée [155]. Son corps rompu, son sang versé dans les symboles parlants du pain et du vin, en une Pâque préparée, à la veille du drame non recherché, mais accepté, il n'en fallait pas plus pour communiquer à cette communion une intensité, une solennité incomparables. Les disciples ont cherché à la retrouver après la tragédie et les apparitions. Ils en ont fait une institution, avec ses avantages et ses risques. L'agape joyeuse en avait aussi, qui ont cessé en fusionnant avec elle [156].

On imagine difficilement que le cachet sacramentel avec son automatisme, et le magisme qui en dérive, ait déjà été imprimé, par Jésus lui-même, sur la première Cène [157]. Mais il est certain qu'il l'a été peu après, et de plus en plus dans la suite, par les diverses communautés

---

marque. Cf. Goguel : *La relat... ds. 1 Cor. 11, art. cit.*, et du même : *Vie de Jésus, op. cit.*, p. 429 ss.

[153] *Ibid.*, *Mc. 14*:22-25. Pour une comparaison synoptique des quatre relations de la Cène, cf., en grec : H. Lietzmann : *Hndb. z. N.T. III*, p. 132 (1 Kor. ad loc. : *11*:23-25); en français, M. Goguel : *Vie de Jésus, op. cit.*, p. 429-431 (Mc.-Paul); p. 432 (Mc.-Lc.); p. 444 (4 leçons du texte de Lc.). En procédant par élimination de ce qu'il juge surajouté, Goguel en vient à confronter Mc. et Lc., pour donner finalement la préférence à Mc., mais pas intégralement. Bultmann, *op. cit.*, p. 150 ss. aboutit à Mc., après comparaison finale avec Paul; de même, Conzelmann : *op. cit.*, p. 71 ss., mais en notant chez Lc. (p. 75 s.), des éléments particuliers dans la leçon la plus longue, qui pourrait être plus ancienne que la brève (cf. *supra*, n. 149). Goguel concluait dans le même sens (p. 445), et très judicieusement, semble-t-il, ce qui, d'ailleurs, ne signifie pas que l'on puisse, par là, retrouver les origines. Selon le prologue de son évangile, Luc, dans un souci remarquable d'exactitude, a voulu remonter aux sources, et en a eu plusieurs à sa disposition (*Lc. 1*:1-4). Mais il n'a pas toujours réussi à rétablir l'ordre des faits, ni les faits eux mêmes dans leur intégrité. Ceux de la Cène avaient été médités plus que d'autres, et diversement.

[154] La relation de Marc paraît ici la plus sûre. Cela ne signifie ni que toutes les particularités des autres soient à éliminer systématiquement, ni que le texte de Mc. soit à entériner, les yeux fermés. C'est ainsi qu'en *14*:24, ce qui suit la parole : « ceci est mon sang », serait une adjonction *post eventum*, dont on ne saurait d'ailleurs prétendre qu'elle s'écarte de la ligne tracée par Jésus : celle du don de soi, sinon à la place des autres, du moins pour ($\dot{\upsilon}\pi\acute{\epsilon}\rho$) les autres. Quant au verset 25, il marque, de manière imagée, l'assurance eschatologique telle que Jésus la ressentait (cf. *supra*, p. 123 s.; p. 222-227; 230 s.).

[155] *Idem* et p. 210-214. (cf. *Mc. 10*:42-45 et *parall.*).

[156] Cf. *supra*, n. 149-150.

[157] Cf. *supra*, p. 285-289.

chrétiennes, diversement [158]. A Jérusalem, avec Jacques, on avait le modèle du sacrifice lévitique, tel qu'il était célébré au Temple, ou à domicile, pour la Pâque [159]. Dans les communautés pauliniennes, à majorité pagano-chrétienne, où les rites mystériques étaient connus [160], c'est sur cette voie que l'on interprétait les sacrements, soit du baptême, soit de la Cène.

3. *Implications théologiques du Culte dans la Bible*

Les variétés du culte, dans leur ambiguïté fondamentale [161], ont des implications théologiques aussi variées. On a esquissé, à grands traits, ce que serait une théologie biblique du culte dans la perspective prophétique [162]. Un essai analogue pourrait être tenté du point de vue mystique [163]. Si l'on s'en tient, comme on vient de le faire, au culte en soi dans l'histoire biblique, on constatera que les grands thèmes de la théologie, Dieu, l'homme, le salut, sont vus de manières différentes aux grandes étapes de cette histoire, selon les milieux concernés. On n'oublie pas qu'il s'agit d'idées que des individus ou des sociétés se font sur ces sujets, ou ces objets [164].

Si l'on refait, dans cette perspective, l'itinéraire précédent [165], on se rend compte que le culte hébreu, avant Abraham, et même longtemps après, ne pouvait être monothéiste, et devait être passablement entaché de magie [166]. Cela suppose, naturellement, s'il est permis d'employer ces termes d'école, des notions très archaïques et très frustes de théologie, anthropologie, sotériologie, etc.[167].

---

[158] Cf. la remarquable mise en garde aux Églises œcuméniques, sous la devise : « la magie nous guette, la magie est l'ennemi... » de R. Will : *Magie et Religion*, *R.H.P.R.*, XVI (1936), p. 44 s.

[159] Cf. *supra*, p. 291 s., n. 124-128; Joach. Jeremias : πάσχα, *T.W.*, V, p. 895-903.

[160] *Ibid.*; Bultmann : *Th. N.T.*, p. 150 ss. (trad. angl., I, p. 144 ss.).

[161] Cf. *supra*, p. 268, n. 1.

[162] Cf. *supra*, p. 265 ss.

[163] Si l'on conçoit le mysticisme pur comme une piété pure, dans la recherche intime d'une communion où les valeurs personnelles sont sauvegardées, les formes du culte y seront simples et leur théologie implicite respectueuse de la personne soit divine, soit humaine. Si, par contre, certains « états mystiques » de désintégration personnelle sont recherchés et inclus dans le culte, comme on le faisait à Corinthe, au temps de Paul, une conception panthéistique et de Dieu et de l'homme y correspond logiquement. Cf. *supra*, p. 145 s., 95-107 s. Mais la logique de ces états n'apparaît guère à ceux qui les vivent.

[164] Cf. *supra*, p. 32 s.; 36, n. 151, 37 s., 40 s., 81, n. 91.

[165] Cf. *supra*, p. 268 ss.

[166] Cf. *supra*, p. 63 s., 65 s., 72, 84-89 et notes; p. 145, 269.

[167] Cf. *supra*, p. 73 92.

L'étape marquée par le personnalité d'Abraham, en faisant la part approximative de la légende ou du mythe [168], semble fort importante, dans la même perspective. Le culte d'un dieu patron, parmi les autres qu'on ne nie pas, mais qu'on ne sert pas, caractérise l'attitude religieuse de celui que trois grandes religions s'accorderont à tenir pour « le père des croyants » [169]. Ce type d'hénothéisme, avec contrat d'alliance, d'alliance bi-latérale [170], implique nécessairement une idéologie nouvelle dans cette relation nouvelle entre le fidèle et la divinité qu'il s'est choisie, ou qui l'a choisi. Le statut et de l'un et de l'autre en est profondément modifié ; la condition divine en est changée autant que l'humaine. Ce n'est plus le même homme, ce n'est plus le même dieu [171]. Du même coup, tout est jugé différemment : le présent, l'avenir, le monde environnant, les autres hommes, les autres peuples [172]. Le drame interrompu du sacrifice d'Isaac marque bien ce bouleversement [173].

Avec Moïse, et sous les mêmes réserves d'apports légendaires ou mythiques [174], c'est une étape de plus sur la voie du monothéisme, avec Yahweh, le Dieu vivant et vivifiant [175]. Il n'en demeure pas moins le Dieu de l'alliance et en renforce les structures par une Loi dont le devis original [176] est de nature, tout à la fois, religieuse, morale, sociale et

---

[168] Cf. *supra*, p. 63 s., 113 s., 148 s.

[169] Cf. *supra*, p. 63 s., 84-86.

[170] Cf. *supra*, p. 104, 113 s.

[171] Il s'agit, naturellement, de notions sur Dieu, ou sur l'homme, qui ne sont plus les mêmes. Cf. *supra*, n. 164.

[172] Cf. la promesse universaliste : Toutes les familles, ou toutes les nations seront bénies en toi (*Gen. 12*:5), en ta postérité (22:18 ; 26:4 ; 28:14). *Comp.* cette promesse faite à Abraham, renouvelée à Isaac et à Jacob, à celle de l'alliance noachique après le déluge (*Gen. 9*:9-11, 16 s.) qui n'a pas le caractère positif d'une bénédiction, mais celui d'une préservation.

[173] Cf. *Gen. 22*:1-18 et *supra*, p. 90, n. 135.

[174] Cf. *supra*, p. 105, n. 50 ; p. 115, n. 102-103 ; p. 148 s., n. 21 ; p. 235 s. ; p. 237 s. ; p. 274 s.

[175] Cf. *supra*, p. 148 s., n. 21, 22 ; p. 237 s., n. 558-559 ; p. 274 s.

[176] La Loi, sous la forme la plus ancienne qui nous ait été conservée, et dont l'essentiel pourrait remonter à Moïse, se trouve dans le document yahwiste (IXe-VIIIe siècles), en *Exode 34*, et dans l'élohiste (VIIIe s.), en *Ex. 20* ; *22-23*:19. Le Décalogue, tel qu'il figure en Deut. *5*:1-21, porte la marque d'un prophétisme plus récent (VIe s.). Sa rédaction en *Ex. 20*:2-17 est encore plus tardive, avec son rappel de la Création et du Sabbat comme on les concevait en milieu sacerdotal (*comp. Ex. 20*:11 et *Gen. 1*:1, 2, 4 ; *2*:2, 3). C'est dans le même milieu que furent imaginées et ajoutées les prescriptions détaillées, cultuelles et autres, qui remplissent le *Lévitique* et qui vont dans le sens d'un ritualisme et d'un cléricalisme envahissants. Cf., entre autres, A. Lods : *Les Proph. d'Israël, op. cit.*, p. 9-12 ; 156-169 ; 283-300 ; 318-336 ; *Idem* : *La Relig. d'Israël, op. cit.*, p. 178-191 ; Gutbrod : νόμος, *T.W.*, IV (1942), p. 1029-1039.

cultuelle. Il se manifeste ainsi comme un Dieu d'ordre, plus éloigné encore de l'anarchie religieuse ancestrale, et qui exige déjà de ses adorateurs, comme Paul le demandera plus tard, au nom du Dieu de Jésus-Christ, que « tout se fasse avec ordre »[177]. Mais le risque était grand, et le sera toujours, de voir cet ordre se durcir, la religion et la morale dégénérer en formalisme, la loi en légalisme, le culte en liturgisme et en ritualisme. C'est le revers de la médaille, et les prophètes ne cesseront d'y mettre en garde, sans jamais mettre en question le principe même de l'ordre et de la Loi[178]. C'est une nouvelle figure de Dieu, et aussi de l'homme, qui se discerne, en filigrane, dans la réforme de Moïse, et dans l'effort prophétique d'en promouvoir l'esprit[179]. On reviendra sur les déviations; mais le risque était à courir, et la vision qu'il donne, une fois vaincu, dans les divers secteurs de la théologie, est en progrès sur la précédente[180].

Au fil, déjà suivi, de l'histoire, on voit l'image de Dieu, et, du même coup, de l'homme, se transformer, ou se défigurer, sous la monarchie influencée plutôt par les mœurs et les usages des cours étrangères que par les prophètes nationaux[181]. Il y eut, néanmoins, grâce à la fidélité persévérante de ceux-ci, le mouvement réformiste qui a pris corps dans la source yahwiste[182] et qui a préparé les épurations successives d'Ézéchias[183], et surtout de Josias[184]. La figure de Dieu, la figure de l'homme sont lavées de quelques uns des fards qui leur étaient infligés par un ritualisme en échec[185], mais qui reprend de plus belle après le grand désastre national et au retour de l'exil[186]. Les prophètes ne font plus entendre leur voix. Les prêtres se font un Dieu à leur image[187] et un fidèle à leur dévotion[188].

---

[177] Cf. 1 *Cor.* *14*:40; comp. *Rom.* *13*:2; *16*:26.

[178] Cf. *Amos*, *2*:4; *Ésaïe*, *24*:5; *Jér.* *9*:13; *44*:23; *Éz.* *5*:6; *11*:20; *22*:26, etc.

[179] Cf. *supra*, n. 175. Une relation nouvelle de Dieu avec l'homme suppose une notion nouvelle et de l'un et de l'autre.

[180] Le progrès se marquera surtout par l'intériorisation de la Loi et du culte. Cf. *Jér.* *31*:33; *supra*, p. 115, 154 s., 208, n. 385-386; 237 s., 239; 280, n. 44-45.

[181] Cf. *supra*, p. 174-177.

[182] Cf. *supra*, p. 235 s.

[183] Cf. *supra*, p. 278, n. 38.

[184] Cf. *supra*, p. 154, n. 59-62; 278 ss., n. 39-43.

[185] *Ibid.*

[186] Cf. *supra*, n. 176, et p. 280 s.

[187] Cf. *supra*, p. 286 s, .n. 96.

[188] *Ibid.* Ce n'est pas un sacerdoce universel, au sens du N.T., mais un univers « sacerdotalisé » dont Dieu, en tant que souverain pontife, laisse à son sacerdoce la direction du culte, avec ses pleins pouvoirs sur le simple fidèle.

La perspective prophétique du culte, interrompue après l'exil, avec sa théologie implicite, réapparaît dans le Nouveau Testament, avec des traits originaux, et beaucoup plus marqués. Le culte, en sa simplicité évangélique [189], s'adresse à un Dieu proche de l'homme, tel qu'Il ne le fut jamais autant, même pour un Osée ou pour un Jérémie, encore moins pour un Ésaïe [190] : le père de l'enfant prodigue. Ce que « les pauvres d'Israël », en marge d'un formalisme officiel et d'un ritualisme triomphant, ressentaient dans leur culte et chantaient dans leurs psaumes [191], Jésus le leur a révélé, non seulement dans ses Béatitudes [192], mais dans toute sa prédication, dans sa personne et dans ses actes. Le Dieu du Règne qu'il annonce, est bien, comme celui des prophètes d'Israël ou du Baptiste [193], le Dieu saint qui pardonne, mais de plus près encore, celui qui guérit et qui aime. Jésus, le Bien-Aimé, le Fils vient à ses frères souffrants pour les soigner et les mettre à même, revenus à la normale, de rendre à Dieu ce que Paul qualifiera de « culte logique » [194], ou raisonnable. Ce culte serait encore, en termes johanniques, le culte en esprit et en vérité que Dieu attend des vrais adorateurs, et qui le définit Lui-même comme le Dieu-Esprit [195]. Il est aussi le Dieu-Lumière qui veut des hommes marchant dans la Lumière [196], le Dieu-Amour que l'on sert dans l'Amour [197]. Tel Père, tel fils. Paul a bien traduit la pensée de Jésus, quand il le voit, en perspective, comme « le premier-né entre beaucoup de frères » [198]. Le sacrifice consenti par Jésus peut être envisagé comme l'acte suprême

---

[189] Cf. *supra*, p. 285.

[190] Cf. *supra*, p. 152-154; 236-243.

[191] Cf. *supra*, p. 190 s., n. 273. Que la plupart des psaumes aient été adaptés à l'usage liturgique au Temple, comme le soutient avec de solides arguments Sigmund Mowinckel : *Psalmenstudien, op. cit.*, cela n'empêche pas que beaucoup d'entre eux sont inspirés par la piété populaire, celle des « pauvres d'Israël », et que les préoccupations rituelles n'y tiennent que peu de place. Cf. *supra*, p. 116 s., 122 s.; A. Lods : *Les Prophètes d'Israël, op. cit.*, p. 396 ss.; A. Causse : *Les Pauvres d'Israël, op. cit.*

[192] Cf. *supra*, p. 190 s., 281 s.

[193] Cf. *supra*, p. 158 s., 236-243, 293, n. 144.

[194] Cf. *Rom. 12*:1 où Paul exhorte ses lecteurs παραστῆσαι τὰ σώματα ὑμῶν θυσίαν ζῶσαν ἁγίαν τῷ θεῷ εὐάρεστον, τὴν λογικὴν λατρείαν ὑμῶν.

[195] Cf. *J. 4*:24 : πνεῦμα ὁ θεός ...

[196] Cf. 1 *J. 1*:5, 7; 2:10; 1 *Th.* 5:5; *Éph.* 5:8; etc.

[197] Cf. 1 *J. 4*:8, 16; 5:1, 2; *R.* 8:39, etc. Cf. *supra*, p. 253, n. 630.

[198] Cf. *R.* 8:29 : « Ceux qu'Il a connus d'avance, Il les a aussi prédestinés à être conformes à l'image de son Fils, afin qu'il soit le premier né parmi beaucoup de frères : συμμόρφους ... εἰς τὸ εἶναι αὐτὸν πρωτότοκον ἐν πολλοῖς ἀδελφοῖς; cf. *supra*, p. 234, n. 534-537.

de son culte à Dieu, mais aussi à ses frères, car c'est à eux, et non au Père, que s'adresse la propitiation, la *placatio* qui doit fléchir leurs préventions contre le Dieu d'amour [199].

C'est une théologie nouvelle qui se dessine ainsi à l'arrière-plan de ces paroles et de ces actes. Ni Dieu, ni l'homme, ni le monde, ni le présent, ni l'avenir n'étaient jamais apparu aussi clairement sur le fond d'un amour à la fois ancien et nouveau [200], l'amour de Celui qui nous a aimés le premier [201]. Les formes utiles, voire nécessaires du culte, ne doivent rien voiler de ces réalités essentielles. C'est pourtant ce qui est arrivé, de manières différentes, presque partout dans l'Église primitive.

A Jérusalem, ainsi qu'on l'a vu, l'influence de Jacques a fait rétrograder le culte chrétien, et du même coup, sa théologie, vers la synagogue et surtout vers le Temple [202]. Paul a stoppé ce mouvement de recul dans les Églises mixtes, en majorité pagano-chrétiennes, qu'il a fondées [203]. Mais, d'une part, il n'a pas dépouillé entièrement son ancien rabbinisme avec un certain rétrécissement scolastique de Dieu, de l'homme et du salut [204]; d'autre part, de nombreux imprévus dans un contact direct avec l'hellénisme, ont exercé sur sa théologie du culte et sur le culte même une action qui dévie parfois de la ligne évangélique [205]. Le christocentrisme qu'il préconise, et qui, sous des aspects

---

[199] Cf. *supra*, p. 255 s., n. 644-646.

[200] Cf. 1 *J. 2*:7, 8.

[201] Cf. 1 *J. 4*:19.

[202] Cf. *supra*, p. 110, n. 77; 111, n. 81; 196 s., n. 309-313; 288 s., n. 104-105; p. 291 s., n. 125-128.

[203] *Ibid.* et p. 292, n. 131-135.

[204] Cf. *supra*, p. 141, n. 219; 249 ss., n. 622-626.

[205] Cf. *supra*, p. 253 s., n. 631. Si Paul, en ce qui touche le baptême, nous a semblé suivre assez fidèlement la ligne spirituelle de Jésus, on est obligé de constater certaines ambiguïtés dans l'usage du symbolisme mystérique en *Rom.* 6:3 ss. ou dans le texte qui fait mention du baptême pour les morts (1 *Cor. 15*:29). Bultmann : *Th. N.T.*, *op. cit.*, p. 136, 164, 307 (*angl.* I, p. 135, 140 s., 169, 312) interprète cette ambiguïté dans un sens tout à fait réaliste et sacramentaire qui serait en contradiction trop criante avec les déclarations fondamentales de l'apôtre sur les réalités invisibles et la liberté de l'esprit (2 *Cor. 3*:0, 17, *4*:16 18, etc.). Conzelmann : *Th. N.T.*, *op. cit.*, p. 297-299, rejette aussi le symbolisme, sans pour autant attribuer à Paul une conception quasi-magique du baptême. La réalité du baptême consiste à mourir avec Christ pour vivre et ressusciter avec lui. Mais le σύν que Conzelmann souligne aux versets 4, 6 et 8, en *Rom.* 6, n'efface pas les εἰς des v. 3 et 4. La part de l'image, du symbole est évidente, mais non moins évidente la réalité spirituelle ainsi figurée. Il s'agit d'une mort à soi, d'une mort au vieil homme, à l'image de la crucifixion (6), de la mort du Christ, de sa mise au tombeau (3), pour revivre

variés, caractérisera le culte chrétien et sa théologie, semble parfois dépasser la mesure [206]. Sa notion de la colère de Dieu, même interprétée, comme on l'a fait, assombrit singulièrement le portrait divin dans le cadre de l'Évangile [207]. Le portrait de l'homme en est atteint pareillement [208]. Dans certains textes pauliniens, qui, heureusement, ne sont pas les seuls [209], la relation entre Dieu et l'homme prend un tour juridique [210], étranger à l'amour intégral qui caractérise le message de Jésus [211], et que Paul a chanté dans sa plus pure inspiration [212]. Dans un tout autre style, le johannisme en retiendra autant, et même davantage en reportant l'effort de réconciliation du Christ [213], de Dieu aux enfants dévoyés, hostiles et méfiants qui méconnaissent son amour [214].

Les variétés et variations du culte chrétien, en rapport d'interdépendance avec la réflexion théologique, ont donc commencé dès le début des Églises instituées. L'orientation romaine qui en deviendra la déviation la plus importante et la plus radicale, apparaît, au regard perspicace, beaucoup plus tôt que la critique protestante ne le pensait autre-

---

et ressusciter par lui, avec lui, en lui. Un débat sur les prépositions, utile et nécessaire ailleurs (ὑπέρ, ἀντί, περί à propos de la rédemption) est ici sans grand intérêt.

Que l'utilisation d'un symbolisme mystérique très réaliste pour des sectateurs de Cybèle ou de Mithra ait provoqué des confusions, et même une tentation, on l'admettra sans peine. Mais que Paul y ait cédé lui-même entièrement n'est pas soutenable dans le cadre de sa pensée théologique élaborée et achevée, après avoir surmonté les difficultés, les problèmes et les crises d'une existence pleine d'imprévus. Si, comme il est normal, certains points de vue, certaines perspectives de l'apôtre ont changé, ce n'est pas dans le sens d'un réalisme matériel ou magique, mais d'une spiritualité accrue. Cf. *supra*, p. 131 s., n. 188-189; 221, n. 454.

Des observations analogues pourraient être faites à propos de la Cène selon Paul (cf. *infra*, p. 309, n. 256).

[206] Les expressions de la piété deviennent aisément outrancières, surtout quand on se mêle d'analyser scolastiquement un langage souvent poétique. Tel est le cas pour Paul dans les élans mystiques de sa foi, comme en *Philip.* 2:6 ss. Mais même là, dans ce cantique sublime, et dans d'autres, son christocentrisme exalté reste subordinatien, « à la gloire du Dieu Père » (v. 11). Certains, tels que Pascal, n'ont pas toujours fait preuve de cette relative modération, quand Jésus-Christ est devenu pour eux le véritable Dieu des hommes. Cf. *Pensées*, éd. Brunschvicg, p. 567, 572, 578.

[207] Cf. *supra*, p. 249 s., n. 622-623.
[208] Cf. *supra*, p. 261 s., n. 677-678.
[209] Cf. *supra*, p. 251 ss., n. 627.
[210] Cf. *supra*, p. 250, n. 624-625.
[211] Cf. *supra*, p. 253-258.
[212] Cf. *1 Cor. 13*.
[213] Cf. *supra*, p. 181, n. 225; 256, n. 646; 259, n. 668-669.
[214] *Ibid.*

fois [215]. Par la pratique et la doctrine sacramentelles, on reviendra aux conceptions et aux usages d'une mentalité archaïque [216].

4. *Les déviations du culte dans la Bible et leurs concordances théologiques*

Toute déviation suppose une voie normale. En respectant la double nature du culte [217], cette voie normale serait tracée dans une perspective prophétique, mais nuancée de mysticisme, au sens choisi du terme [218].

La déviation magique, fréquente aux origines [219], impliquait la notion d'un divin ou d'une divinité dont on peut forcer les faveurs par des gestes ou des mots appropriés [220]. Comme on l'a noté, l'expérience magique est plus proche, *mutatis mutandis*, de l'expérience scientifique, dont elle est une lointaine ébauche, que de l'expérience religieuse [221]. Celui qui l'opère, sorcier, chaman ou autre [222], acquiert, de ce fait, un caractère divin qui lui permet de commander, par son pouvoir magique, la nature, les esprits et les dieux. Ce pouvoir et cet automatisme se retrouveront souvent dans une prêtrise sacramentelle et dans l'*opus operatum* de ses rites. L'histoire du culte en Israël en a offert maints exemples [223], jusqu'au moment où les circonstances ont fait de cette déviation la voie officielle [224]. Compilation du sacerdoce, le Pentateuque en offre la démonstration [225], dans le sacrifice lévitique tel que les prêtres l'ont conçu. La figure prophétique de Dieu, et celle également du fidèle en sont tristement défigurées. A l'usurpation de pouvoirs divins correspond, vis à vis de l'homme, un abus de confiance manifeste. Pour s'en convaincre, il suffit de considérer quelques traits saillants des rites sacrificiels tels qu'ils sont décrits dans le Code sacerdotal [226].

---

[215] Cf. G. P. Wetter : *La catholisation du christianisme primitif*, R.H.P.R., 1927, p. 17-33.

[216] Cf. *supra*, p. 87 s. et notes; R. Will : *Magie et Religion*, R.H.P.R., 1936, p. 23-45; Jean Cazeneuve : *La mentalité archaïque*, op. cit., p. 48 ss. ; 173 ss.

[217] Cf. *supra*, p. 268.

[218] Cf. *supra*, p. 90 s.

[219] Cf. *supra*, p. 87 s.; 303, n. 216.

[220] *Ibid.*

[221] Cf. *supra*, p. 88, n. 128; M. Pradines : *Esprit de la Relig.* op. cit., p. 122.

[222] Cf. *supra*, p. 98 s., 100, 268-270.

[223] Cf. *supra*, p. 88, n. 126; 272 s., n. 14-17; 276, n. 29.

[224] Cf. *supra*, p. 299s., n. 186-188.

[225] *Ibid.*

[226] Les gestes du sacrifice que le prêtre seul peut faire légalement, et qui ne doivent être faits que par lui, commandent le processus automatique par où seulement l'offrande

L'efficacité du sacrifice lévitique ne dépend ni d'une initiative de la grâce divine, ni de l'élan intérieur du fidèle; elle s'obtient *ex opere operato*, dès que le rite est exécuté dans les règles [227]. Il ne peut l'être que par le prêtre dont le pouvoir ainsi magnifié équivaut à une sorte d'apothéose [228]. Une hypertranscendance de Yahweh en résultera pour laisser le champ libre à cette usurpation [229]. Il sera comme un prêtre suprême, pour soutenir tout l'édifice et passera ses loisirs à méditer sa Loi [230], afin d'en contrôler l'exécution dans les moindres détails [231]. Mais l'opération même est entre les mains du prêtre qui seul est en mesure d'en déclencher le processus automatique. Dieu est relégué très haut, avec beaucoup d'honneurs et un nom qu'on n'ose plus prononcer [232]. Le fidèle est ravalé très bas : un abîme est ouvert entre

---

du fidèle acquiert son efficacité. Le repentir de l'homme et le pardon de Dieu sont relégués à l'arrière plan. La faute est expiée rituellement par une exécution correcte du sacrifice prescrit (cf. *Lév.* 4:20, 26, 35; 5:13, 16, 18, etc.). A la notion d'expiation, qui devient primordiale, se joindra celle de substitution, par transfert de la faute du coupable sur la victime sacrifiée (cf. *Lév.* 17:11). Dans le cas du bouc émissaire (*Lév.* 16:20-22), il y a substitution, mais non expiation par immolation; le bouc est chargé des péchés d'Israël, puis conduit au désert, pour Azazel, un démon, vraisemblablement (*Lév.* 16:22, 26). Cette coutume, ici légalisée, a dans le monde sémitique et ailleurs, de nombreux parallèles, dont certains fort anciens. Cf. W. J. Woodhouse et J. D. Prince : *Scapegoat, E.R.E.*, vol. 11, p. 218-223. Sur *Azazel*, idem, vol. 2, p. 282 s. (Eb. Nestlé).

[227] *Ibid.* Cf. Ad. Lods : *Les Proph. d'Israël, op. cit.*, p. 332-336.

[228] Les pouvoirs des prêtres sont accrus et le Code sacerdotal en fait remonter l'origine à Moïse, ainsi que le statut inférieur des Lévites par rapport à eux. Au sommet de la hiérarchie, il y a le grand-prêtre, seul à porter l'ourim-toummim (cf. *supra*, p. 147, n. 19) et à entrer dans le lieu très-saint, au grand jour des expiations. Son pouvoir exorbitant s'étendra au domaine civil qu'il contrôlera ou dirigera. Souverain pontife, il est comme le vicaire de Dieu.

[229] Le nom sacro-saint de Yahweh ne sera plus prononcé. Plus ou moins hypostasiées, sa Parole, sa Présence, sa Gloire seront invoquées à sa place, jusqu'au point où, dans le Judaïsme médiéval, un ange secrétaire, le *Metatron*, fera figure de petit Yahweh. Cf. J. Abelson : *Recording Angel, E.R.E.*, vol. 10, p. 605, 606. Cf. *supra*, p. 86, n. 117; p. 135 n. 199; p. 268.

[230] Cf. *supra*, p. 195 s., n. 307; 286 s., n. 96.

[231] *Ibid.* et n. 229. Dans l'enseignement cabalistique médiéval, inspiré du Zohar, le Métatron est chargé de ce contrôle, dont il rend compte à Dieu. Guide ($\mu\eta\tau\acute{\alpha}\tau\omega\rho$, metator) et gardien, il est porteur du tétragramme sacré : Y H W H .

[232] Cf. *supra*, n. 229. On ne prononce plus le tétramramme sacré. On revient à *Elohim*, dans *Chron., Eccl., Dan., Ps.* 42-89; au culte, le prêtre lit Elohim, Adonaï, là où le texte porte Y H W H. L'hypertranscendance divine est devenue telle qu'il faut passer par des intermédiaires pour aboutir à Lui, à moins que l'on ne s'arrête en chemin et que la piété populaire ne se fixe sur eux. C'est un risque auquel, par un processus analogue, l'Islam n'a pas échappé. Cf. *supra*, p. 86, n. 117; Stauffer : $\theta\epsilon\acute{o}s$, *T.W.*, III, p. 99,

eux. Plus de communion directe et personnelle ; la médiation sacerdotale et sa vertu sacramentelle sont maintenant requises [233]. En même temps qu'une autre conception de Dieu, c'est une autre notion de l'homme, de son présent, de son avenir et de son salut [234].

Les sacrifices d'autrefois, parmi lesquels de spontanés et de joyeux [235],

---

115; A. Causse : *Judaïsme et syncrét...*, *R.H.P.R.*, VIII (1928), p. 312 ss. Le culte des anges, dont il est question en *Col.* 2:18 a des racines diverses, mais n'a pu qu'être favorisé, « sous prétexte d'humilité », par l'inaccessible hauteur de Yahweh. La mise en garde peut viser aussi bien un milieu judéo-chrétien que pagano-chrétien. L'amorce de cette déviation est très nette à *Qoumrân* (cf. *CD*, V, 18; *1QM*, XIII, 10; XVII, 6, 7). Cf. M. Dibelius : *Die Geisterwelt*, op. cit., p. 140 ss.; Dupont-Sommer, op. cit., p. 145, 204, 209 ; Millar-Burrows ; *Lumières nouvelles...*, p. 338 ss. Le syncrétisme des doctrines qoumraniennes, et, plus ou moins, de tout le judaïsme de l'époque, a été reconnu et plusieurs fois noté (cf. *supra*, p. 82, n. 96; 119; 129 s., n. 181, etc.).

[233] Cf. *supra*, p. 303 s., n. 224-228.

[234] *Ibid.*

[235] Il n'y a pas dans l'A.T. de système cohérent sur le sens du sacrifice. On l'a souvent supposé pour appliquer dogmatiquement ce système au sacrifice rédempteur accompli par le Christ. En réalité, il y a toujours eu des rites sacrificiels à motivations diverses. Il est curieux que des auteurs aussi peu dogmaticiens que Hubert et Mauss : *Essai sur la nature et la fonction du sacrifice*, Paris, Alcan, 1899, aient cru pouvoir identifier dans la Bible un système sacrificiel semblable à celui qu'ils découvrent dans les Védas. Dans une optique très différente, René Dussaud : *Les orig. canan. du sacrif. israëlite*, p. 27-29, Paris, Leroux, 1921, perçoit une « doctrine sacrificielle » biblique.

Parmi les motifs et mobiles divers du sacrifice, le plus ancien paraît être l'offrande à la divinité, pour gagner, capter ou recouvrer ses faveurs, mais aussi pour l'en remercier. Il y a donc eu, en Israël, des sacrifices offerts dans la joie (Cf. *supra*, p. 93, n. 152). C'est la note dominante dans le *Deutéronome*, *12*:7, 12-14; *16*:10, 11, 14, 17; *26*:10, 11. Il y avait aussi des sacrifices propitiatoires pour apaiser le courroux divin, ou pour s'en garantir, ce qui répondrait à l'étymologie des termes qui, dans les traductions, évoquent l'idée d'expiation, à partir de la racine כפר. Le sens originel en est : couvrir (un objet) ou effacer (une tache). On le retrouve sous la forme *Kuppuru* dans le rituel expiatoire accadien et, sous des formes voisines, dans les autres langues sémitiques, telles que le syriaque ou l'arabe (cf. S. R. Driver : *Propitiation*, in *HDB*, IV, p. 128-132). C'est ainsi qu'en hébreu, le verbe, au piel, *kipper*, signifie : couvrir et *kapporet* désigne le couvercle de l'arche. Albrecht Ritschl : *Die Christliche Lehre von Rechtfertig. u. Versöhn.*, op. cit., II, p. 70-80, 184-210, insistait outre mesure sur cet aspect de couverture protectrice, de bouclier protecteur contre un Dieu courroucé, qui peut apparaître ici et là, mais qui n'est pas au premier plan dans la Bible. Parti des deux notions conjuguées de couvrir et d'effacer, le développement sémantique est passé à celle d'effacement d'une faute par une réparation, par un sacrifice. Cette notion a pris corps légalement, juridiquement dans le Code de l'Alliance, où elle devient celle d'une rançon, d'un dédommagement exigés du coupable, pour qu'il soit acquitté. Ce règlement peut tenir à la fois de la réparation, de la satisfaction vicaire ou de l'expiation substitutive par le sacrifice sanglant d'une victime immolée. Cf. J. Herrmann : ἱλασμός, ἱλαστήριον, *T.W.*, III, p. 330-311; Ed. Jacob : *... Th. A.T.*, op. cit., p. 236-239; H. Cl., *... ἱλασμός*, art. cit., p. 288-291.

tendent à se réduire au sacrifice pénitentiel, pour l'expiation des péchés [236]. L'homme est maintenant si loin de Dieu qu'il ne peut plus l'approcher, et *vice versa*. La condition humaine en est tristement assombrie. Les échappées mystiques vers un avenir lumineux [237] sont exclues dans un système où la personne est sacrifiée à la communauté, sans espoir de survie [238]. Les rétributions sont terrestres, et dépendent plus d'une observance correcte des exigences légales que de l'état d'esprit du fidèle. Le système est sans doute loin d'avoir une cohésion parfaite [239]; mais telle est, incontestablement, sa tendance générale. C'est au point que le mécanisme expiatoire fonctionne en dehors du coupable, ou présumé tel, et que le salut par solidarité [240] peut l'être aussi par substitution [241].

Le culte, avec Jésus, trouve enfin la voie droite, avec des perspec-

---

[236] *Ibid.*

[237] Cet assombrissement, que les malheurs du temps favorisaient, est très net dans la législation d'Ézéchiel. Cf. A. Lods : *Les Prophètes, op. cit.*, p. 293 ss.

[238] Cf. *supra*, p. 120 s., n. 146-147.

[239] Cf. *supra*, n. 235. La rédaction finale et sacerdotale du Pentateuque avait sans doute pour objectif de systématiser toutes les données de J.E.D. dans une synthèse bien fondue au creuset ritualiste et clérical. Par bonheur, l'auteur inconnu qui s'est chargé de la compilation, a préféré à cet amalgame une sorte de « patchwork » où les pièces de tissus cousues autour de P. ont conservé leurs marques et leurs caractères d'origine. Pour se servir d'une autre comparaison, celle que *Calvin*, appliquait à une forme louable d'œcuménisme (*Comm. 1 Cor. 12*:4), s'il s'agit d'une symphonie dont P. entend bien être le chef d'orchestre, il faut reconnaître, à l'audition que le concert est parfois discordant. Cf. *supra*, p. 48 s., n. 203; p. 281, n. 56; p. 298, n. 176.

[240] Il y a plusieurs genres de solidarité, que l'on a souvent confondus, dans une intention dogmatique, en interprétant des textes choisis dans l'A.T. et le N.T., en vue d'établir une doctrine de la Rédemption, à la manière scolastique. Il convient de distinguer : 1. La solidarité naturelle qui unit les membres d'une société, et qui s'exprime dans les actes collectifs ou dans ceux qui sont accomplis au nom de tous; 2. la solidarité réaliste, qui est une déviation de la précédente, où la personne individuelle, seule réalité vivante spécifiquement humaine, est sacrifiée au mythe d'une entité collective où elle perdrait son autonomie, sa responsabilité, sa dignité; 3. la solidarité juridique, variété de la précédente, qui a joué un grand rôle dans certaines conceptions dogmatiques de la rédemption. Sous cette forme élaborée, elle suppose une ontologie de l'espèce dont on peut trouver trace dans le sacrifice lévitique, mais avec d'autres éléments, et sans aucune systématisation; 4. une solidarité mystique sans fusion ni confusion (cf. *supra*, p. 94 s., n. 2, 5, 9), dans une communion spirituelle.

[241] La notion de solidarité réaliste et juridique s'associe facilement à celle de substitution, dans l'expiation substitutive ou la satisfaction vicaire. Elles ne sont pas absentes du sacrifice lévitique, ni même de la théologie paulinienne, mais secondairement, et sans qu'on puisse, en exégèse normale, en tirer les systèmes de rédemption que les orthodoxies en ont extraits dans la suite. Cf. *supra*, n. 235; p. 181, n. 225.

tives nouvelles et claires sur la nature de Dieu, la condition humaine, le salut. Les témoignages évangéliques et apostoliques, dans leur variété sans apprêt, suffisent à l'établir et à s'y référer comme à la voie normale à laquelle on peut revenir, en cas de déviation. On s'est déjà rendu compte que le cas s'était produit souvent et diversement. Il est flagrant avec Jacques et l'Église de Jérusalem dont il a été le chef. Un nouvement de retour à un ritualisme et un cléricalisme semblables à ceux du Temple y était sans doute retardé, mais non stoppé par les données christologiques nouvelles [242]. Les mêmes concomitants théologiques y transparaissent déjà.

Une déviation analogue, d'orientation ritualiste et cléricale, mais néanmoins très différente, est celle de l'épître aux Hébreux, cette œuvre d'un Juif alexandrin qui, s'il n'est pas Apollos, devait être de la même école [243]. Selon son argumentation qui tient à la fois du rabbinisme et de la typologie philonienne [244], le sacrifice du Christ est de même structure que les sacrifices lévitiques [245]. Le mécanisme ne change pas; mais le résultat de l'opération est tout autre. Elle n'est parfaitement conduite, efficace et définitive, que par Jésus, notre grand prêtre. Il s'est offert en sacrifice, une fois pour toutes, afin d'expier les péchés du peuple [246]. La notion de substitution y pointe, sans être mise en évidence [247]. Par une série de raisonnements *a fortiori*, l'auteur pense

---

[242] Cf. *supra*, p. 111, n. 81; 196 s., n. 309-313; pp. 288 s., n. 104-106; 291 s., n. 125-128.

[243] Luther a eu cette remarquable intuition, en un temps où la tradition attribuait l'ép. aux *Hb*. à Paul. Cf. E. Ménégoz : *La Théol. de l'ép. aux Hb.*, p. 61, n. 1, Paris, Fischbacher, 1894. Cf. *supra*, p. 254, n. 631.

[244] Cf. *supra*, p. 6, n. 16; 7 s., n. 20-22.

[245] L'auteur de l'ép. aux Hb. part des données bibliques sur le sens et la portée du sacrifice. Il s'attache à démontrer, par une série d'arguments et de raisonnements *a minore ad majus*, que le sacrifice rédempteur du Christ est infiniment supérieur au sacrifice lévitique.

[246] Cf. *Hb*. 2:17; 9:25-28.

[247] La notion de substitution n'est pas nécessairement liée à celle d'expiation dans le sacrifice d'une victime à la place du pécheur. Le bouc émissaire, chargé des péchés d'Israël (*Lév. 16*:7 ss.), n'était pas immolé, mais chassé au désert, « pour Azazel », un diable ou un démon (cf. Ad. Lods : *Les Prophètes...*, op. cit., p. 355 s.). Le sacrifice offert à Dieu ne peut être que celui d'une victime sans tache. Le sens profond peut osciller entre celui du don fait par le coupable et celui de l'immolation, à sa place. La notion d'un châtiment substitutif n'apparaît pas nettement, même en *Lév. 17*:11, où elle peut être suggérée : « l'âme de la chair est dans le sang; je vous l'ai donné sur l'autel, pour faire l'expiation pour vos âmes; car c'est par l'âme que le sang fait l'expiation ».

En ce qui touche les sacrifices lévitiques, il convient de noter, d'autre part, que le principe : une vie pour une vie, le sang d'une victime pour la vie d'un coupable, n'y était

établir la supériorité de la nouvelle alliance qui se distingue de l'ancienne comme la réalité des ombres [248], et le type éternel des pâles imitations temporelles [249]. On saisit dans cette transcendance la pensée de Platon transmise par Philon et son adaptation à une théologie chrétienne [250]. S'il y a déviation, elle n'est pas sans grandeur ni sans éléments positifs [251], mais on ne peut en nier l'aspect sacramentel.

Il n'est pas totalement absent de la perspective paulinienne, bien que nuancé différemment. La loi, pour Paul, ne continue pas à jouer sur un plan supérieur, voire transcendant, comme dans l'épître aux Hébreux; elle est périmée [252]. Néanmoins, l'ancien pharisien la ramène

---

pas appliqué. Les péchés de « l'assemblée d'Israël » étaient censés trouver expiation dans l'immolation d'une seule victime (cf. *Lév.* *4*:13-21). Enfin. il s'agissait de péchés d'ignorance (*Lév.* *4*:2, 13, 22, 27). Mais il y avait aussi les sacrifices « de culpabilité », que la faute ait été commise « le sachant ou ne le sachant pas » (*Lév.* *5*:3; cf. *19*:22), et les péchés inexpiables exigeant l'exécution du coupable (*20*:1-27; cf. *Deut.* *21*:18-22; *22*:21-25; *24*:7, 16). Les traces des anciennes coutumes n'étaient pas effacées dans un système rigoureux. L'auteur de l'épître aux *Hb.* fonde son argumentation sur les textes bibliques dont il fait un choix qu'il juge approprié à sa thèse : l'excellence du sacrifice rédempteur de Jésus. La forme spéculative et littéraire, très différente de celle des textes choisis, appelait naturellement plus de rigueur; mais si l'on y voit poindre la notion de substitution (*Hb.* *9*:22, 25-28; *10*:10), il n'est pas question d'expiation, de châtiment substitutif. Le sacrifice rédempteur a été accompli en faveur, bien plutôt qu'à la place de l'humanité pécheresse (ὑπὲρ παντός, *Hb.* *2*:9; cf. *supra*, p. 181, n. 225; p. 256, n. 646). Eug. Ménégoz (*supra*, n. 243) nous semble trop exclusif quand il exclut du sacrifice lévitique toute notion de substitution, pour mieux fonder son interprétation, d'ailleurs excellente dans son ensemble, de la théologie d'*Hb*. Que l'auteur de cette épître ait pris comme base de ses raisonnements un choix de textes bibliques, c'est évident; mais il ne semble pas que l'on puisse aller jusqu'à dire : « notre auteur assimile absolument le sacrifice du Christ aux sacrifices lévitiques », p. 118; cf. p. 102-127.

[248] Cf. *Hb.* *8*:5; *10*:1; cf. *supra*, p. 136 s., n. 205-208; Schulz : σκιά, *T.W.*, VII, 401.

[249] *Ibid.*; Schulz (*art. cit. supra*, p. 266, n. 704).

[250] *Ibid.* et *supra*, p. 3 s., n. 9; p. 5 s., n. 15-16; p. 6 ss, n. 17-22; p. 104, n. 43; p. 111 s., n. 84; p. 112, n. 89; p. 114, n. 100-103; p. 132, n. 189; p.135, n. 200); p. 136 s, n. 205-208; p. 137 s, n. 209-211; p. 253 s, n. 631; p. 266, n. 704; p. 293, n. 145.

[251] Cf. Eug. Ménégoz, *op. cit.*, p. 254-259 et *passim*. Sur l'influence de Philon, *id.*, p. 197-219.

[252] Le terme hébreu תּוֹרָה avait déjà plusieurs sens (cf. *supra*, p. 47, n. 197). Le grec νόμος qui le traduit, en a bien davantage (cf. *supra*, p. 200, n. 331-335). Paul qui les connaît bien, joue quelquefois de ces variations sémantiques, selon la coutume du temps (cf. *supra*, p. 5 s., n. 15-16; 132 ss., n. 191-196). La Loi peut désigner le code des préceptes divins que doit observer le Juif, ou bien, *lato sensu*, toute la révélation de Dieu dans l'A.T. *Nomos* peut être encore une juridiction particulière, autre que juive, ou même la loi tyrannique du mauvais penchant (*Rom.* *7*:23). Dans son sens le plus large, en *Rom.* *2*:14 s., *Nomos* est cette loi naturelle, cette loi non-écrite que l'Antigone de Sophocle met

parfois, avec son rabbinisme, dans une typologie différente de celle de cette lettre qui lui a été longtemps attribuée [253]. Quand il le fait dans une perspective prédestinatienne [254], la nécessité l'emporte sur la liberté, selon sa conception de l'histoire du salut [255], tandis qu'un automatisme sacramentel menace le baptême et la Cène [256]. Le sacrifice du Christ en est atteint, dans l'apaisement du courroux divin [257]. L'expiation et la satisfaction vicaires s'y glissent [258]. La théologie paulinienne tout

---

au-dessus de tous les codes et que Paul reconnaît aux païens. Lorsqu'entre toutes ces lois, il est question de la *Thora*, Paul la rejette en tant que code; mais le fait qu'elle peut également signifier toute la révélation biblique, le fait quelquefois hésiter (*Rom.* 3:30; 7:12, 16). Malgré ces flottements, la position générale de Paul est assez nette : son antilégalisme, différent d'un antinomisme radical (cf. *supra*, p. 200, n. 331-335), n'est pas remis en cause. Il se passe de la Loi, sans, pour autant, être sans loi, mais toujours ἔννομος χριστοῦ (1 *Cor.* 9:21). La Loi n'était qu'un pédagogue pour conduire à Christ, mais maintenant qu'Il est venu et que la foi en Lui nous justifie, nous ne sommes plus sous (la férule) du pédagogue (*Gal.* 3:24 s.). Christ est la fin de la Loi (*Rom. 10*:4), ce qui, dans le contexte, veut dire non seulement que la Loi a atteint son but, mais qu'elle a pris fin. Cf. Godet : *Comm. Rom.*, II, p. 324; Dodd : *The Ep. to the Rom.*, *op. cit.*, p. 50, 161; Gutbrod : νόμος, *T.W.*, *art. cit.*, p. 1068 fait observer justement que, dans la pensée de Paul, la Loi a pris fin, non pas absolument, comme une histoire ancienne, mais seulement pour ceux qui sont maintenant justifiés par la foi en Christ.

[253] Cf. *supra*, p. 307, n. 243. La thèse qui avait fini par prévaloir dans l'Église, celle de la composition par Paul de l'épître aux Hébreux, était la moins plausible de toutes. Ni le style, ni les idées, ni l'argumentation ne permettent de la retenir. Elle n'est plus revendiquée sérieusement par personne. Cf. E. Ménégoz (n. 243), p. 44-65. Sur la différence des typologies, cf. *supra*, p. 7, n. 20; 136, n. 205.

[254] La prédestination selon Paul, n'a pas la rigueur de celle d'Augustin ou de Calvin (cf. *supra*, p. 250 ss., n. 625-627) ; mais elle passe parfois la mesure de liberté suffisante pour assurer la responsabilité de l'homme. Ainsi, en *Rom.* 9:11-23 où Paul achève une argumentation confuse sur l'image du divin potier, qu'il emprunte sans doute à *Jér.* 18:3-6 ou *És.* 45:9 (*supra*, p. 240, n. 570), il semble faire bon marché de cette liberté dans une perspective prédestinatienne. Il s'en rend compte et en est manifestement gêné. Quand cela lui arrive, comme le note finement Dodd : ... *Ep. Rom.*, *op. cit.*, p. 159, c'est qu'il n'est pas satisfait de son raisonnement. Son embarras trahit son insatisfaction (*supra*, p. 226 s., n. 477).

[255] *Ibid.* Cf. *supra*, p. 26, n. 103; 91, n. 137.

[256] Cf. *supra*, p. 301 s., n. 205, en ce qui touche le baptême selon Paul. Quant à la Cène, elle est, essentiellement, un acte symbolique de communion spirituelle; mais certains traits risquent déjà, en s'y gravant plus fortement, de la défigurer. Tel est l'avertissement de 1 *Cor. 11*:27 complété par 29 et 30, où l'on voit pointer l'action magique d'une Cène prise indignement, et qui, de φάρμακον ἀθανασίας (*Ign. Éph.* 20:2) devient φάρμακον θανάτου.

[257] Cf. *supra*, p. 117, n. 122; 249 s., n. 622-623.

[258] Avec les flottements de signification entre ὑπέρ et ἀντί (cf. *supra*, p. 181, n. 225; 307 s., n. 247), les ὑπέρ de Paul frisent dangereusement l'expiation substitutive ou la

entière, de Dieu, de l'homme, du salut, etc. commence à dévier [259]. Toutefois, l'apôtre est retenu sur ce chemin détourné par sa communion mystique avec le Christ en Dieu [260], dont se nourrit sa théologie existentielle de la foi [261], et de la grâce [262]. Son argumentation prend essor et s'achève en un hymne à l'amour dans 1 *Cor. 13*.

C'est un danger contraire qui a guetté le johannisme et sa théologie, dans un attrait mystique où l'hellénisme avait sa part, en lutte avec le judaïsme [263]. Le souci cultuel, moindre que chez Paul, n'est pourtant pas absent [264], avec un risque de déviation dans le même sens que celle de la théologie [265]. Mais, bien que formulée en termes différents, c'est

---

satisfaction vicaire dans sa doctrine de la rédemption. L'ancien pharisien s'en tient encore à la parole biblique où il trouvait l'un des motifs de son aversion pour le Crucifié : « sur-maudit (ἐπικατάρατος) est tout homme pendu au bois (*Deut.* 21:23; *Gal.* 3:13). Sa conversion le conduit à penser, non pas que cette super-malédiction était imaginaire, mais qu'elle a été endurée par le Crucifié ὑπὲρ ἡμῶν, en notre faveur, mais également à notre place : « Christ nous a rachetés de la malédiction de la Loi en devenant malédiction pour nous » (*Gal.* 3:13); « Dieu l'a fait péché pour nous » (2 *Cor.* 5:21; *comp.* 2 *Cor.* 5:15; *Rom.* 8:3).

[259] p. 301 s.
[260] Cf. *Col.* 3:3 et *supra*, p. 132, 249 ss.
[261] Cf. *supra*, p. 118, n. 131-132; 111, n. 81-83; 196 s., n. 308-312; 251 ss., n. 627.
[262] *Ibid.*, *notamment*; p. 251 ss., n. 627.
[263] Le Judaïsme est devenu lui-même l'un des secteurs de l'Hellénisme, mais, très particulier, surtout en Palestine. Cf. *supra*, pp. 3 s.; 42, n. 177; 118; 129, n. 181; 133, n. 193; 136, n. 205; 138, n. 210-211; 253, n. 628.
[264] La ligne johannique, en ce qui touche le culte, est tracée droit dans la déclaration sur le culte en esprit et en vérité (*J.* 4:23, 24 cf. *supra*, p. 300, n. 195). On constate, pour le johannisme comme pour le paulinisme, que cette ligne fléchit parfois, bien que différemment. Albert Schweitzer : *D. Mystik d. Ap. Paulus*, op. cit., cap. XIII, a, sur ce point, des observations pénétrantes, mais qui nous semblent aller trop loin, surtout en ce qui concerne une hellénisation johannique (cf. *supra*, p. 130 ss., n. 185-188). Les fléchissements de Paul semblent venir surtout de ce qu'il n'a pas converti totalement sa doctrine et ses catégories pharisiennes (cf. *supra*, p. 309 s., n. 258). Ses contacts avec l'hellénisme, son assimilation des structures de sa langue, le grec, et de ses méthodes de pensée l'ont obligé à dépouiller, en une large mesure, le carcan de son héritage rabbinique. Il a d'ailleurs retrouvé, dans son culte du Christ, le mysticisme sain de la piété des Psaumes étouffée par les scolastiques, cette piété qui fut celle des Pauvres d'Israël, et aussi de Jésus. C'est ainsi qu'il a découvert une communion dont quelques expressions, très proches de certaines que l'on tient pour typiques du johannisme, ne le sont pas seulement dans les termes, mais dans la pensée, sur une même expérience existentielle et vitale.
[265] Le mysticisme, en déviant, devient panthéistique. C'est le risque majeur (*supra*, p. 94-100), d'autant que le magisme peut s'y glisser, pour favoriser ou accélérer « l'état mystique » de désintégration où la personne se fond, automatiquement, dans ce qui était l'autre, ou, avec lui, se plonge dans quelque abîme éternel (*supra, ibid.*). A. Schweit-

la même expérience fondamentale de communion, de foi, d'amour [266] qui replace le johannisme, comme le paulinisme, sur la voie de l'évangile du Christ, telle que Jésus l'avait tracée [267].

Les autres écrits du Nouveau Testament, y compris les Synoptiques, porteurs les plus sûrs de l'histoire [268], ne sont nullement indemnes de déviations variées, avec leurs implications théologiques. Le deutéro-

---

zer, *op. cit.*, *cap.* I, en a cité quelques cas dans l'hellénisme au temps de Paul. Celui-ci en a-t-il été atteint autrement que dans un symbolisme tel que celui du baptême en *Rom.* 6:3 ss. ? Ce symbolisme n'est pas purement verbal, mais traduit une expérience dont on peut estimer à bon droit qu'elle est exempte de tout magisme mystérique. C'est bien ce que pense Albert Schweitzer en insistant sur ce point, que le mysticisme de Paul serait de résurrection, et non de renaissance, ce qui le distinguerait du mystérique et du johannique. La résurrection selon Paul serait exclusivement eschatologique, tandis que, dans le johannisme, elle serait présentement acquise par la nouvelle naissance. Il ne semble pas, devant les textes, que l'on puisse maintenir une distinction aussi radicale. Cf. *supra*, p. 118, n. 133.

La sanctification, qui prolonge la conversion, et sur laquelle Paul insiste souvent, ressemble fort, dans un certain contexte, tel que celui de 1 *Cor.* 1:2; 6:11; 2 *Cor.* 7:1, à une régénération; le culte logique, en *Rom.* 12:1-2, implique une métamorphose, dans un renouvellement de la mentalité ou de l'esprit. D'autre part, la nouvelle naissance johannique est aussi une résurrection, dans et par Celui qui est « la Résurrection et la Vie », pour le temps et pour l'éternité (*J.* 11:25-26). La perspective eschatologique n'est pas la même que la paulinienne (cf. *supra*, p. 127-132; 232-234), mais elle n'est aucunement absente.

Les déviations qui pointent, de part et d'autre, ne sont pas non plus les mêmes, bien qu'elles soient guettées, les unes et les autres, par un *opus operatum* qui les fera converger plus tard dans un sacramentarisme du culte et du dogme. On a vu comment il s'amorçait chez Paul (*supra*, p. 301 s., n. 205; 309 s., n. 254-258). Dans le johannisme où less ymboles réalistes abondent, et risquent d'être « réalisés », notamment en *Jean, 6*, où les allusions au baptême et à la Cène ne sont guère contestables, la mise en garde du verset 63 devrait conjurer tout danger de transsubstantiation magique : « C'est l'esprit qui vivifie (*comp.* 2 *Cor.* 3:6); la chair ne sert de rien (*comp.* 1 *Cor.* 15:50). Les paroles que je vous ai dites sont esprit et vie ». On est cependant surpris de certaines déclarations qui ne vont pas dans ce sens, comme en *J.* 3:5, où l'eau du baptême figure à côté de l'Esprit comme condition d'entrée dans le Royaume de Dieu.

[266] Cf. *supra*, p. 116-119; 127-132: 214; 232-234; 249-254.

[267] *Ibid.* et 107-110; 126-132; 140 s.; 165-168; 179-184; 190-196; 210-214; 222-227; 231-234; 249-254; 266 s.; 259-262; 285-289; 293-296; 300.

[268] La critique, dans ses approches successives (cf. *supra*, p. 46-56), a dégagé de la tradition synoptique suffisamment d'éléments sûrs pour que la conviction d'être enracinée dans l'histoire laisse à la foi chrétienne son aisance et sa confiance heureuse dans une recherche inlassable de la vérité : *Fides quaerens intellectum*. Les autres témoignages, pauliniens, johanniques et autres ne sont certes pas à négliger; mais c'est un fait que, concentrés sur la rédemption en Christ, ils évoquent surtout, et presque exclusivement, sauf le 4e évangile, la Passion, la Croix et la Résurrection.

paulinisme a les siennes, très marquées, dont certaines ont été déjà signalées [269]. Un certain durcissement institutionnel, avec le ritualisme consécutif, sont sensibles dans les Pastorales [270]. La première épître attribuée à Pierre [271] serait la plus proche de Paul [272]. Quant à la seconde, suspecte dès l'origine [273], elle est déviée, comme celle de Jude [274], vers les apocalypses juives, avec leur arrière-plan théo-

---

[269] Cf. *supra*, p. 196 s., n. 309-313; p. 288 s, n. 104-106; p. 291 s., n. 125-128; p. 307, n. 242.

[270] Le durcissement institutionnel dans les Pastorales est tout juste esquissé : par la distinction entre l'épiscope et les presbytres, l'un au singulier, les autres au pluriel (1 *Tim.* 3:2; *Tite*, 1:7; comp. 1 *Pi.* 2:25; 1 *Tim.* 5:17; *Tite*, 1:5; comp. 1 *Pi.* 5:1; *Jc.* 5:14), par l'accent mis sur le pouvoir régénérateur du baptême (*Tit.* 3:5; cf. 1 *Pi.* 3:21), dans le souci accusé de la saine doctrine (1 *Tim.* 1:3, 10; 4:6; 6:3; 2 *Tim.* 4:3; *Tit.* 1:9; 2:1, 8, 10; comp. 2 *J.* :9, 10). Cela ne va pas jusqu'à ce qu'on a pu appeler un pré-catholicisme où la tradition serait assujettie à la garde jalouse d'une Église fortement constituée en un sacerdoce dont dépendra tout à la fois : la définition de la saine doctrine, celle de l'hérésie, la direction du culte, le privilège exclusif d'administrer les sacrements, et, par là même, le salut des fidèles.

On n'est pas encore au tournant de ce processus qui aboutira, bien des siècles plus tard, au magistère infaillible (cf. *supra*, p. 31-33). Le Rubicon sera franchi lorsque le sacrement, tôt dévié en *opus operatum*, sera réservé à un clergé ordonné sacramentalement, et doté par là même, et pour toujours, (tu es sacerdos in aeternum. Cf. *Hb.* 7:17) de ce pouvoir sauveur. L'Esprit, avec ses dangereux écarts, sera canalisé ; il ne sera plus libre de souffler où il veut. Cf. *supra*, p. 303, n. 215; R. Bultmann : *Theol. N.T.*, *op. cit.*, p. 449 s., 456, 578 ss.; M. Goguel : *Intr. au N.T.*, *op. cit.*, IV, 2, p. 535-553; H. Conzelmann : *G. d. Theol. N.T.*, *op. cit.*, p. 317-337. Hauck : *Priestertum, Priesterweihe, Realenc. f. Theol. u. K.*, 3ᵉ *Aufl. 16*, p. 50 ss.

[271] Cf. *supra*, p. 52, n. 213-215. Sans être directement de Pierre, 1 *Pi.* pourrait être un écho de sa prédication.

[272] Pierre était animé d'un zèle missionnaire qui se manifeste dès la première Pentecôte (*Act.* 2:37-41) où de nombreux convertis juifs sont baptisés. Bientôt après, il est appelé à consacrer la mission de Philippe parmi les Samaritains (*Act.* 8:14-25). Il reçoit ensuite la révélation qu'aucun aliment n'est impur, qu'il n'y a plus là de problème qui puisse retenir un Juif d'évangéliser les païens, et il baptise le centenier Corneille avec ses parents et amis, sur lesquels, à son message, l'Esprit était descendu (*Act.* 10-11:18). Au Synode de Jérusalem, Pierre défend cette largeur chrétienne qui le rapproche singulièrement de Paul et qui subit les restrictions de Jacques (*Act.* 15:6-21). L'attitude de Pierre s'en ressent à Antioche où Paul, plus radical et plus franc, le prend vivement à parti (*Gal.* 2:11-14). Repentant et pardonné de son grand reniement, Pierre n'était pas préservé des petits compromis. Il n'empêche que son ouverture d'esprit l'apparente à Paul et que 1 *Pi.* est tenu à bon droit pour un écrit deutéro-paulinien (*comp.* entre autres : 1 *Pi.* 2:4-8; 13-17; 4:10 et *Rom.* 9:32 ss.; 12:6-8; 13:1-7). Cf. *supra*, n. 270.

[273] Cf. *supra*, p. 52, n. 213-215. Le thème principal de 2 *Pi.* est la parousie.

[274] Les allusions de 2 *Pi.* à l'apocalyptique juive, et notamment à l'Assomption de Moïse (2 *Pi.* 2:10 s.) semblent avoir été inspirées par Jude, où elles sont plus précises (*Jd.* 8 s.).

logique [275]. On peut en dire autant de la plus grande partie de l'Apocalypse attribuée à Jean [276]. Les évangiles synoptiques ont également cédé, mais très partiellement, à cet entraînement [277]. Chacun a sa théologie propre [278], plus ou moins pénétrée de déterminisme prédestinationiste [279] et scripturaire [280]. C'est là pourtant, que, par contraste avec toutes ces déviations marquées par la mentalité du milieu et du temps, on découvre la voie merveilleusement originale et neuve ouverte par Jésus [281].

---

[275] *Ibid.* et *supra*, p. 215 ss.; p. 123 s., n. 162.

[276] Cf. *supra*, p. 187, n. 252; p. 221, n. 453.

[277] Cf. *supra*, p. 222-224.

[278] Cf. *supra*, p. 44 s., n. 185, 193; p. 50 s., n. 206; p. 254, n. 634. La pensée propre à chaque rédacteur des documents évangéliques fait depuis peu l'objet d'études approfondies. L'école historique-formative avait trop tendance à juger des formes littéraires de la tradition dans la perspective d'une *Biologie der Sage* où la pensée des auteurs importe, en somme, assez peu (*supra*, p. 23, n. 87; p. 42, n. 175). Il en était ainsi de la notion du mythe collectif, telle que la présentait D. F. Strauss, *supra*, p. 18, n. 72. Son contemporain Bruno Bauer : *Krit. d. evang. Gesch. d. Synoptiker*, Leipzig, 1851 (cf. W. Schmidt: *B. Baur, R. Encycl. Th. u. K.*, 2, p. 444 ss.), défend, si l'on peut dire, les droits d'auteur, et revendique pour Marc, le plus ancien des évangélistes, le privilège de la composition initiale que les autres ont suivie, et qui exprime sa pensée personnelle sur le Christ. Ainsi, l'évangéliste que la plupart tenaient pour un simple narrateur sans relief aurait pensé son évangile. Telle sera, plus rigoureuse, en 1901, la thèse de W. Wrede, dont Albert Schweitzer estimait qu'elle a ouvert une ère nouvelle pour la science du N.T. (cf. *supra*, p. 23 s., n. 85, 88). Des travaux plus récents ont cherché à préciser, pour chacun des évangélistes synoptiques, sa théologie dans sa rédaction. Cf. E. Trocmé : *La format. de l'évang. selon. Mc.*, op. cit., p. 110 ss.; Conzelmann : *Th. N.T.*, op. cit., p. 160-172.

[279] Cf. *supra*, p. 138, n. 212-214; 140, n. 217; 162, n. 117; 250 ss., n. 625-627; 309, n. 254.

[280] *Ibid.*

[281] Cf. *supra*, p. 123-131; 137-141; 165-168; 173; 181-184; 190-195; 210-212; 231-233; 254-262; 267, n. 710; 270; 285-289; 293, n. 142-143; 296; 300.

SECONDE PARTIE

LE PROBLÈME DE L'UNITÉ BIBLIQUE

INTRODUCTION

Les constatations que l'on vient de faire en suivant et en comparant les principaux courants et sous-courants de la pensée biblique montrent à quel point les promesses d'unité que l'on croyait pouvoir formuler au début, à titre d'hypothèse, seront difficiles à tenir, si même elles peuvent l'être [1]. Tant de diversités, de variations, de divergences impartialement reconnues et enregistrées, écartent d'emblée toute conception statique d'unité, comme celles qui ont pu prévaloir officiellement et séculairement dans les Églises. Il ne saurait s'agir, comme en matière œcuménique [2], ni de conformité d'ensemble à un type donné, ni d'harmonie dans la diversité. Le concert est trop discordant pour être entendu et goûté tel quel par une oreille exercée [3].

Peut-être reste-t-il, puisqu'il s'agit de courants dynamiques, en mouvement continu, la possibilité d'une convergence motrice vers une confluence plus ou moins lointaine. Et cela pourrait être aussi, intentionnelle ou non [4], l'unité au but atteint ou à atteindre. Si l'on préfère une autre image, plus technique et fort en vogue dans les recherches contemporaines, il pourrait se faire qu'au travers des synchronies documentaires et rédactionnelles successives des Écritures, un souffle diachronique les emportât vers ce but supposé, vers ce genre d'unité [5].

Le problème est posé. Quelle qu'en doive être la solution, il convient de le traiter méthodiquement, en trois points qui s'imposent : 1° Quelle unité de pensée pourrait-on dégager de l'Ancien Testament, c'est à dire de la Bible juive ? 2° Que donnerait la même enquête sur les écrits du Nouveau Testament ? 3° Qu'en serait-il de la Bible chrétienne ? Le réponse globale viendrait en conclusion.

---

[1] Cf. *supra*, p. 43-45, où le problème de l'unité de la pensée biblique se trouvait posé.

[2] Une lacune grave du mouvement œcuménique est de n'avoir pas précisé la qualité ou le genre de l'unité recherchée. Bien des malentendus ont été ainsi provoqués entre les Églises fortement institutionalisées et celles qui tiennent que des structures plus souples sont conformes à la simplicité évangélique et plus ouvertes à l'Esprit qui souffle où Il veut. Les risques de cette imprécision se sont accrus depuis que l'Église romaine, dont le dogme exclusif n'a pas été modifié jusqu'ici, est entrée dans l'arène. Tous les chemins conduisent à Rome.

[3] Cf. p. 306, n. 239.

[4] Cf. *supra*, p. 39, 45, n. 190.

[5] Cf. *supra*, p. , 38, n. 162; 40, n. 168; 40, n. 169.

CHAPITRE V

Y A-T-IL UNITÉ DE PENSÉE DANS LA BIBLE JUIVE ?

S'il y avait unité de pensée dans la Bible juive, cela signifierait qu'une véritable théologie de l'Ancien Testament serait possible, au lieu d'essais plus ou moins systématisés du dehors [1]. Or, cette unité s'impose si peu à l'examen que les théologiens juifs en font rarement état, à moins qu'ils ne la trouvent dans la synthèse problématique et sur la ligne sacerdotale du Pentateuque, suivant la tradition régnante [2].

L'essai d'harmonisation et d'unification que représente la Thora n'a pas tout à fait réussi, et c'est le moins que l'on puisse dire [3]. La fusion de J. et de E., peut-être antérieure au remaniement et à la rédaction finale sur la base de P., était facilitée, malgré la différence des noms divins, par la même inspiration prophétique [4]. C'est au point que, dans certains textes dont l'ensemble est de J., il est malaisé de distinguer ce qui relève pourtant de E. [5]. Il est beaucoup plus facile d'identifier ce qui est de P. en tant que meneur de jeu. Quoi qu'il en soit, l'analyse d'un texte où les sources sont mélangées ne peut pas ne pas tenir

---

[1] Gerhard Ebeling : *Die Bedeut. d. histor. krit. Methode, Zeitschr. f. Theol. u. K.* 47 (1950), p. 1-46 ; *The meaning of Biblic. Theol. J. Th. Stud.* VI (1955) ; p. 210-225 ; *Wort u. Glaube*, I, p, 1-49, Tübingen, 1960, estime qu'une Théologie biblique n'est possible que si la Bible présente une certaine unité, ce qui ne semble pas être le cas, et cela d'autant moins que la Bible ne se réduit pas à un ensemble d'idées. En ce qui touche l'Ancien Testament, elle est la traduction des expériences multiples et variées d'un peuple au cours de son histoire.

[2] Cf. *supra*, p. 47, n. 196-197 ; p. 48 s., n. 203 ; p. 239, n. 562 ; p. 298, n. 176 ; p. 306, n. 239.

[3] *Ibid.*

[4] Cf. *supra*, p. 48 s., n. 203.

[5] R. Martin-Achard souligne la difficulté de s'entendre sur la répartition des sources J. et E. dans le récit de la lutte de Jacob-Israël avec l'ange, en *Gen. 32*:23-33. La plupart des exégètes sont d'accord sur la prédominance de J. ; mais la part faite à E. varie beaucoup. Cf. R. Barthes, F. Bovon, F. J. Leenhardt, R. Martin-Achard, J. Starobinski : *Analyse structurale et exégèse biblique*, p. 47-49, Neuchâtel, Delachaux & Niestlé, 1971. Martin-Achard fait observer avec G. von Rad, *Theol. A.T.*, *op. cit.*, que cet exemple, entre autres, montre que la théorie des sources ne s'applique pas toujours avec la rigueur que lui attribuait Wellhausen. Cela est vrai, assurément, quand il s'agit de distinguer J. et E. dans certains textes. La tâche est plus facile quand on en vient à P. dont le but et l'esprit sont bien différents.

compte de cette complexité. La signification de ce texte n'était pas la même, vers le IXe ou VIIIe siècle, au temps où J. a composé, avec un rare génie, son histoire du salut, sur des données hétéroclites (folklore de contes, de légendes, de mythes étiologiques [6]), un siècle ou deux plus tard avec E., et surtout, bien longtemps après, au retour de l'exil, dans une perspective totalement différente [7]. S'il était réellement possible de faire l'analyse structurale de quelques textes non remaniés du Pentateuque à ces divers niveaux [8], on se rendrait compte, comme, d'ailleurs, l'exégèse devenue classique permet de l'établir [9], que, loin de converger, les courants variés divergent de plus en plus.

Pour se servir d'une autre image, dans un édifice à coupole aux multiples loges ou chapelles tout autour, et dans tous les sens, la solidité de l'ensemble est assurée par la clef de voûte. Le Pentateuque, et l'Ancien Testament tout entier n'ont-ils pas leur clef de voûte qui est la notion de Dieu, du Dieu de l'Alliance? N'est-ce pas là ce qui en constitue l'unité? [10]. Si l'on veut mettre au point cette vue de l'esprit, on s'aperçoit aussitôt qu'elle est imaginaire. Il n'y pas une, mais des notions de Dieu, différentes et parfois opposées, dans le passage d'El ou d'Elohim à Yahweh, dans le retour, mais d'une tout autre signification, à la désignation antérieure, tandis que le nom de Yahweh, devenu sacro-saint, ne se prononce plus, et que certains attributs ou substituts,

---

[6] Cf. *supra*, p. 48 s., n. 203. Le génie du Yahwiste suppose une culture avancée, en même temps que des vues prophétiques. Certains croient qu'il vivait au temps de Salomon et qu'il a pu bénéficier d'un enseignement sapiential développé à l'époque, c'est à dire au IXe siècle. Cela n'est pas exclu; mais l'esprit des prophètes était assurément plus libre que celui des Sages, et moins bien en cour habituellement. Cf. *supra*, p. 169-172.

[7] Cf. *supra*, p. 48 s., n. 203; 283 s., n. 156; 298, n. 176; 306, n. 239.

[8] Sur la méthode structuraliste et les inconvénients de son application en rigueur, cf. *supra*, p. 38, n. 162; 132 s., n. 190. Une comparaison intéressante entre cette méthode et celle de l'exégèse scientifique moderne a été faite sur les mêmes textes bibliques dans un colloque réuni par la Faculté de Théologie protestante de l'Université de Genève en 1971. Les résultats en ont été publiés dans le volume cité *supra*, n. 5. La lutte de Jacob avec l'ange (cf. *supra*, p. 104 s., n. 47, 53) est l'un des textes choisis. L'analyse structurale tentée par Barthes (p. 27-39) ne se donne pas pour objet d'éclaircir la signification du texte lors de sa rédaction, ce que, peut être, on attendait. Par la méthode devenue classique en exégèse moderne, Martin-Achard aboutit à ce résultat, remarquablement (p. 41-62), en prenant, pour ainsi dire, un instantané synchronique de la rédaction dans une séquence diachronique des interprétations.

[9] Il faut également tenir compte que chaque synchronie rédactionnelle dans la Bible a été précédée de diachronies parfois séculaires dont elle rend l'écho. Cf. von Rad, cité par Martin-Achard, p. 49 (von Rad : *Théol. A.T.*, trad. franç., Genève, 1963-67, p. 325).

[10] Cf. Ed. Jacob : *Grundfragen Alttest. Theol.*, op. cit., p. 41.

en viennent à le remplacer par un processus d'hypostase [11]. Lui-même, en sa personne de plus en plus transcendée et hypertranscendée, perd contact avec la réalité humaine d'une alliance bi-latérale autour de laquelle aurait pu s'établir, fût-ce de manière imparfaite et précaire, une certaine unité de la pensée biblique [12].

Il y a donc déjà plusieurs points de rupture dans une théologie de l'Ancien Testament qui, sous le chef d'un Dieu conçu différemment, sans un recours possible à ce qu'Il est réellement [13], perd son unité du même coup que la sienne, ou plus exactement, que celle des représentations que l'on s'en fait diversement et contradictoirement. Il n'y a pas de commune mesure entre le Yahweh libre, actif et dynamique des prophètes et le Dieu-prêtre du Code sacerdotal qui le rappelle bien moins qu'il n'annonce celui du Judaïsme postérieur et des Talmuds. Avant même que dans le syncrétisme hellénistique, auquel il n'a pas échappé [14], le Judaïsme, voire palestinien, ait subi quelque influence platonicienne, Adonaï pénétrait dans une sphère idéale où prenaient forme ses desseins, avant d'être effectués sur terre. Il en fut ainsi des Tables de la Loi, et de toute l'arche de l'alliance, dont le Code sacerdotal fit, par anticipation, une sorte de Temple au désert [15].

Comment encore prétendre à l'unité de l'Ancien Testament sous le chef de l'Alliance, lorsque du partenaire divin dont les métamorphoses rendent déjà l'unité impossible, on passe au partenaire humain. S'agit-il d'Israël, sans aucune distinction, du peuple tout entier, ou du peuple épuré par l'épreuve et le châtiment, des nostalgiques du Désert, d'un Reste [16], ou, peut-être, en remontant jusqu'aux prototypes, avec Noé,

---

[11] Cf. *supra*, p. 86, n. 117; 104 ss.; 134 s., n. 199; 304, n. 229-231.

[12] L'alliance bi-latérale pourrait être la clef de voûte, si les deux partenaires conservaient leur identité, ou, plus exactement, si les notions successives et de l'un et de l'autre n'en venaient pas à différer, au point de se contredire. Ainsi, dans le titre à sensation : la mort de Dieu, il n'y a que la mort d'une notion de Dieu.

[13] *Idem*.

[14] Cf. *supra*, p. 3; 42, n. 177; 119; 129, n. 181; 138, n. 210-211; 253, n. 628; 310, n. 263.

[15] Cf. *supra*, p. 135, n. 200; 136 s., n. 205-208. *Comp.* la simple mention que E. fait de la Tente d'assignation en *Ex.* 33:7-10, et la description détaillée, par P. d'une sorte de Temple portatif au désert, avec planches dorées, voiles fins, tentures, tapisseries, mobilier précieux, etc. « sur le modèle » vu par Moïse au Sinaï, en *Ex. 26-27, passim; Nb. 2-3, passim.* Cf. Ad. Lods : *Les prophètes...*, op. cit., p. 318-323. Cf. *supra*, p. 136 s.

[16] Sur la nostalgie du Désert, cf. supra, p. 62, 65-67, 85, n. 113; 134, n. 197; 136, n. 203; 152, n. 43. Sur la notion du *Reste*, cf. le nom de *Chear Yachoub* : un reste reviendra (à-Dieu), qu'*Ésaïe* (7:3) donne symboliquement à son fils, cf. *És. 10:21 ss.; 11:11, 16; Jér. 23:3; 31:7* (*comp. Rom. 9:27-29*, citant *És. 10:22 s.* et *1:9*). Cf. A. Lods, *op. cit.*, p. 115 s., 121 s., 125.

Adam [17], ou en suivant les élans prophétiques [18], de l'humanité tout entière ? Il n'y a pas plus de dénominateur commun entre un particularisme exacerbé et le plus large universalisme qu'entre un Dieu militant, vivant et vivifiant et le potentat lointain qui s'en remet de ses fonctions actives à des intermédiaires, pour se concentrer sur l'administration de ses domaines, ou bien, en souverain pontife, sur l'exercice correct de son culte, et en rabbin suprême, sur l'étude et l'interprétation de sa Loi [19].

Il y a eu des ponts jetés entre les courants de pensée, tant qu'ils ont été parallèles ou en voie de rapprochement; mais quand leur divergence les a rendus plus distants, les communications sont devenues rares et difficiles, jusqu'au moment où le prophétisme s'est éclipsé, ou a viré à l'apocalyptique [20]. L'alliance, plus exclusive que jamais, est alors devenue celle d'une nation cultuelle et cléricalisée, sous le chef souverain d'un Prêtre-dieu ou d'un Dieu-prêtre [21]. Cette manière d'unité terminale, et posthume relativement au défunt prophétisme, s'est prolongée, à travers les siècles, malgré mille vicissitudes, souvent dramatiques ou tragiques, en une sorte d'orthodoxie juive dont l'extraordinaire ténacité crée des problèmes délicats dans une société moderne, et dans l'État israélien d'aujourd'hui [22].

Si l'on s'en tient à l'Ancien Testament hébreu, devenu pratiquement canonique [23], on constate que l'absence d'unité du Pentateuque y est accentuée par la présence des écrits prophétiques et des autres, comme le livre de Job et les Psaumes. On s'aperçoit en même temps que l'allégorie et la typologie qui joueront plus tard un grand rôle dans l'interprétation des récits et des personnages de l'A.T.[24], tiennent déjà leur

---

[17] Cf. *supra*, p. 113, n. 92; 204; 298, n. 172.
[18] *Ibid.* et p. 207 s., n. 381-383; 228 s., n. 487-494; 244, n. 589.
[19] Cf. *supra*, p. 195 s., n. 307; 286 s., n. 96.
[20] Cf. *supra*, p. 213-221.
[21] Cf. *supra*, n. 19. Ces traits saillants du ritualisme et du cléricalisme juifs ont, sans doute, entravé les élans spirituels de la foi, comme de la pensée. Mais il y a toujours eu, dans le Judaïsme, des personnalités éminentes pour secouer ces entraves et pour associer, quelquefois paradoxalement, une dévotion extérieure formelle et une piété profonde. Entre l'orthodoxie figée et le libéralisme extrême, le judaïsme présente des degrés et des aspects variés.
[22] Faire front contre un péril commun est une nécessité vitale pour la nation israélienne. Cet état de siège levé, il sera malaisé de trouver un *modus vivendi* entre une orthodoxie ritualiste intransigeante et des tendances libérales variées.
[23] Cf. *supra*, p. 2 s.; 47; 48 ss., n. 203-205; 54, n. 225-226.
[24] Cf. *supra*, p. 3 s., n. 9-10; 5 s., n. 13-16; 6-11.

place dans les visions prophétiques ou la piété des Psaumes, comme dans la formation du Pentateuque [25].

Si l'on se réfugie dans l'histoire d'Israël, pour y trouver quelque unité dans la continuité, en en faisant une *histoire du salut*, on se heurtera d'abord au problème spécifiquement historique, puis à celui des interprétations. Quand une histoire d'événements qui se soient réellement passés a-t-elle succédé, ou s'est elle mêlée aux contes, aux légendes folkloriques, aux mythes étiologiques ? Même en accordant, pour de bonnes raisons, plus de crédit qu'on ne l'a fait autrefois, aux récits concernant Abraham et sa descendance [26], on est loin de pouvoir les tenir pour une chronique ou une histoire au sens moderne de ce mot. Or, Abraham tient une place éminente dans les histoires du salut que l'on trouve dans la Bible ; car il n'y en a pas qu'une, et toutes sont des interprétations théologiques de données historiques ou non. C'est un fait qui a été plusieurs fois signalé [27], et qu'il faut avoir toujours présent à l'esprit. On s'aperçoit alors, ou l'on se rend mieux compte qu'il n'y a pas une, mais plusieurs théologies et histoires du salut dans cet ensemble hétéroclite que représente la Thora J.E.D.P.[28]. Dans le courant prophétique suivi par J., E., D.[29], le salut d'Israël est conditionné par sa fidélité aux exigences morales et spirituelles de Dieu, essentiellement. Le Yahwiste dépeint, dans cette optique, un tableau vigoureux des origines humaines jusqu'à la vocation d'Abraham, et de là, jusqu'à l'établissement de la royauté davidique. Les promesses divines sont périodiquement suspendues par l'infidélité du partenaire humain dans cette alliance conditionnée, puis répétées après repentir et pardon. L'Élohiste ne se distingue guère de son prédécesseur, tandis que le Deutéronomiste [30] fait intervenir un prophète suscité par Dieu à chaque moment critique.

---

[25] Cf. *supra*, p. 48, n. 203 ; 306, n. 239. Cf. *Ps. 105, 106* ; *110*:4 ; *És. 29*:22 ss. ; *Éz. 24*:33 s. ; *37*:24 s., etc.

[26] Cf. *supra*, p. 63 s., n. 6-11 ; 72, n. 53 ; 113, n. 94 ; 147 s., n. 19-20.

[27] Cf. *supra*, p. 62, n. 4 ; 91, 137 ; 217, n. 442, etc.

[28] Cf. *supra*, p. 319 s.

[29] *Ibid*.

[30] Cf., en ce qui touche le Deutéronomiste : *Deut. 18*:15-19 ; 1 *R. 11*:29 ss. ; *12*:15 ; *13*:1 ss., 23 ss. ; *14*:2 ss. ; 2 *R. 23*:17 s. Il semble que le Deutéronomiste, ou l'école deutéronomiste, aient appliqué à l'histoire, telle que la conte le Yahwiste, un schéma déjà esquissé par l'Elohiste, et qui la moralise : 1º Infidélité d'Israël qui se livre à l'idolâtrie ; 2º châtiment dans la défaite et l'oppression ; 3º repentir et supplication ; 4º Dieu suscite un Juge libérateur du peuple. Cf. *Jg. 2*:11-22 ; Ad. Lods : *Les Prophètes...*, *op. cit.*, p. 134, 369.

Tout autre est l'histoire du salut selon la théologie de P. Dans un cadre grandiose et génial, celui de la Création en six jours [31], dans la perspective du septième, le Sabbat, le ton est déjà donné d'un salut qui dépendra essentiellement de la stricte observance du culte [32]. Les ponts jetés vers le prophétisme finissent par s'effondrer. Le courant prophétique suit un cours souterrain [33], avec des résurgences, jusqu'à celle, pure et vive, du Nouveau Testament.

---

[31] Cf. *supra*, p. 48, n. 203; 82 s.

[32] Cf. *supra*, p. 195 s., n. 307; 286 s., n. 96; 322, n. 19. Parmi les diverses théologies de l'histoire dans l'A.T., il convient de ne pas oublier celle du livre de Daniel qui sera développée ou transformée dans toute l'apocalyptique juive. Aug. Sabatier y voyait une ébauche de philosophie ou de théologie de l'histoire; cf. *supra*, p. 217, n. 442; 218 s., n. 449. Cf. *Dan.* 7-12.

[33] Cf. *supra*, p. 195s., n. 307; 280s. Le souci rituel va jusqu'à étouffer celui de la vie intérieure, en même temps que l'exigence morale et spirituelle rappelée fréquemment et véhémentement par les prophètes (*supra*, p. 153 s, n. 49, 57; 155, n. 73; 156, n. 82; 189, n. 268). Tandis que le courant prophétique suit un cours souterrain, avec quelques résurgences dans l'apocalyptique, celui-ci développe diversement sa propre théologie du salut réservé à quelques élus. C'est une vision catastrophique de l'histoire future dans un avenir imminent. Cf. *supra*, n. 32.

CHAPITRE VI

Y A-T-IL UNITÉ DE PENSÉE DANS LE NOUVEAU TESTAMENT?

Le temps de composition du Nouveau Testament n'a sans doute guère dépassé un demi-siècle depuis les événements qui en sont l'origine et le thème communs : la vie, la mort et les apparitions posthumes de Jésus-Christ [1]. L'unité de pensée devait être, semble-t-il, relativement facile à réaliser par cette concentration sur un sujet central. La théologie du Nouveau Testament est, essentiellement, une christologie [2]. Mais peut-on affirmer dans tous les sens, comme l'apôtre le faisait dans le sien, en écrivant aux Corinthiens [3], que le Christ n'est pas divisé? Il ne l'est, apparemment, pas autant, dans les notions que les divers auteurs se font de lui [4], que le Dieu de l'Ancien Testament dans les méditations de deux millénaires [5]. Mais, à l'examen attentif, et sans préjugé dogmatique [6], la théologie implicite ou explicite sur le Christ-Jésus, des plus anciens documents identifiés [7], Logia et Marc [8], jusqu'aux apports les plus tardifs [9], est loin d'être identique, sans

---

[1] Avec une marge d'indétermination impossible à fixer avec certitude, les dates marquantes seraient aux environs de 30 pour la crucifixion, de 33 pour la conversion de Paul, de 50 à 60 pour la composition de ses lettres, de 70 pour celle des évangiles synoptiques, de 90 pour le johannique. Cela ferait une soixantaine d'années entre le terminus *a quo* et le terminus *ad quem* des écrits de beaucoup les plus importants. Cf. *supra*, p. 51 s., n. 211-215.

[2] Cf. O. Cullmann : *Christologie du N.T.*, op. cit., p. 9-16 (*supra*, p. 27, n. 109).

[3] Cf. 1 *Cor.* 1:13.

[4] Cf. Cullmann, op. cit., p. 276 ss.

[5] Cf. *supra*, p. 84-86, 235-240, 297-299.

[6] Cf. *supra*, p. 31-33.

[7] Cf. *supra*, p. 27, n. 110; 41, n. 174; M. Goguel : *Introd. au N.T.*, I, p. 113-145, Paris, Leroux, 1923.

[8] Il suffira ici de rappeler le témoignage de Papias, recueilli par Eusèbe : *Hist. Eccl.*, III, 39; V, 8 : « Marc, devenu l'interprète de Pierre, écrivit exactement, mais pourtant sans ordre tout ce dont il se souvenait des choses qui avaient été dites ou faites par le Seigneur... »; ... « Matthieu, d'une part, rassembla les *Logia* (du Seigneur) en dialecte hébraïque (l'araméen); d'autre part, chacun les traduisit comme il pouvait ». Cf. Goguel : *ibid.*, p. 123, 132; 268-270; 328 ss.; 332 ss.; 343, 380, 506 ss.; W. G. Kümmel : *Introd. N.T.* (trad. angl.), p. 42-59, London, S.C.M.P., 1966.

[9] Cf. *supra*, p. 51 s., n. 209-215.

compter que Jésus avait, assurément, sa propre théologie [10]. Chaque auteur du Nouveau Testament a sa conception et sa vision particulières du Christ-Jésus [11]. Peut-on, à travers elles, dans leur ensemble, identifier ce que Jésus pensait lui-même, et l'affirmer avec l'assurance que Paul mettait à proclamer : « Nous, nous avons la pensée de Christ » [12] ? Ne restera-t-il pas toujours, au sens intellectuel, comme au sens mystique de Pascal le : Mystère de Jésus [13] ?

En passant de l'Ancien Testament au Nouveau, par divers courants de pensée, on a pu constater à quel point la connaissance de l'Ancien est nécessaire à la compréhension du Nouveau ; mais aussi que la diversité de ces courants se retrouve plus ou moins dans une variété d'écrits pourtant axés solidement sur la personne de Jésus-Christ [14]. Déjà dans les Évangiles, qui sont la source principale d'une connaissance de cette personne, les divergences entre la tradition synoptique et la johannique sont telles que tout essai d'harmonisation, depuis le plus célèbre, le *Diatessaron* de *Tatien* [15], jusqu'à de beaucoup plus récents [16], ne peut répondre qu'à de pieux désirs. Il y a plus : les évangiles synoptiques ne réalisent pas entre eux, ni même entre les traditions ou documents qu'ils utilisent, une parfaite unité de pensée. Celui de *Marc*, sans doute le plus ancien, a eu quelque difficulté à

---

[10] Au centre de cette théologie de Jésus, il y avait, assurément, avec sa notion du Dieu-Père, du Dieu-Amour, la conscience de sa messianité, du genre et de la qualité de cette messianité, selon celle de sa vocation.

[11] Cf. *supra*, p. 44 ss., n. 185-193.

[12] Cf. 1 *Cor.* 2:16.

[13] Cf. Pascal : *Pensées, éd. cit.*, p. 574-578, Paris, Hachette.

[14] Cf. *supra*, p. 123-132 ; 136-139 ; 165 s ; 173 ; 179-182 ; 192-196 ; 210-212 ; 221-234 ; 250-261 ; 285-290 ; 300-302 ; 306-307.

[15] Le *Diatessaron* de Tatien (cf. *supra*, p. 51, n. 211) est assurément la plus célèbre des harmonies evangéliques ; mais il n'est pas absolument certain qu'elle soit la plus ancienne. Il se pourrait que « l'évangile inconnu » découvert en 1935 dans un papyrus de la collection Egerton, en fût une datant de la première moitié du second siècle. Cf. H. Idris Bell & T. C. Skeat : *Fragments of an unknown Gospel...*, London, Brit. Mus., 1935 ; M. Goguel : *Les fragments nouvellement découverts d'un Évangile du second siècle*, in *R.H.P.R.*, 1935, p. 459-466 ; W. G. Kümmel : *Intr. N.T., op. cit.*, p. 32, 60.

Le Pentateuque était un essai manqué d'harmonisation (cf. *supra*, p. 306, n. 239). La tâche était moins ardue d'harmoniser les évangiles, et elle a été souvent tentée, du second siècle à nos jours (cf. A. Westphal : *Évangiles (harmonie des)* in *D.É.B.*, I, p. 389-390. Certaines Harmonies ont joué leur rôle, en « livres de piété », comme le « *Jésus de Nazareth* » d'A. Westphal, en 1914-1918 ; mais elles ne sauraient passer pour des livres d'histoire. Sur les Harmonies, cf. Th. Zahn : *Evangelienharmonie, R.E...*, V, 653-661 ; sur l'illusion harmonistique, cf. Goguel ; *Introd. N.T., op. cit.*, I, p. 49-54.

[16] *Idem*.

faire entrer dans le moule de sa théologie des éléments parfois disparates [17]. Quant à sa perspective générale, celle d'épiphanies sporadiques et momentanées d'une messianité provisoirement clandestine [18],

---

[17] L'antériorité de Marc par rapport aux autres évangiles est admise par la grande majorité des auteurs. Certains la considèrent comme définitivement acquise (cf. C. H. Dodd : *The Framework of the Gospel Narrative*, N.T. Stud., p. 1, Manchester U.P., 1953; Kümmel : *N. T. Research.*, in N.T. Stud., I (1955, p. 231 et Introd. N.T. op. cit., p. 62). Cette thèse a rencontré généralement plus de crédit du côté protestant que du côté romain où l'on est resté longtemps attaché à la tradition d'*Augustin*, d'après qui Marc n'aurait été, en somme, que le valet de pied et l'abréviateur de Matthieu (*tamquam pedisequus et breviator ejus*). La différence confessionnelle qui ne devrait rien avoir à faire ici, est moins sensible à l'heure actuelle, bien que certains interdits subsistent (cf. *supra*, p. 30 s.).

La thèse d'un évangile primitif antérieur aux trois Synoptiques, telle que Lessing l'avait conçue en 1778, ou Semler en 1779, (cf. Goguel : *Introd. N.T.*, *op. cit.*, I, p. 58 ss.) n'a pas trouvé grand crédit ; mais elle a éveillé l'attention sur la vraisemblance d'une utilisation de documents écrits plus ou moins importants par les évangélistes. Le prologue de Luc est d'ailleurs formel sur ce point (*Lc. 1*:1-4). La *Formgeschichte* (*supra*, p. 23 s., n. 87; 27, n. 110; 41 s., n. 175) a supposé, dès la prédication du kerygma chrétien, la formation d'unités littéraires minimes, telles que les supposait, avec moins de méthode, Jean Le Clerc en 1716, suivi par de rares auteurs, dont Schleiermacher en 1817. On a vu ressusciter, sous une forme plus élaborée, cette thèse des *diégèses* concurremment, d'ailleurs, avec celle, également renouvelée, de la tradition orale, associée aux thèses documentaires. Cf. Goguel : *op. cit.*, p. 64 ss., et, d'une manière générale, sur le *problème synoptique* jusque vers 1920, p. 44-112. Kümmel : *Introd. N.T.*, *op. cit.*, p. 33-60, en pousse l'examen jusqu'aux ouvrages parus en 1961.

Bien que la théorie des deux sources principales : Logia et Marc, demeure la plus suivie, elle est remise en question par quelques auteurs, généralement catholiques romains, toujours tentés par la tradition d'Augustin remise à jour. Ainsi, de manières diverses, entre autres, Vaganay, Cerfaux, Dufour. Cf. E. Trocmé : *La format. de l'évang. selon Marc*, *op. cit.*, p. 10-17. Dans une perspective très différente, Christian Baur et ses disciples orthodoxes avaient soutenu la priorité de Matthieu et de Luc sur Marc. Il ne semble pas que leurs conjectures aient été reprises (cf. Goguel : *op. cit.*, p. 68-73).

Récemment, Antonio Gaboury : *La Struct. des Évang. Synoptiques*, Leiden, Brill, 1970, se fondant sur les analyses de Vaganay, Parker, Dufour, Cerfaux, etc. et sur son étude personnelle, rejette la thèse des deux sources (p. 15) et présente un système complexe de formation par étapes des évangiles synoptiques, à partir d'une structure-type (p. 1 ss.) dans un évangile primitif, suivi d'un autre qui y a été inséré graduellement (p. 222), tandis que Luc, Matthieu et Marc puisaient dans des exemplaires différents. Il y aurait eu, au total, trois sources pour Marc, cinq pour Matthieu et Luc (p. 219). Luc serait celui qui aurait connu le mieux la plus ancienne (p. 221). Le problème synoptique n'a pas fini d'occuper les analystes qui pourront aider à nuancer la thèse devenue classique, mais sans l'ébranler sérieusement pour autant.

[18] Il s'agit du « secret messianique » où Wrede a vu la ligne de direction de la théologie de Marc, ce qui, d'après Albert Schweitzer, ouvrait une voie nouvelle à la science du N.T. Cf. *supra*, p. 313, n. 278.

elle a été plus ou moins entérinée par les deux autres synoptiques, en même temps que la trame narrative [19]; mais chacun d'entre eux y a joint ses propres directives de pensée.

Matthieu, à la fois le plus juif, et le plus opposé au judaïsme judaïsant [20], perçoit l'attente universelle du Christ, qu'il figure et symbolise dans le récit des Mages. Ce Christ dont il conte la naissance, déjà révélatrice, « épiphanique » en son humilité, se manifeste non seulement par des actes, dont l'évangéliste emprunte la narration à Marc, mais par des paroles, des *Logia*. Il les trouve dans une source araméenne, peut-être de l'apôtre Matthieu, mais traduite en grec; il les insère massivement, par grands morceaux, dans la trame narrative [21].

Luc, le paulinien [22], pourrait sembler, paradoxalement, le plus attaché aux traditions palestiniennes, si l'on en juge par son « évangile de l'enfance », qu'il a trouvé dans quelque tradition du terroir [23]. Tandis que Matthieu adoptait le récit des Mages, c'est à celui des bergers de Bethléem que Luc donne la préférence. En plus de l'édification, qui lui est chère [24], Luc a son plan où le ministère terrestre de Jésus, en Palestine, n'est que le premier volet d'un triptyque. La Passion, la

---

[19] *Idem*, et les réserves à faire à la thèse trop systématique de Wrede, in H. Cl. : *L'Accès au R.*, *op. cit.*, p. 90 ; Trocmé, *op. cit.*, p. 121-125. Sur le radicalisme de Marc au sujet du sabbat, cf. *supra*, p. 287, n. 97.

[20] Cf. La menace directe qui achève la parabole des vignerons, seulement en *Mt. 21*:43.

[21] Cf. *supra*, n. 17. Cf. Kümmel : *Introd.*, *op. cit.*, p. 81.

[22] Si, comme le supposent plusieurs auteurs contemporains, le troisième évangéliste n'était pas Luc, le compagnon de Paul, le médecin bien-aimé, nul n'ayant nié qu'il fût un pagano-chrétien, il resterait, comme tel, paulinien. Le fait que certains thèmes de la théologie de Paul ne soient pas marqués dans l'évangile peut s'expliquer de diverses manières, sans exclure nécessairement tout lien avec l'apôtre. Il en est de même pour le livre des Actes, où se trouve la clef du problème de l'auteur, ou des auteurs, en même temps que des sources de ces deux écrits. Cf. Goguel : *Introd.*, *op. cit.*, I, p. 524 s. ; Kümmel : *op. cit.*, p. 102-105, 130 s. Certains des arguments contre la thèse traditionnelle, telle qu'elle figure, dès la fin du second siècle, au canon de Muratori (cf. Goguel, p. 141 s.), obligent à la nuancer, mais non, semble-t-il, à l'abandonner totalement. En la sacrifiant, sans y être contraint par des évidences, on crée plus de problèmes que l'on n'en résoud. L'étude fondamentale de Harnack : *Lukas der Arzt*, Leipzig, 1906, garde encore sa valeur, et les retouches qu'on peut lui apporter n'en ébranlent pas les fondements. Cf. E. Trocmé : *Le livre des Actes et l'histoire*, *op. cit.*, p. 1, 9 ss. et *passim*, Paris, P.U.F., 1957.

[23] Cf. Goguel : *op. cit.*, p. 514-517. Comp. *Lc.* 2:8-20 et *Mt.* 2:1-12.

[24] La prière, l'enseignement de la prière, les prières de Jésus tiennent plus de place dans l'évangile de Luc que dans les deux autres Synoptiques. Ainsi, *3*:21 ; *5*:16 ; *6*:12 ; *9*:18, 29 ; *11*:1 ; *23*:34, 46, mentionnent des prières de Jésus, sans parallèles.

Croix et la Résurrection, constituent le second, au centre. Le troisième, qu'il déploie dans le livre des *Actes*, peut-être inachevé [25], dépeint la marche victorieuse du Seigneur de l'Église, par étapes, à travers le monde. La première, surtout juive, mais déjà entr'ouverte aux païens [26], est suivie de la mission paulinienne, jusqu'à Rome [27].

Luc, féru d'ordre et d'exactitude [28], a fait usage des *Logia* autrement que Matthieu, par des insertions moins massives et plus nombreuses dans la narration de Marc [29]. Son plan global par où s'exprime son souci de méthode, dans une perspective théologique particulière [30], le distingue sensiblement des deux autres évangiles synoptiques, avec les nuances qui les différencient [31], et qui ne sont pas sans importance. On peut cependant admettre entre les trois une certaine unité christo-

---

[25] Cf. Goguel : *op. cit.*, III, p. 340 s.

[26] L'universalisme est l'un des traits de la théologie simple et pratique de Luc, mystique aussi, avec l'intimité du Règne (*17*:21).

[27] On a pu supposer qu'un τρίτος λόγος était dans l'intention de Luc, dont l'œuvre a donné l'impression d'une symphonie inachevée.

[28] L'évangile selon Luc est le seul des trois Synoptiques à user d'un prologue, valable, sans doute, pour l'ensemble de l'ouvrage qu'il projetait. Le prologue était, d'ailleurs, d'un usage littéraire fréquent à l'époque ; mais le souci de méthode et d'exactitude historique exprimé par l'auteur n'en est pas moins remarquable. Cf. Kümmel, *op. cit.*, p. 90.

[29] L'insertion des Logia, beaucoup plus fragmentaire chez Luc que chez Matthieu, a fait du troisième évangile une mosaïque où chaque pièce a été ajustée plus ou moins heureusement au contexte.

[30] La perspective de Luc sur l'histoire du salut, va d'une évocation de l'ancienne alliance jusqu'à la mission paulinienne, et peut-être au-delà, en passant par la vie de Jésus, et le sacrifice rédempteur au centre. Les parties successives, n'ont été composées que dans cette vue d'ensemble où elles apparaissent comme interdépendantes.

[31] Cf. *supra*, p. 328 s., n. 24-26. A l'accent mis sur une intimité du Règne (cf. *supra*, p. 128, n. 174 s. ; 329, n. 26), correspond une sourdine à la parousie, comparativement à Marc et à Matthieu (cf. *17*:20 s. ; *19*:11 ; *21*:9, 24, 25-27 et *parall.*). Il semble qu'il en soit de même pour un déterminisme scripturaire moins accusé, dans un usage plus discret des citations de l'Ancien Testament, avec un accent plus fort sur le choix et la décision. Dans la parabole des vignerons, il y a un ἴσως particulier à *Luc*, *20*:13, et qui implique un libre arbitre. Au centre de la parabole capitale de l'enfant prodigue, recueillie par Luc seul, il y a la décision du fils repentant (*15*:17-20). Cette parabole, celle du Bon Samaritain, la présentation des Béatitudes, bien d'autres traits particuliers à Luc, soulignent le caractère social, en même temps qu'universaliste, de son évangile. Cf. *Luc.* *10*:30 ss. ; *6*:20 s., 24 s. ; *3*:10-14, etc. et *supra*, p. 191 s., n. 276-280. Très caractéristique est le fait que *Luc*, *3*:38 remonte la généalogie de Jésus en deçà d'Abraham et jusqu'à Adam, fils de Dieu, tandis que *Mt.* *1*:1 la descend en partant d'Abraham (cf. H. Cl. : *Généal. de J.C.*, in *D.E.B.*, I, p. 467-470).

logique manifeste, autant que les particularités de chacun, dans la comparaison des textes parallèles [32].

Il n'en va pas de même avec l'évangile selon *Jean*, le principal témoin d'une théologie élaborée tout autant que la paulinienne, mais dans un sens différent. On a déjà constaté qu'il ne fallait pas en exagérer, comme on l'a souvent fait, les divergences [33], ni d'ailleurs, les similarités [34]. En ce qui touche le problème d'une harmonie évangélique, longtemps et vainement recherchée pour satisfaire des intérêts doctrinaux, on se rend compte, en les écartant, à quel point la tentative était vaine. Elle visait, d'ailleurs, le plus souvent, non pas précisément à une harmonie des évangiles, qui pourrait exister en quelque mesure, et dans un certain sens [35], mais à une identité conforme aux *a priori* dogmatiques. Il y a, dans certains textes des Synoptiques, comme on l'a déjà constaté [36], un johannisme implicite, et vice-versa, qui

---

[32] L'exégèse comparée des textes synoptiques d'où se dégage le plus clairement une christologie, ne trahit pas de divergences profondes. Celles qui viennent d'être signalées à propos de Luc (*supra*, n. 31) ne sont pourtant pas négligeables. On n'en discerne que peu, et de minimes, dans la seconde partie du ministère, où les événements se précipitent, depuis la multiplication des pains, la retraite en territoire étranger, la confession de Pierre, l'annonce de la Passion, jusqu'à la croix. La trame narrative de Marc y est sous-jacente et les paroles, quand elles diffèrent d'un évangile à l'autre, le font sans grande portée christologique. Les promesses à Pierre, particulières à Matthieu (*16*:17-19), ce qui les a rendues suspectes (cf. Goguel : *op. cit.*, I, p. 439 ; Bultmann : *Th. N.T.*, éd. angl., I, p. 10, 37 ; Conzelmann : *Th. N.T.*, *op. cit.*, p. 49 s.), marquent fortement le lien qui rattache l'Église primitive à celui qu'elle tient pour son fondateur et son Seigneur. L'évangéliste (ou son milieu, si ces versets étaient une interpolation, en tout cas fort ancienne) a interprété dans ce sens le témoignage de Pierre. Les autres évangiles ne l'ont pas fait ; mais dans leur perspective christologique, le Christ, pour n'avoir point donné ce privilège à Pierre (du moins, ne le mentionnent-ils pas), n'en était pas moins le Seigneur de l'Église. Luc, dans les Actes, tient ce trait pour acquis (cf. *Act.* 2:36 ; *10*:36 ; *16*:31 ; comp. *Lc.* 24:34).

La caractéristique principale de la christologie, ou messianologie, du Nouveau Testament, paraît être la confluence de deux courants d'origines très distantes, celui du Messie davidique, celui du Fils de l'Homme ou de l'Homme, dans un autre non moins différent : celui du Serviteur de Dieu souffrant et mourant pour le salut de ses frères, pour le salut du monde (cf. *supra*, p. 209-213 ; 167 ; 224 s, n. 466-472 ; 287 s., n. 98). Or, cette confluence est marquée semblablement dans les trois Synoptiques, sur le modèle donné par Marc. (*Comp. Mc.* 8:31-35 et *parall.* ; *9*:30 s. et *par.* ; *10*:32-34 et *par*, 42-45 et *par.*). Cf. O. Cullmann : *Christol...*, *op. cit.*, p. 72 s. ; A. Escande : *op. cit.*, p. 208 ss.

[33] Cf. *supra*, p. 129 ss., 233 s.
[34] *Idem*.
[35] Cf. *supra*, p. 326, n. 15.
[36] Cf. *supra*, p. 126, n. 169.

faciliterait une discrète harmonisation dans une diversité manifeste. Les Synoptiques mêmes, et chacun pour son propre compte, présentent des différences dans leurs portraits de Jésus; il faut user aussi de prudence et de retenue quand on leur reconnaît, néanmoins, une réelle unité [37]. Les harmonies évangéliques avec le quatrième témoin, l'évangile selon Jean, sont perceptibles, assurément, et, pour les croyants, d'un grand prix; mais leur souffle, surtout mystique [38], a plus de qualité que de quantité. Dans la réalité des textes et des faits, la christologie johannique diverge des Synoptiques beaucoup plus que ceux-ci n'ont de divergences internes, ou ne divergent entre eux [39].

---

[37] Cf. *supra*, p. 126, n. 168.
[38] Cf. *supra*, p. 325, n. 15.
[39] Le portrait de Jésus que suggère le quatrième évangile est bien différent de celui des Synoptiques avec leurs nuances variées. On comprend qu'avec sa définition du mythe : récit de la vie d'un dieu, Martin Dibelius : *Formg... op. cit.* p. 265 ss., ait vu dans la présentation johannique des actes de Jésus un mythe caractérisé. D'autres définitions du mythe ont été données, qui pourraient également s'appliquer aux récits johanniques. Le mythe peut être aussi conçu comme contenant une vérité profonde, voire « existentielle », qu'il voile, ou dévoile à demi, suffisamment pour porter à la réflexion dans un milieu social ou religieux où cette vérité toute nue ferait scandale et serait rejetée. Il y aurait ainsi, au fur et à mesure de cette réflexion et d'une information croissante, une dé-mythisation progressive, par une sorte de trans-mythisation de symbolismes en symbolismes simplifiés. Quoi qu'il en soit de ce schéma du mythe (cf. *supra*, p. 27, n. 110-111; 39-42, 313, n. 278, le quatrième évangile y répond mieux que les Synoptiques.

S'il apparaît que le *miracle* devient un élément de la christologie des évangiles, on se rend compte, à l'examen, qu'il ne joue pas le même rôle dans tous et dans chacun en particulier. Marc y tient plus que Matthieu ou Luc; Jean aussi, mais pas de la même façon. La structure approximative de ce genre de récits, (*Wundergeschichte*) est chez lui plus complexe, quand il veut suggérer par une sorte de jeu d'ombre et de lumière, où le mythe se voile et se dévoile, que le miracle physique, apparemment concédé, était parfaitement inutile dans la réalité spirituelle où agit et se meut le Christ-dieu (cf. *11*:25-27; *20*:29). Le détail matériel prend une signification symbolique plus marquée.

L'hellénisme a-t-il joué directement dans cette conception du mythe? Cela reste probable, même si l'on tient compte d'une hellénisation indirecte, maintenant reconnue, par la Palestine (cf. *supra*, p. 2 ss.; p. 42, n. 177; p. 119; p. 129 s., n. 181; p. 136 s., n. 205; p. 138, n. 210-211; p. 253, n. 628; p. 310, n. 263). Ainsi les miracles juifs, tels que les analysait P. Fiebig : *Jüdische Wundergeschichten d. neutest. Zeitalt.*, Tübingen, 1911, n'ont généralement pas l'intention apologétique très personnelle des performances d'Alexandre Abonoticus ou d'Apollonius de Tyane. La vaniteuse prétention du thaumaturge laisse parfois percer une pointe d'ironie mystificatrice, qui fait penser à l'Amphitryon où elle est évidente. Il n'est assurément pas question de cela dans les miracles du Nouveau Testament. Qu'ils soient $\H{\epsilon}\rho\gamma\alpha$, $\delta\upsilon\nu\acute{\alpha}\mu\epsilon\iota\varsigma$, $\sigma\eta\mu\epsilon\hat{\iota}\alpha$, voire $\tau\acute{\epsilon}\rho\alpha\tau\alpha$, ils ne sont pas l'œuvre d'un homme, mais de Dieu. L'ambiguïté commence quand cet homme est $\theta\epsilon\hat{\iota}o\varsigma$ ou $\theta\epsilon\acute{o}\varsigma$, et qu'il y a quelque flottement entre les deux. Dans la pensée johannique, avec Logos

Le texte le plus johannique des Synoptiques : *Mt. 11*:27 et parall. en *Luc. 10*:22, implique assurément une filialité spécifique de Jésus par rapport à Dieu, et cela déjà pose un problème critique [40]; mais il n'affirme pas que Jésus est Dieu, au sens du johannisme [41]. Dès le Prologue, et au premier verset, la divinité essentielle du Logos est affirmée, en même temps que sa préexistence à l'incarnation [42].

---

il n'y a que theos, un theos incarné, mais quand même un dieu marchant et agissant sur terre. Cela donne lieu à de nombreux quiproquos, très différents, sans doute, de ceux d'Amphitryon, comme le Logos-theos, trisagios, l'est d'un Zeus pervers et débauché. Mais ces quiproquos, auxquels s'ajoute un jeu subtil de double sens ou davantage, trahissent à la manière alexandrine, plus que palestinienne, l'ambiguïté de la situation. Elle perce beaucoup moins dans les Synoptiques, où l'humanité de Jésus est au premier plan. La christologie plus élaborée du johannisme, comme celle du paulinisme dont elle diffère également, sera tirée et maniée dans un docétisme que, pourtant, elles abhorrent (cf. 1 *J. 1*:1 ; 2:22 ; 4:2 s. ; 5:1, 6 ; *Rom. 9*:5 ; *Col. 2*:8-9), où l'humanité corporelle du Christ n'est plus qu'un déguisement. Le mythe gnosticisant du rédempteur divin en travesti n'a pas manqué d'exercer quelque attrait sur ceux qui le combattaient. L'*Epistula apostolorum* en témoigne (cf. M. Dibelius : *Le N.T. et l'Hist. des Relig.-Probl. christolog.*, in *Ét. Théol. et Relig.*, V, 1930, p. 295-316). Sur les problèmes soulevés, cf. entre autres : H. Conzelmann : *Th. N.T.*, *op. cit.*, p. 157 s., 355, 376 ss. ; H. Cl. : *La multiplic .des pains...* *Stud. Ev.*, *T.U.*, 1959 ; *Les sens mult. ds. le N.T.*, art. cit. ; H. van der Loos : *The Miracl. of Jesus*, Leiden, Brill, 1965 ; W. Nicol : *The Sêmeia in the 4th Gospel*, Leiden, Brill, 1972 ; Grundmann : δύναμις ..., *T.W.*, II, p. 300 ss. ; Rengstorf : σημεῖον, *T.W.*, VII, p. 199-261 ; τέρας, VIII, 113-127. H. Cl. : *Le probl. du rite et du mythe ds. le 4ᵉ evang.*, *R.H.P.R.*, 1951. Cf. *supra*, p. 75, n. 62 ; p. 97, n. 9 ; p. 108, n. 71 ; p. 134 s., n. 198 ; p. 181, n. 226 ; p. 236, n. 549.

[40] Cf. *supra*, p. 126, n. 169 ; Cullmann : *Christol. N.T.*, *op. cit.*, p. 248 ss. ; Kümmel : *Intr. N.T.*, *op. cit.*, p. 42, 143.

[41] Cf. *supra*, p. 331 s., n. 39.

[42] Cf. *J. 1*:1-3, 10, dans l'hymne au Logos, allégé des versets 6-8, 14b-15 et 18 qui l'alourdissent et en coupent le rythme, en y introduisant prématurément Jean-Baptiste, et un motif complémentaire : celui du μονογενής. Ce motif qui sera capital dans la christologie johannique, ne semble pas avoir sa place dans l'hymne proprement dit, que l'évangéliste a, sans doute, emprunté à une tradition chrétienne plutôt qu'étrangère, du moins au niveau littéraire où il l'a trouvée. La thèse de Bultmann : *D. Evang. d. Johannes*, p. 6 ss., 12ᵉ éd., Göttingen, 1952, sur les origines de cet hymne est pleine d'intérêt, mais il s'agirait de motifs qui ont contribué à sa composition. La suggestion de *Reitzenstein*, reprise et développée par Bultmann, que cette composition aurait été faite d'abord par des disciples de Jean-Baptiste, à la gloire de leur maître, Logos incarné, avant d'être utilisée par l'évangéliste, est l'une de ces hypothèses onéreuses qui soulèvent plus de problèmes qu'elles n'en résolvent. Il en était de même pour celle de Harnack : ...*Verhält. d. Prologs... z. ganz. Werk*, *Z. Th. u. K.*, 1892, p. 189 ss., d'après qui le Prologue serait un hors d'œuvre aisément détachable et sans relation avec la suite. C'est aller contre l'évidence. (H. Cl. : *La struct. du 4ᵉ Évang.*, *R.H.P.R.*, 1955, p. 174-195).

Ce thème qui a des parallèles dans le judaïsme hellénistique [43], et qui s'étend au johannisme, est traité par celui-ci d'une manière originale, autour du pivot de l'incarnation. D'autre part, les parallèles avec le Logos non-incarné de Philon [44] sont tels, qu'il n'est pas rationnel de cantonner le johannisme dans le cadre exclusif d'un hellénisme palestinien [45], dût-on recourir à Qoumrân [46].

Quoi qu'il en soit, rien d'aussi poussé qu'une divinité pré-existante du Christ-Jésus n'apparaît dans les Synoptiques, bien que certains textes aient été tirés dans ce sens [47]. Le caractère unique et divin du *Kyrios* [48] a pour corollaire, en Matthieu et en Luc, une naissance

---

[43] La Parole de Dieu, *Debar Yahweh*, dans l'Ancien Testament, prête aisément à l'hypostase ou devient médiatrice, après avoir été créatrice en *Gen. 1*. (Cf. *Ps. 33*:6; *107*:20; *147*:15; *És. 55*:10-11). Elle sera *Logos* dans la LXX, et les traits qu'elle avait déjà en commun avec la pensée grecque iront en s'accentuant sous l'action de l'hellénisme. La *Sagesse*, qui en est proche, suit une évolution parallèle, de son usage en *Prov. 8*:22-26, où elle est *'Hokmah*, à *Sap. 7*:22-30, où elle est devenue *Sophia*. Cf. Bultmann : *Ev. Johann.*, op. cit., p. 8 ss.; Dodd : *Interpr. of the 4th Gospel*, op. cit., p. 263 s.; Cullmann : *Christol.* op. cit., p. 220 ss.; Debrunner, Kleinknecht, Procksch, Kittel, Quell, Schrenk : λόγος ..., *T.W.*, IV, p. 69-197; *supra*, p. 171.

[44] *Idem*, et : A. Aal : *Gesch. d. Logosidee*, op. cit., *supra*, p. 104, n. 46; E. Bréhier : *Les idées philos. et relig. de Philon d'Alex*, p. 83-111, op. cit., *supra*, p. 104, n. 43. Sur Philon, *supra*, p. 3 s., n. 9; p. 6, n. 16; p. 7 s., n. 20, 22, 25; p. 45 s., n. 193; p. 86, n. 117; p. 104-105; p. 129 s, n. 181; p. 135, n. 200; p. 137, n. 209; p. 241, n. 571, et, spécialement, p. 104-105, pour la notion de *Logos tomeus* qui caractérise, à la fois, le judaïsme et l'hellénisme de Philon.

[45] *Idem* et *supra*, p. 331 s., n. 39.

[46] Sur l'hellénisme qoumranien, cf. *supra*, p. 287 s., n. 631.

[47] Il s'agit principalement des textes à résonance johannique. Cf. *supra*, p. 126, n. 169; p. 331 s., n. 37-39 et *infra*, n. 48-50.

[48] Κύριος, (*supra*, p. 287 s., n. 98), en plus de ses usages profanes, traduit, dans la LXX, l'hébreu Adonaï et Yahweh. Cette traduction, pour des termes de cette signifiance, ne va pas sans transposition d'un monde spirituel, culturel et mental à un autre, et même si la transposition est au ralenti, le passage est au moins amorcé (cf. *supra*, p. 2 s., n. 3; p. 3, n. 4; p. 33 s., n. 137-139). C'est ce qui s'est également produit quand le cri de détresse et d'appel de la chrétienté primitive, en araméen : *Marana...Tha* (cf. *supra*, p. 290 s., n. 118) est devenu en grec, et, vraisemblablement, dans la liturgie de la Cène : Amen, *Kyrie, erkhou* ! Cf. K. G. Kuhn : μαραναθά, *T.W.*, IV, p. 470-475; Cullmann : *Christologie...*, op. cit., p. 169-186. La thèse soutenue par W. Bousset : *Kyrios Christos*, Göttingen, Vandenhoeck u. Ruprecht, 1913, et reprise par Bultmann : *Theol. N.T.*, op. cit., p. 53 s., fait de *Kyrios Christos* une appellation hellénistique, appliquée à Jésus dans les communautés pauliniennes, sans racine palestinienne. Cette thèse se heurte non seulement au fait, maintenant reconnu, de l'hellénisation de la Palestine plus qu'on ne l'imaginait il y a un demi siècle, mais aussi à celui de la présence et de la persistance de *Maranatha* (cf. *supra*, p. 290 s., n. 118), comme expression de la piété chrétienne chez Paul et dans les communautés pauliniennes. Cf. *1 Cor. 16*:22. Il n'empêche que le passage d'un milieu à un autre, comme d'une langue à l'autre, a modifié sensiblement la signification

miraculeuse [49]. Ce n'est pas la préexistence, à la manière du johannisme ou du paulinisme, encore moins la déité métaphysique éternelle, personnelle, substantielle, qui deviendra un thème de controverse jusqu'à Nicée qui la formulera [50].

Autour de cette christologie centrale, et très élaborée par comparaison à celles qui le sont beaucoup moins, des Synoptiques, le quatrième évangile présente un certain nombre de caractères qui rayonnent du centre et qui le font diverger des autres évangiles. A la nature métaphysique du Logos divin correspond une nécessité du même ordre dans sa mission terrestre et dans la prescience qu'il en a. Le déterminisme scripturaire, déjà très net dans les Synoptiques [51], est singulièrement durci dans le quatrième évangile, où il confine à la fatalité [52]. C'est dans une inconscience totale que les comparses du drame de la Passion jouent le petit rôle qui leur est assigné [53]. D'autre part, celui qui est à la fois la victime et le héros du drame en connaît toutes les ficelles [54].

Toujours sous le même chef du Logos divin, les dualités, déjà sensibles dans la tradition biblique et palestinienne [55], s'accentuent sous

---

première de l'expression et de la notion qu'elle exprime. L'attente de la parousie y devient moins perceptible; la présence y est accentuée, la glorification aussi, et surtout, du Seigneur de gloire. Cf. *supra*, p. 287 s., n. 98.

[49] Cf. *Luc. 1*:35; *Mt. 1*:18-23. Delling : $\pi\alpha\rho\theta\acute{e}\nu o\varsigma$, *T.W.*, V, 824-835; Clemen : *Religionsgeschicht. Erkl. d. N.T.*, p. 114 ss.; Dibelius : *Jungfrauensohn u. Krippenkind* (Heidelberg, 1932), in *Botschaft und Geschichte*, I, p. 1-78, Tübingen, Mohr-Siebeck, 1953.

[50] Cf. Bernoulli : *Nicän. Konz., Realenc. f. Th. u. K.*, XIV, p. 13 ss. *Dic. Theol. Cathol.* vol. XI, col. 399-417 (G. Fritz : *Nicée I*).

[51] Cf. *supra*, p. 138 s., n. 212-214; p. 140, n. 217; p. 162, n. 117; p. 250 s., n. 625-626; p. 309, n. 254; p. 313, n. 279; p. 328, n. 31.

[52] Cf. *supra*, p. 138 s., n. 213; p. 140, n. 217.

[53] Cf. *supra*, p. 140, n. 217.

[54] *Ibid.* et p. 234, n. 539. C'est Lui dont la Vie essentielle, comme celle de Dieu, s'exprime dans un « Je suis » à quoi rien ne saurait s'opposer, dont nul ne saurait approcher, comme en Horeb où Yahweh se révèle à Moïse, derrière le buisson ardent. Comp. *Jean, 18*:6 et *Ex. 3*:5 s. Cf. *supra*, p. 84 s., n. 107-109; p. 148 s., n. 21-22; p. 234 ss.

[55] Les dualités, dans la Bible hébraïque, sont d'ordre moral, et rarement personnifiées comme dans les cultes païens, que le Yahwisme cherche à exerciser. Le serpent de la tentation, le démon Azazel auquel on expédie le bouc émissaire, le Satan de Job sont des figures mythiques dont aucune n'entre en compétition avec un Yahweh souverain. Il n'y a rien dans ce judaïsme hébreu qui ressemble au dualisme iranien avec ses deux divinités, dont, provisoirement du moins, celle du mal, *Angra Mainyu*, tient tête à celle du Bien : *Ahura Mazda*. L'exil, par ses contacts avec l'Iran, sous l'empire bienveillant de Cyrus, donnera au Judaïsme post-exilique une orientation nouvelle. L'angélologie, la démonologie, l'apocalyptique porteront la marque du dualisme iranien. Quant au platonicien, d'espèce différente, philosophique, métaphysique, il viendra s'y mêler dans le processus d'hellénisation, avec son syncrétisme diversifié. Cf. *supra*, p. 78 s.; 84 ss.;

l'influence hellénistique et tendent vers un dualisme plus ou moins prononcé dans le johannisme et dans le paulinisme. En dépit de l'incarnation qui doit faire du Logos divin l'Homme [56] en son intégrité, celui qui vient sauver le monde [57], et l'humanité [58], une coupure radicale sépare et départage, autant que le jour et la nuit, les fils de la Lumière et les fils des ténèbres [59], le monde à racheter et le monde perdu [60]. Entre le Christ qui attire tous les hommes à lui [61], le Fils qui, comme le Père, aime le monde [62], et celui qui ne prie pas pour le monde, mais seulement pous les élus [63], il y a une contradiction dont on ne trouve pas l'équivalent dans les évangiles synoptiques [64]. La tension inévitable dans l'incarnation aboutit là à une cassure en deux que l'on retrouve ailleurs [65], et jusque dans les expressions d'un réalisme outré [66] dont l'auteur a ressenti lui-même et corrigé l'excès [67]. Comparé sous cet angle aux trois autres, l'évangile johannique est à la fois le plus spirituel, comme disait Clément d'Alexandrie [68], et le plus matériel. Un exemple typique en est le contraste entre la résurrection de Lazare, dans ses détails réalistes [69], et la déclaration qui en précède immédiate-

---

214 ss.; 218 s., n. 449-451; 260 ss.; 236 s.; 240 s.; 262 s., n. 682; 331 s. Cf. Dualism, *Egyptian* (Foucart), *Greek* (Davidson), *Iranian* (Casartelli), *Jewish* (Suffrin), in *E.R.E.*, V, p. 104-114.

[56] Quelles que soient les racines bibliques et autres de la notion de l'Homme, ou du Fils de l'Homme, l'usage qui en est fait dans le N.T. vient au bout d'un processus très avancé, notamment dans le johannisme où les influences hellénistiques, indirectes ou directes, ont été particulièrement fortes. Ce que le Fils de l'Homme johannique suggère, ce n'est pas la faiblesse et l'humilité d'une condition humaine, mais la force et la majesté de l'Homme céleste descendu sur terre, pour s'incarner, afin d'accomplir son œuvre salutaire, mais d'une incarnation qui n'empêche pas la Lumière de percer, ni le retour en gloire, une fois l'œuvre accomplie. Cf. *supra*, p. 202 s., n. 346-348; 208, n. 391; 210 s., n. 398; 214, n. 418; 225, n. 468; 225, n. 472; 227 s., n. 480; 274 s., n. 24; 287 s., n. 97-98; 256, n. 646.

[57] *Idem*; cf., notamment, *J.* 3:16 s.; 6:51; 12:47; 1 *J.* 4:14 (*supra*, p. 256, n. 646).
[58] *Ibid.* et, entre autres, *J.* 12:32; comp. *Rom.* 5:18 s.
[59] Comp. *J.* 3:19-21; *Mt.* 5:14; *Lc.* 16:8; 1 *Th.* 5:5; *Rom.* 13:12; *Éph.* 5:8; 1 *J.* 1:5 ss.
[60] Cf. *supra*, p. 253 s., n. 631-632; 256, n. 646; 262 ss., n. 681 ss.
[61] *Ibid.*; *J.* 12:32.
[62] *Id.*, *J.* 3:16 s., etc.
[63] Cf. *J.* 17:9.
[64] Cf. *supra*, n. 55-56 et p. 225, 253.
[65] Cf. *supra*, n. 55.
[66] Cf., p. ex., le réalisme des termes en *J.* 6:52-58.
[67] Cf. *J.* 6:63.
[68] *Clément d'A.*, d'ap. Eusèbe : *H.E.*, VI, 14, 17. Cf. *supra*, p. 228, n. 483.
[69] Cf. *J.* 11:17, 34 s., 38 ss, 44 et *supra*, p. 311, n. 265.

ment le prodige physique : « Je suis la Résurrection et la Vie » [70]. Il y a d'autres exemples; celui de l'apaisement du doute de Thomas [71] est aussi caractéristique, dans cet évangile de l'Esprit qui est également celui de la Vie Éternelle.

L'expérience mystique de la Vie éternelle dans le quatrième évangile, remplace, en une large mesure [72], l'attente de la parousie dans les trois autres. Sans être absente de ceux-ci où elle est implicite, et parfois explicite [73], cette expérience n'en constitue pas l'un des éléments de structure, l'un des thèmes essentiels, comme dans le johannisme. C'est également pour celui-ci, malgré des affinités, l'un des caractères qui le distinguent du paulinisme.

Sur ce dernier point, la théologie paulinienne devait être assez proche, au début, des théologies synoptiques. Les épîtres aux Thessaloniciens en font foi [74]. La parousie y tient une place importante [75]. Mais, déjà dans la 1ère aux Corinthiens, comme on l'a vu [76], les perspectives de l'apôtre ne sont plus les mêmes; un travail intérieur s'opère en lui qui va le rapprocher, mystiquement, de l'expérience johannique, en atténuant, du même coup, le réalisme matériel de l'attente apocalyptique. La 2de aux Corinthiens en témoigne [77]. La tension qui se manifestait dans la 1ère, par la notion de corps spirituel, en dépit de l'assurance que ni la chair, ni le sang ne peuvent hériter le Royaume de Dieu [78], est sensiblement relâchée dans la 2de, mais ne disparaît pas. Elle frise la rupture, presqu'autant que le johannisme, bien qu'autrement, dans la dualité : chair-esprit [79] : ou dans l'appel de détresse : « Qui me délivrera de ce corps de mort » [80] ? L'opposition radicale entre

---

[70] Cf. *J. 11*:25.

[71] Cf. *J. 20*:25-29, où la Béatitude de la foi qui se passe de la vue, suit le signe sensible, au lieu de le précéder : « Heureux ceux qui n'ont pas vu, mais qui ont cru ! ».

[72] Cf. *supra*, p. 125 s., n. 167; 129, n. 178; 223 ss., n. 463, 472; 233, n. 528. L'attente n'a pas disparu pour autant, du « présentisme » johannique. Cf. 1 *J. 3*:2; *comp. Col. 3*:1-4. Cf. Dodd : *The Johan. Epist.*, p. 69 ss., London, Hodder & S., 1946.

[73] Cf. *supra*, p. 126 ss., n. 170-184; 223, n. 463; 230 s., n. 503; 329, n. 26; 329, n. 31.

[74] Cf. *supra*, p. 220 ss., n. 452, 454; 226 s., n. 477.

[75] *Ibid.*, p. 221 s., n. 454.

[76] *Ibid.*

[77] *Ibid.*

[78] Cf. 1 *Cor. 15*:50.

[79] Cf. *supra*, p. 262.

[80] Cf. *Rom. 7*:24. Le corps de cette mort (τοῦ θανάτου τούτου) n'est sans doute pas exactement le corps mortel de *Rom. 6*:12. La notion éthique et la notion physique de corps ne sont pas identiques. L'ambiguïté provient de ce que, pour Paul, la mort physique

le spirituel et le charnel devient parfois, comme dans le johannisme, celle de la lumière et des ténèbres [81]. Le dualisme hellénistique, en passant par la Palestine, soit même plus directement, par Alexandrie [82], a exercé son influence ici, moins sans doute que dans le quatrième évangile, mais beaucoup plus que dans les trois autres [83].

Ce qui retient Paul, comme le johannisme, devant l'irrémédiable cassure où tomberont les gnosticismes [84], c'est sa foi en une incarnation réelle du Christ. Néanmoins, le mythe gnosticisant d'une incarnation simulée, en vue de la rédemption [85], a exercé sur lui quelque attrait, comme on le perçoit dans l'hymne au Rédempteur de *Philip.* 2:6-11, bien que la métamorphose y devienne kénose [86]. La préexistence du

---

est la conséquence du péché (*R.* 5:12 ss.; 6:23). Une autre ambiguïté connexe, est celle de la mort qui, opposée à la vie éternelle, en *R.* 6:23, devrait être la mort éternelle.

[81] Cf. *supra*, p. 334, n. 59.

[82] Cf. *supra*, p. 253 s., n. 631.

[83] *Ibid.*

[84] Cf. *supra*, p. 171 s., n. 182-184; p. 218 s., n. 449-451; p. 333, n. 55. Sur le dualisme sous-jacent aux divers gnosticismes, cf. Dodd : *The 4th Gosp., op. cit.*, p. 103-109; Conzelmann : *Theol. N.T., op. cit.*, p. 27 s., 360 ss.

[85] Cf. *supra*, p. 181, n. 225; p. 330 s., n. 39, et l'article mentionné de Dibelius, où le mythe du Rédempteur racheté est retracé depuis ses expressions élaborées, mais tardives, dans les textes manichéens et mandéens, jusqu'à de beaucoup plus anciennes, au second siècle, et en deçà. A l'origine, ce mythe s'est formé dans un milieu gnosticisant, ou prégnostique, en empruntant à des mythes antérieurs, helléniques ou autres, les motifs de la métamorphose ou du travesti. Appliqués à la Rédemption chrétienne, ces motifs marquent un effort de réduction d'une histoire incarnée à l'une des formes du mythe métamorphique. La plus élaborée est sans doute celle offerte par *l'Ascension d'Ésaïe*. Il y est raconté, en substance, comment le Christ s'est métamorphosé en descendant les étages célestes, pour descendre sur terre. Adoptant la forme des anges préposés à leur surveillance, il a échappé à leur contrôle. Ils n'ont pas soupçonné que le Fils même de Dieu passait ainsi devant eux. Quelles n'ont pas été leur stupeur et leur confusion quand ils l'ont vu remonter en gloire, à son Ascension !

Les grands traits de ce mythe de la rédemption se retrouvent avec d'autres, comme la chute du rédempteur, racheté et rappelé par son père pour renouer le fil, dans bien d'autres écrits, comme le *Chant de la Perle* dans les Actes apocryphes de Thomas, les *Odes de Salomon* d'une inspiration souvent johannique, mais gnosticisée, le *Chant des Naasséniens*, jusqu'aux combinaisons plus complexes des gnoses basilidiennes, valentiniennes, manichéennes. La théologie de l'Église en a été parfois influencée, comme dans *l'Epistula apostolorum* qui entend combattre les gnostiques, et qui, néanmoins, prend à son compte le motif de la descente en travesti du Rédempteur et de la mystification des « classes, seigneuries et principautés », quand il passe devant les anges et les archanges. Cf. aussi : Bultmann : *Gnost. Motiv.* in *Th. N.T., op. cit.*, p. 177 ss.; Dodd : *Gnostic., Mandaïsm*, in *Interpr. 4th Gosp., op. cit.*, p. 97-130.

[86] Sur l'interprétation de *Philip.* 2:6-11, cf., entre autres : Dibelius : *An d. Philip.* (*Hnd. z. N.T.*, III), p. 53 ss., Tübingen, Mohr..., 1911; Dibelius : *art. cit., supra*, n. 85,

Christ y est, en tout cas, affirmée, de manière différente, mais plus précise encore que celle du Logos johannique. On est assez loin, des deux parts, du symbolisme synoptique des circonstances qui ont entouré la conception et la naissance virginales de Jésus. L'incarnation a moins de réalisme, voire de réalité, dans une théologie concentrée sur le sacrifice rédempteur.

Ce sacrifice, sur la Croix, cette croix qui fut, pour le pharisien, un scandale [87], est la réalité de chair et de sang qui donne à sa théologie de la Rédemption son incomparable pathos, mais aussi une argumentation hésitante entre les catégories invétérées du rabbinisme d'école et celles de la pensée grecque [88]. La différence est grande, sur ce point, entre le paulinisme et les réflexions synoptiques, plus soucieuses de l'histoire et beaucoup moins théologisées [89]. Elle ne l'est guère moins du côté johannique où les événements deviennent des motifs que l'on contemple de très haut, *sub specie aeternitatis* [90]. Au rabbinisme, Paul emprunte une argumentation qu'il croit pouvoir retourner contre lui, à seule fin

---

p. 000 ss.; H. Cl. : *Philip.* 2:6-11, à la *Conf. Théol. de Novi-Sad*, introd. par Dibelius, en 1929, in *Ét. Th. & Rel.*, Montpellier, 1930, p. 265-271 ; 352-356 ; 363-365 ; Guignebert : *Rem. s. Phil.* 2:6-11, *R.H.P.R.*, III (1923), p. 512-533 ; Conzelmann : *Th. N.T.*, *op. cit.*, p. 97-100, où il met en parallèle : *Philip.* 2:6-11, 1 *Tim.* 3:16 et 1 *Pi.* 3:18-22. L'analyse du texte et de quelques termes-clefs aide à l'interpréter dans le contexte paulinien, mais aussi dans le contexte judéo-hellénistique dont il porte la marque. Ainsi, la μορφή θεοῦ du v. 6 a pour corrélatif la μορφὴ δούλου du v. 7. Elle n'est donc pas une οὐσία, comme le supposent arbitrairement *Prat*, *Brassac* et la théologie romaine, mais une forme. Il ne s'agit donc pas d'un contraste entre une essence divine et une essence humaine, mais de la condition divine de gloire et seigneurie changée en condition humaine d'humilité et de service. Le ἁρπαγμόν du v. 6 ne saurait être métamorphosé en un ἄπραγμον qui se rapporterait à la divinité d'indifférence et de sinécure imaginée par les Epicuriens. Cette hypothèse ingénieuse de Salomon Reinach a servi d'échappatoire à quelques exégètes pour éviter une *crux interpretum*. « Souvent la peur d'un mal nous conduit dans un pire », si mal il y avait. En réalité, que l'on opte pour la *res rapta*, pour la *res rapienda* ou pour le *rapere*, le sens général du contexte est clair : le Christ n'a pas fait usage d'un pouvoir acquis, à acquérir ou en action, pour s'imposer ; il a choisi de servir. Le ἐκένωσεν ἑαυτόν n'est donc pas un suicide, mais un renoncement, un dépouillement, de celui qui, « de riche qu'il était, s'est fait pauvre pour nous » afin que par sa pauvreté nous soyons rendus riches » (2 *Cor. 8*:9).

[87] Cf. *Gal.* 5:11 ; 1 *Cor.* 1:23 ; *Gal.* 3:13, où Paul cite librement *Deut.* 21:23 dans la LXX. Cf. *supra*, p. 309 s., n. 258.

[88] Cf. *supra*, p. 7, n. 20 ; 118, n. 130 ; 138 s., n. 214 ; 245, n. 593 ; 247, n. 601 ; 253 s., n. 631 ; 309 s., n. 254, 258.

[89] Sur les théologies synoptiques : celle de Marc, à travers sa narration, celles de Matthieu et de Luc avec diverses sources, dont les Logia et Marc, cf. *supra*, p. 326-330.

[90] Cf. *supra*, p. 330 s., n. 39 ; 332 s., n. 48-54.

de conjurer la malédiction de la croix [91]. Avec l'hellénisme, il se hausse sur un plan supérieur, pour élargir ses horizons et saisir la rédemption dans une perspective cosmique [92]. Ce n'est pas, autant que pour le johannisme, le point de vue de l'éternité, d'où l'on transcende les faits terrestres qui se passent ou qui se sont passés dans un drame dont les acteurs-figurants ont à peine, ou point du tout conscience [93]; mais c'est un regard jeté, avec plus d'acuité, sur un invisible éternel [94]. Dans ce partage entre deux univers qui trahit, du même coup, la dualité intime de Paul [95], celui-ci est entraîné, d'une part, vers une

---

[91] Cf. *supra*, p. 309 s., n. 258; *Gal. 3:*8-18.

[92] Cf. *Gal. 3:*26-28; *Rom. 8:*19 ss.; *11:*15; *2 Cor. 5:*19.

[93] Cf. *supra*, p. 140, n. 217; 330 s., n. 39.

[94] *Comp. 2 Cor. 4:*18.

[95] Paul est partagé entre deux mondes. Cf. *supra*, p. 7, n. 20. Ce partage correspondait à celui, plus intime, du caractère, Paul en était affligé, et parfois tourmenté plus que le commun des hommes, qui le sont tous plus ou moins. Peut-être cette dualité était-elle marquée dans son comportement et sur son visage, s'il est permis de faire état du célèbre portrait des *Actes de Paul et de Thécla*, dont la fiabilité n'est pas exclue : « Un homme de petite taille, la tête chauve, les jambes arquées, vigoureux, les sourcils joints, le nez légèrement busqué, rempli de grâce (la grâce de Dieu), car tantôt il apparaissait tel qu'un homme, tantôt il avait le visage d'un ange » (cf. E. Hennecke : *Neutest. Apokr., op. cit.*, p. 192 ss.; Goguel : *Intr. N.T.*, IV, 1, p. 65 ss.; H. Cl. : *La Santé de Paul*, in *Stud. Paul*, in *hon. de Zwaan*, p. 68 ss., Leiden, 1953; H. Cl. : *La personnalité de Paul*, p. 3 ss., Athènes, U.C.J.G., 1951).

Si, d'une psychologie de l'apparence et du comportement sur un portrait discuté, l'on cherche à pénétrer, par les épîtres et les Actes, jusqu'au tempérament et au caractère de Paul, on trouvera confirmation d'une première esquisse de la physionomie intérieure de l'apôtre d'après son aspect extérieur, vers la quarantaine. Il en serait alors à son premier voyage organisé, ou au début du second, plein de vigueur ($εὐεκτικός$). S'il se portait bien au début de sa carrière apostolique, ce ne fut plus le cas dans la suite. Souffrait-il des yeux, et de plus en plus, comme on l'a supposé, en interprétant dans ce sens *Gal. 4:*13-15; *6:*11-17; *Act. 9:*9-18; *22:*11; *23:*5, ou autrement (*2 Cor. 12:*7) ? Ce qui est probable, c'est qu'il a été plusieurs fois malade et surmené au cours de sa rude carrière (*2 Cor. 11:*23-30; *12:*9-10), jusqu'au bord de la dépression (*1 Cor. 2:*3), mais qu'il en est toujours sorti par un miracle de la foi et de la grâce (*1 Cor. 2:*4 s.; *2 Cor. 12:*9 s.). Néanmoins, certains effets momentanés de tels états sont inévitables : le contrôle personnel et conscient sur le subliminal où plongent le caractère et le tempérament, se relâche. Il arrive que la spontanéité naturelle et la mobilité perdent leur équilibre, que la dualité frise le dédoublement, et la complexité le complexe. Rien d'étonnant que le partage intérieur, ainsi accentué par des facteurs variés, se fasse sentir et s'exprime dans tous les domaines de la pensée, de l'affectivité, de la volonté, de l'action, de la vie personnelle.

En ce qui touche l'apparence physique, on notera que le portrait de Paul ci-dessus mentionné, avec quelque réserve, a été accepté comme véridique par Renan, S. Reinach, Preuschen, Zahn, W. Ramsay, etc. Son auteur qui écrivait, sans doute, vers la fin du second siècle, alors qu'une figuration plus noble et plus attrayante allait triompher dans

satisfaction vicaire ou une expiation substitutive au bénéfice d'élus prédestinés [96], mais attiré, d'autre part, et poussé vigoureusement par son expérience missionnaire, vers un universalisme sans autre condition que la foi, sous le chef de la grâce [97].

Le point de vue de l'épître aux Hébreux, est distinct à la fois, de celui de Paul, ainsi qu'on l'a vu [98], mais aussi du johannisme dont il semble approcher davantage, mais dont l'éternité plus distante discerne moins la réalité sensible des faits [99]. La ressemblance et la différence peuvent être saisies dans la façon dont l'épître aux Hébreux use d'une typologie où le fait, s'il n'apparaît pas de plus en plus flou, à force d'être vu de haut, est surélevé lui-même, et transcendé jusque dans ses détails [100]. Ainsi, le Christ Jésus, dont l'auteur a perçu avec émotion les souffrances humaines « dans les jours de sa chair » [101], est érigé, de par son sacrifice, en souverain sacrificateur, pour procéder à un culte lévitique parallèle, mais transcendé [102]. La réalité concrète, dont l'auteur avait été saisi, s'embrume dans les nuées de la spéculation, où le Jésus des évangiles n'est plus guère perceptible, guère plus que dans les apothéoses pauliniennes ou johanniques [103].

Avec l'Apocalypse, dont le johannisme perce en plusieurs passages à travers les fantasmagories de l'apocalyptique juive [104], c'est l'Agneau d'Ésaïe 53 qui est transcendé [105], et avec lui, le sacrifice rédempteur.

---

l'Église, aurait-il, en fin psychologue, déduit cette apparence de la lecture des lettres pauliniennes ? Il doit plutôt se référer à une tradition plus ancienne, que les sectes anti-pauliniennes avaient, d'ailleurs, utilisée en accentuant les traits peu flatteurs de l'apôtre abhorré. Par contre, l'art chrétien a donné de Paul une toute autre image, celle que l'on voit sculptée sur maintes cathédrales, et qui fut frappée en médaille au 19ᵉ centenaire de l'évangélisation de la Grèce, en 1951 : l'image d'un bel homme, au visage noble et grave.

[96] Cf. *supra*, p. 181, n. 225 ; 257, n. 650 ; 303 s., n. 226 ; 305 s., n. 235, 240-241 ; 307 ss., n. 247, 258.
[97] Cf. *supra*, p. 250 ss., n. 625-627 ; 256, n. 646.
[98] Cf. *supra*, p. 307 ss.
[99] *Ibid.*
[100] *Ibid.* et p. 6, n. 16 ; 7, n. 20 ; 139, n. 205.
[101] Cf. *Hb. 5:7*.
[102] Cf. *supra*, p. 307 s., n. 245-251.
[103] Cf. *supra*, p. 130, n. 185, où l'on note que la subordination du Christ à Dieu, du Fils au Père, est un trait marquant des théologies paulinienne et johannique. On peut, néanmoins, eu égard à la sobriété de l'Évangile, estimer que certaines expressions de la piété dépassent la mesure. Cf. *supra*, p. 213, n. 413.
[104] Cf. *supra*, p. 221, n. 453.
[105] Cf. *Apo. 5-7* et *passim* ; *14:1-5*.

Cette vision magnifique, d'un style particulier, qui en rappelle d'autres, tout en en différant [106], évoque le ministère de Jésus et son sacrifice, dans une perspective qui diffère également de celle des évangiles [107].

Dans la 1ère épître de Pierre, on se sent plus près de Paul, mais aussi des évangiles synoptiques. Les réflexions sur le sacrifice rédempteur du Christ ouvrent des perspectives analogues à celles de quelques textes pauliniens [108]; la simplicité évangélique se retrouve dans un Christ attendu, non comme le souverain pontife ou l'agneau vengeur [109], mais comme le chef des pasteurs, le grand berger qui viendra couronner son troupeau fidèle [110].

La 2de épître de Pierre, sans attache réelle avec lui [111], n'est qu'un pot-pourri sans originalité, où le billet de Jude a sa place [112]. Les quelques rares perles que l'on y trouve, et qui évoquent l'Évangile [113], ne peuvent effacer l'impression, ou plutôt la constatation que l'on en est fort loin.

Il en va autrement de l'épître de Jacques dont la résonance évangélique est réelle [114], mais dans une perspective tout autre, et plutôt juive que chrétienne [115]. Quant aux autres épîtres, celles de Jean sont nettement « johanniques » [116], notamment la première, la seule à présenter un intérêt théologique, les deux autres n'étant que de courts billets.

---

[106] Cf. *supra*, p. 214-225.
[107] *Idem*.
[108] Cf. *supra*, p. 312, n. 271-272.
[109] Cf. *supra*, p. 307, n. 246, et *Apo. 6*:10-17.
[110] Cf. 1 *Pi.*, 2:25; 5:4.
[111] Cf. *supra*, p. 312, n. 273.
[112] Cf. *supra*, p. 312, n. 273-274.
[113] Cf. 2 *Pi. 1*:7 s., 17, 19 ss.; *3*:8, 13 s., 18.
[114] Cf. *supra*, p. 196 s., n. 309-313.
[115] *Idem* et p. 291 s., n. 126-128, dans la mesure où l'épître dite de Jacques peut être tenue pour reflétant la pensée de Jacques, le frère du Seigneur et le primat de l'Église primitive.
[116] La 1e ép. de Jean est même plus johannique, si l'on peut dire, que l'évangile. Le vocabulaire typique y est, proportionnellement, 2 ou 3 fois plus fréquent ($\zeta\omega\eta$ plus de 2 fois, $\phi\hat{\omega}\varsigma$ environ 1 fois et demi, $\sigma\kappa o\tau\iota\alpha$ près de 4 fois, $\kappa\acute{o}\sigma\mu o\varsigma$ environ 2 fois). Le calcul se fait sur la différence de un sixième de l'épître par rapport au volume de l'évangile. Comme il s'agit de termes signifiants, la proportion est significative. Faut-il en tirer la conclusion que l'épître serait de Jean, l'apôtre, et l'évangile d'un disciple de Jean? Quoi qu'il en soit, le vocabulaire, le style, les idées, la théologie sont de la même école. Cf. Dodd: *The Johan. Ep.*, op. cit., p. XXVII-LVI; Kümmel: *Intr. N.T.*, op. cit., p. 310 ss. L'opinion, sans doute la plus répandue est que les trois lettres sont du presbytre Jean (2 *J. 1*:1; 3 *J. 1*:1).

On ne fera enfin que mentionner ici les épîtres dites « pastorales » ou autres qui portent le nom de Paul, mais dont l'authenticité paulinienne a été contestée [117]. Quoi qu'il en soit des solutions données au problème de l'auteur, et des nuances théologiques appréciables qui puissent caractériser ces épîtres, leur christologie est, dans ses traits majeurs, celle de Paul, et c'est à juste titre qu'on les tient pour pauliniennes ou deutéro-pauliniennes [118].

La question qui revient maintenant est celle du titre même de ce chapitre, et la réponse à lui donner est d'autant plus importante qu'elle va régler peut-être, en principe, celle que l'on donnera au problème d'une unité de la pensée biblique étendue à la Bible entière.

En suivant les divers courants de la pensée biblique, de l'Ancien au Nouveau Testament, on s'attendait, peut-être, à une convergence en direction de l'Évangile. Or, voici que le Nouveau Testament, analysé livre par livre, découvre en soi de sérieuses divergences par rapport à cet Évangile. Celui-ci pourrait donc se comparer à l'axe de deux mouvements : l'un centripète, l'autre centrifuge. Il suffirait de le dégager pour vérifier cette hypothèse, en retrouvant, du même coup, le message authentique et la personne vivante de Jésus. La tâche n'est pas facile. Paul qui se trouvait, apparemment, en meilleure position qu'un chrétien de nos jours pour en juger, ne tenait pas, autant qu'il le croyait, la pensée du Christ [119]. Serait-elle donc insaisissable ? Serait-on condamné, irrémédiablement, à ne saisir de cette pensée que des traductions incertaines, et souvent infidèles, par une Église, ou des églises soi-disant primitives ?

Il semble qu'en recourant aux documents les plus anciens, on doive approcher de plus près, et plus directement, ce qui s'est dit et ce qui s'est passé réellement. C'est ce que l'on a tenté de faire au fil des

---

[117] Cf. Goguel : *Intr. N.T., op. cit.*, IV, 2, p. 431-561 ; Kümmel : *Intr. N.T., op. cit.*, p. 247-272. Sur l'éventualité d'une composition des Pastorales par Paul, après libération d'une première captivité à Rome, cf. H. Cl. : *Paul, ses voyages, in D.E.B.*, II, p. 351-354. Sur l'authenticité paulinienne d'Éphésiens, cf. H. Cl. : *idem*, I, p. 349. Goguel, Kümmel, et la plupart des critiques sont contre ces deux hypothèses.

[118] *Idem.* Conzelmann ; *Theol. N.T., op. cit.*, p. 323 s., 344-347, compte aussi *Col.*, avec *Éph.*, parmi les écrits deutéro-pauliniens (*in der Schule des Paulus*). La christologie, dans l'ensemble, est bien la même. Les différences, dont certaines ne sont certes pas sans importance, et dessinent un mouvement, une évolution, pourraient s'expliquer par des circonstances et des situations différentes, non seulement après Paul, mais de son temps. Enfin, les déviations, quand elles ont commencé, peuvent aller très vite. Cf. *supra*, p. 302-312.

[119] Cf. *supra*, p. 325, n. 12.

courants de la pensée biblique. Il y avait en chacun, mais surtout dans le prophétique, une ligne de force continue, ou discontinue, dans la même direction. Si, d'autre part, l'on remontait les courants centrifuges du Nouveau Testament, on re-tendrait au centre commun, à la source commune, où les plus divergents n'ont pas cessé totalement de s'alimenter. L'Évangile authentique de Jésus et sa personne concrète seraient, pour ainsi dire, récupérables par une série de recoupements, dans une confrontation des écrits comparés du Nouveau Testament avec les documents trouvés les plus plausibles, les plus fidèles à l'événement, c'est à dire les Logia et l'évangile de Marc [120].

Une telle opération ne sera jamais qu'approximative, avec des inadéquations et des insuffisances inévitables; il faut l'admettre et le confesser. Il se peut, toutefois, que, dans leurs différences, les résultats atteints et les solutions proposées présentent assez de ressemblances pour qu'un certain consensus en dérive. Ce consensus relatif pourrait, éventuellement, servir de repère, ou de critère pour faciliter à chacun le choix de ce qui deviendrait « le canon de sa foi ». Les jugements de valeur impliqués, sans être assimilables aux inductions d'une recherche scientifique, seraient ainsi moins subjectifs, et plus sérieusement motivés [121]. Du même coup se dégageraient des brumes accumulées par tant d'interprétations contraires et de théologies du N.T., la théologie de Jésus et sa personne. Du flou et de la confusion d'innombrables portraits du Christ, où se retrouvent généralement ceux qui les ont dépeints [122], surgirait, peut-être, enfin, plus authentique, celui auquel aspirent tout ceux qui disent avec les Grecs des Rameaux johanniques, et qui redisent comme une imploration : « Nous voudrions voir Jésus » ! [123]

---

[120] Cf. *supra*, p. 324, n. 8; p. 326, n. 17.

[121] En fait, la majorité des chrétiens qui lisent assidûment la Bible cultivent avec prédilection les textes où ils trouvent, plus qu'ailleurs, leurs inspirations; ils ont ainsi, peut-être sans s'en rendre compte, le canon de leur foi, tout comme Luther, qui ne s'en cachait point, Calvin, bien d'autres. Ce canon d'une foi personnelle ne se réduit pas nécessairement à la *regula fidei* de telle ou telle orthodoxie. Cf. Th. Zahn : *Glaubensregel*, *R.E.*, VI, p. 682 ss.; J. Köstlin : *Luther*, *R.E.*, XI, p. 753 ss.; H. Cl. : *Ét. s. le Calvin.*, p. 25 s., 86 s., Paris, Fischbacher, 1936; H. Cl. : *La Par. de D. et la Bible*, in Zoellner-Stählin : *D.K. J.C. u. d. Wort G.*, p. 74, 82, Berlin, Furche V, 1937.

[122] Sur les Vies de Jésus subjectives et romanesques, cf. A. Schweitzer : *Gesch. d. Leben-Jesu-Forsch.*, p. 358 et *passim*, Tübingen, 1913; Goguel : *La vie de Jésus*, p. 2, Paris, Payot, 1932; Trocmé : *Jésus, op. cit.*, p. 137 ss.; cf. *infra*, p. 347; cf. *supra*, p. 219 s., n. 452.

Quoi qu'il en soit, en combinant les traits saillants saisis ou entrevus à diverses reprises [124], on pourrait obtenir ce schéma, ou cette esquisse : Le kerygma évangélique, tel que Jésus l'a fait connaître, et tel qu'il fait connaître Jésus, est la bonne nouvelle d'un amour dont les grands inspirés, de la Bible ou d'ailleurs, n'avaient eu, jusqu'alors, que de vagues prémonitions. Cet amour, pressenti [125], du Dieu saint qui pardonne, est celui d'un père, du père de l'enfant prodigue. Il n'attend pas, du haut de sa bonté suprême, et de sa majesté, que le fils repentant vienne jusqu'à son trône, pour se jeter à ses pieds. Il se lève, il va au-devant du coupable, pour lui ouvrir ses bras, le ramener, le rétablir joyeusement dans la dignité qu'il avait perdue. Cet amour pur, qui se rit des coutumes et des formes légales, voire des convenances, implique un don total et spontané de soi, dont Dieu donne l'exemple aux hommes, non seulement pour qu'ils ne craignent plus, et se laissent sauver [126], mais pour qu'ils aiment du même amour.

C'est cet amour que Dieu attend dans le culte à Lui rendre, pour que ce culte soit dépouillé de ces vils intérêts, de ces platitudes, de ces aplatissements, de ce spectacle dérisoire à ses yeux, de ces hypocrisies dont les prophètes ont senti et proclamé qu'Il avait horreur [127]. Son amour, comme son honneur, s'indignent et souffrent de ce qu'on puisse ridiculement le prendre pour quelque monarque oriental devant lequel on s'avilit, ou pour un pontifex maximus plus ou moins automatisé [128]. Ce sont des fils qu'Il attend, pour qu'ils lui disent simplement, en confiance, en communion d'amour, ce qu'ils ont dans le cœur. Tel est le culte sans apprêts, sans éclat, sans rabâchage ni vaines redites, que l'Évangile préconise [129], un culte simple, sincère et vrai [130].

C'est en se pénétrant de cet amour là, en se laissant pénétrer par lui, que les hommes entreront dans ce Règne d'amour où toutes leurs relations, non seulement avec Dieu, mais entre eux, seront transformées

---

[123] Cf. *J.* 12:21.
[124] Cf. *supra*, p. 123-132; p. 138-140; p. 165-167; p. 173; p. 179-182; p. 191-196; p. 210-212; p. 228-234; p. 254-262; p. 267, n. 710; p. 270, n. 3; p. 284-290; p. 293, n. 142-143; p. 294 ss; p. 300 s.; p. 313, 143; p. 294 ss.; p. 300 s.; p. 313, n. 281; p. 324 ss.; p. 326 s., n. 18, 24; p. 328 ss., n. 31-32, 39; p. 332 s. n. 48-54; p. 333 ss.
[125] Cf. *supra*, p. 121 ss.; p. 152, n. 42; p. 155, n. 64; p. 157, n. 89; p. 244.
[126] Cf. *supra*, p. 123; p. 244; p. 254-257; p. 260 ss.
[127] Cf. *supra*, p. 265-267.
[128] Cf. *supra*, p. 280-281.
[129] Cf. *supra*, p. 284 ss.
[130] *Idem.*

et transfigurées [131]. Selon la parabole du Bon Samaritain, le prochain est celui qui vous aime, et que l'on aime, c'est à dire un frère animé d'un amour semblable à celui du Père [132]. La qualité de cet amour est la même à tous les niveaux. Le respect de l'autre et le respect de soi y sont impliqués [133], aussi bien que celui de la personne de Dieu [134]. La robe blanche à revêtir pour entrer dans ce Règne d'amour, et pour y demeurer [135], en est un clair symbole. L'amour total et pur, comme l'absolue bonté [136] sont en Dieu seul; mais il faut y tendre [137].

Cet évangile d'amour est révolutionnaire. L'échelle des conventions et des valeurs sociales est renversée : la base est au sommet; le Maître a ceint le tablier de service [138].

Ce Maître, le seul à avoir réalisé pour le compte des autres, et pour le sien propre, cette révolution intérieure [139], c'est Jésus, le Christ. Il se révèle, par là même, l'Homme à l'image de Dieu et le Fils d'un amour semblable à celui du Père, le bien-aimant, le Bien Aimé [140]. Il est homme, en son intégrité, mais aussi en sa fragilité. Malgré sa perspicacité, à nulle autre pareille [141], il participe, en une certaine mesure, de l'ignorance et de l'erreur qui sont le lot de tous les hommes [142]. Il a connu la tentation, mais noble [143], sans jamais y céder. Cette

---

[131] Cf. *supra*, p. 259-261.

[132] Cf. *Lc. 10*:29 ss.

[133] Le respect de la personne, et de soi et d'autrui, est impliqué dans le second des grands commandements du Sommaire de la Loi.

[134] Le respect de la personne, et de Dieu et de soi, exclut le mysticisme de fusion. Cf. *supra*, p. 95 ss.

[135] Cf. *Mt. 22*:11 et *supra*, p. 232, n. 513-515.

[136] Cf. *Mc. 10*:18; *Mt. 19*:17.

[137] Cf. *Mt. 5*:48 : « Soyez donc parfaits, comme votre Père céleste est parfait ». Cf. *supra*, p. 261, n. 675-676.

[138] Cf. *J. 13*:4 ss.

[139] Cf. *supra*, p. 180-182; p. 191-195; p. 210-214; p. 254 s.; p. 285 s.; p. 300 s.

[140] Cf. *supra*, p. 208-214; p. 254-257; p. 300 ss.

[141] Cf. le sens du verbe ἐμβλέπω et son usage marquant la clairvoyance de Jésus quand il regarde, ou perce du regard; cf. *Mc. 10*:21, 27; *Mt. 19*:26; *Lc. 20*:17; *22*:61; *J. 1*:42. Comp. *J. 2*:25, où, dans la perspective johannique, la clairvoyance confine à l'omniscience du Logos incarné. Cf. *supra*, p. 334, n. 51-54; p. 166, n. 143.

[142] L'humanité de Jésus, telle que la conçoivent et la décrivent les évangiles synoptiques, se concilie avec l'anamartésie, mais exclut l'omniscience. L'ignorance et l'erreur caractérisent la condition humaine : *errare humanum est*. Jésus ne prévoit pas toujours ce qui va se passer (cf. *Mc. 2*:32-38; 41-43; *6*:5 s.; *11*:13; *13*:32, *par.* etc.). Il lui arrive donc de faire erreur.

[143] Les tentations de Jésus, telles que les présentent ou les suggèrent les évangiles, sont toutes à la hauteur de sa vocation, depuis celles de la Quarantaine au désert, jusqu'à

noblesse d'âme et cette sainteté ont posé à l'Église primitive un problème qu'on dirait aujourd'hui de génétique [144], et qu'elle a cherché à résoudre en utilisant et en adaptant à ce cas, d'un caractère unique, le vieux mythe des vierges mères [145]. Quoi qu'il en soit du mystère de Jésus, on ne s'explique pas sa sainteté parfaite sans quelque intervention divine [146]. Cette santé morale et spirituelle sans défaillance fait du seul homme qui ait ainsi vaincu le mal en soi, le Fils par excellence du Dieu saint dans sa bonté suprême [147].

Ce qui serait chez d'autres une prétention intolérable, ou un symptôme de mégalomanie, est pour Jésus un fait allant de soi et qui lui permet de s'offrir simplement à traiter, à soigner, à guérir les hommes, ses frères, dont il sera le grand médecin. Il l'est, non seulement des âmes, mais des corps, dans leur interpénétration dont il analyse, avec une lucidité et une perspicacité sans pareilles, les maux, les déséquilibres et les perturbations démoniaques [148]. Il ne se contente pas d'éclairer le malade sur son état, en lui laissant le soin de se préserver du retour des démons [149] qu'il vient d'expulser; il crée, sans s'imposer [150], le milieu d'une convalescence, d'une régénération [151] de la personne, quelle qu'elle soit [152].

Cette régénération s'opère dans une communion du convalescent avec le médecin qui lui transfuse sa propre vie, pour qu'il se l'approprie,

---

celle d'éviter la Passion et la Croix (cf. *Mc. 8:33*; *Mt. 16:23*, où la violence de la réaction de Jésus à la suggestion de Pierre est significative; *Mc. 14:33-35* (*par.* en *Mt.* et *Lc.*), où la détresse de Jésus à Gethsémané ne l'est pas moins; *J. 18:1 ss.* n'en fait aucune mention, ce qui est bien dans sa manière).

[144] Gênes et programmation dont on n'avait alors aucune idée, ne rendent pas le problème plus facile à un contemporain.

[145] Cf. *supra*, p. 334, n. 49.

[146] Le mystère d'une sainteté dans une condition humaine n'est que l'un des aspects de celui de l'incarnation. Cf. *supra*, p. 125, n. 164.

[147] Cause ou effet, ou l'un et l'autre, la sainteté n'est qu'un signe de la filialité divine intègre et intégrale.

[148] On discerne, au travers du langage et des idées du temps, l'analyse psychique et la thérapeutique de Jésus. Cf. *supra*, p. 194 s., n. 296-301; p. 262, n. 679-680.

[149] Cf. *Mt. 12:43-45*; *Lc. 11:24-26*. Le risque, souvent signalé, de la meilleure psychanalyse est le retour des démons momentanément exorcisés. Le projecteur qui les met en pleine lumière, sous la main et la suggestion du psychanalyste ne peut être constamment braqué. Le malade guéri doit pouvoir s'en passer.

[150] Cf. *Mc. 2:17* et *parall*. Cf. *Apo. 3:20*.

[151] Les conditions d'une convalescence et d'une santé durable sont aussi importantes quelquefois davantage, que celles d'un traitement efficace.

[152] Cf. *supra*, p. 123 ss.; p. 127 s.; p. 228-234; p. 260 ss.; p. 300 s.

pour qu'elle soit la sienne [153], sa Vie éternelle [154]. Par son sacrifice volontaire sur la croix, Jésus a bravé la mort et l'a vaincue. Il n'était pas possible qu'elle le retînt en son pouvoir [155]. Il l'a réduite à l'impuissance [156], non seulement pour lui, mais pour tous ceux qui l'aiment et qui vivent, dans l'éternel et pur amour, « la Vie cachée avec le Christ en Dieu » [157]. Il est le Vivant et le Vififiant [158].

Tel est bien l'essentiel des traditions variées qui ont alimenté les quatre évangiles [159], et ce que Paul nomme son évangile [150]. Quelles que soient les omissions, les additions, les modifications dont chacun des auteurs ou rédacteurs du Nouveau Testament puisse être responsa-

---

[153] Le langage et le symbolisme pauliniens sont ici particulièrement expressifs, et de plus en plus. Cf. 1 *Thess.* 5:10; 1 *Cor.* 6:15; *12*:27; 2 *Cor.* 3:18; 4:10 s.; 5:14 s.; *12*:9; *Gal.* 2:20; 3:27; 4:19; *Rom.* 5:17 ss.; 6:7 ss., 13, 22 s.; 8:1, 10 s., 35 ss.; *Col.* *1*:13 s., 27 s.; 2:6 s., 12 ss., 20; 3:1 ss., 11; *Philip.* *1*:24; 2:5; 3:7 ss., etc.

[154] *Ibid.*, en y ajoutant les nombreux textes johanniques sur la Vie, la Vie éternelle que le Fils possède et qu'Il donne à quiconque a foi en Lui. Cf. *supra*, p. 125-130; p. 234 s., n. 538-541; p. 335, n. 70-72; p. 340, n. 116.

[155] Cf. *Act.* 2:24.

[156] Cf. 2 *Tim.* *1*:10, et le sens précis de καταργέω.

[157] Cf. *Col.* 3:3.

[158] Cf. 1 *Cor.* 15:45; *J.* 5:21, 26, 40; *6*:35, 40, 47, 51; *11*:25-26, etc.

[159] Cf. *supra*, p. 328-333; p. 341-344, *passim*. Le problème des sources du 4e évangile a été souvent débattu et l'est encore, après d'innombrables travaux que l'on trouvera énumérés et critiqués dans Kümmel : *Intr. N.T., op. cit.*, p. 142-154, avec une préférence marquée pour l'utilisation de Marc et de Luc, peut-être de Matthieu, mais aussi de traditions autres que la synoptique. Goguel : *Intr., op. cit.*, II, p. 470, aboutissait à une conclusion analogue. Il rejetait pourtant l'hypothèse d'une *Grundschrift* (p. 80). Kümmel (p. 147, 150 s.) ne l'admet pas non plus, bien qu'elle ait été rénovée entre temps par Bultmann : *Komm., op. cit., passim*, et art. s. Dodd : *Interpr. of the 4th Gosp. op. cit.*, in *N.T. Stud.* I (1954), p. 77 ss. Plus récemment, Dodd : *Hist. Trad. in the 4th Gosp.*, *passim*, Cambridge U.P., 1963, reprend son hypothèse d'une tradition, plutôt que d'un document écrit à la base du 4e évangile. L'auteur n'aurait pas utilisé les Synoptiques, mais seulement, et d'une manière originale, le vaste ensemble traditionnel (*the same general reservoir*, p. 430), où les Synoptiques avaient eux-mêmes puisé. W. Nicol : *The Sêmeia in the 4th Gosp.*, Leiden, Brill, 1972 (*Suppl. to Nov. Testam. vol. XXXII*) estime qu'il y a bien eu un document de base, *The Gospel of Signs* (d'ap. R.T.Fortna, Cambridge, 1970), issu d'un milieu judéo-chrétien. L'auteur s'en serait servi dans le même milieu, mais dans un nouveau *Sitz im Leben*, après la rupture définitive entre la Synagogue et l'Église, sous l'impulsion du rabbin Gamaliel II, lequel fit introduire dans la prière centrale, *Schemone Es're*, vers 80, une malédiction contre les *minim* (hérétiques juifs, dont les chrétiens), Nicol, p. 144 s. En admettant cette forme de *Grundschrift*, il reste que, selon toutes probabilités, le milieu où écrivait l'évangéliste, les destinataires de son évangile et la tendance générale de son œuvre ne sont pas judéo, mais pagano-chrétiens, fortement teintés d'hellénisme (cf. *supra*, p. 333-338).

ble, sans oublier, parmi leurs interprètes, celui qui s'exprime ici-même, on peut croire que, dans ses grandes lignes, ce dessin schématique est bien celui de l'Évangile et de celui qui l'a révélé, en parole et en acte : Jésus. Il a choisi d'être le Christ, non dans le sens restreint que lui donnait son entourage, mais au sens du service, du service dans l'amour, pour tous les hommes, pour tous les temps, pour Dieu Lui-même en son éternité d'amour.

C'est ainsi que Jésus, par son incarnation, est entré dans l'histoire. Il y a creusé un sillon si profond que ni la légende ni le mythe n'ont pu en effacer la trace dans les siècles qui ont suivi. Sous toutes les démythisations, outrancières ou non, d'une critique spontanée ou élaborée, il reste assez d'histoire pour servir de base nécessaire et suffisante à une foi existentielle qui, sans l'histoire, perdrait contact avec les réalités de chair et de sang [161]. Sous toutes les histoires, plus ou moins subjectives, diverses, opposées, souvent contradictoires [162], écrites sur Jésus, et sur son évangile, il y a cette histoire authentique [163]. C'est d'elle que procède l'unité du Nouveau Testament; c'est vers elle qu'elle tend.

---

[160] Cf. 2 *Thess.* 2:14 ; 2 *Cor.* 4:3 ; *Rom.* 2:16.

[161] Sur l'existence d'une trame historique nécessaire et suffisante, cf. *supra*, p. 311, n. 268 et *infra*, p. 369-370.

[162] Cf. *supra*, p. 342, n. 122.

[163] Cf. *supra*, p. 342 s., n. 123-124. Cf. C. H. Dodd : *Hist. and the Gosp.*, p. 15 ss., London, Nisbet, 1938 ; J. A. Robinson : *Kerygm. u. histor. Jesus*, Zurich, 1960, trad. franç. par É. de Peyer : *Le Kérygme de l'Église et le Jésus de l'Histoire*, Genève, Labor et Fides, 1961 ; H. Cl. : *Rech. du Jésus de l'hist.*, *R.H.P.R.*, 1964, p. 236 ss.

CHAPITRE VII

COMMENT Y AURAIT-IL UNITÉ DE PENSÉE D'UN TESTAMENT A L'AUTRE?

L'unité de pensée d'un testament à l'autre, c'est à dire l'unité de pensée de la Bible chrétienne semble, au premier abord, radicalement exclue. L'ancien n'en présentait aucune, isolément, et sur un plan statique. Le nouveau, analysé parallèlement, en offrait une, mais précaire, à moins de la découvrir dans un centre attractif ou dans un élan dynamique vers le même but. Cet élan et cette orientation ne seraient-elles pas discernables déjà dans l'Ancien Testament qui trouverait ainsi dans le Nouveau l'unité qui lui manque? Le point de vue traditionnel de l'Église, tel qu'il s'exprime dans la déclaration célèbre d'Augustin, ne pourrait-il se justifier : *Novum Testamentum in Vetere Testamento latet- Vetus Testamentum in Novo Testamento patet* [1] ? Pour s'en rendre compte et se mettre en mesure de répondre, avec plus de précision, à la question de l'unité problématique de la pensée biblique, on examinera successivement les deux propositions, mais dans l'ordre inverse : l'Ancien Testament dans le Nouveau — le Nouveau dans l'Ancien.

1. *L'Ancien Testament dans le Nouveau*

Chacun des courants de pensée que l'on a suivis fait une place à l'Ancien Testament dans le Nouveau. Cette place est plus ou moins étendue, et l'on peut en juger par le nombre des citations et des réminiscences. Plus importante encore que leur masse imposante est la manière dont elles sont utilisées. Le Nouveau Testament, est, dans cette perspective, la première théologie biblique de l'Ancien [2]. Le problème est ici de savoir jusqu'à quel point cette théologie est cohérente et fidèle aux textes qu'elles commente.

a) *Les citations et les réminiscences de l'Ancien Testament*

On a compté deux cent quatre vingt six citations explicites de l'Ancien Testament dans le Nouveau, dont cent soixante quinze inter-

---

[1] Cf. *supra*, p. 10, n. 33.
[2] Cf. *supra*, p. 26, n. 103; p. 158; p. 234 ss.; p. 245 s.; p. 308, n. 248.

prêtées messianiquement [3]. Le nombre des allusions et des réminiscences est beaucoup plus élevé. On l'évalue, de manière plus approximative, à trois mille cinq cent soixante dix-huit, dont neuf cent soixante dix auraient un sens messianique [4].

Les livres de l'Ancien Testament d'où sont extraites les citations interprétées messianiquement seraient, par ordre numérique des citations : Psaumes, Ésaïe, Genèse, Deutéronome, Jérémie, Jonas, Zacharie, Habacuc, Malachie, Exode, 2 Samuel, Osée, Joël, Lévitique, 1 Rois, Ézéchiel, Amos, Michée, Nahoum, Aggée. Cela fait la moitié des livres de l'Ancien Testament. Parmi les dix-neuf autres, cinq donnent lieu à des citations ordinaires : Proverbes, Nombres, Job, 1 Samuel, Néhémie ; quatorze n'en fournissent pas ; mais il n'en est aucun auquel ne se réfère quelque réminiscence ou allusion plus ou moins nette.

Si l'on compare, maintenant, les écrits du Nouveau Testament par rapport à leurs citations de l'Ancien, on constate, en tenant compte de la longueur et du caractère général de chacun, des proportions très différentes. C'est ainsi que Romains vient en tête, avec quarante huit citations explicites, dont trente six interprétées messianiquement ; puis, vient Hébreux, avec trente six, dont vingt six. On trouve ensuite 1 Pierre avec onze dont six, Galates avec dix dont sept, Matthieu avec cinquante dont vingt six, Éphésiens avec six dont deux, Marc avec vingt trois dont dix, Jacques avec quatre dont une, 1 Corinthiens avec quatorze dont huit, 2 Corinthiens avec neuf dont cinq, Actes avec vingt sept dont dix-huit, 2 Pierre avec deux dont une, Luc avec vingt cinq dont treize, 2 Thessaloniciens avec une dont une, Jean avec quinze dont treize, 2 Timothée avec une dont zéro, 1 Timothée avec une dont zéro, et enfin Apocalypse avec trois dont deux. Quant à 1 Thessaloniciens, Colossiens, Philémon, Philippiens, Tite, 1, 2 et 3 Jean, Jude, ils ne présentent aucune citation.

Toutefois, la répartition des allusions ou réminiscences est très différente. C'est ainsi que l'Apocalypse, en queue des citations explicites, proportionnellement, arrive largement en tête avec quatre cent cinquante trois allusions ou réminiscences, dont cent soixante seize interprétées messianiquement. Ces chiffres comparés ne manquent pas d'intérêt pour caractériser la rédaction et la théologie de chacun des

---

[3] Cf. W. Dittmar : *Vetus Testam. in Novo*, 2 *vol.*, Göttingen, 1899, 1903 ; Eug. Hühn : *Die alttestament. Citate u. Reminic. im N.T.*, Tübingen, 1900 ; C. H. Dodd : *The O.T. in the New*, London, U.P., 1952.

[4] Cf. Hühn : *op. cit.*, p. 269 s.

écrits du Nouveau Testament [5]. A cet égard, il est aussi intéressant de se rendre compte si la citation est empruntée au texte hébreu ou à la version grecque. Ainsi, les Synoptiques, les Actes et Paul se servent tantôt de l'original, tantôt de la LXX; Jean, Hébreux, 1 Pierre, Jacques semblent ne connaître que la LXX; parmi les épîtres pauliniennes, ou deutéro-pauliniennes, 2 Thessaloniciens, Galates, 2 Corinthiens, Éphésiens, 1 et 2 Timothée utilisent la version grecque exclusivement; 2 Pierre se réfère à l'hébreu.

En ce qui touche notre propos, il ressort de cet aperçu que la place de l'Ancien Testament dans le Nouveau est considérable, surtout dans les interprétations messianiques. Néanmoins, il est curieux de constater que certains textes où la théologie traditionnelle, à tort ou à raison, discernera un sens messianique, ne figurent pas dans les *testimonia* [6] du Nouveau Testament. Tel est le cas de *Genèse 3*:14s.; *5*:29; *49*:10 (le *Schilo*); *Ésaïe 4*:2 (le *Germe*); *33*:17; *Job 19*:25-27 [7].

Les formules de citation varient, et quand il n'y en a pas, il peut être difficile de distinguer entre une citation et une réminiscence [8]. Toujours est-il que, pour le Nouveau Testament tout entier, l'Ancien est Écriture Sainte, quelle que soit la très grande liberté des utilisations. Un problème plus important que celui de la quantité des textes de l'Ancien Testament dans le Nouveau se pose maintenant: celui de la qualité des interprétations, de leur fidélité, de leurs tendances.

b) *Tendances marquées dans l'utilisation et l'interprétation de l'Ancien Testament par le Nouveau*

L'origine divine des Saintes Écritures ne fait donc aucun doute pour les auteurs du Nouveau Testament. Les formules d'introduction des

---

[5] Pour ne prendre qu'un exemple typique, Matthieu qui, dans le texte grec, représente à peu près les neuf dixièmes de Luc, offre cinquante citations, dont vingt six messianiques, tandis que Luc, de un dixième plus long, n'en présente que la moitié. Quant à Jean, environ les trois quarts de Matthieu, il n'a qu'un peu plus d'un quart de citations (15 contre 50), presque toutes messianiques (13 contre 26). Ces chiffres, *grosso modo*, sont caractéristiques de la pensée théologique et religieuse des auteurs sur l'Ancien Testament. Cf. *supra*, p. 328, n. 31.

[6] Cf. *supra*, p. 158.

[7] Cf. *supra*, p. 121; p. 138 s.; p. 158; p. 204-206.

[8] Parmi les multiples formules de citations, on peut mentionner: γέγραπται seul ou accompagné d'un adverbe ou d'une conjonction οὕτως, καθώς, καθάπερ, ὥσπερ, περὶ οὗ — ἡ γραφὴ λέγει — ἐν τῷ νόμῳ γέγραπται; — καθὼς εἶπεν ὁ θεός; — καθὼς λέγει τὸ πνεῦμα τὸ ἅγιον, ἐρρήθέν, γέγραπται etc. Ces exemples montrent suffisamment que, pour le N.T., l'A.T. est Écriture Sainte.

textes bibliques, leur attribution à Dieu ou au Saint Esprit, l'usage d'Écriture (*Γραφή*) au sens absolu en témoignent [9]. Une telle assurance peut dévier naturellement vers un déterminisme scripturaire qui a trouvé son expression parfaite dans le *Mektoub* (مكتوب), il est écrit, du fatalisme musulman [10].

On ne saurait nier que cette tendance existe dans le Nouveau Testament, où même elle a trouvé une expression équivalente : *γέγραπται* [11]. Certains événements sont présentés, jusque dans leurs plus menus détails, comme l'accomplissement de prophéties divinatoires de l'Ancien Testament [12], ou comme l'aboutissement préfiguré et prédéterminé de paroles ou d'actes dont leurs auteurs n'avaient qu'une faible idée, ou point d'idée du tout [13].

Le caractère fatal de l'accomplissement est accentué lorsqu'à « il est écrit » est associé « il faut » (*δεῖ*) [14]. Cette nécessité qui peut être, plutôt que celle d'une loi inéluctable, une suprême convenance, une sorte d'*oportet*, ou plutôt de *decet* [15], est attribuée principalement aux grands faits rédempteurs. L'évangile selon Jean en donne quelques exemples parmi les plus frappants [16]. Non seulement une parole de Jésus est prononcée par lui, en pleine conscience, pour accomplir une pseudo-prophétie [17], mais d'autres mots sont dits ou des gestes sont faits par des comparses ou figurants du drame, sans qu'ils aient conscience de réaliser ainsi l'intention attribuée à des paroles de l'Écriture qui

---

[9] Si le substantif Écriture est pris au sens absolu, les verbes le sont également dans des expressions typiques telles que *ἐρρηθέν, γέγραπται* : il est dit, il est écrit (*Mt. 5:21, 27, 31* ; 1 *Cor. 6:16* ; 2 *Cor. 6:2* ; *Gal. 3:16* ; *Rom. 15:10* ; *Éph. 4:8*, etc.). L'origine divine de cette parole ou de cette écriture est marquée fortement dans *Hb.* où Dieu est censé parler directement, et parler de soi, à la troisième personne (*Hb. 1:7* ; *4:4* ; *10:30* ; comp. *8:8* et 2 *Cor. 6:16* s.). Les désignations nominales des livres ou auteurs sont relativement rares. C'est généralement dans son ensemble, en bloc, que l'Écriture Sainte est envisagée et citée.

[10] Cf. *supra*, p. 86, n. 117 ; p. 238 s., n. 559-560 ; p. 241, n. 572.

[11] Cf. *supra*, p. 350 s., n. 8-9.

[12] Cf. *supra*, p. 138 s. ; p. 145-148.

[13] *Idem* et p. 140, n. 217 ; p. 333, n. 52-54.

[14] Cf. *Lc. 22:37* ; *Act. 1:16*, où le *δεῖ* pourrait suggérer, dans le contexte de l'auteur, une sorte de suprême convenance dans un ordre divin, plutôt qu'une nécessité absolue. Luc, en effet, comparé à Matthieu, et surtout à Jean, est moins enclin au déterminisme scripturaire. Cf. *supra*, p. 328, n. 31.

[15] Il importe, il convient, au lieu de il faut sans condition.

[16] Cf. *supra*, p. 333, n. 52-54.

[17] Cf. *J. 19:28*, où Jésus, sur la croix, prononce un « j'ai soif », à seule fin de réaliser cette image du *Ps. 69:22* qui, dans son contexte, n'a rien de prophétique, au sens divinatoire.

n'avaient pas cette signification [18]. Ce procédé conduit à des erreurs flagrantes, comme celle de Matthieu quand il voit dans l'achat du champ du potier par les prêtres, avec l'argent laissé par Judas, l'accomplissement d'une parole qu'il attribue à Jérémie, alors qu'elle est de Zacharie. Le champ du potier, converti en celui du sang, est confondu avec celui que Jérémie, de sa prison, achète pour témoigner de sa confiance en l'avenir, et de sa foi [19]. Cette confusion montre à quel point se fourvoient ceux qui attendent d'une telle herméneutique une exactitude et une précision qu'elle n'a jamais recherchées.

L'intention des auteurs du Nouveau Testament quand ils citent l'Ancien, ou y font allusion, n'est pas de confirmer la valeur historique ou religieuse en soi de tel ou tel texte, mais d'étayer de son autorité, l'autorité *in globo* [20] des Saintes Écritures, des idées qui leur sont chères, et qui, parfois, n'ont aucun rapport avec ce texte. L'herméneutique des rabbins de l'époque, ou des théologiens de Qoumrân [21] use du même procédé. On respecte habituellement la lettre, telle qu'on la lit, ou telle qu'on s'en souvient. Le fait qu'il y en a deux : l'hébraïque et la grecque, cette dernière n'étant souvent qu'une traduction imparfaite de la première, a favorisé certaines interprétations fantaisistes par les auteurs du Nouveau Testament. Comparés à l'exégèse des Pères apostoliques [22], leurs commentaires sont généralement plus sobres et moins éloignés du texte utilisé. Ainsi, quand Paul se rend compte que certaines prescriptions légales sont incompatibles avec la foi chrétienne, il en conclut que le rôle de la Loi est achevé et que le Christ a mis fin à son règne [23]. Dans l'épître de Barnabas, au contraire, les règlements du Lévitique sont repris et sont dotés, par l'allégorie, d'une signification qui leur est étrangère. C'est ainsi que le rituel du bouc émissaire, ou celui de la

---

[18] Cf. *supra*, p. 138-140; p. 145-147; p. 333, n. 52-54. Il en est ainsi quand les soldats romains tirent au sort la robe sans couture (*J. 19*:24) ἵνα ἡ γραφὴ πληρωθῇ, pour accomplir le verset 19 du *Ps. 22* qui commence par le cri de détresse : « *Eli, Eli, lamma sabachtani ?* » (*Mc. 15*:34; *Mt. 27*:46), mais s'achève sur une vision du Règne universel de Dieu qui n'a pas abandonné son fidèle (v. 22b.-32).

[19] Cf. *Mt. 27*:9 s.; *Zach. 11*:12 s.; *Jér. 32*:6 ss.

[20] Cf. *supra*, p. 350 s. Cette vision globale apparaît en *Mt. 5*:43, où la déclaration : « tu haïras ton ennemi », si elle ne figure pas explicitement dans l'A.T., s'y trouve implicitement, en nombreux cris de vengeance et de haine, (comme celui qui éclate soudainement, en chute verticale, au *Ps. 139*:22 : « Je les hais d'une parfaite haine ». Il s'agit là des ennemis de Dieu, mais que l'on tient pour les siens propres. Cf. *supra*, p. 28, n. 116.

[21] Cf. *supra*, p. 6, n. 16; p. 162, n. 117; p. 253 s., n. 631.

[22] Cf. *supra*, p. 6, n. 16; p. 6-10.

[23] Cf. *Gal. 3*:24 ss.

vache rousse sont appliqués, jusque dans le détail, au sacrifice rédempteur de Jésus [24].

On ne saurait, d'ailleurs, nier que Paul lui-même, à la manière rabbinique [25], se soit parfois engagé sur cette voie. C'est ainsi qu'il cherche à démontrer, exégétiquement, si l'on peut dire, que les Juifs légalistes ne sont pas les descendants de Sara, mais d'Agar [26]. Il semble, d'ailleurs, se rendre compte qu'il est en train d'« allégoriser » [27], ce faisant. Il lui arrive parfois de lâcher délibérément le texte dont, manifestement, il s'est servi jusque là comme de tremplin. C'est ainsi qu'après avoir cité un texte capital du Deutéronome [28], où la pratique de la Loi est prescrite avec insistance, il s'aperçoit que cela ne cadre pas avec sa défense de la foi et de la justification par la foi. Du coup, son argumentation fléchit et transpose le centre de gravité du texte à celui de sa conviction, c'est à dire des œuvres à la foi [29]. Il ne cherche pas précisément de *dicta probantia* dans l'Écriture, mais des points de départ, dans l'intime assurance que, s'il y a transposition, ce n'est pas lui, Paul, mais Dieu lui-même qui l'a opérée, en passant de l'ancienne à la nouvelle alliance [30]. Beaucoup d'autres passages pourraient être amenés, où la référence biblique ne vient pas à titre de preuve, mais de motif connu à revêtir d'une pensée nouvelle [31]. La même fantaisie se retrouve dans certaines citations ou réminiscences, approximatives ou erronées dont on fait usage occasionnellement [32].

On a déjà noté chez Paul, et chez d'autres aussi, deux aspects diffé-

---

[24] Cf. *supra*, p. 7, n. 19.

[25] Cf. *supra*, p. 7, n. 20; p. 340, n. 109.

[26] Cf. *Gal. 4*:24-31.

[27] Il s'agit de l'interprétation que Paul est en train de donner de *Gen. 16-17* : ἅτινα ἐστιν ἀλληγορούμενα (*Gal. 4*:24).

[28] Cf. *Deut. 30*:11-14, cité en *Rom. 10*:6 ss.

[29] Cf. *R. 10*:6, 8.

[30] Dans cette conviction, l'apôtre ne retient du texte biblique que ce qui lui semble cadrer avec « la justice qui vient de la foi » et non de la loi (*R. 10*:5, 6). L'observation, la pratique, l'obéissance aux commandements, sur quoi le texte insiste (*Deut. 30*:10, 12, 13, 14, 16), passent au second plan. Les œuvres font place à la foi.

[31] De nombreux textes de l'A.T. sont interprétés par le N.T. dans un sens qu'ils n'avaient pas dans leur contexte. Tel est le cas de : *Ésaie, 40*:3, dans *Mc. 1*:3, et *parall.*; — *És. 28*:11 s. dans *1 Cor. 14*:21; — *És. 10*:23 ds. *R. 9*:28; — *És. 52*:15 ds. *R. 15*:21; — *És. 8*:17 s. ds. *Hb. 2*:13; — *Ps. 40*:7-9 ds. *Hb. 10*:5-7; — *Ps. 95*:7-11 ds. *Hb. 3*:7-11; — *Hab. 2*:3 ds. *Hb. 10*:37 etc.

[32] Cf. *Apo. 20*:8, où Gog et Magog sont deux peuples différents, tandis qu'en *Ézech. 38*:2, Gog est le roi de Magog. Au verset 3, dans la LXX, les armées de Gog sont tenues en réserve pour un combat qui, dans *Apo. 20*:9 s, devient la lutte finale.

rents, parfois entremêlés, de leur herméneutique : l'allégorie et la typologie [33]. Il n'est pas inutile d'y revenir, au cas où, comme certains le croient [34], on trouverait, dans cette dernière, l'une des clefs de l'unité de la pensée biblique.

L'allégorie, comme on l'a constaté [35], se soucie peu de la nature des faits et du sens naturel des textes. Elle les fait entrer, ou les force, dans un système pré-fabriqué dont celui seul qui la manie a le secret de fabrication. C'est aussi une énigme ou une grille à décrypter [36]. La typologie n'est pas censée agir aussi arbitrairement. Elle prétend maintenir et la nature des faits, et le sens naturel des textes, mais comme point de départ, comme un grain d'avenir qui contient en puissance la plante, l'épi, et donc, virtuellement, la moisson [37]. Telle est, théoriquement, la différence, qu'il est juste de bien marquer ; mais il convient de reconnaître que, dans la pratique, elle est parfois difficile à distinguer. Il en est ainsi quand Paul compare le missionnaire chrétien au bœuf du Deutéronome, qu'on ne doit pas emmuseler sur l'aire [38], supposant arbitrairement que Dieu ne se soucie pas des bœufs [39], et que, par suite, cette parole de l'Écriture où tout est de Lui, est destinée à l'ouvrier digne de son salaire. Ainsi, dans une exégèse encore plus

---

[33] Cf. *supra*, p. 3, n. 9 ; p. 5 s., n. 12-16 ; p. 6-10 ; p. 136 s., n. 205 ; p. 138 s., n. 214, etc. Cf. *Gal.* 4:24 avec ἀλληγορούμενα, et 1 *Cor.* 10:11, avec τυπικῶς, ou, au v. 6, τύποι (cf. *supra*, p. 6, n. 18).

[34] Cf. *supra*, p. 28, n. 115 ; Ed. Jacob : *Grundfr. alttest. Theol., op. cit.*, p. 47-48.

[35] Cf. *supra*, p. 3 s., n. 9 ; p. 5 s., n. 12-16 ; p. 6-10, etc.

[36] Cf. *supra*, p. 10, n. 35-36 ; p. 11 s., n. 38, 40.

[37] Frederik Torm : *Hermeneut. d. N.T., op. cit.*, p. 224, estime que, dans son imprécision, la manière typologique dont le N.T. use de l'A.T. n'est pas, à proprement parler, une interprétation ou une exégèse (eine typologische Auslegung). Le fait est qu'elle n'a rien de méthodique et que, dans la plupart des cas, le lien entre le texte utilisé et l'utilisation qu'on en fait est très lâche ou fictif.

Y a-t-il d'autres cas où, comme l'écrit Patrick Fairbairn : *The Typol. of Script.*, vol. I, p. 229, Edinburgh, 1880, « le futur se mire dans le passé, et ce qui a été est, dans ses traits essentiels, le même que ce qui sera » ? On ne peut guère tabler sur les retours problématiques de l'histoire, même quand elle semble présenter quelquefois des étapes, avec des ébauches successives d'un chef d'œuvre final. Que la typologie mystique ait alimenté la dévotion et la piété dans les siècles passés, assurément, mais souvent à quel prix ! Ses vues subjectives ne peuvent être introduites sans un risque fatal, dans une recherche qui tend à l'objectivité. Cf. J. R. Darbyshire : *Typology*, in *E.R.E.*, vol. 12, p. 500-504. Cf. *supra*, p. 26, n. 103 ; p. 203 s., n. 349-352. Cette recherche, au bout du compte, toute dépouillée qu'elle soit, sera bénéfique à la foi, si elle apporte un peu plus de lumière de vérité.

[38] Cf. *Deut.* 25:4 et 1 *Cor.* 9:9 ss. ; — *supra*, p. 6, n. 16.

[39] Cf. 1 *Cor.* 9:9 b.

fantaisiste, et nettement allégorique, Philon fait observer, similairement, que Dieu ne se souciant pas de détails vestimentaires, le vêtement d'emprunt, à remettre à son propriétaire avant le coucher du soleil, est le Logos protecteur [40]. La relation lointaine qui peut être admise entre le bœuf libre de prendre et de consommer les grains épars sur l'aire et l'évangéliste qui a droit à sa subsistance, est, chez Paul, à l'extrême limite de la typologie et de l'allégorie. La limite est franchie, et, du même coup, tout lien naturel est rompu entre le Logos philonien et le vêtement d'emprunt. Mais, dans un autre cas, Paul allégorise tout autant que Philon quand il fait appel, comme lui, non pas à l'Écriture, mais à une tradition haggadique [41], suivant laquelle le rocher d'où Moïse fit jaillir de l'eau suivait les Israélites au désert, pour les abreuver chaque fois que le tabernacle était dressé. Ce roc ambulant était, pour Philon le Logos, et le Christ pour Paul; mais c'est le même procédé, bien que Paul inscrive un $\tau \upsilon \pi \iota \kappa \hat{\omega} \varsigma$ sur son allégorie [42]. L'analogie est certaine, au point que Philon croit être inspiré du Logos dans ses allégories [43], comme Paul le serait du Christ qui tient la clef des Écritures; mais, tandis que Philon va de l'histoire à la philosophie, ou vice-versa [44], Paul a la conviction d'aller de l'histoire à l'histoire. Dans d'autres cas, comme on l'a vu [45], il tend moins vers le procédé philonien qu'il ne retourne au rabbinique, celui de ses premiers maîtres à

---

[40] Cf. Philon : *De Somniis*, I, 93. La même idée que Dieu ne se soucie pas des détails matériels de la Loi (de minimis non curat...) se trouve encore dans Philon : *De Special. Leg.*, I, 260.

[41] La *Haggada*, aux transmissions légendaires beaucoup plus libres que celles de préceptes à suivre fidèlement, tâche de la *Halaka*, s'est emparée de ce curieux motif du rocher détenteur de la source dont il abreuvait les enfants d'Israël, en les suivant dans leur marche au désert. Le *Targoum Onqelos* précisera ainsi : « la source qui leur avait été donnée, descendait avec eux dans les vallées, et en remontait en les suivant de là vers les hauteurs ». Le point de départ de cette tradition haggadique se trouve dans *Ex. 17*:6 et *Nb. 20*:2-11 (cf. *supra*, p. 73 s., n. 59). Philon : *Leg. Alleg.*, II, 86, a fait de ce rocher la *Sophia* de Dieu, qui est aussi le *Logos* divin dans *Quod Deter.* 118, où Philon cite *Deut. 32*:13, associant l'eau céleste à la manne céleste. Paul, en 1 *Cor. 10*:4, utilise donc la même étrange tradition pour faire du rocher voyageur : le Christ. Cf. *supra*, p. 6, n. 16.

[42] Cf. 1 *Cor. 10*:11.

[43] Philon : *De Cherub.*, semble attribuer à des inspirations directes la grande liberté de ses interprétations, tandis que, pour Paul, c'est le Christ qui le guide, le Christ qui tient la clef des Écritures (cf. *R. 1*:2 s.).

[44] Cf. *supra*, p. 3 s., n. 9; p. 6, n. 16; p. 7 s., n. 20-22; p. 104, n. 43; p. 137, n. 209; E. Bréhier : *Hist. de la Philo.*, I, 2, p. 438, Paris, P.U.F., et *op. cit. supra*, p. 104, n. 43).

[45] Cf. *supra*, p. 6, n. 16; p. 7, n. 20; p. 338 s., n. 95.

penser, touchés, d'ailleurs, plus qu'on ne l'imaginait autrefois, par un hellénisme auquel nulle province de l'empire, à commencer par Rome, n'avait pu entièrement se soustraire [46].

Si Paul croit se mouvoir sur le plan de l'histoire, en partant de ce qu'il juge typique dans l'ancienne alliance, pour en trouver la réalisation dans la nouvelle, l'auteur de l'épître aux Hébreux, beaucoup plus pénétré d'hellénisme, et, sans doute de philonisme, a pratiqué, comme on l'a vu [47], une herméneutique originale. Pour lui, les types ne sont pas au passé révolu, mais dans un éternel présent. Les formes transitoires d'un monde en mutation n'en sont que des antitypes. Toutefois, le réalisme biblique ne s'évapore pas dans un idéalisme platonicien, à la manière de Philon. Le type se projette d'en haut, comme la lumière d'un soleil immuable, sur l'antitype en mouvement de l'ancienne à la nouvelle alliance où il s'incarne parfaitement, avant de remonter à sa transcendance éternelle. L'analogie avec l'incarnation du Logos johannique a été signalée [48], malgré les différences. Le point de vue de l'éternité serait-il le seul d'où l'on perçoive l'unité de la pensée biblique ? Ce serait donc affaire de foi !

2. *Le Nouveau Testament dans l'Ancien*

On vient de voir comment et de quelle manière l'Ancien Testament était présent dans le Nouveau. Il l'est matériellement par de très nombreuses citations, réminiscences ou allusions. Il l'est intellectuellement et spirituellement par les réflexions et les commentaires qu'il a

---

[46] Cf. *supra*, p. 7, n. 20 ; p. 253 s., n. 631, etc. L'exégèse rabbinique, même à Jérusalem, n'avait pu échapper totalement à l'influence hellénistique (cf. Saul Liebermann : *Hellen. in Jew. Palest.*, op. cit. *supra*, p. 3, n. 7). Néanmoins, elle est généralement très différente de l'exégèse philonienne, et plus variée. On y trouve des interprétations normales de textes et de faits, mais également des adaptations fantaisistes du passé au présent ou à l'avenir. On y dévie parfois, autrement que Philon, vers le rébus à clef, jusqu'à la *Guematria* qui consiste à calculer la valeur numérique des lettres d'un mot, en vue de lui substituer un autre mot de même chiffre. Le N.T. n'en offre sans doute qu'un seul exemple, avec le chiffre 666, en *Apo. 13*:18 (קסר־נגרון $= 100+60+200+50+200+6+50 =$ 666, semble la solution plausible ; *supra*, p. 5, n. 14). Quelques exégètes ont cru pouvoir trouver ainsi la clef de l'allégorie d'Agar, en *Gal. 4*:25 ; mais leurs calculs ne sont pas convaincants. L'exégèse rabbinique multipliait les sens et les clefs, de 7 (Hillel) à 32 (Éliezer), chiffres que, plus tard, les scolastiques n'atteindront pas (cf. *supra*, p. 10 s. n. 35-37). Cf. Torm : *Hermen. d. N.T.*, op. cit., p. 215.

[47] Cf. *supra*, p. 5, n. 14 ; p. 7, n. 20 ; p. 307 ss.

[48] *Idem* et p. 104, n. 43.

inspirés aux auteurs du Nouveau Testament. Le point de vue d'où ces auteurs considèrent habituellement l'Ancien Testament implique une certaine présence du Nouveau Testament dans l'Ancien [49]. L'unité de la Bible chrétienne serait ainsi assurée et scellée dans les deux sens. Mais, en examinant de près la manière dont sont utilisés les textes de l'Ancien Testament dans le Nouveau, on se prend à douter de la typologie qui aide à les manipuler. Dans la plupart des cas, le rapport de fond supposé entre ces textes et la nouvelle alliance n'est que superficiel ou fictif [50]. Un chercheur impartial ne peut que le constater. Sa tâche, dans chaque cas, sera de mesurer et d'expliquer l'écart entre le sens réel du texte et l'interprétation typologique dont il a été affligé. Cette interprétation, d'ailleurs, si fantaisiste qu'elle puisse être, garde son intérêt et sa valeur en soi, dans la mesure où elle permet de connaître la mentalité, l'état d'esprit, la théologie du commentateur ; mais c'est une autre affaire, et qui concerne, plus ou moins, toutes les exégèses [51]. Il y a, néanmoins, de grandes différences, même entre celles où le souci moderne d'une objectivité n'avait aucune place. Il n'est pas exclu *a priori* que certaines soient tombées juste dans leur typologie, et qu'elles permettent de repérer une sorte de présence du Nouveau Testament dans l'Ancien. Ainsi pourrait se justifier, jusqu'à un certain point, la proposition d'Augustin : *Novum Testamentum in Vetere Testamento latet*. Ce serait, assurément, dans une mesure plus faible que ne l'imaginaient Augustin et bien d'autres avant lui ou après lui. Il faudrait en rabattre, comme on vient de le faire pour la seconde proposition, qui fait diptyque avec la première : *Vetus Testamentum in Novo Testamento patet* : les deux volets sont à réduire pareillement.

Il en reste peut-être assez pour que l'union des deux Testaments soit indissoluble, non seulement en surface, mais au fond. Mais avant de se prononcer, il faut tenter une percée vers ce fond, pour voir si l'on y trouve, par anticipation, une sorte de présence spirituelle du Nouveau Testament. Il suffit de se remémorer nombre d'observations déjà faites en suivant les courants de pensée d'un Testament à l'autre, et de grouper ces observations [52], pour que la réalité de cette présence ne fasse plus de doute.

---

[49] Cf. *supra*, p. 348-351.
[50] Cf. *supra*, p. 351-354.
[51] Cf. *supra*, p. 33 ss.
[52] Cf. *supra*, p. 113 ss.; p. 121-124; p. 150-158; p. 205-208; p. 224 ss.; p. 238-246; p. 273 ss., etc. Il y en a assez pour reconnaître à l'A.T. plus que ne le faisait *Auguste*

Si l'on veut mettre en évidence un exemple précis, on choisira celui qui porte le plus loin, en arrière, en avant, et qui revient souvent dans la perspective typologique des auteurs du Nouveau Testament : le thème du serviteur de Dieu souffrant et mourant par le péché des autres, mais aussi pour les en délivrer. Il paraît indéniable que le texte de l'Ancien Testament qui en traite de manière saisissante, *Ésaïe 53*, a provoqué maints rapprochements dans la réflexion des auteurs du Nouveau Testament [53], et que Jésus lui-même l'a médité, avant de le revivre en le renouvelant.

Si ce texte culmine comme un sommet sur une théologie de l'Ancien Testament, il n'est pas totalement isolé. Il est souvent question dans les Psaumes, dans Job et ailleurs, du fidèle éprouvé, plongé dans quelque drame affreux, et que Dieu assiste, console, fortifie ou délivre [54]. Les auteurs de ces textes, dans la diversité de leurs expériences, s'accordent à penser que le fidèle, dans sa souffrance, n'est pas abandonné de Dieu, et que la souffrance même peut ainsi devenir une occasion d'espérer davantage et de croire avec plus de force. Au plus haut de cette méditation, la souffrance et la mort sont transfigurées en service rédempteur, avec Ésaïe 53. Quelle que soit la solution que l'on propose au problème de l'*Ebed Yahweh* [55], on ne peut contester que les auteurs du Nouveau Testament y aient identifié le Christ, et que Jésus lui-même, en quelque mesure, s'y soit reconnu.

D'autre part, il n'est pas surprenant que dans les textes de l'Ancien Testament qui peuvent entrer en ligne de compte [56], les auteurs qui les ont composés aient pressenti, et déjà ressenti ce qui sera au cœur du Nouveau Testament et de sa christologie [57], au suprême degré : la

---

Sabatier, quand il développe l'image de « la fécule hébraïque » dont se nourit le germe vivant de l'Évangile. Sans doute, la vieille formule augustinienne : *Nov. Test. in Vet. latet, Vet. Test. in Nov. patet*, pourrait être, à la rigueur, maintenue, mais dans des limites assez réduites. Le prophétisme n'avait fait que soulever, de son ferment divin, la lourde pâte du sémitisme primitif, pour en faire jaillir « un bourgeon à, peine entr'ouvert » (Aug. Sabatier : *Esquisse d'une philo. de la Relig.*, p. 140, 156, 168, Paris, Fischbacher, 1897). Cette réduction de l'A.T. à la portion congrue s'explique et se justifie en une large mesure, face aux outrances traditionnelles ; mais le bourgeon s'était ouvert, avant de fleurir et de s'épanouir dans l'Évangile. Jusqu'où ? C'est une question d'appréciation.

[53] Cf. *supra*, p. 209 s., n. 392-397 ; p. 329, n. 32.
[54] Cf. *Ps. 9, 17, 22, 69, 70*, etc.
[55] Cf. *supra*, p. 209 s., n. 392-395.
[56] Cf. *supra*, n. 53-54 ; — *Ps. 9,17*, etc., *Job, passim* ; *Jér. 11*:18 ss. ; *12*:1 ss. ; *15*:10 ss. ; *Lam. passim* ; *És. 53*, etc.
[57] Cf. *supra*, n. 53.

souffrance comprise et endurée dans un certain esprit, procure à celui qui la souffre une énergie, un rayonnement et un pouvoir d'action incomparables; de son épreuve douloureuse, il attend, dans l'espoir et la foi éprouvées, que Dieu fasse surgir le salut promis. Avec Jésus, cette espérance est celle d'une rédemption universelle [58]. C'est un épanouissement qui ne se trouve qu'en germe dans l'Ancien Testament; mais le germe y est bien. Il arrive aussi que des paroles, des actes, des événements aient une portée lointaine que leurs auteurs n'imaginaient point; c'est un fait courant dans l'histoire. L'absence de perspective, que vient plus tard corriger une rétrospective, prête naturellement aux prophéties *post eventum* et aux typologies fantaisistes, sans, pour autant, les justifier [59].

L'histoire, pourtant, ne se répète jamais identiquement, et ménage toujours des surprises [60]. C'est qu'elle se déroule sous deux signes contraires, tantôt plus près de l'un, tantôt plus près de l'autre : la nécessité et la liberté. Il se produit parfois de singuliers retours, voire des alternances dont la reproduction, encore que sporadique et partielle [61], suggère à certains l'hypothèse d'une direction souveraine et suprême de ce qui est essentiel, existentiel, dans les événements. C'est ainsi que le Yahwiste, en forçant la note, composait sa théologie de l'histoire du salut, avec son alternance entre l'obéissance et la désobéissance à Yahweh, dans cette succession régulière : alliance bi-latérale-rupture du contrat-châtiment de Dieu-détresse et repentir du peuple coupable-pardon de Dieu et retour en grâce du pénitent [62]. Ce schéma qui ressort d'une conviction réfléchie, peut n'être pas sans fondement, théologique ou non. On peut y admirer la foi qui l'a conçu et l'ingéniosité de cette espèce de grille à décrypter l'histoire; mais ce n'est pas aussi simple que cela, dans la réalité des faits, tels qu'ils semblent s'être passés [63].

Trop simple est aussi la notion d'un sens continu de l'histoire dans la même direction, partout et toujours [64]. Mais il est arrivé qu'au cours

---

[58] Cf. *supra*, p. 194 s.; p. 212-214; p. 232-234; p. 254-259; p. 261 ss.
[59] Cf. *supra*, p. 146, n. 5-10.
[60] Cf. *supra*, p. 354, n. 37.
[61] *Idem.*
[62] Cf. *supra*, p. 235.
[63] *Idem.* et p. 34-42, *passim*.
[64] Cf. *supra*, p. 25 s., n. 101-104; p. 32, n. 130; p. 40, n. 168. Un sens de l'histoire, prédéterminé ou programmé, n'apparaît guère dans le déroulement des faits et des événements, tels qu'une connaissance croissante des civilisations et des cultures antiques permet

d'un laps de temps prolongé, pour un ou plusieurs peuples, cette
continuité ait été réalisée, quelquefois par étapes [65]. Il peut sembler
alors que les personnages et les constructions d'une époque présentent
une sorte d'ébauche de ceux qui leur succèderont. Tel est le fondement
de l'une des interprétations typologiques de l'Ancien Testament où
seraient les ébauches des réalisations de la nouvelle alliance, de la
rédemption accomplie par le Christ, de sa personne même [66]. Cette vue
de l'esprit ne peut être que très approximative quand elle s'applique
à une histoire aussi tourmentée que celle du peuple juif, où bien des
personnages et des événements sont entourés de revêtements légendaires ou mythiques [67]. On peut, naturellement, prétendre et croire
fermement que la légende, le mythe, aussi bien, parfois mieux que
l'histoire, peuvent avoir une signification profonde et traduire dans
l'événement, brut ou interprété [68], une impulsion, un dessein, un plan
d'éducation divine. Il n'est pas interdit au chercheur vigilant d'envisager de telles perspectives, avec la retenue et la sobriété qu'une méthode rigoureuse communique à la foi. La foi, en cherchant à comprendre,
fides quaerens intellectum, ne se prend pas pour une science, bien que la
science puisse virer en foi, lorsque la vérité devient pour elle une
figure de Dieu. L'une peut être un stimulant pour l'autre, la foi pour

---

de les apprécier. Les plus développées, les plus raffinées ont souvent été les plus fragiles, et leur ruine a été grande. Comment, objectivement, prétendre qu'il s'agit là d'épisodes sans importance et de reculs momentanés sur la ligne toujours reprise, et toujours en progrès, de l'histoire universelle ? Livrée aux contingences des décisions humaines, l'histoire n'a pas de direction qui tienne en permanence. En a-t-elle une, malgré les apparences, qui lui vienne d'ailleurs ? Le problème, s'il en est un, ne serait plus de science, mais de foi. Cf. *supra*, p. 321, n. 130. Une chose apparaît maintenant certaine selon Paul Valéry : « Nous, civilisations, nous avons appris que nous sommes mortelles » et, désespérément, Michel Foucault présage leur disparition avec l'homme, dont le « souvenir s'effacerait, comme à la limite de la mer un visage de sable » (*Les mots et les choses*, p. 398, *op. cit.*, *supra*, p. 203, n. 349).

[65] Cf. A. Westphal : *Jéhovah : Les étapes de la Révélation dans l'histoire du peuple d'Israël*, 2e éd. rev., Paris, 1908.

[66] Cf. *supra*, p. 354, n. 37 ; p. 355, n. 41-43. Ainsi, en *Mt. 11*:14 ; *17*:12, Élie est le type de Jean-Baptiste ; en *R. 4*:11, Abraham celui du croyant ; en 1 *Cor. 15*:45, *R. 5*:12 ss., Adam celui du Christ ; en *Hb. 7*:15-17, Melchisédec celui du Christ, ou vice-versa, puisque dans la perspective de cette épître, les types sont au ciel (p. 7, n. 20), avec le Logos éternel. Il n'y a que ressemblance (ὁμοιότης) entre Melchisédec et Jésus.

[67] Cf. *supra*, p. 75, n. 62 ; p. 102, n. 34 ; p. 108, n. 71 ; p. 114, n. 98 ; p. 236, n. 549 ; p. 313, n. 278 ; p. 330, n. 39 ; p. 336, n. 85.

[68] *Idem*, notamment : p. 102, n. 34 ; p. 134 s., n. 198 ; p. 330, n. 39.

la science, la science pour la foi, mais également un risque, lorsque l'une se prend pour l'autre, et cède à la tentation de dogmatiser [69].

Quoi qu'il en soit des rapports avoués ou secrets de la science et de la foi, il semble bien qu'au regard de l'une comme de l'autre, il y ait assez de l'Ancien Testament dans le Nouveau et du Nouveau Testament dans l'Ancien pour sceller leur union et ne point les faire divorcer. Il s'agit simplement de ne pas être aveugle à leurs divergences, ni sourd à leurs dissonances dont certaines sont flagrantes ou criantes [70].

---

[69] Cf. *supra*, p. 31-33.
[70] Cf. *supra*, p. 303-313.

CHAPITRE VIII

L'UNITÉ AU BUT ET L'UNITÉ AU CENTRE

Il apparaît, à l'examen, que l'unité de la pensée biblique serait, comme on l'a entrevu [1], au but de certaines convergences des courants de l'Ancien Testament qui conflueraient au centre du Nouveau. C'est du même centre que divergeraient certaines tendances de la théologie chrétienne, déjà perceptibles dans le Nouveau Testament où elles restent plus proches de leur point de départ que ne l'étaient les avancées de l'Ancien Testament de leur point d'arrivée. Une théologie biblique devrait se contenter de ce genre d'unité, si l'on peut encore maintenir ce terme, après avoir constaté qu'il n'y a pas, à proprement parler, une théologie, mais des théologies dans la Bible [2]. Le fait que le Nouveau Testament en a présenté de relativement unisonnantes, ou « unifiables » dans leur christocentrisme [3] est d'une grande importance ; il l'est en soi, mais aussi par l'action qu'il a exercée sur la théologie des Églises avec lesquelles il se trouve, d'ailleurs, en rapport dès ses premières rédactions [4].

La théologie biblique de l'Ancien Testament par le Nouveau justifierait, à elle seule, l'union des deux Testaments dans la Bible chrétienne. Le second, en effet, démontre par lui-même qu'il se comprendrait mal sans une référence assidue au précédent. Mais cette théologie aux aspects variés, qui tient une grande place dans le champ d'une recherche impartiale, ne saurait, pour autant, ralentir l'effort d'observation et d'objectivité. En s'y appliquant, on a dû renoncer aux positions faciles d'où la pensée biblique semblait parfaitement harmonieuse, dans la variété de ses traits et de ses couleurs, comme une belle toile dans un beau cadre fixé au mur d'un musée. La réalité, moins sereine, n'était pas celle de cette image sécurisante, mais d'une autre beaucoup plus tourmentée où des courants divers sont en mouvement, continu ou discontinu, vers des horizons différents. On s'est exercé à les suivre,

---

[1] Cf. *supra*, p. vii-x ; p. 2 s. ; p. 37, n. 157 ; p. 38, n. 163 ; p. 43, n. 181 ; p. 45 ; p. 318 ; p. 341-342 ; p. 346-347 ; p. 354 ; p. 356-357.

[2] Cf. *supra*, p. 317-319 ; p. 321-323.

[3] Cf. *supra*, p. 324 ss. ; p. 347.

[4] L'environnement, le *Sitz im Leben*, le milieu rédactionnel de chacun des livres du N.T. est à la fois général et local, en rapport avec l'Église, des Églises, une Église.

en essayant de découvrir dans leur cours, rapide ou lent, direct ou sinueux, une orientation générale. La tâche n'était pas simple pour l'Ancien Testament, dans la complexité d'une histoire millénaire. Elle l'était davantage pour le Nouveau, plus ramassé dans le temps, et mieux centré sur le Christ que l'Ancien ne l'était sur des notions diverses, et parfois divergentes, de Dieu [5].

Il a semblé, néanmoins, que dans chacun des courants de pensée de l'Ancien Testament, il y avait en proportions et en forces variées, certaines lignes, certains vecteurs en direction du Nouveau Testament. Le mieux doté, à cet égard, était le prophétique, sur sa ligne maîtresse, où l'on a vu se dégager et s'affirmer une théologie de Dieu, de l'homme, du culte, du salut, dont quelques expressions étaient prémonitoires de l'Évangile, de la personne et du sacrifice rédempteur de Jésus, tels que les offre le Nouveau Testament [6]. Les courants annexés, pour la commodité et la comparaison, à celui du prophétisme, dans le même chapitre, présentent aussi, malgré leurs déviations plus ou moins accusées, des mouvements, des élans dans cette direction. Si le social et le moral y inclinent aisément, il n'est pas jusqu'au sapiential, au politique, à l'apocalyptique où cette orientation n'apparaisse parfois [7]. Quant au grand courant cultuel, dont les déviations peuvent s'écarter le plus de cette direction [8], il s'y retrouve et s'y ressource du dedans toutes les fois que les obstacles du dehors, si nombreux sur son cours, sont écartés [9]. C'est de la même source que jaillit le courant mystique, et quand il reste pur, il ne cesse d'offrir aux autres, jusqu'au pur Évangile, l'apport salubre et salutaire de ses eaux vivifiantes [10].

Telle pourrait être l'unité au but, au cœur du Nouveau Testament, de ces convergences de l'Ancien. Quant au Nouveau, ce n'est pas, à vrai dire, de l'Ancien Testament, mais c'est de là qu'il part. Quelle que puisse être sa relation connue et reconnue, et de forme et de fond, avec le passé, il ne se contente pas de l'adapter à des circonstances nouvelles, en le renouvelant, en le ressuscitant comme Lazare [11]. Ce miracle n'est possible que par la mise en œuvre d'une force neuve,

---

[5] Cf. *supra*, p. 319 ss.
[6] Cf. *supra*, p. 240-246.
[7] Cf. *supra*, p. 187-189; p. 169, n. 167; p. 171, n. 180; p. 172 s., n. 185-187; p. 175 s.; p. 183; p. 217, n. 442; p. 218 s., n. 446-449; p. 339, n. 104-105.
[8] Cf. *supra*, p. 303-313.
[9] Cf. *supra*, p. 265-267.
[10] Cf. *supra*, p. 95 s.; p. 111-114.
[11] Cf. *supra*, p. 334 s., n. 64-71.

avec du neuf [12]. La théologie du Nouveau Testament ne saurait être à la remorque de celle de l'Ancien. Son point de départ est neuf, encore que visé comme point d'arrivée par certaines convergences de l'Ancien Testament. Il s'agissait essentiellement, au centre, au but, d'une qualité d'amour divin pressentie, mais jamais atteinte, et qui l'est, au témoignage unanime du Nouveau Testament, parfaitement en Christ [13]. Elle doit l'être, selon les mêmes témoignages, par ceux qu'il attire à lui, et qui entrent dans sa communion.

---

[12] Cf. *supra*, p. 28, n. 114-117; p. 166-167; p. 190 ss.; p. 199 ss.; p. 212-214; p. 231-234; p. 255 ss.; p. 300 s.; p. 343-347.

[13] 'Αγάπη, *l'Amour*, cette qualité d'amour caractérise le mieux ce que le sacrifice de Jésus-Christ a apporté de neuf dans les relations de l'homme avec Dieu, et des hommes entre eux.

Le grec avait trois termes pour désigner l'amour. Le plus expressif, ἔρως n'a pas que son aspect érotique, sexuel, bien qu'il soit le plus fréquent et le plus apparent. Mais même quand il prend forme religieuse, il emporte avec lui une ivresse mystique, dans une possession du divin ou par le divin. C'est ainsi qu'avec Platon (*Phedr.* 237 ss.; *Banqu.* 200 ss.), *Éros* aspire à la beauté suprême et au souverain bien, dont il est comme l'indicateur et le pouvoir d'attraction, par delà toute forme sensible, vers l'univers divin des Idées éternelles.

Le second terme, φιλία, dont la racine se retrouve dans d'innombrables composés avec *phil.*, suggère la sympathie, l'amitié secourable, comme celle d'Antigone qui s'oppose à la haine (*Soph. Antig.* 523). Tandis qu'Éros ne figure nulle part dans le N.T., *philia* y apparaît une fois, en *Jc.* 4:4, pour désigner l'amour du monde, qui est inimitié contre Dieu; mais le verbe correspondant, plus de vingt fois, avec diverses nuances d'attachement, d'amitié, et le substantif φίλος, *philos*, une trentaine de fois.

'Αγάπη, le troisième terme, d'origine inconnue, très rare dans le grec classique, où il est assez terne, de même que le verbe correspondant, évoque un goût, une certaine attirance, une préférence pour quelque chose ou pour quelqu'un. Il est loin d'avoir le caractère et la vigueur de l'hébreu אהב aux multiples acceptions, qu'il traduit souvent dans la LXX. Il en acquiert, de ce fait, plus de relief, en désignant: soit l'amour que Jacob porte à Rachel (*Gen. 29*:18, 20), soit l'amour jaloux de Dieu pour le peuple de son alliance (*Os. 3*:1), ou d'autres formes d'amour : celui du fidèle pour Dieu, pour le prochain (*Deut. 6*:5; *Lév. 19*:18), etc.

En passant au N.T. ἀγάπη, ἀγαπᾶν se chargent de la puissance unique du sacrifice de Jésus-Christ et sont comme neufs. Le commandement ancien devient un commandement nouveau (1 *J.* 2:7-8; *J. 13*:34). Dieu fait éclater son amour, jusque là méconnu, quand Christ meurt pour nous, pécheurs (*R.* 5:8); c'est là que nous avons connu ce qu'est l'amour (1 *J.* 3:16). C'est là, devant cette propitiation, ce sacrifice propitiatoire à notre intention, que nous avons été réconciliés avec Dieu (1 *J.* 2:2; 4:10; cf. *supra*, p. 256, n. 646), car *Dieu est Amour* (1 *J.* 4:8, 16). Cf. *supra*, p. 251 ss., n. 627 : *la Grâce*.

La place que cet Amour tient dans le N.T. peut se juger encore, *grosso modo*, par des chiffres : *Agapê* figure environ 110 fois dans le N.T., et le verbe *agapân* 130, soit, au total 240. Le 4e évangile et les épîtres johanniques en ont, pour leur part, 93, soit plus du tiers,

Ainsi, lorsque l'on va au fond des textes de l'Ancien Testament, on y trouve, ici et là, des germes du Nouveau, ou le Nouveau en germe, mais, pour reprendre une image d'*Auguste Sabatier*, en l'adaptant à la circonstance, un germe noyé dans beaucoup de fécule [14]. L'accomplissement dont il est question dans le Sermon sur la montagne, n'implique pas un assujettissement de la nouvelle alliance à l'ancienne [15]. C'est bien à tort que l'on prête à cette interprétation littérale, en cherchant à réduire, voire à effacer le sens fort du δέ adversatif dans les déclarations qui suivent : *Mais* moi, je vous dis. C'est bien quelque chose de neuf que Jésus prétend apporter. C'est là une revendication majeure qui se détache en traits saillants du même texte des Logia dans les trois Synoptiques : « Personne ne coud une pièce de drap neuf à un vieux vêtement ... ni ne verse du vin nouveau dans de vieilles outres » [16]. Il n'y a certes pas là de quoi justifier le rejet de l'Ancien Testament par Marcion ou par les Cathares [17] ; mais c'est une vigoureuse mise en garde contre les tentations littéralistes, harmonisantes, ou simplement conservatrices et sécurisantes, de mettre tout sur le même plan statique dans la Bible, pour éviter, peut-être inconsciemment, l'effort d'en suivre les élans dynamiques. Vinet se réjouissait de l'exigence de cet effort dans la recherche d'une vérité biblique et rendait grâce à Dieu « de ce que son livre n'a pas la clarté d'un symbole ». Il le louait de n'avoir pas voulu que l'homme « restât passif là où il importe le plus que son activité, sa liberté se déploient, et que sa responsabilité soit engagée » [18].

Ce point de vue d'une foi éclairée n'est pas incompatible avec celui d'une science historique avisée. Les mystères de l'une, bien que d'un ordre différent, évoquent ceux de l'autre, d'autant qu'elles ne sont

---

alors que leur ensemble ne fait qu'un neuvième du N.T. A elle seule, la 1e épître en tient 44, soit plus d'un cinquième du total, avec moins de 10 pages pour 657 du N.T. Nestlé. Cf. Quell - Stauffer : Ἀγαπάω, ἀγάπη, *Th. W.*, I, p. 20-55 ; Dodd : *The Johan. Ep.*, *op. cit.*, p. 34 ss., 106-113 ; A. Nygren : *Eros und Agape*, 1930 (trad. franç. Paris, Aubier, 1944).

[14] Cf. *supra*, p. 358 s., n. 52.

[15] Cf. *supra*, p. 42 s., n. 178 ; p. 139, n. 215 ; p. 140, n. 216 ; p. 167, n. 155 ; Bultmann : *Th. N.T.*, *op. cit.*, p. 15 ss. souligne le radicalisme du δέ adversatif de Mt. 5:22, 28, 32, 34, 39, 44, et y voit justement une marque d'authenticité. L'attitude prophétique de Jésus, si nette dans le même évangile, notamment contre les pharisiens (*Mt. 23*), est l'un des traits qui caractérisent la tradition la plus ancienne et la plus sûre. C'est ce que maintient aussi, avec quelqu'atténuation, Kümmel : *Intr. N.T.*, *op. cit.*, p. 83.

[16] Cf. *Mc.* 2:22, par.

[17] Cf. *supra*, p. 4 s., n. 11-12.

[18] Cf. A. Vinet : *Homilétique*, p. 127., Paris, 1853.

pas sans rapport l'une avec l'autre. Ce n'est pas, malgré certaines apparences, dans l'Ancien Testament que ces mystères sont les plus grands, mais dans le Nouveau qui, pourtant, tient parfois la clef de l'Ancien. Le Nouveau Testament, par sa doctrine de l'incarnation, fait entrer le divin dans une personne humaine, et l'éternité dans le temps, ce qu'excluent bien des philosophies, celle de *Hegel* en particulier, qui a exercé son influence jusqu'en théologie biblique [19]. Ce mystère exclusif et unique est d'autant plus surprenant, peut-être déroutant, que les textes assumant cette éternité sont parfois juxtaposés ou associés à d'autres tendus vers un avenir eschatologique, voire apocalyptique. Celui qui est venu, avec des vérités définitives, existentielles, éternelles, auxquelles il faut désormais revenir comme à la source indispensable et inépuisable, celui qui demeure toujours, est celui qui doit revenir pour donner encore plus que ce qu'il a donné. Éternité d'une part et parousie de l'autre semblent contradictoires et le sont effectivement, quand l'une est idéalisée, tandis que l'autre est matérialisée. L'historien le constate, le logicien en souligne l'incompatibilité, le théologien averti observe comment l'expérience et l'attente alternent

---

[19] Le progrès, par étapes, vers l'idéal parfait, dont l'incarnation ne peut jamais être qu'imparfaite et partielle, est l'un des traits marquants de la philosophie hégélienne dans sa maturité. On ne se doutait guère, avant la publication de ses œuvres de jeunesse par Lasson et Dilthey, que Hegel s'était intéressé à l'histoire de l'Église, au point d'écrire une *Vie de Jésus* (trad. franç. par D. Rosch, Paris, Crancker, 1928) et une étude sur *L'esprit du christianisme et son destin* (trad. franç., Paris, Vrin). Le théologien Lasson qui professait à Berlin en 1914, et que ses étudiants dénommaient : *Hegelias redivivus*, croyait pouvoir, en découvrant ce Hegel de jeunesse, le ramener au bercail luthérien; généreuse illusion sur un philosophe irrécupérable. Il n'en demeure pas moins que cette étape de Hegel est importante pour juger de son œuvre, selon son schéma propre. La *thèse* de départ, sous l'influence de Kant, serait : *La Religion dans les limites de la Raison pure*. *L'antithèse* serait dans la découverte du flux héraclitéen d'une histoire dont Kant se souciait peu, mais Hegel beaucoup plus qu'on ne l'imaginait. La *synthèse* serait poursuivie, mais jamais atteinte, de la *Phénoménologie de l'esprit* à la *Philosophie de l'Histoire*, à la *Philosophie de la Religion*, etc. Cf. J. A. Dorner : *Lehre v. d. Person Christi*, II, p. 1084-1153, Berlin, 1853, où la philosophie religieuse de Hegel est sévèrement jugée; Dilthey : *D. Jugendgeschichte Hegels*, Berlin, 1905, beaucoup plus favorable; — J. Hippolyte : *Gen. et struct. de la Phénom. de l'Esprit de Hegel*, Paris, 1946, et *Introd. à la Philo. de l'Hist. de Hegel*, Paris, 1948, avec plus de recul et un jugement mesuré. A. Koyré : *Hegel à Iéna*, *R.H.P.R.*, 1935, p. 420-458, donnerait plutôt raison à Dorner qui ne semble pas avoir connu les *Jugendschriften*. Hegel, malgré la découverte du naïf Lasson (p. 425, n. 3), serait totalement dénué de sens religieux (*idem* et p. 431-432, où, pourtant, le goût de Hegel pour l'histoire et le dogme chrétiens est reconnu et souligné). Cf. *supra*, p. 16 s., n. 64-68; p. 17 s., n. 69, 73; p. 32, n. 130.

ou se combinent diversement chez les auteurs du Nouveau Testament. Il en résulte une tension comme celle d'un ressort dont Paul est sans doute celui qui en a ressenti le plus énergiquement la force. S'il a estompé de la parousie les aspects matériels et calmé les fièvres morbides [20], il n'a pas renoncé pour autant à l'attente qu'il ravive, paradoxalement, mais existentiellement et puissamment, dans ce qu'il nomme « la vie cachée avec le Christ en Dieu » [21]. C'est là, sans doute, le plus étrange mystère, et le plus dynamique, de la foi paulinienne.

La tension diminue, le ressort se détend au fur et à mesure que l'hellénisme, après avoir peut-être aidé l'éternité biblique à s'exprimer plus clairement, lui substitue un idéalisme platonicien qui l'emportera dans quelques gnosticismes ou chez *Plotin* [22]. La tension, au lieu d'un relâchement, peut provoquer une rupture du ressort entre les points extrêmes qui tiennent encore, sans être reliés. Cette image peut figurer le risque dont serait menacé l'auteur de l'épître aux Hébreux dans sa vision théologique de la rédemption. Le drame en est présenté, d'une part, en termes pathétiques, pour évoquer l'incarnation du Christ et sa passion; mais il est transcendé, d'autre part, et ritualisé, *sub specie aeterni* [23]. La rupture est flagrante; mais l'auteur semble en prendre conscience quand il en vient aux conseils pratiques, et que soudainement, presque en conclusion, il fait cette déclaration de foi: « Jésus-Christ est le même, hier, aujourd'hui, éternellement » [24].

Avec le johannisme, comparé au paulinisme de Paul, ce serait, plutôt que la menace de rupture, une certaine détente. Le Logos éternel est devenu chair, pour sauver un monde en perdition. Il offre et il assure à ceux qui l'aiment sa vie éternelle, dans l'amour. Il vient pour les réconcilier avec le Dieu-Amour qui n'a jamais cessé de les aimer [25]. Ce Jésus qui a vécu sur terre comme un homme, mais aussi comme un dieu [26], dans le temps, mais aussi dans l'éternité [27], pourrait y vivre, au ralenti, une existence prédestinée, et comme figée *in*

---

[20] Cf. *supra*, p. 335-339.
[21] *Idem*; cf. *Col. 3*:3 s., p. 346, n. 157.
[22] Cf. *supra*, p. 8, n. 21; p. 10, n. 33; p. 171 s., n. 179-184; p. 173, n. 190; p. 336, n. 84-85; H. Dörries : *Z. Gesch. d. Mystik. Erigena u. d. Neuplatonismus*, Tübingen, Mohr, 1925; E. Bréhier : *La Philo. de Plotin*, Paris, 1928.
[23] Cf. *supra*, p. 136 s., n. 205; p. 339, n. 98-100; p. 339, n. 101-103.
[24] Cf. *Hb. 13*:8.
[25] Cf. *supra*, p. 126-132; p. 253, n. 628-630; p. 255 s., n. 644-646; p. 364, n. 13.
[26] Cf. *supra*, p. 134 s., n. 198; p. 140, n. 217; p. 234, n. 539; p. 333, n. 54; p. 334, n. 56.
[27] *Idem*; p. 130, n. 182.

aeternitate. Mais ce n'est pas le cas : l'avenir est à lui, comme à tous ceux qui participent, dès le moment présent, de son éternité, un avenir eschatologique vers lequel on avance : « Mes bien-aimés, nous sommes dès à présent enfants de Dieu, et ce que nous serons n'a pas encore été manifesté. Nous savons que, lorsqu'il paraîtra, nous lui serons semblables, parce que nous le verrons tel qu'il est » [28].

De ces variations sur le même thème, la plus ancienne se trouve sans doute dans les Logia. Matthieu et Luc l'ont recueillie dans l'une de ses traductions grecques, pour la reproduire en termes presqu'identiques :

« En ce temps-là, Jésus prononça ces paroles : Je te loue, ô Père, Seigneur du ciel et de la terre, de ce que tu as caché ces choses aux sages et aux intelligents, et de ce que tu les as révélées aux petits enfants ... Toutes choses m'ont été remises par mon Père; et nul ne connaît le Fils, si ce n'est le Père, et nul ne connaît le Père, si ce n'est le Fils, et celui à qui le Fils aura voulu le révéler. Venez à moi, vous tous qui êtes fatigués et chargés, et je vous soulagerai. Chargez-vous de mon joug, et apprenez de moi, car je suis doux et humble de cœur; et vous trouverez le repos de vos âmes » [29]. Enfin, le dernier mot de l'évangile selon Matthieu ressemble fort à une promesse d'éternité dans un présent tourné vers l'avenir : « Voici, je suis avec vous tous les jours, jusqu'à la fin du monde » [30].

---

[28] Cf. 1 *J. 3*:2.
[29] Cf. *Mt. 11*:25-29; *Lc. 10*:21-22; *supra*, p. 126, n. 169.
[30] Cf. *Mt. 28*:20.

CONCLUSION

La solution qui vient d'être proposée, en réponse au titre de cet essai, n'a rien d'un C.Q.F.D. mathématique. Elle laisse une marge d'indétermination suffisante pour que la voie reste ouverte à la recherche et à la méditation. On pourrait y trouver, dans l'esprit de Vinet [1], une incitation à l'effort personnel et aux joies d'autres découvertes. C'est une joie qui, en l'espèce, n'est pas toujours sans mélange, du moins à la première surprise, pour un croyant. La Bible est l'un de ces domaines où les traditions que l'on a reçues, et que l'on cultive avec soin, acquièrent aisément un caractère sacré [2]. Il faut parfois un temps de réflexion pour se remettre d'un résultat inattendu, et pour se rendre compte que, loin de nuire à la foi, il peut, bien au contraire, lui être un stimulant et un tonique.

L'une des surprises, quelquefois déroutante, quand elle va en s'accentuant, c'est de constater comment l'histoire proprement dite s'amenuise au fur et à mesure des recherches. Sans négliger ce que l'archéologie a pu, récemment encore [3], consolider ou éclairer dans cette histoire biblique, on est bien obligé d'admettre que la part de ce qui s'est réellement passé ou dit s'est rétrécie comme une peau de chagrin [4]. Cela ne veut nullement dire que ce qui ressortit à l'interprétation et à la rédaction ait perdu de sa valeur. C'est aussi de l'histoire en un sens, car tout est dans l'histoire, y compris la légende et le mythe, où comme on sait [5], gît quelquefois plus d'existentielle vérité que dans un compte-rendu des événements. La dé-mythisation rationnelle doit s'en rendre compte, en même temps que du symbolisme inéluctable, par où ses simplifications légitimes équivalent parfois à des trans-mythisations. Elle ne doit pas non plus aller trop loin, sacrifier l'événe-

---

[1] Cf. supra, p. 365, n. 18 et J. F. Astié : *Esprit d'A. Vinet*, I, p. 369, Lausanne, 1861.

[2] Cf. supra, Préf. n. 5; p. 33; 46 ss., n. 195, 201; 68 s., n. 31.

[3] Cf. supra, p. 24 s., n. 92-99; 42, n. 177; 56, n. 236; 62, n. 3; 63 s., n. 5-11; 72 s., n. 54-55; 159, n. 103.

[4] Cf. supra, p. 27, n. 110; 45, n. 193; 48 s., n. 203; 109, n. 75; 112, n. 89; 246, n. 599; 274, n. 22.

[5] Cf. supra, p. 40 ss., n. 169, 174; 45 s., n. 193; 62, n. 4; 69, n. 34; 75, n. 62; 83, n. 101; 102, n. 34; 105, n. 53; 108, n. 71, 173, n. 190; 174, n. 193, p. 203 s. n. 349, 352; 236, n. 549; 273, n. 19; 274 s., n. 24; 276, n. 29; 301 s., n. 205; 313, n. 278; 330 s., n. 39; 336, n. 85; 356, n. 46.

ment sans s'en apercevoir, et, du même coup, « jeter l'enfant avec le bain » [6]. Pour prendre, entre autre exemple, celui qui, pour la Bible chrétienne, est capital, il ne faut pas prétendre que ce qu'on sait de Jésus ou rien, c'est à peu près pareil, parce que ce n'est pas vrai [7]. Dût-on réduire ce que l'on sait à ce qui semble tout à fait sûr, au noyau le plus résistant des Logia et, dans la narration de Marc, à ce que Martin Dibelius nommait les « paradigmes » [8], il y en aurait assez pour étayer solidement une foi éclairée. Mais il y a bien d'autres marques ailleurs, de ce que Jésus a dit et de ce qu'il a fait [9]. Il y en a dans le kerygma apostolique, dont la remarquable homogénéité doit mettre en confiance plutôt qu'en méfiance [10]. Il y en a sous les formes et structures littéraires de ce que l'on est convenu d'appeler : conte, légende ou mythe [11].

Plus déroutante que cette réduction « à la portion congrue » de l'histoire « événementielle » serait plutôt la découverte des variations, des oppositions, voire des contradictions dans la pensée biblique. On leur a fait, dans cette esquisse, une grande place, et l'on a pris ainsi une conscience plus nette de ce que serait l'unité de la pensée biblique. Du même coup, les discriminations que la foi opérait spontanément,

---

[6] *Idem.*

[7] Cf. *supra*, p. 27, n. 110; p. 311, n. 268; p. 347, n. 161-163.

[8] Cf. Dibelius : *Formg.*, op. cit., p. 34-65 (*supra*, p. 23, n. 87; p. 27, n. 110; 39; p. 165, n. 138; p. 326, n. 17). Le *paradigme*, tel que le définit Dibelius, est un récit très bref et sans enjolivures, pour illustrer le premier *kerygma* centré sur Jésus seul. Les plus purs, huit, seraient en *Marc 2*:1 ss., 18 ss., 23 ss.; *3*:1 ss., 31 ss.; *10*:13 ss.; *12*:13 ss.; *14*:3 ss. De moins purs, dix, se trouveraient en *Mc. 1*:23 ss.; *2*:13 ss.; *6*:1 ss.; *10*:17 ss., 35 ss., 46 ss.; *11*:15 ss.; *12*:18 ss. soit huit, plus deux en *Lc. 9*:51 ss.; *14*:1 ss. Ces récits, d'une « stylisation naïve », offriraient toute garantie d'authenticité. Ils sont en soi fort instructifs.

[9] Les *Logia*, dont la première rédaction, en araméen, et même la traduction grecque sont de beaucoup antérieures à la composition de Marc, ont une valeur historique au moins égale, dans leurs parties les plus anciennes. Cf. *supra*, p. 311, n. 268; p. 324, n. 8; p. 326, n. 17; p. 328, n. 29.

A ces Logia des évangiles on peut adjoindre quelques *Agrapha* qui témoignent de traditions variées portant la marque plus ou moins authentique du kerygma primitif et de Jésus. Celles de ces traditions qui n'ont pas été utilisées par les évangélistes (cf. *Lc. 1*:1 ss.; *J. 21*:25) pouvaient contenir des éléments sûrs, tels que le *logion* mentionné en *Act. 20*:35. Il n'est pas exclu qu'il en soit ainsi pour certains « dits du Seigneur » en dehors des écrits canoniques. Le problème s'est posé de nouveau à propos de tels « dits » dans l'*Évangile de Thomas*. Cf. Van Unnik : *Evang. aus d. Nilsand* (*Echte Jesusworte?*), *op. cit.*; G. Quispel : *D. Thomasevang.*, op. cit., cap. VII, p. 65 ss. Cf. *supra*, p. 25, n. 99.

[10] Cf. *supra*, p. 165, n. 138; p. 247, n. 600.

[11] Cf. *supra*, p. 360, n. 68. Dibelius : *op. cit.*, p. 287 ss., 293 ss., reconnaît à l'histoire beaucoup plus que ses paradigmes.

souvent même sans s'en rendre compte, entre ce qui la nourrit plus ou moins dans la Bible se justifient pleinement. Sans attenter à l'intégrité du canon biblique, en regrettant peut-être l'élimination de quelques livres apocryphes [12], chacun peut se constituer ouvertement « le canon de sa foi » [13]. Les plus beaux textes apocryphes s'y réintègreraient sans dommage. On pourrait y adjoindre, avec les mages de Béthléem, les présents spirituels de l'Orient [14] que Jésus a reçus avec ceux des bergers, ces « pauvres d'Israël », pour les faire fructifier. Car la comparaison, loin de nuire à la Bible, permet, bien au contraire, d'en apprécier le prix. Si les « flamettes » ou « estincelles » que Calvin percevait dans une humanité païenne [15] éclairent, en une certaine mesure, les intuitions de Tertullien ou d'Augustin sur « l'âme humaine naturellement chrétienne » [16], les parallèles que l'on peut établir rehaussent singulièrement la valeur de la Bible. Si l'on a pu parler, avec quelque liberté d'expression, des « bibles de l'humanité », il faut bien reconnaître, à l'examen, que ce qu'elles ont de plus noble se trouve ennobli dans la Bible [17]. Ce que l'on découvre, à leur cime, c'est le pressentiment, généralement très vague, de cet amour divin dont les mieux inspirés des prophètes et des psalmistes d'Israël ont l'intuition plus nette; mais seul Jésus-Christ a mis en pleine lumière cet amour, non seulement en l'annonçant dans l'Évangile, mais en le vivant, pour les hommes, ses frères, jusqu'à en mourir sur la Croix [18]. Dans cette perspective,

---

[12] Cf. *supra*, p. 50, n. 205.

[13] Cf. *supra*, p. 13, n. 46; p. 15, n. 57; p. 342, n. 121.

[14] Cf. L. Leblois : *Les Bibles de l'humanité*, 7 *vol.*, Paris, Fischb. 1883-88; R. E. Hume : *Treasure-House of the Liv. Relig.*, N. Y., London, Scribner, 1932.

[15] Cf. Calvin : *Inst. chrét.*, II, 2, §§ 2, 13, 18, 19; — comp. *Jean, 1:9*.

[16] Cf. *supra*, p. 21 s., n. 81; p. 168, n. 161; p. 169, n. 164-166; p. 200, n. 334-335; p. 245, n. 598; p. 261 ss., n. 676, 685. Augustin : *De natura et gratia*, I, perçoit des *extrema lineamenta* chez tout homme.

[17] La comparaison devient frappante aux cimes de la piété mystique, avec ce qu'on pourrait nommer *Les Psaumes de l'humanité* dans divers cultes : *Psaumes babyloniens*, cris déchirants de la détresse humaine, *Ghazels* musulmans, où, paradoxalement, l'âme tourmentée aspire à s'unir avec un Allah transcendant qui, dogmatiquement, s'y refuse (cf. *supra*, p. 86, n. 117; 241, n. 572), *Hôdayôt* qoumraniens, si proches des *Psaumes bibliques* dont ils n'atteignent pourtant pas les sommets (*supra*, p. 86, n. 117; p. 282, n. 59; p. 123 s., n. 162).

[18] Si la grâce et l'amour qui se donne sont à la cime des inspirations et des révélations qui sont venues au cœur de l'homme, ou dont l'homme a été gratifié, Χάρις et Ἀγάπη ont atteint leur point culminant en Jésus. On a pu en juger par rapport à l'A.T. (*supra*, p. 166, n. 143; p. 251 ss., n. 627; p. 364 s., n. 13). On peut aussi le faire par comparaison avec les religions ou philosophies religieuses qui en ont eu l'intuition. Le Bouddhisme, sous

tout ce que les variétés de la pensée biblique, et, par la même, de la pensée humaine, présentent de plus vital et de plus « religieux », trouve son unité en Jésus, le Christ [19].

---

ses formes les plus élevées (Amida ou Amitâbha), offrirait ici de surprenants parallèles. Là aussi, et plus encore que dans la Bakhti hindoue, le salut s'obtient par grâce ; mais le fidèle en passe de l'obtenir en retarde l'instant, pour aider d'autres hommes à faire le leur. Il y manque, néanmoins, la réalité de l'histoire, celle de chair et de sang du Christ en croix, et la chaleur de son amour. Cf. H. Cl. : *Faith and Works in East and West*; — *Foi, mérite et grâce...*; E. Hume : *Treasure H.*, *op. cit.*, p. 234-256 ; N. Söderblom : *Dieu vivant dans l'histoire*, p. 164 ss., Paris, Fischb., 1937.

Le « Mystère de Jésus » qui saisissait Pascal comme bien d'autres avant lui, n'a rien perdu de son impact, dans les Églises et au-delà. Tolstoï, sur son lit d'agonie, se faisait lire les évangiles, plutôt que les nouvelles du jour, et invoquait Jésus : « ... toi seul demeure, toi seul reste vivant ; soutiens ma faiblesse, de ta force ». Einstein croyait que « si l'on purifie le judaïsme des prophètes et le christianisme de Jésus de tout ce qui y a été ajouté, notamment du cléricalisme, » ou y trouvera « la religion capable de préserver le monde de tous les malaises sociaux » (d'ap. Van Mierlo : *La Science, la Raison et la Foi*, p. 89, Paris, P.U.F., 1948). Dans de nombreux cercles de jeunes, en marge des Églises et parfois de la société, le « mystère de Jésus » garde encore son attrait.

[19] Cf. *Éph.* 1:9 s. (*supra*, p. 233, n. 522), où le mystère du dessein de Dieu est de récapituler, ou de réunir toutes choses dans le Christ : ἀνακεφαλαιώσασθαι τὰ πάντα ἐν τῷ Χριστῷ.

INDEX DES CITATIONS BIBLIQUES

ANCIEN TESTAMENT

Genèse		4: 10	113 n. 90	9	63 n. 7
	349	11	113 n. 90	18-20	273 n. 18
1: 1	298 n. 176	26	84 n. 107	15:	205 n. 361
	332 n. 43	5: 2	205 n. 362	1ss.	104
2	69 n. 34		241 n. 574	2	272 n. 13
	298 n. 176	24	113 n. 91	5	205 n. 357
4	298 n. 176		122 n. 154	6	205 n. 365
6	69 n. 34	29	161 n. 114	7	73 n. 54
9	69 n. 34		349	7-17	205 n. 365
10	242 n. 579	6: 8s.	113		241 n. 575
12	242 n. 579	17	71 n. 46	7-21	89 n. 132
	263 n. 682	7: 11	69 n. 34		272 n. 11
18	242 n. 579	22	71 n. 46	12	104
	263 n. 682	8: 2	69 n. 34	16	63 n. 6
25	242 n. 579	20	271	18	205 n. 357
26	112 n. 87	9: 1	205 n. 363	16: 2	272 n. 13
27	3 n. 9	1-6	113	9	272 n. 13
	137 n. 209	6	112 n. 87	15	138 n. 214
28	271 n. 9	7	271 n. 9	17: 1	205 n. 365
29	205 n. 162	8ss.	113	2	205 n. 365
	241 n. 573	8-17	205 n. 363	6	205 n. 365
31	242 n. 579	1-17	241 n. 574	7	205 n. 357
2: 2	195 n. 307	9	204 n. 350	9ss.	205 n. 365
	298 n. 176	9-11	298 n. 172	10s.	205 n. 365
3	298 n. 176	16s.	298 n. 172	14	205 n. 365
7	3 n. 9	26	84 n. 107	19	205 n. 357
	70 n. 42	11: 4	112 n. 88	24	205 n. 367
	71 n. 49	29	72 n. 54	21: 9ss.	133 n. 214
	137 n. 209	31	72 n. 54	22: 1-18	272 n. 12
9	271 n. 9	12: 1ss.	104		298 n. 173
15-17	187 n. 256	1-3	205 n. 364	11-13	90 n. 135
	242 n. 579	1-37	205 n. 361	15-18	205 n. 361
21	104	4	72 n. 54		366
3: 1	168 n. 159	5	298 n. 172	18	205 n. 357
5	112 n. 88	7	271 n. 10		298 n. 172
	119 n. 134	8	271 n. 10	20	73 n. 54
14s.	204, 350	13: 1	66 n. 19	24: 2	89 n. 133
	241 n. 574	4	271 n. 10		272 n. 11
17	188 n. 256	15-17	205 n. 361	25: 8	119 n. 139
22	112 n. 88		364	22	148 n. 19
	119 n. 134	18	271 n. 10		272 n. 15
24	188 n. 256	14:	63 n. 7	26: 2-5	205 n. 361

3-5	205 n. 367	6	105 n. 50	*30*: 18ss.	69 n. 34
4	298 n. 172		226 n. 476	*31*: 17	195 n. 307
5	205 n. 367	14s.	273 n. 20	*33*: 7-10	320 n. 15
12s.	235 n. 545	16	272 n. 13	11	149
20	69 n. 33	17	66 n. 21	*34*:	298 n. 176
24	205 n. 361		136	12-16	90 n. 134
27: 27	235 n. 545	*4*: 1-9	275 n. 24	14	85 n. 114
28: 5	72 n. 54	10	149 n. 24	22	93 n. 149
12s.	108 n. 70	13	149 n. 24	29-35	149 n. 26
13-15	205 n. 361	29	272 n. 13		
	368	*6*: 20	84 n. 107		
14	205 n. 357	*7*: 1ss.	67 n. 22	*Lévitique*	
	298 n. 172	7ss.	67 n. 22		349
29: 18	364 n. 13	15ss.	67 n. 22	passim	149 n. 25
20	364 n. 13	*9*: 18-26	216 n. 438		273 n. 20
31: 19	279 n. 40	*12*: 21	272 n. 13		298 n. 176
24	279 n. 40	*13*: 18	68 n. 26	*4*: 2	308 n. 247
32: 1s.	105	*15*: 17	273 n. 20	13-27	308 n. 247
23-33	318 n. 5	25s.	273 n. 20	20	304 n. 226
24-31	105 n. 47	*16*: 25-30	273 n. 20	26	304 n. 226
26-31	105 n. 53	29	286 n. 96	35	304 n. 226
30s.	105 n. 53	32-35	273 n. 20	*5*: 3	308 n. 247
35: 11s.	123 n. 160	*17*: 6	74 n. 59	13	304 n. 226
	205 n. 368		355 n. 41	16	304 n. 226
12	205 n. 357	*18*: 19-23	273 n. 20	18	304 n. 226
29	119 n. 139	*19*: 2	67 n. 22	*11*: 32	69 n. 34
37: 34	244 n. 592	*20*: 1-17	273 n. 20	*16*: 7ss.	307 n. 247
39: 39	143 n. 224		298 n. 176	20	304 n. 226
	171 n. 179	2-17	298 n. 176	22	304 n. 226
45: 17	74 n. 59	5	85 n. 114	26	304 n. 226
46: 3	84 n. 105		244 n. 588	*17*: 11	304 n. 226
47: 29	89 n. 133	11	298 n. 176		307 n. 247
	272 n. 11	22-26	273 n. 20	*19*: 18	364 n. 13
30	119 n. 139	*21*: 6	272 n. 13	22	303 n. 247
48: 22	63 n. 6	*21-40*: passim	273 n. 20	26	73 n. 56
49:	205 n. 368	*22*: 4	74 n. 60	31	101
8-12	206 n. 369	18	88 n. 127		73 n. 56
9-10	206 n. 369	*22-23*: 9	298 n. 176	*20*: 1-27	308 n. 247
10	206 n. 370	*23*: 16	93 n. 149	6	101
29	119 n. 139	29	68 n. 30		73 n. 56
33	119 n. 139	*24*: 14	272 n. 13	27	101
		25: 40	7 n. 20	*21*: 11	79 n. 81
Exode			136 n. 205	*23*: 9ss.	276 n. 29
	349	*26*: 14	66 n. 22	34-43	93 n. 148
2: 16s.	69 n. 33	*26-27*:	321 n. 15	42s.	93 n. 149
3:	149	*28*: 26	148 n. 19	*26*: 4	73 n. 57
5s.	333 n. 54		273 n. 17	20	73 n. 57

INDEX DES CITATIONS BIBLIQUES

Nombres		19s.	73 n. 56	*26*: 5	63	
	349	24	85 n. 114		63 n. 6	
2: 3-31	67 n. 22	*5*: 1-21	298 n. 176		72 n. 54	
2-3:	320 n. 15	9	85 n. 114	10s.	305 n. 235	
5: 2	79 n. 81	*6*: 5	364 n. 13	*27*: 17	188 n. 257	
14	71 n. 46	13	86 n. 115	*29*: 5	68 n. 26	
11: 5	68 n. 30	15	85 n. 114	*30*: 10ss.	353 n. 28	
16	272 n. 13	*7*: 2	276 n. 27	*32*: 4	243 n. 586	
18	68 n. 30	2-6	90 n. 134	13	355 n. 41	
24s.	272 n. 13	9	243 n. 586	15	74 n. 59	
24-30	149	16-26	90 n. 134	18	74 n. 59	
12: 6-8	149	*8*: 15	74 n. 59	*34*: 5ss.	48 n. 203	
13: 1	67 n. 22	*9*: 4	252 n. 627			
14: 3	68 n. 30	*10*: 14ss.	252 n. 627	*Josué*		
8	66 n. 21	*11*: 12	187 n. 256		47 n. 198	
	136	16	188 n. 256		49 n. 203	
19: 9	69 n. 34	17	188 n. 256	*5*: 1	80 n. 85	
13	69 n. 34	*12*: 2	73 n. 57	*6*: 17	276 n. 27	
20: 2-11	355 n. 41	7	305 n. 235	26	90 n. 135	
11	74 n. 59	12-14	305 n. 235	*7*: 1	276 n. 27	
21: 2s.	90 n. 134	*13*: 12-19	90 n. 134	*10*: 11	217 n. 439	
	276 n. 27	*16*: 10s.	305 n. 235	28-40	90 n. 134	
13s.	69 n. 35	11	280 n. 50	*18*: 6	148 n. 19	
14s.	50 n. 204	13-15	93 n. 149		273 n. 17	
16-18	69 n. 35		152	*23-24*:	176 n. 210	
22: 20	100	14s.	280 n. 50	*24*: 12ss.	187 n. 256	
24	100	17	305 n. 235			
23: 23	73 n. 56	*17*: 2-7	73 n. 56	*Juges*		
24: 2	67 n. 22	14-20	188 n. 257		49 n. 203	
3	100	*18*: 6-8	280 n. 47		47 n. 198	
3-9	207 n. 373	10s.	73 n. 56	*1*: 6s.	276 n. 27	
4	100	11	101	17	90 n. 134	
5	67 n. 22	15-19	322 n. 30	*2*: 11-19	176 n. 210	
8s.	216 n. 434	*19*: 11s.	276 n. 27	11-22	322 n. 30	
15s.	100	14	188 n. 257	*5*: 3ss.	216 n. 434	
15-19	207 n. 373	19s.	276 n. 27	9	272 n. 13	
16-18	216 n. 434	*20*: 17s.	90 n. 134	20ss.	216 n. 434	
17	207 n. 373	*21*: 1-9	280 n. 49	*6*: 11-24	149 n. 23	
26: 59	84 n. 107	10ss.	276 n. 27	15	149 n. 24	
27: 21	148 n. 19	18-22	308 n. 247	25-32	91 n. 140	
		23	337 n. 87	*10*: 17s.	272 n. 13	
Deutéronome		*22*: 21-25	308 n. 247	*11*: 5s.	272 n. 13	
	349	*23*: 17s.	97 n. 9	30-40	90 n. 135	
passim	273 n. 20	19s.	188 n. 260	35	244 n. 592	
	275	*24*: 7	308 n. 247	*13*:	105 n. 53	
	279s.	16	308 n. 247	22s.	105 n. 53	
3: 6	276 n. 27	*25*: 4	6 n. 16	*15*: 9	80 n. 85	
4: 12-19	237 n. 558		354 n. 38	*17*: 10	272 n. 13	

18: 19	272 n. 13	*4*: 12	276 n. 27	3ss.	103
20: 2	272 n. 13	*5*: 3	272 n. 13	18	100 n. 24
21: 11s.	90 n. 134	*6*: 6ss.	239 n. 565	*18*:	150 n. 31
		7: 4ss.	66	4	160 n. 110
1 *Samuel*		6	67 n. 22	10-12	161 n. 114
	47 n. 198	8-17	207 n. 374	19	175
	49 n. 203	12-15	205 n. 358	26-29	100
	349	16	206	*19*: 3-18	103
1: 3	91 n. 140		207 n. 374	11-13	72 n. 51
2: 2	74 n. 59		207 n. 374		151 n. 34
26	172 n. 186	18-29		12	240 n. 566
27	100 n. 24	*12*: 1ss.	150	13	105 n. 51
6: 19ss.	239 n. 565		178 n. 215	19	103
7: 3s.	86 n. 115	*22*: 5-17	216 n. 433	*20*: 42	90 n. 134
8	178 n. 213	9	117 n. 122	*21*:	151 n. 35
8: 8ss.	277 n. 34	*23*: 3	74 n. 59	17ss.	178 n. 215
10-18	188 n. 257	5-7	207 n. 375	21-27	244 n. 592
8-15 :passim	277 n. 34	*24*: 11	100 n. 24	*22*: 9	101 n. 27
9: 6ss.	100 n. 24				153 n. 55
7s.	175 n. 200	1 *Rois*		10-13	153 n. 55
9	100 n. 23		47 n. 198	21ss.	71 n. 47
	149		49 n. 203	26-28	153 n. 55
11-14	91 n. 140		349	34-38	151 n. 36
10: 1ss.	150	*2*: 3	48 n. 203	47	97 n. 9
1-12	100		273 n. 20		
5-12	102 n. 32	*3*: 3s.	277 n. 35	2 *Rois*	
10ss.	149	*4*: 31	169 n. 164	*1*: 11-13	151 n. 37
11ss.	160 n. 110	*5*: 21	170 n. 171	*1-8*:	151 n. 38
17-25	178 n. 213	*7*: 14	169 n. 168	*2*: 3	103
11: 10-15	178 n. 213	*8*: 12s.	50 n. 204	7	103
12-26	277 n. 34	*10*: 1-24	170 n. 171		160 n. 110
13: 14	239 n. 563	5	80 n. 85	9-12	161 n. 114
15: 3	90 n. 134	10	188 n. 257	15	103
3ss.	276 n. 27	*11*: 11	188 n. 257	16	161 n. 114
17ss.	150	29ss.	322 n. 30	*4*: 7	100 n. 24
	277 n. 34	*12*: 4	188 n. 257	*5*: 5	175 n. 200
19: 20-24	102	10ss.	188 n. 257	7	244 n. 592
28: 7ss.	71 n. 46	15	322 n. 30	*6*: 15ss.	100 n. 24
13	71 n. 47	26-33	238 n. 558	*7*: 19	69 n. 34
	80 n. 82	28-30	92 n. 142	*8*: 8	175 n. 200
	120 n. 141	*13*: 1ss.	322 n. 30	*9*: 11	103
15	120 n. 142	11	100 n. 24		100 n. 23
30: 12	80 n. 85	23ss.	323 n. 30		151 n. 36
		14: 2ss.	322 n. 30	30-37	92 n. 142
2 *Samuel*		3	175 n. 200	*10*: 29	244 n. 592
	349	24	97 n. 9	*11*: 14	280 n. 48
1: 11	244 n. 592	*16*: 12s.	97 n. 9	*12*: 16	73 n. 56
19-27	50 n. 204	*16*: 34	90 n. 135	*13*: 5, 11	151 n. 38
		17: 1	152	14-21	

INDEX DES CITATIONS BIBLIQUES

14: 6	48 n. 203	*30*: 16	48 n. 203	*19*:		122s.
15: 16	276 n. 27	*33-35*:	279 n. 39			170 n. 177
16: 4	73 n. 57	*35*: 12	48 n. 203		23-27	123
17: 16	73 n. 56	*36*: 22	215 n. 424		25-27	350
18: 4	238 n. 558				25	123 n. 158
22	92 n. 143	*Esdras*			26	123 n. 159
18-20:	278 n. 38		48 n. 200		27	123 n. 160
19: 1	244 n. 592		50 n. 203	*24*: 5		68 n. 30
2ss.	238 n. 558	*1*: 1	215 n. 424	*26-28*:		170 n. 177
20: 1	67 n. 22	*3*: 2	48 n. 203	*28*: 25		71 n. 48
21: 3ss.	73 n. 56	4	93 n. 149	*32*: 18ss.		71 n. 46
21-23:	279 n. 39	6	281 n. 53	*34*: 14		71 n. 49
22: 8ss.	279 n. 41	*6*: 14	157 n. 84s.	*38*:		170 n. 177
11	244 n. 592					171 n. 180
22-23:	92 n. 143	*Néhémie*				216 n. 435
23:	238 n. 558		48 n. 200		22s.	216 n. 436
	279 n. 40		50 n. 203	*39*:		170 n. 177
3	279 n. 40		349	*42*: 3		171 n. 179
5	279 n. 42	*5*:	188 n. 260			
6	279 n. 40	*8*: 1-9	281 n. 55	*Psaumes*		
7	97 n. 9	*9*: 7	73 n. 54			68 n. 26
	279 n. 40	19-21	68 n. 26			189
8s.	280 n. 47					207
9	279 n. 42	*Esther*				322
13ss.	279 n. 40		48 n. 200			349
15	238 n. 558s.	*4*: 1	244 n. 592	*1*:		141 n. 220
17s.	322 n. 30			*2*: 2		207 n. 375
20	279 n. 40, 42	*Job*			6s.	210 n. 398
24	71 n. 47		122		6-8	207 n. 375
	279 n. 40		170	*3*: 4ss.		122 n. 153
25	273 n. 20		349	*4*: 4ss.		122 n. 153
32	279 n. 40		358 n. 56	*6*: 5s.		121
37	279 n. 40		272 n. 13	*7*: 10		123 n. 160
		1: 5	244 n. 592	*8*: 4ss.		112 n. 87
1 Chroniques		20	170 n. 177	*9*:		358 n. 54
10: 13	71 n. 47	*3*:	71 n. 47		10s.	122 n. 153
		4: 15ss.	168 n. 160	*10*: 4		148 n. 20
2 Chroniques		*5*: 12s.	170 n. 177		17s.	122 n. 153
1: 3	277 n. 35	*6*:	170 n. 177	*11*:		122 n. 153
13	277 n. 35	*7*:	170 n. 177	*12*:		122 n. 153
2: 5	86 n. 116	*9*:	67 n. 22	*16*:		124 n. 162
12s.	170 n. 171	8	79 n. 80		7	123 n. 160
9: 1-7	170 n. 171	*10*: 22	120 n. 143		8-11	125 n. 165
9ss.	188 n. 257				9-11	122
22s.	170 n. 171	*12*: 10	71 n. 49	*17*:		124 n. 162
18: 18ss.	71 n. 47	*14*: 14s	122 n. 157			358 n. 54
20: 34	50 n. 204		170 n. 177	*18*: 3		74 n. 59
23: 18	48 n. 203	*15*: 7-9	171 n. 179		5-17	216 n. 433

8s.	117 n. 122	*43*: 3	243 n. 586	25	243 n. 586
14	217 n. 440	*45*:	177	277	245 n. 643
32	74 n. 59	4	207 n. 375	*90*:	141 n. 220
47	74 n. 59	7	207 n. 375	4	130 n. 182
50	207 n. 378		177 n. 212		218 n. 445
19:	141 n. 220	8	177 n. 212	*93*:	178 n. 215
10	243 n. 586	17s.	207 n. 375		278 n. 37
15	74 n. 59	*46*:	216 n. 433	*95*:	278 n. 37
21:	207 n. 375	*47*:	141 n. 220	3	86 n. 116
22:	358 n. 54		178 n. 215	7-11	353 n. 31
2	352 n. 18	*49*:	124 n. 162	*96*:	178 n. 215
19	352 n. 18	16	113 n. 91		278 n. 37
22	352 n. 18		122 n. 156	10	264 n. 693
32	352 n. 18		161 n. 114	*97*:	178 n. 215
23:	141 n. 220	*50*: 3-5	216 n. 433	7	86 n. 116
25: 5	243 n. 586	*51*:	122 n. 153	9	86 n. 116
10	243 n. 586		141 n. 220	*98*:	216 n. 433
27:	122 n. 153	5	260 n. 671		278 n. 37
	141 n. 220	8	243 n. 586	*99*:	178 n. 215
8	111	9-14	260 n. 671		278 n. 37
	116	19	71 n. 46	*100*:	278 n. 37
	116 n. 121	*55*:	141 n. 250	5	243 n. 586
8-10	255 n. 643	*62*: 10	242 n. 581	*103*:	141 n. 220
13	121	*63*: 1	116	7	135
28: 1	74 n. 59	*68*:	121		273 n. 20
	119 n. 139		141 n. 220	13	255 n. 643
	122 n. 153		216 n. 433	*104*:	141 n. 220
29:	216 n. 433	21	121 n. 149		278 n. 37
30: 4	119 n. 139		122 n. 153	2	67
32:	122 n. 153	*69*:	358 n. 64		67 n. 22
	141 n. 220	14	243 n. 586	4	71 n. 48
3	260 n. 671	22	351 n. 17	*105*:	322 n. 25
5	260 n. 671	*72*:	207 n. 375	26	135
33: 6	243 n. 586		377	*106*:	322 n. 25
	332 n. 43	*73*:	124 n. 162	9	69 n. 34
19	190 n. 272	23-25	122	16	135
36: 6	243 n. 586	24	113 n. 91	23	135
37: 31	239 n. 562		122 n. 156	*107*: 20	322 n. 43
38: 4	260 n. 671		161 n. 114	33	68 n. 30
5-11	260 n. 671	*74*:	216 n. 433	35ss.	68 n. 30
18s.	260 n. 671	9	244 n. 591	*108*: 5	243 n. 586
40: 7-9	353 n. 31	*77*: 4	71 n. 46	*110*	207 n. 375
12	243 n. 586	7	71 n. 46		211
42:	141 n. 220	*78*: 50	70 n. 42	1	211 n. 402
1s.	116	*85*: 11	242 n. 583		212 n. 403
3	96 n. 3	*86*: 8	86 n. 116	4	273 n. 19
8	69 n. 34	*88*: 7	119 n. 139		322 n. 25
42-89:	304 n. 232	*89*: 2ss.	243 n. 586	*117*: 2	243 n. 586

INDEX DES CITATIONS BIBLIQUES

119: passim	135	*Esaïe*		*6-8*:	153 n. 45
90	243 n. 586		115	*7*:	121 n. 48
121	141 n. 220		149	3	320 n. 16
4	195 n. 306		153	*8*: 17s.	353 n. 31
130:	141 n. 220		349	19	101
139:	141 n. 220	*1-3*:	153 n. 55		101 n. 28
22	117	*1*: 2	153 n. 50	19-22	88 n. 127
	352 n. 20	5ss.	153 n. 46	*8-12*:	153 n. 44
143: 7	119 n. 139	9	321 n. 16	*9*: 1-6	153 n. 54
147: 15	332 n. 43	10-17	153 n. 44		154 n. 56
148: 8	71 n. 48		153 n. 49	1-8	207 n. 381
			265 n. 700	5s.	242 n. 583
Proverbes		13s.	286 n. 95	6	208 n. 383
	349	17	154 n. 57	*10*: 1ss.	153 n. 48
1-9:	169 n. 170s.	18	260 n. 671	2	188 n. 258
	170s.	18-21	153 n. 44	5	229 n. 489
1: 7-33	170 n. 176	21	153 n. 50	13	170 n. 172
2: 6-22	170 n. 176	22	189 n. 266	17	253 n. 629
3: 19-26	170 n. 176	23	188 n. 261	21ss.	320 n. 16
4: 6	143 n. 224	*2*: 1-4	153 n. 44	22s.	320 n. 16
6: 16-19	170 n. 176	2-4	153 n. 54	23	353 n. 31
7:	143 n. 224		154 n. 56	*11*:	207 n. 381
6ss.	171 n. 179		229 n. 490	1	208 n. 383
23	78 n. 75	5	253 n. 629	1-10	153 n. 54
8:	135	12ss.	153 n. 46		154 n. 56
	143 n. 224	*3*: 13-15	153 n. 48	5	242 n. 582
22-31	170 n. 176	14-24	188 n. 258	6-9	208 n. 383
27-29	171 n. 180	16ss.	153 n. 46	11	320 n. 16
9: 13-18	143 n. 224	16-24	189 n. 264	16	320 n. 16
14: 1	67 n. 22	*4*: 2	208 n. 384	*12*:	153 n. 54
15: 13	72 n. 46		350		154 n. 58
22-23: 11	169 n. 164	2ss.	153 n. 44	*13-23*:	153 n. 47
	167	3	243 n. 584	*14*: 10	79 n. 81
23: 16	123 n. 160	16-24	189 n. 264		120 n. 143
30:	169 n. 164	*5*: 1-4	153 n. 50	18-20	119 n. 139
31:	169 n. 164	5ss.	153 n. 46	*17*: 21	243 n. 584
			153 n. 51	*24*: 5	280 n. 44
Ecclésiaste		8	188 n. 257		299 n. 178
7: 30	243 n. 584	8-10	153 n. 48	18	69 n. 34
8: 17	171 n. 179	21	168 n. 160	*25*: 8	121
9: 1ss.	171 n. 179		170 n. 172		121 n. 152
12: 9	71 n. 49	*6*: 1ss.	115 n. 111	8s.	280 n. 44
			141 n. 220	*26*: 7-21	122 n. 152
		1-8	238 n. 560	14	122 n. 152
Cantique des Cantiques		5	105 n. 52	19	121 n. 152
	5 n. 14		149 n. 24	*28*: 1ss.	153 n. 46
	115 n. 117	5-7	149 n. 22	7ss.	97 n. 9
5-6:	80 n. 85	10	260 n. 672		

11s.	353 n. 31	*44*: 22	260 n. 671	*61*: 1	194 n. 298		
17	217 n. 440	24	67 n. 22		243 n. 584		
29: 4	101 n. 28	28	215 n. 424	1s.	212 n. 405		
10	104	*45*: 1	215 n. 424	1-3	156 n. 82		
13	189 n. 268	8	243 n. 584		209 n. 392		
14	168 n. 160	9	240 n. 470	8	280 n. 44		
	170 n. 172	*47*: 10	168 n. 160	*62*: 4s.	255 n. 643		
22ss.	322 n. 25	13	73 n. 56	11	157 n. 86		
30:	217 n. 440	*49*: 1-6	156 n. 78	*63*: 9	105 n. 53		
27	117 n. 122	1-9	209 n. 392	11	71 n. 50		
30	217 n. 440	6	253 n. 629	12	135		
31: 2	143 n. 224	7	243 n. 586	13	69 n. 34		
17	242 n. 582	*50*: 4-9	156 n. 78	*64*: 8	255 n. 643		
34	153 n. 47	4-10	209 n. 392	9	68 n. 30		
32: 15	68 n. 30	*51*: 3	65 n. 19	*65*: 18ss.	156 n. 82		
17	242 n. 583		68 n. 30	*66*: 1s.	286 n. 94		
33: 6	242 n. 580	7	239 n. 562	2	156 n. 82		
9	65 n. 19	17	117 n. 122	13	255 n. 643		
17	350	*52*:13-*53*:12:	156 n. 78s.	18ss.	156 n. 82		
34:	153 n. 47		209 n. 392				
34-35:	153 n. 51	*52*: 15	353 n. 31				
35: 1-6	68 n. 30	*53*:	161 n. 114	*Jérémie*			
37: 2ss.	238 n. 558		209 n. 392		149		
37-39:	153 n. 45		210 n. 395		154		
38: 17	260 n. 671		288 n. 98		349		
18s.	79 n. 81		358	*1*:	141 n. 220		
	120 n. 143		358 n. 56	6	149 n. 24		
		7	182 n. 227	6s.	154 n. 59		
40:	156 n. 77	*54*: 2	67 n. 22	6-8	154 n. 61		
3	151 n. 33	*55*:	156 n. 82	10	164		
	353 n. 31	3	280 n. 44	11s.	154 n. 63		
8	68 n. 30	4	229 n. 492	*2*: 2	244 n. 588		
12-14	171	10s.	332 n. 43	6	68 n. 26		
22	67 n. 22	12s.	156 n. 81	7	187 n. 256		
40-55:	156			20	92 n. 142		
41: 8	156 n. 79	*56-66*:	156	31	68 n. 30		
8s.	209 n. 392	*56*: 1-8	156 n. 82	*3*: 1	92 n. 142		
19	68 n. 30	3	229 n. 492	7s.	244 n. 588		
25	168 n. 160	6-8	229 n. 492	10	279 n. 40		
42:	242 n. 582	*57*: 1	156 n. 82	12s.	244 n. 588		
1-4	261 n. 676	5	73 n. 57	13	73 n. 57		
1-7	209 n. 392	15	156 n. 82	15	239 n. 563		
1-9	156 n. 78	*58*: 6ss.	156 n. 82	19	255 n. 643		
5	67 n. 22	*60*: 1	136	*4*: 2	229 n. 491		
11	68 n. 30		156 n. 82	*5*:	170 n. 177		
19	156 n. 79	14	243 n. 584	28	188 n. 261		
43: 10	156 n. 79	19s.	253 n. 629	*6*:	170 n. 177		
24s.	260 n. 671	20	136	14	175 n. 203		

20	189 n. 266	32	88 n. 127	*Ezéchiel*	
	268	*25*: 11	68 n. 30		63
	266 n. 701	*27*: 9	88 n. 127		155s.
7:	189 n. 268	*29*: 8s.	101		349
4ss.	286 n. 94	26	100 n. 23	*1*:	141 n. 220
22	266 n. 701	26s.	102	1	155 n. 71
25	167 n. 148	*31*: 2	68 n. 26	2	155 n. 73
30s.	92 n. 142	3	115 n. 115	3	155 n. 71
8:	170 n. 177		155 n. 64	20	70 n. 42
2	73 n. 56	7	320 n. 16	*2*: 3	155 n. 73
6	242 n. 577	9	255 n. 643	8-33	155 n. 73
8s.	170 n. 173	29	208 n. 387	*3*: 12-14	161 n. 114
9	168 n. 160	29s.	208 n. 386	14	155 n. 72
11	175 n. 203	30	189 n. 269	14s.	149 n. 24
12	170	31	155	24ss.	155 n. 72
9: 13	299 n. 178	31-34	280 n. 44	*4*: 4ss.	155 n. 72
23	168 n. 160	32ss.	244 n. 588	*5*: 6	299 n. 178
10: 2s.	73 n. 56	33	208 n. 385	*6*: 13	73 n. 57
6-15	169 n. 168		239 n. 562	*8*: 1ss.	155 n. 72
9	169 n. 168		243 n. 584	16	73 n. 56
12-16	171		266 n. 701	*10*: 17	70 n. 42
14	170 n. 173		299 n. 180	*11*: 1ss.	155 n. 72
24s.	239 n. 565	33s.	189 n. 269	20	299 n. 178
11: 5	136	35-37	208 n. 385	*13*: 6-11	175 n. 203
18ss.	358 n. 56	*32*: 6ss.	157 n. 86	7	175 n. 201
20	123 n. 160		352 n. 19	*14*: 14	113 n. 92
	285 n. 90	22	136	20	113 n. 92
12:	170 n. 177	40	280 n. 44	*16*: 3	63 n. 6
1ss.	358 n. 56	*33*: 15	208 n. 384		156 n. 74
2	123 n. 160	*34*: 18-20	272 n. 11		275 n. 25
15: 10ss.	154 n. 61	*35*: 15	167 n. 148	38	244 n. 588
	358 n. 56	*36*: 1ss.	47 n. 197	45	63 n. 6
16: 19-21	229 n. 491	32	47 n. 197		156 n. 74
17: 10	285 n. 90	*42*: 5	243 n. 586		275 n. 25
13	70 n. 36	*43-44*:	156 n. 76	53ss.	155
18: 3-6	309 n. 254	*44*: 4	167 n. 148	60	156
6	240 n. 570	23	299 n. 178	*18*:	189 n. 269
8	242 n. 577	*48*: 15	233 n. 559	2ss.	203 n. 386s.
10	242 n. 577	*50*: 41	280 n. 44	4	155 n. 73
18	170 n. 173	20	260 n. 671	7s.	189 n. 265
20: 7ss.	154 n. 61	*51*: 15	171	12s.	189 n. 265
9	164 n. 129	57	168 n. 100	16s.	189 n. 265
12	285 n. 90			21-32	260 n. 671
23: 3	320 n. 16			31	155 n. 73
3-8	208 n. 384				263 n. 682
5	208 n. 384	*Lamentations*			266 n. 703
18	143 n. 224		358 n. 56	*19*:	156 n. 75
24	286 n. 94	*2*: 11	78 n. 75	*20*: 10-21	68

21: 26	78 n. 75	2: 18s.	215 n. 425	12: 8s.	189 n. 266
32	206 n. 370	27	73 n. 56	10	152 n. 43
22: 26	299 n. 178	28ss.	215 n. 425	13: 5	68 n. 26
23: 25	244 n. 588	47	215 n. 425	9-11	177 n. 213
24: 33s.	323 n. 25	5: 7ss.	73 n. 56	14	79 n. 81
26: 25	243 n. 584	27	242 n. 581		121 n. 147
27: 9	IX 2	6: 28	215 n. 424	14: 5-7	207 n. 380
28: 3ss.	168 n. 160	7:	212		
32: 21	119 n. 139	13	208 n. 391	*Joël*	
27	119 n. 139		212		155
33: 11	239 n. 560		224		216
	240 n. 567		224 n. 467		349
	266 n. 703		287 n. 98	1: 15	155 n. 68
16	260 n. 671	14	158 n. 92	14	242 n. 577
23	187 n. 256	7-12:	323 n. 32	28	155 n. 69
26	187 n. 256	9: 2	X 3	30ss.	216 n. 431
36: 25	69 n. 34	27	215 n. 426	3: 2	155 n. 68
25-27	160 n. 106		158 n. 91	12	155 n. 68
26	263 n. 682	11: 31	158 n. 91		
37:	121 n. 147		215 n. 426	*Amos*	
	155 n. 70	12: 3	121		188
	281		242 n. 582		216
6	71 n. 49	11	158 n. 91		349
24s.	322 n. 25		215 n. 426	1-4:	152 n. 40
26	266 n. 703			1: 2	117 n. 122
26s.	239 n. 562	*Osée*		2: 4	299 n. 178
38-39:	216 n. 428	1-3:	152 n. 42	6	189 n. 262
38: 2	353 n. 32	2: 2	255 n. 643	7	97 n. 9
3	353 n. 32	13-20	244 n. 588	9s.	92 n. 142
22	217 n. 440	14ss.	136	9s.	92 n. 142
39: 25	85 n. 114	14-23	158 n. 44	13	63 n. 6
	244 n. 588	16	256 n. 643	3: 10-15	117 n. 122
40: 39	280 n. 48	16s.	152 n. 43	4: 2	188 n. 258
40-43:	266 n. 703	19s.	255 n. 643	4	239 n. 563
	281 n. 54	3: 1	364 n. 13	10-17	92 n. 142
40-48:	156 n. 75	5	121 n. 147	5:	265 n. 698
	280		207 n. 380	5	152 n. 40
44: 9-13	280 n. 47	4: 14	97 n. 9	18	277 n. 35
45: 13-25	280 n. 51	5: 11	92 n. 142	18ss.	155 n. 68
17	280 n. 48	6: 1-6	153 n. 44	18-20	203 n. 348
	51	2	121 n. 147	21	216 n. 430
47: 1-12	208 n. 390	4-6	265 n. 699	21-25	286 n. 95
8-10	208 n. 389	6	189 n. 268	24	189 n. 268
48:	208 n. 388	8: 5s.	237 n. 558	25	154 n. 57
	216 n. 428	14	188 n. 258		68 n. 26
Daniel		9: 7	100 n. 23	6:	152 n. 39
	157	11:	153 n. 44	8	239 n. 563
	215s.	1s.	92 n. 142	7:	152 n. 40

INDEX DES CITATIONS BIBLIQUES

3	242 n. 577	1-3	121 n. 147	*9-14*:	157 n. 86
6	242 n. 577		229 n. 490	*11*: 12s.	157 n. 86
	189 n. 262	4-8	208 n. 383		352 n. 19
7-9	152	*4-5*	154 n. 56	*12*: 1	71 n. 46
13	92 n. 142		207 n. 382		216 n. 428
15	152	*5*: 1	203 n. 348	10	157 n. 86
8: 6	189 n. 262	11	88 n. 127	*13*: 7	157 n. 86
11	152 n. 41	*6*: 1-8	90 n. 135	*14*:	216 n. 428
14	92 n. 142	6-8	189 n. 268		
	238 n. 558		265 n. 700	*Malachie*	
9:	152 n. 40	11	189 n. 266		157
7	113 n. 96	*7*: 18s.	260 n. 671		349
	156 n. 74			*3*: 1	157 n. 87
	229 n. 488	*Nahum*		10	69 n. 34
7ss.	152 n. 41		349	*4*: 4	273 n. 20
11ss.	152 n. 41	*1*: 2	85 n. 114	5	150 n. 32
11-15	121 n. 147				159 n. 102
13-15	207 n. 379	*Habacuc*		5s.	157 n. 87
Abdias		*1*: 13	239 n. 560	*Apocryphes*	
	156	*2*: 3	353 n. 31	1 *Macchabées*	
	156 n. 83	4	155 n. 67	*1*: 54	215 n. 426
	216	7	188 n. 260	*9*: 30	273 n. 19
15ss.	216 n. 432			*14*: 41	273 n. 19
21	156 n. 83	*Sophonie*			
			117 n. 122	*Siracide*	
Jonas		*1*: 5	73 n. 56	préface	47 n. 199
	157			*4*: 11s.	143 n. 224
	349	*Aggée*		*14*: 22-27	143 n. 224
1: 2	157 n. 89		156	*15*: 2	143 n. 224
3: 10	242 n. 577		156 n. 84	*48*: 1-14	150 n. 32
3-4:	157 n. 89		349		
4: 2	242 n. 577	*2*: 23	157 n. 84	*Sapience*	
9-11	240 n. 568				171
		Zacharie		*7*: 22-30	170 n. 171
Michée			156		332 n. 43
	153		157 n. 85	27s.	171
	349		349	28	143 n. 224
1: 1ss.	153	*3*: 8	208 n. 384	*8*: 2	143 n. 224
1-3:	153 n. 55	*5*:	216 n. 428		171 n. 179
2: 2	188 n. 257	*6*:	216 n. 428	9	171 n. 179
3: 5	175 n. 200	12	208 n. 384	16	143 n. 224
5ss.	153 n. 55	*8*: 2	85 n. 114		171 n. 179
4:	153	*9*: 9	157 n. 86	*9*: 9	171 n. 180

NOUVEAU TESTAMENT

Matthieu					
		31	351 n. 9	15	167 n. 149
1: 1	IX n. 2	31s.	139	22	167 n. 149
	328 n. 31	32	42 n. 178	24	74 n. 59
18-23	333 n. 49		139 n. 215	28s.	165 n. 136
2: 1-12	327 n. 23		140 n. 218		167 n. 155
3: 2	127 n. 172		167 n. 155		155
	230 n. 501		365 n. 15	8: 11	114 n. 98
4	159 n. 104	33s.	139		127 n. 172
9	113 n. 97	34	42 n. 178	9: 12	260 n. 672
11	71 n. 45		139 n. 215	14	159 n. 103
17	108 n. 71		140 n. 218	17	28 n. 116
4: 5	161 n. 114		167 n. 155	35	284 n. 77
5-7	286 n. 92		365 n. 15	10: 7	127 n. 172
8	161 n. 114	38s.	140		230 n. 501
10	86 n. 115	39	42 n. 178	16	160 n. 109
	254 n. 635		139 n. 215	29-31	255 n. 636
5: 3	127 n. 173		140 n. 218		257 n. 648
	190 n. 272		167 n. 155	31	257 n. 649
	230 n. 498		365 n. 15	41s.	166 n. 146
4ss.	230 n. 499	43	352 n. 20	42	232 n. 517
7ss.	230 n. 499	43s.	140	11: 2ss.	195 n. 309
8	126 n. 170	44	42 n. 178	2-6	159 n. 103
9	230 n. 499		139 n. 215	5	109 n. 75
	257 n. 651		140 n. 218		127 n. 173
	261 n. 675		167 n. 155		194 n. 298
10	230 n. 498		365 n. 15	9	159 n. 101
	257 n. 651	45	255 n. 636	11s.	230 n. 498
14	334 n. 59		257 n. 651	12	180 n. 220
17	43 n. 178	48	239 n. 564	14	159 n. 102
	139 n. 215		255 n. 636		360 n. 66
	167 n. 154s.		261 n. 675	15	127 n. 173
17-48	275 n. 24		344 n. 137	18	159 n. 104
21	140 n. 216	6: 4-6	285 n. 89	19	173 n. 188
	351 n. 9	7	285 n. 88		294 n. 150
21s.	139	8ss.	116	25	167 n. 160
22	42 n. 178	10	127 n. 172	25ss.	173
	139 n. 215	18	285 n. 89		173 n. 189s.
	140 n. 218	23	199 n. 328	25-29	368 n. 29
	167 n. 155		261 n. 676	27	131
	365	25	193 n. 290		173 n. 190
	365 n. 15	25-34	257 n. 648	27s.	126
27s.	139	26	255 n. 636		126 n. 69
28	42 n. 178		257 n. 649	12: 11	196 n. 307
	139 n. 215	30	255 n. 636	20	261 n. 676
	140 n. 218	33	230 n. 503	22-32	111 n. 80
	167 n. 155	7: 11	261 n. 677	28	230 n. 502
	365 n. 15	14	129 n. 178	31	261 n. 676

INDEX DES CITATIONS BIBLIQUES

43-45	345 n. 149	26s.	213 n. 410	30		285 n. 87
48	110 n. 77	28	181 n. 225	31		157 n. 86
13: 3-23	129 n. 177		192 n. 285	55		285 n. 86
15s.	260 n. 672		213 n. 412	62s.		182 n. 228
31s.	129 n. 177	*21*: 5	157 n. 86	63		224 n. 466
54	172	11	166 n. 143	64		211 n. 402
	284 n. 77	26	159 n. 102			224 n. 466
55	193 n. 289	43	327 n. 20			225 n. 470
57	110 n. 77	46	166 n. 143	*27*: 9s.		157 n. 86
	166 n. 145	*22*: 1-14	232 n. 513			352 n. 19
14: 19	252 n. 627	11	344 n. 135	12-14		182 n. 232
22s.	165 n. 136	11-14	232 n. 513	17-24		185 n. 247
15: 26	257 n. 650	21	183 n. 234	46		352 n. 18
16: 1-4	222 n. 458	23ss.	179 n. 219	46ss.		151 n. 32
6	175 n. 219	23-33	226 n. 475	*28*: 7		126 n. 170
12	175 n. 219	29-32	226 n. 476	10		126 n. 170
14	151 n. 32	41-45	211 n. 399	18-20		294 n. 147
	155 n. 65	*23*:	211 n. 400	20		214 n. 418
	167 n. 153s.		212 n. 407			225 n. 471
17-19	329 n. 32		365 n. 15			368 n. 30
18	74 n. 59	8	180 n. 221			
22s.	288 n. 102	9	180 n. 222	*Marc*		
23	316 n. 143	10	180 n. 223	*1*: 3		151 n. 33
26	192 n. 284	11	181 n. 224s.			353 n. 31
17: 1-8	108 n. 71		213 n. 410	4s.		293 n. 144
3	126 n. 170	12	181 n. 225	6		159 n. 104
3s.	151 n. 32	27	270 n. 4	8		71 n. 45
5ss.	108 n. 71	34	160 n. 108	10		107 n. 68
10-12	157 n. 32		172 n. 185	11		108 n. 71
12	360 n. 66	35	113 n. 90	12		68 n. 29
18: 5	321 n. 517	37	166 n. 144	15		127 n. 172
8	129	*24*:	222 n. 457			230 n. 501
8s.	129 n. 178	11	167 n. 149	21		284 n. 77
12-14	255 n. 640	15	158 n. 91	22		165 n. 136
19: 7s.	273 n. 20		215 n. 426	23ss.		370 n. 8
8	48 n. 203	24	163 n. 124	29-34		194 n. 296
14	230 n. 498		167 n. 149	31ss.		212 n. 403
16	126	30	124 n. 170	35		109 n. 74
	129 n. 178	30s.	225 n. 472			285 n. 85
17	129 n. 178	31	225 n. 473	38		109
	231 n. 505	37s.	113 n. 92			109 n. 75
	344 n. 136	*25*: 31-46	228	*2*: 1ss.		370 n. 8
22-26	192 n. 280		227 n. 479	13ss.		370 n. 8
26	165 n. 136	34	257 n. 651	17		260 n. 672
	344 n. 141	40	214 n. 418			194 n. 297
28	261 n. 673		228 n. 484			345 n. 150
20: 1-16	193 n. 293	45	228 n. 484	18		159 n. 103
22	288 n. 102	*26*: 25	295 n. 151	18ss.		370 n. 8

22	365 n. 16	31-35	329 n 32	17	285 n. 83
	28 n. 116	32s	288 n 102	32	159 n. 102
23ss.	370 n. 8	33	214 n 420	*12*: 13ss.	370 n. 8
25s.	287 n. 97		345 n 143	17	183 n. 234
27	195 n. 305	36s	192 n. 284	18ss.	370 n. 8
	287 n. 97s.	*9*: 1	126 n. 170	18-27	226 n. 475
28	287 n. 97s.	2-8	108 n. 71	19	273 n. 20
32-38	344 n. 142	4	126 n. 170	24-27	226 n. 476
41-43	344 n. 142	4s.	151 n. 32		254 n. 635
3: 1ss.	370 n. 8	6s.	108 n. 71	27	255 n. 636
17	116	11ss.	151 n. 32	29s.	254 n. 635
21	109	17ss.	109 n. 74	35	285 n. 86
	111 n. 80	30	329 n. 32	35-37	211 n. 399
23-30	111 n. 80	35	213 n. 410	41-44	192 n. 280
29	261 n. 676	37	232 n. 517		283 n. 68
31ss.	212 n. 403		289 n. 110	*13*: 4-10	222 n. 457
	370 n. 9	39	289 n. 110	6	167 n. 149
31-35	288 n. 103	40s.	232 n. 517	8	162 n. 118
33	110 n. 77	43-47	129 n. 178	11	173 n. 187
4: 12	260 n. 672	*10*: 3	273 n. 20	14	158 n. 91
26-29	179 n. 177	6	254 n. 635		215 n. 426
27	128	13ss.	370 n. 8		222 n. 457
31s.	128	17	126	19	254 n. 635
41	71 n. 48	17ss.	231 n. 531	21s.	222 n. 457
5: 30	109 n. 74	18	370 n. 8	22	163 n. 124
42	106 n. 54		255 n. 636		167 n. 149
	107		344 n. 136	26	126 n. 170
6: 1ss.	370 n. 8	21	165 n. 136	26-27	225 n. 472
2	172		344 n. 141	28s.	222 n. 457
	284 n. 77	22-27	192 n. 280	32	344 n. 142
3	193 n. 289	23-27	192 n. 281	*14*: 3ss.	370 n. 8
4	110 n. 77	27	165 n. 136	18	295 n. 151
	166 n. 145		344 n. 140	22	252 n. 627
5s.	344 n. 142	30	231 n. 511	22-25	294 n. 149
14	167 n. 154	32-34	329 n. 32		296 n. 153
15	166 n. 143	35ss.	271 n. 8	24	296 n. 154
17s.	178 n. 216	35-45	292 n. 129	25	127 n. 172
41	252 n. 627	38	288 n. 102		296 n. 154
	295 n. 150	42-45	296 n. 155	26	285 n. 87
45s.	165 n. 136		329 n. 32	33-35	345 n. 143
7: 27	257 n. 650	45	181 n. 225	49	285 n. 86
34	109 n 74		192 n. 285	60s.	182 n. 228
8: 6s	295 n 150		213 n. 412	61s.	224 n. 466
11s	286 n 92	46ss.	370 n. 8	62	126 n. 170
11-13	222 n 458	*11*: 10	127 n. 172		211 n. 402
12	223 n 459	13	344 n. 142		224 n. 466
28	151 n 32	15	290 n. 114	63	244 n. 592
	155 n 65	15ss.	370 n. 8	65	167 n. 152

15: 4	185 n. 247	22	252 n. 627	51ss.	370 n. 8
4ss.	182 n. 228	24	110 n. 77	54	117
9-14	185 n. 247		166 n. 145	55	288 n. 102
34	352 n. 18	43	109	*10*: 3	160 n. 109
34ss.	151 n. 32		109 n. 75	7	193 n. 292
43	127 n. 172	*5*: 16	68 n. 29	9	127 n. 172
16: 8	106 n. 54		327 n. 24		230 n. 501
	107	26	106 n. 54	11	127 n. 172
19	211 n. 402		107		230 n. 501
19-31	227 n. 478	31-32	260 n. 672	18	108 n. 72
		33	159 n. 103	21	168 n. 160
Luc		37	28 n. 117		173
1: 1ss.	370 n. 9	39	28 n. 116		173 n. 189
1-4	296 n. 153	*6*: 12	327 n. 24	21-22	368 n. 29
	326 n. 17	20	127 n. 173	22	126
11	126 n. 170		190 n. 272		126 n. 169
11ss.	159 n. 100		191 n. 274		131
22	126 n. 170	20s.	328 n. 31		331
35	333 n. 49	20-26	191 n. 277	25	129 n. 178
39	255 n. 636	24	191 n. 278	29ss.	344 n. 132
53	192 n. 280	24s.	192 n. 280	30ss.	328 n. 31
2: 8-20	327 n. 23	24s.	328 n. 31	38-42	193 n. 291
25ss.	126 n. 170	25	191 n. 278	*11*: 1	159 n. 103
	158 n. 98	35	257 n. 651		327 n. 24
36ss.	126 n. 170	35s.	239 n. 564	2	127 n. 172
	158 n. 98	48	74 n. 59	13	261 n. 677
40	172	*7*: 16	166 n. 143	14-20	111 n. 80
	172 n. 186	18-23	159 n. 103	20	230 n. 502
47	172	22	127 n. 173	24-26	345 n. 149
52	172		194 n. 298	29	223 n. 458
	172 n. 186	26	159 n. 101	35	99 n. 328
	252 n. 627	33	159 n. 104	42	255 n. 636
3: 8	113 n. 97	34	294 n. 150	49	172 n. 185
10-14	328 n. 31	35	173 n. 188		173
15	275 n. 24	39	167 n. 150		173 n. 188
16	71 n. 45	*8*: 19-21	110 n. 77	51	113 n. 90
21	327 n. 24	*9*: 8	167 n. 153	52	162 n. 117
22	108 n. 71	18	327 n. 24	*12*: 7	257 n. 649
38	328 n. 31	19	151 n. 32	10	261 n. 676
4: 5	161 n. 114		155 n. 65	16-21	192 n. 280
8	86 n. 115		167 n. 153	20	192 n. 283
	254 n. 635	25	192 n. 284	22	193 n. 290
9	161 n. 114	28-36	108 n. 71	24	257 n. 649
9-12	223 n. 459	29	327 n. 24	28	257 n. 649
15ss.	284 n. 77	30ss.	151 n. 32	54-56	222 n. 458
17	IX 2	31	126 n. 170	*13*: 14	284 n. 78
18	194 n. 298	34s.	108 n. 71	28s.	127 n. 172
	212 n. 404	48ss.	232 n. 517	31-33	182 n. 230

388 INDEX DES CITATIONS BIBLIQUES

33	166	15	173 n. 187	13	243 n. 585
33ss.	166 n. 144	17	289 n. 110		264 n. 692
14: 1ss.	370 n. 8	24-27	328 n. 31	14	253 n. 628
12s.	192 n. 280	25	225 n. 472		262 n. 681
16-24	232 n. 514	28	225 n. 472		263 n. 691
21	192 n. 280	31	127 n. 172		264 n. 692
15: 3-7	255 n. 640	37	285 n. 86		693
17-20	328 n. 31	*22*: 12	290 n. 114	14s.	331 n. 42
20	255 n. 640	15-20	294 n. 149	17	273 n. 20
31	194 n. 295	20	295 n. 151	18	130 n. 185
16: 1-4	286 n. 92	37	351 n. 14		131 n. 186
8	334 n. 59	43	126 n. 170		264 n. 692
15	285 n. 90	55	285 n. 86		331 n. 42
16	180 n. 220	61	165 n. 136	21	151 n. 32
19-21	192 n. 282		344 n. 141		159 n. 102
19-25	192 n. 280	66-69	223 n. 466	23	150 n. 33
31	223 n. 462	66-69	224	29	74 n. 60
17: 10	194 n. 294	66-70	225		264 n. 693
20	127 n. 172	69	211 n. 402	31	293 n. 144
20s.	142 n. 223	*23*: 7-12	182 n. 231	32ss.	107 n. 69
	328 n. 31	8	286 n. 92		108 n. 71
21	127 n. 172	9	182 n. 228		159 n. 104
	128	13-22	182 n. 231	33	293 n. 144
	230 n. 498		185 n. 247	34	108 n. 71
	503	34	327 n. 24	36	74 n. 60
	328 n. 26	46	327 n. 24		130 n. 183
26ss.	113 n. 92	*24*: 19	166 n. 143	42	74 n. 59
18: 7	255 n. 636		195 n. 300		60
9-14	283 n. 68	27	48 n. 203		165 n. 136
18	126	30	295 n. 150		202 n. 344
	129 n. 178	34	126 n. 170		344 n. 141
23-27	192 n. 280		327 n. 24	46	167 n. 151
34	188 n. 102		329 n. 32	51	108 n. 70
19: 11	328 n. 31	44	48 n. 203		126 n. 170
47	285 n. 86		273 n. 20		225
20: 6	159 n. 102	51	161 n. 114		225 n. 469
13	328 n. 31			*2*: 9ss.	140 n. 217
17	165 n. 136	Jean		24s.	165 n. 136
	344 n. 141	*1*: 1ss.	195 n. 303	25	344 n. 141
25	183 n. 234		232 n. 518	*3*: 3	126 n. 170
27-40	226 n. 475	1-3	331 n. 42		129 n. 178
35-38	226 n. 476	6-8	331 n. 42		231 n. 511
41-44	211 n. 399	9	201 n. 337	3-8	256 n. 646
21:	222 n. 457		233 n. 520		293 n. 144
1-4	283 n. 68		253 n. 629	4	261 n. 673
	192 n. 280		371 n. 15	5	126
8	163 n. 124	10	331 n. 42		129 n. 178
9	328 n. 31	11	110 n. 77		311 n. 265

5-8	231 n. 506		233 n. 523	46	125 n. 164
6	264 n. 692		234 n. 540	54	254 n. 635
16	253 n. 628	24-26	286 n. 96	58	234 n. 539
	264 n. 693	25	130 n. 185	9: 4	195 n. 300s.
16s.	334 n. 57	26	85 n. 109	5	253 n. 629
	62		255 n. 636	17	166 n. 143
17	264 n. 693		346 n. 158	35	130 n. 183
18	131 n. 188	27-30	286 n. 96	39	233 n. 531
19	166 n. 143	39	140 n. 218	10: 20	111 n. 80
	253 n. 629	40	346 n. 158	30	173 n. 189
19-21	334 n. 59	46s.	48 n. 203	38	173 n. 189
22	293 n. 142	6:	311 n. 265	11: 17	335 n. 69
32	126 n. 170	14	166 n. 143	25	233 n. 523
36	117 n. 122	15	212 n. 404		335 n. 70
	129	30	286 n. 92	25s.	234 n. 540
	130 n. 183	31	68 n. 26		311 n. 265
	131 n. 188	35	346 n. 158		346 n. 158
4: 2	293 n. 143	37ss.	131 n. 186	25-27	330 n. 39
10ss.	70 n. 36	40	346 n. 158	34s.	335 n. 69
19	166 n. 143	47	346 n. 158	38s.	335 n. 69
21	285 n. 85	51	264 n. 693	40	126 n. 170
22	257 n. 650		235 n. 57	44	335 n. 69
23s.	94 n. 155		346 n. 158	49-53	140 n. 217
	95 n. 1	51-56	264 n. 693	54	68 n. 29
	265 n. 696	52-58	264 n. 693	12: 21	343 n. 123
	268 n. 1	57	131 n. 186	31	233 n. 531
	310 n. 264	63	311 n. 265	32	334 n. 58
24	274		334 n. 69		61
	71 n. 50	7: 2	93 n. 153	40	260 n. 672
	253 n. 628	3	195 n. 300	46	253 n. 629
	300 n. 195	5	110 n. 77	47	264 n. 693
25	202 n. 344		288 n. 103		334 n. 57
26	234 n. 539	16s.	131 n. 186	13: 4ss.	344 n. 138
35	126 n. 167	19ss.	273 n. 20	12-15	292 n. 129
44	166 n. 165	28ss.	131 n. 186	19	234 n. 539
5: 16	116	37s.	70 n. 36	26ss.	295 n. 151
17	195 n. 304	38	234 n. 540	29s.	295 n. 151
	286 n. 96	40	166 n. 143	34	364 n. 13
19ss.	130 n. 185	52	167 n. 151	14: 6	131
	131 n. 186	8: 12	253 n. 629	13	289 n. 110
	286 n. 96	15	264 n. 692	16ss.	234 n. 533
20	195 n. 300	24	234 n. 539	26	234 n. 533
21	346 n. 158	28	234 n. 539		289 n. 110
22	286 n. 96	36	214 n. 416	15: 16	289 n. 110
24	126 n. 167		231 n. 510	26	234 n. 533
	129	38	126 n. 170	16: 7ss.	234 n. 533
	131 n. 188	44	261 n. 676	11	238 n. 531

13ss.	233 n. 528	9-11	161 n. 114	37	275 n. 24
	234 n. 533	13	290 n. 114	43	137 n. 205
15	173 n. 189	16	351 n. 14	44	7 n. 20
33	225 n. 472	24	285 n. 90		136
17:	131 n. 187	*2*: 1	290 n. 115		136 n. 204s.
1	130 n. 185	4-13	290 n. 116	48	286 n. 93
3	254 n. 635	15	290 n. 116	48s.	286 n. 94
9	334 n. 63	16	155 n. 69	55	211 n. 402
10	173 n. 189	16ss.	162 n. 116	58	107 n. 65
11	255 n. 636	22ss.	166 n. 143		161 n. 113
21ss.	173 n. 189	24	125 n. 165		186 n. 248
22	131		346 n. 155	*8*: 1	107 n. 65
23	257 n. 651	30s.	162 n. 117		186 n. 248
25	255 n. 636	34	211 n. 402	1-3	161 n. 113
18: 1ss.	345 n. 143	36	329 n. 32	9-13	172
5	234 n. 539	37-41	312 n. 272	9-24	102 n. 31
6	234 n. 539	43	291 n. 119	14-25	312 n. 272
	333 n. 54	44s.	197 n. 314	26-40	161 n. 114
8	234 n. 539	46	288 n. 100	35	161 n. 114
14	140 n. 217	47	252 n. 627	*9*: 1	186 n. 248
20	285 n. 86	*3*: 10	106 n. 54	1ss.	107 n. 65
23	182 n. 229		107	4s.	186 n. 248
28	140 n. 217	13ss.	166 n. 143	9-18	338 n. 95
36	129 n. 178	15	131	11	186 n. 248
	212 n. 40	21	229 n. 494	17	126 n. 170
	185 n. 247	22s.	275 n. 24	17ss.	186 n. 248
38	185 n. 247	*4*: 22ss.	166 n. 143	35	260 n. 672
19: 4	185 n. 247	32-37	197 n. 314	37	290 n. 114
5	140 n. 217	*5*: 2-4	197 n. 314	*10*:	289 n. 105
	287 n. 98	8s.	197 n. 314	9	107 n. 66
6	185 n. 247	31	211 n. 402	9ss.	107
9	182 n. 228	*6*: 2-4	292 n. 129	10	106 n. 54
	232	3	172 n. 186	36	329 n. 32
12	185 n. 247	3-6	160	*10-11*: 18	312 n. 27
19-22	140 n. 217		160 n. 111	*11*: 5	106 n. 54
24	140 n. 217	5	160s.	5ss.	107
	352 n. 18	8-10	160 n. 112	19s.	163 n. 121
25s.	110 n. 77	10	172 n. 186	25	186 n. 248
28	139 n. 214	14	273 n. 20	28	162 n. 118
	351 n. 17	15	160 n. 112	29s.	163 n. 118
37	157 n. 86	*7*:	112 n. 86		292 n. 128
20: 25-29	335 n. 71		160 n. 112	30	186 n. 248
29	330 n. 39	2ss.	73 n. 54	*12*: 15	81 n. 89
21: 13	295 n. 150	2-8	112 n. 85	21-23	178 n. 217
25	370 n. 9	2-53	112 n. 89	22s.	112 n. 88
		10	172 n. 186		178
			252 n. 627	23	179 n. 218
Actes			68 n. 26	*13*: 1	163
1: 8	292 n. 128	30			

	163 n. 122	17	106 n. 54	14s.	200 n. 335
	186 n. 248		107		263 n. 684
2	163 n. 123	20	161 n. 113		308 n. 252
	186 n. 248	25-29	183 n. 238	15	200
7	186 n. 248	*23*: 1	201 n. 335		200 n. 333
7ss.	186 n. 248	3	182 n. 229	16	347 n. 160
8	102 n. 31		184 n. 241	*3*: 5	250 n. 623
9	186 n. 248		270 n. 4	9ss.	261 n. 677
11	163 n. 123	5	338 n. 95		262 n. 678
13	186 n. 248	27	183 n. 238	30	309 n. 252
15	284 n. 78	*24*: 23	252 n. 627	*4*:	112 n. 85
18	68 n. 26	27	252 n. 627	9-18	114 n. 98
31	126 n. 170	*25*: 9	252 n. 627	11	360 n. 66
33	210 n. 398	10-12	183 n. 238	16	252 n. 627
39	273 n. 20	16ss.	186 n. 248	16ss.	113
47	253 n. 629	21	183 n. 238	*5*: 1s.	112 n. 84
14: 11-15	244 n. 592	25	183 n. 238	1ss.	131 n. 188
11-18	178 n. 217	*26*: 16	126 n. 170	8	116
15-17	245 n. 593	32	183 n. 238		364 n. 13
16	245 n. 597	*27*: 9ss.	165 n. 135	9	250 n. 623
15:	163 n. 120	21ss.	165 n. 135	12ss.	336 n. 90
	289 n. 109	31	165 n. 135		360 n. 66
3	260 n. 672	*28*: 19	183 n. 238	14	6 n. 18
5	274 n. 20	23	274 n. 20	17ss.	346 n. 153
6-21	312 n. 272			18s.	334 n. 58
7ss.	289 n. 105	Romains		*6*: 3ss.	118 n. 128
13ss.	289 n. 105	*1*:	245 n. 598		293 n. 144
13-21	292 n. 127	1-5	163 n. 125		301 n. 205
32	163	2s.	355 n. 43		311 n. 265
	163 n. 120	8	252 n. 627	3-11	131 n. 188
16: 16ss.	101	17	155 n. 67	4	301 n. 205
31	329 n. 32	18ss.	250 n. 673	4-5	132
37-39	183 n. 238	19	248 n. 604	6	301 n. 205
17: 23	245 n. 598		609	7ss.	346 n. 153
24	286 n. 93	19s.	200 n. 335	8	301 n. 205
32	164 n. 131	19ss.	263 n. 683	12	335 n. 80
18: 2	166 n. 141	19-21	173 n. 190	13	346 n. 153
24	159 n. 103	20	248 n. 609	22s.	130 n. 185
26	254 n. 631	20-23	249 n. 613		131
19: 7	159 n. 103	21	173 n. 190		132
20: 8	290 n. 114	21-32	262 n. 678		346 n. 153
35	370 n. 9	22	108 n. 160	23	250 n. 623
21: 8s.	161	28	173 n. 190		336 n. 80
11	163 n. 119		248 n. 610	*7*: 12	309 n. 252
18ss.	289 n. 106	*2*: 4	250 n. 623	14ss.	261 n. 677
21	274 n. 20	8	250 n. 623		262 n. 678
38	179 n. 220	14	200 n. 335	16	309 n. 252
22: 11	338 n. 95		247 n. 601	23	308 n. 252

24	335 n. 80	8	353 n. 29	*3*: 9	198 n. 321
25	130 n. 185	*11*: 5ss.	121 n. 148		245 n. 597
8:	130 n. 185	7-10	245 n. 595	19	263 n. 682
1	346 n. 153	15	338 n. 92	19s.	168 n. 160
2	249 n. 619	29-32	245 n. 595	*5*: 4	81 n. 89
3	310 n. 258	*12*: 1	130 n. 185		107
8s.	262 n. 681		268 n. 1	7	233 n. 527
8-11	249 n. 619		300 n. 194		192 n. 286
10s.	346 n. 153	1-2	311 n. 265	*6*: 11	311 n. 265
16	249 n. 616	6	162 n. 115	15	346 n. 153
	620	6-8	312 n. 272	16	351 n. 9
19ss.	231 n. 508	19	250 n. 623	*7*: 21	199 n. 324
	338 n. 92	*12-16*:	197 n. 316	22	199 n. 324
19-22	264 n. 693	*13*:	184	26-31	222 n. 454
21	292 n. 135	1-7	184 n. 242	*8*:	198 n. 319
23	232 n. 512		243	1	262 n. 681
24s.	112 n. 84		186 n. 249	4	262 n. 681
28	245 n. 597		312 n. 272	4ss.	21 n. 81
28-30	250 n. 625	2	299 n. 177	4-7	247 n. 602
29	233 n. 523	5	250 n. 623	7	262 n. 681
	234 n. 537	9	233 n. 522	7-12	200 n. 335
	257 n. 653	12	334 n. 59	9ss.	31 n. 126
	288 n. 98	*14*: 17	230 n. 503	10	262 n. 681
	300 n. 198	*15*: 10	351 n. 9	13	262 n. 681
31ss.	132 n. 189	21	353 n. 31	*9*: 5	110 n. 77
34	211 n. 402	*16*: 26	299 n. 177	9	274 n. 20
35ss.	125 n. 166	27	143 n. 224		354 n. 38
	346 n. 153				39
37	125 n. 166			16	164
38	73 n. 56	1 *Corinthiens*			193 n. 287
	185 n. 246	*1*: 1	163 n. 125		237 n. 555
39	300 n. 197	2	311 n. 265	21	309 n. 252
9: 1	249 n. 620	4	252 n. 627	*10*:	31 n. 126
5	331 n. 39	13	324 n. 3	4	6 n. 16
11-18	245 n. 595	17	294 n. 146		74 n. 59
11-23	309 n. 254	17ss.	168 n. 160		355 n. 41
16	251 n. 626		172 n. 184	6	6 n. 18
20s.	240 n. 570	21	263 n. 682	11	354 n. 33
20ss.	245 n. 594	23	337 n. 87		355 n. 42
27-29	320 n. 16	*2*: 1ss.	168 n. 160	19-21	247 n. 602
28	353 n. 31	3	164 n. 131	23-33	198 n. 319
32ss.	312 n. 272		338 n. 95	*11*: 7	112 n. 87
10: 2	249 n. 613	4s.	338 n. 95	23ss.	295 n. 152
4	309 n. 252	10s.	249 n. 616		296 n. 153
5	274 n. 20	11	249 n. 615	27	309 n. 256
6	353 n. 30	12	263 n. 682	29	309 n. 256
	353 n. 28ss.	13	168 n. 160	30	309 n. 256
6ss.	353 n. 28	16	325 n. 12	*12*: 4ss.	163 n. 126

INDEX DES CITATIONS BIBLIQUES

10	162 n. 115	20	232 n. 512	*3:*	275 n. 24	
	290 n. 117		263 n. 688	3	262 n. 681	
10s.	106 n. 57	20-57	221 n. 454		266 n. 702	
27	347 n. 153	22	232 n. 518	6	139 n. 213	
28	106 n. 57	23	232 n. 512		167 n. 155	
	290 n. 117		263 n. 688		228 n. 481	
28s.	163 n. 126	24	185 n. 246		301 n. 205	
30	106 n. 57	25	211 n. 402		311 n. 265	
31	106 n. 59	28	130 n. 185	7-18	149 n. 26	
12-14:	106 n. 59	29	301 n. 205	12-17	28 n. 117	
13:	248	35	227 n. 477	14	46 n. 195	
	302 n. 212	37	227 n. 477	14ss.	162 n. 117	
	310	38	227 n. 477	15	274 n. 20	
1	106 n. 59	39-41	227 n. 477	17	71 n. 45	
	290 n. 117	39	262 n. 681		195 n. 302	
2	162 n. 115	39	264 n. 692s.		253 n. 628	
2s.	111 n. 82	42-44	227 n. 477		301 n. 205	
4-7	252 n. 627	45	6 n. 18	17s.	71 n. 50	
8	290 n. 117		226 n. 477	18	234 n. 535	
8-12	248 n. 604		232 n. 518		346 n. 153	
9	248 n. 605		234 n. 538	*4:*	132 n. 188	
12	75 n. 64		287 n. 98	2	200 n. 332	
	173 n. 190		346 n. 158	3	347 n. 160	
	248 n. 605		360 n. 66	4	263 n. 682	
13	106 n. 59	45ss.	71 n. 45	6	249 n. 618	
14:	106 n. 56	46	4 n. 9	7	164 n. 133	
	106 n. 59		7 n. 20	10s.	347 n. 153	
	162 n. 115	49ss.	263 n. 688	10ss.	164 n. 133	
	165 n. 137	50	227 n. 477	11	264 n. 693	
	198 n. 320		311 n. 265	13-18	112 n. 84	
	290 n. 117		335 n. 78	16-18	301 n. 205	
	290s. n. 122	51	227 n. 477	18	338 n. 94	
18	106 n. 58	52	221 n. 454	16-V, 10	222 n. 454	
21	353 n. 31		226 n. 474	*5:*	232 n. 512	
23	110 n. 80	55	79 n. 81	13	110	
39	106 n. 57	*16:*	197 n. 316		110 n. 79	
40	291 n. 122	1ss.	289 n. 107	14s.	346 n. 153	
	299 n. 177	21	289 n. 110	15	310 n. 258	
15: 5-8	126 n. 170	22	290 n. 118	16	262 n. 681	
	292 n. 129		332 n. 48		292 n. 134	
5-11	163 n. 125			17	125 n. 166	
7	292 n. 126	2 *Corinthiens*			192 n. 286	
	133	*1:* 1	163 n. 125		233 n. 523	
7s.	107 n. 65	11	252 n. 627		526	
10	252 n. 627	12	168 n. 160	19	256 n. 646	
11	165 n. 138	22	232 n. 512		264 n. 693	
	247 n. 600	*2:* 16	35 n. 134		338 n. 92	

21	310 n. 258	11	155 n. 67	20	211 n. 402
6: 2	352 n. 9	13	310 n. 258	20s.	185 n. 246
16s.	352 n. 9		337 n. 87	2: 2	71 n. 47
7: 1	311 n. 265	15ss.	138 n. 214	5-7	252 n. 627
8: 1-15	289 n. 107	16	208 n. 384	15	192 n. 286
4	252 n. 627		351 n. 9		233 n. 527
9	196 n. 308	24s.	46 n. 193	3:	172 n. 184
	213 n. 414		309 n. 252	10	73 n. 56
	232 n. 519	24ss.	352 n. 23		185 n. 246
	337 n. 86	26s.	131 n. 188	16s.	249 n. 619
9: 1-15	289 n. 107	26-28	338 n. 92	4: 8	351 n. 9
10: 13	46 n. 194	27	347 n. 153	11	163 n. 126
15	46 n. 194	28	199 n. 325	13	234 n. 536
15	46 n. 194	29	114 n. 98		249 n. 614
16	46 n. 194	4: 6	249 n. 619		261 n. 674
11: 2	85 n. 114		252 n. 627		264 n. 695
23-30	338 n. 95	8	247 n. 601	24	112 n. 87
12: 1-4	118 n. 128	9	248 n. 612		192 n. 286
1-12	106 n. 60	13-15	338 n. 95		233 n. 527
5-10	164 n. 132	19	261 n. 674	5: 8	300 n. 196
7	338 n. 95		346 n. 153		334 n. 59
9	346 n. 153	21ss.	138 n. 214	6: 12	71 n. 47
9s.	338 n. 95	24	353 n. 27		73 n. 56
10	164 n. 133		354 n. 33		
13:	197 n. 316	24-30	7 n. 20	*Philippiens*	
8	20 n. 76	24-31	353 n. 26	1: 20s.	263 n. 687
	29 n. 121	25	356 n. 46	21	125 n. 166
		5: 1-12	292 n. 132	24	346 n. 153
Galates		11	337 n. 87	2: 1-4	197 n. 315
1: 3s.	263 n. 682	13ss.	31 n. 126	1-8	213 n. 415
11-20	163 n. 125		197 n. 316	5	197 n. 315
13s.	102 n. 65	6:	197 n. 316		346 n. 153
15	252 n. 627	11	289 n. 110	5ss.	232 n. 519
15-20	292 n. 132	11-17	338 n. 95	6	337 n. 86
19	110 n. 77	14	263 n. 682	6s.	337 n. 86
2: 1-14	292 n. 132	15	192 n. 286	6ss.	302 n. 206
11-14	312 n. 272		233	6-11	336
12	292 n. 127		233 n. 527		336 n. 86
	292 n. 133	16	46 n. 194	7	337 n. 86
16	292 n. 133			11	72 n. 52
20	125 n. 166	*Ephésiens*			130 n. 185
	346 n. 153	1: 9s.	372 n. 19		132
21	252 n. 627	10	45 n. 192		302 n. 206
3: 1	165 n. 138		232 n. 512	3: 2s.	292 n. 131
1ss.	292 n. 131		233 n. 522	7ss.	346 n. 153
6-9	114 n. 98	14	233 n. 522	16	46 n. 194
7ss.	112 n. 85	17	249 n. 614	4: 13	125 n. 166
8-18	338 n. 91	17s.	249 n. 616		164 n. 133

INDEX DES CITATIONS BIBLIQUES

Colossiens		1 Thessaloniciens		9	252 n. 627
1: 10	248 n. 611	*2*: 16	250 n. 623	10	79 n. 81
13s.	346 n. 153	*4*: 1-2	291 n. 123		123
16	73 n. 56	11s.	197 n. 317		123 n. 161
	185 n. 246	13-V, 11	221 n. 454		132
27s.	346 n. 153	16	226 n. 474		346 n. 156
28	162 n. 117	*5*:	197 n. 316	*4*: 3	312 n. 270
2: 1ss.	172 n. 184	5	300 n. 196		
2	249 n. 614		333 n. 59	*Tite*	
6s.	346 n. 153	9s.	263 n. 688	*1*: 5	312 n. 270
8	21 n. 81	10	345 n. 153	7	312 n. 270
8s.	331 n. 39	13	291 n. 123	9	312 n. 270
8ss.	172 n. 184	14	291 n. 123	*2*: 1	312 n. 270
10	73 n. 56	22	291 n. 123	8	312 n. 270
	185 n. 246			10	312 n. 270
	233 n. 523	2 Thessaloniciens		*3*: 1	184 n. 242
12	125 n. 166	*1*:	221 n. 454		187
12ss.	346 n. 153	7	263 n. 688	5	261 n. 673
15	73 n. 56	*2*: 1-12	221 n. 454		293 n. 144
	185 n. 246	passim	291 n. 123		312 n. 270
16ss.	292 n. 131	13ss.	263 n. 688		
17	21 n. 81	14	346 n. 160	*Philémon*	
	137	*3*:	197 n. 316	10	199 n. 324
	266 n. 704		291 n. 123	12	199 n. 324
20	346 n. 153	6-12	197 n. 317	13	199 n. 324
22s.	172 n. 184	10	198 n. 318	14s.	199 n. 324
3: 1	211 n. 402		291 n. 123	16s.	198 n. 324
1ss.	346 n. 153				199 n. 324
1-4	335 n. 72	1 *Timothée*		19	199 n. 324
3	125 n. 166	*1*: 3	312 n. 270	21	199 n. 324
	131 n. 188	10	312 n. 270		
	132	13s.	252 n. 627	*Hébreux*	
	243 n. 585	*2*: 1s.	184 n. 242	*1*: 3	211 n. 402
	310 n. 260		187	5	210 n. 398
	346 n. 157	6	181 n. 225	7	350 n. 9
3s.	367 n. 21	*3*: 2	312 n. 270	*2*: 9	252 n. 627
6	132	9	200 n. 335		308 n. 247
10	112 n. 87	16	262 n. 681	13	353 n. 31
	192 n. 286		337 n. 86	17	307 n. 246
	233 n. 527	*4*: 6	312 n. 270	*3*: 2-5	274 n. 20
	249 n. 614	14	162 n. 115	6	263 n. 687
11	199 n. 325	*5*: 17	312 n. 270	7-11	353 n. 31
	346 n. 153	*6*: 3	312 n. 270	8	68 n. 26
4: 1	199 n. 324			*4*: 4	350 n. 9
6	252 n. 627	2 *Timothée*		*5*: 5	210 n. 398
9	199 n. 324	*1*: 3	201 n. 335		

6-10	148 n. 20		112 n. 86	1 *Pierre*	
	273 n. 19		89	*1*: 10	252 n. 627
7	339 n. 101	1	111 n. 84	2: 4-8	312 n. 272
10	273 n. 19	4	113 n. 90	13	186
6: 2	293 n. 145	5	113 n. 91	13s.	184 n. 242
20	148 n. 20	7	113 n. 92	13-17	312 n. 272
	273 n. 19	8	113	13-25	184 n. 243
29-VII, 17	273 n. 19		113 n. 95	19	249 n. 621
7: 1-17	148 n. 20	8-19	112 n. 85	25	312 n. 270
10	123 n. 160	9	114 n. 101		340 n. 110
15-17	359 n. 56	19	112 n. 89	*3*: 18-22	337 n. 86
17	173 n. 19	23-29	114 n. 102	20s.	113 n. 92
	312 n. 270	26	112 n. 89	21	7 n. 20
21	173 n. 19	27	114 n. 103		137
8: 1	211 n. 402	32	114 n. 107		261 n. 673
5	6 n. 16	32-40	114 n. 106	22	73 n. 56
	136	40	112 n. 89		211 n. 402
	136 n. 205	*12*: 1-3	112 n. 89	*4*: 10	312 n. 272
	266 n. 704	22	7 n. 20	*5*: 1	312 n. 270
	308 n. 248		137	4	340 n. 110
8	351 n. 9		137 n. 208		
9: 11	136	24	113 n. 90	2 *Pierre*	
19	274 n. 20	*13*: 8	233 n. 530	*1*: 2	248 n. 611
22	308 n. 247		367 n. 24	7s.	340 n. 113
24	7 n. 20	9	21 n. 81	8	248 n. 611
	132 n. 190			16	21 n. 81
	137	*Jacques*		17	340 n. 113
	137 n. 205	*1*: 12-18	196 n. 310	17s.	108 n. 71
	266 n. 704	17	196 n. 310	19ss.	340 n. 113
25-28	307 n. 246	18	196 n. 310	20s.	161 n. 114
	308 n. 247	*2*: 1-7	197 n. 311	*2*: 5	113 n. 92
10: 1	6 n. 16	6s.	196 n. 310	10s.	73 n. 56
	21 n. 81	13	186		312 n. 274
	137	14ss.	111	20	248 n. 611
	266 n. 704	14-26	111 n. 81	*3*: 8	130 n. 182
	308 n. 248		197 n. 313		218 n. 445
5-7	353 n. 31		243 n. 585		340 n. 113
10	308 n. 247	24	155 n. 67	12	264 n. 693
13	211 n. 402	*3*: 9	112 n. 87	13s.	340 n. 113
20	132	14ss.	172 n. 184	18	340 n. 113
24	250 n. 622		196 n. 310		
28	263 n. 687	*4*: 4	364 n. 13	1 *Jean*	
	274 n. 20	16	168 n. 160	*1*: 1	331 n. 39
30	350 n. 9	*5*: 1-6	196 n. 310	5	253 n. 629
35	263 n. 687	10	196 n. 310		300 n. 196
37	353 n. 31	11	196 n. 310	5ss.	334 n. 59
11:	111 n. 84	14	312 n. 270	7	300 n. 196

INDEX DES CITATIONS BIBLIQUES

2: 1	130 n. 185	14	264 n. 693	13	187 n. 252	
2	256 n. 646		334 n. 57	2: 23	123 n. 160	
	264 n. 693	16	131		285 n. 90	
	364 n. 13		300 n. 197	3: 12	7 n. 20	
7s.	301 n. 200		244 n. 587	20	345 n. 150	
	364 n. 13		253 n. 630	21	211 n. 402	
10	300 n. 196		256 n. 646	5: 9	162 n. 117	
14	264 n. 693		364 n. 13	5-7:	339 n. 105	
16	264 n. 692	17	256 n. 646	5-8:	162 n. 117	
22	331 n. 39		263 n. 687	6: 8	162 n. 118	
23	131	19	131	10-17	340 n. 109	
	131 n. 186		301 n. 201	16	117 n. 122	
23s.	130 n. 185	5: 1	300 n. 197	7: 17	70 n. 36	
24	130 n. 183		331 n. 39	8: 7	217 n. 441	
24s.	234 n. 541	1ss.	131 n. 186	10: 8-11	221 n. 453	
25	131	2	300 n. 197	10-12:	221 n. 453	
3: 2	264 n. 695	6	331 n. 39	11: 1-2	221 n. 453	
	335 n. 72	10	130 n. 184	3-12	151 n. 32	
	368 n. 28	11	130 n. 184	6	151 n. 32	
2s.	234 n. 541		131	19	217 n. 441	
16	364 n. 13	11s.	126 n. 167	12: 1-6	221 n. 453	
21	211 n. 402	13	131	5	221 n. 453	
	256 n. 646	14	256 n. 646	13: 18	5 n. 14	
23s.	130 n. 185	20	131		201 n. 6	
	131 n. 186	2 Jean			356 n. 46	
4: 1-3	262 n. 681	1	340 n. 116	14: 1-5	339 n. 105	
2	264 n. 692	7	264 n. 692	16: 21	217 n. 441	
	693		693	19: 11-16	221 n. 453	
2s.	331 n. 39	9s.	312 n. 270	18	264 n. 692	
7-10	116	3 Jean		20: 1-3	108 n. 72	
	131	1	340 n. 116	1-7	218 n. 445	
8	244 n. 587	Jude		7-10	108 n. 72	
	253 n. 630	8	73 n. 56	8	353 n. 32	
	256 n. 646	8s.	312 n. 274	9s.	353 n. 32	
	300 n. 197	14	113 n. 91	21: 2	7 n. 20	
	364 n. 13	Apocalypse		3	136	
9ss.	130 n. 185	1: 7	157 n. 86	6	136	
10	181 n. 225	12-16	221 n. 453	22	70 n. 36	
	256 n. 646			22: 20	136	
	364 n. 13				290 n. 118	

INDEX DES NOMS DE LIEUX

Accad 63 n. 7, 79 n. 78, 271
Akaba 65 n. 19
Alexandrie 8 n. 21, 9, 54 n. 225, 129 n. 181, 143 n. 224, 241 n. 571, 334, 336
Amsterdam 1 n. 1
Anatoth 154 n. 63
Antioche 9, 9 n. 31, 162, 163, 163 n. 118, 163 n. 120-122, 312 n. 272
Arabah 65 n. 19
Arabie 63 n. 6, 65
Aram 63 n. 6, 72 n. 54
Aréopage 246 n. 598
Arnon 69 n. 35
Asie 146
Assyrie 79 n. 78, 80, 146, 278 n. 38
Athènes 3 n. 6, 9, 245, 246 n. 598

Babel 74 n. 59
Babylone 54 n. 225, 63 n. 7, 82 n. 96, 120 n. 143, 146, 154, 154 n. 58, 155, 215 n. 424
Babylonie 81 n. 271
Bâle 15 n. 59
Balih 72 n. 54
Basilique 290 n. 112
Beer-Sheba 277
Béthel 152, 238 n. 558, 277
Bethléem 327, 371
Beyrouth IX n. 2
Brême 1 n. 1
Byblos IX n. 2

Cana 140 n. 217
Canaan 63 n. 6, 66, 71 n. 43, 74 n. 60, 84 n. 104, 98, 120 n. 143, 146, 146 n. 11, 150, 148 n. 28, 271, 275 n. 25, 276, 277 n. 31
Canterbury 29 n. 120
Caran 64 n. 10, 72, 72 n. 54, 73 n. 56
Carmel 100, 150
Carthage 176 n. 209
Césarée de Philippe 212 n. 404
Chalcédoine 9 n. 30

Chaldée 64, 72 n. 53, 54, 73 n. 56
Chambre Hte 290 n. 113, 293
Champs Elys. 124 n. 162
Chine 98 n. 10
Chypre 163 n. 121, 123
Clermont Fd. VII
Constantinople 94 n. 30
Corinthe 110, 164, 164 n. 131, 291, 297 n. 163
Crète 84 n. 104, 229
Cyrène 163 n. 121

Damas 63 n. 7, 103 n. 39, 107, 163 n. 125, 164
Delphes 101
Désert 60-75 *passim*, 150 n. 28, 151 n. 33, 320 n. 15s.

Eden 68 n. 30, 208 n. 383
Edimbourg 252 n. 627
Egypte IX n. 2, 66, 66 n. 19, 68 n. 30, 69 n. 31, 73 n. 56, 79-80, 80 n. 86, 84 n. 104, 90 n. 133, 121 n. 147, 146, 146 n. 11, 156, 156 n. 76, 169, 169 n. 166, 210 n. 398, 216, 229
Endor 71 n. 47, 101, 119 n. 140, 120
Enfer 227 n. 480, 482, 240 n. 569
Ephèse 254 n. 631
Ethiopie 161
Euphrate 65, 72 n. 54

Francfort 1 n. 1, 14 n. 52

Gabaon 217
Galilée 182
Géhenne 124 n. 162
Genève 1 n. 1, 55 n. 233, 319 n. 8
Géorgie 229
Gethsémané 157 n. 86
Grèce 24 n. 93, 79 n. 80, 97 n. 9, 142 n. 224, 260 n. 673, 339 n. 95
Guébal IX n. 2
Guézer 91 n. 140, 92 n. 141

Guibéon 277
Guilgal 277

Hadès 120 n. 143, 124 n. 162
Halle 15 n. 57
Hambourg 16 n. 62
Hts Lieux (Bamoth) 74 n. 59, 91 n. 140, 238 n. 558, 277, 278 n. 38, 279 n. 40, 42
Hermon 65 n. 19
Horeb 74 n. 59, 105 n. 50s., 333 n. 54

Inde 98 n. 10
Iran 82 n. 96, 146, 147, 159 n. 104, 214, 215 n. 424, 241 n. 571, 333 n. 35

Japon 98 n. 10
Jérusalem 7 n. 20, 54 n. 225, 63 n. 6, 92 n. 141, 124 n. 162, 136, 137 n. 208, 153, 154, 154 n. 63, 156 n. 83, 157 n. 86, 163, 163 n. 118, 120, 166, 182, 196 n. 309, 208, 215 n. 426, 217, 238 n. 558, 241 n. 571, 254 n. 631, 266, 277, 278, 283, 284, 288, 291, 292 n. 128, 297, 301, 307, 312 n. 272
Jourdain 293
Juda 153 n. 55, 154
Judée 235 n. 543

Kaphtor 84 n. 104
Kebar 155, 155 n. 71
Khartoum 202 n. 345

Lystres 144, 246 n. 598

Mari 25, 25 n. 96, 84 n. 107, 85, 100 n. 23, 101 n. 27, 146 n. 8 et 11, 147, 277
Mecque (La) 91 n. 138
Méditerranée IX n. 2, 72 n. 54, 153 n. 55
Mer Morte 65 n. 19, 159 n. 104, 208
Mésopotamie 70 n. 41, 72, 72 n. 54, 146 n. 11, 155 n. 71
Midbar 152
Milan 52 n. 214
Montpellier VII
Moresheth 153, 153 n. 55

Nag-Hammadi 25, 25 n. 99, 213 n. 3
Nazareth 212

Néguev 65 n. 19, 66 n. 21
Nicée 333
Nil 70
Ninive 154
Nippour 155 n. 71

Our : cf. Ur
Oxford 83 n. 100

Palestine 3 n. 7, 64 n. 225, 65s. n. 19, 129 n. 181, 143 n. 224, 156, 206 n. 370, 275 n. 24, 293, 310 n. 263, 327, 330 n. 39, 336
Paradis 68, 124 n. 162, 240 n. 569
Péniel 104 n. 47, 105
Pérée 182
Persique (Golfe) 72 n. 84
Phénicie 84 n. 104

Qoumran 4, 25, 25 n. 98, 50 n. 205, 53, 53 n. 220, 68, 82 n. 96, 117 n. 126, 123 n. 162, 129 n. 181, 137 n. 205, 138 n. 212, 139 n. 214, 143 n. 224, 151 n. 33, 159 n. 104, 160, 162 n. 117, 186, 186 n. 250, 189 n. 271, 196 n. 307 et 310, 206 n. 370, 209 n. 391, 210 n. 394s., 215 n. 425, 223 n. 463, 254 n. 631, 266, 275 n. 24, 282, 282 n. 62-66, 283 n. 66-67, 284, 284 n. 74, 285, 290 n. 115, 293, 293 n. 138, 305 n. 232, 332, 332 n. 46, 352, 371 n. 17

Ras Shamra 25, 25 n. 95, 84 n. 104, 85, 85 n. 107, 276 n. 29
Rhegium 3 n. 9
Ribeauvillé 14 n. 52
Rome 24 n. 93, 52 n. 214 et 216, 79 n. 80, 186, 317 n. 2, 328, 356
Royaume Nord 152, 154, 154 n. 58, 229
Royaume Sud 153, 154, 154 n. 58
Rubicon 312 n. 270

Sahara 66
Samarie 155, 161, 237 n. 558, 278, 279 n. 40
Saron 65 n. 18
Scheôl 79, 79 n. 80 et 81, 85 n. 109, 119, 119 n. 139, 120, 120 n. 143, 122 n. 155, 123 n. 162, 132 n. 189

Séphéla   153 n. 55
Shiloh   277
Sinaï   6 n. 16, 56 n. 236, 116 n. 118, 320 n .15
Sion   210 n. 398
Sodome   155
Soudan   202 n. 345
Strasbourg   VII, 1 n. 1, 14 n. 52, 162 n. 117
Sumer   25, 25 n. 97, 63 n. 7, 64, 64 n. 9, 69 n. 34, 72 n. 53, 79 n. 78, 81, 82 n. 93, 147, 169, 169 n. 165, 210 n. 395, 271 n. 284
Suméro-Babylonie   146
Synagogue   92, 283, 284, 284 n. 72-80
Syrie   215 n. 426
Syro-Phénicie   63 n. 6

Tarse   9, 183, 247 n. 601, 253 n. 631

Tell Aviv   155
Temple   92 n. 141, 67 n. 22, 105 n. 52, 110 n. 77, 153, 154 n. 62, 156, 211 n. 399, 215 n. 426, 221 n. 453, 238 n. 558, 266, 277, 278, 279 n. 40 et 42, 280, 281 n. 54, 282 n. 66, 289 n. 106, 291, 292, 292 n. 137, 293 ,300 n. 191, 320 n. 15
Thaanac   91 n. 140
Thessalonique   197, 291, 291 n. 123
Tibériade   54 n. 225
Trente   52 n. 216, 53
Tubingue   15 n. 57, 17, 17 n. 65, 18s.

Ur   64, 64 n. 10 et 11, 72, 72s. n. 54 et 56, 236 n. 551

Vatican   176 n. 207
Venise   227 n. 480

INDEX DES NOMS DE PERSONNES

(non inscrites sur les autres listes)

Achab 151
Agabus 162 n. 18
Agour 169 n. 164
Alexandre, (Abonoticus) 258 n. 663, 330 n. 39
Amatsia 152
Ambroise 9
Amen-en-Opé 169 n. 164
Amphitryon 330 n. 39
Amraphel 63 n. 7
Ananias 197 n. 314
Anne 126 n. 170, 158
Anselme 29 n. 120
Antigone 200 n. 331, 334, 308 n. 250, 364 n. 13
Antiochus Epiphane 158, 215
Apollodore 3 n. 9
Apollonius de Tyane 258 n. 663, 330 n. 39
Aqiba 54 n. 225
Aquila 210 n. 396
Aquilas 166 n. 141, 254 n. 631
Aratus 245 n. 598
Aristée 54 n. 227
Aristote 39
Astarté 279 n. 40
Aton 84 n. 104
Averroès 238 n. 559
Azazel 304 n. 226, 307 n. 247, 333 n. 55

Balaam 100s., 207 n. 373
Banos 282 n. 64
Barac 114
Barnabas 163, 244
Bar Kokeba 207 n. 373
Barth, K. 26 n. 102
Beelzébul 261 n. 676
Bernard 116 n. 120
Bèze, Th. de 13, 56 n. 235, 233 n. 520
Boccace 12, 15 n. 55
Bossuet 116 n. 120, 120 n. 146
Bouddha Amida 98 n. 10

Bucer 13
Budde 19 n. 75
Burney 233 n. 520
Ben Asher 54 n. 225
Caïphe 140 n. 217
Caligula 215 n. 426
Candace 161 n. 114
Castellion 116 n. 120
Catherine de Sienne 144 n. 225
Celse 21 n. 81, 193 n. 289, 195 n. 304
Chrysippe 200 n. 335, 247 n. 601
Chrysostome X n. 6, 9 n. 32, 233 n. 520
Cicéron 133 n. 190
Clark 56 n. 236
Claude 186 n. 249
Comte, Aug. 135 n. 198, 203 n. 349
Constantin 21 n. 81
Corneille 312 n. 272
Cudworth 12 n. 41
Cybèle 302 n. 205
Cyrus 215 n. 424, 333 n. 55

Damase 52 n. 205
Dante 228 n. 480
Darius 281
Darmesteter 216 n. 437
Débora 100 n. 25
Décius 9
Descartes 40 n. 169
Diaus-Pitar 255 n. 642
Diodore de T. 9
Dufour 326 n. 17
Dumézil 135 n. 198
Dunand IX n. 2
Durkheim 87 n. 125

Ea 79 n. 78
Egerton 325 n. 15
Einstein 372 n. 18
Eissfeld 26 n. 104
Eléazar 54 n. 227

Eliézer 272 n. 13
Eliézer, (Rab.) 356 n. 46
Elisée 103, 151, 161
Elymas 102
Ephraïm 265
Eschyle IX n. 2
Euchérius 11
Ewald 62 n. 2, 85 n. 108, 115 n. 117

Festus 186 n. 248
Ficin, M. 12 n. 4
François, I. 12
François de S. 97 n. 9
Freud 40 n. 168, 73 n. 58, 135 n. 198, 204 n. 352

Gabriel 86 n. 117
Gaïus 51
Gamaliel 25 n. 631
Gayomart 202 n. 346
Gédéon 114, 149 n. 23, 24
Geiler de K. 11 n. 40
Gog 353 n. 32
Grégoire I 11, 11 n. 39s.
Grégoire VII 176 n. 207
Grotius 184 n. 243

Hammourabi 63, 63 n. 7
Hégésippe 51, 288 n. 104
Heraclite 8 n. 25, 16 n. 64, 17
Hermas 52 n. 214, 53 n. 217
Hermès 178 n. 217
Hérode Agrippa 178, 178 n. 217, 215 n. 426
Hérode Antipas 167, 182, 185, 187
Hérodote IX n. 2
Hillel 356 n. 46
Humawand 202 n. 346

Ibn Hazm 202 n. 346
Içvara 98
Irénée 52, 52 n. 213
Ismaël 138 n. 214

Jacob, (Fr.) 133 n. 190
Jacobi 115 n. 117
Jakobson 133 n. 190
Jephté 90 n. 135

Jéroboam 238 n. 558
Jézabel 151, 175
Jibril : cf. Gabriel
Josaphat 155
Joseph (Marie) 193
Joseph d'Arimathée 127 n. 172
Josué ben Hanania 226 n. 476
Jung 135 n. 198

Kitchener 202 n. 345

Laban 72 n. 54
Lasson 366 n. 19
Lazare 223, 227
Le Clerc 16 n. 61, 326 n. 17
Leibniz 39, 61 n. 3
Lemouel 169 n. 164
Léon X 260 n. 670
L'Héritier 133 n. 190
Lidzbarski 159 n. 103
Lot 63 n. 7, 72 n. 54
Louis XIII 184 n. 243

Macchabées 215
Magog 353 n. 32
Mahomet 241 n. 572, 275 n. 24
Maïmonide 53 n. 220, 238 n. 559
Marthe 193
Mélanchthon 11, 11 n. 40
Meyer, A. 230 n. 503
Michée de Jimla 101 n. 27, 153 n. 55
Michel-Ange 214, n. 418
Michelet 35 n. 144, 146
Mithra 302 n. 205
Moloch 279 n. 40
Montet, (P.) IX n. 2
Motloumé 168 n. 161
Muratori 52

Naboth 151
Nacor 72 n. 54
Nathan 150, 178, 187, 207, 207 n. 374, 67 n. 22
Nebucadnetzar 281
Neferrehou 210 n. 398
Nestorius 9 n. 30
Nowack 19 n. 75

INDEX DES NOMS DE PERSONNES

Omar 92 n. 141
Onésime 198, 198 n. 323, 324
Onqelos 355 n. 41
Cf. Aquila

Papias 224 n. 464, 324 n. 8
Parker 326 n. 17
Pélage 9 n. 30
Pharaon 121 n. 147, 171 n. 179
Philippe 161 ,162 n. 117, 312 n. 272
Pic de la M. 12
Prat 337 n. 86
Priscille 166 n. 141, 254 n. 631
Ptolémée Evergète 47 n. 199
Ptolémée Philadelphe 54 n. 227

Rachel 364 n. 13
Rébecca 272 n. 15
Roboam 188 n. 257

Sadoc 280
Samson 114
Saphira 197 n. 314
Sara 353
Sargon l'Ancien 63 n. 7 et 8, 275 n. 25
Saul de Tarse 107 n. 65, 163, 163 n. 118, 186 n. 248, 221 n. 454, 253 n. 631
Cf. Table analyt. *Paul*
Saül 80 n. 82, 101, 109, 119 n. 140, 149, 150, 207 n. 374, 277 n. 34
Scaliger 13 n. 47
Schleiermacher 326 n. 17
Schmidt, S. 14 n. 51
Selden 87 n. 125
Semler 15 n. 57, 17 n. 69, 326 n. 17
Silas 162 n. 120, 163
Siméon le vieillard 126 n. 170, 158
Simon, (Pierre) 74 n. 59
Simon (le Mage) 102, 102 n. 31, 172

Simon (le Zélote) 179 n. 220
Spartacus 198
Spener 1 n. 1, 14 n. 52
Spinoza 48 n. 203
Spitta, F. 19 n. 75
Spitzer, L. 133 n. 190
Suétone 166 n. 141

Tauler 97 n. 9
Térach 72 n. 54
Theagenes de Rhegium 3 n. 9
Thécla 165 n. 138
Théodore de M. 9, 9 n. 29-32
Théodoret 21, 22 n. 82, 39 n. 164, 204 n. 352
Thomas 181 n. 225, 335, 336 n. 85, 370 n. 9
Tiamat 70 n. 41
Tolstoï 372 n. 18
Tryphon 21 n. 81
Tyndall 22 n. 81

Ut Napishtim. 79 n. 78
Cf. Noé

Vaganay 326 n. 17
Valéry, (P.) 360 n. 64
Vincent de Lérins 11 n. 37
Vries (H. de) 124 n. 163

Yoachaz 279 n. 40
Yokebed 84 n. 107
Yoyakim 279 n. 40

Zacharie, père de Jean Baptiste 159
Zeus 151 n. 34, 158 n. 91, 178 n. 217, 240 n. 569, 255 n. 642, 331 n. 39
Zinzendorf 214 n. 419
Zwingle 12

INDEX DES NOMS D'AUTEURS

N.B. Les références aux éditions sont indiquées par les notes en caractère cursif.

Aall, A.   104 n. *46*, 332 n. 44
Aalen, S.   219 n. *451*
Abelson, J.   95 n. *3*, 304 n. 229
Abrahams, I.   284 n. *75*
Adeney, W. F.   20 n. *78*
Albright W. F.   63 n. *7*, 64 n. 10, 274 n. 22
Alexander, W.   20 n. *78*
Alexander, H. B.   270 n. *5*
Ali, M. M.   275 n. *24*
Allier, R.   88 n. *126*, *127*, 107 n. *65*, 161 n. 113
Amélineau   204 n. *352*
Arbousset, Th.   168 n. *161*, 214 n. *419*
Arnal, A.   256 n. *664*
Astié, J. F.   369 n. *1*
Astruc, J.   16 n. *61*, 25 n. 101, 49 n. 203
Aubert, L.   92s. n. *146* et 148
Augustin   10 n. *33*, 21s. n. *81*, 43, 326 n. 17, 371 n. *16*

Bailly, A.   65 n. *15*
Baldwin, J.   76 n. *68*
Bammel, E.   189 n. *271*
Bardy, G.   273 n. *19*
Barnabas   7 n. *19*, 211 n. 402
Barr, J.   2 n. *3*, 3 n. *3*, 33 n. 137, 34 n. 138s. et 143, 38 n. 162, 41 n. 170, 68s. n. 31, 76 n. 69ss., 91 n. 137, 133 n. 190
Barth, K.   26, 248 n. *604*
Barthes, R.   318 n. *5*, 319 n. 8
Bartlet, J. V.   284 n. *81*, 293 n. 140
Barucq, A.   170 n. *170*, 174
Bauer, B.   313 n. *278*
Bauer, L.   15 n. *58*
Bauer, W.   289 n. *110*, 290 n. *118*
Baumgärtel, F.   77 n. *74*, 262 n. *681*
Baur, F. C.   17 n. *65*, 18 n. 72
Bayle, P.   13 n. *47*
Behm, J.   77 n. *74*, 106 n. *59*
Bengel, J. A.   14 n. *53*
Benoît, P.   216 n. *426*, 282 n. *64*, 66

Benz, E.   106 n. *61*
Bergson, H.   96 n. *5*
Bernoulli, C. A.   333 n. *50*
Bertholet, A.   88 n. *126*, *127*ss., 89s. n. 132ss.
Bertram, G.   78 n. *78*, 85 n. *109*, 112, 245 n. *597*
Bertrand, A. N.   30 n. 125
Beyschlag, W.   20 n. *80*
Bietenhard, H.   289 n. *110*
Blackman, E. C.   4 n. *11*
Bleeker, J.   39 n. *166*
Blondel, M.   95 n. *2*, 112 n. 84
Böhlig, H.   247 n. *601*
Bois, H.   102 n. *33*
Bonsirven, J.   3 n. *5*, 135 n. *199*s., 136 n. 201, 226 n. 476, 266 n. 709
Bo-Reicke   82 n. *93*, *96*, 151 n. *33*, 209 n. *391*
Bornkamm, G.   95 n. *2*, 215 n. *425*, 284 n. *79*
Boulanger, A.   106 n. 55
Bousset, W.   26 n. *105*, 204 n. *352*, 332 n. 48
Bovet, F.   214 n. *419*
Bovet, P.   31 n. *128*
Bovon, F.   318 n. *5*
Bovon, J.   20 n. *80*
Bramscomb   287 n. *97*
Brandon, S. G. F.   179 n. *220*, 186 n. *249*
Bratsiotis, P.   197 n. *315*
Bréhier, E.   104 n. *43*, 247 n. *601*, 332 n. 44, 355 n. 44, 367 n. 22
Brekelmans, C. H. W.   90 n. *134*
Bright, J.   274 n. *20*
Brown, R. E.   165 n. *139*
Bruston, C.   223 n. *463*
Bruston, E.   170 n. *177*, 209 n. *392*, 211 n. *401*
Büchsel, F.   24 n. *91*, 234 n. *539*, 256 n. *644*, 261 n. *673*
Bultmann, R.   13 n. *45*, 14 n. 51, 15,

INDEX DES NOMS D'AUTEURS

15 n. 56, 15 n. 63, 16s. n. 66, 19 n. 75, 23, 23 n. 87, 24 n. 88, 24, n 91, 26 n. 102, 26 n. 107, 27 n. *110*, 28 n. 115, 35 n. *148*, 37, 45 n. 193, 68 n. *31*, 75 n. 62, 78 n. *78*, 85 n. 109, 109 n. *75*, 135 n. *198*, 143s. n. *224*, 148 n. 19, 159 n. 104, 212 n. 403, 220 n. 452, 245 n. 598, 247 n. *601*, 248 n. 604, 248 n. 609, 273 n. *17*, 287s. n. 97s., 294 n. 149, 295 n. 152, 297 n. 160, 301 n. 205, 312 n. 270, 329 n. 32, 331 n. *42*, 332 n. 43, 332 n. 48, 336 n. 85, 346 n. 159, 365 n. 15
Burrows : cf. Millar
Büsching, A. F.   2 n. 1, 15 n. *56*

Calvin, J.   12s. n. 40, 226 n. *476*, 236 n. *553*, 243 n. 585, 245 n. *598*, 257 n. 654, 260 n. 670, 371 n. 15
Caquot, A.   177 n. 213
Carmignac, J.   124 n. *162*, 283 n. *66*
Casartelli, L. C.   334 n. *55*
Causse, A.   76 n. *69*, 90 n. *136*, 121 n. 147, 127 n. *173*, 147 n. 19, 151 n. 33, 152 n. 39, 153 n. 52, 169 n. *165*, 174 n. 196, 174 n. 198, 176 n. 208, 188 n. *259*, 189 n. *221*, 216 n. *428*, 235 n. 543, 235 n. *545*, 235 n. 546, 272 n. 13, 282 n. 58ss., 283 n. *70*, 300 n. 191, 305 n. *232*
Cazeneuve, J.   64 n. *13*, 76 n. 69, 81 n. 88s., 87 n. 121, 303 n. 216
Cerfaux, L.   144 n. 224, 172 n. 183
Chabrol. C.   132 n. *190*
Charles, H.   64 n. *14*, 66 n. 20
Charles R. H.   218 n. *459*, 219 n. 4, 6, 219 n. *8*
Chevallier, M. A.   249 n. *615*
Claparède, E.   76 n. *68*
Clavier H. H. Cl. Cf. Ouvrages de l'auteur p. XIII-XIV
Clemen, C.   26 n. *105*, 246 n. *598*, 333 n. 49
Clément A.   8 n. 24, 52, 180 n. *220*, 334 n. 68
1 Clément, R.   8 n. *22*, 127 n. 172, 211 n. 402
2 Clément   8 n. *24*, 127 n. 172, 211 n. 402
Coccejus, J.   1 n. *1*, 14 n. 52,
Coe, G. A.   75 n. *66*
Colpe, C.   287 n. *97s.*

Conzelmann, H.   27, 27 n. *110*s., 45 n. 193, 220 n. 452, 223 n. 463, 231 n. 503, 250 n. 622, 252 n. 627, 288 n. 98, 291 n. *120*, 295 n. 152, 296 n. 153, 301 n. 205, 312 n. 270, 313 n. 278, 329 n. 32, 331 n. 39, 336 n. 84, 337 n. 86, 341 n. 118
Cordier, L.   33 n. *136*
Cothenet, E.   160 n. *105*, 163 n. 124
Cramaussel, E.   76 n. *67*
Crawley, A. H.   80 n. *84*
Cremer, A. H.   24 n. *90*
Cremer, H.   68 n. 31
Cullmann, O.   27, 27 n. *109*, 102 n. *31*, 159 n. *104*, 171 n. *182*, 172 n. 183, 180 n. *220*, 185 n. *246*, 187 n. 252, 191 n. 273, 196 n. 309, 212 n. 403, 289 n. 108, 291 n. 124, 293 n. 138, 295 n. *152*, 324 n. 2, 4, 329 n. 32, 331 n. 40, 332 n. 43, 48

Dalman, G.   255 n. *641*
Daniélou, J.   159 n. *104*
Darbyshire, J. R.   354 n. *37*
Davidson, A. B.   145 n. *1*
Davidson, W. L.   334 n. *55*
Davies, W. D.   211 n. *398*
Davison, W. T.   84 n. *105*, 107
Davy, M. M.   151 n. *33*
Debrunner, A.   332 n. *43*
Deissmann, A.   24 n. *90*, 68 n. 31, 93 n. 148, 191 n. 278
Delacroix, H.   95 n. *1*, 96 n. 4s.
Delaporte, L.   63 n. *7*
Delekat, L.   284 n. *75*
Delitzsch, F.   191 n. *273*
Delling, G.   139 n. *215*, 161 n. *119*, 167 n. 155, 285 n. *87*, 285 n. *88*, 333 n. *49*
Deloffre, F.   133 n. *190*
Dentan, R. C.   26 n. *103*
Descartes, R.   33, 39, 40 n. 169
Dewick, E. C.   216 n. *427*, 219 n. 451
Dhorme, E.   62 n. *2*, 63 n. *7*, 64 n. 10, 84 n. *107*
Dibelius, M.   23, 23 n. *87*, 27 n. 110, 42 n. 175, 61 n. 1, 71 n. *47*, 73 n. 56, 81 n. 89, 107 n. 63, 108 n. 71, 109 n. 75, 135 n. 198, 165 n. 138, 185 n. 246, 197 n. *310*, *315*, 220 n. *452*, 222 n. *454*, 245 n. *598*, 247 n. *600*, *603*, 258 n. 663, 261

n. 673, 305 n. 232, 330 n. 39, 331 n. *39*,
 333 n. *49*, 336 n. *86*, 370 n. 8, 11
Dihle, A.   258 n. *659*
Dillmann, A.   204 n. *352*
Dilthey, W.   306 n. *19*
Dinkler, E.   13 n. *45*, 37 n. 158
Dittmar, W.   349 n. *3*
Dodd, C. H.   3 n. *4*, 79 n. 81, 129 n. *177*,
 130 n. *181*, 184, 132 n. 189, 137 n. 209,
 140 n. 217, 161 n. *114*, 165 n. 138, *139*,
 197 n. 315, 200 n. 334, 212 n. *404*, 220
 n. *452*, 222 n. 454, 231 n. 503, 245 n. 597,
 246 n. 598, 247 n. 600, 250 n. 622s.,
 252 n. 627, 254 n. *634*, 258 n. 663, 287
 n. 96, 309 n. 252 et 254, 326 n. 17,
 332 n. 43, 335 n. *72*, 336 n. 84s., 340
 n. 116, 346 n. *159*, 347 n. *163*, 349 n. *3*,
 365 n. 13
Dorner, J. A.   366 n. *19*
Dörries, H.   367 n. *22*
Driver, S. R.   305 n. *235*
Drower, Mrs.   159 n. *103*
Duhm, B.   239 n. *563*
Dupont-Sommer, A.   3 n. *8*, 4 n. 10, 25
 n. *98*, 82 n. 96, 124 n. 162, 144 n. 224,
 158 n. 97, 159 n. 104, 160 n. 105, 163
 n. 117, 186 n. 250, 196 n. 307, 197 n. 310,
 206 n. 370, 208 n. 384, 209 n. 394, 215
 n. *425*, 275 n. 24, 282 n. 63 et 66, 284
 n. 74, 295 n. 150, 305 n. 232
Dupuis, C. F.   21 n. *83*
Dussaud, R.   25 n. *95*, 84 n. *104*, 256
 n. *29*, 305 n. *235*

Ebeling, G.   318 n. *1*
Edsman, C. M.   99 n. *18*
Eichrodt, W.   26, 281 n. *52*
Eisler, R.   179 n. *220*
Eliade, M.   99 n. *18*, 119 n. *4*, 135 n. *198*,
 204 n. *352*
Ellermeier, F.   101 n. *27*
Eltester, W.   247 n. *601*
Erasme   11 n. *40*
Escande, A.   202 n. *344*
Eusèbe   52 n. *217*, 224 n. *464*, 228 n. 483,
 324 n. 8, 334 n. 68

Faye, E. de   219 n. *451*

Fairbairn, P.   354 n. *37*
Feine, P.   24 n. *91*, 26, 26 n. 106
Félice, Ph. de   97 n. *9*, 99 n. 16 et 20, 101
 n. 29, 106 n. 55
Fichtner, J.   239 n. *565*
Fiebig, P.   330 n. *39*
Firmicus, M.   225 n. *472*
Foerster, W.   216 n. *426*, 297 n. *98*
Fohrer, G.   144 n. *224*, 168 n. *163*, 169
 n. 164 et 166, 170 n. 170 et 177 et 179,
 171 n. 181
Fortna, R. T.   346 n. *159*
Foucart, G.   334 n. *55*
Foucault, M.   203 n. *349*, 360 n. 64
Fouillée, A.   32 n. *130*
Friedrich, G.   145 n. 1, 226 n. *474*
Fritz, G.   333 n. *50*
Fulliquet, G.   21 n. *80*

Gabler, J. P.   15, 15 n. *60*, 36 n. 154
Gaboury, A.   326 n. *17*
Gaffiot, F.   133 n. *190*
Gardner-Smith, P.   207 n. *373*
Gärtner, R.   137 n. 205
Gaudefroy, D.   86 n. *117*
Gaussen, F. S.   55 n. *229*,
Gautier, L.   46 n. *195*
Gelin, A.   204 n. *352*, 209 n. 392
Gernet, L.   106 n. *55*
Gesenius, W.   65 n. *15*
Gibbons, A.   89 n. *129*
Ginsburg   191 n. *273*
Godet, F.   231 n. *503*, 250 n. *623*, 309
 n. 252
Goguel, M.   23 n. *85*, 31 n. *125*, 220 n. *452*,
 224 n. *464*, 225 n. 467, 231 n. *503*, 291
 n. *124*, 292 n. 128 et 137, 293 n. *143*, 295
 n. *152*, 296 n. 153, 312 n. 270, 324 n. *7* et
 8, 325 n. 15, 326 n. 17, 327 n. 22, 23,
 328 n. 25, 329 n. 32, 338 n. 95, 341 n. 117,
 342 n. *122*, 346 n. 159
Goppelt, L.   266 n. *704*, 706
Graf, K. H.   25
Grandmaison, L. de   30 n. *124*
Grant, R. M.   92 n. *141*
Gray, L. H.   80 n. *85*.
Greeven, H.   245 n. *598*, 268 n. *1*
Grelot, P.   124 n. *162*

INDEX DES NOMS D'AUTEURS

Gressmann, H.   203 n. *348*, 206 n. 372, 209 n. 392
Grether, O.   239 n. *565*
Grieve, A. J.   106 n. *59*
Griffiths, J. G.   186 n. *249*
Grotius, H.   184 n. *243*
Grundmann, W.   202 n. *344*, 212 n. *403*, 225 n. 468, *472*, 331 n. *39*
Guignebert, C.   3 n. *7*, 196 n. *307*, 209 n. 392, 223 n. *463*, 231 n. 503, 266 n. *709*, 283 n. 70 et 72, 337 n. 86
Gunkel, H.   23 n. 86, 61 n. *1*
Gunther, J. J.   172 n. *182*
Gutbrod, W.   239 n. *562*, 298 n. *176*, 309 n. 252

Habel ,N.   149 n. *23*
Harnack, A.   4 n. *11*, 7 n. *19*, 8 n. *23*, 183 n. *235*, 184 n. *245*, 260 n. *670*, 327 n. *22*, 331 n. *42*
Hartland, B. S.   99 n. *21*
Hastings, J.   92 n. *141*
Hauck, A.   312 n. *270*
Hauck, F.   189 n. *271*
Haymann, C.   1, 1 n. *1*, 14, 14 n. *52*
Hegel, G. W. F.   16, 17 n. *65*, 17 n. 68 et 70, 18 n. 73, 32 n. 130, 366 n. *19*
Heidegger, M.   18
Heinrici, G.   2 n. 1, 11 n. *37*, 14 n. *52*, 15 n. 56
Heintz, J. G.   69 n. *35*, 101 n. *27*
Hengel, M.   186 n. *249*
Hennecke, E.   25 n. *99*, 228 n. 480, 338 n. 95
Hering, J.   183 n. *237*, 209 n. *393*, 219 n. *452*, 230 n. 503
Herrmann, J.   256 n. *644*, 305 n. *235*
Herrmann, S.   174 n. *196*, 176 n. 209
Hesse, F.   202 n. *344*, 203 n. 348
Hilgenfeld, A.   17, 17 n. *69*
Hinz, W.   82 n. 96
Hippolyte, J.   366 n. *19*
Hodgson, L.   252 n. *627*
Holtzmann, H. J.   19, 19 n. *75*
Honko, L.   75 n. *62*, 236 n. *549*
Horst, F.   90 n. *134*
Hubac, P.,   64 n. *14*
Hubert, H.   305 n. *235*

Huby, J.   30 n. *124*
Hühn, E.   349 n. *3*, 4
Hultkrantz, A.   161 n. *114*
Humbert, P.   278 n. *37*
Hume, R. E.   371 n. *14*, 372 n. *18*
Husserl, E.   33, 33 n. *134*, 39

Idris Bell, H.   325 n. *15*
Ignace   309 n. *256*

Jacob, Ed.   25 n. *95*, 26, 26 n. *104*, 42 n. *177*, 44 n. *184*, 49 n. 203, 61 n. 1, 84 n. 104, 84 n. 105 et 107, 155 n. 66, 156 n. 75 et 80, 157 n. 88 et 90, 175 n. *202*, 187 n. *255*, 235 n. 546, 276 n. 29, 278 n. 37, 305 n. 235, 319 n. 10, 354 n. 34
Jacquier, E.   52 n. *215*
Jaeger, C.   284 n. *75*
James, E. O.   295 n. *152*
James, W.   99 n. *16*, 107 n. *65*
Jaubert, A.   283 n. *66*, 67
Jean, C.   46 n. *8*
Jeremias, J.   151 n. *32*, 162 n. *117*, 204 n. *352*, 209 n. *395*, 210, 274 n. *20*, 297 n. *159*
Jérôme, X.   54 n. *228*, 117 n. *122*
Jewett, R.   186 n. *249*
Jolivet, R.   10 n. *22*
Jonge, M. de   202 n. *344*, 225 n. *468*
Josèphe   48 n. *203*, 176 n. *206*, 179 n. *219* et 220, 196 n. 307, 282 n. *64*, 65
Jundt, A.   89 n. *129*
Justin, M.   7 n. *19*, 21 n. *81*, 51 n. 209

Kaftan, J.   26 n. 105
Kähler, M.   2 n. 1, 14 n. 52
Kant, Im.   40 n. 169, 366 n. 19
Kapelrud, A. S.   99 n. *18*, 100 n. 26, 271 n. 15
Käsemann, E.   26 n. *102*, 27 n. 111, 45 n. 193, 220 n. *452*
Kasch, W.   189 n. *271*
Katz, P.   3 n. *4*
Keats, J.   251 n. *627*
Keller, W.   24 n. *92*, 94
Kellerhals, E.   239 n. *560*, 240 n. 569
Kennard, S.   184 n. *242*
Kennedy, A. R. S.   92 n. *141*, 148 n. *19*, 273 n. 17

Kittel, G.   78 n. *75*, 151 n. *32*, 332 n. *43*
Kleinknecht, H. M.   117 n. *122*, 239 n. *565*, 332 n. *43*
Klijn, A. F. J.   172 n. *183*, 191 n. *273*
Klostermann, E.   232 n. *515*
Koch, K.   274 n. *22*
König, Ed.   170 n. *174*
Köstlin, J.   342 n. *121*
Koyré, A.   366 n. *19*
Kramer, S. N.   25 n. *97*, 64 n. 9, 82 n. 93, 169 n. 165 et 168, 210 n. 395
Krämer, H.   145 n. *1*
Kronasser, H.   34 n. *138*
Kuenen 25
Kuhn, K. G.   89 n. *129*, 332 n. *48*
Kümmel, W. G.   220 n. *452*, 221s. n. 453s., 224 n. 466, 225 n. 472, 324 n. 8 325ss. n. 15ss., 331 n. 40, 340s. n. 116s., 346 n. 159, 365 n. 15

Lacan, J.   76 n. *68*
Lagrange, M. J.   140 n. *216*, 190 n. 272, 232 n. 515
Laing, R. D.   76 n. *68*
Lake, K.   293 n. *140*
Lalande, E.   95 n. *2*, 201 n. *342*
Larès, M.   236 n. *550*
Lasson 366 n. 19
Lavelle, L.   97 n. *10*, 133 n. *191*
Leblois, L.   371 n. *14*
Le Bon, G.   102 n. *33*
Leenhardt, F. J.   89 n. *129*, 318 n. *5*
Leenhardt, M.   76 n. *69*, 135 n. *198*
Lefranc, A.   12 n. *40*
Lehmann, F. R.   83 n. *102*, 87 n. *125*
Leipoldt   25 n. *99*
Lemonnyer   20 n. *77*
Léonard, E. G.   12 n. *42*, 13 n. *48*
Lessing   15, 15 n. *55*, 16, 16 n. *62*, 219 n. 452
Lévy-Bruhl, L.   76 n. *69*
Lévy-Strauss, C.   76 n. *66*, 77 n. 1
Liebermann, S.   3 n. *7*, 42 n. 177, 246 n. 598, 356 n. 46
Liengme, G.   259 n. *670*
Lietzmann, H.   222 n. *454*, 268 n. *1*, 291 n. 118, 294 n. *149*, 295 n. 152, 296 n. *153*

Lippens, Ph.   66 n. *20*
Lobstein, P.   19 n. *74*
Lods, A.   25 n. *101*, 49 n. *203*, 73s. n. 58, 83s. n. *104* et 107, 90 n. 134s., 91 n. 138, 98 n. 11, 99 n. 15, 115 n. *117*, 120 n. *143*, 148 n. *19*, 168 n. 162s., 169 n. 164 et 166, 177 n. 213, 178 n. 214, 210 n. 398, 274 n. 21, 276 n. 28s., 277 n. 31, 279 n. 41s., 280 n. 46, 298 n. 176, 300 n. 191, 304 n. 227, 306 n. 237, 307 n. 247, 320 n. 15s., 322 n. 30
Loewe, H.   86 n. *117*
Lohmeyer, E.   216 n. *426*, 221 n. *453*, 287 n. 98
Lohse, E.   196 n. *307*, 212 n. *403*, 218 n. *445*, 286 n. 96, 287 n. 97s.
Loisy, A.   23 n. *85*, 220 n. 452
Lucrèce   30 n. *124*
Lugan   191 n. *276*
Luther   33, 33 n. *136*, 243 n. *585*, 260 n. 670, 307 n. 243

Macalister, R. A. S.   90 n. *135*
Mac Culloch, J. A.   78 n. *75*, 89 n. *132*, 99 n. *17*, *19*, 293 n. *140*
Mac Gregor, G. H. C.   250 n. *622*
Mackintosh, R.   86 n. *116*
Mac Neile, A. H.   274 n. *22*
Mac Rae ,G. W.   144 n. *224*
Malinine   25 n. *99*
Mangenot, E.   24 n. *90*
Mannoni, M.   76 n. *68*
Manson, T. W.   104 n. *43*
Manson, W.   211 n. *398*, 252 n. *627*
Marin, L.   132 n. *190*
Marsh, J.   288 n. *98*
Martin, H.   121 n. *146*
Martin, V.   55 n. *233*
Martin-Achard, R.   318 n. *5*, 319 n. 8, 9
Marty, J.   88 n. *126*, 197 n. 310
Marx, K.   193 n. *294*
Masson-Oursel   22 n. *82*, 264 n. *693*
Mauss, M.   305 n. *235*
Meeks, W. A.   149 n. *21*, 273 n. *18*, 274 n. 23
Meillet, A.   77 n. *69*, 86 n. 117
Mélanchthon   11 n. *40*
Ménégoz, E.   307 n. *243*, 308 n. 247, 251

INDEX DES NOMS D'AUTEURS

Merleau-Ponty 32 n. *130*, 41 n. 172
Meyer, R. 145 n. *1*, 262 n. *681*
Michaelis, W. 67 n. *22*, 126 n. *170*
Michel, D. 82 n. *93*, 148 n. *19*, 273 n. *18*, 290 n. *113*
Migne 9 n. *31*, 21 n. *81*
Milik, J. T. 283 n. *66*
Millar-Burrows 25 n. *98*, 28 n. *113*, 82 n. 96, 124 n. 162, 137 n. 205, 158 n. 97, 159 n. 104, 160 n. 105s., 186 n. 250, 196 n. 307, 197 n. 310, 200 n. 370, 208 n. 384, 209 n. 394, 215 n. 425, 284 n. 74, 305 n. 232
Mirbt, C. 176 n. *207*
Moffatt, J. 2987 n. *97*
Monod, G. 35 n. *146*
Monod, J. 31 n. *127*
Montagne, R. 64 n. *14*
Montet, E. 47 n. *197*
Moore, A. L. 220 n. *452*, 222 n. *454*, 223 n. *463*, 224 n. *466*
Moret, A. 63 n. *7*, *8*, 210 n. *398*, 261 n. *673*
Mowinckel, S. 178 n. *215*, 203 n. *348*, 278 n. *37*, 282 n. 58, 300 n. 191
Müller, M. 22 n. *81*

Nestlé, E. 304 n. *226*
Nicol, W. 331 n. *39*, 346 n. *159*
Norden, E. 246 n. *598*s.
Nordland, O. 161 n. *114*
Noth, M. 24 n. *93*, 274 n. *22*
Nygren, A. 365 n. *13*

Oepke, A. 100 n. *23*, 104 n. 43, 106 n. 54, 217 n. *443*, 289 n. *110*, 293 n. *143*
Oesterley, W. O. E. 86 n. *117*
Olrik, A. 42 n. *175*, 61 n. *1*
Origène 8 n. 23 et 25, 9 n. 28, 10 n. 34, 21 n. *81*, 52 n. 217, 193 n. *289*
Otto, R. 89 n. *129*, 107 n. 67

Parrot, A. 24 n. *94*, 25 n. *96*, 64 n. *8*, 73 n. 54, 92 n. *141*, 146 n. *8*
Pascal 111 n. *83*, 116 n. 121, 130 n. 185, 214 n. 418, 302 n. 206, 325 n. 13
Paterson, J. 148 n. *19*, 273 n. 17
Pedersen, J. 76 n. *69*, 90 n. *133*
Peel, M. L. 144 n. *224*

Pernot, H. 190 n. *272*
Peyer, E. de 347 n. *163*
Pfleiderer, O. 17, 18 n. *70*, 215 n. *426*
Philon 3, 3 n. *9*, 7 n. 20, 8 n. 21, 48 n. *203*, 86 n. *117*, 135 n. *200*, 137 n. 209, 170 n. *174*, 260 n. 673, 275 n. 24, 282 n. *66*, 286 n. *96*, 308 n. 251, 332 n. 44 355 n. *40*, *41*, *43*, 356 n. 46
Piaget, J. 75 n. *65*, *66*
Piganiol, A. 216 n. *426*
Pinard de la B., H. 22 n. *81*, 88 n. 125, 230 n. 559
Pinches, T. G. 118 n. *6*
Platon 40 n. *169*, 135 n. *200*, 137 n. *206*, 209, 143 n. *224*, 364 n. *13*
Plutarque 93 n. *148*, 200 n. *334*
Pradines, M. 88 n. *126*, 128, 303 n. 221
Pratt, J. B. 76 n. *68*, 107 n. *65*
Press, R. 148 n. *19*, 273 n. *17*
Prigent, P. 25 n. *99*
Prince, J. D. 304 n. *226*
Procksch, O. 26, 89 n. *129*, 239 n. *565*, 332 n. *43*
Prothero, R. E. 141 n. *220*
Puech, H. C. 25 n. *99*, 159 n. *103*, 215 n. *422*

Quell, G. 84 n. *105*, 107, 89 n. *132*, 243 n. *584*, 255 n. *642*, 332 n. *43*, 365 n. *13*
Quispel, G. 25 n. *99*, 181 n. *225*, 370 n. 9

Rad, G. von 26, 26 n. *104*, 78 n. *75*, *78*, 85 n. *109*, 112, 318 n. 5, 319 n. *9*
Rambach, J. J. 2 n. *1*
Ramlot, L. 145 n. *1*, 146 n. 11, 147 n. 16, 174 n. *198*, 175 n. 199
Ramsay, W. 185 n. *247*
Randon, L. 50 n. *205*, 171 n. 178
Reimarus 16, 16 n. *62*, 23 n. 85, 179 n. 220, 219s. n. 452
Reinach, S. 22 n. *83*
Reinhold, H. 126 n. *170*
Reinink, G. J. 172 n. *183*
Reitzenstein 191 n. *273*, 331 n. 42
Renan, E. 18, 18 n. *73*, 23 n. 85, 62 n. *2*, 86 n. 117, 193 n. 288, 219 n. 452, 245 n. *598*
Renard, G. 198 n. *322*

Rendtorff, R. 100 n. *23*, 145 n. 1, 147 n. 16
Rengstorf, K. H. 242 n. *581*, 331 n. *39*
Reuss, E. 18, 18s. n. *74*, 49 n. 203, 194 n. *294*
Réville, A. 37
Réville, J. 37, 39, 204 n. *352*
Ricœur, P. 40 n. *168*, 41 n. *170*
Riesenfeld, H. 230 n. *503*
Ritschl, A. 17, 18 n. *71*, 220 n. *452*, 250 n. *623*, 305 n. 235
Robinson, J. A. 347 n. *163*
Rosch, D. 366 n. *19*
Roth, C. 186 n. *250*
Rowley, H. H. 28 n. *114*, 43 n. *178*, 92 n. *141*, 274 n. 22
Ruyer, R. 76 n. *68*

Sabatier, Aug. 31 n. *125*, 217 n. *442*, 223 n. *32*, 358 n. *52*
Sasse, H. 82 n. *95*, 262 n. *682*
Schenke, H. M. 25 n. *99*
Schlatter, A. 26, 26 n. *107*
Schlier, H. 171 n. *182*, 172 n. 183, 233 n. *522*
Schmidt, H. 92 n. *141*
Schmidt, K. L. 197 n. *315*, 291 n. *124*, 292 n. *136*
Schmidt, W. 313 n. *278*
Schneemelcher, W. 25 n. *99*
Schneider, J. 90 n. *133*
Schrage, W. 283 n. *71*, 284 n. 73, *78*
Schrenk, G. 121 n. *148*, 243 n. *584*, 585, 255 n. *641*, 642, 332 n. *43*
Schulz, S. 266 n. *704*, 308 n. *248*, 249
Schürer, E. 283 n. *70*, 71
Schwab, M. 196 n. *307*, 286 n. *96*
Schweitzer, A. 23 n. *85*, 24, 117, 117 n. *124*, 118 n. 127, 130 n. *185*, 180 n. 220, 220 n. *452*, 223 n. *463*, 310 n. 264, 311 n. 265, 326 n. 18, 342 n. *122*
Schweizer, E. 227 n. *477*, 262 n. *681*
Sénèque 200 n. *333*, 335
Shinn, Miss 76 n. *68*
Simmons, M. 238 n. *559*
Simon, M. 273 n. *19*
Simon, R. 16, 16 n. *61*, 48 n. 203
Sjoeberg, E. 239 n. *565*

Skeat, T. C. 325 n. *15*
Smend, R. X n. *6*
Smith, K. F. 252 n. *627*
Söderblom, N. 202 n. *346*, 215 n. 423, 372 n. *18*
Sophocle 200 n. *331*, 364 n. 13
Stählin, G. 103 n. *39*, 117 n. *122*, 134 n. *198*, 236 n. *549*, 239 n. *565*, 250 n. 622
Stählin, W. 342 n. *121*
Starbuck, E. D. 99 n. *21*
Starobinski, J. 318 n. *5*
Stauffer, E. 27, 27 n. *108*, 288 n. 98, 292 n. 126, 304 n. *232*, 365 n. *13*
Stewart, A. X n. *7*
Strack, H. L. 3 n. *5*, 207 n. *373*
Strasser, O. 204 n. *351*
Strathmann, H. 174 n. *195* et 197, 268 n. *1*
Strauss, D. F. 18, 18 n. *72* et 73, 23 n. *85*, 135 n. 198, 219 n. 452, 313 n. 278
Strohl, H. 13 n. *50*, 243 n. *585*, 260 n. *670*
Stumpff, A. 85 n. *114*, 244 n. 588
Suétone 166 n. *141*
Suffrin, A. E. 286 n. *96*, 334 n. *55*
Sully-Prudhomme 88 n. *127*
Sweetman, J. W. 86 n. *117*, 202 n. *345*s., 238 n. 559s.
Szlechter, E. 188 n. *260*

Tatien 51 n. *211*, 325 n. *15*
Tertullien 22 n. *81*, 47 n. *196*
Thomas d'Aquin 10 n. *36*, 173 n. 191, 195 n. *304*, 226 n. 476
Tillich, P. 135 n. *198*
Torm, F. 10 n. *35*, 354 n. 37, 356 n. 46
Torrey, C. 290 n. *115*
Tournier, P. 259 n. *670*
Toynbee, A. J. 236 n. *550*, 551
Traub, H. 190 n. *272*
Travers-Herford, R. 221 n. *454*, 223 n. 463
Trench, R. C. 227 n. *477*, 250 n. *622*
Trocmé, E. 108 n. *71*, 163 n. *122*, 165 n. 138, 216 n. *426*, 224 n. 466, 246 n. 598, 287 n. 98, 290 n. 115s., 313 n. 278, 326 n. 17, 19, 22; 342 n. 122,
Tyndall 22 n. *81*

Vaganay   326 n. 17
Van d. Leeuw, G.   87 n. *125*
Van d. Loos. H.   331 n. *39*
Van d. Woude, A. S.   202 n. *344*, 203 n. *348*
Van Mierlo   372 n. *18*
Van Unnik   25 n. *99*, 370 n. *9*
Vaux, R. de   25 n. *98*, 62 n. *2*, 206 n. *373*
Vinet, A.   365 n. *18*, 369 n. *1*
Virgile   101 n. *28*
Vischer, E.   221 n. *453*
Vischer, W.   28 n. *115*
Voltaire   224 n. *464*

Wabnitz, A.   23 n. *85*, 220 n. *452*, 223 n. *463*
Wallis, G.   78 n. *75*, 278 n. *37*
Wallis. W. D.   99 n. *18*
Wallon, H.   75 n. *65*, 76 n. 68
Weil, G. E.   48 n. *201*, 54 n. *225*
Weinel, H.   26, 26 n. *105*
Weiss, B.   20 n. *80*
Weiss, H. F.   284 n. *75*
Weiss, J.   23 n. *85*, 220 n. 452
Wellhausen, J.   23 n. *85*, 25, 25 n. 101, 49 n. 203, 148 n. 19, 176 n. *206*, 273 n. 17, 287 n. *98*, 318 n. 5
Welter, G.   80 n. *86*, 81 n. 88
Wendland, H. D.   220 n. *252*

Westermann, C.   100 n. *23*, 145 n. *1*, 146 n. 10, 278 n. *37*
Westermark, E.   81 n. *88*, 86 n. 117
Westphal, A.   X n. *5*, 46 n. *195*, 50 n. *205* 56 n. *237*, 99 n. *26*, 145 n. *1*, 146 n. *9*, 167 n. *155*, 325 n. *15*, 360 n. *65*
Wette, W. M. de   15 , 15 n. *59*
Wetter, G. P.   251 n. *627*, 303 n. *215*
Wilckens, U.   144 n. *224*, 171 n. 179, 182, 172 n. 184
Will, R.   291 n. *124*, 292 n. 136, 297 n. *158*, 303 n. *216*
Wilton, E.   66 n. *19*
Windisch, H.   251 n. *627*
Wood, H. G.   293 n. *140*
Woodhouse, W. J.   304 n. *226*
Woolley, C. L.   64 n. *10*, 11; 236 n. 551
Wrede, W.   23 n. *85*, 24, 24 n. *88*, 313 n. 278, 326 n. 18, 327 n. 19

Xénophon   198 n. *322*

Zacharias, G. T.   15, 15 n. *56*
Zahn, Th.   7 n. 19, 24 n. *91*, 325 n. *15*, 342 n. *121*
Ziegler, Th.   18 n. *72*
Zöckler, O.   144 n. *225*
Zoellner, W.   342 n. *121*
Zwaan, J. de   106 n. *61*, 338 n. 95

TABLE ANALYTIQUE

N.B. Les titres renvoient aux pages, dont on consultera aussi les notes.

Abdia (ou Abdias)   156, 216
Abel   113, 271
Ablutions   159s., 282
Abomination   217
Abraham (Abram)   63ss., 104, 112ss., 148, 205, 241, 270ss., 298, 322
Abstractions   236, 240
Abus (de confiance)   303ss.
Accaparement   188
Accès (au Royaume)   154, 229s., 255ss.
Accomplissement   139s., 364ss.
Achab   102, 151, 187
Actes (du culte)   Cf. Culte, Prière, Rites, Sacrifices
Actes (livre des)   102, 106s., 136, 160ss., 197, 245ss., 288ss., 328, 350
Adam   6, 104, 112, 204, 232ss., 321
Adonaï   304, 320s.
Adoration   86, 94, 105, 265, 274, 298, 300s.
Agapè   115ss., 131, 199, 242ss., 251ss., 256s., 294ss., 365. Cf. Amour
Agar   138, 353
Age d'Or   202ss.
Aggée   156
Agneau   180s., 340
Agnostos Theos   245s.
Agraphoi Nomoi   200s.
Agriculture   276
Ahura-Mazda   240, 333s.
Akh-en-Aton   84
Allah   70s., 86, 239s., 241, 245, 371
Allégorie   3-11, 155, 273, 352ss.
Alliance (adamique)   204, 241
Alliance (ancienne)   87-93, 104s., 112-116, 134-137, 148-158, 307s., 318-323
Alliance (bi-latérale)   205, 271-273, 359s.
Alliance (noachique)   204, 241, 271
Alliance (nouvelle)   154s., 208, 265s., 279s., 308ss., 351ss., 357ss.
Allusions (blibliques)   349s.

Ambiguïtés   268ss., 292ss., 297ss., 330ss., 334ss.
Ame   78ss., 192ss.
Ames   79ss.
Ame humaine (naturellement chrétienne)   371
Amida (Bouddha)   98
Amos   152s., 156, 207, 216, 265
Amour   115ss., 122, 131, 152, 154s., 213s., 228s., 242ss., 249ss., 255ss., 259ss., 300s., 312s., 343s., 346s., 367s., 371
Amphictyonie   174ss.
Analyse (grecque)   199ss.
Anciens   160s.
Ange de Yahweh   105
Anges   160s., 217, 225
Angra-Mainyu   215
Animisme   71s., 80, 87, 120
Antechrist   217
Anthropocentrisme   257s.
Anthropogonie   231, 233s., 259ss., 262ss.
Anthropologie   76-81, 142, 257-264, 297ss., 300ss.
Anthropomorphisme   85, 236ss., 239ss., 248s.
Antitype   137s., 356
Apocalypses juives   214-219, 223s., 213
Apocalypse du N.T.   13, 52, 136, 187, 217, 220s., 313, 339, 349
Apocalyptique   70, 134, 136, 146, 155ss., 202, 208s., 213-226, 233ss., 312, 366s.
Apocatastase   70, 112, 156, 218ss., 228s.
Apocryphes   44, 48ss., 171, 371
Apollos   307
Apostolat   163ss.
Apothéose   177ss., 183, 258ss., 304s., 333, 336s., 339s.
Apôtres   160-165, 182ss., 195ss., 199ss., 288ss., 308ss., 324ss., 335ss.
Apparitions   292, 296, 326, 336
Appropriation   347

A priori 30ss., 329
Araméen 190, 215, 230, 327
Arbre 73, 134
Archaïque (mentalité) 62, 73ss., 303, 76ss., 80ss., 269s.
Archaïsmes 62-94, 187, 258, 271, 297, 303
Arche 137, 320
Archéologie 24s., 83ss., 369
Archisynagogos 284
Armes 242
Ascétisme 150, 159
Association 241
Astrologie 72s., 134
Attente (de la parousie) 290s., 335, 367
Augustin 9s., 20, 43, 348, 357, 371
Aumône 192, 196s.
Authenticité 37ss., 48ss., 53, 270, 347
Automatisme 87s., 269, 285, 293, 296s., 304s., 307, 343
Autorité 166s., 182s., 185
Autorités 179ss., 182-187, 213
Avenir Cf. Eschatologie
Aveugle 212

Baal 175, 276
Babylone Cf. Index Noms de lieux
Bamoth Idem, à Hts. Lieux
Baptême 107, 137, 160, 293s., 297, 309
Baptême (de l'Esprit) 160s., 293s.
Barbare 199
Bar Enosh, Bar Nasha 158, 208ss., 224
Béatitudes 126s., 190s., 197, 222, 282, 300
Bénédiction 205, 227s., 241s., 284
Berger 65s., 69, 152, 327, 340, 371
Bétail 65s., 69
Bible IX, X, 1s., 21ss., 34ss. et passim
Bible chrétienne 2ss., passim; 362ss., passim
Bible hébraïque IX, 2, 38, 42 et passim, 281, 318-323
Bible sacralisée X, 53, 55, 369
Bibles (de l'humanité) 371
Biblia bibliotheca X
Bien 153ss., 187ss., 239, 241ss., 255
Bien-Aimé 255ss., 301s.
Bœufs 354s.

Bouc émissaire 7, 352s.
Brebis perdue 255, 257

Caïn Cf. Abel
Calendrier 282s., 286
Calvin Cf. Index des Auteurs
Canaan Cf. Index des Lieux
Canon 1-6, 46-53
Canon de la foi 13, 342, 371
Cantique des Cantiques 5, 115s.
Cantiques 265, 282
Cataclysmes 216ss., 229
Cathares 5, 365
Catholicisme romain 10s., 30, 302s., 312, 317
Cène 294-297, 309
Censure 29s.
Cérémonies 269s., 275, 279s., 287s.
César 5, 182ss., 356
Chair 78, 262ss., 266, 337, 367
Chair (en, selon) 262
Chamanisme 99s., 303
Chambre-Haute 290, 293
Chant 290
Charismatisme 176, 291
Charismes 161ss., 164ss., 176
Charité 196, Cf. Agapè
Charnel 336
Châtiment 229, 358
Chrétiens 198ss., 223
Christ 156ss., 159s., 166s., 192ss., 196s., 199, 256s., 259, 261, 263s., 286s., 294, 307, 309ss., 324ss., 328, 331-337, 339ss., 344-347, 355s., 360, 363, 367s., 371s.
Christ en nous-nous en Christ 130s., 196, 233s., 249, 301s.
Christocentrisme 124ss., 139, 244, 254, 324-347 passim, 362ss.
Christologie Idem et 306ss., 324-329, 358ss.
Chute 112, 174, 204
Ciel, Cieux 67, 72, 81, 106, 121, 136s., 151, 218, 224, 256, 294
Citations bibliques 348-358
Cité 174ss.
Cité céleste 136s., 218, 308
Citoyen romain 185s.

Clairvoyance 118, 146s., 164s., 166, 180, 344
Clan 147, 174, 272
Clef des Écritures 10s., 355, 366
Cléricalisme 142, 265, 269s., 280s., 291, 307, 319s., 323
Code deutéronomique 279s.
Code sacerdotal 281, 303ss., 320s.
Cœur 78, 199, 248s., 258, 266, 278, 285
Cœur nouveau 154ss., 266
Colère de Dieu 117, 229, 239, 249s., 256, 302, 309
Collecte 213
Colossiens 249, 310, 349, 367
Communauté 162, 196s., 270ss., 284s., 288ss., 291ss., 294ss., 306s.
Communion 95-144, passim, 150, 213ss., 272, 294-297, 306, 309ss., 346, 364, cf. Agapè, Cène
Communion personnelle 95ss., 306, 309ss., 346, 364
Communisme 197s.
Comparaisons 21ss., 34, 38s., 41, 104ss., 146ss., 371
Comparatisme 21ss., 39
Comparses 333, 351
Compétence 33s., 39, 42s.
Compromis 186, 277
Condamnation 232
Conditions 227s., 232, cf. Contrat
Conduite 199ss., cf. Éthique
Confédération 176s.
Confession 122s., 259s.
Conformisme 195, 278, 280s., 283, 285, 291s.
Confraternité 196s., 198, 257, 290s.
Connaissance 29-42, passim, 171-174
Connaissance de Dieu 236ss. passim, 245-249, 263
Connaissance mystique 142, 173, 208
Conscience 200s., 239, 247ss., 263
Contemplation 132, 142, 248s.
Contexte 34
Continuité 232s., 359s.
Contradictions 320s., 334, 366s., 370
Contrat 241-244, 359s. Cf. Alliance bilatérale
Contrition 259s., 280

Contrôle de soi 97, 242
Conventions 195, 343s.
Convergences 341, 358-361, 362-364
Conversion 107, 126, 160, 198, 231, 240, 259ss., 345
Corinthe 107, 164, 291
Corinthiens 110, 196, 198, 247, 294, 324, 335, 349s.
Corps 75, 77ss., 123, 262, 335ss.
Corps du Christ 294ss. Cf. Cène. Incarnation
Corps spirituel 226s., 335, cf. Résurrection
Corruption 91s., 152ss., 177, 188s., 249, 261ss., 277ss.,
Cosmogonie 81ss., 136, 218, 231
Cosmos Idem et 262, 263s., 338
Coupable 154s., 229, 306
Cour 153, 175, 177, 278, 299. Cf. Royauté
Courants de pensée cf. Table des matières
Courtisans 175, 177, 207
Création 81s., 112s., 136, 229, 231ss., 240, 242, 245s., 254s., 323
Critique 15ss. Cf. Problèmes de Méthode, p. 29-45, passim ; Problèmes de Critique, p. 45-57., 274, 302
Croix 213s., 254, 295, 327s,. 338, 346, 371
Culte 91s., 137, 142, 145, 153, 157, 229, 266s. Cf. Le courant cultuel, p. 268-313
Culte des morts 87, 119s.
Culte en esprit et en vérité 265, 267, 278, 300, 343, 280
Culte externe 268s., 278, 284
Culte intime 268s., 278, 280
Culte privé 270s., 285
Culte public 270, 272, 280, 285
Cultes archaïques 270ss., 274ss., 89ss.

Daniel 157s., 208s., 212, 215s., 224s.
Danse 99s.
David 114, 136, 150, 153, 187, 205ss., 209, 211ss., 322
Déluge 70, 113, 271
Dématérialisation 236ss., 249, 366
Démoniaques 345
Démons 108s., 217, 247, 345
Démythisation 74s., 81, 330, 369
Désacralisation 286ss.

Désert 62-75, 134, 136, 150-153, 159, 235, 271, 320s., 355
Despotisme 175ss., 178ss.
Dessein de Dieu 258s., 261s., 359s.
Déterminisme scripturaire 138s., 308s., 322s., 333, 351ss.
Déterminisme prédestinatien, cf. Prédestination
Deutéro-Essaïe 156, 171. Cf. Ebed-Yahweh
Deutéronome 154, 237s., 279s., 322, 354
Deutéro-paulinisme 131, 172, 186s., 221, 312, 339ss.
Déviations 91, 183, 363
— du Culte 268ss., 303-313
— magiques Cf. Magie
— mystiques 96-102, 236
Devoirs 183ss., 187ss., 194ss., 199s.
Diable 108, cf. Démons
Diaspora 283s.
Dicta probantia 6, 13, 158, 353
Dieu passim
Dieu-Amour 116, 131, 152, 154s., 195, 199, 242, 253ss., 300s., 367s.
Dieu bon 237-242, 255, 344s.
Dieu créateur 82, 112, 187, 228, 245, 254
Dieu-Esprit 71, 155, 195, 253, 300
Dieu fidèle 204, 243, cf. Alliance, Contrat, Fidélité
Dieu jaloux 85, 244
Dieu juste 238, 243, 250, 255
Dieu libérateur 121, 123
Dieu-Lumière 253, 300
Dieu pardonne 244, 255, 300, 343
Dieu-Père 116, 131, 195, 199, 242, 255s., 294, 300, 344, 368
Dieu personnel 83, 84ss., 142, 145, 147, 237
Dieu prêtre 135, 304s., 320ss.
Dieu Saint 115, 135, 187, 236, 238s., 255, 300, 343
Dieu Souverain 71, 199, 203, 228s., 246, 321
Dieu unique 67, 85s., 235, 240s., 245, 254, 265, 297ss.
Dieu Vivant 85, 121, 123, 237, 255, 266, 298, 321
Dieux, divinités 72, 74, 85, 213, 247

Directeur 180, n. 223
Disciples 160, 172, 193, 288ss., 294, 296
Divergences 87s., 95, 317, 328ss., 333s., 342, 361
Divination 146
Docteurs 163, 180
Dogmatique 14, 31, 36
Dogmatisme VII, 5, 10, 13ss., 17ss., 30s., 37, 144, 269, 329, 361
Double 80s., 107
Doute méthodique 33, 39, 45
Drame 333, 351, 367
Droits 183, 187ss.
Dualisme 133s., 336
Dynamisme (manaïsme) 83s., 87s.

Eau 69s., 134, 160, 355
Ébauches 218, 360ss.
Ebed Yahweh 155ss., 167, 209s., 213, 358
Écriture, Écritures; Écriture Sainte X, 2, 350ss., 355, et passim
Eden 202
Église, Églises 4, 116, 186, 197, 291s., 301s., 317, 328, 341, 348, 362
Église primitive 219, 223, 232, 284, 288-297, 301, 341, 345
Ego eimi 234
El, Elohim 73, 83ss., 120, 319
Elohiste 322, cf. Pentateuque
Elus, Election 235, 334, 339
Enfant 75s., 83, 172, 193, 368
Enfant de Dieu 249, 255ss., 368
Enfant prodigue 255, 257, 302, 343
Enfer 81, 120, cf. Scheol
En Christ 197, 263, cf. Christ en nous
Enigme 248, 354
Ennemi 259
Eon 217, 248
Ephésiens 341, 350
Epignose 173s., 248
Épistémologie 32, 82
Éprouvés 217s., 358s.
Épuration 237s., 275, 278s.
Eros 115, 365, cf. Agapè
Erreur 344, 352, 357
Esaïe 53, 101, 104, 115, 149, 153, 170, 188s., 207, 229, 238, 242, 265, 278, 280, 300, 349s.

Esaïe II et III 156, 171, 208ss., 229, 358, cf. Ebed Yahweh
Eschatologie 119-123, 130ss., 201, 204ss., 214ss., 228-234, 248, 366ss.
Esdras 281
Esprit 70ss., 78ss., 326, 228, 236, 290
Esprit divin 70s., 154, 160ss., 195, 249, 253, 266s., 293s.
Esprit humain 249
Esprits 70s., 79s., 303
Esséniens 283
État 174s., 183s.
Éternité 127ss., 131s., 234, 308, 337, 347, 366ss.
Éthique morale 187-201 passim
Éthique sociale 187-201 passim
Étienne 107, 160s.
Étymologie 268
Eucharistie 295, cf. Cène, Communion
Évangélisation 160ss., 194, 294
Évangélistes 140, 161, 355
Évangile 94, 140, 158, 179, 194ss., 197ss., 222s., 244, 255, 266, 282, 300, 311, 325-335, 341ss., 363, 371
Évolution 233
Exégèse 3ss., 8ss., 37ss., 235, 274, 352s., 357s.
Exhortations 197s., 213s.
Éxil 136, 155ss., 209, 229, 258, 280ss., 299s.
Existentialisme 12s., 17, 37, 39
Existentiel 12s., 122, 192, 197, 214, 230ss., 242, 259s., 268s., 285, 310, 345s., 364, 368, 372
Exode 134, 149, 273s., 349
Expérience 122
  magique 303, cf. Magie
  religieuse 37, 122, 236, 242s., 303, 335
  scientifique 303
Expiation 280, 304s., 308s., 339
Extase 98-110, 118, 147, 149
Extermination (H'erem) 276
Ézéchias 177, 278, 299
Ézéchiel 63, 155ss., 208, 216, 240, 266, 280s., 349

Faits 32, 37, 40, 158, 338, 354, 359s.
Famille 147, 271s., 288

Fatalisme 203, 333, 351
Femme 189, 204
Fête 91-94, 98s., 232
Fidéisme 12s.
Fidèle 122, 217, 243, 269, 298, 304, cf. Dieu (fidèle)
Fidélité 157, 177, 203, 243, 299
Fidèles 269, 289, 299
Fides quaerens intellectum 29, 360
Fils (Le) 173, 214, 234, 294, 300, 344, 368
Fils de Dieu Idem et 131s., 224, 259
Fils de l'Homme 158, 181, 192, 208s., 212s., 224, 259
Fils (de la Lumière ..., des Ténèbres) 334
Fin du monde 214-234, passim, 368
Foi 12, 29, 45, 75, 112-118, 121, 155, 189, 197, 234, 258, 269, 310, 339, 353, 360, 365, 367, 369ss.
Foi et science 360s., 365s., 372, n. 18
Formalisme 152s., 189, 270, 299
Formes littéraires (Formgeschichte) 24s., 39, 41, 56, 61, 271
Fraternité, Frères 180, 198s., 234, 257, 288, 301, 344s., 371

Galates 247s., 353s.
Genèse 64ss., 119, 349s.
Germe 350, 365
Gestes symboliques 155, 163, 245, 283ss.
Gloire 78, 105, 136, 204, 218, 234
Glossolalie 106s., 145, 165, 198, 290
Gnose 141, 143, 171ss., 181, 248
Gnosticismes, pré-gnosticismes 171s., 336, 367
Grâce 13, 97, 154, 160, 172, 194, 196, 251ss., 257, 285, 310, 339, 359
Grand-prêtre 152, 182, 224, 307
Grec, grecque (langue, culture, pensée) 3, 33, 104, 141, 174, 190, 199s., 230, 256, 320, 342
Cf. Hellénisme
Guematria 5, 356
Guérison, guérisons 194, 223, 300, 345
Guerre 175, 217, 259, 275. Cf. Paix

Habacuc 155, 349
Haggada, Halaka 355
Harmonie 242ss., 317, 361s.

Harmonisation, Harmonistique 2, 4, 20, 274, 325, 329, 365
Hts. Lieux (Bamoth) Cf. Index Lieux
Hébreu (Langue, culture) 3, 53s., 89, 91, 104, 119, 132ss., 274, 352
Hébreux (épître) 113s., 136ss., 266, 273, 307s., 339, 349s., 356, 367
Hellénisme 3, 104, 117s., 129, 135ss., 141, 199s., 241, 253, 258, 301, 308, 320, 332, 338s., 356, 367
Hénoc 113, 122
Hénothéisme 85s., 298
H'erem cf. Extermination
Herméneutique 38ss., 352ss. Cf. Exégèse
Hexateuque 114
Hiérocratie 176
Histoire 35-42, 53ss., 57, 112, 158, 203, 233, 235, 273, 297ss., 322, 337, 347, 355s., 359, 365, 369s.
Hist. des Relig. 21-25, 34, 37ss., 82, 209
Hist. du Salut 20, 137, 309, 322, 359s.
Homme 192, 195, 199ss., 255-264, 287, 297-302, 334, 343ss., 371
Homme (vieil homme, homme nouveau) 131s., 192, 231ss., 260-264
Humanité 167, 228s., 242, 245s., 255ss., 271, 321, 334, 347, 371
Humilité 154, 167s., 189s.
Hypertranscendance 241, 304, 320, 371, n. 17
Hypocrisie 152, 189, 213, 270, 343
Hypostases 135, 143, 171, 320

Idéalisme 7, 16, 104, 135, 137, 356, 367
Idée de Dieu 83ss., 236ss., 239ss., 298ss.
Idolâtrie, Idoles 87-93 passim, 189, 198, 229, 237, 245ss., 275-279 passim
Imago Dei 257s., 299
Imitation 181
Immanence 103s., 199ss., 243, 249
Immortalité 87, 121ss., 130ss.
Incarnation 255, 259, 324ss., 331ss., 336s., 339, 347, 355s., 366ss.,
Individu, Individuel 192, 208, 270, 285, 297
Induction 37, 342
Infidélité 152, 154, 277s., 322
Initiation 90, 269

Inspiration 103, 114, 118, 141, 145s., 154s., 158-165 passim, 176, 222, 236, 274, 281
Inspiration et Révélation 103, 145s., 236, 274
Inspiration littéraire 141, 164
Inspiration littérale (théopneustie) 10, 14, 55, 140
Institution, Institutionnel 184ss., 195ss., 268ss., 277s., 280s., 287s., 302ss., 312
Intériorité, Intimité 95, 111ss., 125-132, 199ss., 208, 242s., 280, 301s., 310, 346
Interprétation 40, 156, 350ss., 354ss., 359s., 369
Intronisation 178 n., 278 n., 282
Invisible 236ss., 248, 338
Ironie 175, 227
Isaac 114, 205, 272, 298
Islam 86, 202, 239s., 241, 245, 371
Israël 82ss., 148ss., 151-158 passim, 170ss., 174ss., 187ss., 202-210 passim, 215ss., 228ss., 237ss., 258ss., 271-284 passim, 297ss., 303ss., 318-323, 348ss., etc.

Jacob 84, 105, 114, 205s.
Jacques (apôtre) 108, 117, 179
Jacques (frère de Jésus) 288s., 291s., 297, 301, 307
Jacques (épître) 13, 196, 340, 349s.
Jean-Baptiste 107, 113, 158-160, 178, 182, 293, 300
Jean (apôtre) 108, 117, 313
Jean (évangile) 126s., 129ss., 228, 329-337, 349ss.
Jean (le ép.) 255s., 340, 349, 368
Jérémie 101s., 149, 154ss., 164ss., 170s., 208, 229, 265s., 300, 349, 352
Jérusalem cf. Index Lieux
Jésus, Jésus-Christ passim. Cf. Christ, Fils (Le), Fils de Dieu, Fils de l'Homme
Jésus (Vie de) 342, 347, 370
Jésus (Clef des Écritures) 45, 366ss., 372
Job 122s., 170, 216, 321, 349s., 358
Joël 155, 349
Johannisme 94, 116s., 123-131 passim, 141, 173, 195, 214, 231ss., 244, 252s.,

257, 263s., 300ss., 310s., 325, 329-340 passim, 367s.
Joie 123, 294, 305, 369
Jonas 157, 240, 349
Joseph 114
Josias 154, 177, 278ss., 299
Josué 114, 217
Juda 206, 265
Judaïsme 123, 148, 156, 210, 228, 258, 284, 309, 320s., 327,
Judas 352
Jude 312, 349
Judéo-chrétiens 17s., 289, 291ss.
Jugement, jugement dernier 129, 152, 188, 218, 225, 227, 234
Juif, Juifs 183, 195, 199, 200, 202, 223, 229, 240, 255, 289, 307, 353, 360. Cf. Israël, Judaïsme
Juridiction, Juridisme 182, 186, 303s., 306ss., n.
Juste, Justice, Justification 111, 154s., 185s., 189, 197, 207s., 229, 242s., 250s., 265, 353. Cf. Dieu juste

Kardia Cf. Cœur
Kata Pneuma, Sarka Cf. Esprit, Chair (selon la)
Kénose 336
Kérygma
   prophét. 145ss., 149-160, 168ss., 174-178, 187ss., 205-210, 240ss., 265
   apocalyptique 214-228
   apostol. 160-165, 172, 197s., 213, 236, 244-254, 370
   évangél. 167, 172s., 179-183, 190-196, 210-214, 255ss., 300ss., 343-347, 365
Ketoubim 47s., 284
Kyrios 72, 324ss., 332

Langage, Linguistique 33s., 44, 53s., 73ss., 76, 132-141, 228. Cf. araméen, grec, hébreu
Langues (parler en) Cf. Glossolalie
Lazare 334, 363
Légalisme 155, 299, 352s.
Légende 89, 134, 298, 360, 369. Cf. Mythe

Lettre, Littéralisme 10, 14, 55, 140, 195, 228
Lévi 280
Lévitique 274, 280, 352
Libérateur, Libération 131, 151s., 198s., 212s., 286s., 358
Liberté 195, 199, 212, 240, 245, 292, 309, 359, 365
Libre-examen 13, 19, 29-33, 274
Liturgie, Liturgisme 291, 293, 299
Logia 324-328, 342, 368, 370
Logos 195, 232, 331-334, 355s., 367
Logos-tomeus 104, n.
Loi divine, morale, naturelle 187, 197, 199ss., 237, 239, 241, 263, 299
Loi intérieure 155, 199ss., 208, 239, 266, 280. Cf. Conscience
Loi mosaïque 107, 114, 134s., 137, 149, 154s., 170, 177, 199, 286s., 298s., 303s., 320s., 352s.
Loi nouvelle 154, 279
Lois, Législation 185ss. Cf. Juridiction
Luc 172s., 191, 225, 327s., 331s., 349s., 368
Lucidité Cf. Clairvoyance
Lucre 152s., 188s.
Lumière 136, 146, 166, 200s., 233, 249, 253, 300, 334, 336
Luther 12s., 33, 260, n. 670; 307
Luxe 152s., 178, 188s.

Machal 170
Mages 327, 371
Magie, magisme 87ss., 151, 269s., 303ss., 309
Madhi 202
Mais (δέ) 42, 139s., 167, 365, n.
Maître 180s., 198s., 290, 344
Maître de Justice 158, 209
Mal 241, 255, 259ss., 345
Malachie 157, 349
Maladies 194s., 262s., 345s.
Mammon 192
Mana, Manaïsme Cf. Dynamisme
Mandéens, Mandéisme 159
Manichéisme 214s.
Marana Tha 290

Marc 172, 224, 296, 324ss., 328ss., 342, 349s., 370
Marcion 4s., 51, 365
Mariage 90, 99
Marie 109, 333
Martyre 107, 160s.
Massorètes 54
Matérialisme 236ss., 249, 366. Cf. Dématérialisation
Matthieu 172s., 190, 195, 212ss., 224ss., 227ss., 327s., 331s., 349s., 352, 365, 368
Mazdéisme 241
Médecin 194, 262, 345
Médiation 269, 305
Mektoub 351
Melchisédec 148, 273
Mentalité Cf. Archaïque
Mérite 193s.
Message Cf. Kerygma
Messianisme, Messie 121, 153-167 passim, 201-216, 222ss., 326
Métamorphose 181, 331s., 336
Metanoia 232, cf. Conversion
Métaphysique 240ss., 258ss., 331 ss.
Méthode 1, 29-45
Michée 153s., 349
Milieu (Sitz im Leben) 2ss., 24, 34, 83, 188, 193, 198, 236, 313, 344
Millenium 218
Ministères Cf. Services
Miracles 108s., 151, 161, 223. Cf. Guérisons, Prodiges
Mission
  prophétique 147-161 passim
  paulinienne 118, 163ss., 244ss., 337s.
Moïse 66, 105, 119, 134ss., 148s., 176, 223, 237, 273ss., 298, 355
Monde 81ss., 142, 192, 201, 214, 217, 225, 228, 242, 254, 301, 334, 356, 367. Cf. Cosmos
Monothéisme Cf. Dieu unique
Morale 150 154, 168, 187-201 passim, 270s., 298s.
Mort 79s., 85, 90, 120ss., 129, 155, 167, 208, 218, 254, 346, 358. Cf. Rédemption, Vie
Mort (de Dieu) 320, n. 12
Musique 99

Mystère (radz) 215 n.
Mystère de Jésus 111, 257, 325, 345
Mystères (cultes) 97 n., 118, 301 n.
Mysticisme 95-144, 145ss., 153ss., 164zs., 171, 222, 228, 236, 248ss., 258ss.
Mythe, mythique 2, 38, 44, 57, 75, 81, 87, 93, 112, 119s., 134, 157, 171, 235s., 273, 276, 298, 322, 330ss., 336s., 347, 360, 369s. Cf. Démythisation, Trans-mythisation

Nabi Cf. Prophètes
Nahum 155, 349
Naissance 90
  miraculeuse 332s., 337, 345
  nouvelle 231ss., 260, 264
Nation 321
Nations (Gentils) Cf. Païens, Peuples
Nature, naturel 200s., 239, 247, 263, 307
  dénaturée 263
  Cf. Loi, Révélation
Nebiim 47
Nécessité Cf. Déterminisme, Liberté
Nécromancie 119s.
Néhémie 349
Néo-platonisme 9s.
Néron 5 n.; 356 n.
Noé 113, 137, 204, 241, 271, 320
Nom 289s., 304, 319
Nomades 62-67, etc.
Nombres 349
Notions de Dieu 236-253 passim, etc., 286, 319ss. Cf. Idée ...
Nouveau, Neuf 154s., 158, 300s., 363ss.

Obéissance 181ss., 359
Objectivité 32ss., 158, 341s., 357, 362
Œcuménisme 252, 317 n.
Œuvres 111, 193s., 196s. Cf. Jacques (ép.)
Ombre (Skia) 266, 308
Omnipotence, Omniscience 240ss. Cf. Dieu
Opus operatum 87, 269, 304. Cf. Magisme
Oracles Cf. Kerygma prophétique
Oraison dominic 285
Ordre 184s., 187, 228s., 291, 299
Organes, Organisme 77s., 99, 270
Orgies 91s., 89ss., 150, 189, 277

Osée 115, 152s., 154, 177s., 207, 265, 300, 349
Ouranisme 67, 72
Ouvrier 193s., 198, 354

Pagano-chrétiens 17s., 297, 301
Païens 157, 164, 198-201, 240, 328
Pain 296
Paix 175, 185, 207, 229, 242
Palingénésie Cf. Naisscance nouvelle, Apocatastase
Panthéisme 96, 258
Pâque 296
Pâques 125. Cf. Résurrection
Paraboles 193, 223, 227s., 234, 343s.
Paraclet 234
Paradis 66, 68, 120, 136
Paradoxes 68, 366s.
Parallèles 34, 37, 39, 270s., 329, 371
Pardon 122s., 152, 154s., 244, 255, 300, 343, 359
Parousie 214, 223ss., 233, 290, 335, 367
Participation Cf. Communion
Particularisme 113, 321, 334
Partis 179ss., 186 s., 198
Passion 295s., 327s., 333, 367
Pastorales 312, 349s.
Patriarches 63ss., 147s., 174, 271s.
Paul, paulinisme 4, 20, 106s., 110s., 123, 125, 131s., 137s., 141, 160-165, 172ss., 183-187, 196-201, 221, 232-234, 237, 244-254, 257, 261ss., 266, 288-294, 297, 300ss., 307-312, 324s., 327, 333, 335-341, 346, 349s., 352-356, 367
Pauvres, Pauvreté 188-192, 194-197, 212
Pauvres d'Israël (Anavim, Ebionim) 189-192, 282, 371
Péager 283
Péché, pécheur 122, 125, 131, 152s., 188s., 192, 200, 240, 248s., 255ss., 259-264, 306s.
Peines éternelles 218
Pénitence, pénitent 260 n., 293, 308s., 359. Cf. Contrition
Pentateuque 2, 25, 47ss., 51, 53s., 61, 205, 235, 281, 303, 321ss.
Pentecôte 106, 290

Père, Le Père, Père Céleste ..., Universel Cf. Dieu
Pères (de l'Église) 6-10, 51s., 172, 333s.
Perfection 239, 246, 248, 344s.
Persécution 163, 179, 217, 289
Personne, Personnalité 96ss., 189, 191, 208, 237, 244, 249, 272s., 342ss., 345s., 360, 366
Perspicacité 345, cf. Clairvoyance
Peuple, peuples 152, 167, 172, 174ss., 180, 187, 189, 202s., 205, 229, 244, 246, 257, 271, 281s., 294, 307, 321, 359s.
Pharisaïsme, Pharisien 160, 180s., 213s., 270, 283, 308, 337
Phénoménologie 32, 39
Philémon 198s., 349
Philippiens 349
Philosophie 7, 12, 16s., 57, 104, 135, 218, 308, 356, 366s.,
Pierre 107s., 131, 162, 172, 229, 289, 312
Pierre (1 et 2) 186, 340, 349s.
Piété 96ss., 111s., 138, 144s., 268s., 282, 322
Piétisme 1, 10, 14s., 144, 282
Pilate 182, 185
Platonisme 7, 12, 104, 135ss., 307s., 320, 356, 367
Plotin 10 n., 367
Pneuma cf. Esprit
Politique 149, 153, 174-187, 277s.
Polydémonisme, Polythéisme Cf. Dieux, Divinités, Démons
Pontife 339s., 343
Possession 100, cf. Démons
Pouvoir 178ss., 182-187, 277s., 303
Portraits du Christ 219 s.,n., 342, 347
Pratique (praxis) 111, 192-199, 212ss., 353, 367
Prédestination 245, 250, 309s., 313, 339
Prédictions 146, 162, 206, cf. Divination
Préexistence 136s., 331ss., 337s.
Préhistoire 61ss., 235
Prescience 333s., 240s. Cf. Omniscience
Présence, de Dieu, du Christ, du Royaume 127-130, 190, 214, 230ss., 300s., 356, 368
Prêtre 135, 148, 155, 170, 266, 269s., 272ss., 277ss., 281, 299, 303ss., 307, 321
Prière 284s., 290, 334

Prochain 180, 189, 195, 199, 344
Prodiges 286, 334s.
Prologue (de Jean) 331-334
Promesses 205s., 272, 322, 368
Prophètes, Prophétisme 47, 53, 89, 92, 100ss., 103ss., 141s., 145-267, 270, 273s., 277-281, 285ss., 299s., 303, 320ss., 342, 352, 363, 372 n.
Propitiation 255s., 276, 301
Protestantisme 11-27 passim, 30, 302
Proverbes 135, 168ss., 349
Providence Cf. Dieu
Psalmistes, Psaumes 111, 116s., 121s., 141, 195, 199, 207, 211, 216, 282, 290, 321s., 349, 358, 371
Psaumes (Hodayôt) Cf. Qoumran; 282, 371 n.
Pseudépigraphes 50
Psychanalyse 31, 97 n., 98, 116, n. 204
Psychologie 3s., 31, 32, 34ss., 95ss., 103, 258, 285
Purifications 238s.

Qadash Cf. Sacré
Qéniens 274
Qoheleth 169
Qoumran Cf. Ind. Lieux
Quiétisme 145, 193
Quiproquo 140 n., 333

Rabbi, Rabbinisme 54, 128, 286, 301, 307, 337, 352, 355
Racisme, antiracisme 136s.
Raison, Rationalisme, rationnel 15ss., 165, 169, 236, 269, 300
Rameaux 342
Réalisme, Réalités 236, 266s., 270, 301, 308, 338s., 356
Récapitulation en Christ 45, 233, 372
Recherche 341ss., 357, 369. Cf. Méthode
Récoltes 93, 276
Réconciliation 259, 301, 367
Rédaction, rédactionnel 56s., 152, 369
Rédempteur, Rédemption 173 n., 181, 196, 199 n., 213s., 255s., 261ss., 336-340, 358s., 367
Réformation 12-15, 53
Réforme Cf. Moïse, Deutéronome

Régénération 123ss., 255, 260-264, 293, 2345s.
Religion 95ss., 189, 269s., 297ss., 298s., 372. Cf. Hist. de Religions
Réminiscences 349
Renaissance 12s., 15
Renoncement 213, cf. Sacrifice
Renouveau, Renouvellement universel, (Retablissement final) Cf. Apocatastase
Repentance 160, 255, 259s., 359. Cf. Contrition
Résistance 182ss.
Responsabilité 201, 240
Reste (Schear) 121, 205, 321
Résurrection, Ressuscité 120-123, 132, 155, 223, 225ss., 233, 295 n., 328, 334s.
Retour du Seigneur Cf. Parousie
Rétributions 192s., 227s., 306
Révélation 103s., 145, 151, 236, 239, 248s., 254, 274, 368. Cf. Inspiration
Révélation naturelle 248s., 263, 371
Révolution intérieure 191ss., 198s., 254, 286s., 344
Révolution morale, sociale 181, 189, 191ss., 196-199, 344
Riches, Richesses 189, 192, 196, 223, 227. Cf. Pauvres, Pauvreté
Risque (de la liberté, du libre-examen) 33, 35, 144, 240, 245, 365, 369
Rites, Ritualisme 87-94, 237ss., 265ss., 269s., 280ss., 283-289, 293, 296s., 299s., 302ss., 307ss., 312, 352s., 367
Roc. Rocher 73, 134, 355
Roi, Royalisme (anti-R.), Royaumes (Nord, Sud) 153, 175-179, 187, 211ss., 265, 277-280
Rois (1 et 2) 53, 152, 279 n., 349
Romains (ép.) 187, 245, 248, 349
Rome 53, 185, 328
Ronde 98s.
Roua'h 70ss., 78s. Cf. Esprit
Royaume de Dieu 126ss., 139, 199, 229ss., 256s., 335
Royaume présent, intime 126ss., 230ss., 257, 335. Cf. Accès au R.

Sabbat 195, 286s., 323

Sacerdoce 92, 269, 270, 274, 280, 304
Sacerdotal Cf. Code, Pentateuque
Sacré, Sacralisation 89, 91, 105, 107, 135, 146, 149, 187. Cf. Désacralisation
Sacrement, sacramentel 288s., 293-297, 303-309
Sacrifice, sacrifices 90s., 132, 181, 189, 198, 212-214, 265s., 271s., 280, 284s., 293, 297s., 300, 303-309
Sacrifice rédempteur 132, 181, 254-257, 295s., 300, 303-309, 336-340, 346s., 353, 364, 367, 371
Sadducéens 226, 283
Sadoc 280
Sage, Sagesse, Sapiences 135, 143, 146, 168-174, 342, 368
Sainteté, Saints 89, 115, 135, 187, 238-244, 255, 289, 344s.
Salomon 277, 280
Salut 137, 296, 301, 305, 309s., 358s., 363. Cf. Hist. du Salut, Rédemption, Sacrifice rédempteur
Samaritain (Bon) 344
Samuel 101s., 114, 149s.
Samuel (1 et 2) 149ss., 349
Sanctification 123, 239, 249ss. Cf. Régénération
Sanctuaire 271s., 277s., 284ss.
Sang 78, 271, 296, 335, 337
Sarx Cf. Chair
Satan Cf. Démons, Diable
Satisfaction (vicaire) 306-309, 339. Cf. Substitution
Sauveur Cf. Libérateur, Salut, Rédempteur
Scheôl 79-82, 87, 119-122, 132 n.
Schilo 206, 350
Science, scientifique 22ss., 32ss. Cf. Méthode
Science et Foi 29, 43, 360s., 365ss., 370ss.
Scolastique 9ss., 134, 140s., 219, 301
Scribes 172, 180
Secret messianique 23 n., 24, 326
Sectes 172, 282s., 285, 293
Seigneur 195s., 211, cf. Kyrios
Sémites 63s., 119, 229s., 271, 274
Sens, Signification 39s., 44s., 133s.

Septante 3, 44, 54, 104, 135, 199, 350
Serment 89
Serpent 204
Service 85, 181, 192, 195, 198, 208-210, 213s., 259, 344, 358
Serviteur 147, 181. Cf. Ebed Yahweh
Signes 222s., 286
Silence 182
Similitudes Cf. Paraboles
Simplicité 189, 284, 288, 300, 340
Sincérité 270
Sitz im Leben Cf. Milieu
Social, Société 115, 119, 145, 168, 174, 181, 187-199, 269s., 297s.
Solidarité 306
Songes 157
Sorcier 100s., 303
Souffle 78, 155, cf. Esprit
Souffrance 155ss., 167, 209, 217, 300, 339, 358s.
Sources Cf. Pentateuque
Spirituel, Spiritualité, Spiritualisation 82, 88, 187, 189, 236-240, 246-249, 265ss., 270, 335
Stature du Christ 261. Cf. Anthropogonie
Stoïcisme 200s., 245ss.
Subjectivisme 32 n., 35, 342, 346s.
Sub specie aeternitatis 337, 367s.
Substitution 306, 309, 339
Sumer Cf. Ind. Lieux
Symboles, Symbolisme 40, 57, 68, 73, 75, 81, 112, 114, 132-141, 155s., 219, 224-228, 236, 266, 337, 344, 369
Synagogue 51, 92, 266, 283-285, 290, 301. Cf. Index des Noms de Lieux
Synchronies, Diachronies 77, 317
Syncrétismes 276ss., 320
Syneidesis Cf. Conscience
Synode de Jérusalem 289
Synoptiques 126ss., 211-214, 222-228, 254-257, 311, 324-332, 337, 349s., 352, 365, 368, 370

Tabernacle 93, 136, 355
Tables (de la Loi) 320
Tabou 89, 187, 238 n., 255, 280
Talmud 3, 210, 320
Targoum 284

Témoignage, Témoin 56, 237, 307
Temple Cf. Index des Noms de Lieux
Temps 130 n., 153, 203s., 229, 233s., 240, 283, 311 n., 366s. Cf. Éternité
Ténèbres 249, 334, 336
Tension 270, 334s., 367
Tentation 344
Tente, Tentes (Soukkoth) 93, 134
Terre 188, 218, 276, 294
Testament (Ancien, Nouveau) passim, 338-368
Testimonia 138, 158, 350
Testim. Spirit. Sancti Intern. 249
Texte, Textes 8, 32, 38ss., 44, 48ss., 53-57, 158, 350-358, 365. Cf. Contexte
Théocentrisme 257s.
Théocratie 174ss., 179s . 183ss., 213
Théologie passim
  biblique VII, 1, 8, 14-28, 35ss., 42-45, 57, 83-86, 141-144, etc.
  A.T., N.T. 318ss., 324ss., 362ss., etc. Cf. Hist. du Salut
Théol. archaïque 83-87
  cultuelle 297-303, etc.
  mystique 142ss.
  prophétique 234-267. Cf. Paulinisme, Johannisme, Synoptiques
Théol. de l'Histoire 218, 232ss., 235, 322s., 359, 362ss.
Théol. musulmane 241, 245, 351. Cf. Islam
Théologisations 38, 42, 93, 112
Théophanies 103ss., 271 n.
Thessaloniciens (1 et 2) 197s., 335, 349s.
Thora 47s., 54, 114, 135, 273, 280s., 284, 318, 322
Timothée (1 et 2) 349s.
Tite 349
Traditions 2, 41, 61, 87-93, 124, 139s., 168s., 182, 235, 254, 270, 273, 292s., 296, 325, 327, 346, 355, 369
Traductions X, 3, 54, 104, 317, 350, 352 Cf. Septante, Vulgate
Transcendance 7s., 103s., 115, 136, 199, 203, 243, 255, 258, 304, 308, 320, 338s., 356, cf. Immanence
Transculturation 2ss., 33s., 104
Transfiguration 108

Transfusion 345
Trans-mythisation 75, 369. Cf. Mythe
Travail 193-198
Tribu 174-176, 272
Troupeaux 65s., 69, 134, 271, 276, 340
Type, Typologie 2 n., 6-9, 136ss., 266, 308s., 321, 339, 355ss., 360

Unité biblique VII, X, 1, 20, 38, 42, 44s., 317-372
Unité dynamique 317
Unité en Christ 199, 324s., 330, 347, 364, 372
Universalisme 153, 156s., 204-208, 228s., 232ss., 240, 242, 244s., 255ss., 263, 339
Usure 188
Utopie 174

Valeur, Valeurs 213, 344, 371
Variétés, Variations VII, X, 1ss., 20, 34, 297, 317, 325, 347, 363, 368, 370, 372
Vent 72, 78, 134, 155
Vérité 29-33, 243, 267, 269, 360, 365, 369
Versions Cf. Traductions
Vertus, Vices Cf. Éthique, Morale
Vêtement 355
Veuve 189, 283
Viandes 198
Victoire 346
Vie, Vital, Vivant, Vivifiant 69, 71, 85, 96, 192, 231, 233, 269, 335, etc. Cf. Dieu Vivant
Vie éternelle 112, 119-132, 229-234, 233, etc. Cf. Éternité
Vie en Christ, en Dieu (cachée avec le Christ en Dieu) 125, 130ss., 310, 346, 367
Vie future, nouvelle, présente 126, 129s., 228-234
Vies de Jésus 18, 342 n., 347, 370
Vieux (vieilles outres) 28, 363-365
Vin (vin nouveau) 28, 296, 363-365, cf. Nouveau, Neuf
Violence 179, 239s.
Vision de Dieu 103ss., 115, 248; cf. Théophanies
Visions 96s., 103ss., 107s., 115, 141, 146, 149ss., 155, 157, 208, 232, 281, 322

Vocation 113ss., 147, 152-157, 160, 164, 194, 235ss., 322. Cf. Mission
Volonté de Dieu 240ss., 245s. Cf. Liberté
Voyance, Voyant 145ss., 165, cf. Clairvoyance
Vulgate 54, cf. Traductions

Yahweh 66, 73, 84ss., 93, 99s., 104s., 114ss., 119ss., 145, 149-155, 167, 174-177, 187ss., 203s., 208, 216s., 228s., 235, 237, 239, 242, 265, 271, 274, 277s., 298, 304, 319s., 358. Cf. Dieu
Yahwisme 92, 100, 120s., 150, 177, 278
Yahwiste (source J) 235, 271, 318s., 322, 359. Cf. Pentateuque

Zacharie 156, 349, 352
Zélotes 179, 186